dtv

Andre Parent holt sich den Himmel auf die Erde – er lebt einfach zweimal: »Sein Dasein Nummer eins ist öffentlich: Jugend in Amerika, Lehrer-Laufbahn in Afrika, Ehe in Europa. Dasein Nummer zwei bleibt streng privat: Heimliche Geliebte, Bücherschreiben im verschlossenen Zimmer und die Illusion, ein anderer zu sein, als man doch ist ... In atemlosem Tempo zieht uns Theroux durch die Zeiten und die Länder: Am Anfang sehen wir Andre als Ministranten. Wie er, so richtig in den Flegeljahren, schon nach den Mädchen schielt und trotzdem meint, er könne einmal Priester werden. Sein Vorbild ist ein Pater, sympathisch unfromm. Und schon ist Andre selber ein erwachsener Mann. Studiert Literatur, jobbt in den Ferien als Bademeister, schielt nicht mehr nach den Mädchen, sondern nimmt sie sich. So geht es weiter, in den Busch von Afrika ... Voller Spontaneität stürzt sich das Buch ins Abenteuer. Wir reisen mit. Angesteckt von seiner Lust und Laune, zu erobern, was es zu erobern gibt.« (Sabine Kinner in der ›Frankfurter Neuen Presse‹)

Paul Theroux wurde 1941 in Massachusetts geboren und lebt heute zusammen mit seiner Familie in London und auf Cape Cod. In England und Amerika wurde er zuerst durch seine ungewöhnlichen Reisebücher bekannt. Seine Romane erreichten Bestsellerauflagen, ›Moskitoküste‹ und ›Dr. Slaughter‹ wurden erfolgreich verfilmt.

Paul Theroux

Mein geheimes Leben

Roman

Deutsch von
Hans Herzog

Deutscher Taschenbuch Verlag

Von Paul Theroux
sind im Deutschen Taschenbuch Verlag erschienen:
Der alte Patagonien-Express (20031)
Die glücklichen Inseln Ozeaniens (20224)

Ungekürzte Ausgabe
November 1995
2. Auflage Mai 2000
Deutscher Taschenbuch Verlag GmbH & Co. KG, München
www.dtv.de

Titel der englischen Originalausgabe:
›My Secret History‹ (Hamish Hamilton Ltd., London 1989)

Umschlagkonzept: Balk & Brumshagen
Umschlaggestaltung: © Artpool München, unter Verwendung
eines Fotos von Hans Ehrhardt
Gesamtherstellung: C. H. Beck'sche Buchdruckerei,
Nördlingen
Gedruckt auf säurefreiem, chlorfrei gebleichtem Papier
Printed in Germany · ISBN 3-423-20337-4

In meinem Herzen eine mörderische Ahnung lau
Aus fernem Land die Frage blies:
Welches sind die unvergessenen Hügel so blau,
Welche Kirchtürme, welche Bauernhöfe sind dies?

Dies ist das Land verlorenen Glücks,
Ich sehe es deutlich entschwinden:
Die seligen Straßen, auf denen ich schritt
Ich kann sie nie wiederfinden.

A. E. Housman

Anmerkung des Autors

Auch wenn einige der in diesem Roman vorkommenden Ereignisse und Orte eine gewisse Ähnlichkeit mit solchen in meinem Leben aufweisen, entsprangen sämtliche Charaktere meiner Phantasie. Beispielsweise ähnelt meine Frau Anne nicht im geringsten Andre Parents Gattin. Ich halte es da ganz mit Evelyn Waugh: *Ich bin nicht ich: Ihr seid nicht er oder sie: Sie sind nicht sie.*

I Meßdiener

1

Ich kam im reichen Amerika arm zur Welt, doch meine geheimen Instinkte waren mehr wert als Geld und eine Quelle der Kraft für mich. Ich besaß Vorzüge, die mir niemand nehmen konnte: ein gutes Gedächtnis und herrliche Träume, und ich wußte genau, wann ich glücklich war.

Am glücklichsten war ich, wenn ich zwei Leben führte, und es war mir eine Genugtuung, daß ich das zweite – das des Träumers oder Geheimniskrämers – für mich allein hatte. So verbrachte ich meine ersten fünfzehn Lebensjahre. Fünfzehn war damals jung, aber eines wußte ich: Die Armen gehören nicht dazu. Doch eines Sommers erwachte mein zweites Ich aus Einsamkeit oder Ungeduld und begann sich zu verändern. Es begnügte sich nicht mehr damit, wachsam zu sein und sich zu erinnern. Es fing an, wie ein Historiker zu beobachten, und es handelte. Ich muß mein Leben retten, dachte ich damals.

Im Frühsommer ging ich durch eine hübsche, zerbröckelnde, kleine ulmenbestandene Straße, die Brookview Road. Von einem Ende der Straße, die in östlicher Richtung neben dem Fellsway verlief, konnte man die Stadt Boston mit ihren beiden hohen Gebäuden sehen. Der Bach, nach dem das Sträßchen benannt war, war ein flacher Graben am anderen Straßenende, wo italienische Familien ihre Tomatenbeete angelegt hatten. In dem Graben lagen Ratten, doch im Juni, wenn die Ulmen in voller Blätterpracht prangten, war es schön in diesem Teil der Stadt.

Es war ein makelloser Tag mit blauem Himmel und dem sommerlichen Sirren von Insekten, das nach ansteigender Temperatur klingt. Mein Gewehr – ein zweiundzwanziger Mossberg – hing über meiner Schulter, als ich an Tina

Spectors Haus vorbeikam. Sie saß auf ihrer Piazza, wie wir die Veranda nannten. Genauso hatte ich es geplant.

Sie sagte: »He, Andy, wo willst du mit dem Gewehr hin?«

»Zur Kirche«, antwortete ich.

»Es ist doch Dienstag!«

»Ich hab' eine Beerdigung.« Ich ging weiter, und nun verließ Tina ihre Piazza und kam auf mich zu. Das hatte ich vorausgesehen – es gehörte zu meinem Plan.

»Wieso nimmst du dein Gewehr mit in die Kirche?«

»Zielschießen, oben bei den Sandgruben«, sagte ich. »Hinterher.«

»Meine Mutter findet Schußwaffen scheußlich.«

Das sagten alle. Ich ging weiter.

»Und du bist noch keine sechzehn.« Auf meinem Nacken spürte ich ihren Blick wie einen warmen Druck.

»Darf ich mitkommen?«

»Meinetwegen«, sagte ich, wahrscheinlich zu bereitwillig, aber ich wollte nicht, daß sie ihre Meinung änderte. Ich hatte mir vorgenommen, nur sehr langsam und widerstrebend zuzustimmen. Aber es war mir herausgerutscht, weil ich so froh war, daß sie gefragt hatte. Die Vorstellung, an einem heißen Sommernachmittag allein mit Tina in den Sandgruben zu sein, war sehr erotisch, und daß ich mein Gewehr dabeihatte, machte die Sache noch erotischer, auch wenn ich nicht erklären konnte, weshalb. Ich hatte keine Ahnung, was erotisch bedeutete; »lasterhaft« war das Wort, das mir damals durch den Kopf ging.

»Wir treffen uns vor Saint Ray's.«

»Meine Mutter will nicht, daß ich in die Nähe dieser Kirche komme.«

Ihre Mutter war nicht katholisch.

»Was ist in dem Beutel?« fragte sie; sie folgte mir immer noch, mit drei Schritten Abstand.

»Munition«, sagte ich. »Kugeln.« Das war eine Lüge. Meine Patronen waren in der Hosentasche. Im Beutel hatte ich ein frisch gestärktes Chorhemd – einen weißen Kittel mit steifem Plastikkragen. Ich war Ministrant und auf dem Weg, bei einem Begräbnis meines Amtes zu walten. Hinter mir hörte ich das Knirschen ihrer Turnschuhe. Ich wußte, daß sie stehengeblieben war, sah mich aber nicht um.

»Bis nachher«, sagte sie.

»Geht in Ordnung.«

Wir waren beide fünfzehn. Ich wußte nicht, ob sie auf mich warten würde. Es kam alles so plötzlich, ohne große Vorwarnung. An manchen Tagen passierte gar nichts, an anderen alles.

In der Kirche St. Raphael's – Saint Ray's – gab es die Regel, daß ein Ministrant nach drei Beerdigungen zur Belohnung eine Hochzeit bekam. Beerdigungen waren traurig, und da es eine überalterte Gemeinde war, gab es dauernd welche. Hochzeiten dagegen waren einträglich. Normalerweise bekamen Ministranten zwei Dollar und der Priester zehn. Das Geld wurde vom Trauzeugen oder dem Vater der Braut überreicht, und zwar immer in einem weißen Umschlag und in der Sakristei. »Hier«, sagtcn sie zu uns, und dann wandten sie sich an den Priester: »Das ist für Sie, Pater.«

»Gott segne Sie«, erwiderte der Priester, während er den Umschlag in seinem Ornat verstaute. Unterdessen rissen wir unsere Umschläge auf.

Bei Beerdigungen gab es nichts, außerdem waren sie manchmal schauderhaft, besonders, wenn Sippen italienischer Abstammung beteiligt waren. Große Familien überboten sich mit Geschrei, Schneuzen und lautem, abgehacktem Schluchzen, riefen *»Nein!«* oder schrien den Namen des Toten. *»Salveee!«*

Ich nahm mein Mossberg von der Schulter, hielt es mit der Mündung nach unten und lief steifbeinig, um es zu verbergen. Ich stahl mich in die Sakristei und kam gerade rein, als Chicky DePalma seinen Chorrock überzog.

»Ich übernehme die Glocken«, sagte er, noch ehe ich mich äußern konnte. Bei der Weihe die Glocken zu läuten galt als eine der angenehmen Pflichten des Ministranten, und wer die Glocken läutete, durfte beim Abendmahl auch die Patene halten. Das war ein flacher goldener Teller, der unter das Kinn des Kommunikanten gehalten wurde, damit kein Krümel der geweihten Hostie zu Boden fiel.

Chicky hatte begonnen, seinen Chorrock zu knöpfen – eine Sisyphusarbeit, dreißig Knöpfe oder mehr.

»He, Arschgesicht, du sollst keine Gewehre in die Kirche mitschleppen!«

Seine großen Finger kämpften mit den Knöpfen.

»Es ist nicht geladen. Und ich habe den Bolzen rausgenommen.«

»Es ist trotzdem ein Gewehr! Es könnte losgehen, Blödmann!«

»Du verstehst einen Dreck von Waffen«, sagte ich. »Außerdem sind wir hier in der Sakristei.«

Die Sakristei war ein sicherer Ort – nicht heilig, sondern eine Art neutraler Bereich, wo wir Ministranten uns trafen und auf den Beginn der Messe warteten. Dabei wuchsen wir heran. Immer wenn ein Priester zu erklären versuchte, was die Vorhölle oder das Fegefeuer war, fiel mir die Sakristei ein. Wer würde erfahren, daß hier ein Gewehr war? Ich schob das Mossberg hinter die im Schrank hängenden Meßgewänder und suchte dann nach einem Chorrock in meiner Größe.

Chicky sagte: »Ich habe dich zusammen mit Specks gesehen.«

»Sie ist mir nachgelaufen.« Ich beschloß, ihm nicht zu verraten, daß ich sie in die Sandgruben mitnehmen wollte; er würde mich sonst auslachen.

»Ihre Schwester hat sich ein Kind anhängen lassen und mußte heiraten.« Nun zwängte Chicky die Arme in sein Chorhemd – es war schneeweiß, plissiert und mit Spitzen besetzt. Die Italiener hatten immer die besten Chorhemden, dank ihrer Mütter, sie brachten sie sogar auf Bügeln mit. »Die war ein echtes Luder. Einmal hat sie gleich sechs Typen einen runtergeholt. Moochie durfte ihr sogar die Möse lecken.«

»Hör auf«, sagte ich.

»Du Tunte«, sagte Chicky und glättete vor dem Spiegel sein Chorhemd. »Gestern abend hab' ich gefummelt. Ich verrate aber nicht, mit wem. Nach ungefähr zwei Sekunden ließ sie mich an ihre nackte Titte ran. Die hab' ich total scharf gemacht.«

»Das stimmt garantiert nicht, jede Wette«, sagte ich als Ansporn. Ich widmete mich den Knöpfen meines Chorhemdes und tat, als hörte ich nicht hin.

»Er glaubt mir nicht«, sagte er selbstsicher und reizte mich dann mit Schweigen.

»Wie hast du's gemerkt?« flüsterte ich und sah mich um. Der Priester war immer noch nicht eingetroffen, obwohl seine Gewänder schon akkurat gefaltet auf dem altarähnlichen Schränkchen bereitlagen; das leuchtende Meßgewand, der Chorrock, Gürtel und Stola.

Chicky sagte: »Ich konnte es fühlen.«

Ich starrte ihn an, mein Chorhemd in der Hand.

Er sagte: »Wenn ein Mädchen scharf ist, wird ihr Loch größer.«

Das konnte ich mir ziemlich deutlich vorstellen, die dunkle Öffnung, wie sie sich rund und einladend verbreiterte. Mein Mund wurde sehr trocken. So etwas hatte noch nie jemand zu mir gesagt, aber es klang völlig einleuchtend.

Chicky befestigte seinen Plastikkragen; er bog ihn zurecht und steckte den Kragenknopf hinein.

»Sie war wirklich scharf«, sagte er. »Drei Finger hab' ich reingekriegt.«

Sonnenlicht fiel durch das Buntglasfenster über den Gewändern, so daß die Alba und das weiße Leinen strahlten. Die Sakristei war warm, es roch nach Bohnerwachs und weichen Kerzen.

»Wer war es?«

Nun hatte ich Chorrock und Chorhemd an und versuchte, die schwarze Schleife vor meinem Kragen zu befestigen. Ich schaffte es nicht, meine Faszination über das zu verbergen, was er mir eben erzählt hatte.

Er grinste, um mich mit einer weiteren Verzögerung zu quälen, und antwortete dann: »Magoo.«

Eigentlich hieß das Mädchen Eloise McGonagle, aber jeder nannte sie nur Magoo.

Chicky grinste immer noch, doch inzwischen mit lila Lippen. Er hielt mir eine Flasche Meßwein hin und fragte in weltmännischem Ton: »Auch 'n Schluck?«

Ich gab mir Mühe, nicht schockiert auszusehen. Nicht, daß er Meßwein trank – es war nicht das erste Mal, ich hatte sogar selbst schon davon probiert –, sondern daß er es so kurz vor dem Eintreffen des Priesters tat. Seine Zunge war violett, er hatte einen violetten Schnurrbart. Er ließ den Wein in der Flasche schwappen und sagte: »Na los.« Sein Gesicht war gelblich, er hatte lange Wimpern und ein Muttermal auf der Wange, das wie eine Wunde aussah. Wenn er lächelte, glich er einem Äffchen.

Ich nahm einen Schluck. Er schmeckte herb und bitter, scheußlich ... Ich nahm noch einen. Der schmeckte sogar noch schlechter.

»Bedien dich«, sagte Chicky.

Er hielt mir eine Handvoll Oblaten hin, wobei ein paar auf den Boden fielen.

»Sie sind nicht geweiht, ist also scheißegal«, erklärte er rüde und steckte sich die Hostien in den Mund.

In diesem Moment kam mit schnellen Schritten der Priester herein.

»Im Namen des Vaters, des Sohnes und des Heiligen Geistes«, sagte er und bekreuzigte sich, als er von der Sakristeitür zu dem Schränkchen schritt, auf dem fein säuberlich gefaltet die Meßgewänder lagen. Dann kniete er nieder.

»Lasset uns«, setzte er an und hielt inne, ehe er fortfuhr, »für die Bekehrung Rußlands beten.«

Als er die Augen zum Beten schloß, schien sein Gesicht anzuschwellen. Er murmelte etwas – die leisen Laute deuteten an, daß die Gebete ohnehin einer aussichtslosen Sache galten. Chicky würgte die letzte Hostie herunter und machte ein Gesicht, als wollte er fragen: Wer ist dieser Knilch? Ein Ausdruck, den er häufig benutzte.

»Amen«, sagte der Priester und machte sich an die langwierige Aufgabe, seine Meßgewänder anzulegen, wobei er weiter Gebete murmelte und jedes Kleidungsstück küßte, bevor er es anzog.

Ich hatte ihn noch nie gesehen und erkannte sofort, daß er anders war als alle Priester von Saint Ray's. Der Pastor war weißhaarig und hochgewachsen, hatte eine strenge kalkweiße Stirn und kleine, unbarmherzige Augen; die anderen Priester – Pater Skerrit, Pater Hanratty und Pater Flynn – waren jung, dünn und irischer Abstammung. Sie hatten dicke Gelenke, große Adamsäpfel, die dazugehörigen Glupschaugen sowie rote Flecken auf den Wangen. Sie rochen nach frischer Wäsche und Talkumpuder; der Pastor roch nach gar nichts.

Pater Furty dagegen (ich entdeckte seinen Namen auf der Meßliste, die an der Sakristeiwand hing) war ein beleibter Mann mit dicken Armen und vorgewölbtem Bauch, und obwohl er nicht alt war, hatte er graue Haare, die er sehr kurz trug, in einer Art Julius-Caesar-Schnitt. Er hatte eine Flaschennase, ein fleischiges Gesicht und Wurstfinger. Daß er stark war, sah ich an der Art, wie er seine Gewänder ausfüllte, wie seine Slipper knirschten. Noch nie hatte ich einen Priester erlebt, der etwas so Sportliches wie Slipper trug ... und das zu einem Begräbnis!

Er wirkte ungewöhnlich, aber ich kam nicht gleich dahinter, was ihn anders machte. Auf einmal wurde es mir klar: Er sah aus wie ein normaler Mensch. Er war ein Mann in Priesterkleidung. Noch nie hatte ich Priester als Männer betrachtet, geschweige denn Nonnen als Frauen.

Er lächelte mir zu und sagte: »Foischt.« Dann nahm er ein Taschentuch aus seinem Ärmel und wischte sich den Schweiß vom Gesicht.

Erst nach einer Weile begriff ich, daß er feucht gemeint hatte.

Er sagte: »Jungs, zündet mal ein bißchen Holzkohle an. Es ist ja eine Totenmesse.«

»Jungs« und »Totenmesse« sagte er auf die gleiche Art, nämlich aus dem Mundwinkel. Irgendwie glich er eher einem Seemann als einem Priester.

Chicky und ich trugen das Weihrauchfaß auf den Rasen vor der Sakristei und hielten ein Streichholz an die Holzkohlenscheibe. Das Kreuz obendrauf zischte, und wir schwangen das Fäßchen abwechselnd umher, bis die Scheibe lichterloh brannte.

Wie das Glockenläuten gehörte dies zu den angenehmen Pflichten eines Ministranten. Während der Messe streute der Priester Weihrauch auf die glühende Kohle, und in Schwaden trat ein starker, durchdringender Geruch aus.

Ministrant zu sein war für mich etwas Selbstverständliches. Wenn ein Junge elf wurde, wurde es von ihm erwartet. Für einen katholischen Jungen gehörte es einfach dazu – es war eine Ehre und eine Pflicht. Und Priester zu werden war auch denkbar. »Vielleicht hast du ja die Berufung«, pflegte meine Mutter zu sagen. Ich hoffte, daß ich nicht die Berufung hatte; an eine freie Wahl glaubte ich nicht. Wenn meine Mutter sagte: »Gott könnte dir die heiligen Weihen verleihen«, stellte ich mir das so ähnlich vor, als würde man zum Ritter geschlagen: eine fordernde Handbewegung, ein strenger Ruf, und schon wurde ich Priester, ob ich nun wollte oder nicht. Doch bisher hatte ich noch nichts vernommen.

»Den Priester habe ich noch nie gesehen.«

»Furty«, sagte Chicky. »Er ist Alki.«

»Quatsch.«

»Er ist ein Suffkopp. Ich kann's beweisen.«

Es war ein wunderschöner Julitag, der Himmel strahlte, über den Blumenbeeten summten laut die Bienen, und auf der anderen Seite des Fellsway ratterten die Rasenmäher. Wir knieten im Schatten, spielten mit dem qualmenden Weihrauchfaß, das wie eine Laterne aussah, und gingen dann zu der Beisetzung.

Bei einem Begräbnis mußte man warten, bis der Sarg auf seinen Platz in den Mittelgang gerollt wurde und die Bänke sich füllten. Das konnten wir von unserem Standpunkt aus gut sehen, wir zwei Ministranten vor dem Priester, der die Monstranz wie einen goldenen Spiegel an seine Brust preßte.

»Gehen wir«, sagte Pater Furty. Chicky klirrte mit der Kette, als Vorwarnung für die Gemeinde, daß wir kamen, und wir hörten, wie sie sich erhoben, kaum daß die Glocke ertönte.

Intensiven Blumenduft habe ich von jeher mit dem Tod in Verbindung gebracht, während Weihrauch und Bienenwachskerzen mich immer an ein ernstes Hochamt und einen langen Gottesdienst erinnerten. Je mehr Düfte es gab, desto länger schien alles zu dauern. Bei diesem Begräbnis hörte man Schniefen und Schluchzen, und irgend jemand weinte sehr laut.

Mit meinen fünfzehn Jahren hatte ich noch nicht erlebt, daß jemand starb, den ich kannte; die Trauer um mich her beunruhigte mich zwar, war mir aber fremd; ich fand sie kaum irritierender, als jemanden lachen zu hören, ohne zu wissen, warum. Meine erste Beerdigung hatte mich verunsichert – nicht die Vorstellung, daß die Leiche im Sarg lag, sondern die Heftigkeit des Weinens; noch nie hatte ich jemanden so kummervoll und unendlich lange weinen hören. Es klang immer laut und mitfühlend, und es kam mir unehrlich vor, da der Betreffende tot war. Doch ich hatte noch nicht erlebt, daß jemand starb, den ich kannte.

Als wir vom Altar zum Mittelgang und weiter zu dem Sarg gingen, wobei wir an dem heißen Ständer mit den brennenden Altarkerzen vorbeikamen, machte Chicky mir Zeichen, ihn anzusehen. Er trug das lange Kreuz. Sein sehr häßliches, witziges Gesicht wirkte bei der Beleuchtung noch gelblicher. Er versuchte oft, mich zum Lachen zu bringen, besonders bei Beerdigungen. Ich sah ihn an, um ihm zu zeigen, daß ich es schaffen würde, nicht zu lachen. Er schlug drei Finger um den Schaft des Kreuzes und formte mit den Lippen das Wort »Magoo«.

Auf einer Beerdigung war ich leichter zum Lachen zu bringen als in einer leeren Kirche; die vielen schluchzenden Leute reizten mich dazu. Aber ich widerstand. Ich dachte an das, was er mir gesagt hatte – nackte Titte, einen runterholen, drei Finger. »Ihr Loch wird größer.«

Der Sarg war geschlossen, doch ich wußte, was drin war: Umgeben von weißen Rüschen, einem Clownskragen gleich, lag dort ein toter alter Mann mit bleichem, gepudertem Gesicht und eingefallenen Wangen, unter den Lidern traten die Augen vor, und weiter unten lag in weiteren Rüschen ein um knochige Finger gewickelter Rosenkranz; wie Walter Hogans Onkel Pat, den ich bei Gaffey's gesehen hatte.

Wir fingen mit der Totenmesse an. Mein Latein hatte ich aus einem Heftchen, in dem zur leichteren Aussprache Betonungshilfen angegeben waren.

In-tro-ibo ad all-ta-reh dee-i ad dee-umm kwi lä-ti-fi-katt ju-wenn-tutemm me-amm.

So fingen wir an. Ich verstand nicht ein einziges Wort, wußte aber alles auswendig und konnte beim Herunterrasseln bestimmter Gebete Schnellsprechwettbewerbe gewinnen.

Die Messe wurde gesungen – eine dicke Dame und ein Organist auf der Empore *(Dies irae, dies illa!)* –, und Pater Furty intonierte das Latein im Falsett, als wisse er genau, was er da sang. Dann hielt er die Predigt; es ging um Fußball und das Leben und daß man ein mannschaftsdienlicher Spieler sein solle, auch wenn man wisse, daß man allein sei. Er sagte »geheddst« und »Halbbroffi« und »Dande« statt »Tante«. Er sagte »Mennschnweesn«. Das fand ich aufregend. Er klang wie ein Mensch aus einem fremden Land.

Er war fertig, und die Messe ging weiter. Aus dem »Konfitee-or« wurde ein Wettlauf zwischen Chicky und mir. Normalerweise gaben wir uns Mühe, es so schnell wie möglich zu sagen, wie das »Su-ski-pe-at«, aber als ich sah, wie sich Chicky beim »Mea-kulpa« vorbeugte und gegen die Brust hämmerte, beschloß ich, ihn zu schlagen, und wurde als erster fertig.

»Erster«, sagte ich kurz vor der Wandlung. Wir befanden uns am ganz rechts vom Altar stehenden Tisch, von wo wir die Meßkännchen mit Wein und Wasser holten.

»Du hast den Mittelteil ausgelassen«, flüsterte er.

»Du hast wohl den Arsch offen«, zischte ich ihn an.

Doch er hörte nicht zu, sondern flüsterte: »Ich werde beweisen, daß er ein Alki ist« und warf den Kopf hoch.

Ich sah zu Pater Furty hinüber, der mit dem Kelch auf uns zukam.

Wie immer hielt uns der Priester seinen Meßkelch entgegen, damit wir ihm etwas Wein und Wasser einschenkten, ehe er zu seinem Platz vor dem Tabernakel zurückkehrte, um zu trinken. Doch diesmal tat Chicky etwas noch nie Dagewesenes. Als Pater Furty ihm den Kelch hinhielt, leerte Chicky den Krug . . . und zwar bis auf den letzten Tropfen.

Der Meßkelch zitterte, Pater Furty schien Bedenken zu haben; er stieß einen lauten resignierten Seufzer aus und betrachtete den vollen Kelch, bewegte ihn dann seitlich, damit ich Wasser zugießen konnte, nahm ihn aber wieder weg, ehe ich mehr als ein paar Tropfen hineingegossen hatte. Von uns beiden beobachtet, ging er zum Tabernakel zurück.

Er richtete sich auf, beugte sich vor, stützte die Ellbogen auf den Altar und lugte in den Kelch, den er wie ein großes Glas in seine Richtung kippte. Er schob die Lippen vor, anscheinend von Vorfreude ergriffen, packte den Kelch noch freudiger, verlegte das Gewicht auf sein zurückgesetztes Bein, hob den Kelch, leerte ihn und stieß einen kleinen zufriedenen Seufzer aus.

Anschließend wankte er etwas und blieb mit der Spitze seines Slippers am Altarteppich hängen, und als er eigentlich Weihwasser verspritzen sollte, tauchte er den Weihwedel in den Weihwasserkessel und schüttelte ihn in Richtung Sarg. Er nuschelte jetzt, und seine Gebete klangen undeutlich. Auf dem glänzenden hölzernen Sargdeckel sah man Weihwasserflecken und -tropfen.

Neben dem Sarg versammelten sich Männer. Aus der Gemeinde drangen ein gequälter Schrei und Schluchzen. Dann standen wir am Fuße des Altars und sahen zu, wie der Sarg auf lautlosen Gummireifen zur Tür gerollt wurde, hinaus in den strahlenden Sommer, wo es Bäume und Autos gab.

Zurück in der Sakristei, löschte Chicky das Weihrauchfaß und zog rasch Chorhemd und -rock aus. Er behauptete, er müsse für seine Mutter etwas erledigen. Daß er sich nicht richtig verhalten hatte, wußte er, dennoch verkündete mir sein letzter Blick: Was hab' ich dir gesagt?

Pater Furty wirkte verwirrt, als fiele es ihm schwer, eine Frage zu formulieren. Schließlich sagte er: »Dieses Schränkchen ist leer. Das ist wirklich eigenartig.«

Er meinte das Schränkchen, in dem der Meßwein aufbewahrt wurde. Chicky hatte die einzige andere Flasche versteckt – vor der Messe, als er sich einen Schluck genehmigte.

»Hier ist noch eine Flasche«, sagte ich und griff in den Meßgewandschrank, wo Chicky die Flasche versteckt hatte.

»Ah ja. Ich dachte einen Moment lang, ich spinne.«

Als er sie mir abnahm, sah er das Mossberg.

»Was 'n das, verdammt noch mal?«

»Mossberg. Mit Schlagbolzen. Repetierbüchse.«

Er hob die Flasche, um nachzusehen, wieviel Wein noch drin war.

»Es gehört mir«, sagte ich. »Ist nicht geladen.«

Er lächelte und schenkte den blauroten Wein mit einem blubbernden Geräusch in ein Glas; das Licht schien hindurch wie durch Buntglas. Und mit einem ähnlichen Geräusch trank ihn Pater Furty, er leerte das Glas und stieß einen Laut aus wie zuvor am Altar.

Die ganze Zeit über lächelte er über mein Mossberg, sagte aber nichts weiter. Ich spürte sein Verständnis, und von diesem Moment an vertraute ich ihm.

Als ich mein Chorhemd über den Kopf zog, hörte ich das Seufzen Pater Furtys. Er stand auf seine Ellbogen gestützt, umgeben von den Gewändern an dem Schränkchen, und rülpste leise.

Dann wankte er rückwärts, setzte sich, seufzte erneut, gab weitere zufriedene Laute von sich und sagte: »Geh nicht, Jungchen.«

Ich dachte darüber nach, wie ich das Mossberg aus der Sakristei schaffen konnte.

Pater Furty lächelte immer noch, allerdings hatte er den Blick nicht direkt auf mich gerichtet. Er sah sehr müde aus, wie er mit den Händen auf den Knien dasaß. Dann versuchte er grunzend, sich zu erheben.

»Ich brauche etwas Unterstützung«, sagte er. »Stell mal das Gewehr ab und dreh mich in die richtige Richtung.« Er murmelte so leise, daß sich seine Lippen kaum bewegten. »Beerdigungen sind kein Spaß«, sagte er.

2

Pater Furty humpelte neben mir her und hielt sich aufrecht, indem er sich mit der rechten Hand an meiner Schulter festklammerte und irgendwie mit der linken Hand ruderte. Ich hielt den Mund; ich war sein Spazierstock. Sein Gesicht war gerötet und so aufgedunsen wie vorhin, als er in der Sakristei gekniet und für die Bekehrung Rußlands gebetet hatte. Als ich aufbrach, hatte ich mir über mein Mossberg im Meßgewandspind Sorgen gemacht und über das Treffen mit Tina – ich war schon spät dran; auch über Chickys Gerede hatte ich mir den Kopf zerbrochen, über den Sexkram. Aber Pater Furtys große weiche Hand beruhigte mich; wir halfen einander aus der Sakristei.

Statt zum Pfarrhaus zu gehen, das nur zwanzig Meter entfernt lag, gingen wir daran vorbei, hinter der Kirche über den Parkplatz, über die Fulton Street (er humpelte immer noch; wohin gingen wir bloß?) und dann auf einen blauen Bungalow zu. Er hieß »Holy Name House«. Ich hatte noch nie jemanden hineingehen oder herauskommen sehen und keine Ahnung, daß das Haus eine Beziehung zu Saint Ray's hatte.

»Immer sachte«, sagte Pater Furty. »Wir sind fast da.«

Das sagte er offenbar, um mich anzuspornen, weil ich langsamer wurde. Sollte ich ihn etwa ins Haus begleiten? Er war ziemlich schwach, und ich war mir sicher, daß etwas mit ihm nicht stimmte. Für betrunken hielt ich ihn nicht, schließlich hatte er nur einen Weinkelch und in der Sakristei nicht einmal eine halbe Flasche geleert. Das war nicht genug. Nein, er war krank – daran zweifelte ich nicht.

Ein »Alki« war etwas anderes: ein verrückter, stinkender Mensch wie die Penner, die im Stadtpark schliefen, einem etwas zumurmelten, wenn man vorbeiging, und immer eine Flasche in der Hand hatten. Aber Pater Furty strahlte Verständnis und Autorität aus, selbst wenn er schwankte und schwer atmete; ich spürte, daß er vielleicht ein bißchen komisch, vor allem aber freundlich war. Er hatte mein Mossberg gesehen und nur gelächelt!

Auf der mit Fliegengittern versehenen Veranda des Holy Name House wehte ein Lüftchen, doch im Inneren herrschte brütende Hitze. Die Jalousien waren zwar heruntergelassen, um die glühendheiße Sonne abzuhalten, aber die schattigen Stellen sahen genauso heiß aus wie die hellen. Da das Haus am hellichten Tag verdunkelt war, glich es einer Krankenhausstation, es roch nach Plastikfliesen, sauberer Farbe und welkenden Blumen.

»Hier halte ich mich auf«, verkündete Pater Furty. »Daß ich hier wohne, kann ich nicht gerade behaupten. Ziemlich spartanisch, was?«

Sein Tonfall war anders als der, in dem er das Vaterunser vorgetragen hatte, und er gefiel mir viel besser.

Er ging langsamer, stützte sich aber immer noch schwer auf meine Schulter und schaute im Vorbeigehen in jedes Zimmer, wozu er mit der freien Hand die Tür aufstieß und den Kopf hineinsteckte.

»Wir werden schon klarkommen.«

Das Haus war leer, und wegen des hellen Sommerlichts, das von draußen durch die Jalousien drang, wirkte es nur noch verlassener. Ich hatte keinerlei Angst, hier mit ihm allein zu sein; ich war sogar froh darüber, daß er mich auserkoren hatte, ihm nach Hause zu helfen . . . Hier war ich noch nie gewesen! Und meine Aufgabe nahm mich so in Anspruch, daß ich mein Treffen mit Tina und das zurückgelassene Mossberg völlig vergaß.

Pater Furty stöhnte.

»Ich könnte einen Arzt rufen«, schlug ich vor.

»Was versteht ein Arzt von Plattfüßen?« sagte er und schwankte noch ein wenig mehr.

Wir bogen um eine Ecke. Mitten im Flur stand ein Mop in einem Eimer.

»Den hat jemand da stehenlassen, damit ich drüber stolpere«, sagte Pater Furty, blieb stehen und wankte seitwärts.

Ich räumte den Mop samt Eimer fort, und Pater Furty ging weiter. Als er an dem letzten Zimmer zur Rechten angekommen war, klammerte er sich an den Türrahmen und keuchte, als wäre er am Ende eines langen Kampfes und zu erschöpft, um den Sieg auszukosten.

In diesem Moment klingelte es.

»Soll Betty doch aufmachen. Das ist Mrs. Flaherty. Die Haushälterin. O segne und errette uns.« Er atmete immer noch schwer.

Es klingelte wieder, die gleichen zwei Töne, dumm und beharrlich. Ich ließ Pater Furty am Pfosten seiner Zimmertür hängend zurück und ging zur Haustür.

Hinter dem Milchglas zeichnete sich ein großer verzerrter Umriß ab, Kopf und Schultern. Es war der Pastor. Als ich die Tür öffnete, musterte er mich mit finsterer Miene; dann lösten sich seine Lippen, er senkte den Kopf und beugte sich zu mir herunter. »Was hast du hier zu suchen?«

Die schroffe Frage machte mich unsicher und drängte mich in die Defensive; sofort bekam ich Schuldgefühle und traute mich nicht, die Wahrheit zu sagen. Ich wußte nicht, warum ich da war.

»Ich wische den Fußboden«, sagte ich; das konnte ich nämlich beweisen, war mir aber nicht sicher, ob ich irgend etwas anderes beweisen konnte.

»Allein?«

»Ich glaube schon.«

»Du glaubst schon.«

Wenn er sarkastisch sein wollte, wiederholte er immer, was man gerade gesagt hatte. Diese Masche klappte immer. Was ich auch gesagt hatte – es hörte sich dumm an und war für mich eine Bestätigung, daß ich dämlich war und mir im Leben nie etwas Gescheites einfallen würde.

Er wiederholte es noch einmal, wodurch es noch dümmer klang. Ich versuchte, nicht mit der Wimper zu zucken. Dann fiel mir das Mossberg in der Sakristei ein, und ich fühlte mich noch schlechter und hätte es fast zugegeben.

»Ich suche Pater Furty«, sagte der Pastor. »Hast du ihn gesehen?«

Als ich Pater Furty das letzte Mal gesehen hatte, klammerte er sich gerade an die Tür seines kleinen Zimmers und keuchte: »O segne und errette uns.« Ihm ging es nicht gut, er brauchte Schutz; ich wußte, daß der Pastor sehr streng war.

Doch statt nein zu sagen, schüttelte ich den Kopf. Ich hing dem unschuldigen Glauben an, daß eine Lüge weniger schlimm war, wenn man das Wort nicht in den Mund nahm. Ich zögerte, wartete darauf, daß ein Blitzschlag mich niederstrecken würde – und auf den Ruf: Lügner!

»Steh nicht einfach hier herum«, sagte er. »Sonst wird der Boden nie gewischt.«

Ich betrachtete die zerkratzten Plastikfliesen.

»Wische ihn zum Ruhme Gottes«, sagte er. »Widme diesen Fußboden dem Herrn.«

Als er das sagte, sah der Boden für mich weniger schmutzig aus, und ich fühlte ihn sogar fester unter den Füßen.

Der Pastor drehte sich um und ging, und mir wurde meine Angst bewußt: Der Blitzschlag hatte mich knapp verfehlt.

»Wer war das?« fragte Pater Furty nicht sehr interessiert. Er hing auf dem Sessel neben seinem Bett, die Arme auf den Sessellehnen, die Hände hingen herab.

»Der Pastor.«

Er ballte die Fäuste und setzte sich auf. »Wo ist er?«

»Er ist gegangen. Ich hab' ihm gesagt, Sie wären nicht da.«

Er ließ sich wieder in den Sessel sinken und lächelte. »Das war knapp«, sagte er. »Warum hast du geflunkert?«

»Ich dachte, es wäre Ihnen lieber«, sagte ich, froh darüber, daß er »geflunkert« statt »gelogen« gesagt hatte. »Ich dachte, Sie wären krank.«

»Es ist nicht lebensgefährlich«, sagte er. »Wie heißt du, Sohn?«

»Andre Parent.«

»Mach die Tür zu, wenn du gehst, Andy«, sagte er. »Gott sei mit dir.« Dann stieß er einen kleinen Laut aus, eine Art Hickser oder Seufzen. Ich ließ ihn in dem heißen Schatten seines Zimmerchens zurück.

Als ich den Fellsway überquerte, verließ Tina gerade die Bushaltestelle. Ich rief ihr nach, sie solle zurückkommen, und die Leute drehten sich um.

»Der Junge hat ein Gewehr«, sagte jemand, der vor dem Drugstore stand.

Tina sagte: »He, ich habe über eine Stunde gewartet.«

Sie trug einen blauen Pullover, weiße Shorts und Turnschuhe. Ihre Haare standen in Rattenschwänzchen rechts und links am Kopf seitlich ab. Ihr Lippenstift war rosa, der gleiche Farbton wie ihre kleinen Fingernägel, und sie spielte an einem Plastikarmband herum, während sie mich ansah.

»Mit diesem Ding lassen sie dich nie in den Bus. Du könntest jemanden umbringen.«

Doch als der Bus kam, sagte der Fahrer nur: »Nimm den Bolzen aus deiner Flinte.«

»Ist draußen«, sagte ich und zeigte es ihm.

Wir saßen auf der hintersten Bank und hörten dem Wummern der Blechklappe am Busende zu. Wir redeten nicht. Tina spielte weiter an ihrem Armband. Bei Spot Pond kamen wir am New England Memorial Hospital vorbei.

»Das sind alles Adventisten vom Siebenten Tag.« Ich versuchte, ein Gespräch in Gang zu bringen. »Sie rauchen nicht und trinken auch keinen Kaffee. Tanzen dürfen sie nicht. Fleisch essen sie keins. Sie dürfen nicht mal Thunfisch essen!«

Tina sagte kein Wort. Ich bekam es mit der Angst. »He, bist du eine Adventistin?«

Sie schüttelte den Kopf; das Wort »nein« nahm sie nicht in den Mund, so daß ich mich fragte, ob sie log. Soviel ich wußte, ging sie nie in irgendeine Kirche, und ich hatte keine Ahnung, welcher Religion sie angehörte. Da ihre Mutter keine Katholikin war, nahm ich an, daß sie Protestantin war. Keine erkennbare Religion zu haben verstärkte Tinas sexuelle Anziehung nur noch.

Hinter dem Krankenhaus lag ein großes graues Haus, das mit seinen herrlichen Fenstern wie ein Gerichtsgebäude aussah – das Wasserwerk am Spot Pond; danach wurde der Wald dichter. Wir fuhren am Zoo vorbei, dann noch zwei Kilometer auf einer immer flacher und enger werdenden Straße.

»Hier gibt's keine Bürgersteige«, sagte Tina.

Wir waren die letzten Fahrgäste. An der Whipple Avenue stiegen wir aus und gingen auf einem Feldweg durch staubige Fichtenwälder.

»Ich hab' mal einen Kerl gesehen, der mit einem Gewehr vom Kaliber dreißig-dreißig eine Möwe erschossen hat.«

Tina musterte mich aus zusammengekniffenen Augen, als wolle sie sagen: Na und?

»Möwen zu töten ist gesetzlich verboten«, sagte ich. »Weil sie Müll fressen.«

Hinter einem Felsen stürzte ein Hund hervor und bellte uns an.

»Du kannst mich beschützen«, stellte Tina fest.

»Ich würde nie einen Hund erschießen«, sagte ich. »Nicht mal ein Eichhörnchen.«

»Wozu hast du dann das Gewehr?«

»Um Flaschen zu zerdeppern«, antwortete ich.

Wir gingen durch den Wald und betraten die Sandgruben. Ein Teil davon war eine Miniaturwüste – flache Buschlandschaft, Dünen und sandige Hänge. Zum Zielschießen war der Steinbruch mit den hohen Felsvorsprüngen und den trichterförmigen steilen Wänden am besten geeignet. Es war wie die

Hölle in Dantes ›Inferno‹ – ich hatte kürzlich das Taschenbuch gekauft, das sich als eine unerwartet angenehme Lektüre entpuppte – voller Gerüche und interessanter Aussichten. Die Sandgruben waren so rauh und kantig wie Dantes Hölle, doch hier war alles leer, wie in Erwartung der Sünder.

Manchmal hatte ich hier Sandtransporter gesehen, doch diesmal waren keine da. Es war sehr heiß. Ich sah kleine staubige Vögel und hörte das Zirpen der Heuschrecken. Daß ich mit Tina allein war, erregte mich, machte mich nervös und steigerte meine Lust, sie zu befummeln, ihre Brüste anzufassen. Ich hatte noch nie mehr getan, als sie auf einer Party im Dunkeln zu küssen.

Ich stellte eine Reihe Flaschen auf einen Baumstamm, forderte Tina auf, hinter mir Aufstellung zu nehmen, und fing an zu schießen.

Beim ersten Schuß rief Tina: »He! Mein Trommelfell!«

Sie war erschrocken und ängstlich. Das gab mir Selbstvertrauen. Ich feuerte weiter und leerte die Kammer, dann lud ich nach. »Du bist dran.«

»Ich fasse das Ding nicht an!«

»Du hast Angst«, stellte ich fest.

»Meine Mutter würde mich umbringen, wenn sie das wüßte.«

Etwas an der Art, wie sie das sagte, spornte mich an, sie zu beeindrucken; und ihre Angst beruhigte mich, weil ich wußte, daß mein Mossberg absolut nicht gefährlich war, solange man sich an die Regeln hielt. Ich zerbrach sechs Flaschen – sechs Schüsse – und ging dann zurück zu der Stelle, wo Tina an einem sandigen Abhang hockte.

»Du hast also Angst«, sagte ich.

Sie hatte die Ellbogen angewinkelt und preßte das Gesicht zwischen die Hände. Ich hockte mich neben sie, das Mossberg im Arm.

»Na? Angst?« Ich tat so, als stellte ich irgend etwas am Gewehr ein, und rückte näher an sie heran.

Sie zog ein zusammengeknülltes Papiertaschentuch aus dem Ärmel, drückte es sich unter ihre Nase und schneuzte sich. Ihre Nasenspitze war rot. »Ich hab' keine Angst.«

Sie stand auf, hob das Mossberg und gab drei Schüsse ab.

Flaschenglasscherben und Staubwolken flogen durch die Gegend. Dann putzte sie sich noch einmal die Nase.

Ich stellte das Gewehr ab. Mir fehlten die Worte. Ich wollte sie küssen. Ich wollte wissen, was sie dachte, und ihre Gedanken sollten sein: Küß mich, faß mich an, mach alles, was dir gefällt.

Sie sagte: »Wenn ich nach Hause komme, muß ich mir wohl die Haare waschen.«

Noch während sie das sagte, schlang ich die Arme um sie. Sie schloß die Augen, ließ sich von mir küssen und hielt die Augen geschlossen, so daß ich sie gleich noch mal küßte. Ihre Lippen wurden weicher, und die Augen öffnete sie immer noch nicht. Das machte mir Mut; es schien, als würde sie allem zustimmen, indem sie die Augen geschlossen hielt.

Während ich sie stürmischer küßte und selbst die Augen schloß, schob ich eine Hand über die pralle Wölbung ihrer Brust und spürte die Ränder ihres BH.

»Nicht«, flüsterte sie mir in die Lippen.

Als ich es noch einmal probierte, riß sie meine Hand heftig weg und sagte: »Hör auf damit!« Es war qualvoll, ihre weichen Lippen zu küssen und gleichzeitig zu spüren, wie ihre flinken Finger an meiner Hand zerrten. Endlich hörte ich auf, sie zu küssen, da erst öffnete sie die Augen.

»Wenn ich nicht ziemlich bald nach Hause komme, brüllt mich meine Mutter furchtbar an.«

Aber da ich enttäuscht war, zögerte ich unseren Aufbruch hinaus, indem ich meine übrigen fünfzig Patronen verschoß, während sie in ihren Taschenspiegel schaute und rosa Lippenstift auftrug.

Im Bus sagte sie: »Wie war die Beerdigung? Aber erzähl mir keinen Quatsch.«

Ich überlegte kurz. Sie zog mich auf. Doch die Beerdigung und ihr Nachspiel standen mir noch deutlich vor Augen, und sie schien eine Bedeutung zu haben, die ich noch nicht begriff. »Der Priester ist krank geworden.«

»Ach, die werden dauernd krank«, sagte sie.

Wir sprachen nicht übers Küssen oder meinen Versuch, sie zu berühren. Andererseits hatten wir noch nie darüber gesprochen. Als ich sie das erste Mal küßte, hatte sie sich über ihre Hausarbeit in Geschichte Sorgen gemacht – den Erwerb Louisianas durch die USA. Über Küssen sprach man nicht; so etwas taten wir mit geschlossenen Augen. Hätte sie etwas gesagt, wäre mir das peinlich gewesen. Durch mein Schweigen kam ich mir älter und erfahrener vor.

Was die andere Sache betraf – das Berühren ihrer Brust –, so war ich inzwischen erleichtert, daß sie es mir nicht erlaubt hatte, denn ich wußte nicht, wie ich es bei der Beichte hätte formulieren sollen.

An diesem Abend sagte mein Vater beim Essen – falscher Hase – zu mir: »Wo warst du heute?«

»Nirgends«, sagte ich.

»Was hast du angestellt?«

»Nichts.«

»Er hatte heute morgen eine Beerdigung«, sagte Louie.

Louie war schon seit dem vorigen Jahr kein Ministrant mehr, seit ich angefangen hatte . . . später als die meisten anderen. Er hatte mir Latein beigebracht.

»Charlie Plotke«, sagte meine Mutter.

Sie sprach seinen Namen aus, als lebte er noch; ich wußte aber, daß der Körper im Sarg tot und leer war . . . wie Hogans Onkel. Ich hatte mir den bleichen Puppenkopf in den Rüschen vorgestellt und gedacht: Nichts, niemand.

»Charlie war täglich Kommunikant«, sagte mein Vater. Er benutzte ständig katholische Ausdrücke wie Fastnacht, Septuagesima, Fastenzeit oder Triduum und Stoßgebet. Er drehte mir ruckartig den Kopf zu und fragte: »Wer hat die Messe zelebriert?«

»Pater Furty.«

Keiner sagte etwas.

»Er ist neu«, sagte ich. »Er ist nicht aus Boston.«

Alle sahen mich an.

»Er wohnt im Holy Name House.«

Kaum hatte ich das gesagt, spürte ich, daß etwas zwischen meinem Vater und meiner Mutter ausgetauscht wurde – über meinen Kopf hinweg. Es war wie eine Art Hitzestrahl, aber auch ein gewisser Druck, der erst von rechts, dann von links kam und gerade noch die Haarspitzen meiner Igelfrisur berührte. Dann zerplatzte eine über uns schwebende Blase der Spannung und ließ ein Summen zurück; mir wurde klar, daß ich es ausgelöst hatte. Was war mit diesem Haus? Was war mit Pater Furty?

»Wenn du ganz inbrünstig betest«, sagte meine Mutter immer, »wählt Gott dich vielleicht für den Priesterberuf aus.«

Früher hatte ich immer an den Pastor oder an Pater Ed Skerrit gedacht, und Priester zu sein hatte für mich bedeutet, aus dem Leben zu treten und am Rand zu stehen – mit dünnen Knöcheln, einem großen Adamsapfel und roten Händen, die aus einer schwarzen Soutane ragten. Doch jetzt bedeutete »Priester« Pater Furty, und das kam mir gar nicht so schlimm vor. Anscheinend wußten sie etwas über ihn, aber mir verrieten sie es nicht; mir verrieten sie nie Geheimnisse.

»Noch zwei Beerdigungen, und du kriegst eine Hochzeit«, sagte Louie.

3

In diesem Sommer hatte ich eine Teilzeitarbeit am Wright's Weiher: Aufseher im Umkleideraum, drei Tage die Woche. Ich saß am Eingang der Blechbaracke neben dem Parkplatz und las Dantes ›Inferno‹. Wenn jemand fragte: »Warum liest du so was?«, entgegnete ich: »Hör dir das an.«

> Zwischen den Beinen hingen die Eingeweide,
> die Brust zerrissen bis zum eklen Sack,
> der das, was man verschluckt, in Kot verwandelt.

Kaum jemand benutzte den Umkleideraum. Es war dunkel, die Garderobenschränke waren rostig, der Boden ständig feucht; ich spritzte ihn morgens mit dem Schlauch ab, und er blieb den ganzen Tag über naß. Ich hatte den einzigen Schlüssel – einen Schlüssel für dreihundert Garderobenschränke. Einen einfacheren Job gab es nicht. Ich saß in der Sonne, spielte mit dem Bademeister und dem Polizisten Whist, ich ruderte. Ich las Dante. Ab und an sagte jemand: »He, Junge«, und dann verschloß ich seine Klamotten in einem rostigen Schrank. Nur bei den Männern; um die Frauen kümmerte sich eine dicke weinerliche Frau namens Mrs. Boushay, die mit verschränkten Armen dasaß, ihren neuen Buick anstarrte und sagte: »Ich wünschte, er wäre mir nie unter die Augen gekommen.«

Es ging das Gerücht, im Wright's Weiher könne man sich Kinderlähmung holen. Einen Sommer zuvor war eine Woche lang Baden verboten gewesen. Man hatte das Wasser untersucht; und auch in diesem Sommer kam regelmäßig ein Kontrolleur und entnahm ein Glas Wasser. Die Leute behaupteten, der Weiher sei gefährlich und dreckig, und lachten, wenn ich sagte, daß ich dort arbeitete. Tinas Mutter ließ sie nicht dorthin; ich hatte Tina noch nie im Badeanzug gesehen. Im Grunde genommen war ich froh, daß Tina nicht in Wright's Weiher schwamm. Unsere Kunden waren eine rauhe Truppe, ständig wurde geflucht und gebrüllt, und Tina war so schön, daß die Jungs sie belästigt und naß gespritzt hätten.

Ein paar Tage nach dem Begräbnis, an einem Freitag, sah ich das Mädchen, das wir Magoo nannten, über den Parkplatz am Weiher gehen. Sie wurde von ihrem jüngeren Bruder begleitet, einer kleineren Ausgabe von ihr. Sie hatten Sommersprossen, vorstehende Zähne und strähnige braune Haare, die ihnen wie angeklatscht an den Köpfen lagen. Ihre rosa Nasen schälten sich, und ihre Söckchen waren ausgesprochen drekkig. Beide schlurften auf die gleiche Weise und gingen über den Onkel. Magoo war in meinem Alter, der Bruder mochte zehn oder elf sein, hatte aber das Gesicht eines alten Mannes.

Der Bruder hetzte einen Hund zum Wasser hinunter, und als Magoo allein war, ging ich zu ihr. Den Schlüssel ließ ich an einem Finger kreisen. »Kommst du mit in den Wald, spazieren?«

Sie antwortete: »Ich dachte, du mußt arbeiten.«

»Nach der Arbeit«, sagte ich, meiner Sache aber schon nicht mehr so sicher. Sie war dicklich und blaß und machte mit ihren Hauern den Eindruck, als glaubte sie an nichts. Ihre dünnen Haare hielt sie mit einem Gummiring zusammen. Ich hatte nichts gegen sie; sie tat mir leid, weil sie so häßlich war, und ich war sauer auf Tina, der ich zu verdanken hatte, was ich jetzt tat.

»Nur wir zwei«, sagte ich. »Wir gehen um den Weiher.«

Sie sah sehr gelangweilt aus, öffnete aber plötzlich den Mund ein wenig und bleckte die Zähne. »Ich muß mich um meinen Bruder kümmern.«

»Er kann hierbleiben. Der kommt schon allein zurecht.«

Sie verzog das Gesicht. Ich haßte sie, weil sie mich zwang, ihr solche Fragen zu stellen.

»Na komm«, sagte ich. »Es dauert nicht lange.«

Ich dachte daran, wie Chicky *drei Finger* gesagt hatte.

»Nö.«

»Warum nicht?«

»Weil ich nicht will, darum nicht.«

Einen Moment lang haßte ich sie abgrundtief, und am liebsten hätte ich gesagt: *Warum hast du's dann mit Chicky getrieben?* Sie ging weg, und ich haßte Tina und zu guter Letzt mich selbst. Dann war ich froh, gerettet: Ich hatte nicht gesündigt. Haarscharf war ich an einer Todsünde vorbeigeschlittert.

Der nächste Tag war Sonntag, Beichte. Wie immer machte ich mich am Spätnachmittag auf, nachdem ich den ganzen Tag lang gebangt hatte. Ich wartete in der kühlen Dunkelheit im rückwärtigen Teil der Kirche hinter einer Säule und beobachtete gründlich, ehe ich mich für den Beichtstuhl mit der kürzesten Warteschlange entschied, denn das bedeutete, daß der Priester schnell war; wenn er schnell war, war er unproblematisch: Er hörte zu, stellte ein, zwei Fragen und erteilte dann die Absolution. Die schwierigen Priester hielten strenge Strafpredigten und schickten einen ohne Absolution fort. »Du klingst, als täte es dir nicht genügend leid . . . Komm wieder, wenn es dir wirklich ernst ist.« Das hatte einmal der Pastor zu mir gesagt, und seitdem mied ich ihn; ich achtete auf seine Schuhe, die sich unter dem Vorhang abzeichneten.

Den ganzen Tag lang hatte ich meine Sünden vor mich hin gemurmelt; ich hatte Angst. Es war der merkwürdigste Tag der Woche. Ich verlor meinen Körper und wurde zur Seele – einer befleckten Seele. Ich besaß weder Namen noch Identität, war lediglich die Summe meiner Sünden. Vor der Beichte fühlte ich mich am Rand der Hölle und danach nicht dem Himmel nahe, sondern glücklich, angstfrei und seltsamerweise ein bißchen dünner und leichter.

Vor dem Beichtstuhl in der Ecke hinter der Siebten Station des Kreuzweges warteten nur wenige, daher ging ich hinüber und schlüpfte in die Bank. Ich tat so, als betete ich, und probte noch einmal meine Beichte.

Eine heisere Kleinjungenstimme drang aus dem Beichtstuhl. »Und ich habe meinen Bruder angebrüllt.« Von dieser Sünde hatte ich noch nie gehört.

Er ging; ein anderer trat ein und ging wieder; nun war ich an der Reihe. Ich zog den Vorhang fest hinter mir zu und preßte beim Knien die Stirn gegen die Trennwand aus Plastik. Es war eine rechteckige Luke, bespannt wie ein Tennisschläger. Das Spätnachmittagslicht schien hindurch und färbte sie orange. Von der anderen Seite vernahm ich Gemurmel, und dann öffnete sich meine Luke, und ich sah hinter den Tennissaiten den gesenkten Kopf eines Priesters. Beim Geräusch des Öffnens fing ich ganz schnell an zu flüstern.

»Ich bitte um Ihren Segen, Pater. Ich beichte dem allmächtigen Gott und Ihnen, Pater, daß ich gesündigt habe. Meine letzte Beichte war vor einer Woche. Meine Sünden sind: gelogen – dreimal, Ungehorsam gegenüber meinen Eltern – zweimal, unreine Gedanken – siebenmal, allein unzüchtige Handlungen begangen – dreimal, unzüchtige Handlungen mit anderen begangen – einmal, und viermal meinen Bruder angeschrien. Das ist alles, Pater. Ich bereue diese und andere Sünden, an die ich mich nicht erinnern kann.«

Ich schwieg, atemlos, mit heißem Hals, brennenden Augen und trockenem Mund, und ich zitterte aus Angst vor dem, was kommen würde. Das Gesicht des Priesters konnte ich nur schemenhaft sehen. Sein Kopf blieb gebeugt, als grämte er sich wegen mir und bitte für mein Seelenheil.

Er kam sofort auf die Sünde zu sprechen, auf die es ankam. So machten sie es immer, ganz gleich, wo ich sie einflocht.

»Diese unzüchtige Handlung mit anderen«, sagte der Priester leise, »fand die mit einer oder mehreren Personen statt?«

»Es war ein Mädchen, Pater.«

»Ein katholisches Mädchen?«
»Ihre Eltern führen eine Mischehe.«
»Was genau hast du gemacht?«
»Sie berührt«, sagte ich, und mein Mund wurde noch trokkener.
»Wo hast du sie berührt?«
»Bei den Sandgruben, Pater.«
»An ihrem Körper oder an ihrer Kleidung?«
»Kleidung, Pater.«
»Schlüpfer?«
Nach diesem Wort machte ich eine Pause, bevor ich antwortete.
»Nein«, sagte ich mit heiserer Stimme. »Am Oberkörper.« Das kam mir nicht so sündig vor wie *an ihrer Brust.*
Es blieb eine Weile still. Ich lauschte auf ein Seufzen, auf irgendein Anzeichen dessen, was kommen würde; ich fürchtete mich vor weiteren Fragen. Doch es kamen keine Fragen mehr.
»Du wußtest, daß du Unrecht begangen hast«, sagte der Priester. »Der Teufel hat dich in Versuchung geführt. Denk daran, du kannst dem Teufel ein Schnippchen schlagen, indem du Gelegenheiten zur Sünde aus dem Weg gehst. Wenn du spürst, wie sich ein sündiger Gedanke in deinen Kopf schleicht, richte ein Gebet an Jesus Christus, Unseren Herrn und Retter. Als Buße sprichst du drei Vaterunser und zehn Ave Maria. Und nun tue Abbitte, Sohn.«
Eifrig und dankbar, daß es so glimpflich abgelaufen war, tat ich Abbitte, während der Priester auf lateinisch mit mir betete.
»O mein Gott«, sagte ich, »es tut mir von Herzen leid, daß ich gegen dich gesündigt habe. Ich bereue alle meine Sünden, denn ich fürchte den Verlust des Himmels und die Qualen der Hölle, am allermeisten aber bereue ich, daß ich gegen dich, meinen Gott, gesündigt habe ...«
Hinter der dunklen Täfelung bewegte der Priester segnend seine rechte Hand. Schon fühlte ich mich leichter, fröhlicher, sauberer, dünner. Das steinharte Kniekissen und der Geruch der Plastikluke in der Trennwand waren vergessen.
»... der du nichts bist als Güte«, fuhr ich fort, »und dem meine ganze Liebe gehört. Ich nehme mir fest vor, mit Hilfe

deiner Gnade meine Sünden zu beichten, Buße zu tun und mein Leben zu ändern. Amen.«

»Amen«, sagte der Priester und zog das Wort ein wenig in die Länge, so daß ich noch blieb. Ich wartete darauf, daß er die Luke zuschob. Er schien zu zögern. »Gott segne dich«, sagte er, und ich beugte mich näher an die Tennisschlägersaiten. Er segnete mich nicht, sondern kratzte sich am Ohr. »Bist du's, Andy?«

Einen Augenblick lang konnte ich nicht sprechen. Dann sagte ich: »Ja, Pater.« Ich fühlte mich gefangen. Noch nie war in einem Beichtstuhl mein Name gefallen.

»Vielen Dank, daß du mich neulich nach Hause gebracht hast.«

Es war also Pater Furty. Wenn mir jemand dankte, wußte ich nie, was ich erwidern sollte. Und dann noch im Beichtstuhl! »Ist schon in Ordnung, Pater.«

»Kommst du nächste Woche mit auf eine Bootsfahrt? Sagen wir Donnerstag?«

»Wenn ich nicht arbeite.«

»Prima. Komm gegen Mittag zum Haus. Ich sorge fürs Essen. Einige Mitglieder der Sodalität kommen auch.«

»Danke, Pater.«

»Es gibt nichts weiter als, äh, Wurstbrötchen, Kartoffelsalat und so was.«

»Ja, Pater.« Ich fragte mich, ob das jemand auf den Kirchenbänken draußen hören konnte.

»Jetzt gehe hin und tu Buße.«

Als ich den Beichtstuhl verließ, beugte ich den Kopf und eilte zur Kommunionbank, damit mich keiner von denen erkannte, die darauf warteten, in den Beichtstuhl gelassen zu werden. Auch wenn sie nicht gelauscht hatten, wußten sie doch, daß ich lange drin gewesen war, und das deutete immer auf größere Sünden hin.

Pater Furty trug ein Hawaiihemd, dazu seine schwarze Priesterhose und seine knirschenden Slipper. Als ich ankam, belud er auf dem Parkplatz des Holy Name House seinen Wagen. »Ich bin doch recht froh, daß du dein Gewehr nicht mitgebracht hast«, sagte er, und dann brachen wir auf zum Bostoner Hafen.

»Hab' ich erwähnt, daß einige Mitglieder der Sodalität kommen?« fragte er. »Eine prima Besatzung.«

Der richtige Name lautete »Sodalität Unserer Lieben Frau«, aber da es lauter Frauen waren, nannte ich sie im stillen meist »Sodalität Unserer Lieben Frauen«.

»Phantastischer Tag für 'ne Bootsfahrt«, sagte er und stellte das Autoradio an.

Im alten Dodge meines Vaters war kein Radio. Pater Furtys Autoradio sah gut aus, und ich war dankbar dafür, weil es das Gespräch ersetzte.

»*Come-on-a my house*«, spielte es.

Das kam mir chaotisch, sündig, menschlich vor.

»Was ist das für ein Schlips?«

Den hatte ich umgebunden, um Pater Furty zu beeindrukken. Ich hatte ihn von meinem Geburtstagsgeld in einem Scherzartikelladen gekauft.

»Sehen Sie mal«, sagte ich und drückte auf die Batterie in meiner Tasche. »Er leuchtet.«

»Das ist großartig«, sagte Pater Furty und lachte; sein Gesicht lief beim Lachen rot an, genau wie beim Predigen. »So einen möchte ich auch haben.«

Wir fuhren langsam durch die sonnigen Straßen. Im Wagen wurde es immer heißer, und das Radio spielte.

»Ich liebe dieses Lied«, sagte Pater Furty. Und er sang: »*Skylark – Have you seen a valley green with spring?*«

Das Radio antwortete: »*Where my heart can go a-journeying . . .*«

Das sang er melodischer, als er das Hochamt gesungen hatte. Ich hörte zu, und es gefiel mir. Während wir uns in Charlestown durch den dichten Verkehr kämpften, wurde es im Wagen immer heißer, das Metall, die Farbe und sogar das geäderte gelbe Plastik des Armaturenbretts sonderten einen durchdringenden Hitzegeruch ab.

»Wozu brauchst du ein Gewehr?« fragte er unvermittelt.

»Zum Flaschenzertrümmern. Zielschießen.«

»Und als was arbeitest du?«

Diese Frage war mir peinlich, da der Pater damit die Unterhaltung fortsetzte, die wir bei der Beichte begonnen hatten.

»Zeitungenaustragen?«

»Ich bin Garderobenjunge, oben bei Wright's Weiher.«

»Ich sehe, du hast ein Buch dabei.«

Er verdrehte den Kopf, um einen Blick auf das Taschenbuch in meinem Schoß zu werfen.

»Dande«, so sprach er den Autor aus. »Gefällt's dir?«

Ich wußte nicht, was ich sagen sollte, und blätterte die Seiten von ›Inferno‹ durch. Ich stieß auf meine Unterstreichungen und hörte auf zu blättern. Wenn er die Tinte sah, würde er mich vielleicht fragen, was ich da unterstrichen hatte und warum. *Der das, was man verschluckt, in Kot verwandelt,* lautete eine Stelle und eine andere: *Spie übelriechendes Erbrochnes aus.*

»Die Hölle ist trichterförmig aufgebaut«, sagte ich schließlich.

»Das schreibt Dande?«

Seine Hand ging zum Radio.

»Das ist ein Klassiker«, sagte er, und auf einmal schien ihm ein Song in den Sinn zu kommen. *»Blue Skies ... smiling at me ...«*

Danach zündete er sich eine Zigarette an und atmete den Rauch durch die zusammengebissenen Zähne aus. Ich mochte Tabakrauch, besonders den von Zigaretten; er umspielte mein Gesicht, arbeitete sich bis in meinen Kopf vor, bis mir schwindlig wurde. Pater Furtys Marke hieß »Fatima«, eine gelb-orangefarbene Schachtel mit einem schmalen Frauengesicht auf der Vorderseite.

»Ich weiß, was du denkst«, sagte er, als er merkte, wie ich seine auf dem Sitz liegende Zigarettenschachtel ansah. »Nein, das ist nicht Unsere Liebe Frau.«

Pater Furtys Boot hieß »Speedbird«. Es war weiß und blau und tadellos in Ordnung. Bevor wir ablegten, schloß Pater Furty die Augen, legte seine großen Hände aneinander und sagte: »Lasset uns beten.«

Seine Ärmel wehten, er sah grau und sorgenvoll aus, der Wind zauste seine kurzen Haare; doch als sich seine Lippen nicht mehr bewegten, als er sich bekreuzigte und »Amen« sagte, lächelte er auf einmal und wirkte ungemein glücklich.

Er war ordentlich wie die meisten Bootsbesitzer, und er hatte die Eigenheit des Skippers, jedes Tau zusammenzurollen und die Decks leer zu räumen. »Das verstauen wir«, sagte er, außerdem gebrauchte er Fachausdrücke wie »Steuerbord« und »Backbord«.

Ungewöhnlich wurde das Ganze durch die Frauen aus der Sodalität, etwa sechs; sie waren wie für den Kirchgang gekleidet, trugen Hüte und Perlenketten und schwarze Plastikhandtaschen.

Pater Furty sagte: »Verstaut die Wurstbrötchen achtern«, und die Frauen kicherten. Er sagte: »Das Sodawasser lassen wir am Vordersteven.«

Daraufhin lachten die Frauen noch lauter.

»Wir nennen das nicht Sodawasser«, sagte ich, weil mir mißfiel, daß er von diesen Frauen ausgelacht wurde. »Wir sagen Sprudel.«

»Sprudel?« Er lachte so heftig, daß er husten mußte. Immer, wenn er hustete, zündete er sich eine Zigarette an.

Als wir unter blauem Himmel das Hafenwasser durchfurchten, trug Pater Furty einen friedlichen, abwesenden Gesichtsausdruck zur Schau. Auch ich war glücklich. Auf diesem Boot schien alles möglich, die Welt war einfacher und heller, und Boston war keine heiße, schmutzige Stadt, sondern etwas weit Größeres, ein Ort, der sich aus dem Meer erhob, mit einem gewaltigen und geschäftigen Hafen und mit Inseln; riesige Schiffe machten hier fest. Ich erkannte, daß zu der Stadt auch das sie umgebende Wasser gehörte, sie wurde dadurch freier und größer.

Pater Furty sagte: »Im Hafenbereich liegen eine Menge Inseln – auch ein Grund dafür, daß es hier so viele Strömungen gibt.«

Ich dachte, er würde noch mehr sagen. Jeder andere Priester hätte es getan. Doch Pater Furty sagte nicht: *Sie sind wie das Leben.* Sie waren nicht mehr, als was sie zu sein schienen; sie verkörperten nur sich selbst, und das war sehr viel. Eine andere Bedeutung brauchten sie nicht.

Er sagte, wegen des regen Schiffsverkehrs müsse man hier vorsichtig sein, brauche aber keine Angst zu haben.

»Die ›Speedbird‹ ist ein stabiles Boot. Sie ist ganz aus Mahagoni.« Daß er das Boot *sie* nannte, machte ihn noch menschlicher.

Die Frauen der Sodalität hatten Essen mitgebracht, viel zuviel, wie sich herausstellte. Jede Frau hatte einen Korb oder eine Schüssel mit Salat, Hühnchen, selbstgebackenem Kuchen oder Keksen dabei. Mrs. DePalma, Chickys Mutter, arrangierte Aufschnitt und Gurken fächerförmig auf einem Teller. Mrs. Prezioso hatte gefüllte Paprikaschoten mitgebracht. Mrs. Corrigan verkündete stolz, auf ihre Thunfischkasserolle habe sie statt Semmelbrösel zerstoßene Kartoffelchips gestreut. Mrs. Palumbo hatte mit Frischkäse gefüllte Selleriestangen gemacht. »Aus meinem eigenen Garten«, sagte Mrs. Prezioso und bot Pater Furty eine gefüllte Paprikaschote an.

Die anderen Frauen drängten ihn, auch von ihren Speisen zu probieren. Sie selbst aßen nichts; sie behaupteten, sie seien nicht hungrig.

»Bin ich nicht ein Glückspilz?« fragte Pater Furty, als sei es ihm wirklich ernst, und die ganze Zeit über kaute er irgendwas. Die Frauen blieben in der Kajüte oder in deren Nähe und himmelten ihn an, während er die »Speedbird« durch den Außenhafen steuerte. »Schiffsrouten«, sagte er. »Sehr kniff- lig.«

Er inhalierte Rauch, trank etwas und atmete dann den Rauch aus. »Sehen Sie. Ich behalte ihn in den Lungen, damit ich schlucken kann.« Auf Mrs. Palumbos Wunsch versuchte er, Rauchringe zu blasen, doch es mißlang. »Zuviel Wind«, sagte er.

Die Frauen kicherten, wenn er etwas Komisches machte, und sie schrien, wenn die Gischt hochspritzte und sie naß wurden. Sie trugen gute Schuhe, auf denen sie schwankten. Ihre Blusen wurden naß, Gischt spritzte auf Mrs. Corrigans Hut, und das Salz trocknete und glitzerte auf dem Schleier. Sie boten ihre Hilfe an, aber Pater Furty ließ sich nicht helfen.

»Das ist mein Erster Offizier«, sagte er, womit er mich meinte. »Sein Schlips leuchtet.« Ich mußte die Lämpchen für die Frauen glühen lassen. »Andy, hol die andere Karte vom Hafen.«

Das gefiel den Frauen nicht, soviel war mir klar; sie hatten etwas dagegen, daß ich dabei war. Wenn ich in der Kajüte war, schubsten mich Mrs. Hogan oder Mrs. DuCane aus dem Weg und sagten: »Zeigen Sie mir, wie man steuert, Pater!«

Dann wich ich zurück und wollte die Leiter hochklettern, aber noch bevor ich zwei Sprossen geschafft hatte, hörte ich Pater Furtys Stimme. »Bleib in der Nähe, Andy. Du bist meine rechte Hand.«

Ich spürte den Zorn, der in Wellen von den Frauen aus auf mich zukam.

»Er liest Dande«, sagte Pater Furty.

Das war ihnen egal. Mein Buch interessierte sie nicht die Bohne.

Eine Zeitlang vertäuten wir das Boot neben einer Insel, und während einer Gesprächsflaute sagte Mrs. DuCane: »Erzählen Sie uns von dem Opfer der Messe, Pater. Es ist so kompliziert.«

»Es ist einfach«, entgegnete er. »Es ist der Leib und das Blut Jesu. Richtiger Leib. Richtiges Blut. Nicht Brot und Wein.«

»Wein« sagte er mit verlangendem Unterton, und mir fiel ein, wie begierig er aus dem Kelch getrunken hatte.

Die Frauen saßen im Kreis um ihn herum, boten ihm Essen an und beteuerten, sie seien nicht hungrig. Er sah aus wie ein König auf Urlaub, umgeben von einigen seiner Untertanen.

Auf dem Rückweg sagte er: »Das nächste Mal gehen wir auch schwimmen.«

»Darf ich jemanden mitbringen?«

Er sagte: »Klar. Prima. Solange es nicht dieser andere Meßdiener ist. Der ist tödlich.«

4

Gott schaute immer aus einem heißen Himmel böse auf mich herab. ER war genauso erbarmungslos und undurchschaubar wie die meisten Ewachsenen, die ich kannte – sie redeten ihm ohnehin nach dem Mund –, und ER sagte genausooft nein. Doch als meine Mutter nach der Bootsfahrt sagte: »Vielleicht hat Gott dich doch zum Priester bestimmt«, kam mir das nicht wie das Ende der Welt vor. Es war Gottes Sache, nicht meine, doch falls ER mich nahm, konnte ich ein Priester wie Pater Furty werden, mit einem Autoradio und einem Motorboot, mit ausgebeulten Hosen und einer Packung Fatima in der Hemdtasche.

Auf Pater Furtys Boot war mir alles möglich erschienen: Priester zu sein, zu heiraten, aufs College zu gehen, Geld zu verdienen, eine Zukunft zu haben – das würde sich alles ergeben. Vorher war ich unsicher gewesen, und immer, wenn ich voller Hoffnung war, verdunkelte sich der Himmel, und ich dachte: Es wird nie geschehen. Das Boot veränderte alles; Boston war größer, die Sodalität wirklich lächerlich, der Sommer war frischer, ich fühlte mich älter und nützlicher. Ich war stolz darauf, diesen Mann zu kennen. Manchmal vergaß ich sogar, daß er Priester war!

Ihn zu kennen machte es leichter, Tina zu kennen, obwohl ich nicht genau hätte sagen können, weshalb. Alles wirkte weniger dringlich. Ich wollte sie berühren, konnte aber warten. Ich hatte nicht das Gefühl, mich verstecken zu müssen, und überhaupt, was gab es da zu verstecken? Ich hörte auf, mir Methoden auszudenken, wie ich sie beeindrucken konnte. Noch vor einem Monat hatte ich mir ausgemalt, wie wir beide bei den Sandgruben waren. Ich trug meine Sonnenbrille und zertrümmerte Flaschen mit meinem Mossberg, während Tina im Schatten auf mich wartete, von meiner Treffsicherheit so hingerissen, daß sie von mir umarmt und geküßt werden wollte. Nun fand ich diese Vorstellung albern. Statt dessen gingen wir spazieren.

Einmal waren wir im Public Garden, fuhren in den Schwanenbooten und bummelten um den Teich. Tina wußte nicht, daß im Boston Common, der ebenfalls ein Stadtpark war und auf der anderen Straßenseite lag, ganz andere Vorschriften galten. Im Common konnte man auf dem Gras liegen – oder sogar die ganze Nacht schlafen –, picknicken, Partys geben, Baseball spielen und überhaupt tun und lassen, wozu man Lust hatte. Im Public Garden war das alles verboten.

»Im Common darf man Blumen pflücken«, sagte ich.

»Darum gibt's da keine Blumen mehr«, erwiderte Tina.

Auf dem Gras im Common umarmten und küßten sich die Leute.

Tina sagte, wegen der Vorschriften sei der Public Garden so schön und der Common so heruntergekommen.

»Wirklich komisch, daß eine Nichtkatholikin so etwas sagt«, erklärte ich. »Ich dachte, nur Katholiken zerbrächen sich über Vorschriften den Kopf!«

In den Common Park kamen oft Redner: der Schwarze, der erzählte, wie er Jesus gefunden hatte; die kleine Gruppe mit Fahnen von der Sozialistischen Partei; der Vegetarier; der Schwätzer, der behauptete, er komme aus dem Irrenhaus in Mattapan; das Paar von der Anti-Vivisektions-Gesellschaft. Jeder Redner lockte eine Handvoll Zuhörer und ein paar Störer an. »Warum gehst du nicht zurück nach Rußland!« – »He, findet ihr etwa, man sollte Menschen statt Ratten benutzen?«

Wenn ich sie hörte, fragte ich mich oft, ob einer von ihnen wirklich meinte, was er sagte.

Als ich an diesem Tag mit Tina da war, sahen wir eine neue Gruppe, alle schwarz gekleidet, Männer und Frauen.

»Das sind Priester und Nonnen«, sagte Tina.

Ich verneinte, Priester und Nonnen schwängen nie Reden auf dem Common; im stillen hielt ich nämlich alle Redner auf dem Common für ein wenig übergeschnappt. Diese Gruppe war zwar gekleidet wie Priester und Nonnen, aber für echt hielt ich sie nicht.

Der Redner war ein gedrungener Mann mit grauem Gesicht, dichtem Haar und steifem hohen Priesterkragen. Er brüllte so laut, daß die Zuhörer zur Seite traten und ihm Platz machten.

»Unser Herr Jesus hat Sein heiliges Blut vergossen und ist für unsere Sünden gestorben!« schrie er mit verzerrtem Gesicht. »Und doch sind welche unter euch, die nicht Seine Kirche betreten, um gerettet zu werden!« Er schien mich direkt anzusehen. »Falls ihr nicht diese Kirche betretet und dem katholischen Glauben anhängt, seid ihr verdammt in alle Ewigkeit: Ihr werdet schmoren!«

Ich trat zurück, und ein anderer sagte zu dem Priester: »Moment mal . . . soll das heißen . . .?«

»Ich fürchte mich nicht davor, euch die Wahrheit zu verkünden«, sagte der Priester. »Deshalb stehe ich hier und sage euch, daß sich die Universität Harvard und die gesamte Diözese Boston im Würgegriff von Juden befinden, die ...«

Jemand sagte: »Hört nicht auf ihn.«

»... sie erbarmungslos ausrauben und verstümmeln. Die Geld sammeln! Die Heil versprechen und institutionalisierten Atheismus verkünden. Die Verdammnis verkaufen sie! Einer der Anführer der jüdisch-kommunistischen Verschwörung ist Albert Einstein ... jawohl, genau der. Doch es gibt noch andere ...:«

Er zählte sechs oder sieben Namen auf, wobei ihm beinahe die Stimme versagte. Einige Leute lachten, während andere protestierten. Zwischen seinen Angriffen auf Juden, Kommunisten und Russen erzählte er von Jesus und der katholischen Kirche und daß jeder, der abseits stand, in der Hölle schmoren werde.

Es war schlimm, wenn er schrie, aber noch schlimmer, wenn er flüsterte. Gegen Ende seiner Rede bedrohte er die Regierung und den Erzbischof. Er sah ganz normal aus, aber wenn er sprach, veränderte sich sein Gesicht, wurde häßlich und böse. Ich hätte Angst bekommen, wenn die anderen Leute ihn nicht ausgelacht oder angeschrien hätten; sie fürchteten sich nicht.

Dann bekreuzigte er sich und sprach ein lautes Gebet, in das eine neben Tina stehende Frau einstimmte und es wiederholte.

»Kommen Sie wieder, Pater Feeney!« rief ein Mann.

Der Priester antwortete nicht. Er stieg von seiner Holzkiste und verschwand unter den anderen Priestern und Nonnen.

Die Nonnen hatten mit Filz beklebte Teller in der Hand und gingen Geld sammelnd durch die Menge. Obwohl ich erst fünfzehn war, fiel mir doch auf, wie jung die Nonnen waren und wie hübsch, trotz der schwarzen Mäntel und steifen Kopfbedeckungen. Ich kannte nur grimmige, ältliche Nonnen mit riesigen Hauben, die aussahen, als trügen sie gestärkte Möwen auf den Köpfen. Diese hier sahen wie die verschleierten Moslemfrauen aus, die ich auf Haremsbildern gesehen hatte, mit kleinen Händen und dunklen Augen.

Nach der Kollekte erhob einer der Priester ein blaues Seidenbanner der Jungfrau Maria, und alle machten sich singend in einer Prozession auf den Weg.

Niemand folgte ihnen, aber ich spürte, daß sie die Zuhörer beeindruckt hatten. Die Menschen waren still und ernst; vorher hatten sie es als Bluff und Geschrei empfunden, doch nun bekamen sie es vielleicht doch mit der Angst.

Den Namen des berüchtigten Pater Feeney hatte ich schon einmal gehört, aber gesehen hatte ich ihn noch nie. Ich fand ihn enttäuschend, er sah so unscheinbar und klein aus. Doch seine schrille Stimme fand ich aufregend, ebenso die Gangstergesichter seiner Priester und die Schönheit seiner Nonnen, die mit ihren Sammeltellern betteln gingen.

Tina hatte kein Wort gesagt. Zunächst dachte ich, sie hätte Angst vor Pater Feeney; dann merkte ich, daß sie vor mir Angst hatte. Ich fragte immer wieder, was denn los sei, und sie wiederholte immer: Nichts, nichts. Als wir allein waren und durch den Common zur Tremont Street gingen, fing Tina an zu weinen.

»Der Kerl hat mir angst gemacht.«

Ich sagte, mir habe er nichts weismachen können. Ich hatte mich zwar gefürchtet, aber seine Wut und seine Überzeugungskraft hatten mich auch gefesselt.

»Wenn ich dir etwas sage, versprichst du mir, es keinem weiterzusagen? Schwörst du es?«

Ich sagte, Gott könne mich mit einem Blitz erschlagen, wenn ich nur ein Wort ausplauderte.

»Meine Mutter ist Jüdin.«

Ich konnte meine Verblüffung nicht verbergen.

»Du wirst es verraten!« rief sie.

»Nein, nein«, widersprach ich.

»Ich meine, sie ist Russin«, sagte Tina.

Ob sie glaubte, mich damit beruhigen zu können? Russin zu sein kam mir noch schlimmer vor, als Jüdin zu sein, und ihre Mutter war beides!

Ich sagte: »Tja, wir sind französischer Abstammung. In Wirklichkeit heißen wir Perron ... eigentlich sollte man unseren Namen so aussprechen.«

Doch in meinem Kopf pulsierte das Blut und pochte an

meine Schläfen. Es war ein herrliches Geheimnis. Wäre Tina katholisch gewesen, hätte ich sie womöglich aufgegeben. Sie war Halbjüdin ... Was die andere Hälfte war, kümmerte mich nicht. Durch diese Enthüllung wirkte sie heidnisch und sündhaft. Für sie war nichts eine Sünde. Aber sie konnte es nicht ändern: Sie war schon verdammt.

Bei dem ein paar Tage später stattfindenden Meßdienertreffen verlas der Pastor den Dienstplan für die nächste Woche. Ich hatte drei Siebenuhrmessen und eine Beerdigung – Mr. Kenway aus der Brogan Road. Bei allen wurde ich allein eingesetzt, was ungewöhnlich war. Ich drehte mich zu Chicky DePalma um, von dem ich eine Reaktion erwartete, doch der flüsterte gerade mit einem Meßdiener namens Slupski.

»Sie hat eine Glühbirne in ihre Möse gesteckt, das kannst du mir glauben«, sagte Chicky.

»Hat sie geleuchtet?« fragte Slupski.

»Am Altar möchte ich keinen in Turnschuhen sehen«, sagte der Pastor gerade. Sein Mund stand offen, als er uns musterte. »Saubere Gesichter und Hände will ich sehen. Keine Latzhosen, kein Geflüster. Nicht diesen Elvin-Presley-Kram.«

Es war ein warmer Sommerabend, gelbe Motten klebten an den Fliegenfenstern der Sakristei, und wir lauschten schwitzend.

»Was ist daran so lustig, Bazzoli?« fragte der Pastor plötzlich.

»Gar nichts, Pater«, sagte Bazzoli und verkniff sich mühsam das Grinsen.

Wir anderen wußten, warum er gelächelt hatte: »Elvin« Presley. Nichts unterminierte eine Drohung gründlicher als eine falsche Aussprache.

Der Pastor machte weiter im Text – er wiederholte sich, kritisierte uns noch ein wenig –, und dann sagte er: »Kniet nieder und betet um Vergebung.«

Meine Gedanken waren abgeschweift. Ich hatte an Tina Spector und an *Hat sie geleuchtet?* gedacht. Ich hatte nicht mitbekommen, warum wir um Vergebung beten sollten, betete aber trotzdem nach Leibeskräften.

»Im Namen des Vaters, des Sohnes und des Heiligen

Geistes.« Mit seinen steifen Fingern machte er langsam ein Kreuzzeichen. »Ihr seid alle entlassen, außer Andrew Parent.«

Die Meßdiener machten sich schnell aus dem Staub, lärmend, stühleschiebend, und einige grinsten mir spöttisch zu.

Der Pastor sagte nicht sofort etwas. Er starrte mich an, quälte mich mit der mitleidigen Glut seiner farblosen Augen und ließ mich leiden. »Warum hast du gelächelt?«

Ich hatte an Tina gedacht; das hatte er erraten: Auf meinem Gesicht hatte es sich deutlich abgezeichnet. Ich runzelte die Stirn, damit meine Miene erstarrte und ernster wurde.

»Hältst du Unmoral für komisch?«

»Nein, Pater.«

Sein Mund stand offen, und er hechelte wie ein Hund. Dann sagte er: »Unmoral ist eine Todsünde. Dein Körper ist der Tempel des Heiligen Geistes . . .«

Er hatte genau gewußt, was ich dachte.

». . . wenn du unreine Gedanken hast, entweihst du diesen Tempel. Das ist, als hättest du ein von deiner Mutter soeben frisch gewaschenes herrlich weißes Laken mit Schlamm und Dreck beschmiert. Das ist kein Grund zum Lächeln.«

»Ich habe nicht gelächelt, Pater.«

Er zuckte zusammen; er war beleidigt, daß ich ihm widersprach . . . daß ich überhaupt sprach.

»Widerworte«, sagte er ärgerlich.

»Ich habe nur nachgedacht, Pater.« Ich spürte in meinem Kopf ein schreckliches Klirren. Ich kniete immer noch, mein Gesicht nach oben, dem Pastor zugewandt.

»Schlaues Bürschchen, was«, sagte er. »Du bist sehr dreist«; dreist war so ziemlich das Schlimmste, was man sein konnte. »Ich weiß nicht, woher du das hast. Deine Eltern sind liebe, gute Menschen. Dein Bruder Louie war ein ausgezeichneter Meßdiener . . . immer gute Manieren und sehr sauber. Aber du glotzt nur und grinst, frech wie Oskar.«

Es war immer schrecklich für mich, wenn jemand meinen Gesichtsausdruck beschrieb, und das kam – ich weiß nicht, warum – sehr oft vor. Sobald jemand damit anfing, nahm ich diesen Ausdruck an; die bloße Erwähnung flößte mir Schuldgefühle ein und brachte mich zum Schweigen. Jetzt schämte ich mich, war aber nicht beleidigt. Ich rechnete mit Kritik und wußte, daß ich sie wegen meiner unreinen Gedanken verdiente.

Ich schlug die Augen nieder und sah, daß ich Turnschuhe trug. Gegen eine weitere Regel verstoßen; und zerrissen und schmutzig waren sie außerdem. Ich hatte die Morgenschicht an Wright's Weiher gearbeitet und den Nachmittag bei den Sandgruben verbracht. Allein in den geheimen Winkeln zwischen Felswänden und Erdhängen, hatte ich intensiv an Tina gedacht. Dort kamen mir immer unreine Gedanken; die Sandgruben verkörperten für mich inzwischen die Hölle ... die große, nackte, quälende Hölle bei Dante.

»Was steckt hinten in deiner Hosentasche?«

Ich zog es heraus und hielt es ihm hin.

»Ein Buch, Pater.«

Statt es zu nehmen, verschränkte er die Hände hinter dem Rücken und ließ mich das Buch in die Höhe halten. Er verrenkte den Kopf, um den Titel zu lesen »Dante. ›Das Inferno‹.«

»Es ist über die Hölle«, sagte ich. »Und über verschiedene Arten von Bestrafung für unterschiedliche Sünden. Es sind alles getrennte Kreise.«

Er betrachtete mich mit zusammengekniffenen Augen und sagte streng: »Weiß deine Mutter, daß du das liest?«

»Ich glaube schon, Pater.«

»Er glaubt schon.« Einen Moment lang schwieg er, und ich hatte den Verdacht, daß er nicht wußte, was er sagen sollte. »Knie dich gerade hin«, befahl er schroff.

Ich hatte mit meinem Hintern die Hacken berührt. Nun richtete ich mich auf und hob meine Hände in Gebetspose unters Kinn.

»Ich habe dir noch ein Begräbnis zugeteilt«, sagte er, und als ich nicht reagierte, fügte er hinzu: »Weißt du nicht, wie man danke schön sagt?«

»Doch, Pater. Danke schön, Pater.«

»Noch eine Beerdigung, und du hast dir eine Hochzeit verdient.«

Aha, deshalb sollte ich mich bei ihm bedanken: für die bevorstehende Hochzeit, den kurzen fröhlichen Gottesdienst, den Wust weißer Kleider, die sich den Mittelgang hinunterbewegten, den Kuß, die Konfetti, die zwei Dollar.

»Und drei Frühmessen. Daß du ja pünktlich bist. Und keine Turnschuhe.«

»Ja, Pater.«

»Das ist alles. Bete jetzt um Vergebung. Bete für deine unsterbliche Seele.«

»Ich wollte noch etwas fragen, Pater.«

Er zuckte wieder zusammen und sah mich haßerfüllt an. *Frech wie Oskar,* dachte er. *Widerworte!* Ich wollte mich entschuldigen, ihm sagen, daß ich es nicht ändern konnte. Er nickte – ein einziges Rucken – als Zeichen, ich solle fortfahren.

»Ist Pater Feeney ein richtiger Priester, Pater? Ich habe ihn im Common reden hören.«

Der Pastor biß sich auf die Zunge, dann sagte er: »Pater Feeney wurde zum Priester geweiht. Das kann ihm niemals genommen werden, auch wenn er nicht mehr Jesuit oder Kaplan in Harvard ist. Die Heilige Messe zelebriert er noch, das ist seine heilige Pflicht.«

»Aber was ist mit seinen Reden? Das möchte ich gern wissen.«

»Die Antwort darauf kennt allein der Allmächtige«, sagte der Pastor, dann fuhr er fort: »Pater Feeney hat es sehr schwer gehabt. Er war ein brillanter Mann, und viel von dem, was er sagt, hat etwas für sich.« Er sprach, als wüßte er, wie der Allmächtige geantwortet hätte.

»Danke sehr, Pater.«

»Und wußte deine Mutter, daß du dich im Boston Common herumtreibst?«

»Nein, Pater.«

»Nun denn!« sagte er triumphierend, und damit war die Angelegenheit erledigt. »Bete jetzt!«

Doch ich war immer noch nicht zufrieden. Bei der ersten meiner drei Siebenuhrmessen stellte ich Pater Furty die gleiche Frage.

»Der!« sagte er und wachte auf. »Feeney!« Und aus dem Mundwinkel: »Der ist ein Spinner!«

Das klang lustig, weil er es in vollem Ornat gekleidet sagte.

Ich sagte: »Manchmal denke ich, ich bin auch ein Spinner.«

»Aber nein. Du bist große Klasse, Andy. Ich mag dich. Wir sind gute Freunde.«

Ich strahlte übers ganze Gesicht, und er spürte wohl, daß ich mehr wissen wollte. Aber ich war unzufrieden mit mir, weil mir aufgefallen war, daß er *krohse Glase* gesagt hatte.

»Du hast für mich geflunkert. Du bist ein erstklassiger Meßdiener. Du bist schüchtern. Und ich fand es toll, wie du mir gesagt hast, was du für dein Gewehr bezahlen mußtest.«

»Vierzig Dollar?«

»Viersich Doller«, sagte er. Er fand *meine* Aussprache komisch!

5

Das war das Merkwürdige an meinem Dienstplan als Meßdiener: Alle meine Messen hielt Pater Furty, alle fanden frühmorgens statt, und ich war der einzige Ministrant. Ich konnte es zwar nicht erklären, aber ich war froh darüber. Es bedeutete, daß ich rechtzeitig zu meiner Morgenschicht am Wright's Weiher kam und daß ich nachmittags frei hatte – um in den Sandgruben auf Flaschen zu schießen oder um Tina zu treffen. Und dann war da noch die Beerdigung. Ich hatte nicht zu dankbar wirken wollen, damit man mich nicht für habgierig hielt, doch ich freute mich auf das nächste Begräbnis, das mit einer Hochzeit belohnt wurde.

Außerdem bedeutete es, daß ich mit Pater Furty zusammensein konnte. Allmählich wurde ich abhängig von ihm, nicht nur von seiner Gegenwart, sondern auch davon, ihm meine Sünden zu beichten. Ich blieb jetzt in der Beichte mehr bei der Wahrheit und fühlte mich anschließend besser. Ich war mir nicht mehr so sicher, in die Hölle zu kommen, sondern vermutete, daß ich eher im Fegefeuer landen würde. Die Strafe im Fegefeuer bestand darin, daß man Gott nicht sah. Diese Strafe konnte ich durchaus ertragen, an manchen Tagen war ich bei der Aussicht sogar erleichtert; zu oft war ich mir im Glanz von Gottes Angesicht bestraft, beschämt und verängstigt vorgekommen.

Diese veränderte Stimmung verdankte ich Pater Furty. Er gab mir das Gefühl, den Dingen ins Auge sehen zu können. Ich war vernünftig und reif. Manchmal war ich sogar witzig. Bei der Beichte war er manchmal streng, aber er verurteilte nicht nur die Sünde, sondern lehrte mich, wie man sie vermeiden konnte. Immer machte er mir Hoffnung, und so, wie er mich mit dem Satz überrascht hatte, ich sei sein Freund, drängte er mich bei einer Beichte, für ihn zu beten.

Ich hoffte, daß er wirklich mein Freund war. Durch seine Freundlichkeit schien er irgendwie seine wahren Gefühle zu verbergen; er war ein zu großzügiger, offenherziger und sanfter Mensch, um seine Zweifel zu zeigen. Unfreundlich oder gleichgültig war er nie; das mochte ich an ihm, es verhinderte aber auch, daß ich ihn besser kennenlernte. Sicherlich habe ich ihn oft enttäuscht, aber er ließ es mich nie spüren. Er erweckte immer den Eindruck, als täte ich ihm einen Gefallen und nicht er mir.

»Tut mir leid, daß ich dich so früh aus dem Bett gescheucht habe«, sagte er, wenn er morgens zu den Frühmessen die Sakristei betrat. Er hatte verquollene Augen und sah aus, als hätte er nicht geschlafen. Manchmal wirkte er wie ein Gefängnisinsasse, der seine Strafe abbüßte; um so überraschender war sein heiteres Wesen.

»Wofür wollen wir beten?« fragte er, bevor er seinen Ornat anlegte.

»Die Bekehrung Rußlands?« schlug ich vor.

»Langsam glaube ich, das sollten wir dem heiligen Judas überlassen«, sagte Pater Furty und zwinkerte mir zu. »Versuchen wir es lieber mit etwas, das wir eher erleben könnten. Bitten wir um einen schönen Tag und gutes Wetter am Wochenende.«

Oft wirkte er gebrechlich. Er gehörte zu den Menschen, deren körperliche Verfassung morgens anders ist als abends. Am Tagesbeginn war er schwach und zittrig, wurde aber zusehends kräftiger. Am späten Nachmittag wurde er gesund. Dann war er redselig, und seine Hände zitterten nicht.

»Muß heute zum Zahnarzt«, sagte er nach der ersten Frühmesse. »Ich schlage mich schon immer mit Zahnproblemen herum.«

Ssanarzt, sagte er, und *Ssanbroblem.* Wie er es aussprach, kam es mir nicht ganz so schlimm vor.

»Du liest immer noch Dande«, sagte er, bevor wir an einem anderen Tag die Kirche betraten.

Das Taschenbuch steckte hinten in meiner Hosentasche. Er sah wohl die Ausbeulung in meinem Chorrock.

»Ich bin schon bei den Kupplern und Verführern«, sagte ich.

»Laßt alle Hoffnung fahren, die ihr hier eintretet«, deklamierte er.

Als ich mich umdrehte, zwinkerte er mir zu. »Zieh an dem Seil«, sagte er, und dann gingen wir hinaus, mit dem Glockenschlag.

In-tro-ibo ad all-ta-reh dee-i ad dee-umm kwi lä-ti-fi-katt ju-wenn-tutemm me-amm.

Die Frühmesse an einem Wochentag war erholsam – nur sehr wenige Gemeindemitglieder waren anwesend, vielleicht ein halbes Dutzend, überall verstreut, man sah sie als Schatten, hörte gelegentlich ein Ächzen. Die Leute waren anonym, nie saßen sie in den ersten Reihen, das Abendmahl nahmen sie mit abgewandten Gesichtern ein. Sie knieten und beteten mit gesenkten Häuptern.

»Heute morgen waren nicht viele da«, sagte ich eines Tages nach der Messe, nur um ein Gespräch anzufangen.

Pater Furty antwortete: »Genug, um uns den Weg zu weisen.« Damit deutete er an, daß er diese Menschen brauchte, während alle anderen mir bekannten Priester das Gegenteil zu behaupten schienen: Ihr braucht uns! Der Pastor verkündete gewöhnlich: Ich lasse euch Sünder zurück.

Bei der Frühmesse wurde keine Predigt gehalten. Pater Furty flüsterte die Gebete, die wenigen Gemeindemitglieder scharrten mit den Füßen und murmelten demütig vor sich hin, und ich hauchte die Antworten.

Suur-sum korda.

Ha-beh-muß a do-mi-num.

In der Gemeinde klirrten hastig die Meßkännchen, und die

Glocken läuteten nur ganz kurz. Alles war gedämpft und friedlich, glich aber auch einem geheimen Ritual. Ich mußte immer daran denken, was Pater Furty auf seinem Boot gesagt hatte: *Richtiger Leib. Richtiges Blut.*

Ich hielt das Weinkännchen in einer Hand, das Wasser in der anderen; er nahm von jedem einen Tropfen, und sie rannen wie zwei Tränen an der Innenseite des Kelches hinunter. Wenn er die Hostie darbot und sich dann über den Altar beugte, um »Dies ist mein Leib« zu sagen, schloß er die Augen und wurde so reglos, daß es manchmal schien, als sei er tot.

Ständig sagte er: »Bleib noch ein Weilchen, warum so eilig?« Und am zweiten Morgen nahm er mich mit zum Frühstück ins Holy Name House. Dort stellte er mich Pater Hanratty und Pater Flynn vor, die sehr dürr waren – Adamsäpfel, Glupschaugen, schmale Knöchel – und ununterbrochen redeten.

»Mehr Toast, Betty«, sagte Pater Hanratty zu Mrs. Flaherty. »Wie wir von Pater Furty wissen, hast du einen gewaltigen Appetit. Aber wovon versteht er schon was? Schließlich ist er Ausländer!«

Pater Furty schlürfte Kaffee und rauchte an diesem Tag seine erste Fatima.

»Er ist aus New Jersey«, sagte Pater Flynn.

»Land Gottes«, sagte Pater Furty.

»Ach, da fällt mir was ein!« rief Pater Flynn. »Der Chef hat gestern eine Karte von seinem Bruder aus Irland bekommen; ihr ratet nie, was draufstand!«

»Sag bloß nicht, du hast sie gelesen«, sagte Pater Hanratty. Es hörte sich eher interessiert als böse an.

»Wenn man Postkarten nicht lesen dürfte, steckten sie in Umschlägen.«

Pater Furty sagte: »Du spannst uns auf die Folter.«

»Stempel: Cork. Inhalt: ›Grüße aus dem Land des Glaubens.‹ Ich schwör's! Habt ihr so was schon mal gehört?«

Pater Furty lachte, aber schwach; es war noch früh am Morgen, und er war noch nicht er selbst. Er sagte: »Das reicht. Du verwirrst den Jungen noch.« Dann wandte er sich an mich. »Hier wirst du keine intellektuellen Anregungen erhalten, Sohn. Sie haben Dande nie gelesen. Pater Flynn hier liest Pferderennzeitungen, während Pater Hanratty sich mit dem ›Boston Globe‹ abmüht. Außerdem lesen sie natürlich die Postkarten des Chefs.«

»Und was liest du, Billy?« fragte Pater Flynn.

»Eldridge's Gezeiten- und Lotsentabellen«, antwortete Pater Furty. »Und dabei fällt mir auf, daß wir im Hafen am Samstag zu der christlichen Zeit von zwölf Uhr mittags den höchsten Wasserstand haben. Du kommst doch mit, Andy?«

Mit dem Mund voller Toast nickte ich begeistert. Da saßen wir nun, ich hörte ihnen zu und war geschmeichelt, weil ich dabeisein durfte. Ihre Komödie, die immer ein wenig gezwungen und verzweifelt wirkte, hinterließ bei mir den deutlichen Eindruck, daß sie Außenseiter waren und daß ich zu ihnen gehörte. Ich hatte also endlich einen Platz in Saint Ray's.

»Wirklich schade, daß du gehen mußt«, sagte Pater Furty, als ich aufstand, um zum Weiher zu gehen. Er klang, als meinte er es ernst. »Warum ministrierst du nicht morgen?«

Es war der einzige Tag, an dem ich keine Messe hatte.

»Ich schreibe deinen Namen dazu«, sagte er. »Das wäre wirklich nett von dir.«

Damit war ich eine ganze Woche lang Ministrant bei der Frühmesse, aber langsam sah ich einen Sinn darin. Die Messen unterbrachen den Tag nicht mehr, sondern die übrigen Stunden kamen mir wie eine Unterbrechung vor; die Messen, regelmäßig, würdevoll, streng und geordnet, die gedämpfte Kirche, die wenigen Menschen in den Bankreihen, die geflüsterten Gebete, die beiden Tropfen wie Tränen in den Kelchen – das alles gehörte zu den kühlen hellen Sommertagen. Vier Messen, und dann kam mein zweites Begräbnis.

Wir gingen in den Nachmittagsfilm, Tina und ich, weil ich sie anfassen wollte. Sie zeigten ›Was der Himmel erlaubte‹ mit Rock Hudson und Jane Wyman, und wir hielten Händchen, bis sie so heiß und klebrig wurden, daß ich froh war loszulassen. In dem Jahr trugen die Mädchen mehrere Petticoats, damit ihre Röcke abstanden. Tina hatte bestimmt zwei oder drei an, die in dem engen Kinositz aufregend knisterten – was wahrscheinlich an der Wäschestärke lag. Ich griff nach ihrem

Bein, aber ihre Hand war schon da und schob meine weg. Dann legte ich den Arm um sie und ließ ihn dort, bis er mir einschlief, und als ich ihn zurückzog, stießen wir mit den Köpfen zusammen. Der Film war um halb sechs zu Ende, und draußen, auf der Salem Street, blendete uns die Sonne. Ich hatte Kopfschmerzen, und meine Füße kribbelten vom Sitzen. Wir kauften bei Brigham's Eis, dann ging ich nach Hause und aß falschen Hasen. Es gab immer falschen Hasen. Ich war froh, daß sich Tina von mir nicht hatte anfassen lassen: Es gab nichts zu beichten außer den unreinen Gedanken. Sie hatte mich gerettet.

»Du hast geraucht«, sagte meine Mutter, drückte ihr Gesicht in meine Haare und schnüffelte.

Ich stritt es ab, es kam bestimmt von dem Mief im Kino.

»Wo hast du gesteckt?«

»Nach der Arbeit bin ich in die Bücherei gegangen.«

Einen wunderbaren Tag in Gottes Sonnenschein vergeudet! hätte sie erklärt, wenn ich gesagt hätte, daß ich im Kino war. *Und woher hast du das Geld?* Hätte ich erzählt, daß ich mit einem Mädchen unterwegs war, hätte sie mich von der Seite angesehen und *Warum?* gefragt, so lange, bis ich zugegeben hätte, daß es Geldverschwendung, Zeitverschwendung und eine Riesendummheit gewesen sei ... *Und wer ist eigentlich dieses Mädchen?*

Nie traute ich mich, ihre Fragen wahrheitsgemäß zu beantworten. Ich log und tat so, als sagte ich die Wahrheit. Sie funkelte mich an wie Gott und tat so, als glaube sie mir. Aber sie wußte Bescheid.

»Ich habe ein paar Informationen über Dante nachgeschlagen und nachgesehen, ob sie die beiden anderen Bücher haben.«

Louie sagte: »Ich glaube nicht, daß du das Buch wirklich liest.«

»Frag mich ab!« sagte ich und legte das Taschenbuch auf den Tisch. Weil ich es ständig in meine hintere Hosentasche steckte, war der Einband eingerissen, es sah aus, als würde es intensiv gelesen.

Keiner sagte ein Wort; vielleicht war ich zu schrill geworden. Nach meinen vielen Lügen stellten sie ausgerechnet dann meine Behauptungen in Frage, wenn ich die Wahrheit sagte.

»Auf dem Grund der Hölle brennt nämlich kein Feuer, müßt ihr wissen«, begann ich, denn aus Neugier – und Angst – hatte ich etliches übersprungen, um das Schlimmste früher zu erfahren. Ich hatte die letzten drei Gesänge gelesen. »Es ist Eis, lauter Eis. Mörder sind drin eingefroren. Da gibt's kein Feuer!«

Sie waren ein bißchen beeindruckt und entschuldigten sich, was meine Schuldgefühle wegen der Lüge mit der Bücherei noch verstärkte.

Meine zweite Beerdigung, die von Mr. Kenway, war unheimlich. Ich ertappte mich bei dem Gedanken: Noch eine, und ich kriege eine Hochzeit. Ich nahm mir vor, so etwas nicht zu denken.

»Ich wußte nicht, daß er Katholik war«, sagte meine Mutter. »Er ist nie zur Messe gegangen.«

Dem entnahm ich, daß er womöglich nicht im Zustand der Gnade gestorben war. Er war alt und einsam gewesen. Eine Familie hatte er nicht. Die Sargträger kamen vom Begräbnisinstitut Gaffey's, wie ich an ihren grauen Handschuhen, den schwarzen Mänteln und Nadelstreifenhosen erkannte. Sie hatten den Sarg mitgebracht und warteten darauf, ihn wegzuschaffen, zum Friedhof Oak Grove.

Es gab keine Tränen, kein Schluchzen, die Kirche war fast leer. In den anderen Anwesenden erkannte ich die, die zu den meisten Gottesdiensten erschienen – zur Frühmesse, zu den Novenen, den Stationen und zu den Beerdigungen ihnen unbekannter Menschen. Doch Saint Ray's wirkte noch trauriger als an den Tagen, wenn sämtliche Bankreihen mit weinenden, sich schneuzenden Angehörigen gefüllt waren. Pater Furty und ich waren die Hauptleidtragenden, und wir trauerten nicht. Als der Sarg über die Schwelle holperte, hallte das Geräusch wie ein lautes *Autsch* durch die Kirche. Dann folgte das jämmerliche Klappern der Räder, und die Orgel stöhnte in die Leere.

Pater Furty wirkte verzweifelt; seine Schuhe quietschten, die meisten seiner Stimmungen manifestierten sich im unterschiedlichen Quietschen seiner Schuhe.

Wieder war ich der einzige Meßdiener. In der ruhigen Kirche, wo der einsame Sarg stand, führte ich das Ritual durch und bemerkte, wie Pater Furtys Hände zitterten. Er war sehr wacklig auf den Beinen. Als ich ihm Wasser und Wein eingoß, klapperte sein Kelch gegen mein Weinkännchen. Ich hatte mir angewöhnt, nur wenig einzufüllen, und obwohl er auf mehr zu warten schien, weigerte ich mich mechanisch, das Kännchen zu kippen. Er bekam seine zwei Tropfen und ging schwankend zum Tabernakel.

Es war ein heißer Tag, aber er schwitzte ungewöhnlich stark, seine weißen Ärmel und sein Kragen waren vor Feuchtigkeit schlaff und dunkel, auf Stirn und Nacken glänzten seine stopplig aufstehenden feuchten Haare. (Mein eigener Plastikkragen war glitschig vom Schweiß, löste sich immer wieder vom Knopf und legte sich um meine Schultern.)

Pater Furtys Stimme bebte, wenn er auf lateinisch direkt in Richtung Sarg sprach. Er beweihräucherte ihn, besprengte ihn mit Weihwasser und segnete ihn; doch das änderte nichts daran, daß der unpolierte Sarg trist aussah. Ich mußte daran denken, daß sich Mr. Kenways Seele womöglich im fünften Kreis der Hölle befand, unter den Gaunern und Dämonen.

Die Männer von Gaffey's erhoben sich und rollten den Sarg durch den Gang auf die gleißend helle Türöffnung zu, und dann war die Kirche leer und nur noch erfüllt vom traurigen Geruch nach Gebetskerzen und Blumen.

»Es besteht kein Grund, sich vor irgend etwas zu fürchten«, sagte Pater Furty, als wir in der Sakristei waren.

Sprach er mit sich selbst? Er legte seinen Ornat ab, wobei er jedes einzelne Teil küßte, und während er es ablegte und faltete, murmelte er ein Gebet. Das tat er langsam, resigniert, und ich kam mir wie ein Wilder vor, als ich mein Chorhemd über den Kopf zerrte und die Druckknöpfe an meinem Chorrock – viel bequemer als normale Knöpfe – aufriß.

»Gehst du zum Weiher?«

»Ja, Pater. Und ich bin spät dran.«

»Dann nehme ich dich mit.«

»*So* spät bin ich nun auch wieder nicht dran.«

Er hob eine Hand hoch. Es war eine typische Geste. Sie bedeutete: kein Problem.

Die ganze Fahrt über lief sein Autoradio, und am Weiher bestand er darauf, mir einen Hot dog und eine Limonade zu kaufen. Er sagte, der Strand sähe wirklich prima aus, und kaufte sich auch eine Limonade. Ich stellte ihn dem Polizisten und dem Bademeister und der Garderobiere für die Umkleidekabinen der Mädchen, Mrs. Boushay, vor. »Das ist mein Buick«, sagte sie. »Ich wünschte, er wäre mir nie unter die Augen gekommen.« Er nannte sich nicht Pater Furty. Er streckte die Hand aus und sagte: »Bill Furty.«

»Sie haben hier eine angenehme Kundschaft«, sagte er zu dem Polizisten, und mit dem Bademeister unterhielt er sich über Fort Dix, New Jersey, wo der bald stationiert werden würde.

Ich hoffte, sie würden das Gespräch nicht darauf bringen, daß man im Weiher Kinderlähmung bekommen könne, und das taten sie auch nicht.

Pater Furty stand in seiner Zivilkleidung da, blickte unverwandt über das trübe Wasser und schien die jungen Leute in ihrer Badekleidung, die schwammen, spritzten, liefen, schrien, an den Schwimmplattformen hingen und Sand warfen, nicht zu bemerken. Er sagte: »Paßt du auf, wenn ich reingehe?«

Ich wollte nicht fragen, warum, doch er spürte die Frage. »Weil ich nicht schwimmen kann«, erklärte er.

Er zog sich im Umkleideraum um – ich gab ihm ein Schließfach – und ging zum Strand zurück. Er schwamm nicht. Er watete, legte sich auf den Rücken und ließ sich ein Weilchen treiben; dann stand er wieder auf, und das Wasser rann an seinem Körper und der schwarzen Badehose runter. Schwimmen konnte man das nicht nennen, planschen auch nicht. Es glich eher einer Taufe.

»Viele Fischer können nicht schwimmen. Sie wollen nicht. Wenn ihr Boot sinkt, ist es weniger qualvoll. Sie gehen einfach mit unter.« Seine Augen glänzten beim Sprechen. Er sah wieder froh und ein wenig gesünder aus: Es war nach Mittag. »Ach, ich stehle dir bloß die Zeit.«

Ich lachte darüber. Meine Zeit stehlen!

Als er weg war, verriet ich dem Bademeister und dem Polizisten, daß er Priester war. Sie sagten: »Erzähl nicht so'n Stuß, Andy.«

Daß sie mir nicht glaubten, steigerte meine Bewunderung für Pater Furty noch mehr.

6

Pater Furty machte einen unrasierten außerdienstlichen Eindruck, sein Hawaiihemd hing über die schwarze Priesterhose, und seine Slipper quietschten, als fühle er sich erholt und dankbar. In diesem Teil Bostons – wir stiegen gerade an der Atlantic Avenue aus seinem Chevy – strahlte der weiche Teer zwischen den Kopfsteinen Hitze aus, und der blitzende Chrom im Autoverkehr und der Geruch nach Backsteinen und Benzin machte den heißen Tag noch heißer. Die »Speedbird« lag an der Long Wharf fest, umgeben von Fischerbooten und Kabinenkreuzern. Die hochstehende Sonne streichelte das Wasser.

Meine Mutter hatte gefragt: »Wer kommt sonst noch aufs Boot?«

Ich erwähnte Tina nicht. Ich sagte ihr, ich wisse es nicht, denn zehn Damen von der Sodalität kamen mit, und das erfuhr meine Mutter besser nicht; sie hätte sich ausgeschlossen gefühlt.

Sie trugen Kleider, Blusen und Hüte und große, blaue, klobige Schuhe, wie beim letzten Mal. Auch die Picknickspeisen von Mrs. DuCane, Mrs. Corrigan, Mrs. Prezioso, Mrs. DePalma und Mrs. Hogan waren die gleichen. Diesmal waren noch Mrs. Palumbo mit schwedischen Fleischbällchen, Mrs. Bazzoli mit einer Schüssel Krautsalat, Mrs. Skerry mit einem Obstkorb sowie einem Laib Brot, Mrs. Hickey mit einem selbstgebackenen Schokoladenkuchen und Mrs. Cannastra mit zwei Flaschen einer violetten Flüssigkeit, die wie »Kool-Aid«-Tütenbrause aussah, mit von der Partie.

Mrs. DuCane fragte, was das sei.

»Wanzensaft«, antwortete Mrs. Cannastra.

»Die arme Edda Palumbo«, sagte Mrs. Hickey. »Der Herr

erbarme sich ihrer. Sie hat ihren Mann durch einen Tumor verloren.«

»Wie heißt du, Schätzchen?« fragte Mrs. Hogan.

»Tina Spector.«

»Ist deine Mutter auch mit?«

Tina schüttelte nur den Kopf und errötete.

»Hilf mir, diese Käsescheiben zu trennen.« Dabei zeigte Mrs. Hogan ihre mächtigen Zähne. »Magst du Velveta?«

Man stellte Tina an: Sie wurde zu einer der Frauen, und mir fiel auf, wie zart und rosig ihre Haut war, während die Wangen der anderen Frauen mit Härchen besetzt waren, einige sogar mit Stoppeln.

Ich hatte meiner Mutter nie etwas von Tina erzählt. Sie wußte, daß Tina nicht katholisch war; sie wäre mißtrauisch geworden, und irgendwann hätte sie alles mögliche dagegen einzuwenden gehabt und gesagt: »Es gibt so viele katholische Mädchen.«

Religion hin oder her, eigentlich betrachtete ich Tina nicht als Mädchen. Sie war ein überwältigendes Gefühl in mir, das mir den Atem nahm und die Kehle zuschnürte: Ich liebte sie.

Pater Furty verkündete laut, er hoffe, wir hätten eine unfallfreie Fahrt und gutes Wetter, und bekreuzigte sich; daran merkte ich, daß er gebetet hatte.

»Ablegen«, sagte er und zeigte mir, wie ich die Leinen von den Klampen am Dock lösen mußte.

Die Damen von der Sodalität kreischten und lachten beim Ablegen wie kleine Mädchen. Tina nicht; sie stand im Halbdunkel der Kajüte und sah besorgt aus.

»Und wenn meine Mutter dahinterkommt?« hatte sie, noch ehe wir an Bord gingen, gesagt. »Und wenn der Pater fragt, ob ich katholisch bin?«

»Dann improvisieren wir«, sagte ich.

Der Ausdruck stammte von Pater Furty.

Ich war sehr glücklich, ein seltener Zustand. Zufriedenheit kannte ich, aber diese Art von Glück hatte ich nie zuvor erlebt.

Ich war in dem Glauben erzogen worden, daß ich schlecht sei, daß das meiste von dem, was ich tat, und alles, was ich wollte, schlecht für mich war. Es gab keine Vorwürfe, niemand sprach laut von meiner Schlechtigkeit. Es war eher wie ein permanentes unterschwelliges Flüstern, daß ich schwach und sündig sei und immer unrecht hatte. Mir kam es vor, als könne ich nie etwas recht machen. Es hieß: *Beeil dich!* und gleich darauf: *Lauf nicht so!* Erst sagten sie: *Iß!* und dann: *Iß nicht so schnell!* Sie forderten: *Sprich lauter!* und beschwerten sich gleich darauf: *Schrei nicht so!*

Was hast du gemacht? ließ sich wahrheitsgemäß nur so beantworten: *Ich war schlecht.* Schlecht zu sein hatte etwas Natürliches und Unvermeidliches. Hungrig sein war schlecht, ins Kino gehen war schlecht, einfach nur dasitzen und nichts tun war schlecht, glücklich sein war schlecht; und aus schlecht wurde nur allzuleicht böse.

Auf Pater Furtys »Speedbird« hatte ich das seltene Gefühl, nichts Schlechtes zu tun, und das erfüllte mich mit unbändiger Freude. Es lag an Pater Furtys Einfluß, daran, wie er Tina anlächelte und uns an Bord begrüßte. Er deutete auf charmante Art an, daß wir ihm einen Gefallen taten, indem wir bei ihm waren, und daß er eher auf uns angewiesen war als umgekehrt. Doch ich war auch froh, daß Pater Furty mich kannte. Ich hatte ihm gebeichtet, und obwohl er das Beichtgeheimnis natürlich nie brechen würde, hatte er doch in mein Herz geschaut und betrachtete mich nicht als den chaotischen und manchmal sogar schlimmen Burschen, an dem man zu Hause ständig herumnörgelte. Er kannte meine Sünden und hatte mir die Absolution gegeben, ihm verdankte ich, daß ich mich im Stand der Gnade befand.

»Ist das ein Funksprechgerät?« wollte Mrs. Bazzoli wissen.

»Nö. Es ist ein ganz normales Radio.«

»Sind Sie sicher?«

Pater Furty zog eine Grimasse. »Fragen über Fragen«, sagte er. Ob er einen Scherz machte oder sich ärgerte, ließ sich unmöglich sagen. »›Sind Sie sicher?‹, ›Meinen Sie das ernst?‹ Solche Fragen und pausenloses Geplapper sind ein Verbrechen an der Menschheit.«

Mrs. Bazzoli zog den Kopf ein, da sie nicht wußte, ob Pater Furty sie angriff.

»›Warum‹ ist ein Verbrechen«, fuhr er fort. »›Warum‹ ist ein schweres Verbrechen.«

Mrs. Bazzoli räusperte sich zustimmend, während Pater Furty die Hand nach dem Radio ausstreckte. Er drehte einen Peggy-Lee-Song lauter und sang mit. Er kannte immer den Text: Mir kam er dadurch sehr weltlich und sehr einsam vor.

»*You give me fever*«, sang er.

Mrs. Bazzoli schüttelte den Kopf und zog sich nach achtern zurück, wo ich auf Bitten der Frauen Liegestühle aufgestellt hatte.

»Ist das alles?« fragte Mrs. Skerry. Sie sah sich um und riß die Augen auf. »Ich habe mir mehr von Schiffen versprochen.«

»Sie können sinken.« Mrs. Cannastra nahm ein Schlückchen aus ihrem Becher. Sie lächelte und sagte: »Wanzensaft.«

Mrs. Corrigan strickte, Mrs. Palumbo hielt das Gesicht vor einen winzigen Spiegel und schmierte Lippenstift auf ihren Schmollmund. Mrs. Hickey versuchte, den ›Herald‹ unter Kontrolle zu bekommen, doch die Zeitungsseiten flatterten ihr um den Kopf. Mrs. DuCane hielt die Hände im Schoß und lächelte.

»Ich wußte gar nicht, daß es hier draußen so viele Inseln gibt«, sagte Mrs. Skerry.

Wir hatten den Innenhafen hinter uns gelassen und durchpflügten das fleckige, ölverschmierte Wasser. Inmitten von Booten lagen rechts und links Inseln. Gedrungene weißbäuchige Flugzeuge nahmen Anflug auf den Flughafen Boston Logan. Mrs. Corrigan konnte das Zollamt, Mrs. DePalma den John-Hancock-Tower sehen, und Mrs. Hickey glaubte, die Old North Church zu erkennen.

»Ich sehe zwei Feneuil Halls«, behauptete Mrs. Cannastra.

»Sind Sie sicher, daß es wirklich Wanzensaft ist?« fragte Mrs. Corrigan.

Mrs. Cannastra grinste sie mit rotfleckigen Zähnen an.

»Jede Wette, daß du am Verhungern bist«, sagte Mrs. Bazzoli zu Tina.

Tina widersprach.

»Ich an deiner Stelle wär's aber.« Mrs. Bazzoli wog bestimmt ihre hundertzwanzig Kilo.

»Ich hatte erst kürzlich eine Nierenbeckenkolik«, verkündete Mrs. Hickey gerade.

Währenddessen steuerte uns Pater Furty in Richtung Außenhafen, und als wir uns einer weiteren Insel näherten – Deer Island, sagte er –, bat er, ich solle mich an den Bug knien und aufpassen, ob Felsen im Fahrwasser lagen.

»Bisher nichts«, sagte ich.

Schließlich kamen wir an einem stillgelegten Landungssteg an und machten die »Speedbird« an einem der noch stehenden Pfosten fest.

»Wir wollen die Spieltische aufbauen«, sagte Mrs. Prezioso. Sie schoben auf dem Achterdeck drei zusammen und legten ein Papiertischtuch drauf, das von den vielen Schüsseln mit Essen festgehalten wurde.

»Sollten wir nicht ein Gebet sprechen?« fragte Mrs. DuCane und schaute die anderen triumphierend an, die beim Beladen ihrer Teller plötzlich erstarrten.

Mrs. Cannastra hatte gerade zu Pater Furty gesagt: »Nur zu. Es ist Wanzensaft, Pater.«

Er hielt das Glas in der Hand, trank aber nicht. Statt dessen drehte er sich zu Mrs. DuCane um und sagte: »Das ist eine Art Gebet. Seid glücklich. Auch so kann man Gott preisen.«

»Hoffentlich mögen Sie Zwiebeln!« Mrs. DePalma häufte Salat auf einen Teller. »Das ist für den Pater.«

»Ich habe ihm gerade einen Teller zurechtgemacht«, protestierte Mrs. Hogan.

Mrs. Bazzoli sagte: »Ich weiß, daß er Krautsalat mag. Darum habe ich ihm diesen Teller vorbereitet. He, das ist eine italienische Portion!«

Alle trugen noch ihre großen Ohrringe und Hütchen auf den hochgetürmten Haaren, und einige hatten enge Handschuhe an, wie zum Kirchgang. An den Tischen stießen sie mit den Armen aneinander. Anscheinend fühlte sich jede Frau für Pater Furty verantwortlich, denn jede füllte ihm einen Teller, und zwar nicht zu knapp.

»Das kann ich unmöglich alles essen«, sagte er. »Aber daß Sie an mich denken, ist wirklich . . . Sehen Sie, das ist mehr als genug.«

Er nahm sich Tinas Teller. Es war eine kleine Portion, da sie nicht für ihn gedacht war: ein schwedischer Fleischkloß, ein Sesambrötchen und etwas grüner Salat.

»Eßt«, sagte er und brach das Brötchen. Dann erhob er seinen Pappbecher und sagte: »Trinkt.« Er hatte seinen Kapitänsstuhl ans Ende der Tafel gerückt, und auf jeder Seite saßen fünf Frauen. Sie beugten sich vor, so daß ihre runden Bäuche die langen schlauchförmigen Brüste stützten.

Tina und ich hockten auf der Reling; an den Tischen war kein Platz mehr. Doch obwohl sie beengt saßen und der Wind ihnen das Tischtuch gegen die Knie wehte, wirkte das Essen viel förmlicher als ein Picknick. Es glich eher einem Ritual: höflich und fromm.

»Es ist ein richtiges Diner«, sagte Mrs. Prezioso.

»Reichen Sie die Gurken weiter, Mrs. Pretz«, sagte Mrs. Hogan.

Pater Furty sagte: »Hoffen wir, daß der Chef nicht davon Wind kriegt.«

Außer mir verstand das keiner.

»So nennen wir den Pastor«, erläuterte Pater Furty. »Manchmal nennen wir ihn den Aufseher.«

Sie lachten laut und geschmeichelt, weil sie so etwas aus Pater Furtys Mund hörten.

»Ich glaube, jemand wird hier den Spitzel spielen«, sagte er grinsend. »Wer ist die Petze?«

Mrs. DuCane rief: »Ich bestimmt nicht!«

Die anderen sahen sie kurz an und schwiegen; offenbar machte allein schon die Tatsache, daß Mrs. DuCane sich verteidigt hatte, sie zur Schuldigen.

Pater Furty störte das nicht; er lächelte immer noch. Er umfaßte seinen Pappbecher mit beiden Händen und hielt ihn wie bei einer Lobpreisung hoch. Dann hob er ihn voller Vorfreude und nahm einen Schluck.

»Ich sehe es zu gern, wenn ihr zulangt«, sagte er. Er schien sich wirklich zu amüsieren, dabei hatte er nur den »Wanzensaft« getrunken und praktisch nichts gegessen.

»Wir stopfen uns voll«, sagte Mrs. Skerry. »Ist das keine Sünde?«

»Aber nein, ganz und gar nicht«, entgegnete Pater Furty. »Es ist ein unschuldiges Vergnügen. Damit preisen wir Gott. He, wie wär's mit einem Lächeln, Hazel . . . Gott ist doch nicht unser Feind!«

Hazel war Mrs. Corrigans Vorname, aber es klang eigenartig, ihn von einem Priester so freundlich ausgesprochen zu hören. Allerdings sah er nicht wie ein Priester aus, eher menschlich, wie ein Mann, wie ein Geschäftsführer, der sich entschlossen hat, aus dem Firmenessen ein Picknick zu machen.

»Wenigstens ist es keine Sünde«, stellte Mrs. Bazzoli fest und schob sich ein Hühnerbein in den Mund. »Bei Sünden bin ich mir nie sicher.«

»Ich habe jede Menge Schlimmes erlebt, aber nie etwas Böses«, sagte Pater Furty. »Schlimm ja – böse nein. Und ich bin aus New Jersey!«

»Noch mehr Wanzensaft?« Mrs. Cannastra beugte sich vor, um ihn einzugießen. Pater Furty erhob Einspruch, nahm ihn aber trotzdem an. Mittlerweile war sein Gesicht aufgedunsen und sah rosiger aus.

Mir fiel auf, daß Tina schockiert war, so wie Nichtkatholiken eben reagieren, wenn sie einen Priester sehen, der sich wie ein Mensch benimmt, der ißt, trinkt und Frauen mit Vornamen anredet. Aber ich war ihm dankbar. Weil er so menschlich war, kam ich mir fromm vor – nicht heilig, doch meine Pflicht erfüllend, und vielleicht immer noch im Stand der Gnade.

»Das ist mein letzter«, sagte Pater Furty. »Aber ich möchte, daß ihr anderen austrinkt und zulangt!«

Er zwinkerte uns zu, sah aber etwas angeschlagen aus, und als er aufstand, schwankte er ein bißchen.

»Laßt uns etwas singen«, sagte er.

»Ein Kirchenlied?« fragte Mrs. Hickey.

»Ein Lied«, sagte Pater Furty und fing an zu singen.

I was sailing along on Moonlight Bay,
I could hear the voices singing
They seemed to say:
You have stolen my heart
So don't go way –

Er sang weiter, und die Frauen stimmten ein, dann nahm er wieder Platz, rauchte Fatimas und schnippte die Kippen über Bord.

»Was macht Dande?«

»Ich bin schon beim achten Kreis. Diebe.«

»Das ist prima«, sagte er zufrieden.

»Sie stecken gefesselt in einer Grube«, sagte ich, von seinem Interesse ermutigt. »Doch nicht mit Seilen, sondern von Schlangen umwunden.«

»Ach?« Diesmal wirkte er erstaunt.

»In der Grube gibt es einen Mann namens Vanni Fucci. Er hatte einen Schatz aus einer Sakristei gestohlen. Da kamen die Schlangen über ihn. Er bereut nicht einmal. Ja, er ...«

Pater Furty war sehr interessiert, und ich merkte, daß ich zu weit gegangen war, um jetzt aufzuhören. Er blinzelte mir zu, ich solle fortfahren.

»Dieser Bursche, äh, droht Gott«, sagte ich und fuhr, um meine Verlegenheit über diese Worte zu vertuschen, fort: »Übrigens ist der unterste Kreis der Hölle nicht heiß, Pater. Er ist ganz aus Eis.«

Er dachte einen Moment nach, und dann wandte er sich an Mrs. Cannastra: »Hölle *on the rocks.*«

»Klingt nach einem Drink«, sagte sie.

»Klingt nach allen Drinks.«

Er lächelte immer noch, und ich dachte: So habe ich es mir gewünscht. Ich war glücklich, mit Tina zusammenzusein, die Sonne prallte auf uns herab, und das Wasser plätscherte gegen das Boot. Endlich einmal hatte ich das Gefühl, das Richtige zu tun, und es machte mir auch noch Spaß! Ich war aber auch froh, daß keine der Frauen Tina oder mich beachtete. Nie hatte ich Tina mehr geliebt.

Es wurden noch mehr Lieder gesungen. Mrs. Skerry sang »Galway Bay«, und Mrs. Bazzoli sang mit Mrs. DePalma ein italienisches Lied, bei dem es, wie sie sagten, um das Meer ging, und ich hörte immer wieder die Worte *medzo mar.*

Aus Richtung Revere ertönte Donnergrollen, und über Nahant wurde eine schwarze Wolke größer, die wie ein Fleck aussah.

»Wir sollten uns auf den Heimweg machen«, sagte Pater Furty, und dann war die Sonne weg. Mit wehendem Hemd tastete er sich entlang der Reling zur Kajüte. Als er an mir vorbeikam, drückte er mein Knie, sagte: »Schlimm ja – böse nein« und zwinkerte mir zu. Er hatte zwar nicht fest gedrückt, doch etwas am Druck seiner Finger verriet mir, daß es ihm nicht gutging.

Zweimal rammten wir den Pfosten, wobei etwas Farbe abblätterte, während ich meine Webleinstek-Knoten löste ... Aus irgendeinem Grund ließ Pater Furty die Maschine aufheulen. Dann fuhren wir los, wobei das Boot ein wenig schlingerte. Pater Furty stand am Steuer und lächelte schief, vielleicht lag es an der Fatima in seinem Mund. Er sang zum Radio.

Die Frauen räumten die Teller ab und klappten die Spieltische zusammen.

Ich hatte nicht das Gefühl, daß Pater Furty das Boot steuerte. Es sah aus, als umklammere er das Steuer, um nicht umzufallen. Er hing eher dran, statt es mit den Fingerspitzen im leichten Steuermannsgriff zu halten, wie er es sonst tat. Er sah auf eine wirre Art glücklich aus.

»Geht es Ihnen gut, Pater?« fragte ich.

Er sagte: »Es macht bestimmt großes Vergnügen, mit ihr zusammenzusein.«

Das Hafenwasser schlug und schwappte gegen das Boot. Daß es über die Reling spritzte, hielt ich für ein schlechtes Zeichen, und die mädchenhaft spitzen Schreie der Frauen machten mich nervös.

»Was ist das?« fragte Mrs. Palumbo.

»Wahrscheinlich Moon Island«, antwortete Pater Furty und drehte sich langsam um.

Ich sagte: »Vorsicht mit dem Schleppkahn.«

Pater Furty beschleunigte und fragte: »Welcher Schleppkahn?«

Doch es war zu spät.

Es gab keine Panik. Selbst als die Seite der »Speedbird« durch den Schleppkahn der »Blue Neptune Towing« eingedrückt, die Reling von den Decks gefegt und die Querleiste vom Vordeck des Schleppkahns sauber abgetrennt wurde, kreischten und lachten die Frauen der Sodalität, wie sie es am Morgen getan hatten, als sie von Gischtspritzern getroffen wurden. Sie wußten nicht, daß es eine Katastrophe war; vielleicht glaubten sie, es gehöre zu allen Kreuzfahrten. So bedingungslos vertrauten sie Pater Furty.

7

Später hörte sich alles dramatisch und gefährlich an: Zwei Boote sind im Hafen zusammengestoßen, einige Menschen wären fast ertrunken – es klang nach Heldenmut und Chaos. Doch so war es ganz und gar nicht gewesen. Es war ein peinlicher Unfall; wir wurden von dem Kahn, den wir gerammt hatten, in den Hafen geschleppt. Es war demütigend.

Dann merkte ich, daß eine Tragödie etwas Ansprechendes hat; sie sieht perfekt aus, wie es so oft bei unechten Dingen der Fall ist: falsches Blut an den richtigen Stellen, schöne Opfer, pompöse Begräbnisse, und der Rest ist Schweigen. Alles ist großartig und eitel. Aber nichts ist schlimmer als die Schande. Sie ist einsam und unumkehrbar . . . ein schauderhaftes Durcheinander. Das laute prustende Gelächter, das sie hervorruft, ist schlimmer als Schmerz. Schande durchleben zu müssen ist schlimmer als Sterben.

All deine Geheimnisse werden auf eine vertrackte Art und Weise Allgemeingut, und du selbst tappst im dunkeln. So fühlte ich mich damals, als ich rätselte, was geschehen war; und ich kannte nicht einmal die halbe Wahrheit. Über das, was wirklich passiert war, sprach niemand, und doch schälte sich eine Version des Geschehens heraus. Es glich einem schlecht verpackten Paket, das immer mehr aus dem Leim geht, zunächst langsam, dann immer schneller in sich zusammenfällt, bis es nur noch aus losen Strippen, Bändern und zerknittertem Packpapier besteht, aus dem etwas Dunkles, Glitschiges auf den Boden plumpst, und die Leute sagen: »O Gott, was ist das?«

Wie so viele Katastrophen fing es damit an, daß ich meine Mutter telefonieren hörte.

»Seien Sie nicht albern«, sagte sie. »Das glaube ich nicht.«

Aber sie glaubte es unbesehen und wollte die Person am anderen Ende der Leitung nur zum Weiterreden bringen.

»Das kann doch nicht wahr sein«, sagte sie.

Je ungläubiger sie tat, desto neugieriger wurde sie.

»Nun, wir alle wissen, daß dies sein Kreuz ist«, sagte sie. »Er muß es nun einmal tragen.«

Als ich aus der Tür eilte, hörte ich noch, wie sie meinen Namen rief. Doch ich lief weiter ... zum Bus, zu den Sandgruben; mit meinem Mossberg. In diesem Gemütszustand beruhigte mich nichts mehr als das Geräusch von Bierflaschen auf einer Kiste, die zersplitterten, wenn meine Kugeln sie trafen.

Ich hatte gedacht, wir wären in Sicherheit, sobald wir an Land kamen. Verletzt war niemand. Mrs. Bazzoli hatte einen Bluterguß über dem Knie, der aussah wie ein kleiner Marmeladefleck, und sie hob immer wieder ihren Rock, um ihn zu zeigen. Feuchte Blusen preßten sich an Büstenhalter. Mrs. Cannastra konnte nicht aufhören zu lachen. Aus den Essensresten war Abfall geworden. Mrs. Palumbo schlug vor, ein Dankgebet dafür zu sprechen, daß alles so glimpflich abgelaufen war.

Pater Furty nahm an dem Gebet nicht teil.

»Wir werden noch von dieser Sache hören«, sagte er, machte dabei aber keinen besonders traurigen Eindruck.

Er sah zu, wie »Speedbird« auf den Kai gehievt wurde. Die ganze Backbordseite war aufgeschlitzt, und aus dem zersplitterten Bug ragten Bretter und Teile der Reling. Das Boot hing da wie ein riesiger Fisch, der zu Tode gehackt worden war.

Als ich Tina auf die Pier half, stand Pater Furty mit einer Fatima im Mund in der Nähe und wirkte ganz entspannt.

»Nasse Füße«, sagte ich.

»Das kriegst du schon wieder hin«, murmelte er, die Lippen wegen der Zigarette fast geschlossen.

Das gab mir Auftrieb – alles, was er zu mir sagte, war ermutigend –, aber als er mir auf die Beine half, spürte ich an meinem Ellbogen, wie seine Hand zitterte.

Den ganzen Tag hatte ich es darauf angelegt, Tina zu küssen, wie immer eine langwierige und komplizierte Prozedur. Doch als die »Speedbird« mit der »Blue Neptune Towing« kollidierte, fiel auch mein Plan ins Wasser, und ich merkte, daß ich so weit wie eh und je von diesem Vorhaben entfernt war. Wir hatten nicht einmal Händchen gehalten.

Doch als ich sie an diesem Abend an ihrer Haustür ablieferte, sagte sie: »Ach Andy, ich mache mir solche Sorgen.« Ich legte den Arm um sie und küßte sie, ohne zu überlegen, leicht auf die Lippen. Damals erschien es mir natürlich; doch wenn ich im nachhinein daran denke, kommt es mir höchst bemerkenswert vor.

»Wo warst du mit Pater Furty?« fragte meine Mutter.

»Nirgends«, sagte ich.

»Was hast du den ganzen Tag lang in dem Boot gemacht?«

»Nichts.«

»Hat es dir gefallen?«

Ich zuckte die Schultern. »Ich glaube schon.«

Am nächsten Morgen begannen die Anrufe, das *Ich glaube Ihnen nicht* und *Das kann doch nicht wahr sein.* Doch ich war schon zur Tür hinaus.

Als ich zurückkam, sagte meine Mutter: »Kitty DuCane hat angerufen. Setz dich, Andy. Ich will mit dir reden.«

Sie sagte, sie wisse alles. Die Hälfte davon stimmte nicht, aber wie konnte ich ihr die Wahrheit sagen, ohne alles noch schlimmer zu machen? Ohnehin hätte sie eher Mrs. DuCane als mir geglaubt. Sie war böse, weil ich Tina mitgenommen und ihr nichts davon gesagt hatte. Und sie hatte mit Tinas Mutter gesprochen. »Wir halten es für besser, wenn ihr euch nicht mehr seht.«

Pater Furty betritt das Holy Name House und schmeißt seine Kapitänsmütze auf den Tisch in der Diele.

»Hatte 'n kleinen Unfall«, sagt er.

»Irgendwer verletzt?« erkundigt sich Pater Hanratty.

»Nasse Füße«, antwortet Pater Furty. »Etwas durchweichter Geflügelsalat.«

Und dann macht er sich an die Prozedur, eine Fatima anzuzünden – er klopft damit auf seinen Handrücken, klemmt sie sich in den Mund und zündet sie an.

»Wir haben einen Schleppkahn gerammt.«

Und dann zwinkert er und verzieht sich in sein Zimmer, wo er die Slipper in die Ecke tritt, in den Spiegel grinst und sagt: »Diesmal hast du wirklich Mist gebaut, Skipper!«

So stellte ich es mir vor. Ich konnte mir nicht denken, daß er die Sache schwernahm, und das war übrigens das Schlimmste an dem ganzen Klatsch: Man stellte ihn als Trottel, als

Versager und wahrscheinlich noch Schlimmeres dar ... Ich wollte das alles nicht hören, nicht einmal von meiner Mutter.

In der Woche darauf hatte ich eine Frühmesse mit Pater Furty, aber er kam nicht. Statt seiner war Pater Skerry da. Ich wartete auf die nächste Meßliste. Auf der tauchte Pater Furtys Name überhaupt nicht auf.

Ich ging zum Holy Name House.

Mrs. Flaherty machte auf. »Was willst du?«

»Zu Pater Furty.«

»Er empfängt keinen.«

Eine Stunde später, auf dem Weg zu Wright's Weiher, traf ich Magoo.

»Wo willst du hin?« fragte sie. Ich gab keine Antwort; ich dachte intensiv an Pater Furty, hielt die Hände in den Taschen und ging schnell weiter. Magoo sagte: »Ich könnte genausogut mitkommen.« Sie wollte die Abkürzung durch den Wald nehmen.

Ich wurde nervös und sagte: »Ich hab' eine Nierenkolik.«

Sie sah mich böse an.

»Das könnte dich in Schwierigkeiten bringen«, sagte ich.

»Ich hab' gar nix gemacht nich'!« rief sie sehr laut, und ihre schlechte Grammatik ließ sie unschuldig erscheinen. Ihre Häßlichkeit machte mir angst; sie war dick und weiß und hatte schlechte Zähne. Auf mich wirkte jetzt alles gefährlich, besonders Sex.

An diesem Abend versuchte ich es erneut im Holy Name House. Die Fenster waren dunkel, und niemand machte auf. Ich blieb dennoch an der Hauswand sitzen. Ich saß da, betete und kam mir unbedeutend vor.

Zu Hause, ich kam zu spät zum Abendessen, empfand ich Verzweiflung: Ich wollte etwas tun, wußte aber nicht, was. Meine Mutter fragte mich, ob irgendwas sei. Ich verneinte.

»Du hast geraucht!«

»Nein!«

»Sprich nicht in diesem Ton mit mir«, sagte sie. »Manchmal denke ich, du bist gar nicht berufen. Ein Priester würde nie so mit seiner Mutter reden.«

Das klang einleuchtend.

»Was ist, wenn Gott dich ruft?«

Doch niemand rief ... Gott war wie die anderen auch. Ich war im Dunkeln, dachte an Pater Furty, sehnte mich nach Tina. Still war es im Dunkeln.

Ich träumte, daß Tina in Unterwäsche vor einem Spiegel stand. Sie war barfuß und kämmte sich. Nackt konnte ich sie mir nicht vorstellen, und selbst wenn es mir gelungen wäre, hätte ich es wohl nicht aufregend gefunden. Sex bedeutete für mich Seidenhöschen, Spitzen und Strapse.

Am nächsten Tag ministrierte ich wieder bei einer Messe (Pater Flynn) und dachte: Wenn Gott mich ruft, gehe ich. Das Priesterdasein kam mir gar nicht so schlimm vor. Pater Furtys Beispiel zeigte, daß man Priester sein und sich dennoch köstlich amüsieren konnte, rauchen, singen, Autoradio hören und in einem schnellen Boot durch die Gegend rasen. Und ich hatte ihn beim Gottesdienst am Altar gesehen, mit fest geschlossenen Augen, innig betend. Das war der Test. Wenn der Priester der Gemeinde den Rücken kehrte und das Tabernakel hob, konnte nur der Meßdiener sein Gesicht sehen. Pater Furty war ein guter Priester.

Außerdem dachte ich: Wenn ich Priester bin, brauch' ich mir wegen dieser anderen Dinge keine Sorgen mehr zu machen. Tina in der Unterwäsche aus dem Sears-Katalog war ein Problem, das mich verwirrte. Ich spürte, mir würde ein Stein vom Herzen fallen, wenn mir jemand »Unmöglich« ins Ohr flüsterte.

Das alles ging mir während der Messe durch den Kopf.

Zurück in der Sakristei, legte Pater Flynn wortlos seinen Ornat ab.

Ich hustete, um mir selbst Mut zu machen, und sagte dann: »Wie geht es Pater Furty? Hoffentlich gut.«

Pater Flynn wandte sich langsam um. Ich sah ihm an, daß er nachdachte.

»Ich richte ihm aus, daß du dich nach ihm erkundigt hast«, sagte er zögernd.

»Ja, bitte.«

Dann flüsterte der Priester: »Sprich ein Gebet für ihn, Sohn.«

Es war derselbe Pater Flynn, der gerufen hatte: *Der Chef hat gestern eine Karte von seinem Bruder aus Irland bekommen!*

Das schlimmste war, daß Pater Furty nicht nur mein Beichtvater, sondern auch mein Freund war. Mittlerweile verließ ich mich darauf, daß er am Samstag nachmittag in dem Beichtstuhl hinter der Siebten Station saß. Letzten Samstag war er nicht dagewesen; vielleicht würde er auch am nächsten nicht dasein, und meine Seele wurde immer trüber. Weil er mich nie groß ausfragte, hatte ich ehrlich zu ihm sein und ihm alles sagen können. Ich hatte aufgehört, meine Beichten mit trivialen Sünden zu füllen (»Den Namen des Herrn, unseres Gottes, mißbraucht – dreimal«), und die ernsten Sünden klarer bekannt. Ich hatte mir Hoffnungen auf die Priesterweihe gemacht. Aber wo war er jetzt? Meine Sünden häuften sich, und da man mir Pater Furty als Beichtvater vorenthielt, wurden es so viele, daß sie mir wohl nur Pater Furty erlassen konnte.

Ich hatte Dantes ›Inferno‹ zu Ende gelesen und kannte die ausgeklügelten Bestrafungen, die in der Hölle auf die Sünder warteten: Man wurde mit verkehrt herum auf den Körpern sitzenden Köpfen herumgewirbelt, mußte stinkende Luft, schwarzen Frost, springende Reptilien, kochendes Blut, Feuergräber und Eis ertragen. Ich wünschte, ich hätte es nie gelesen.

Sprich ein Gebet für ihn, Sohn! Wenn jemand auf Gebete angewiesen war, dann ich. Ich wußte, daß ich mich nicht im Stand der Gnade befand. Ich fühlte mich schuldig und, weil ich in Sünde lebte, höchst verwundbar.

Ich fragte auch weiterhin die Priester und meine Familie nach Pater Furty. Niemand sagte mir etwas. Das überraschte mich nicht. Ernst genommen zu werden, so spürte ich, war ein Vorrecht, das ich mir noch nicht verdient hatte.

An diesem Sonntag ministrierten Chicky DePalma und ich die Messe um Viertel nach zehn.

»Wo ist dein Gewehr?« fragte er.

»Hab' ich vergessen.«

Das stimmte nicht. Auch wegen des Gewehrs hegte ich mittlerweile Schuldgefühle, weil Schießen ein Vergnügen war. Alles Angenehme flößte mir Schuldgefühle ein. Ich versuchte, Buße zu tun; mich zu amüsieren hatte ich nicht verdient.

Doch es half mir nichts; ich hatte gesündigt, und ich verlor den Überblick.

»Gestern abend hat mich Magoo wieder an ihre nackte Möse rangelassen«, sagte Chicky.

Mein Gesicht wurde glühend heiß, als ich mir diese schwere Sünde vorstellte. Dafür kam man nicht in den zweiten Kreis, in dem Wollust durch Sturmwinde und Wirbelstürme bestraft wurde; die Voraussetzung dafür war Liebe. Magoos Häßlichkeit machte es zu einer schwereren Sünde, für die man zu den fliegenden Reptilien gesteckt wurde.

Chicky war als erster in die Sakristei gekommen und hatte die Druckknöpfe seines Chorrocks bereits zugeknöpft. Er stand auf.

»He, hast du gehört, daß Furty im Krankenhaus liegt?«

Ich war wie betäubt, meine Finger erlahmten, aber ich sagte: »Ja«, weil er nicht merken sollte, wie erschrocken ich war. »Er kommt schon wieder auf die Beine«, sagte ich. »Es ist nichts Ernstes.«

Chicky grinste. Das bedeutete: Du machst dir was vor.

»Er ist eben krank«, sagte ich.

»Krank heißt betrunken«, sagte Chicky. Während er sprach, holte er eine grüne Flasche Meßwein aus dem Schrank. Er nahm einen Schluck und fing an zu lachen.

Während der Messe fühlte ich mich so schwach, daß ich dachte, ich würde ohnmächtig. Ich geriet in Panik, meine Haut zog sich zusammen und begann zu kribbeln: Ich brauchte Hilfe, und zwar von Pater Furty. Er mußte mich retten.

Es gab berühmte Meßdiener. Berühmt wurde man, wenn man am Altar etwas Bemerkenswertes tat: beim Niederknien die riesigen Löcher in seinen Schuhsohlen zeigen oder die Löcher in den Socken, Cowboystiefel mit großen Absätzen tragen oder eine Erektion haben und es jedem erzählen, einen Lachanfall bekommen und vom Priester angebrüllt werden, während er die Messe las. Franny Cresta hatte sich einmal bei der Messe übergeben, und alle mußten sich setzen, während der Hausmeister es aufwischte. Augie D'Agostino war dafür berühmt, daß er zwei- oder dreimal auf dem Altarteppich gestolpert und sogar hingefallen war. Mein Bruder Louie hatte als zweiter Ministrant den berühmtesten aller Zwischenfälle miterlebt: wie sich Robert Libby in die Hose machte, wie er bleich wurde, in Panik geriet, wie er etwas Kacke aus dem Hosenbein schüttelte.

Doch all dies würde verblassen, wenn ich berühmt wurde, weil ich vor dem Altar ohnmächtig wurde bei dem Gedanken, daß Pater Furty im Krankenhaus lag.

Um die Fassung zu bewahren, hörte ich sehr genau der Predigt zu. Sie gehörte zu den furchteinflößendsten Predigten des Pastors, und ihr Thema war die Hölle, aber der Teil von ihr, der Dante entgangen war. Mich störte, daß der Pastor eine Predigt über die Hölle halten konnte, ohne Dante zu erwähnen. Er sprach von der heiligen Teresa von Ávila, die Besuch von einem Engel bekommen hatte, von ihrem Schutzengel offenbar. Der Engel sagte, wenn sie weiter sündigte, käme sie in die Hölle, dort sei ein Eckchen ganz speziell für sie reserviert. Der Engel hob sie hoch, nahm sie mit zum Rand der Hölle und zeigte ihr die Stelle. Es war eine Kiste, in der nur Platz genug war, sich hinzuhocken. Der Engel sagte, dort, in dieser Kiste, müßte sie in der denkbar unbequemsten Stellung in alle Ewigkeit schmoren.

»Sitz aufrecht!« rief der Pastor von der Kanzel, und jedermann in der Kirche sah, wie mir der Schweiß ausbrach.

Ich sagte zu meiner Mutter: »Ich muß Pater Furty besuchen.«

»Nach allem, was geschehen ist, solltest du wohl besser auf die Knie sinken und ein Gebet sprechen.«

Sprich ein Gebet. Such dir einen Job. Das waren ihre üblichen Reaktionen, wenn ich verzweifelt fragte, wie ich in der Welt zurechtkommen sollte. *Geh zum Friseur. Nimm ein Bad. Sei froh, daß es dir nicht noch schlechter geht.*

»Ich mache mir Sorgen um ihn.«

»Du solltest dir um dich selber Sorgen machen.«

»Er liegt im Krankenhaus«, sagte ich. »Chicky DePalma hat's mir gesagt.«

Meine Mutter sah mich durchdringend an: Ich hatte ihr etwas verraten, das sie nicht wußte. Sie schickte mich fort und telefonierte.

»Nicht nur im Krankenhaus«, sagte sie danach triumphierend, als wolle sie mich übertrumpfen. »Er steht auf der Liste der kritischen Fälle.«

In meiner Phantasie war das ein langer, an die Krankenhausmauer gehefteter Zettel, auf dem in schwarzer Schrift Namen standen, einer unter dem anderen, einige davon durchgestrichen.

»Welches Krankenhaus?«

»Morris Memorial.«

Ich gab mir Mühe, meine Verzweiflung zu verbergen.

Meine Mutter sagte: »Die lassen dich bestimmt nicht rein. Nicht, wenn er auf der Liste der kritischen Fälle steht.«

»Ich will gar nicht hin«, behauptete ich, ging in mein Zimmer, holte das Mossberg von der Wand und füllte mir die Taschen mit Patronen.

»Wo willst du damit hin?«

»Zu den Sandgruben.«

»Ich verabscheue Schußwaffen«, sagte sie.

Doch statt den Hudson-Bus nach Stoneham zu nehmen, ging ich mit dem Mossberg über der Schulter durch die Morris Estates. Beim Krankenhaus schrie mir ein Gärtner zu: »He, du!«, überlegte es sich dann aber anders. Einige Leute liefen zu ihren Autos, als ich das Krankenhaus betrat. Pater Furty würde lachen, wenn ich ihm erzählte, daß ich ihn besuchen konnte, weil ich mir mein Gewehr genommen und so getan hatte, als ginge ich zu den Sandgruben, um auf Flaschen zu schießen. Er würde es eine Flunkerei nennen . . . ein wunderschönes Wort.

»Mit dem Ding darfst du hier nicht rein!« rief die Dame an der Anmeldung.

»Keine Sorge«, sagte ich. »Der Bolzen ist draußen.« Ich lehnte die Waffe an die Wand. »Ich würde gern Pater Furty besuchen.«

»War er ein Freund von dir?« fragte sie leise.

8

Es war eine Totenmesse mit viel Niederknien und Gesang, mit zwei Priestern und sechs Meßdienern. Ich war einer der Akolythen und hielt eine ein Meter zwanzig lange Kerze. Ich fühlte mich schwach und zerschlagen, als hätte jemand »Wach auf!« geschrien und mich gleich darauf geohrfeigt. Ich war wach, und es tat weh. Noch nie war jemand gestorben, den ich kannte – weder in meiner Familie noch im Verwandten- oder Freundeskreis, sogar meine Großeltern waren alle vier noch am Leben. Das war meine dritte Beerdigung, aber mein erster Tod.

Seit ich die traurige Nachricht gehört hatte, war ich sehr still. Zu Hause sprach ich mit niemandem; da sie es am selben Tag erfuhren, brauchte ich es ihnen nicht zu erzählen. Sprechen konnte ich nicht, aber Beten fiel mir leicht. Gott schaute immer noch aus dem heißen Himmel auf mich herab ... Vielleicht hörte er zu, aber war das überhaupt von Belang?

»Du weißt alles, Gott, also weißt du auch, daß Pater Furty ein gütiger Mensch gewesen ist. Sein Glück war die Liebe, und sein Glück war auch eine Art Gebet. Er muß gut gewesen sein, weil er mich gern hatte und auf seinem Boot mitgenommen hat. Bevor ich ihn kennenlernte, kam ich mir unnütz und unbedeutend vor, und ich ...«

Doch ich mußte mich bremsen. Nicht, weil ich ins Phantasieren kam, aber wenn ich über Pater Furty redete, fing ich an, von mir selbst zu reden. Ich erkannte, daß diese Verbindung unpassend war, stellte sie aber fast automatisch immer wieder her. Es lag nicht daran, daß er Priester war: Er war der erste Mensch, der mir das Gefühl gab, wirklich zu leben, ein Recht darauf zu haben. Er brachte mich zum Lachen, und er lachte über Dinge, die ich sagte. Trotz meiner fünfzehn Jahre behandelte er mich wie einen erwachsenen Menschen; er hörte mir zu und lobte mich. Deshalb war es so furchtbar, ihn zu verlieren. Er war auf meiner Seite gewesen, und nun war da niemand mehr.

Ich hatte nie für möglich gehalten, daß so ein Mensch Priester sein konnte, und mir deshalb auch nie vorstellen können,

Priester zu werden, bis ich ihn kennenlernte. Er war besser als ich, aber er war mir ähnlich. Ich hatte geglaubt, daß ich trauriger und zerrissener war als er, und hielt mein Leben für schwieriger als seins. Doch er vermittelte mir den Glauben, daß auch ich berufen sein konnte, und zwar, indem er Glücklichsein als etwas Natürliches und Richtiges darstellte. Glück hatte ich immer für eine läßliche Sünde gehalten, für etwas Egoistisches. Wenn ich mir jetzt das Priesteramt vorstellte, sah ich mich leicht beschwipst im geblümten Hawaiihemd, in schwarzer Freizeithose und Sandalen, Fatimas rauchend und zum Autoradio singend.

Dieses Gefühl war neu für mich, und es half mir; aber wenn ich daran dachte, daß er tot war, fühlte ich mich trotzdem erbärmlich und hoffnungslos.

Chicky DePalma war an dem Tag in der Sakristei und unterhielt sich gerade mit Walter Hogan.

Er sagte: »Ich wetze die Brookview hoch zur Kirche, denke, ich komme zu spät – und wen sehe ich da in einem engen Pullover, mit solchen Kurven? He, Parent, hörst du zu?«

»Nein«, sagte ich.

»Mit knallengem Rock, und ich denke: Auweia!«

»Halt die Klappe.«

»Parent läuft den ganzen Tag mit 'nem Steifen durch die Gegend.«

Chicky hatte aufgeworfene Lippen, Lücken zwischen den Zähnen, schwere Augenlider und einen breiten sizilianischen Unterkiefer. Immer, wenn er etwas Obszönes sagte, machte er seinen Affenmund.

»Was hältst du also davon, daß Tina, die Biene, mit ihren Kurven in die Kirche kommt . . .«

Ich stürzte mich auf ihn und schob ihn an den Schrank, stieß seinen Kopf dagegen und zerrte an seinem Chorrock. »Wenn du noch ein Wort sagst, schlag' ich dich windelweich!«

Meine Drohung beeindruckte ihn nicht, aber er hatte sich ganz schön gestoßen und drei oder vier Knöpfe von seinem Chorrock verloren. Er war erschrocken und gekränkt, und ihm war klar, daß ich sehr wütend war.

»Er hat sie nicht alle«, sagte Walter Hogan leise.

Das war so etwas wie ein Lob. Doch meine Reaktion hatte mich selbst erschreckt, und meine Wut war verraucht. Ich fühlte mich im Recht, meine Flüche zählten nicht: Ich trat für heilige Werte ein, ich bestand auf Ehrfurcht und kämpfte auch dafür. Das beruhigte mich.

Inzwischen war ein anderer Meßdiener, Vito Bazzoli, eingetroffen. Walter flüsterte mit ihm, aber mit mir redeten sie nicht. Wahrscheinlich hatten sie Angst vor mir – oder sie respektierten mich, endlich, und darüber war ich froh.

Die Messe hielt der Pastor, und da es ein Totenamt war, assistierte ihm Pater Skerrit. Mir kamen Totenmessen immer wie Dramen vor – Zweipersonenstücke. Der Pastor spielte die Hauptrolle, Pater Skerrit die Nebenrolle, indem er mit nervöser Stimme auf die pompösen Sätze des Pastors antwortete. Wir Meßdiener waren die Statisten, ein Weihrauchschwenker, vier Akolythen und Chicky mit dem zwei Meter hohen Kruzifix.

»Der Sarg wird geschlossen sein«, hatte meine Mutter gesagt, als sie über die Totenwache sprach. Ihre Stimme hatte einen mir unverständlichen Unterton. Über geschlossene oder offene Särge hatte ich noch nie nachgedacht. Aber es tat mir leid, daß ich Pater Furty nicht noch einmal sehen konnte, und ich stellte mir immer wieder sein Gesicht vor.

Als ich mit meiner Kerze neben dem Sarg stand, wurden meine Knie wieder ganz weich, und ich wußte, daß ich verdächtig blaß war. Das lag nicht nur an meiner Trauer über Pater Furtys Tod. (Wie und wann genau war er überhaupt gestorben? Ich war beunruhigt, weil ich es nicht wußte, und beschämt, weil ich noch zu jung war, um die Wahrheit zu erfahren.) Ich litt auch, weil ich mich nicht im Stand der Gnade befand. Auf meiner Seele lasteten Sünden; ohne Pater Furty konnte ich nicht beichten.

Doch ich sah eine Logik darin, daß ich zwar ein Sünder war, aber Priester werden wollte, ja, es schien mir sogar, als gehörte das eine zum anderen. Nicht Frömmigkeit, sondern Sünde veranlaßte einen, Priester zu werden: Nur so war Läuterung möglich. Entweder man läuterte sich durch das Sakrament der Priesterweihe, oder man behielt seine schwarze Seele und verlor den Glauben. Etwas mußte man opfern: den Körper oder die Seele.

Die Kirche war mehr als halb voll. Noch nie hatte ich auf einem Begräbnis so viele Menschen gesehen, noch nie so viele erkannt. Niemand weinte, was ungewöhnlich war; aber ich hörte leise Geräusche, eine Art Schniefen und leises Husten, und das war fast so schlimm wie die Stille.

Als wir um den Sarg gingen – Priester und Akolythen, Chicky und der Weihrauchschwenker, Pater Skerrit mit dem Weihwassergefäß, der Pastor mit dem Weihwedel –, warf ich einen Blick zurück in den hinteren Teil der Kirche und sah Tina dort allein sitzen. Sie saß wohl, weil sie Knien nicht gewöhnt war. Sie trug einen blauen Pullover und hatte sich ein weißes Taschentuch auf den Kopf gesteckt. Jetzt war ich froh, daß ich Chicky in der Sakristei den Kopf angestoßen hatte.

Zur Konsekration gingen wir zurück – Pater Skerrit läutete die Glocke –, und dann winkte uns der Pastor in die Seitenreihen und ging gemessenen Schrittes zur Kanzel, um seine Predigt zu halten.

In diesem Augenblick der Stille, ohne Litanei oder Musik, hörte ich schwache Schneuz- und Schluchzgeräusche. Das waren bestimmt die Frauen, die mit auf dem Boot gewesen waren. Dort hatten sie sehr durchschnittlich und matronenhaft ausgesehen, aber jetzt kamen sie mir in ihren schwarzen Kleidern mit den Schleiern und weißen Gesichtern beinahe schön vor und erinnerten mich an Pater Feeneys Nonnen. Sie weinten nicht laut, schrien auch nicht auf; und ihre gedämpften Seufzer wirkten auf mich stärker als die lauteste Trauer.

Auf der Kanzel faltete der Pastor die Hände, wartete und beugte sich vor und zurück, wobei er die Gemeinde starr anblickte. Seine strengen Augen schienen das Schluchzen zu ersticken. Mir wurde plötzlich klar, daß ich mir Gott so wie den Pastor vorgestellt hatte: mit stechendem Blick, finsterem Gesicht und sogar blaß und mit weißen zurückgebürsteten Haaren. Sowohl Gott als auch der Pastor hatten für mich schmale irische Münder, leicht geöffnet und mit dem Ausdruck von Zweifel, Hohn oder Selbstgerechtigkeit.

Sein Schweigen brachte die Gemeinde zum Verstummen, aber ich wußte, daß es eine Masche war. Als Meßdiener hatte ich Predigten von allen Priestern gehört, angefangen bei Pater

Flynn, der vor lauter Aufregung vergaß, was er soeben gesagt hatte, bis hin zum Pastor, der so stechend dreinsah wie Gott. Pater Furty hatte immer mit einem kleinen Scherz begonnen und seine Predigten oft auf stehenden Redensarten aufgebaut, wie »den Stier bei den Hörnern packen« oder »mit seinem Latein am Ende sein«.

Diesmal fing der Pastor mit einem unvermittelten Ausruf an, und ich sah, wie die Leute aufschreckten und sich gerade hinsetzten und wie ein Mann in der ersten Reihe vor Schreck sein Gesangbuch zuklappte. Normalerweise lasen die Leute während der Predigt die Wunder auf den letzten Seiten des Gesangbuches, um sich die Zeit zu vertreiben. *Mein Bügeleisen fing Feuer ... Mein Sohn fiel aus dem Fenster ... Kürzlich auf einer Reise nach New York ... Als ich auf einer vielbefahrenen Straße Fahrrad fuhr ... Mein Preßlufthammer schleuderte bei der Explosion in alle Himmelsrichtungen schwere Metallbrocken. Ich hätte leicht ein Auge oder sogar mein Leben verlieren können. Wunderbarerweise wurde ich nicht verletzt – trug nicht einmal einen Kratzer davon. Dies verdanke ich dem Eingreifen der Mutter Gottes, unserer gebenedeiten Jungfrau Maria. Ich hatte die Novene an neun Montagen hintereinander besucht und insbesondere um Schutz bei der Arbeit gebeten ...*

Heute las keiner die Wunder.

»Wir aber, die wir stark sind, sollen der Schwachen Gebrechlichkeit tragen und nicht Gefallen an uns selber haben«, sagte der Pastor in seiner Zitterstimme, einer Art zögerndem Falsett. »Denn auch Christus hatte nicht an sich selber Gefallen, sondern wie geschrieben steht: ›Die Schmähungen derer, die dich schmähen, sind auf mich gefallen‹.«

Er ließ das einwirken. »Brief des Paulus an die Römer«, sagte er, dann fuhr er fort: »Was heißt stark? Es heißt stark im Glauben. Und was heißt schwach? Es heißt schwach an Körper und Seele. Und was heißt Gebrechlichkeit? Gebrechlichkeit heißt den Anfechtungen der Sünde nachgeben. Und was bedeutet ›geschrieben steht‹? Und was ist mit Schmähungen gemeint?«

Ich dachte daran, wie Pater Furty gesagt hatte: »Fragen, Fragen! ›Sind Sie sicher?‹, ›Meinen Sie das ernst?‹ Solche Fragen sind ein Verbrechen an der Menschheit ... ›Warum‹ ist ein Verbrechen ...«

»Und nicht, wie es uns gefällt!« deklamierte der Pastor. Er wiederholte es immer wieder und machte einfache Wörter so kompliziert, daß ich sie kaum noch begriff. Und er fragte immer weiter: »Warum?« Die Menschen hörten konzentriert zu, weil die Stimme des Pastors – auch eine seiner Maschen – zwischen Schreien und Flüstern schwankte, um die Aufmerksamkeit zu fesseln.

Ich hörte zu. Noch nie hatte ich mir eine Predigt von Anfang bis Ende angehört, aber wann war eine Predigt je so wichtig gewesen?

Offenbar wollte er ausdrücken, daß Pater Furty schwach gewesen war, während er, der Pastor, stark sei. Und auch wir seien stark! Unsere Pflicht sei es, für die Schwachen zu beten, um ihre Seelen zu retten. So wie Christus den Menschen geholfen habe, damit sie in den Himmel kamen. Er habe weit mehr getan: Er sei für die Sünden der Welt gestorben. Christus habe diese Last auf sich genommen, und deshalb sollten wir seinem Vorbild folgen und die Last auf uns nehmen ... Pater Furty! Das war's, in wenigen Worten.

»Und nicht, wie es uns gefällt!« wiederholte er noch einmal und machte uns damit klar, daß das alles kein Vergnügen war, kein Spaß, keine Freude, nicht einmal Sühne. Hier ging es um Leiden. Er sagte: Betet. Er sagte: Vergebt. Er sagte: Tut Buße.

Und all das, weil Pater Furty ein Sünder gewesen war. Der Pastor vermied zwar dieses Wort – er sagte »schwach« und »beinahe verloren« und »mit knapper Not« –, aber es war klar, daß er meinte, Pater Furty sei ein trauriger Fall gewesen. Weil der arme Mann Hilfe nötig gehabt hatte, als er noch lebte (was für Hilfe – jenes kleine finstere Zimmer im Holy Name House?), mußten die Hilfsaktionen nun fortgesetzt werden, da er tot war, denn ob tot oder lebendig, die Schwachen waren immer noch schwach und auf Gebete angewiesen.

Jedesmal wenn er »tot« sagte, starb ich.

Dahinter stand die Vorstellung, daß Pater Furty im Fegefeuer war, wir aber die Arbeit tun mußten, um ihn da rauszuholen.

Diese Predigt bewies mir, wie abgrundtief der Pastor ihn

verabscheut hatte, und nun hatte er den armen Pater Furty in eine Glaubensprüfung verwandelt. Doch all dies war ihm eigentlich herzlich egal, denn das Gefühl, das am deutlichsten aus ihm sprach, war Erleichterung. Pater Furty war als Lebender ein Problem gewesen, und nun, als Seele im Fegefeuer – also weder im Himmel noch in der Hölle –, war er ein kleineres Problem.

Pater Furtys Predigten hatten sich ganz anders angehört. »Er ist vor die Hunde gegangen«, sagte er einmal. »Ich will euch erzählen, was passiert, wenn man vor die Hunde geht. Stellt euch vor . . . die Hunde!«

Als er das sagte, lachte ich, weil ich an die Cockerspaniels meines Onkels denken mußte. Pater Furty lachte auch. Es war eine gute Predigt. Die Botschaft lautete: Gebt nicht auf – haltet am Glauben fest. Ihr seid nicht so schlecht, wie ihr glaubt.

»Wir wollen niederknien«, sagte der Pastor gerade. Wie eine schwarze Flamme lastete ein unbestimmter Schrecken über der Gemeinde. Pater Furty war ein Problem gewesen. Als Toter war er besser dran, ja, der Tod war gerade noch rechtzeitig gekommen. Er konnte froh sein, daß er tot war, weil er ein Versager gewesen war, und wir hatten nun dafür zu sorgen, daß er aus dem Fegefeuer und vor Gottes Angesicht kam.

Es war scheußlich, es war schrecklich, ich wollte weinen; aber hätte ich es getan, hätte mich der Pastor von der Kanzel gemaßregelt.

Der Pastor redete noch eine Weile über Buße, und dann, so plötzlich, wie er begonnen hatte, bekreuzigte er sich – »Im Namen des Vaters und des Sohnes und . . .« –, und die Predigt war zu Ende.

I-te mis-sa est.

De-o gra-zi-as.

Ich nahm meine Kerzen, und während wir langsam vor dem Altar Aufstellung nahmen und der Sarg fortgerollt wurde, merkte ich, daß mein Entschluß feststand: Ich wollte Priester werden. Es mußte Gottes Wille sein, wie sonst sollte sich dieser Gedanke bei mir festgesetzt haben? Ich war froh, daß Tina bei der Beerdigung war, weil es mir nun leichter fallen würde, meine Entscheidung zu erklären.

»He, Parent«, sagte Chicky in der Sakristei. Seine Stimme

klang sanft und freundlich, um mir zu zeigen, daß er mir nicht böse war. »He, das ist deine dritte Beerdigung.«

Ich hatte es nicht als Beerdigung gesehen. Für mich war es viel bedrohlicher, viel intensiver, endgültiger und persönlicher gewesen als alles, was ich je erlebt hatte. Ich sah Chicky verständnislos an. Ich hatte die Sprache verloren.

»He, als nächstes hast du eine Hochzeit.«

9

Später tat es weh, für Pater Furty zu beten, denn kaum rief mir mein Gebet sein freundliches Gesicht ins Gedächtnis, sagte mir meine Erinnerung, daß er tot war, und dann fehlte er mir mehr denn je. Ich dachte viel über meine Berufung zum Priester nach. Hatte mich Gott wirklich gerufen? Und ich dachte über Tina nach. Ich wollte Priester sein und gute Freunde wie Tina haben. So hatte Pater Furty gelebt, und sein Vorbild gab mir Hoffnung.

Dann waren da noch meine Sünden. Ich befand mich immer noch nicht im Stand der Gnade, da ich Tina jedesmal, wenn ich an sie dachte, im Geiste auszog. Nicht ganz und gar, aber bis zum seidigen Unterrock mit dünnen Trägern und Spitzen am Saum, durch den das Licht schien und die Umrisse ihres Höschens abzeichnete. In meiner Vorstellung stand sie immer leise lächelnd mit den Händen auf den Hüften da wie ein Modell aus dem Sears-Katalog. In meinem Kopf pochte das Blut, mir war klar, daß ich sündigte, dafür kam man in den zweiten Kreis, und ich mußte schnell loslaufen oder Flaschen zerschießen, um Tinas Bild loszuwerden. Aber natürlich war es zu spät: Es war nur ein weiterer schwarzer Fleck neben all den anderen auf meiner Seele.

Sie nicht zu sehen machte alles nur noch schlimmer. Ich wollte sie sehen, doch ihre und meine Mutter hatten irgendein Abkommen geschlossen, um zu verhindern, daß wir uns trafen. Der Wunsch, sie zu sehen, bedeutete nicht, daß ich die

Willenskraft aufbrachte, sie wirklich zu sehen. Oft gab ich mich einfach damit zufrieden, sie mir in Unterwäsche vorzustellen.

Zwei Tage nach der Beerdigung klingelte das Telefon. »Ich bin's«, sagte sie.

»Hallo.« Ich traute mich nicht, ihren Namen zu sagen.

»Ich habe dich in der Kirche gesehen.«

»Ja«, sagte ich. »Wieso warst du da?«

»Weil ich ihn gern hatte und mich verabschieden wollte. Das klingt blöd. Ich meine, ich wollte nicht wegbleiben.«

»Woher wußtest du, wann du aufstehen oder dich niederknien mußtest?«

»Ich hab' einfach geraten.«

»Hast du gebetet?«

»Mehr oder weniger«, sagte sie. »Ich sah dich die Kerze tragen. War sie schwer?«

»Eigentlich nicht.«

»Du sahst süß aus in deinem Meßdienergewand.«

Ich wußte nicht, was ich sagen sollte, also schwieg ich, aber sie redete rasch weiter und füllte die Stille. »Andy, meine Mutter ist eben zum Schlußverkauf zu Filene's gegangen, und ich bin ganz allein im Haus, warum kommst du nicht rüber?«

In meinem Kopf fing es wieder an zu hämmern, mein Mund wurde trocken. Ich sagte: »Ich weiß nicht.« Ich spürte, wie ihre Lippen sich gegen den Hörer preßten.

»Wir könnten uns Schallplatten anhören«, schlug sie vor.

»Ich hab' ziemlich viel zu tun«, sagte ich von panischer Angst ergriffen. Trotzdem – oder gerade deshalb – war ich dicht daran, ja zu sagen. Tinas Ausstrahlung spürte ich durch die Leitung wie einen Hitzestrahl. »Mal sehen, wieviel Uhr ist es?«

Aus dem Nebenzimmer sagte meine Mutter: »Halb zwei.«

Sie hatte mitgehört!

»Mir ist gerade was eingefallen«, sagte ich.

»Wer ist das?« fragte meine Mutter. »Mit wem telefonierst du da?«

»Ich muß los«, sagte ich und legte auf.

»Wer war das?« fragte meine Mutter. Sie bügelte in der Küche, auf dem Fußboden stand ein Wäschekorb, auf dem Küchentisch lag ein Stapel säuberlich gebügelter Wäsche. Aus einer mit einer Düse versehenen Sprudelflasche schüttelte sie Wasser über die Wäsche und ließ zischenden Dampf hochsteigen, wenn sie das Bügeleisen drüberschob. Am Bügelbrett sah sie immer älter und müder aus. *Deine Hemden,* sagte sie manchmal vorwurfsvoll. »Sag mir, wer's war.«

»Niemand.«

»Du genießt es offenbar, mich zu quälen: War es ein Mädchen?«

»Nein«, sagte ich, weil ich die Fragen fürchtete, die folgen würden, wenn ich ja sagte.

Doch sie kamen trotzdem. »Andy, hast du eine Freundin?«

Ich schüttelte den Kopf, was die Lüge weniger schwerwiegend erscheinen ließ.

»Ist es diese Tina Spector, die du nicht mehr sehen wolltest, wie du mir versprochen hast?«

Wann hatte ich das versprochen? Mein leugnendes Grunzen klang wie: »Hm-hm.« Wieder schien mir ein Grunzen weniger schlimm als eine glatte Lüge.

Doch meine Mutter ließ nicht locker, sie forderte die Lüge heraus. »Bist du da ganz sicher?«

»Nein!« schrie ich und war erstaunt, daß ich nicht von einem Blitzschlag zu Boden gestreckt wurde.

»Wozu brauchst du denn eine Freundin?« bohrte meine Mutter nach, sicher, daß ich gelogen hatte.

»Ich habe keine Freundin!«

»Ist das wahr?« Sie wußte, daß dem nicht so war. »Du hast ein Fahrrad, und du hast mit Walter Hogan das Boot gebaut. Und ein Gewehr hast du auch, obwohl ich Gewehre verabscheue. Du hast jede Menge Beschäftigung und mußt dich nicht mit unbesonnenen Mädchen herumtreiben.«

»Ich weiß, ich weiß.«

»Du kannst in Teufels Küche geraten. Manche Mädchen ...«

Ich blieb stumm. Ich wußte, meine Stimme würde mich belasten. Ich schaute auf meine Zehen, wartete und fragte mich, ob ein Unwetter über meinen Kopf hereinbrechen würde: Manchmal schrie sie mich an, manchmal weinte sie.

Sie fragte mit schneidender Stimme: »Sagst du mir die Wahrheit?«

»Wenn du ein Geheimnis für dich behalten kannst, verrate ich dir etwas«, sagte ich in dem verzweifelten Versuch, sie abzulenken. »Aber es ist wirklich ein Geheimnis.«

Ihre Nasenflügel bebten; sie holte tief Luft, fragte sich vielleicht, was da auf sie zukommen mochte. Sie wußte, daß ich ihr nie Geheimnisse anvertraute, sie wußte, daß ich ihr nie irgend etwas verriet.

»Sag es bitte keinem weiter«, bat ich.

»Natürlich würde ich es nie weitersagen«, sagte sie, gleichzeitig neugierig und beleidigt. Und dann, vor lauter Ungeduld, es zu erfahren, fragte sie streng: »Worum geht es?«

»Ich glaube, ich möchte Priester werden«, sagte ich. »Ich habe das Gefühl, daß Gott mich ruft.«

Sie lächelte, stellte das Bügeleisen ab und winkte mich zum Bügelbrett. Dann umarmte sie mich und sagte: »Andy«, und damit war ihre Fragerei beendet.

Doch in diesem Alter gehörte ich niemandem und jedem, weil ich nicht wichtig war. Eine Privatsphäre gab es für mich nicht. Zwar spionierte mir niemand nach, aber das ließen sie nur, weil sie mir keine Geheimnisse zutrauten. Wahrscheinlich dachte ich deshalb mit einem unguten Gefühl an die Zukunft, weil ich wußte, ich war nichts und würde bei Null anfangen und mich beweisen müssen, und ich würde ihnen nie verzeihen, daß sie es mir so schwergemacht hatten.

»Der Pastor will mit dir reden.«

Mir rutschte das Herz in die Hose. »Worüber?«

Sie sagte, das wisse sie nicht, und ich konnte nicht fragen, ob sie ihm verraten hatte, daß ich Priester werden wollte, denn natürlich hatte sie es getan und würde mich hassen, wenn ich sie zum Leugnen zwang.

Er saß an einem dunklen Schreibtisch in einem heißen Zimmer im Pfarrhaus, mir kam es trist vor, an einem so schönen Tag hier drin zu sitzen und in Unterlagen zu blättern. Es war schon schlimm genug, daß man Strümpfe und Schuhe tragen mußte! Heiße stickige Zimmer und staubige Teppiche brachte ich immer mit der Tyrannei alter unglücklicher Männer in Verbindung.

»Setz dich«, sagte der Pastor, und schon sein Tonfall verriet mir, daß er mich in die Mangel nehmen würde.

Auf seinem Schreibtisch lagen keine Papiere. In dem ganzen Zimmer gab es nur einen dünnen Christus am Holzkreuz, an einer Wand ein ovales Bild der Jungfrau Maria und darunter ein ewiges Lämpchen in einem roten Glas. Der Pastor starrte mich durchdringend an, legte die Fingerspitzen aneinander, spreizte dann seine großen sauberen Hände ab und musterte mich, wobei sein Mund offenstand wie der eines Fisches.

»Wo ist dein Buch?«

»Dantes ›Inferno‹? Das habe ich ausgelesen, Pater.«

»Was liest du jetzt?«

»›Camping leichtgemacht‹ von Horace Kephart.«

Er warf mir einen kurzen Blick zu. »Sagtest du ›Camping leichtgemacht‹?«

»Ja, Pater.« Er wirkte unzufrieden. Ich sagte: »Außerdem lese ich ›Er begleitete Marco Polo‹.«

Ich wollte ihm nicht erzählen, daß ich auch die nächsten Dante-Bände aus der Bücherei ausgeliehen hatte, ›Purgatorio‹ aber langweilig und ›Paradiso‹ unlesbar fand. Der Lärm und die Bewegung in ›Inferno‹ hatten mir gefallen. Mich fesselten nicht nur das Blut und die ekligen Details oder die Reptilien und das Eis. Ich fand, daß die Menschen in der Hölle echt wirkten; die im Fegefeuer und im Paradies waren geschwätzig und unglaubwürdig. Das ›Inferno‹ war wie das Leben, und manches kam einem bekannt vor. Pater Furty hatte laut gelacht, als ich ihm sagte, ›Inferno‹ sei voller Italiener, genau wie Boston. Die Worte »Scheiße« und »erbrechen« fand ich nicht mehr schockierend; insgeheim hielt ich an sechs Zeilen fest, die Odysseus zu Dante gesagt hatte:

Nicht Liebe zu dem Sohn und nicht Verehrung
des alten Vaters, nicht die Gattenliebe,
an der Penelope sich freuen sollte,

Vermochten mir den heißen Drang zu löschen,
der mich die Erde zu erforschen trieb,
der Menschen Sünden und der Menschen Wert.

»Bereitest du dich so vor?«

»Ja, Pater.« Er blinzelte. Ich dachte: Was hat er noch mal gefragt? »Nein, Pater.«

Es war ein weiterer Trick von Priestern – nicht von Pater Furty –, nichts zu sagen; man drehte und wand sich, bis man irgendwie erriet, was sie meinten.

»Nun, *womit* bereitest du dich denn vor?«

Auf was denn vorbereiten? »Mit Beten, Pater.«

Er starrte mich an; er wußte, daß ich ihm eine Standardantwort gab. Und er wußte, daß ich log. Ich betete nicht. Ich machte mir nur Sorgen darüber, ob ich je die ferne Welt erleben würde. Aber war denn Beten nicht das gleiche wie Sorgen laut aussprechen?

»Und indem ich Gott um Hilfe bitte.«

Sein Lächeln war schlimmer als sein starrer Blick, sein Schweigen furchtbarer als alles, was er sagte. Und ich war im Ticken seiner Uhr gefangen.

»Und ich tue Buße, Pater.«

Darauf stürzte er sich. »Was für eine Buße?«

»Opfer bringen. Leuten helfen. Geschirr trocknen. Am Wright's Weiher arbeiten . . .« Ich versagte, das wußte ich. ». . . und ohne manche Dinge auskommen.«

Er stieß gelangweilt die Luft aus.

»Zum Beispiel Süßigkeiten und . . .«

Er schaute auf.

»Und Campingausrüstung«, sagte ich lahm und ergänzte verzweifelt: ». . . und Munition.«

Das ließ ihn zusammenzucken. Er sagte: »Du hast also gar nichts unternommen, um dich vorzubereiten.«

»Nein, Pater.«

»Wie alt bist du?«

»Fünfzehn, Pater«, sagte ich, vernichtet.

»Hast du eine Freundin?«

»Nein, Pater.« Schlimm genug, daß ich ihm eine Lüge auftischte, aber noch viel schlimmer erschien mir, daß ich Tinas Existenz leugnete. Bei meiner Lüge sah ich ihr hübsches Gesicht plötzlich vor mir, und das machte mich traurig.

Er wußte, daß ich log. Er sah lächelnd zu, wie sich meine Lügen häuften. Ich konnte seinen Atem rasseln hören. Hinter seinem Kopf zog eine große Wolke am Fenster vorbei und weckte in mir den Wunsch, draußen zu sein. Die Wolke wanderte über den blauen Himmel, und ich fühlte mich hier unten gefangen.

»Was bringt dich auf den Gedanken, du könntest Priester werden?«

Zuerst sagte ich nichts. Seine Augen schauten bis auf den Grund meiner Seele. Ich sagte: »Ich weiß nicht.«

»Ich werde dir etwas verraten. Man sagt nicht einfach: ›Ich werde Priester‹, so wie man sagt: ›Ich werde Arzt oder Anwalt.‹«

Obwohl mir der Gedanke kam, daß es viel schwerer war, Arzt oder Anwalt zu werden, sagte ich: »Nein, Pater.«

»Man meldet sich nicht freiwillig. ›Hier bin ich, ich könnte es ruhig mal probieren!‹« Wie er es sagte, klang es absolut dümmlich. »Du wirst erwählt! Du wirst berufen. Um das Sakrament zu empfangen. Um das heilige Opfer der Messe darzubringen.«

»Ja, Pater.«

»Gott der Allmächtige trifft die Wahl!«

Ich wollte raus aus dem Zimmer.

»Du hältst dich wohl für verflixt wichtig«, sagte der Pastor.

Ich schaute zu Boden, damit es aussah, als schämte ich mich, und mein Blick fiel auf seine dünnen Strümpfe aus schwarzer Seide, die ich abscheulich fand.

»Ist dir je der Gedanke gekommen, dein Beweggrund könnte Hochmut sein?«

Es hatte keinen Zweck zu leugnen. Ich wußte, daß ich geschlagen war.

»Jetzt machen wir Fortschritte«, sagte er und lächelte sein furchtbares Lächeln. »Die Kirche hat keine Verwendung für Wichtigtuer. Du weißt ja gar nicht, was für ein Glück du hast!« Er schaute zur Seite, wandte sich dann wieder mir zu und sagte: »Ein Nichtkatholik sagte einmal zu einem Katholiken: ›Glaubst du, daß Christus in deiner Kirche ist?‹ Der Katholik bejahte. ›Glaubst du, daß Gott in dir ist, wenn du das Abendmahl nimmst?‹ Und der Katholik bejahte. ›Glaubst du, daß du nach deinem Tod in Ewigkeit bei Gott dem Allmächtigen im Himmel sein wirst?‹ – ›Ja‹, antwortete der Katholik.

Und der Nichtkatholik sagte: ›Wenn ich all diese Dinge glaubte, auf den Knien würde ich zu dieser Kirche rutschen!‹«

»Ja, Pater.«

»Ich würde auf den Knien zu dieser Kirche rutschen!«

Ich dachte: Aber er hat's nicht getan ... Er hat nicht geglaubt, nicht das Abendmahl genommen, ist nicht in die Kirche gegangen. Es war einfach dahingesagt wie: *Wenn ich glaubte, daß der Mensch fliegen könnte, würde ich vom John-Hancock-Turm springen.* Oder: *Wenn ich glauben würde, was du glaubst, würde ich dafür sterben.*

»Das ist ein ziemlich überzeugendes Beispiel von Glauben, meinst du nicht?«

Ich log wieder und dachte: Überzeugendes Beispiel von fehlendem Glauben, besser gesagt!

»Ich will dir eine Frage stellen«, sagte der Pastor, als hätte das Gespräch gerade begonnen. »Wenn Gott dich zum Priester auserwählte, was für eine Art Priester wolltest du sein?«

Ich war überfragt. Aber er starrte mich immer noch an. Sein Blick besagte: Ich habe den ganzen Tag lang Zeit zuzusehen, wie du dich windest.

»Ich weiß es nicht, Pater«, antwortete ich in flehendem Ton.

»Versuch's.« Das klang freundlicher; es war die erste Ermutigung, die ich von ihm hörte. Ich beschloß, ihm die Wahrheit zu sagen.

Ich sagte: »Ich würde versuchen, mir Pater Furty zum Vorbild zu nehmen.«

Der Pastor lehnte sich langsam zurück, als wollte er mich besser ins Blickfeld rücken, indem er mich verkleinerte.

Ich sagte: »Ich war sein Meßdiener. Ich habe ihm zugesehen.«

Doch meine Worte fielen in ein Vakuum, in die Kluft, die sich zwischen uns aufgetan hatte. Ich wußte bereits, daß ich versagt hatte. Nichts von dem, was ich vorbrachte, war von Belang, und doch merkte ich an dem Flackern in seinen Augen, daß ich etwas in dem Pastor ausgelöst hatte.

»Wäre das nicht der Weg des geringsten Widerstandes?«

Darauf wußte ich nichts zu sagen.

»Pater Furty – möge Gott seiner Seele Frieden schenken –

war allein, als er starb. Er war körperlich allein. Er war emotional und geistig allein. Schwäche ist etwas Furchtbares ... eine Art Feigheit. Sie kann dich zu einem sehr leichten Opfer für den Teufel machen. Pater Furty hat mit seinem Körper Raubbau getrieben. Glaubst du, jemand kann mit seinem Körper Raubbau treiben, ohne Schaden an seiner Seele zu nehmen?«

»Nein, Pater.«

»Bist du sicher?«

Das war eine grausame Frage, eine der Fragen, die Pater Furty gehaßt hatte. Doch versagt hatte ich schon vor einer ganzen Weile, als ich über Buße und Gebet log, also log ich wieder.

»Wenn das Böse dich in seinen Klauen hat«, sagte der Pastor mit schrecklicher Energie, »läßt es dich nie wieder los. Nie wieder! Und du schmorst bis in alle Ewigkeit.« Das hatte Pater Feeney gesagt, als er im Common seine ausfallenden Reden hielt. Des Pastors Stimme bebte, und sein rasselnder Atem setzte wieder ein. »Deshalb müssen wir dafür beten, daß Pater Furtys Seele Ruhe findet.«

Sein Stuhl knarrte, und er wandte sich mir zu.

»Du wirst dir Pater Furty nicht zum Vorbild nehmen.«

Ich log erneut.

»Ich glaube, du könntest es besser machen«, sagte der Pastor.

Er meinte Pater Furtys Schande, die nun, da er nicht mehr unter uns weilte, um Buße zu tun, noch schlimmer wurde.

Ich bejahte, ich könne es besser machen; aber das war die größte Lüge, die ich an diesem Tag von mir gab: Damit verleugnete ich nicht nur Pater Furty, sondern behauptete auch noch, etwas zu können, was ich nicht konnte. Ich war verzweifelt; durch die Herabsetzung meines toten Freundes hatte ich meine Berufung zunichte gemacht. Dann dachte ich: In Wahrheit habe ich gar keine Berufung.

»Ich glaube, du wirst sehr gut zurechtkommen«, stellte der Pastor fest, denn ich hatte ihm in allem zugestimmt. Er hatte mich seinen Bedingungen unterworfen.

Zum Schluß sprach er über die Kirche. Dabei dachte ich an ein Kirchengebäude und sah es ganz deutlich vor mir. Es war ein winziges schachtelähnliches Etwas mit einem Kirchturmstummel und nur ein paar Sitzreihen; man kam schwer hinein, und es war so unbequem, daß die meisten draußen blieben.

»Ich hoffe, ich habe dir Stoff zum Nachdenken gegeben.«

»Ja, Pater.«

Er öffnete eine Schublade und nahm ein maschinenbeschriebenes Blatt Papier heraus. »Das ist der neue Meßdienerplan«, sagte er. »Du hattest deine drei Beerdigungen. Am Samstag hast du eine Hochzeit. Sieh zu, daß deine Schuhe geputzt sind.« Dann legte er das Blatt mit seiner linken Hand hin und erhob die rechte. »Im Namen des Vaters, des Sohnes und des Heiligen Geistes. Amen.«

10

»Wohin willst du mit dem Gewehr?« fragte Tina, als ich an ihrem Haus vorbeikam.

»Zu 'ner Hochzeit.« Das Mossberg lag über meiner Schulter, die Patronen steckten in der Hosentasche. Ich ging die Brookview Road hinunter.

»Wer heiratet denn?«

»Weiß nicht.«

»Er weiß es nicht mal!«

Tina erhob sich aus der Hollywoodschaukel und ging zum Geländer der Veranda. Sie legte den Arm um den Verandapfosten und hob ein Bein auf das Geländer. An ihrem Knie wurden zwei entzückende Zentimeter Spitze sichtbar. Sie stand jetzt im Wind, ihr langes Haar wehte gegen eine Wange.

»Vielleicht könnten wir später zu den Sandgruben gehen«, schlug ich vor. »Ein bißchen schießen.«

»Ich muß einkaufen«, sagte sie. »Wenn meine Mutter zurückkommt. Sie ist nicht zu Hause ... mein Vater auch nicht.«

Das war eine Art Einladung, soviel war mir klar; aber sie galt für sofort. Und sofort mußte ich zur Kirche – die Hochzeit, die Trauungsmesse, die ich mir verdient hatte, wie alle immer sagten.

Sie sagte: »Wenn meine Mutter wüßte, daß ich mit dir rede, würde sie mich umbringen.«

Ich ging weiter, und als ich mich umschaute, sah ich, daß sie am Geländer lehnte. Die schlanke Pappel vor dem Haus schwankte und lehnte sich auch an, der ganze Baum wirbelte wie wild.

Die Hochzeitswagen hatten den Parkplatz zugestellt, er war voller, als ich es je bei einer Beerdigung erlebt hatte. Am Dach und der Kühlerhaube eines der Autos, eines Cadillacs, wehten weiße Bänder, am Kofferraum hing eine Schleife. Ich blieb zögernd hinter einem Baum am Fellsway stehen und sah zu, wie die Hochzeitsgesellschaft lachend und einander zuwinkend in die Kirche ging. Die Männer trugen Anzüge, die Frauen Ansteckblumen, Hüte und weiße Handschuhe. Zwei kleine blumenstreuende Mädchen in winzigen Kostümen stritten sich, und ein kleiner Junge im Matrosenanzug stand weinend unter der Statue von St. Raphael.

Ich nahm das Mossberg unter den Arm, ging über den Fellsway zum Kirchanger und versteckte mich in der Nähe der Grotte, die der Pastor im Mai hatte bauen lassen: die gebenedeite Jungfrau in einer Höhle, weil der Mai der Monat Marias war. Vom Höhleneingang aus sah ich Chicky DePalma in die Sakristei laufen. Er würde sich als erster den Chorrock mit den Druckknöpfen schnappen und einen Schluck Meßwein genehmigen.

Chicky schaut sich um, und weil er keinen anderen sieht, trinkt er noch einen Schluck Wein und denkt: Ich werd' ihm von Magoo erzählen, wie sie mich dies oder jenes machen läßt, und dann knöpft er seinen Chorrock zu. Ich habe die Glocken, denkt er. Ich habe das Birett. Ich nehme das Buch.

Pater Skerrit oder der Pastor tritt ein und sagt: »Lasset uns beten.« Chicky sinkt auf die Knie, verstaut die Flasche unter seinem Chorrock und betet für die Bekehrung Rußlands. Der Priester küßt seinen Ornat unter dem Buntglasfenster mit Raphael . . . Der Heilige hat Schwanenflügel, einen Heiligenschein wie eine Krone und ein schmales Kreuz.

»Darf ich eintreten?« Es ist der Trauzeuge in einem neuen Anzug, eine Nelke im Knopfloch, neue Schuhe, er riecht nach After-Shave-Lotion und ist vor Nervosität und Hitze ganz rot im Gesicht. Er zückt Briefumschläge. »Eine Kleinigkeit. Nach der Messe ist bestimmt keine Zeit mehr.«

»Sehr aufmerksam von Ihnen.«

»Danke«, sagt Chicky.

Es gibt einen Moment peinlichen Zögerns, während sich der Trauzeuge umsieht und fragt: »Wo ist der andere Meßdiener?«

»Noch nicht da«, sagt Chicky.

Und der Priester zupft an seinem Meßgewand und zerrt an seiner Albe, um einen Blick auf die Armbanduhr werfen zu können, und sagt: »Er heißt Andy Parent, und wenn er keine Schwierigkeiten haben will, setzt er sich mal ein bißchen in Bewegung.«

Reglos und aufmerksam lauschend blieb ich, wo ich war. Dann ging ich, und in diesen Sekunden wurde mir klar, daß mein Leben erst jetzt begann ... wie ein Rad, das von seiner Achse springt und allein weiterrollt. Ich dachte: Eine Hochzeit ist nichts weiter als ein fröhliches Begräbnis.

Das alte schwere Mossberg lehnte an einem Baum. Während der Busfahrt waren Tina und ich dem Gewehr entwachsen, und jetzt war es nur noch ein lautes und gefährliches Spielzeug.

Wir lagen im Schatten, auf einem Grashügel, der einem Altar glich, rechteckig, mit einem tabernakelähnlichen Stumpf in der Mitte. Hinter uns ragten die Felsen und Abhänge der Sandgruben auf. Der Wind wirbelte etwas Staub auf und wehte ihn in großen schwankenden Kegeln durch den Steinbruch. Wir sahen Möwen und fragten uns, ob sie je hier landen würden, sprachen über die Wolken hinter den Zweigen, über Nichtigkeiten, und ich war froh, als wir zu reden aufhörten, so daß ihr meine Nervosität weniger auffiel.

»Meine Mutter wird mich umbringen«, sagte sie.

»Und was ist mit mir? Ich hab' die Hochzeit sausenlassen!«

Ich gab mich unbekümmert, aber ich wußte, daß ich verloren war. Wir waren beide verloren, und wir dachten: Was nun?

Ich legte den Arm um sie, und als sie nicht protestierte, umarmte ich sie. Nach einer Weile kniete ich mich hin, um sie besser sehen zu können. Sie lag zusammengekrümmt auf dem Grashügel, sehr still und ein wenig ängstlich, wie ein Opfer. Ich berührte ihren Arm, und sie wurde kleiner . . . zog sich zusammen, lautlos, wie eine Schnecke. Mit weit offenen Augen beobachtete sie mich, was alles schwierig machte. Dann schloß sie die Augen, was ich als Zeichen nahm, daß sie mir vertraute und mir die Erlaubnis gab. Ich konnte sehen, wie sich ihr BH und Höschen unter dem Kleid abzeichneten. Ich streichelte ihr Knie. Meine Hand fuhr höher, dorthin, wo es wärmer war, den Schenkel hoch.

Sie sagte: »Nein, tu's nicht«, unternahm aber nichts, um mich abzuwehren.

Ich beugte mich über sie, küßte sie, und als sich unsere Lippen berührten, öffnete sie den Mund und saugte an meiner Zunge. Ich war zu glücklich, um an irgendwas zu denken als an mein Glück. Wir waren allein und unwissend dorthin gelangt und lagen ahnungslos unter einem Baum; doch jetzt wußten wir ein wenig mehr. Ich konnte nicht sagen, wo mein Körper aufhörte und ihrer anfing.

Sündhafte Begierde kam über mich. Meine Seele verfinsterte sich, und ich spürte eine beschämende Erregung. Ich fing Feuer, und Tina weinte leise, hielt mich aber fest umfangen, und dann gerieten wir beide in Brand.

II Walsteaks

I

Ich wußte, hinter einem Namen wie Maldwyn Country Club mußte sich eine dieser pseudoenglischen Anlagen verbergen, die nach »Zutritt für Unbefugte verboten« aussahen. Ich hatte recht, und der Grund für dieses englische Flair war, daß es in dem Club von Armeniern wimmelte. Vom Medford Square aus dauerte es über eine Stunde bis dorthin. Doch ich brauchte den Job.

Als ich die lange Auffahrt hinaufging, zu meinem Einstellungsgespräch als Bademeister, dachte ich: keine Freundin, kein Auto, kein Geld, keine Arbeit . . . Nichts außer Beerdigungen, die sich einer Prozession gleich durch meine Seele schleppen, traurige Hoffnungen und der Tyrann »Schmerz«, der seine schwarze Flagge in meinem Schädel hißt. Ich hatte im Bus Baudelaire gelesen.

Schwere Wagen fuhren an mir vorbei. Daß ich mich so klein fühlte, lag weder an den »Nixon«-Aufklebern in den Fenstern noch an der Geschwindigkeit, sondern an der Art, wie sie an mir vorbeibrausten und mich dabei fast streiften, als wäre ich gar nicht da oder zählte nicht. Sie sahen mich nicht oder hielten jeden Fußgänger für einen Penner. Ihr Geschäftsinstinkt gab ihnen ein: Geld besteht, Dreck läuft. Sie ahnten ja nicht, daß ich aufs College ging und ihren Sturz plante. Sie hatten alles. Ziemlich bald hatten sie vielleicht sogar mich.

Zu meiner Linken lag das neunte Golfloch, ein Mann las seine Puttlinie, die anderen sahen zu. Ich haßte sie, weil sie dick und glücklich waren; ich haßte ihr Aussehen, wie der Wind durch ihre karierten Hosen blies, wie sie genau das taten, was ihnen gefiel. Ich gab dem Putt den bösen Blick, und der Ball rollte am Loch vorbei. Als die vier weiterzogen, schienen sie die Caddys runterzuputzen, zwei Jungen, die bei dieser Hitze die doppelte Ausrüstung schleppten. Ich dachte: Warum sie nicht gleich erschießen?

»Ich bin Kommunist«, hatte ich meinen Bruder Louie aufgeklärt, als er sagte, er habe sich den Studenten für Kennedy angeschlossen.

»Du magst ihn nicht, weil er Katholik ist«, sagte Louie.

»Ich mag ihn nicht, weil er ein schlechter Katholik ist«, sagte ich. »Ich stimme für Gus Hall, Amerikanische Kommunistische Partei. Das ist legal!«

Es war herrlich, mit anzusehen, wie ihn dieses kleine Bekenntnis schockierte. Ich versuchte es auch bei Mimi Hardwick von der Studentinnenverbindung Kappa Phi. Ich wollte mit ihr ausgehen, aber sie machte Ausflüchte, und als ich ihr keine Ruhe ließ, behauptete sie: »Ich habe Angst vor dir.« Der wirkliche Grund war, daß sie nicht mit mir schlafen wollte.

Ich sagte: »Ich bin Kommunist«, weil ich wußte, daß ich sie wahrscheinlich nie wiedersehen würde und sie ohne Bedauern verlassen wollte.

»Das glaube ich dir nicht«, sagte sie. »Was soll das heißen?«

Ich schaute sie an und dachte: Mädchen stehen morgens auf, waschen sich sorgfältig, ziehen vier verschiedene Teile Unterwäsche an, den Hüfthalter nicht mitgerechnet, und wählen einen Pullover von einer bestimmten Farbe, saubere Strümpfe und einen passenden Rock aus. Sie nehmen sich die Lockenwickler aus den Haaren. Sie knoten Bänder rein, malen sich die Augen an, tragen Rouge, Parfüm und Lippenstift auf, legen Ohrringe und Perlenkette an, ein Armband an ein Handgelenk, eine winzige Uhr an das andere und kontrollieren sich den ganzen Tag über im Spiegel. Es war ein erstaunlicher Aufwand, aber es funktionierte. Warum taten sie dann so erstaunt, wenn wir sie knutschen und befummeln wollten? Mimi Hardwick roch nach Lavendel, und ich wollte meine Nase an sie drücken.

»Wir halten Treffen ab, geheime Treffen. Wir sind alle Sozialisten.«

»Aber für welches Ziel tretet ihr ein?«

»Zerstörung«, sagte ich.

Um sie zu bewegen, mit mir zu schlafen, hatte ich ihr weisgemacht, ich hätte zwei Selbstmordversuche hinter mir. Außerdem nähme ich Drogen ... Hustensaft mit Kodein, die Familienflasche. Ich behauptete, ich sei nach Florida getrampt, unter anderem mit Wahnsinnigen. Das alles sagte ich, damit sie sich an mich erinnerte; aber es jagte ihr nur Angst ein.

Ihr einzureden, ich sei Kommunist, war meine Art, mich zu verabschieden.

»Kann ich etwas für Sie tun?«

Ein Wachmann riß mich aus meinen Träumereien. Seine Frage bedeutete soviel wie: Was sucht ein Knabe in einer Armeejacke, mit Sonnenbrille und kaputten Turnschuhen hier im Maldwyn Country Club?

Ich sagte: »Ich habe einen Termin bei Mr. Kaloostian.«

»Dann gehen Sie.«

Aber ich ärgerte mich über mich selber, weil ich ihm diese Information gegeben hatte. Ich hätte *Das ist streng vertraulich* sagen und es ihm überlassen sollen, daraus schlau zu werden.

Vor mir, am Ende der Auffahrt, lag das Clubhaus, ein weißes, mit grünen Dachziegeln gedecktes Gebäude. Es war von dicken gestutzten Büschen und Geranien in bauchigen Töpfen umgeben, und durch das gewölbte Erkerfenster sah ich fette Golfer, die dastanden und *Ha ha!* machten. Das alles sollte englisch wirken. Der nächste dicke Schlitten fuhr vorbei und streifte mich fast. Ich kam mir klein und mager vor. Es roch nach Braten. Ich war hungrig und haßerfüllt, weil ich hier war. Ich stellte mir vor, wie ich im Clubhaus Feuer legte und zusah, wie die Golfer mit brennenden Haaren ins Freie rannten. *Hilfe!* würden sie schreien, während ich ihnen den Rükken zukehrte.

Auf dem Namensschild der Sekretärin stand MISS A. BERBERIAN.

Sie fragte: »Geht es um die Stelle als Bademeister?«

Da ich mich ärgerte, daß sie es erraten hatte, erwiderte ich: »Das ist einer der Gründe meiner Anwesenheit. Die anderen sind leider streng vertraulich. Sie können ihm sagen, daß ich hier bin.«

In dem Büro waren zwei Männer. Mr. Kaloostian war der

rotgesichtige im Anzug. Er stellte mich dem Mann neben ihm vor, der ein Sporthemd trug. »Das ist Mr. Mattanza, unser Swimming-pool-Aufseher.«

»Vic Mattanza«, sagte der Mann und drückte mir zu fest die Hand.

Ob er saß oder stand, machte bei seinen kurzen Beinen kaum einen Unterschied. Er war klein und dunkelhaarig, sein schwarzes Haar trug er glatt zurückgekämmt. Er war einer dieser Italoamerikaner, die für mich wie indianische Krieger aussehen: dunkel, finster und mit winzigen Augen, die sehr nah an seiner großen Nase standen. Er war zwar klein, aber daran, wie sich sein Hemd spannte, merkte ich, wie muskulös er war, zu muskulös für seine Größe. Er erinnerte mich an eine geballte Faust.

»Setzen Sie sich, Andrew.«

»Andre«, sagte ich, und sie sahen mich irritiert an.

»Hier steht, Sie wohnen in Medford, besuchen die Universität Massachusetts, werden im April neunzehn, sind Medizinstudent ...« Daß er aus meiner Bewerbung vorlas, war mir peinlich. All diese trivialen Informationen bewirkten, daß ich mich klein fühlte. Mich drängte es, ihm zu sagen, ich sei Kommunist.

»Ich mache einen Vorbereitungskurs mit«, sagte ich.

»Toll«, sagte Mattanza. »Aber wir suchen jemanden, der schwimmen kann.«

»Ich kann schwimmen. Und ich dachte, Erste-Hilfe-Kenntnisse könnten nicht schaden.« Ich lächelte Mattanza an. Seine eng zusammenstehenden Augen fixierten mich. Klugscheißer, dachte er.

»Da ist viel Wahres dran«, sagte Kaloostian. »Nur, daß wir einen Bademeister brauchen.«

Mattanzas Zähne waren sehr weiß und groß wie die von Hunden.

»Darum bin ich hier.« Ich merkte, daß ihm mein Lächeln zuwider war.

»Hier steht, Sie haben an Wright's Weiher gearbeitet.«

»Stimmt. Ich war Garderobenjunge. Dann bekam ich meine Lebensrettungsurkunde vom Roten Kreuz und wurde Bademeister. Ich hab' den Rettungsschwimmer.«

»Was dagegen, wenn wir uns das Abzeichen ansehen?« fragte Mattanza. »Nicht, daß wir Ihnen nicht glauben.«

»Meine Mutter hat es auf meine Badehose genäht.«

Mattanza sah Kaloostian an. »Seine Mutter hat es auf seine Badehose genäht.«

»Da gehört es nämlich hin«, sagte ich.

Er warf mir seinen Schlangenblick zu.

»Ist das der einzige Beweis Ihres Könnens?« fragte Kaloostian.

»Ich habe den Ausweis«, sagte ich, zog ihn aus meinem Buch und faltete ihn auseinander.

»Wie ich sehe, sind Sie eine Leseratte«, sagte Kaloostian und beugte sich vor, um den Titel zu entziffern. Es gelang ihm nicht.

»Die Blumen des Bösen«, sagte ich.

»Ach du Scheiße«, murmelte Mattanza vor sich hin.

»Was haben Sie dafür tun müssen?«

»Eine Meile schwimmen. Die Rettungsgriffe lernen. Rudern. Oberflächentauchen. Vom Grund Gewichte nach oben holen. In Kleidern ins Wasser springen und aus meiner Hose eine Schwimmhilfe machen – man verknotet die Aufschläge und bläst die Hosenbeine auf. Erste Hilfe nicht zu vergessen.« Die Frage hatte Kaloostian gestellt, aber ich antwortete Mattanza.

»Prima«, sagte er. »Aber was haben Sie für praktische Erfahrung?«

»Zwei Jahre an Wright's Weiher.«

»Das hier ist ein Schwimmbad.«

»An einem Weiher ist es schwieriger«, sagte ich.

Er bewegte den Mund. Seine Lippen formten: Beweis es. Seine Zähne sagten: Sieh dich vor . . . ich bin bissig.

Ich wandte mich an Kaloostian. »In einem Weiher ist die Sicht schlecht, das Wasser tiefer, mehr Lärm und Schwimmer, und Schlingpflanzen gibt es auch. Im letzten Sommer habe ich drei Leute rausgeholt. Der eine wog über neunzig Kilo. Den habe ich mit einem Brustkorb-Überkreuzgriff gehalten.«

»Warum sind Sie denn nicht mehr bei Wright's?« fragte Mattanza in provozierendem Ton.

Ich konnte mir gut vorstellen, wie dieser kleine Hohlkopf in einer engen Badehose herumstolzierte.

»Hier ist es schöner«, sagte ich, und als Kaloostian selbstgefällig grinste, fügte ich hinzu: »Angenehmer und eine irgendwie englische Atmosphäre.«

»Wir sind stolz auf unseren Club«, sagte Kaloostian. »Er ist wie eine Familie. Die Mitglieder, die Angestellten – wir alle sind Teil einer Siegermannschaft.«

Was für ein Gewäsch, dachte ich. Aber ich brauchte den Job.

»Ich wäre gern Teil der Mannschaft.«

Mattanza verzog das Gesicht und legte den Finger auf meine Bewerbung. »Hier steht, Ihr Hobby ist Schießen. Haben Sie ein Gewehr?«

»Nicht dabei.«

»Ich mag keine Schußwaffen«, sagte Kaloostian und schüttelte den Kopf.

Jeder sagte *Ich mag keine Schußwaffen* so tugendhaft, als wären alle Schußwaffen Mordwerkzeuge.

»Ich schieße auf Bierdosen«, erklärte ich. »Vielleicht haben einige Ihrer Mitglieder Interesse an Schießkunst.«

»Warum möchten Sie im Maldwyn Country Club arbeiten?« fragte Kaloostian und stützte die Ellbogen auf den Tisch. Warum war sein Gesicht nur so puterrot, lag das an der Sonne oder am hohen Blutdruck?

»Warum haben Sie die Anzeige aufgegeben?« fragte ich zurück.

»Wir brauchen einen Bademeister.«

»Und ich brauche Arbeit.«

»Aber wir brauchen mehr als einen Bademeister«, sagte Mattanza.

»Bademeister zu sein erfordert große Bescheidenheit«, behauptete Kaloostian. »Bescheidenheit, Beobachtungsgabe und Charakterstärke. Ist Ihnen klar, was ich mit diesen Worten meine?«

Ich will diesen Job nicht, dachte ich. Lieber arbeite ich in einer Bäckerei. Ich verkaufe Zeitungen. Ich lasse mich vom Staat in einem öffentlichen Schwimmbad anstellen. Ich mähe Rasen. Ich klaue Autos.

»Damit meint er, daß Sie die Augen offenhalten. Nicht lesen. Nicht schwätzen. Keine Widerworte. Kein Collegekram.«

Mattanza regte sich so auf, daß ich den Job nun doch unbedingt haben wollte, nur um ihn zu ärgern. »Wir wollen keinen Schlappschwanz.«

»Ich habe Referenzen«, sagte ich. »Eine sehr gute von Mike Bagdikian.«

Fast hätte ich gesagt: *Er ist ein alter Freund meines Vaters.* Er hatte mir geraten, mich zu bewerben. Gute Arbeitszeiten, gutes Geld, nette Leute. Ob er Mattanza kannte?

»Sie sind neunzehn?« fragte Mattanza.

»Stimmt.«

»So 'n Pech«, sagte er verärgert. »Wir suchen jemanden, der Verantwortung übernehmen kann.«

Ich erwiderte: »Wie gesagt, ich habe drei Leute aus Wright's Weiher gezogen. Den einen mußte ich künstlich beatmen. Hätte ich sie nicht rausgefischt, wären sie ertrunken. Es stand im ›Medford Mercury‹. Aber ich weiß ja nicht . . . vielleicht ist eine Frage von Leben oder Tod für Sie was anderes als Verantwortung.«

»Sie hören von uns«, sagte Kaloostian.

Statt direkt nach Hause zu fahren, nahm ich den Bus nach Cambridge. Ich ging zum Mount-Auburn-Friedhof und suchte das Grab von Mary Baker Eddy. Angeblich hatte sie ein Telefon in ihrer Grabstätte, damit sie, wenn sie von den Toten auferstand, ihre Stammkirche in der Massachusetts Avenue anrufen und sagen konnte: »Hallo, hier spricht Mrs. Eddy, ich bin von den Toten auferstanden. Grabt mich aus.« Aber ich fand das Grab nicht.

Auf einem Grashügel streckte ich mich lang aus und las Baudelaire, ein Gedicht über ein totes Schaf mit ausgestreckten Beinen, »wie eine lüsterne Frau«. Ich sah, wie sich neben einem Baum ein Pärchen küßte, und die Beine der Frau waren wie die des Schafes in dem Gedicht. Ich beobachtete sie, während ich so tat, als läse ich, und kam mir vor wie Baudelaire, verrucht und wachsam.

Anschließend ging ich zum Harvard Square. An der Ecke neben dem Coop lag ein Restaurant. Die Speisekarte hatte man mit Klebestreifen am Fenster befestigt: *Tagesgericht – Walsteak $ 1,29.* Krautsalat, Pommes frites. Nachspeise und

Kaffee waren unwichtig. Ich stellte mir einen Wal vor, der gerade harpuniert wurde, eine riesige peitschende Schwanzflosse und Blut auf den Wellen. In ›Moby Dick‹ war eine der Figuren – Stubb oder Daggoo – ganz versessen auf Walsteak. Und es gab ein ganzes Kapitel über das Essen von Walen. Ich nahm mir vor, es nachzulesen. Doch was ich im Moment wollte, war ein Walsteak. Ich hatte nichts zu Mittag gegessen, und Geld hatte ich auch keins; daher empfand ich den Hunger und dieses Gelüst als Beleidigung. Ich dachte: Dieser Augenblick kommt nie wieder. Wen sollte ich dafür verantwortlich machen, daß er mir vorenthalten wurde?

Ich ging in die Buchläden, schlenderte dann durch den Harvard Coop und klaute eine Baskenmütze, als ich durch die Herrenbekleidungsabteilung kam. Draußen setzte ich sie auf und nahm den Bus nach Medford.

»Warum hast du die Stelle nicht bekommen?« fragte meine Mutter.

»Was wirst du jetzt machen?«

Ich hatte nicht die leiseste Ahnung, dachte aber, daß mir dieses Haus nicht mehr wie ein Zuhause vorkam. »Ich hab' noch jede Menge Eisen im Feuer«, sagte ich.

»Hauptsache, du willst kein Geld von mir.«

»Ich habe genug.«

Ich hatte gerade noch Geld für die Busfahrkarte zum Maldwyn Country Club. Und das war gut so, denn am nächsten Tag rief Kaloostian an und sagte: »Sie kriegen den Job. Wir möchten, daß Sie morgen anfangen.«

Das hätten sie mir auch gleich sagen können. Indem sie mich warten ließen, wollten sie mich einschüchtern: So macht ihr das mit Angestellten – ihr laßt sie warten. Aber ihr wißt nicht, daß sie Baudelaire lesen und Gedichte schreiben, die mit Worten beginnen wie: *Schlangenauge, du Spaghettizwerg mit Hundezähnen . . .*

»Es ist ein neues Becken«, sagte Mattanza. Wie ich mir gedacht hatte, trug er eine winzige Badehose. Er war klein, breitschultrig, hatte ein Paar dicke Eier und einen haarigen Rücken. »Deine Aufgabe ist es, jeden Morgen die Filter einzusetzen. Weißt du, wie man Filter einsetzt?«

»Das kann ich bestimmt lernen.«

»Klar kannst du das«, sagte Mattanza. »Du bist ein Klugscheißer. Ich hasse Klugscheißer. Hast du gedient?«

Ich verneinte.

»Da hast du Glück gehabt, denn bei der Armee knacken sie einem Klugscheißer die Nüsse.«

»Was machen wir mit dem Filter?«

»Mir gefällt nicht, wie du redest«, sagte Mattanza. »Wenn du nicht spurst, muß ich dir den Laufpaß geben.« Bei diesen Worten zitterte er und sah mir nicht in die Augen. Er kam mir sehr komisch vor, nervös und wütend zugleich; daher beschloß ich, ihn zu beruhigen.

»Okay, Vic, Sie sind der Boß.«

»Allerdings, und vergiß das nicht.«

Er zeigte mir, wie man das weiße Chlorpulver in die spulenartigen Filter kippte und diese in die Löcher neben dem Becken schraubte. Er zeigte mir, wie man saugte, fegte und Laub abfischte. Das war alles, und ich sah, daß er es selbst nicht besonders gut konnte. Für handwerkliche Tätigkeiten war er zu verklemmt und neurotisch. Er verdreckte die Filter und schüttelte die Düse vom Staubsauger. Es ärgerte ihn augenscheinlich zu sehen, wie ich die Apparate in aller Ruhe bediente, doch dagegen konnte er nichts unternehmen.

Im Becken schwammen hauptsächlich Frauen und Kinder, keine jungen Männer meines Alters und nur wenige Mädchen. Es ist charakteristisch für ein neues Schwimmbad, daß die Leute tatsächlich darin schwimmen. Ich war mir sicher, im nächsten Jahr würden sie nur noch daneben liegen und sich sonnen.

»Hallöchen«, sagte eine Frau. Ich hatte bemerkt, daß sie schon den ganzen Vormittag lang trank. »Ich bin Mrs. Toomajian. Kennen Sie meinen Mann, Kevork?«

Ich verneinte.

»Die Chrysler-Vertretung an der Commonwealth Avenue? Mit dem großen Schild draußen? Kevork kennt jeder. Er gibt bei neuen Autos Rabatte.«

Ich sagte: »Ist das Ihre Tochter auf dem Sprungbrett?«

Ich hatte das Mädchen – etwa sechzehn und hübsch – vorher mit dieser Frau reden sehen. Daß ich richtig geraten hatte, brachte sie gegen mich auf.

»Um die brauchen Sie sich nicht zu kümmern«, sagte Mrs. Toomajian und nahm noch einen Schluck Whisky. »In ein paar Wochen kommt ihre Freundin aus New Haven. Vielleicht möchten Sie sie kennenlernen.«

»Ihre Tochter?«

»Deren Freundin«, korrigierte sie mich. »Sie kümmert sich auch ein wenig um unseren Haushalt.«

Ich sagte: »Ich überlege es mir.«

Das tat ich, wobei mir klar wurde: Diese Frau hatte etwas dagegen, daß ich mich mit ihrer Tochter anfreundete, versuchte aber, mich mit deren Freundin zu verkuppeln, die bei ihnen zeitweilig als Hausmädchen fungierte. Das war plumper Snobismus, und als ich die Frau nach dem Mittagessen am Bekken sah, überkam mich der Drang, sie hineinzuschubsen.

Mattanza sagte: »Du redest. Du sollst nicht reden. Diese Leute sind Mitglieder. Du nicht. Augen geradeaus.«

Er verschwand, ehe ich etwas erwidern konnte.

Wir aßen gemeinsam in der Küche zu Mittag: Mattanza, der Wachmann, einige Kellner, der angestellte Golfprofi, Miß Berberian und ich. Der Koch hieß Reuben. Uns zu bedienen ging ihm gegen den Strich, aber es war kein anderer da, der es hätte machen können.

»He, wie wär's mit noch 'ner Scheibe Schmorbraten? Gemüse kann ich nicht ausstehen. Ich brauche Fleisch.« Mattanza stocherte mit dem Messer auf seinem Teller herum. »Reines Protein. Fleisch.«

Ich sah ihn nur ein einziges Mal lächeln, nämlich als er *Fleisch* sagte.

Nach dem Essen arbeitete ich bis fünf. Danach durften keine Kinder mehr ins Schwimmbecken. Die Mütter gingen mit ihnen nach Hause, und ihre Männer kamen von der Arbeit und sprangen mal eben ins Wasser. Es waren behaarte überarbeitete Männer, aufgekratzt, redselig und reizbar. Sie hatten an nichts Freude, sahen dumm aus, lachten angeberisch und lasen nie. Ich war froh, daß ich gehen durfte.

So war es immer. Es hätte ein bequemer Job sein können, doch die Leute machten ihn unangenehm. Ich ging schweigend am Beckenrand auf und ab. In Poolnähe durfte ich weder essen noch trinken, ich durfte nicht lesen, und mit Mitgliedern durfte ich nur reden, wenn sie mich ansprachen. Das geschah nur selten. Unfreundlich waren sie nicht, bloß desinteressiert.

»Du bist nicht hier, um Freundschaften zu schließen«, sagte Mattanza. »Du hast deine Arbeit zu tun.«

Mattanza hatte Probleme. Er sagte, er habe zwei Kinder. »Ich heirate. Ich schlafe mit meiner Frau. Sie wird schwanger. Sie läßt mich nicht ran – kein Sex mehr. Sie kriegt ein Baby ... Julie, süße Kleine. Wir fangen wieder an, ist doch das Natürlichste von der Welt! Sie wird wieder schwanger. Sie läßt mich wieder nicht ran. Sage ich: ›Was soll das?‹ Wenn ich also Kinder will, darf ich vögeln, will ich keine, muß ich an mir selber spielen.«

Er verstummte und sah zu, wie die schöne Nina Balakian sich zum Tauchen fertigmachte und den hochgerutschten Badeanzug wieder über ihre Pobacken zog.

»Früher hatte ich alle möglichen Weiber«, prahlte Mattanza. »Ich ging ins North End. Ich sagte ihnen, ich hieße Joe Falco. Ich hatte alle Weiber, die ich nur wollte. Willst du einen guten Rat? Heirate nie. Der Sex ist es nicht wert, und sie reden bloß die ganze Zeit ... bla-bla-bla«, dabei öffnete und schloß er die Hand, um Gequassel anzudeuten.

Ich glaube, er bereute hinterher, mir das alles erzählt zu haben, denn er schnauzte mich an, als ich mich mit einer Frau unterhielt. »Augen geradeaus! Wie oft muß ich dir das noch erzählen? Gott im Himmel, ich hoffe bloß, daß sie dich in die Armee stecken.«

Die Frau war um die Fünfzig und sehr nett. Sie las ein Buch von Norman Mailer. Es war ungewöhnlich, daß hier jemand las, und dann noch Norman Mailer! Das Buch hieß ›Reklame für mich selber‹.

»Es ist durchwachsen«, sagte sie. »Einiges ist ganz nett, aber er ist härter, als ihm guttut. Haben Sie davon gehört, wie er auf seine Frau eingestochen hat? Es passierte nach einer Party. Sie hat gesagt: ›Er hatte einen eigenartigen Gesichtsausdruck.‹ Dann ging er mit dem Messer auf sie los. Sie hat ihn nicht verklagt. Ein Irrer!«

In dem Moment unterbrach uns Mattanza.

»Ich muß wieder an die Arbeit«, sagte ich.

Nach der ersten Woche verkündete Mattanza: »Mir gefällt deine ganze Einstellung nicht.«

»Was stimmt daran nicht?«

»Siehst du? Schon wie du das gesagt hast! Dein Ton. Du hast nicht die richtige Einstellung.« Er grübelte eine Weile vor sich hin, dann sagte er: »Wenn du dich nicht änderst, muß ich dir den Laufpaß geben.«

2

Noch nie hatte ich an einem Ort gearbeitet, wo ich nicht lesen durfte. Nur Lesen machte Arbeit für mich erträglich. Ich nahm Baudelaire mit in den Maldwyn Country Club und warf gelegentlich einen verstohlenen Blick hinein, doch als Mattanza mich erwischte, befahl er mir, das Buch wegzulegen.

»Was ist nur dran an diesen Büchern?« sagte er. »Weißt du, was ich glaube? Das viele Lesen macht dich verrückt. Es ruiniert nicht nur die Augen; es tut einem einfach nicht gut.« Er deutete mit rauhen Fingern auf seinen Kopf, eine italienische Geste, die wohl soviel wie übergeschnappt heißen sollte.

»Und wenn Ihre Kinder in die Schule gehen, verbieten Sie ihnen, Bücher zu lesen, oder?«

»Schulbücher. Das ist was anderes.«

»Woher wollen Sie wissen, daß ich das Buch hier nicht fürs Studium brauche?«

»Das merke ich daran, wie du die Nase reinsteckst. Es gefällt dir.« Er sah mich verkniffen an. »Du machst dich noch völlig *pazzo.*«

»Verstehe. Schulbücher machen einen nicht verrückt, weil es keinen Spaß macht, sie zu lesen. Nur vergnügliche Bücher machen einen zum Irren. War das korrekt?«

Wir arbeiteten an den Filtern; Mattanza kippte das Chlor hinein, und ich schraubte die Filter in ihre Löcher.

Mattanza stellte die Tüte mit Chemikalien ab. Seine winzigen Augen wurden schwarz vor Wut. »Du hältst mich wohl für blöde?«

»Ich weiß nicht«, sagte ich zweifelnd.

»He, wenn dir der Job nicht paßt, kann ich jede Menge Jungs finden, die ihn übernehmen.«

Ich beschloß, nicht zu antworten. Ich wollte ihm nicht auf die Nase binden, was ich von dem Job hielt.

»Sie flehen mich an«, sagte Mattanza. »Ich könnte dir die Bewerbungen zeigen. Weißt du, warum es so viele sind?«

Ich lächelte ihn an.

Er verschränkte die Finger und schüttelte sie mit einer anderen italienischen Geste in meine Richtung. »Weil dieser Laden hier Klasse hat.«

Ich sagte: »Sie meinen Geld. Das ist alles, was Sie meinen. Geld.«

»Da hast du verdammt recht, das ist alles, was ich meine.«

Von Geschmack, Intelligenz oder Großzügigkeit sprach ich nicht, ich sagte gar nichts mehr. Ich war mir ziemlich sicher, daß er verrückt war; zumindest unberechenbar. Wir arbeiteten weiter an den Filtern – Mattanza schüttete das Chlor hinein, ich war fürs Einschrauben zuständig –, dann legte er wieder los.

»Früher habe ich mich verkleidet«, erzählte er. »Ich war Joe Falco. Ich hatte einen besonderen Anzug, den ich nur im North End trug, nirgendwo sonst. Ich kämmte auch meine Haare anders. Weißt du, was? Eine Menge Weiber lassen sich gern schlagen. Natürlich weißt du das nicht, weil du von Tuten und Blasen keine Ahnung hast. Aber ich merke, wenn sie von mir geschlagen werden wollen. Dann semmel' ich ihnen einfach eine, und das finden sie klasse. Sie kriegen das hier« – er reckte seine kleine Faust – »genau aufs Maul. Aber nicht von mir. Von Joe Falco.« Mattanza sah mich an und verzog den Mund zu einem Lächeln. »Falco war ein verrückter Hund.«

Nicht lesen, nicht reden, und Mattanza mochte es nicht, wenn ich vom Schwimmbecken wegsah. Im Maldwyn Country Club wurde mir der Bademeisterjob zur Qual. Wenn ich mich nur ein paar Minuten verspätete, bekam Mattanza einen Anfall.

»Ich kürze deinen Lohn! Eine Stunde zieh' ich dir ab. Du kommst zu spät!« schrie er. »Ich sollte dir deine Papiere geben. Weißt du, was mein Problem ist?«

»Das rate ich nie.«

»Ich bin zu nett. Zieh dich um, und dann raus hier.«

»Mein Bus hatte Verspätung.«

»Schieb die Schuld nicht auf den Bus. Ich will keine Ausreden hören.«

Ich haßte den Bus, die harten Sitze und den Geruch; ich haßte die herablassende Reklame im Bus, die auf den minderbemittelten Fahrgast abzielte. *Haben Sie schon mal daran gedacht, Ihre Ausbildung abzuschließen?* Oder: *Ihre Zukunft liegt auf dem Radio- und Fernsehreparatursektor!* Ich wollte ein Motorrad, aber wie konnte ich mir mit einundvierzig Dollar die Woche eins kaufen – sieben Dollar fünfzig Steuern behielten sie ein. Ich gab meiner Mutter fünfzehn, behielt fünfzehn und brachte den Rest auf die Bank. Bis September mußten es neunhundert sein: Ich würde es nie schaffen. Arbeiten, um Geld zu verdienen, säte bei mir Mißtrauen gegen die Arbeit und Haß aufs Geld.

Mich demoralisierte, daß die Clubmitglieder Geld hatten; sie fuhren Cadillacs, spielten Golf, verdrückten mittags gewaltige Essensmengen, und wenn sie einen Drink wollten, bestellten sie sich einen. Sie lagen, alle viere von sich gestreckt, am Pool und sonnten sich; sie tranken. Und ich stand herum, beobachtete sie, wie es meine Aufgabe war, und widerstand dem Drang zu lesen.

Sie trugen sportliche Kleidung, und ich besaß nur gebrauchte Armeeklamotten. Mein einziger Vorteil war, daß ich nichts als eine Badehose tragen mußte. Ich war gesund und ein guter Schwimmer, aber was half das? Ich haßte es, als Bediensteter angesehen zu werden. Außerdem war es ein Teufelskreis: Weil sie dumm waren, würde ich ihnen nie beweisen können, daß ich intelligent war.

An einem heißen Tag in der zweiten Woche im Club stand ich in der Sonne; ich fühlte mich benommen und sprang ins Wasser, um mich abzukühlen. Als ich wieder herauskam, wartete Mattanza an der Leiter auf mich.

»Geschwommen wird nicht«, sagte er. »He, gefällt dir der

Job nicht? Wenn du nämlich andauernd Mist baust, muß ich dich rausschmeißen.«

Doch kaum eine Stunde später hatte er seine winzige Badehose an und sprang vom Brett ins Becken. Er schwamm schlecht, war aber ein guter Springer. Ich freute mich, als ich sah, daß er der Typ von Angeber war, der manchmal zu weit geht. Ich hoffte, er würde es übertreiben und sich am Beckenrand die Beine einschlagen.

Es gab Mädchen in meinem Alter, die den ganzen Tag dort verbrachten. Ich beobachtete sie, sprach aber nicht mit ihnen. Sie hatten breite armenische Gesichter, waren schwer gebaut und hatten dicke braune Schenkel, große Füße und eckige Schultern. Trotz ihres vielen Geldes würden sie immer aussehen, wie sie nun einmal aussahen, was eine Art Warnung war. Sie dösten in der Sonne und wurden noch brauner, als sie bereits waren.

Die Jungen in meinem Alter sorgten dafür, daß ich mir wie ein Außenseiter vorkam. Nicht daß sie absichtlich unhöflich gewesen wären, aber sie waren zu egoistisch, um zu wissen, was Freundlichsein ist, und zu dumm, um ein Gespräch zu führen. Die Mädchen waren alle Töchter und die Jungen Söhne, also etwas Besonderes und behütet. Ihr ganzes Leben wurde für sie geplant. Sie waren dick und langsam und würden noch dicker und langsamer werden; sie hatten Geld. Sogar die Jüngeren waren behaart, und ein paar Vierzehnjährige hatten Schnurrbärte. Daran, wie sie in den Pool sprangen und jeden vollspritzten, merkte ich, daß sie die reinste Hölle sein würden, wenn sie größer wurden.

»Das ist mein Sohn, Kenny«, sagte eines Tages ein Mann zu mir. Der Knabe war gerade vom Beckenrand ins Wasser gesprungen, und zwar knapp am Kopf einer Frau vorbei. Doch der Mann lachte. Er fand es großartig, wie draufgängerisch sein Sohn war. Er deutete auf sich und sagte: »Deek Palanjian.«

Ich lächelte ihn an und sah, daß Mattanza uns beobachtete. Er dachte: Geredet wird nicht. Dabei redete Palanjian mit mir.

»Elia Kazan . . . Sie wissen doch, wen ich meine? Den großen Filmregisseur? Der ist Armenier.«

»Das wußte ich nicht.«

»Michael Arlen? Hat jede Menge Bestseller geschrieben. Kennen Sie seinen richtigen Namen?«

Weil Mattanza zusah, schüttelte ich den Kopf.

»Dikran Kouyoumjian.«

»Was Sie nicht sagen.«

»Dieser Typ in Rußland . . . der auch.«

»Welcher Typ in Rußland?«

»Anastas Mikojan«, sagte er und winkte seinem Sohn zu, der auf das Sprungbrett gestiegen war. Es war ein untersetzter schwerer Knabe mit rasiertem Schädel, der sich flink und mit hängenden Armen bewegte, wie ein Affe. »He, Kenny, zeig mir einen Kopfsprung!«

»Wie ertragen Sie diesen Job bloß?« fragte die Frau. Es war dieselbe, die Norman Mailer gelesen hatte. Heute las sie den den ›Henry Miller Reader‹ . . . das verschmitzte, diabolisch grinsende Gesicht des Mannes auf dem Einband lag zwischen den Brüsten der Frau, von wo aus es zu mir hochsah.

»Der Job ist in Ordnung.«

»Sie müssen nicht höflich zu mir sein. Ich habe Sie beobachtet«, sagte sie. »Ich glaube, Sie finden es hier gräßlich.«

Es überraschte mich, daß sie meine Gedanken lesen konnte, und ich wurde verlegen, weil ich befürchtete, sie könne womöglich eine leise Vorstellung von all den genialen Methoden haben, mit denen ich den Maldwyn Country Club vernichten wollte: aus dem Golfplatz ein Minenfeld machen, den Trinkwasserbehälter vergiften, das Clubhaus bombardieren. Und in letzter Zeit war mir der Gedanke gekommen, daß ich spaßeshalber in den Auspuff von jeder auf dem Parkplatz stehenden Limousine eine Kartoffel rammen könnte, so daß ihre Motoren nicht starteten. Dann müßten sie zu Fuß gehen, wie ich.

»Ich finde es wirklich gräßlich«, gab ich zu. »Doch ich muß arbeiten.«

»Was würden Sie denn gern machen?«

Ich dachte: Am liebsten würde ich hier in der Sonne liegen, kalte Limonade schlürfen und ein gutes Buch lesen. Ich würde gern ziemlich genau das tun, was alle anderen hier taten, ein weiterer Grund für mich, den Job zu hassen. Es war so ähnlich, als wäre man sehr hungrig und müßte in einem Restaurant anderen Leuten das Essen bringen; als stünde man auf dem Gehweg, läse das Angebot *Walsteaks $ 1,29*, hätte aber kein Geld.

»Ich würde gern lesen«, sagte ich, weil es mir unhöflich erschien, ihr mein Ideal zu schildern: mich selbst auf der Chaiselongue, die Beine hochgelegt. »Was halten Sie von dem Buch?«

»Es ist köstlich«, sagte sie. »Er ist so komisch. Haben Sie schon mal Henry Miller gelesen?«

»Nein. Ich dachte, er sei in den USA verboten.«

»Seine besten Bücher sind verboten. Doch irgendwann werden wir sie lesen können, und wahrscheinlich finden wir sie dann langweilig. Stellen Sie sich das vor, man hindert die Menschen daran, irgendwas zu lesen ...«

Ich schaute auf und rechnete damit, Mattanza zu sehen: Dieser geistlose Mensch hatte die Mentalität eines Zensors. Kein normaler Mensch konnte ein Buch gefährlich finden, und ich hielt es für ein unverkennbares Zeichen von Paranoia, ein Buch als Bedrohung anzusehen. Daß ich Mattanza nicht sah, brachte mich auf den Verdacht, daß er mir nachspionierte.

»Lawrence Durrell hält Miller für ein Genie. Er hat das Vorwort geschrieben.«

»›Justine‹ habe ich gelesen«, sagte ich, »und ›Balthazar‹. Ich warte darauf, daß die anderen als Taschenbücher rauskommen.«

»Kennen Sie die Figuren Narouz und Nessim? Ich bin ihre Mutter.«

»Verstehe ich nicht.«

»Derselbe Name – Leila. Mein Familienname ist viel zu kompliziert. Sie müssen unsere Namen komisch finden.«

»Meiner ist auch ziemlich komisch. Andy Parent.«

»Ich heiße Leila Mamalujian; mein Mann ist der Bauunternehmer. Er hat den John-Hancock-Turm hochgezogen. Ein Riesengeschäft.«

»Ich glaube, ich habe ihn hier noch nie gesehen.«

»Wir kommen nie zusammen her. Wir machen nie irgend etwas zusammen. Darum funktioniert es wohl. Möchten Sie irgendwann mal mit mir essen gehen?«

Ich sagte: »Ich soll keinen Umgang mit den Clubmitgliedern pflegen. Das ist hier Vorschrift.«

»Deshalb habe ich gefragt. Es ist aufregender, wenn man gegen eine Vorschrift verstößt.«

»Mattanza würde mich umbringen. Er hat ein Problem. Seine Größe, glaube ich. Wußten Sie, daß seine Frau nur mit ihm schläft, wenn sie ein Baby wollen? Sie glaubt, Sex hätte nur was mit Kinderkriegen zu tun.«

Sie lachte nicht. Sie zündete eine Zigarette an, rötete das andere Ende mit ihrem Lippenstift und musterte mich durch eine übergroße Sonnenbrille. »Mrs. Mattanza könnte ein wenig Henry Miller vertragen«, sagte sie. »Wie steht's also mit Essengehen?«

»Ich arbeite jeden Tag.«

»Sie haben einen freien Tag. Ich habe Sie beobachtet.«

»An meinem freien Tag unternehme ich normalerweise was.«

Mrs. Mamalujian sagte: »Essengehen ist nur so eine Redensart.«

Für mich war es keine Redensart. Es bedeutete ein Mahl in einem Restaurant. Man ging hinein, trank einen Aperitif, bestellte einen Krabbencocktail als Vorspeise, dann ein Walsteak mit Kartoffelpüree und grünen Bohnen, zum Nachtisch Apfelpastete à la mode und dann zwei Kaffee; anschließend ging man spazieren und rauchte eine Verdauungszigarette Marke White Owl. Nach so etwas sehnte ich mich. Mir gefiel das gewichtige Wort »Mahl«, und damals war Mahl für mich gleichbedeutend mit Walsteaks.

Mrs. Mamalujians ungeteilte Aufmerksamkeit machte mich verlegen. Ich sagte: »Ich muß zurück an die Arbeit.«

Als ich mich an diesem Abend gerade auf den Heimweg machen wollte, hielt Mattanza mich an und sagte: »Mir sind Beschwerden über dich zu Ohren gekommen.«

»Was für Beschwerden?«

»Sehr ernste. Daß du deine Arbeit vernachlässigst. Daß du herumtrödelst. Daß du zuviel schwätzt. Und man hat dich mit einem Buch gesehen.«

»Was habe ich mit dem Buch gemacht? Etwas Unanständiges?«

Mein Sarkasmus machte ihn wütend. »So ist's recht, nur weiter so! Mach mich wütend! Wirst schon sehen, was du davon hast.«

Fast hätte ich gesagt, er könne sich seinen Job sonstwohin schieben. Doch ich brauchte ihn. Ich verdiente mehr Geld als an Wright's Weiher und mußte weniger arbeiten.

»Diese Beschwerden«, hakte ich nach, »wurden sie schriftlich oder mündlich vorgebracht?«

»Du bist ein richtiger Klugscheißer«, sagte Mattanza.

»Wer hat sich über mich beschwert? Was wird mir vorgeworfen? Ich habe ein Recht darauf, das zu erfahren.«

Mattanza musterte mich aus seinen winzigen zusammengekniffenen Augen. »Schreibst du ein Buch?«

Ich starrte ihn an, bis er blinzelte. Dann sagte ich: »Ja.«

»Dann laß dieses Kapitel aus.«

Er ließ mich stehen. Plötzlich drehte er sich um und sagte: »Leg dich nicht mit mir an. Ich war bei der Armee. Korea. Ich habe mitten im Kampfgeschehen gesteckt.«

Ein paar Tage lang sprach ich mit keinem. Wer von diesen Leuten beschwerte sich über mich? Ich hatte das Gefühl, Mattanza dachte sich das aus, aber wenn es doch stimmte? Als ich eines Tages auf dem Weg zur Arbeit über den Parkplatz ging, sah ich einen großen blauen Lincoln, der Benzin verlor, der Inhalt des vollen Tanks dehnte sich in der Hitze aus, und über die ganze Stoßstange floß Benzin. Warum nicht ein Streichholz anzünden und den Wagen in die Luft jagen? Das einzige, was mich daran hinderte, war der Gedanke, ich könnte mit ihm in die Luft gehen. Ich haßte diese riesigen Limousinen; doch ich wußte, wie man sie ruinieren konnte: Zucker in den Tank oder eine Kartoffel in den Auspuff. Ich sah Mrs. Mamalujian in ihrem weißen Buick vorfahren und schlich mich fort.

Sie schwamm nie. Sie trug ein großes wallendes Gewand mit Mohnblumen drauf, einen weißen Sonnenhut und eine Sonnenbrille. Auf ihre Strohsandalen waren künstliche Früchte appliziert. Sie trank Gin und las den ›Henry Miller Reader‹. Sie sah zwar clownesk aus, aber ich wußte, daß sie im nüchternen Zustand intelligent war. Nie redete sie mit jemandem außer mir.

Nach ein paar Drinks sprach sie nicht mehr über Bücher. Dann ging es nur um diese Einladung zum Essen.

»Wir könnten uns treffen und irgendwo einen Bissen essen. Egal, was.«

Für mich hörte sich *egal, was* merkwürdig an.

»Mögen Sie chinesisches Essen?«

»Ich kriege Pickel davon, aber mir schmeckt's.«

»Oder wir fahren bißchen raus und reden über Bücher. Wir suchen uns ein besonders schönes Plätzchen. Sie reden doch gern über Bücher, stimmt's?«

»Ja. Im Moment versuche ich, Ovids ›Metamorphosen‹ zu kriegen ...«

»Das ist vermutlich ein harter Brocken.«

»Ich brauche es für etwas, das ich schreiben möchte.«

»Über das antike Rom?«

»Nein. Ein Theaterstück, das am Kurzwarenstand eines großen Kaufhauses spielt. Kennen Sie das Erdgeschoß von Filene's?«

Sie nickte. »Mir schwebt allerhand vor, wo wir hinfahren könnten.«

»Ich habe kein Auto.«

»Sie können meins nehmen, wann immer Sie wollen.«

»Vielen Dank«, sagte ich. »Ich hätte lieber ein Motorrad.«

»Ich schenke Ihnen eins.«

Schon allein dieses Angebot bewirkte, daß ich es nicht mehr wollte.

»Gott, was langweile ich mich«, sagte sie. »Langweilen Sie sich nicht?«

»Ich arbeite«, erwiderte ich, »da macht es nichts aus.«

»Diese Frauen sehen Sie immerzu an.«

»Jemand hat sich bei Mattanza über mich beschwert.«

»Ich hätte nicht übel Lust, mich über ihn zu beschweren«, sagte Mrs. Mamalujian. Sie war zwar betrunken, aber wenigstens auf meiner Seite.

Als ich aufschaute, sah ich seine große indianische Nase und die winzigen Augen, die mich durch die Sträucher musterten.

Nach der Arbeit nahm ich allabendlich den Bus nach Medford und ging nach Hause. Ich zog mich um. Ich holte mir bei

Brigham's ein Eis und aß es draußen in der kühlen Abendluft. Oder ich saß in der Stadtbücherei gegenüber von Saint Joe's und las. Oder ich sah fern, wie sich der Präsidentschaftswahlkampf entwickelte. Nach der ›Tonight Show‹ ging ich schlafen. Eines Abends sagte der Showmaster Jack Paar, er werde uns nun einen lebenden Heiligen vorstellen, und dann trat ein kleiner Ire mit glänzenden Augen auf die Bühne, Dr. Tom Dooley.

Dooley erzählte von seinem Krankenhaus und seiner wunderbaren Arbeit, dann stand er auf, legte die Hände wie zum Gebet aneinander und sagte: »Gott segne Sie alle. Solange ich noch Kraft im Leib habe, werde ich zurück zu meinen Leuten gehen und arbeiten. Doch ich brauche Ihre Hilfe. Geben Sie, um Gottes willen . . . geben Sie.«

Als seine Stimme versagte, jagte mir das einen Schauer über den Rücken. Ich hielt ihn für übergeschnappt, und als alle wie verrückt Beifall klatschten, bekam ich wieder eine Gänsehaut.

»Er hat Krebs«, sagte meine Mutter am nächsten Tag. »Er verrichtet Gottes Werk, es ist ein Wunder. Du hast mal davon geredet, Missionar zu werden.«

Ich hatte einmal einen Missionar erlebt, der eine arabische Kopfbedeckung trug und von der Wüste erzählte, und gedacht: Das ist das richtige für mich. Doch dabei hatte ich nicht das Predigen, sondern das Reisen gemeint. So komme ich raus, war mir durch den Kopf gegangen, und wenn ich dazu Missionar werden muß.

»Ich würde immer noch gern nach Afrika oder in die Türkei oder sonstwohin reisen.«

»Und Gottes Werk tun?«

»Nein, nur mein Werk«, sagte ich.

Das ärgerte sie. Was für ein Sommer. Es war fast Juli. Ich hatte immer noch keine Freundin, kein Geld, kein Motorrad. Ich verabscheute den Bus. Ich verabscheute meinen Job. Ich vergrub mich in den schwarzen Deckel des großen Kessels, in dem unhörbar und gewaltig die Menschheit brodelte. Baudelaire.

»Möchten Sie's sich borgen?« fragte mich Mrs. Mamalujian. Meine zweite Woche im Maldwyn Country Club ging zu Ende. Sie reichte mir den ›Henry Miller Reader‹. Millers Spitzbubengesicht grinste anzüglich vom Einband. Es war ein gebundenes Buch, brandneu, und es roch nach Mrs. Mamalujians Parfüm.

»Ich werde gut darauf aufpassen.«

»Ich halte ihn in erster Linie für einen Komiker«, sagte sie. »Er ist witzig, er verwendet lustige Wörter, der Sex ist eine Farce.«

Beim Mittagessen, als uns Reuben in der Küche Kaffee brachte, holte ich das Buch hervor und fing an zu lesen.

Mattanza sagte: »He, was soll denn das?« und schnappte es sich.

»Geben Sie das Buch her«, sagte ich und stand auf.

»›Ich zog die Mütze über meine Augen und sagte: ‚Leck mich, Jack.' Und so war es in diesem Sommer, ein verdammt beschissener Alptraum, in dem . . .‹ He, das ist hübsch. Das ist sehr hübsch. Was würde deine Mutter sagen, wenn sie wüßte, daß du diesen Mist liest?«

»Das ist kein Mist.«

»Es ist Scheiße. In meinem Haus würde ich das nicht dulden. He, woher hast du dieses beschissene Ding?«

Ich versuchte es ihm zu entreißen, doch er war schneller, schlug es auf und las den auf das Deckblatt gekritzelten Namen *Leila Mamalujian.*

»He, du hast das Buch geklaut!«

»Sie hat es mir geliehen.«

»Du sollst doch nicht mit Clubmitgliedern reden. He, läuft da was mit ihr? He, weißt du, was ich von dem Buch halte?« Er hielt es über einen auf dem Herd blubbernden Eintopf.

Reuben sagte: »Verschwinde aus meiner Küche«, nahm Mattanza das Buch ab und reichte es mir.

An diesem Abend las ich darin. Es war verrückt, es war witzig, ich fand es aufregend. Ich hatte noch nie etwas gelesen, das so unflätig und scharfsinnig zugleich war. Es war kraftvoll und derb. Ich schlief lächelnd ein, und am nächsten Tag im Bus las ich weiter.

Als ich im Club eintraf, wartete Mattanza auf mich.

Er sagte: »Du brauchst dich gar nicht erst umzuziehen.« Er stand in der Lücke der Hecke und versperrte mir den Weg. »Ich gebe dir den Laufpaß.«

»Was soll das heißen?«

»Du arbeitest hier nicht mehr. Zieh Leine.«

Am liebsten hätte ich ihm eine geklebt, doch dann hätte er einen Vorwand gehabt. Ich sagte: »Ich werde mit Kaloostian reden.«

Als Miß Berberian mich sah, reichte sie mir einen Umschlag. Ich öffnete ihn und rechnete damit, daß er einen Brief enthielt. Es war ein Scheck über einunddreißig Dollar und sechsundsiebzig Cent.

»Wo ist Mr. Kaloostian?«

»Er ist heute nicht da.« Sie war sehr mit Maschineschreiben beschäftigt.

»Ich bin gerade rausgeschmissen worden. Weiß Kaloostian davon?«

»Ja, er hat den Scheck unterschrieben. Tut mir wirklich leid, Andre.«

»Mattanza ist nämlich verrückt, müssen Sie wissen. Er ist völlig durchgedreht.«

Sie sagte nichts mehr.

Ich lungerte eine Weile herum. Ich ging in die Küche und bat Reuben um einen Kaffee. Er gab ihn mir und sagte: »Ich hab' gehört, dieser kleine Spaghetti hat dich rausgesetzt. Mach dir nichts draus. Es gibt jede Menge Arbeit. Weißt du, was? Mach eine ordentliche Ausbildung, dann brauchst du nie mehr zu arbeiten.«

Ich trank den Kaffee, und als Reuben die Küche verließ, packte ich mir einen Sack Kartoffeln auf die Schulter und ging zum Parkplatz. Jedes Auto, außer das von Mrs. Mamalujian, bekam eine Kartoffel in den Auspuff. Ich schob sie möglichst tief rein, damit man sie nicht sah und nur schwer entfernen konnte. Und ich lachte bei dem Gedanken, wie sie alle festsitzen würden, wenn sie nach Hause wollten.

Statt direkt nach Hause zu fahren, wo mich meine Mutter über den verlorenen Job ausfragen würde, ging ich zum Medford Square und genehmigte mir bei Salem Street Subs ein Riesenbaguette. Die machte heute ein Neuer. Er sah ein wenig betrunken aus, die Papiermütze saß schief auf seinem Kopf. Er war italienischer Abstammung, was seltsam war, da sich Italiener in Boston und Umgebung kaum je betranken.

»Was darf's sein?«

»Ein großes Baguette mit Fleischklößen.«

»Was soll sonst noch drauf?«

»Alles.«

Er trennte einen Drittelmeter von einem langen italienischen Weißbrot ab und schnitt es längs durch. Dann schöpfte er Fleischklöße darauf. »Was halten Sie denn von Henry Miller?« Er hatte mein Buch gesehen.

»Er ist gut. Er ist witzig«, sagte ich. »Er verfügt über ein großes Vokabular.«

Der Mann lächelte. »Er bedient sich monströser Bandwurmwörter«, sagte er und drückte mit dem Rücken seiner Schöpfkelle die Fleischklöße in das Brot.

Ich fand es faszinierend, daß ein betrunkener Italiener mit einer Papiermütze so etwas sagte.

»Aber wegen unserer Prokrustesbett-Gesetze sind seine besten Bücher verboten«, sagte er. »Sie verstehen, was ich meine?«

»So etwas wie proklamatorisch?«

Er schüttelte den Kopf. »Prokrustes war in der griechischen Mythologie ein Räuber mit einem Eisenbett. Es hatte eine bestimmte Länge. Darauf mußten sich Leute legen, und wenn sie zu lang waren, schnitt er ihnen die Beine ab. Waren sie zu kurz, streckte er sie, bis sie genau ins Bett paßten. Prokrustesbett. Das bedeutet unbarmherzig, unflexibel.«

»Was passierte, wenn sie die richtige Größe hatten?«

»Niemand paßt ganz genau«, sagte der Mann und reichte mir mein Fleischkloßbaguette.

»Er wurde von Theseus getötet. Sie schulden mir fünfunddreißig Cent.«

Er sagte, er sei Schriftsteller, und ich war mir sicher, daß er damit ein Geheimnis verriet. Er schrieb an einem Stück, das in Leipzig spielte. Ob ich schon daran gedacht hätte, Stücke zu schreiben? Ich bejahte und verriet ihm so eines meiner Geheimnisse. Er sagte, er hoffe, mich wiederzusehen, wenn ich das nächste Mal ein Baguette wollte. Sein Name sei Sal Balinieri.

An diesem Abend schrieb ich einen milleresken Brief an den Maldwyn Country Club, in dem ich das Wort »Prokrustesbett« benutzte.

3

Am nächsten Tag ging ich zur öffentlichen Badeanstalt am Charles River, gegenüber vom Massachusetts General Hospital, und wurde als dritter Bademeister angestellt. Die anderen beiden waren Larry McGinnis und Vinny Muzzaroll.

Larry sagte: »Erst heute morgen wurde eine Stelle frei. Es ist eine merkwürdige Geschichte. Arturo Lopez, der andere Bademeister, gehörte zu einer Straßenbande in der Harrison Avenue. Zu fünft griffen sie sich gegen Mitternacht eine Frau, schleppten sie auf das Dach eines Gebäudes und vergewaltigten sie abwechselnd. Als Arturo an der Reihe war, sah er, daß es seine Mutter war, und sprang vom Dach. Darum haben wir eine freie Stelle.«

Gerade wollte ich *Das ist wie eine griechische Tragödie* sagen, als Vinny Muzzaroll erklärte: »Glaub ihm kein Wort. Lopez ist zur Armee gegangen. Nur so konnte er zurück nach San Juan, Puerto Rico.«

Und doch ging mir die Geschichte nicht aus dem Kopf. Für mich spielte es keine Rolle, daß sie nicht wirklich stattgefunden hatte. Während Larrys Erzählung hatte ich sie mir lebhaft vorgestellt und würde sie nie vergessen, das wußte ich.

Wir wechselten uns auf dem Bademeisterstuhl ab. Das Bekken war eine brodelnde Brühe um sich schlagender Schwimmer. Larry sagte: »Es ist unmöglich, sie alle im Auge zu haben. Wenn wir abends den Pool säubern, rechne ich jedesmal damit, auf dem Grund eine Leiche zu finden.«

Die Bezahlung war besser als im Maldwyn Country Club, die Arbeitszeit kürzer, und es störte keinen, wenn ich bei der Arbeit las, vorausgesetzt, ich tat es unauffällig.

»Muzzaroll liest nur deshalb nicht bei der Arbeit, weil er nicht lesen kann«, sagte Larry.

Ich fand es dort sehr erholsam. Es war aufreibend gewesen, unter Leuten zu arbeiten, die Geld, aber keinen Grips hatten. Alle außer Mrs. Mamalujian fand ich gräßlich. Wenn ich an sie dachte, wurde ich wütend. Einmal rief ich gegen Mittag Kaloostian an. Reuben hatte mich irgendwann mal mit der Behauptung verblüfft, dieser Mann sei Assyrer.

Ich sagte: »Sie haben nicht auf meinen Brief geantwortet.«

»Ich dachte nicht, daß Sie Wert auf eine Antwort legten. Es ist kein Brief, der sich leicht beantworten läßt.«

»Aber die Höflichkeit hätte es geboten«, sagte ich. »Offenbar ist das keine assyrische Tugend.«

Er schwieg. Wahrscheinlich war es ein Fehler, auf seine Herkunft anzuspielen.

»Ich glaube, Mattanza hat eine Macke«, sagte ich.

»Das haben wir Ihrem Brief entnommen. Ihren Job können wir Ihnen aber nicht zurückgeben.«

»Ich will den beschissenen Job nicht zurück, ich verlange eine Erklärung.«

»Genau wie wir. Beispielsweise haben wir uns gefragt, was mit einem Zwanzigpfundsack Kartoffeln passiert ist, der aus der Küche verschwand.«

»Woher soll ich das wissen?«

»Und wie die Kartoffeln schließlich auf dem Parkplatz landeten, und zwar in den Auspuffrohren der Wagen unserer Mitglieder.«

Ich war so sauer über seine ausbleibende Antwort auf meinen Brief gewesen, daß ich diese Sache ganz vergessen hatte. Zum Glück telefonierten wir, so konnte er mein Lächeln nicht sehen.

»Noreen Dorians Mutter war krank. Und sie konnte sie nicht besuchen. Soviel ich gehört habe, war die arme Frau völlig aufgelöst. Jemandem eine Kartoffel in den Auspuff zu stecken ist ziemlich herzlos.«

Das aus seinem Mund zu hören reizte mich zum Lachen, doch ich legte mir die Hand auf den Mund.

»Einige Autos sind immer noch nicht wieder in Ordnung.«

»Damit habe ich nichts zu schaffen«, sagte ich. »Die Wagen interessieren mich nicht. Ich will lediglich eine Antwort auf meinen Brief.«

»Wissen Sie, was ich gern machen würde? Ich möchte den Brief aufheben und Ihnen in etwa zwanzig Jahren zeigen.«

»Warum?«

»Nur um zu sehen, wie Sie reagieren. Ich glaube, es würde Ihnen peinlich sein.«

»Niemals! Ich werde stolz darauf sein. In zwanzig Jahren werde ich genau das gleiche schreiben.«

»Von wegen ›maliziöse kleine Tyrannen in Bermudashorts‹?«

»Ja, Wort für Wort. Und ich werde immer daran denken, daß Sie und Ihre Freunde nie Hämorrhoiden kriegen können, weil ihr komplette Arschlöcher seid.« Ich beendete das Gespräch, indem ich den Hörer fest auf die Gabel knallte.

Hinter mir kicherte jemand unterdrückt – doch als ich das Mädchen sah, lachte ich auch.

»Da bin ich aber froh, daß du nicht mit mir gesprochen hast«, sagte sie.

»Das war der Vorsitzende vom Maldwyn Country Club. Er hat mich hängenlassen; da kenne ich kein Pardon.«

Sie war schlank, blond und hatte ein schmales Gesicht, eine ziemlich große Nase und kleine Brüste. Ihr dunkelblauer Badeanzug ließ sie blasser erscheinen, als sie war, und sie hatte wache, intelligente Augen. Mir gefielen ihre Lippen und ihre verwuschelte Frisur. Sie hatte die schlechte Haltung, die ich mit schüchternen Mädchen in Zusammenhang brachte, irgendwie verlagerte sie beim Stehen ihr Gewicht auf den großen Zeh. Sie trug ein Buch. Mich interessierte jeder, der ein Buch dabeihatte. Ihres war Kerouacs ›Unterwegs‹, die gebundene Ausgabe.

»Kann ich mal telefonieren?« fragte sie.

»Nur zu«, sagte ich, und mir wurde bewußt, daß ich sie angestarrt hatte.

Ich ging wieder auf meinen Posten, einen hohen Stahlstuhl am Rande des Beckens. Ich legte die Füße hoch und verstaute den ›Henry Miller Reader‹ unterhalb der Knie. Ich hatte gedacht, daß die Arbeit bei den Massen, dem Lärm und dem vielen Hinundhergerenne anstrengend sein würde. Doch daß ich lesen konnte, entschärfte die Situation. Nicht die Schwimmer schufen Probleme, sondern die anderen . . . Sie balgten sich, stolperten und fielen, holten sich blaue Flecke und schlugen sich die Schädel an. Muzzaroll verband sie und schmiß sie dann raus. Das machte es leicht: Wenn sich jemand nicht benahm, schickten wir ihn nach Hause. Hätte ich das nur im Maldwyn Country Club tun dürfen.

Es gab einzelne Männer, die nie schwammen, sondern nur herumlungerten und mit brennenden Augen die kleinen Mädchen anstarrten. Einige Jugendliche taten nichts, als einander zu jagen. Andere hingen wie Affen am Zaun. An guten Tagen kamen die Krankenschwestern aus dem »Mass General« auf einen Sprung herüber.

Hinter mir lag der Charles River. Manchmal drehte ich mich um und sah die Leute in Segelbooten, Sportler in ihren Achtern, Liebespaare in Ruderbooten oder Jachten unterwegs zum Bostoner Hafen. Doch der Blick vom Bademeisterstuhl galt dem Schwimmbecken, den Umkleidekabinen dahinter und dem Massachusetts General Hospital auf der anderen Seite des Memorial Drive, an den Fenstern Menschen in Schlafanzügen, die mit bleichen Gesichtern nach draußen starrten und verstört wirkten.

Ich fand heraus, daß ich lesen konnte, trotz der Schreie, des hupenden Verkehrs, der trampelnden Füße und Muzzarolls Durchsagen über Lautsprecher: *Wir haben ein Portemonnaie gefunden. Wäre der Besitzer so freundlich, sich ins Büro zu begeben und den Inhalt zu identifizieren?* Radios spielten, Leute brüllten und sangen. Über den Fluß hinweg tröteten Fabriksirenen, und die Nahverkehrszüge ratterten über die Brücke zum City Square.

Am Ende des Tages sagte Muzzaroll streng: *Wir schließen in einer halben Stunde. Alle Schwimmer haben das Becken sofort zu verlassen. Sie sind gemeint ...*

Hier gab es genaue Vorschriften, an die sich jeder halten mußte. Es war nicht wie im Maldwyn Country Club, wo die Leute machten, was sie wollten, weil sie Geld hatten.

An diesem Tag stieg ich entspannt nach einem mit Lesen verbrachten Nachmittag vom Bademeisterstuhl.

»Hallo.« Es war das blasse Mädchen, das ich beim Telefon gesehen hatte.

»Wir schließen bald«, sagte ich.

»Ich weiß. Ich gehe gerade.«

Doch sie ging nicht. Sie blieb vor mir stehen. »Du kannst ganz schön sauer sein«, sagte sie lächelnd. »So was habe ich noch nie jemanden im wirklichen Leben sagen hören. Ich dachte, so brüllt man nur im Film.«

»Ich habe nicht gebrüllt. Ich war eiskalt beleidigend und habe den Kerl dadurch zu einem psychischen Wrack gemacht.«

»Es war nett«, sagte sie.

»Wo wohnst du?«

»Pinckney Street. Gleich da drüben.«

Mir gefiel, daß sie nicht Beacon Hill sagte. »In die Richtung muß ich auch. Ich könnte dich nach Hause bringen.«

»Klingt gut«, sagte sie.

Ich zog mich um, und als ich abschloß, stand sie draußen und wartete. Ich war froh, daß weder Larry noch Vinny sie gesehen hatten: Sie sollte mein Geheimnis sein. Wir überquerten die Straße, und ich dachte: Wenn ich etwas Geld hätte, könnte ich mit ihr in die Harvard Gardens gehen und sie zum Bier einladen. Sie sagte, sie arbeite in der Buchhandlung in der Charles Street, habe aber heute ihren freien Tag. An ihrem Akzent merkte ich, daß sie von der Südküste kam. Sie besuchte die Boston University; für den Sommer hatte sie hier ein Zimmer gemietet. Ich sagte ihr meinen Namen. Sie hieß Lucy.

»Möchtest du mit reinkommen?« fragte sie, als wir in die Pinckney Street einbogen. »Du mußt allerdings vorsichtig sein. Die Vermieterin ist zwar taub, hat aber sehr gute Augen. Wenn du dich beeilst, sieht sie dich nicht.«

»Ich werde mich mächtig beeilen.«

Sie drehte den Schlüssel im Schloß, öffnete vorsichtig die Haustür und horchte; dann nickte sie, und ich folgte ihr bis ans Ende des Flurs. Ihr Zimmer war nur ein schmaler Schlauch mit Bett und Schrank. Außer dem Bett gab es keine Sitzgelegenheit.

»Sie hat uns nicht gesehen!« Daß wir ihre Vermieterin überlistet hatten, schien sie sehr zu freuen.

Ich setzte mich neben sie, und sie lehnte sich an mich. »Wir sind also völlig sicher«, sagte ich.

»Klar. Solange wir nicht gehen. Wenn wir hier bleiben, kann uns nichts passieren.«

Wir saßen in dem winzigen Zimmer bei geschlossenem Fenster, heruntergezogenem Rouleau und zugezogener Schranktür nebeneinander auf dem Bett.

»Warum bleiben wir dann nicht hier?« Ich legte den Arm um sie, und sie zog mich näher an sich. Dann beugte ich mich zu ihr und küßte sie, und sie drückte den Mund auf meine Lippen und leckte sie. Ich faßte unter ihre Bluse, fuhr mit der

Hand über ihre Brüste und ließ meine Finger ihre Brustwarzen streifen. Sie hielt mich nicht davon ab, daher tat ich es noch mal. Sie seufzte, und ihr Seufzen war die angenehmste Ermunterung. Meine andere Hand legte ich zwischen ihre Schenkel. Sie bewegte entgegenkommend die Beine. Dann drückte ich mich fest an sie und flehte sie an, mich reinzulassen. Ich dachte, sie würde sich weigern, doch sie flehte mich an, endlich zu beginnen.

Alles ging sehr schnell, und ein paar Minuten später keuchten wir in der staubigen Hitze des kleinen Zimmers; unsere Haut klebte aneinander. Die Anspannung war von mir gewichen. Ich wußte nicht, was ich sagen sollte. Ich war irgendwie verlegen, und die stickige Luft lähmte mich. Ich wollte weg, damit ich darüber nachdenken konnte; zum Bus gehen, ein Eis kaufen und nach Hause verschwinden; sie vielleicht morgen sehen und es wieder machen. Doch aus Höflichkeit blieb ich.

Sie sagte: »Das war schön. An so was hab' ich heute gedacht.«

»Wann?«

»Am Pool . . . als ich dich ansah.«

»Da dachtest du *daran?*«

Sie lachte und sagte: »Klar!«

Ich fand es ein wenig schockierend, daß mich ein Mädchen anstarrte und ans Vögeln dachte; aber ich freute mich auch darüber. »Es ist heiß hier drin, Lucy«, sagte ich.

»Ich mach' das Fenster auf.«

»Ist schon in Ordnung. Ich muß bald weg.«

Sie hatte keine Einwände, sondern sagte nur: »Und ich muß was essen.«

Erstaunlich. Eben noch hatten wir uns leidenschaftlich und wild geliebt, und in ein paar Minuten würde sie Spaghetti oder so was essen und ich im Bus Richtung Medford Square sitzen, als wäre nichts geschehen.

Ich sagte: »Sobald ich etwas Geld habe, können wir zusammen essen gehen. Ich kenne da ein paar Restaurants. Ich würde dich gern wiedersehen.«

Sie sagte: »Klar.«

Ich dachte: Mehr als das will ich gar nicht. Und dann ging

ich allein und pfeifend die Pinckney Street entlang. Die Sonne stand hinter den Häusern, und die Luft war kühl.

In der Erwartung, sie in ihrem blauen Badeanzug vor mir zu sehen, schaute ich immer wieder von meinem Buch auf. Doch sie tauchte nicht auf, auch am nächsten Tag nicht, dem Vierten Juli, dem Unabhängigkeitstag. Wir arbeiteten immer an Feiertagen. Kennedy kam nach Boston, und Larry und Vinny verdünnisierten sich, um ihn zu sehen. Sie waren mir sehr dankbar, weil ich die Aufsicht übernahm, aber ein Opfer war es nicht. Kennedy war ein schlechter Katholik und ein Millionär. Ich war in dem Bewußtsein aufgewachsen, daß die Reichen unredlich waren.

Gegen elf Uhr kamen Larry und Vinny zurück und sagten, sie hätten ihn gesehen und er habe Klasse.

»Wie ist denn Jackie Kennedy so?«

»Die würde ich ficken«, sagte Vinny anerkennend.

Ein wenig später hielt ich nach Lucy Ausschau und sah, wie mich ein Mann anstarrte.

»Verzeihen Sie . . . hätten Sie ein Minütchen Zeit?«

Ich fand diese Frage schon immer grauenhaft.

Er war dürr, hatte sehr kurze graue Haare und stechende Augen von unterschiedlicher Farbe – eines grau, das andere blau, als hätte ihm einer draufgeschlagen. Sein Mund stand offen, wodurch er nachdenklich und dümmlich zugleich aussah. Seine Badehose war zu eng, und ich fragte mich mittlerweile, ob alle Männer mit zu engen Badehosen ein bißchen verrückt waren.

Er fragte: »Stört es Sie, daß wir Traktoren nach Kuba schicken, ich meine, sie zu dem Diktator Fidel Castro exportieren?«

Ich hatte keine Ahnung, wovon er sprach. Ich sagte nein, es störe mich nicht, und suchte das Schwimmbad weiter nach Lucy ab.

»Ich habe ihm einen Brief geschrieben. Und ihn beschimpft.«

»Castro? Hat er geantwortet?«

»Würden Sie antworten, wenn jemand Sie beschimpft?«

Mir fiel mein Brief an Kaloostian ein, der eigentlich ein

Brief an den ganzen Maldwyn Country Club gewesen war. Ob es ein Analsymbolismus war, wenn man Kartoffeln in anderer Leute Auspuff steckte?

»Dann hab' ich dem Präsidenten geschrieben«, fuhr der dürre Mann fort. »Dem der Vereinigten Staaten. ›Wie kannst Du nur so dämlich sein?‹ Weiter nichts.«

»Antwort bekommen?« Ich sah mich immer noch um.

Er lachte. »Dem hab' ich's gegeben!«

Ich sah, wie Larry auf sein Zifferblatt tippte: Essenszeit. »Ich muß los, Kumpel.«

»Ich möchte mit Ihnen reden.«

»Das haben Sie getan. Ich finde es sehr interessant, daß Sie an Fidel Castro geschrieben haben. Vielleicht sollten Sie das nächste Mal auf spanisch schreiben.«

»Sehen Sie, es ist nämlich so.« Er hörte mir gar nicht zu. »Ich hab' eine winzige Kamera. Aus Japan.« Ich wollte ihn stehenlassen, doch er folgte mir. Ich hörte ihn die Luft in den Mund ziehen. »Ich möchte dich fotografieren. Und zwar ohne was an. Dazu bist du bestimmt zu schüchtern, was?«

Als ich stehenblieb und mich umdrehte, stieß er mit mir zusammen. Er entschuldigte sich, und ich sagte: »Gefällt's Ihnen hier, Kumpel?«

»Ich heiße Norman. Du kannst mich Norm oder Norman nennen. Ich bin wegen meiner Nerven hier. Der Arzt hat gesagt, ich soll schwimmen.«

»Wenn Sie schwimmen wollen, dann schwimmen Sie. Aber machen Sie keine seltsamen Vorschläge, klar?«

Doch der Mann hatte mich beunruhigt. Und sein merkwürdiges Gerede weckte das starke Verlangen in mir, Lucy zu treffen. Ich brauchte sie, ich wollte eine Freundin. Außerdem arbeitete sie in einer Buchhandlung. Ich dachte an Sex und daran, daß sie mir einen Rabatt bei Büchern verschaffen konnte.

»Willst du kein Bier?« fragte Larry in den Harvard Gardens.

Wir hatten unsere Sandwiches dorthin mitgenommen und uns an die Bar gesetzt, weil sie eine Klimaanlage hatte und es dort eine Musikbox gab. Er trank ein Budweiser.

»Es klingt verrückt«, sagte ich, »aber ich habe kein Geld.

Ungefähr fünf Piepen, das ist alles. Muß bis zum Zahltag reichen.«

»Ein Fünfer bis nächsten Donnerstag!«

»Und eigentlich wollte ich mit einem Mädchen ausgehen.« Ich verriet nicht, mit wem. Er sollte nicht wissen, daß ich sie im Bad kennengelernt hatte. »Ich könnte etwa dreißig Piepen gebrauchen.«

»Ich weiß, wo du dir leicht fünfundzwanzig verdienen kannst.« Er aß ein Sandwich mit Fleischklößen, und einer fiel runter, als er gerade in das andere Ende biß. Kauend hob er ihn auf und sagte: »Drüben im Krankenhaus. Wir können nach dem Mittagessen hingehen. Es ist 'ne Kleinigkeit.«

»Und man holt bloß die fünfundzwanzig Piepen ab?«

»Soviel zahlen sie für einen halben Liter Blut.«

Obwohl wir unsere Badehosen und die roten T-Shirts mit der Aufschrift BADEMEISTER trugen, beachtete uns keiner. Wir gingen durch das Krankenhaus, fuhren mit dem Aufzug, in dem eine wimmernde Frau im Rollstuhl saß, in den dritten Stock und gingen dann weiter durch einen Gang in ein Wartezimmer, in dem Plakate mit der Aufforderung SPENDEN SIE BLUT hingen. Eine Schwester an einem Schreibtisch erkannte Larry und sprach ihn an. Sie war um die Zwanzig und hübsch, hatte dunkle Augen, aber behaarte Arme.

»Loretta, das ist Andre Parent«, sagte Larry. »Er will Blut spenden, genau wie ich.«

»Nur, wenn es nicht weh tut«, sagte ich.

»Kein bißchen. Fragen Sie Larry. Er war schon oft hier.«

»Wirklich nicht«, bestätigte Larry. »Vielleicht tut es dir sogar gut. Es ist merkwürdig, aber je öfter man spendet, desto leichter geht es. Beim erstenmal ist das Blut irgendwie zäh. Aber mit der Zeit wird es dünner.«

»Woher weißt du das?«

»Es kommt schneller rausgeschossen.«

Das Wort *rausgeschossen* machte mich nervös. Ich sagte: »Wir müssen zurück ins Bad.«

»Muzzaroll sitzt auf dem Stuhl, du bist doch heute morgen für ihn eingesprungen.« Und zu Loretta sagte er: »Wir waren bei der Parade. Haben Kennedy gesehen. Er war etwa so weit weg wie ich jetzt von dir. Er wird garantiert gewinnen. Er hat Klasse. Schließlich ist er Ire. Und seine Frau ist eine echte Sexbombe.«

»Drück dich bitte gepflegt aus.« Loretta lächelte, hatte es aber plötzlich eilig. Sie stand auf und sagte: »Es dauert nicht lange.«

»Es ist eine geschäftliche Transaktion«, sagte Larry.

»Wenn Sie bezahlt werden möchten, geben wir ihnen anschließend fünfundzwanzig Dollar. Und eine Tasse Kaffee.« Sie lächelte immer noch. »Manche machen es aber auch umsonst.«

Larry sagte: »Ihr laßt die Patienten dafür zahlen, also können wir auch abkassieren.«

»Treten Sie ein«, sagte Loretta.

Loretta piekste in meinen Finger und untersuchte das Blut auf einer Glasscheibe. »Sie sind B-negativ. Diese Gruppe können wir immer gebrauchen.«

Ich legte mich auf ein hochbeiniges Bett, und sie hängte eine leere Flasche neben mich. Als sie die Nadel in meinen Arm stach, wandte ich mich ab, sah aber, wie sie die Nadel mit einem Schlauch verband, der in die Flasche führte. Ich fing an zu schwitzen und konzentrierte mich darauf, ein Gerät am anderen Ende des Raums anzustarren. Über einer Öffnung hing ein Schild mit der Aufschrift: FÜHREN SIE KEINEN TEIL IHRES KÖRPERS IN DIESES GERÄT EIN. Mir fiel nur ein Teil ein, und dabei verspürte ich einen Stich.

Loretta gab mir einen Gummiball, er war schwarz und ein wenig kleiner als ein Baseball. »Langsam drücken.«

Ich drückte den Ball, und schon lief ein Spritzer schwarzes Blut an der Innenseite der Glasflasche hinunter. Ich behielt das Gerät im Auge und drückte weiter.

Als meine Flasche voll war und ich aufstand, fühlte ich mich schwach und benommen. Ich trank einen Kaffee, steckte das Geld ein und ging zurück ins Schwimmbad. Da ich mich immer noch matt fühlte, kletterte ich wieder auf den Bademeisterstuhl und blieb den restlichen Nachmittag da, ohne zu lesen. Ich hoffte, das Gefühl würde vergehen. Außerdem hielt ich Ausschau nach Lucy.

Als wir schlossen – von Lucy immer noch keine Spur –, sagte Larry: »Willst du mal was Tolles ausprobieren? Wenn man Blut gespendet hat, wird man sehr schnell betrunken.«

Ich hatte Geld in der Tasche und nichts anderes vor. Und Larry hatte recht. Nach einem Bier fühlte ich mich betrunken, genehmigte mir aber trotzdem noch eins. Dann sehnte ich mich nach Lucy und wurde traurig, weil ich Larry nichts davon erzählen konnte. Irgendwann war ich zu betrunken, um nach Hause zu gehen.

Wir wankten nach draußen, und Larry schlug vor: »Laß uns einen Happen essen. Worauf hast du Appetit?«

Ich sagte: »Walsteaks.«

»Du spinnst total.« Er lachte auf eine unlustige, betrunkene Art, und in dem chinesischen Restaurant – ich hatte keine Ahnung, wie wir dorthin gelangt waren – lachte er immer noch.

Ich sagte mit brummendem Schädel: »Weißt du, ich will nicht Jonas im Inneren des Wals sein. Ich will den Wal in meinem Inneren. So soll mein Leben sein.«

Er sagte: »Gott, du spinnst wirklich total.«

Das Chinarestaurant sollte preiswert sein, kostete uns aber sieben Dollar pro Nase, und der Eisbecher kostete noch einen Dollar, und dann übergab ich mich an der Bushaltestelle. Larry sagte: »Steck den Kopf zwischen die Beine« und ließ mich allein. Als ich dachte, ein Polizeiwagen käme vorbei, ruderte ich mit den Armen, und als ich merkte, daß es ein Taxi war, ließ ich mich nach Hause fahren. Noch mal sieben Dollar.

»Du siehst elend aus«, sagte meine Mutter.

Ich erzählte nichts von der Blutspende, dem chinesischen Essen oder dem Taxi, sie hätte nur gefragt, woher ich das Geld hatte.

»Wo hast du gesteckt?« fragte sie.

»Nirgends.«

Das war mein Unabhängigkeitstag.

Am Morgen fühlte ich mich prima, hatte aber nur noch zehn Dollar, und das war nicht genug für eine Verabredung mit Lucy. Doch wo steckte sie überhaupt?

4

»Jemand hat dich gesucht, Andre«, sagte Muzzaroll eines Morgens. »Sie war richtig enttäuscht.«

»Was hast du ihr gesagt?«

»Daß du zu spät zur Arbeit kommst.«

Ich sagte, der Bus habe Verspätung gehabt. Doch er war nicht sauer. Es war ihm egal.

»Wenn ich ein hübsches Mädchen auf einen Bus warten sehe, werde ich immer geil, weil ich weiß, ich muß nur anhalten, und schon steigt sie in mein Auto. Ich kann sie anbaggern, weil sie mitgenommen werden will«, sagte er.

»Vielleicht will sie's nicht. Vielleicht wartet sie deshalb auf den Bus.«

Es war ein wunderschöner Tag. Norman schrieb einen Brief, wahrscheinlich an Eisenhower, vielleicht auch an Chruschtschow. Ich ging weiter und fand es typisch, daß er am Zaun lehnte und kritzelte. Leute wie er gingen nie ins Wasser, höchstens, um kleinen Jungens die Badehosen runterzureißen oder sie unter Wasser zu betatschen. Sie lungerten herum und glotzten. Öffentliche Schwimmbäder zogen die merkwürdigsten Leute an. Mrs. Mirsky trug ein Korsett unter ihrem altmodischen Badeanzug und sang; Mr. Schickel verspeiste im Umkleideraum sein Mittagessen und sagte dann zu nackten Knaben: »Ich bin immer noch sehr hungrig«; ein Junge stand immer draußen am Zaun und hielt ein Radio vor seinen Kopf; ein Mann schwamm mit einer Sonnenbrille auf der Nase und einer Baseballmütze auf dem Kopf.

Die Normalen schrien und spritzten und gingen mit nassen Haaren nach Hause. Es waren vor allem Jugendliche. Der Rest war reif für die Klapsmühle oder sehr einsam. Das Freibad war für alle da, deshalb fand ich es interessant.

Als ich an diesem Tag gerade gehen wollte, kam Lucy ins Büro. »Ich wollte dir bloß sagen, daß ich im Moment frei habe, falls du was unternehmen willst.«

Wir gingen sofort in ihr Zimmer und liebten uns. Nachher war ich sehr verlegen, weil sie auch verlegen zu sein schien. Es war eigenartig, so in ihrem Bett mit ihr zu schlafen. Wir hatten vorher kaum ein Wort gewechselt und wußten deshalb auch nachher nicht viel zu sagen. Eben noch hatte sie gestöhnt, *O Gott!* gesagt und die Augen verdreht. Ich fand, ich war ihr etwas schuldig.

»Vielleicht können wir irgendwann mal ins Kino gehen«, sagte ich.

»Es läuft ein französischer Film, den ich sehen will, *Atemlos* heißt er. Mit Jean Seberg und Jean-Paul Belmondo.«

Das war ein teurer Film, und anschließend würden wir essen gehen. Ich mußte also bis zum Zahltag warten.

»Wir können nächste Woche gehen«, schlug ich vor.

»Wollen wir uns nicht vorher sehen und etwas unternehmen?«

Etwas unternehmen hieß für mich inzwischen etwas Bestimmtes.

»Klar.« Ich nahm ihre Ausgabe von ›Unterwegs‹ in die Hand und fragte: »Leihst du mir das?«

Damit gab ich ihr zu verstehen, daß ich jetzt nach Hause ging.

Ich machte im Bad halt, um meine Tasche zu holen. Muzzaroll und McGinnis spielten im Bistro Karten.

»Das war sie nicht«, sagte Muzzaroll.

Ich starrte ihn an.

»Die Frau, die dich heute morgen gesucht hat. Das war sie nicht.«

Ich saß auf dem Bademeisterstuhl, las das von Lucy geliehene Buch, und es gefiel mir. Ich dachte: Heute abend trampe ich nach Hause, statt den Bus zu nehmen. Und nächstes Jahr geht's Richtung Westen. Als ich ans Reisen dachte, fiel mir der Satz ein, den ich bei Baudelaire unterstrichen hatte, »Fern der spöttischen Welt«. Da war Kerouac verständlicher – er stammte aus Lowell. Meine Tante Eva war auch aus Lowell! Manchmal schrieb er wirklich schauderhaft, das gab mir Hoffnung für meine eigenen Versuche. Immer und immer wieder las ich dieselbe Zeile über die »angreifende, ruhelose, stumme, in Rechnung gestellte Straße, die schneidend in einem Anfall von Persenningkraft . . .« und konnte mich nicht entscheiden, ob das nun Stuß oder Genie war; wahrscheinlich ein wenig von beidem.

Larry sagte: »Du verdirbst dir noch die Augen, Andre.«

Die kleinen puertoricanischen Jungs kreischten und sprangen am tiefen Ende ins Becken. Über mir ragte das Krankenhaus wie eine Festung auf, und die Patienten sahen hinaus. Ich fühlte mich wie eine kerouacsche Figur, die in diesem Chaos etwas Heiliges sah: heilige Kinder, heilige Kranke, heilige Kaputtniks.

Dann hörte ich Lucys Stimme: »Was ißt du zu Mittag?« Sie stand lächelnd am Zaun, in dem hübschen Kleid, das sie zur Arbeit trug.

»Mit falschem Hasen belegte Brote von meiner Mutter«, sagte ich und kletterte vom Stuhl.

»Warum ißt du sie nicht in meinem Zimmer, stilvoll?«

Larry fragte mich, wohin ich ginge. Ich sagte: »Mich drückt die Blase.« Ich wollte ihm nicht von Lucy erzählen.

In ihrem Zimmer zeigte ich ihr, wie das Hackfleisch aus dem Sandwich fiel, wenn man das Brot kippte. Ein krümeliger Brocken rutschte in eine Ketchuplache auf den Teller. Das Zimmer war zu klein für einen Tisch. Es war nur ein Wohnkarton. Sie versicherte, für eine Person sei es ideal.

»Das ist mein Garten«, sagte sie und zeigte auf die Blumentöpfe auf dem Fensterbrett ... Usambaraveilchen, Geranien, Minze und Thymian. »Das ist mein Bett, wie du weißt, und das meine Bibliothek« – ein mit ungefähr fünfzig Taschenbüchern vollgestopftes Brett. Sie zeigte, wo sie ihre Briefe aufbewahrte (»Meine umfangreichen Aktenbestände«) und wo sie ihr Geld versteckt hatte (»Meine Bank«). Ihre Küche war eine Ablage mit einer Kochplatte und ein paar Suppendosen, ihre Kleider steckten alle in dem schmalen Schrank. Das Zimmer war so winzig, daß ich mich nicht bewegen konnte, ohne irgend etwas umzuwerfen. Mit ihr dort zu sein glich bereits einem sexuellen Akt.

Als sie mir das alles zeigte, wurde mir klar, daß ich nichts über sie wußte. Das tat mir leid, denn sie war nett und intelligent und hatte mich gern. Und es war ein Risiko für sie, mich hier zu haben. Sie kam mir ein wenig verzweifelt vor, darüber war ich froh, weil das gleiche auch für mich galt.

»Kerouacs Buch finde ich toll«, sagte ich.

»Er ist fast vierzig, wußtest du das?«

»Gott, so alt«, sagte ich. »Ich dachte, er wäre jung.«

»Er ist 1922 geboren. Mein Lieblingsbuch von ihm ist ›Die Unterirdischen‹. Soll ich's dir leihen?«

Doch als ich nach dem Buch langte, streifte ich sie und küßte sie, und dann gab es kein Halten mehr.

»O Gott«, sagte sie, als ich in sie eindrang, und sie warf den Kopf zurück und stöhnte. Ich kam mir wie ein Zuschauer vor, bis sie zu Atem kam; dann feuerte sie mich flüsternd an, bis ich zum letztenmal keuchte.

Im Zimmer war es sehr warm. Obwohl das Fenster offenstand, spürte man keinen Hauch. Wir lagen ineinander verkeilt da, und sie sagte: »Ich mag dich. Ich bin gern mit dir zusammen. Ich hab' mich vor dem Sommer gefürchtet, aber er hat sich prima entwickelt.«

»In welchem Semester studierst du?«

»Ich bin im vorletzten Studienjahr.«

Das bedeutete, daß sie mindestens zwanzig, wahrscheinlich sogar zweiundzwanzig war. »Ich auch«, log ich, damit sie nicht erfuhr, wie jung ich war.

Sie zog einen seidigen Morgenrock an, in dem ich sie erotischer fand als nackt.

»Ich habe den Nachmittag frei«, sagte sie.

»Ich soll um eins wieder im Schwimmbad sein, damit die anderen zum Essen gehen können.«

»Geh nicht weg«, bat sie und hielt mich fest. Sie klammerte sich an mich. »Ich will, daß du bleibst.«

Ein lautes Geräusch ließ mich aufschrecken, und ich stieß mir das Knie an. Jemand klopfte an die Tür, und zwar doppelt so laut wie erforderlich, denn es war die Vermieterin Miß Murphy, und die war taub.

»Einen Moment«, sagte Lucy und hielt die Tür zu.

»Sind Sie da?« rief Miß Murphy und pochte noch mal.

Lucy öffnete die Schranktür und bedeutete mir, ich solle hinein. Sie warf unsere Kleidung hinter mir her, knöpfte ihren Morgenrock zu und strich das Bett glatt. Dann schloß sie die Schranktür. Ich hockte mich zwischen Lucys Mäntel, in der Hand ihre Sachen. Ihr Kleid roch nach ihrer Haut.

»Haben Sie eine Minute Zeit?« fragte Miß Murphy.

»Ich muß gleich weg«, sagte Lucy.

Doch Miß Murphy hörte sie nicht. Sie sah bloß, daß Lucy einen Morgenrock anhatte, und dachte, sie sei nicht in Eile. »Ich möchte Ihnen was zeigen.«

Gesehen hatte ich sie noch nie, stellte sie mir aber mit struppigen Haaren und dunklen Ringen unter den Augen vor, denn ihre Stimme klang wie die Miß Sharkeys, einer alten Lehrerin von mir, aus der vierten Klasse. Wenn Miß Sharkey mich anbrüllte, war ich immer zusammengezuckt und hatte zu Boden gesehen, doch ihre Schuhe jagten mir ebensoviel Angst ein. Solche Schuhe stellte ich mir an Miß Murphys Füßen vor.

Ich hörte die Sprungfedern quietschen, als sich die alte Dame aufs Bett setzte. Ich barg mein Gesicht in den Händen, schwitzte und versuchte, den Atem anzuhalten.

»Das sind die Fotoalben, von denen ich Ihnen erzählt habe«, sagte Miß Murphy und leierte monoton: »Neunzehnhundertzehn. Nahant Beach. Memorial Day.«

»Sehr hübsch«, sagte Lucy.

»Mein Vater sagte immer, am Memorial Day solle man zum erstenmal im Jahr schwimmen gehen. Mein Onkel hatte ein entzückendes Haus in Nahant. Im Hintergrund sieht man das Dach und das Fenster mit den Läden. Das Kind mit dem kleinen Eimer bin ich. Und das ist mein Bruder Patrick . . .«

»Miß Murphy, ich muß weg.«

»Und das ist meine Mutter. Ist sie nicht wunderschön? Damals trugen alle solche Badeanzüge.«

»Miß Murphy . . .«

Aber Miß Murphy war taub. Sie leierte mit überlauter Stimme weiter, drehte Seiten um und beschrieb Fotos. Ein Krampf in meinem Bein kam und ging, mich überkam ein Hustenreiz. Ich nieste, aber sie hörte mich nicht, sie machte nicht einmal eine Pause. Sie ging das ganze Album durch. Es dauerte bestimmt eine halbe Stunde.

»Neunzehnhundertelf, warten Sie nur, bis Sie den Schnee sehen . . .« Sie redete und redete und lieferte Hintergrundinformationen über alles und jedes. Außerdem beschrieb sie bis ins kleinste Detail Dinge, die gar nicht auf den Fotos zu sehen waren.

Eine ganze Weile später (»Da ist wieder Patrick . . .«) fragte sie plötzlich: »Was ist los?«

»Ich muß gehen«, sagte Lucy sehr laut.

»Dann komme ich ein andermal wieder«, versprach die einsame Frau.

Währenddessen dachte ich in der Dunkelheit darüber nach, wie sehr ich Lucy mochte, und als Miß Murphy verschwunden war und ich aus dem Schrank kam und Lucy küßte, wußte ich, daß in mir etwas vorgegangen war. In der kurzen Zeit, als ich zwischen den Kleidern hockte und sie draußen murmeln hörte, hatte ich mich in Lucy verliebt.

»Nicht so stürmisch!« sagte sie, als ich sie umarmte. Aber ich wollte nicht loslassen.

Daß ich zu spät kam, schien im Schwimmbad niemanden zu stören.

»Sie war wieder da«, sagte Muzzaroll. »Die Frau mit dem Hut.«

Ich sagte: »Ich war pinkeln.«

»Wem willst du hier was vormachen?« sagte Larry. »Wahrscheinlich hast du ein Mädchen zugeritten.«

Ich haßte diesen Ausdruck, und er paßte nicht. Doch ich konnte ihm nicht von Lucy erzählen.

Als wir an dem Tag das Bad schlossen, ging ich wieder ins Mass General Hospital in die Blutspendeabteilung. Als ich Loretta sah, überlegte ich, ob man die Mädchen, die ich begehrte, in verschiedene Kategorien einteilen konnte: die Krankenschwester, die Hure, das Kind, die Cheerleaderin. Aber nein, das funktionierte nicht, weil Lucy etwas von alledem war. Sie war wie ich. Oder war das eine neue Kategorie: das Mädchen, das mir ähnlich war?

Loretta nickte. Sie sagte: »B-negativ, stimmt's?«

»Genau.« Es überraschte mich nicht, daß sie sich daran erinnerte. Mein Vater, ein Schuhverkäufer, merkte sich Leute nach ihren Schuhgrößen. *Er ist ein acht e,* sagte er beispielsweise, manchmal verfiel er auch in den Jargon des Schuhexperten: *Er ist ein acht Eddie.*

»Sie sehen großartig aus«, sagte Loretta. »Ihr habt wirklich Glück, daß ihr im Bad arbeitet. Ihr sitzt einfach da und werdet braun.«

»Die Arbeit ist hirnlos, und reich wird man auch nicht davon. Aber ich spare ja für mein Studium. Deshalb will ich noch einen halben Liter spenden.«

»Sie sind vielleicht ein Witzbold!« Sie schüttelte lachend den Kopf. »Man muß mindestens sechs Wochen warten, bis man wieder spenden kann.«

Ich sagte, das hätte ich nicht gewußt.

»Man kann nicht ständig Blut abgeben. Sonst wird man anämisch und kann sogar sterben.«

»Ich fühl' mich wohl. Bin bloß pleite.«

»Kommen Sie in etwa einem Monat wieder. Dann kann ich Sie vielleicht drannehmen. Tja, wenn ich Geld übrig hätte, würde ich Ihnen was leihen.«

Ich sagte, das sei ein großzügiges Angebot; doch ich hätte es ohnehin nicht angenommen. Ich wollte mit Lucy in ein Restaurant gehen, Walsteaks für uns beide bestellen und ihr anschließend sagen, daß ich sie liebte.

Vielleicht zwei Tage später spielten wir im Büro Karten – Vinny, Larry und der Hausmeister, den wir Speedo nannten. Es regnete, und das Bad war leer.

Ich sagte: »Ich würde gern noch mal Blut spenden, genauer gesagt, es verkaufen. Aber das geht nur alle sechs oder acht Wochen.«

»Hast du noch mehr solche Neuigkeiten?« fragte Larry und knallte eine Karte auf den Tisch. Dann sagte er, er habe gehört, man könne Sperma verkaufen, für Frauen, die Kinder wollten.

»He, das wäre was für mich«, sagte Muzzaroll.

Speedo grinste, er hatte das gleiche gedacht.

»Euch Arschlöcher würden sie nicht nehmen«, sagte Larry. »Bekloppte wollen sie nicht. Sie wollen Klasse. Man muß sich testen lassen.«

»Wichstest«, sagte Speedo.

»Pychologischer Test, um sicherzugehen, daß du nicht verrückt bist. Intelligenztest. Die ganze Chose. Wenn ihr glaubt, man muß sich bloß einen runterholen, liegt ihr falsch. Es hat was mit Wissenschaft zu tun. Wenn sie ihr Okay geben, wichst man in ein Reagenzglas, und sie geben einem zwanzig Piepen. Ihr glaubt wohl, ich verarsche euch. Der Laden ist hier in Boston.«

»Man kann seinen eigenen Körper verkaufen«, warf Muzzaroll ein. »An die Wissenschaft; für Experimente und so 'n Mist. Dafür kriegt man etwa dreihundert Piepen.«

Für mich klang das nach einem Vermögen.

»Oder bloß dreißig Mäuse, für Speedo«, sagte Larry.

»Wie denn das?« fragte ich.

»Andy ist interessiert«, sagte Larry. »Das macht man so: Man unterschreibt irgendwas, dann geben sie dir das Geld, und wenn du stirbst, holen sie sich deine Leiche. Dann schneiden sie dich für ihre Experimente zu Hackfleisch.«

»Wen meinst du mit ›sie‹?« fragte Muzzaroll.

»Studenten«, sagte Larry. »Harvard-Studenten.«

Speedo sagte: »Wie erfahren sie, wenn man stirbt?«

»Das kriegen sie raus. Also, wenn sie dir das Geld geben, bekommst du eine Tätowierung auf die Fußsohle. Die geht nicht weg. Ganz gleich, wann oder wo du stirbst, deine Leiche wird an die Universitätsklinik von Harvard überführt.«

»Das würde ich tun«, sagte ich. Und ich stellte mir vor, wie ich Mimi Hardwick oder Lucy oder einem anderen Mädchen die Tätowierung auf meinem Fuß zeigte: *Dieser Körper ist Eigentum der Harvard Medical School.* »Was macht das schon aus? Ich wäre doch tot.«

»Was passiert, wenn man dir den Fuß abnimmt?« fragte Speedo. »Man könnte ja überfahren werden oder so ...«

»Spielen wir Karten oder quasseln wir?« sagte Muzzaroll, kratzte das Blatt zusammen und gab.

In dem Moment sagte Larry: »Da kommt sie.«

Es war Mrs. Mamalujian, mit einem wagenradgroßen Hut und einem Kleid mit Blumenmuster. Mit ihrem blauen Schirm in der Hand sah sie sehr elegant und fehl am Platz aus. Sie schob ihre Sonnenbrille hoch und sah mich an. Ich hatte meine Karten hingelegt und war ihr entgegengeeilt, um sie abzufangen. Ich wollte nicht, daß die anderen etwas mitbekamen.

»Wo haben Sie sich denn versteckt?«

Am liebsten hätte ich gesagt, daß ich kein Geld hatte und mir ohne Geld vorkam, als existierte ich nicht.

»Ich war hier. Wie haben Sie mich gefunden?« Ich ging zum Zaun, damit sie mir folgte und die anderen uns nicht sahen.

»Ihre Mutter hat es mir verraten«, sagte sie. »Das ist mein

dritter Anlauf. Ich freue mich, Sie zu sehen. Sie fehlen uns im Maldwyn Country Club.«

»Die Leute können hierherkommen und schwimmen. Dieses Bad ist für alle da. Wahrscheinlich würde es Ihnen aber nicht gefallen. Hier gibt es nur Irre.«

Im Büro wurde gelacht. Zu dritt konnten sie nicht Whist spielen, also alberten sie herum, und ich hörte Speedo schreiend protestieren.

Mrs. Mamalujian sagte: »Ich dachte, wir wollten zusammen essen gehen.«

»Das stimmt, aber ich bin pleite.«

»Sei nicht albern. Ich habe jede Menge Geld.«

Vor Neid und Verlegenheit wurde mir ganz schlecht.

»Meine Güte, bist du komisch.« Sie sah an mir vorbei zum Pool.

Vinny und Larry schleppten Speedo durch den Regen zum Becken. Speedo, der seinen blauen Hausmeister-Overall trug, brüllte und strampelte. Am Beckenrand hielten sie ihn noch ein Weilchen fest, ehe sie ihn ins Wasser warfen.

»Was sind das für Leute?«

»Meine Kollegen.«

Mrs. Mamalujian lachte. Sie hatte ein gutes, tiefes, anerkennendes Lachen, dunkel vom starken Rauchen.

»Ich muß zurück an die Arbeit«, behauptete ich.

»Was für eine Arbeit«, sagte sie sarkastisch. »Wann ist dein freier Tag?«

»Samstag.«

»Also gehen wir dann essen. Kennst du das Copley Plaza? Peacock Alley? Da treffen wir uns am Samstag um zwölf Uhr mittags.«

An diesem Abend ging ich nach der Arbeit wieder zum Medford Square, weniger, weil ich ein Baguette essen wollte, sondern um mich mit Mr. Balinieri zu unterhalten. Doch hinter der Theke stand ein neuer Mann.

»Ich suche Mr. Balinieri.«

»Der arbeitet nicht mehr hier.«

Da wußte ich, daß ihn sein ignoranter Boß gefeuert hatte, weil er nicht in dessen prokrustesbettartige Schemata paßte.

5

Ich nahm meinen ›Moby Dick‹ mit, um Gesprächsstoff für mein Treffen mit Mrs. Mamalujian zu haben. Ich hatte die Stellen in den Kapiteln 64 und 65 unterstrichen, in denen es um das Essen von Walfleisch ging, das auch ich zu Mittag speisen wollte. Ich war sehr nervös.

Wenn ich aus der Öffentlichen Bücherei Boston gekommen war, hatte ich oft quer über den Platz geschaut, den sie »Plaza« nannten, das Grand Hotel auf der anderen Seite bewundert und mich gefragt, wie die Zimmer wohl aussahen. Ich glaubte zwar nie, daß es verboten war, das Hotel zu betreten, dachte aber, man müsse einen Grund haben oder eine Einladung. Die Vorstellung, in Boston ein Hotel zu betreten, kam mir komisch vor. Hotels waren für Geschäftsleute und Hochzeitsreisende, für Fremde, für Leute von außerhalb, die nicht wußten, wohin sie sonst gehen sollten. Ich war neunzehn Jahre alt und noch nie verreist; noch nie hatte ich in einem Hotel übernachtet. Das kostete Geld, und ich hatte keins.

Schuld an meiner Nervosität war außerdem, daß ich Lucy gesagt hatte, ich würde sie anrufen. Doch ich schob es hinaus. Ich wußte nicht, um welche Zeit ich frei sein würde, und hatte Schuldgefühle, weil ich sie warten ließ. Ich dachte sehnsüchtig daran, wie sie ihre Blumentöpfe gegossen hatte. *Das ist mein Garten, das ist meine Bibliothek*. Und ich fürchtete, sie zu erschrecken, wenn ich ihr gestand, daß ich sie liebte. Unkomplizierter schien es zu sein, wenn alles so blieb, wie es war ... wenn wir im Bett leidenschaftlich waren und sonst gute Freunde. Außerdem befürchtete ich, daß sie von mir abhängig würde, und immer wenn ich mich umdrehte, rechnete ich damit, daß sie dastand und sagte: *Wollen wir was unternehmen?*

Sah mich dieser irisch aussehende Portier abschätzig an? Er hatte weiße Haare und ein rotes Gesicht und öffnete würdevoll die Tür. Wenn ich Leute sah, die niedere Dienste verrichteten, versuchte ich sie mir als Präsidenten oder Könige vorzustellen. Ich machte den Portier zum Präsidentschaftskandidaten und trabte vergnügt an ihm vorbei.

Was Mrs. Mamalujian »Peacock Alley« genannt hatte, war ein langer, korridorartiger Eingang, mit Orientteppichen ausgelegt und mit Spiegeln zu beiden Seiten. Zwischen den Spiegeln standen prachtvolle Sessel.

»Da bist du ja.« Mrs. Mamalujian saß in einem großen weichen Sessel, hatte die Beine übereinandergeschlagen und ließ das eine auf und ab schwingen. »Ich glaube, ich habe dich noch nie angezogen gesehen.«

Das brachte ein vorbeigehendes Paar zum Lächeln.

»Man kann unmöglich feststellen, ob du rot wirst, weil du so eine gesunde Gesichtsfarbe hast.« Sie stand auf, wackelte ein wenig in ihren Schuhen und gab mir einen feuchten Kuß.

»O je, jetzt habe ich dich mit Lippenstift vollgeschmiert«, sagte sie und ließ es sich nicht nehmen, ihn wieder abzuwischen, wozu sie ein sehr parfümiertes Taschentuch benutzte. »Gehen wir?«

Sie hatte mich verunsichert. Das lag an der Vertraulichkeit, in der sie mit mir redete, und daran, daß sie kaum etwas sagte, das eine direkte Antwort erfordert hätte. Sie gab lediglich eigenartige Feststellungen zum besten, die sich anhörten, als seien sie ebenso für zufällig anwesende Lauscher wie für mich bestimmt ... »Ich hab' Bäume schneller rankommen sehen als diesen Fahrstuhl«, sagte sie, und hinter uns lachten ein paar Männer verhalten.

Sie lächelte, eingehüllt in eine Wolke starken Parfüms. »Was ist das für ein Buch?«

»›Moby Dick‹.« Ich versuchte zu flüstern.

»Richtig, das Tier mit der gewaltigen Schwanzflosse«, stellte Mrs. Mamalujian fest.

Einer der Männer räusperte sich.

»Bekleidet siehst du großartig aus, Andre. Du solltest öfter was anziehen.«

Hinter mir prustete jemand los.

»In welchem Stock liegt es?« fragte ich, nur um irgendwas zu sagen, als wir den Fahrstuhl betraten.

»Sechs.« Sie drückte den Knopf mit einem ihrer voluminösen Ringe.

Als wir vor der Tür standen, fragte ich: »Ist das ein Restaurant?«

Sie lachte nur, klapperte mit dem Schlüssel und machte sich am Schloß zu schaffen. Sie war nicht ungeschickt, aber wahrscheinlich zu eitel, ihre Brille aufzusetzen. Endlich drehte sich der Schlüssel, und sie stieß die Tür auf. »Gefällt es dir?«

Ich trat ein und sah mich um. »Ist das ein Wohnzimmer?«

Es stand kein Bett da. Ich sah ein Sofa, einige Ohrensessel, einen Tisch, auf dem eine neue Nummer der Illustrierten ›Look‹ lag (mit Kennedy auf dem Titelblatt), und aus dem Fenster überblickte man ganz Boston.

»Das Schlafzimmer ist hier.«

Mein erstes Hotelzimmer. Man brauchte mir nicht zu sagen, daß es eine Suite war. Ich war beeindruckt von dem Luxus, der Stille, der Kühle an diesem heißen Sommertag.

Mrs. Mamalujian sagte: »Manchmal, wenn ich mich so richtig scheußlich fühle, gehe ich in ein Hotel, dieses hier oder das Ritz-Carleton oder das Parker House. Nach ein paar Tagen geht es mir besser, und ich verlasse das Hotel wieder. Machst du so was auch?«

»Meistens fühle ich mich nicht scheußlich.«

»Es ist herrlich, jung zu sein«, sagte sie. »Setz dich und trink etwas.« Sie reichte mir eine Speisekarte, auf der eine Menge Drinks standen. Ich wollte ein Bier, aber es kam mir falsch vor, in dieser Suite ein Bier zu bestellen. Ich sah mir die Liste an: *Pink Lady. Sidecar. Grasshopper. Manhattan. Tom Collins.*

»Ich nehme einen Cocktail«, sagte ich, um Zeit zu gewinnen.

»Welchen?«

»Einen Grasshopper.«

»Wie aufregend. Ich werde mich mit einem langweiligen Gin Tonic zufriedengeben. Aber Tonic ist gesund, mußt du wissen.«

Während ich mich noch fragte, woher die Drinks kommen würden, nahm Mrs. Mamalujian den Telefonhörer ab und sagte: »Zimmerservice? Zimmer sechs-null-acht. Wir möchten drei Grasshopper und drei Gin Tonics.« Sie legte auf. »Ich kann es kaum erwarten, einen Grasshopper zu sehen.«

Ich hatte keine Ahnung, woraus er bestand. »Gibt es auf dieser Etage ein Restaurant?« fragte ich.

Ich war im Sofa eingesunken, und Mrs. Mamalujian rauchte in einem Ohrensessel auf der anderen Seite des Zimmers. Sie schlug ein Bein über das andere und wippte mit dem Schuh.

»Zimmerservice.« Sie atmete Rauch aus. »Hungrig?«

»Ein bißchen«, sagte ich aus Höflichkeit. Ich hatte schrecklichen Hunger und wußte, daß der Drink – ganz gleich, was für einer – mich noch hungriger machen würde.

»Ich wünschte, ich hätte Hunger. Ich denke furchtbar gern an Essen, aber sobald ich es sehe, vergeht mir der Appetit.«

Die Drinks kamen ... drei für Mrs. Mamalujian, drei für mich. Als sie die Rechnung unterschrieben hatte, sagte der glatzköpfige Mann in der engen Weste: »Danke sehr, Madam« und verließ rückwärts gehend den Raum.

»Was möchtest du essen?«

»Walsteak.«

Sie sah mich verwundert an und fragte: »Steht das auf der Speisekarte?«

»Ganz bestimmt.« Wir sahen nach. Ich war sehr überrascht, daß wir kein Walsteak fanden.

Sie wählte wieder den Zimmerservice und fragte: »Haben Sie Walsteaks? Nein? Tja, was haben Sie denn?«

Um die Angelegenheit zu vereinfachen, sagte ich, ich nähme Hamburger. Sie bestellte einen Krabbensalat. Dann lächelte sie mir zu und sagte: »Grasshoppers. Walsteaks. ›Moby Dick‹.« Sie blinzelte. »Du hast einen sonnigen Humor.«

Ein Grasshopper war ein minzgrünes Getränk in einem Weinglas, vermischt mit alkoholhaltiger Schokoladensoße, und einem Sahnehäubchen. Es war süß und klebrig, und der Schnaps brachte meine Augen zum Tränen.

»Ist der Drink in Ordnung? Ich finde, er sieht nach Pfefferminzlikör aus. Wie machst du das bloß. Du bist so dünn!«

»Den nehme ich immer«, sagte ich. Klang das lässig? Mir kam es nicht so vor.

Sie hatte schon ihren zweiten Gin Tonic angefangen. »Hervorragend gegen Malaria«, sagte sie. »Übrigens, du fehlst mir im Club. Seit du weg bist, ist es nicht mehr wie früher. Matanza, dieser Idiot, läuft immer noch in seinem albernen Badehöschen herum und hält sich für den Größten.«

»Ich bin immer noch stinksauer wegen des Jobs.«

»Du brauchst diese Leute nicht. Du hast mich.«

Ich überlegte, was sie damit meinte. Warum war ich hier? Ich konnte mir keinen ungeeigneteren Ort für ein Essen vorstellen. Man bestellte einen Drink und wartete zwanzig Minuten. Man bestellte was zu essen, und eine halbe Stunde später wartete man immer noch.

»Was meinst du, was für Leute hier absteigen?« Darüber schien sie sich ernsthaft den Kopf zu zerbrechen.

»Leute von außerhalb«, sagte ich, »aus besseren Kreisen.«

»Aha, Leute aus besseren Kreisen«, wiederholte sie und räusperte sich mißbilligend. »Hast du Zeitung gelesen?«

Ich verneinte, ich läse nie Zeitung. Ich sei zu sehr mit Büchern beschäftigt.

»Der Skandal über diese sogenannte Debütantin . . . Olivia Harrison? Die von dem Brasilianer sitzengelassen wurde? Die sie gerade eingesperrt haben? Weißt du, warum man sie eingesperrt hat?«

Ich hatte keine Ahnung, wovon sie redete.

»Nachdem der Schmalzbubi sie wegen einer anderen Debütantin sitzengelassen hat, flog sie nach Brasilien. Sie fand den Burschen und erschoß ihn. Aber sie war noch nicht fertig mit ihm. Sie schnitt ihm den Penis ab, nahm ihn mit nach Boston und schenkte ihn seiner neuen Freundin.« Mrs. Mamalujian nippte an ihrem Drink. »Bessere Kreise.«

Das Essen wurde auf einem Servierwagen hereingerollt. Über meine Hamburger hatte man eine Silberschüssel gestülpt, und der Teller mit Mrs. Mamalujians Krabbensalat thronte auf Eisstücken.

»Ich finde es wirklich beeindruckend, daß du ›Moby Dick‹ liest.«

»Ich lese es zum zweitenmal.«

»Aus einem bestimmten Grund?« Sie legte die Gabel hin und wischte sich vorsichtig den Mund ab, so daß sie den Lippenstift nicht verschmierte. War sie nach zwei Bissen schon fertig?

Ich gestand ihr nicht, daß ich mir vorgestellt hatte, Walsteak zu essen und dabei aus den Kapiteln »Stubbs Nachtmahl« und »Der Wal auf der Speisekarte« vorzulesen. Das war mir zu peinlich. Ich hatte Wal essen wollen, damit ich sagen konnte, Wal sei meine Leibspeise.

»Du bist mit deinen Hamburgern fertig«, sagte sie. »Ich wünschte, ich hätte deinen Appetit. Schaffst du noch etwas von meinem Salat?«

Ich aß den ganzen Krabbensalat, alle Brötchen und vertilgte sogar die dünnen Orangenscheiben und die Petersilienstengel, mit denen der Salat garniert war. Doch ich hatte nur einen Grasshopper getrunken.

Mrs. Mamalujian war mit ihren drei Gin fertig. Sie zog eine kleine Ginflasche aus der Tasche und sagte: »Allzeit bereit« und goß sich noch einen Drink ein. »Du bist ein großer Leser vor dem Herrn, stimmt's?« sagte sie und hob ihr Glas.

»Ich glaube schon.«

»In Büchern kann man sich aber auch verlieren. Weißt du noch, wie du mir von dem Stück erzählt hast, an dem du schreibst, das in einem Kaufhaus spielt?«

Ich nickte, zu beschämt, um zu sprechen. Ich hatte das nur gesagt, um mein wirkliches Thema nicht zu verraten.

»Mir wurde ganz weh ums Herz bei dem Gedanken, daß du an einem herrlichen Sommertag in deinem Zimmer hockst und auf ein leeres Blatt Papier starrst.«

Genau das machte ich liebend gern. Sie war betrunken und merkte gar nicht, daß ich nichts mehr sagte.

»Ich mag Bücher, doch manchmal muß man sie beiseite legen und ins Zimmer nebenan gehen. Kunst ist großartig, aber weißt du, was im Zimmer nebenan ist?«

Ich verneinte.

»Das Leben.«

Als ich das zum erstenmal hörte, war ich schwer beeindruckt: die Weisheit einer erfahrenen Frau.

Sie sagte: »Du bist mein Verderben ... du bist schuld daran, daß ich zuviel trinke!«

»Ich dachte, es wäre gesund?«

»Es schmeckt angenehm klar, darum mag ich Gin.« Sie schenkte sich nach. »›Moby Dick‹«, sagte sie und kicherte.

Ihren Hut hatte sie immer noch auf. Sie erhob sich schwankend und setzte sich neben mich auf das Sofa. Ich fragte mich, ob man sie als attraktiv bezeichnen konnte. Ihr Gesicht war etwas faltig, wahrscheinlich eher von der Sonne als altersbedingt. Sie hatte große Brüste und dünne Beine und wirkte dank ihrer Stöckelschuhe hochgewachsen. Sie war gut gekleidet. Solche Frauen fotografierte man an der Seite ihrer bedeutenden Männer.

»Sie haben bestimmt einen Pelzmantel«, sagte ich.

»Ich habe drei Pelzmäntel«, rief sie. »Wie kann man an einem heißen Sommertag so was sagen! Du bist zum Schreien.«

Dann wurde sie ganz still und nickte vor sich hin; ich hatte den Eindruck, daß die Zeit für sie sehr schnell verging, für mich allerdings ausgesprochen langsam. »Manchmal muß man die Bücher beiseite legen«, sagte sie.

Ich vollendete den Satz im stillen, und diesmal klang er abgeschmackt.

»Wie spät es schon ist.« Sie drückte ein Auge gegen das Zifferblatt ihrer Uhr. »Ich bin zu betrunken, um nach Hause zu fahren. Ich muß wohl erst duschen.«

Bei dem Versuch, sich aufzurappeln, ließ sie eine Hand auf mein Knie, dann auf meine Schulter fallen. »Verzeihung«, sagte sie.

»Das macht nichts.«

»Ich gehe bloß duschen.« Auf dem Weg ins Schlafzimmer schwankte sie leicht.

Ich wußte nicht, was ich sagen sollte.

»Ich bin im Zimmer nebenan.«

»Ist schon in Ordnung.«

Sie ging ins Schlafzimmer, wobei sie die Türen offenließ und Selbstgespräche führte. »Hier muß es sein ... Vorhänge zuziehen ... Die Tasche abstellen ... Die Kleider ausziehen.« Nach einer Weile hörte ich sehr lautes Wasserrauschen. Die Badezimmertür stand offen. Ich hörte, wie die Tropfen auf den Duschvorhang prasselten.

Ich nahm ›Moby Dick‹ in die Hand.

Daß ein Mensch die Kreatur verspeist, die ihm gleichzeitig seine Lampen nährt, sie, wie man sagen kann, bei ihrem eigenen Licht aufißt, das erscheint so befremdend, daß man ein wenig auf die Geschichte und die Philosophie dieser Tatsache eingehen muß.

Ich las weiter und schrak erst auf, als ich sie fragen hörte: »Hast du mein Kleid gesehen?« Sie stand über mir, sehr naß und tropfend und in ein kleines Handtuch gewickelt.

Vor lauter Angst sprang ich auf und fand ihr Kleid im Zimmer nebenan.

»Ich habe furchtbar schlechte Augen«, sagte sie. »Ich kann nicht erkennen, ob du angezogen bist oder nicht.«

»Ich bin's.« Es war vier Uhr nachmittags. Ich hatte eine halbe Stunde oder länger gelesen. Als sich Mrs. Mamalujian abgetrocknet, angezogen und ihren Lippenstift aufgetragen hatte, war es halb fünf vorbei.

Sie fragte: »Tust du mir einen großen Gefallen?«

Ich hatte Angst davor, ja zu sagen, rang mich aber dazu durch.

»Ich muß jetzt nach Hause, möchte aber, daß du für das Zimmer zahlst.«

Mir stockte der Atem bei der Vorstellung, mit den drei Dollar in meiner Tasche für das Zimmer zahlen zu müssen.

»Ich gebe dir das Geld.« Sie hatte verknickte, zusammengeknüllte Scheine in der Hand, die sie nicht zu zählen schien. »Das sollte reichen«, sagte sie und legte noch einen auf den Haufen. Es waren über hundert Dollar.

»Falls noch etwas übrigbleibt, kannst du es behalten. Kauf ein paar Bücher.« Sie küßte mich. »Ich habe das dumpfe Gefühl, daß du mich nicht wiedersehen willst.«

»Aber nein«, sagte ich. »Hat mir gut gefallen, wirklich.«

Sie lächelte und küßte mich noch mal. »Du brauchst nicht nach Hause zu gehen. Bleib hier sitzen. Bleib, solange du willst. Übernachte hier. Und ich denke daran, wie du hier sitzt und . . . was liest?«

»›Moby Dick‹.«

Sie lachte ihr kehliges Lachen. »Der Fisch mit dem großen Schwanz!«

»Der Wal ist ein Säugetier«, sagte ich.

Dann ging sie, leise vor sich hin murmelnd. Ich las ein paar Seiten und legte das Buch wieder weg. Ich konnte nicht lesen. Ich ging in das andere Zimmer, wo es nach ihrem Parfüm, ihrem Shampoo oder ihrer Seife roch. Ein so großes, breites Bett hatte ich noch nie gesehen. Im Bad war es unangenehm feucht, und die Badetücher waren triefnaß.

Ich nahm den Hörer ab und rief Lucy an.

»Liebling«, sagte sie.

»Tut mir leid, daß ich mich erst so spät melde.«

»Macht nichts. Ich wußte, daß du anrufen würdest.«

Kurz darauf war sie bei mir im Hotelzimmer. »Du bist unglaublich. Was tust du hier?«

»Das ist ein Geheimnis«, sagte ich, und als ich wieder aufsah, hatte sie keine Kleider mehr an. Was Mrs. Mamalujian gesagt hatte, klang jetzt nicht mehr so albern. Wir waren im Zimmer nebenan, und es war besser als alles andere. Sie hatte recht: Das war das Leben. Als wir uns liebten, bog Lucy ihren Rücken durch und stöhnte, als hätte sie erst in diesem Moment ihre Jungfräulichkeit verloren.

6

Einen so seltsamen Tag hatte ich noch nie verbracht: der Nachmittag im Hotel, das Essen mit Mrs. Mamalujian, ihr Duschen und mein ›Moby Dick‹ und dann die lange Nacht mit Lucy. Wir verließen die Suite um fünf Uhr morgens, und für die restlichen dreißig Dollar nahm ich ein Taxi nach Hause. Wäre ich um Mitternacht hereingeschneit, hätte meine Mutter mich gefragt, wo ich gewesen sei. Doch weil ich vor dem Frühstück eintraf, ohne sie zu wecken, nahmen meine Eltern an, ich sei die ganze Nacht im Bett gewesen und einfach früh aufgestanden. Ich stand im Garten, knietief im tauigen Gras, und staunte über mein Glück.

Doch es kam noch besser. Der restliche Juli war für mich wie ein neues Leben: Ich hatte eine Freundin, ich hatte Geld, ich hatte Arbeit, und ich hatte Mrs. Mamalujian. Ich unterbrach meine Baudelaire-Lektüre.

Mrs. Mamalujian war einsam. Sie erzählte mir, mit achtzehn habe sie ihren Mann, den Bauunternehmer, kennengelernt. Ihre Kinder waren in meinem Alter, sie rückte aber nicht mit der Sprache heraus, wie viele es waren, und redete ungern über sie. Lieber erzählte sie von ihrer Mädchenzeit und sagte lächelnd Sätze wie: »Ich war entsetzlich verwöhnt.« Ein College hatte sie nie besucht. Deshalb hatte sie nie aufgehört zu lesen, und sie las alles. Norman Mailer, Freud, Somerset Maugham, Khalil Gibran, Frances Parkinson Keyes, ›Eine unvergeßliche Nacht‹, Tennyson, Salinger, ›Ich sprang über die Mauer‹, Jacques Barzun und Sexbücher. Bei mir war es genauso, aber mein Spektrum war breiter. Ich las auch Ovid, Bücher über Camping, Schußwaffenkataloge oder die ›Entschleierte Isis‹ von Madame Blavatsky.

Mrs. Mamalujian behandelte mich nicht wie einen Sohn, sondern wie einen Freund. Sie ließ mich spüren, daß sie für meine Gesellschaft dankbar war. Wir gingen essen und redeten über Bücher. Ab und an erwähnte sie eine sexuelle Episode – beispielsweise, wie der Mann in einer Geschichte Norman Mailers Analverkehr mit seiner Freundin hatte – und nannte sie »pikant«. Dieses Wort erinnerte mich daran, daß sie dreißig Jahre älter war als ich, und ich dachte: *Du lieber Himmel!* Wir gingen nicht wieder in ein Hotel, sondern trafen uns immer in Restaurants.

»Möchtest du irgend etwas haben?« fragte sie gewöhnlich nach dem Essen.

Damit meinte sie keine Speisen. Sie dachte an alles mögliche. Sie drängte mich, etwas zu wollen.

»Wie wäre es mit einem dieser Blazer, die wir uns auf dem Weg hierher angesehen haben?« Als wir bei Brooks Brothers am Harvard Square vorbeigekommen waren, hatte ich gesagt, der gestreifte Blazer im Schaufenster gefalle mir. Mrs. Mamalujian hatte ein sehr gutes Gedächtnis für Wünsche und Vorlieben. »Den möchte ich dir kaufen.«

Ich hatte mir nie Dinge gekauft, die mir gefielen. Man hatte mich in dem Glauben erzogen, daß ich sie mir weder leisten konnte noch sie verdiente. Arbeit war der Beweis, daß ich sie haben konnte, aber Bademeister sein war keine richtige Arbeit. Ich sparte das verdiente Geld und gab mich mit etwas zufrieden, das meine Mutter Nadelgeld nannte. Ich kaufte gebrauchte Armeeklamotten. Ich trug immer noch ein Khakihemd, Arbeitshosen, Kampfstiefel und eine Sonnenbrille.

Ich ließ mich von Mrs. Mamalujian in die Läden schleppen – zu Brooks Brothers, J. Press, in den Ivy League Shop oder den Coop – und probierte Kleidungsstücke an. Daß sie mir so gut paßten, überraschte mich. Bestürzend fand ich jedoch, wie teuer sie waren, und wenn man das Essen hinzuzählte, kamen fünfzig Dollar und mehr zusammen.

Die Verkäufer redeten Mrs. Mamalujian immer zu, denn sie merkten, daß sie bezahlte und mir gerne etwas schenken wollte.

»Die Qualität ist ausgezeichnet«, sagten sie. »Dieser Stoff ist absolut unverwüstlich.«

»Was meinst du, Andy?« fragte sie mich dann.

Die Verkäufer hörten nie auf mich.

»So etwas trägt man jetzt«, sagten sie.

Das genügte. Sobald ich das hörte, war die Sache für mich erledigt.

Als Mrs. Mamalujian also fragte: »Möchtest du irgend etwas haben?«, dachte ich: *Ja, etwas, was kein anderer hat, was niemand sonst will oder sich auch nur vorstellen kann.* Leute mit Geld kauften Sachen, um wie alle anderen zu sein. Wenn ich Geld hätte, würde ich versuchen, so anders wie möglich zu sein.

Doch der Gedanke, reich zu sein, war abwegig, denn mir fiel nichts ein, was ich unternehmen konnte, um an Geld zu kommen. Deshalb schätzte ich Mrs. Mamalujian und haßte die Reichen noch mehr, als ich sie ohnehin schon haßte. Beim Anblick von Kennedys lächelndem Gesicht mit den makellosen Zähnen wünschte ich mir, er möge die Wahl verlieren. Das war leider sehr irritierend, weil er mich selbstgefällig angriente, wohin auch immer ich blickte. Mir wurde klar, daß ich es im Maldwyn Country Club nie ausgehalten hätte; dafür verabscheute ich diese Leute zu sehr. Und ich war stolz darauf, daß man mich rausgeschmissen hatte. Wenn du mit den Reichen nicht zurechtkommst, mußt du ihr Feind sein, dachte ich.

Und doch brauchte ich dringend Geld, für Studiengebühren, für meine Miete im College, für Bücher, um mit Lucy auszugehen. Ich hatte ungefähr vierhundert Dollar auf der Bank; wenn es bis September keine tausend waren, würde ich mir im zweiten Semester einen Job suchen müssen. Mir ging nicht aus dem Kopf, wie Vinny Muzzaroll gesagt hatte: *Man kann seinen eigenen Körper verkaufen.* Wie kamen Leute zu Geld? Wie wurde ein Bankier zum Bankier? Wie wurde ein Mann zum Vermieter? Die Leute, die Cadillacs fuhren . . . wie kamen sie da ran? Im Maldwyn Country Club liefen Burschen in meinem Alter herum, die Thunderbirds und Bulova-Uhren hatten, und einige besaßen sogar eigene Golfschläger. Die kriegten sie von ihren Eltern. Leute, die Geld, Autos, Tennisschläger oder teure Schuhe besaßen, mußten das alles geschenkt bekommen haben. Ich konnte mir nicht vorstellen, daß sie es sich selbst verdient hatten. Was um alles in der Welt konnte man leisten, um einen Cadillac zu verdienen? Mein hart arbeitender Vater fuhr eine Rostlaube.

Es war ein Geheimnis, und ich würde nie dahinterkommen. Zum Ausgleich tat ich selbst geheimnisvoll – ich kannte ihr Geheimnis nicht, warum sollte ich ihnen meines verraten? – und wurde dankbar gegenüber Mrs. Mamalujian. Wenn ich etwas wollte, würde sie es mir schenken. Das war zwar ganz hilfreich, aber rein theoretisch. Ich wollte nichts Konventionelles.

Wenn ich ihre Geschenke – einen Anzug, ein Jackett, eine Krawatte – höflich ablehnte, sagte sie: »Du solltest nicht so bescheiden sein . . .«

Sie wußte nicht, daß es Arroganz war. Etwas Besonderes, das niemand sonst hatte . . . das wollte ich.

Doch sie war begabt im Schenken. Für einen Menschen das passende Geschenk zu finden ist eine seltene Begabung. Die meisten Geschenke sind überflüssig oder verpflichten. Niemand hatte je versucht, mir mit einem Geschenk eine Freude zu machen. Ob sie wußte, wie ungern ich in teuren Restaurants speiste? Damit tat sie mir keinen Gefallen. Ich fand die Räumlichkeiten beengend. Ich haßte es, ihr bei schummriger Beleuchtung beim Trinken zuzusehen. Vielleicht wußte sie das und war mir daher genauso dankbar wie ich ihr. Da Sex keine Rolle spielte, mußte es wirklich Freundschaft sein.

Sie schenkte mir ein Portemonnaie mit meinen Initialen, ein Taschenmesser mit sechs Klingen, einen Elektrorasierer, einen Gürtel mit einer ausgefallenen Messingschnalle, einen ledernen Schlüsselanhänger, einen japanischen Fotoapparat, eine Timex-Uhr, ein Paar elfenbeinerne Eßstäbchen, einen in Leder gebundenen ›Tom Jones‹, eine italienische Sonnenbrille, eine Zigarettenspitze ... Wenn ich protestierte, sagte sie: »Das brauchst du unbedingt«, als wäre gerade dieses Kinkerlitzchen lebensnotwendig. Diese Geschenke nahm ich an, weil sie nicht teuer waren und ich sie mir selbst hätte kaufen können.

Sie schenkte mir Ohrringe und Schals. »Das ist für deine Mutter.« Ich reichte sie an Lucy weiter und fand es erstaunlich, daß sie Lucy gefielen. Warum waren mir solche Geschenke nicht eingefallen? Doch Lucy fragte sich, wieso ich mir zwar Ohrringe, aber keine Eintrittskarten für ›Das siebente Siegel‹ oder ›Das Lächeln einer Sommernacht‹ leisten konnte, in dem eine berühmte Nacktszene vorkam.

Manchmal sagte Mrs. Mamalujian: »Du hast Glück.« Das fand ich schrecklich. Es passierte, wenn sie betrunken war und wir als letzte Gäste im Restaurant saßen. Der Kellner stand schon in der Nähe und wippte auf den Absätzen. Er wollte, daß wir bezahlten, damit er nach Hause gehen konnte. »Großes Glück.«

Sollte ich nun ja oder nein sagen? Aus Höflichkeit murmelte ich irgendwas, weil ich sie nicht mit der Entgegnung kränken wollte, daß ich mich meist gar nicht glücklich fühlte. Manchmal kam ich mir wie ein Diener vor – wie ihr Diener oder der irgendeines anderen –, weil ich keinen anderen Platz auf der Welt hatte. Ich war ein guter Diener ... mit guten Manieren, taktvoll, diskret. Mrs. Mamalujian behandelte mich nicht wie einen Diener, ein weiterer Grund, weshalb ich sie mochte. Doch wenn sie mir erzählte, was für ein Glück ich hätte, kam ich mir vor wie in einer Falle.

»Du bist jung ...«

Das hatte nichts mit Glück zu tun. Ich hatte es gründlich satt, jung zu sein.

»Du siehst gut aus. Du bist intelligent. Gesund bist du auch. Erstaunlich, daß du keine Freundin hast.«

Das hatte ich ihr erzählt.

»Andererseits bin ich froh, daß du keine hast. Ein Mädchen würde dir nur die Zeit stehlen.«

Als sie das sagte, sah ich Lucy überdeutlich vor mir, wie sie lächelnd auf ihrem Bett am Fenster saß. *Das ist mein Garten.*

Mrs. Mamalujian hatte nur wenige Gesprächsthemen,

wenn sie betrunken war. Das eine begann mit *Du hast Glück,* ein anderes mit *Gin Tonic ist gesund;* gelegentlich erzählte sie, wie es war, als sie in New York nach Strich und Faden verwöhnt worden war. Am Schluß machte sie immer das gleiche: Sie faßte über den Tisch und nahm meine Hand. Ihr Griff war knochig und feucht, aber ich ließ es zu, weil ich wußte, daß sie das von mir erwartete.

Auf mir unerklärliche Weise half Mrs. Mamalujian mir mit Lucy. Gab sie mir Selbstvertrauen? Ich brauchte Mrs. Mamalujians Freundschaft, um Lucys Liebe zu haben. Den Grund wollte ich nicht verstehen. Dinge, die man verstand, verschwanden leicht. Ich schuf mir eine Welt von Geheimnissen und spürte, daß mich niemand kennen durfte. Um stark zu sein, brauchte ich Geheimnisse. Weder Mrs. Mamalujian noch Lucy wußten voneinander. Für mich war das sehr wichtig.

Lucy wußte nicht, was sie von den Geschenken halten sollte. Vielleicht war sie wie ich ... vielleicht fürchtete sie, daß bestimmte Dinge verschwanden, wenn sie zu viele Fragen stellte.

Ihr Vater war tot, ihre Mutter wohnte südlich von Plymouth, und da ich einen Blick auf ihren Führerschein geworfen hatte, wußte ich, daß sie knapp zwei Jahre älter war als ich. Ich war noch nicht alt genug, um in Kneipen Alkohol trinken zu dürfen, doch man fragte immer sie nach ihrem Ausweis und nahm an, wenn sie einundzwanzig war, müsse ich es auch sein.

Ich liebte sie, weil sie geduldig war und keine Fragen stellte und Sex mochte. Vor allem Sex. Im Bett redeten wir darüber, aber nur im Bett. Sie wußte nicht, wann sie ihre Unschuld verloren hatte, weil sie besoffen gewesen war.

»In betrunkenem Zustand bin ich furchtbar«, sagte sie. »Manchmal zerschlage ich Flaschen oder schmeiße Sachen aus dem Fenster. Oder mir wird schlecht, und ich klappe zusammen.«

Ich hatte sie noch nie betrunken gesehen und legte auch keinen Wert darauf. Ich hörte nicht gern andere über sich reden: Sie machten sich entweder viel schlechter oder viel besser, als sie waren.

Wenn wir uns geliebt hatten, wollte ich meistens bloß nach Hause. Ich fand, daß es nichts mehr zu tun, nichts mehr zu sagen gab. Oft verhinderte nur die Erwartung, daß wir uns nach der Kneipe, dem Kino oder einem Spaziergang um den Block noch einmal lieben würden, daß ich den Bus bestieg.

Lucy war am gesprächigsten, wenn wir uns gerade geliebt hatten und ich schweigend dalag. Dann sagte sie erstaunliche Dinge.

»Als ich mit dem Studium anfing, ging ich mit einem Kerl, den ich andauernd bat, mit mir zu schlafen. Ich liebte ihn nicht, und es hat auch keinen Spaß gemacht, aber ich war, na ja, eng und wollte, daß er mich dehnte.«

Das fand ich erschreckend.

»Nach einer Weile wurde ich weiter, und es machte mehr Spaß. Zuerst tat es weh. Findest du mich schrecklich?«

»Nein«, sagte ich und fragte mich, ob ich das ernst meinte.

Sie sagte: »Du kannst alles mit mir machen, was du willst.« Mir fiel zu meinem Ärger kaum etwas ein. »Diese Henry-Miller-Sachen.«

Was sollte das heißen? Ich nahm mir vor, das Buch ein wenig gründlicher zu lesen. Mir fiel nur ein, wie Miller mit einer deprimierten heulenden Prostituierten zusammen war und dabei sagte: *War denn niemand nett zu dir?* Das kam mir unecht vor.

Weil ich es kaum erwarten konnte, schlief ich oft mit Lucy, bevor sie sich völlig ausgezogen hatte, und bald machte ich es so am liebsten; ich mußte daran denken, wie ich mir früher die Unterwäsche im Sears-Katalog ansah und mich meinen Phantasien hingab. Wir achteten immer darauf, nicht viel Lärm zu machen, denn Miß Murphy hatte noch andere Untermieter. Doch mir gefiel die Vorstellung, vor ihrer Nase mit Lucy zu schlafen. Ich fühlte mich wie ein Einbrecher, und wenn ich Lucy nachts um halb zwölf verließ, kam ich mir wie ein Dieb vor, der sich erfolgreich davonstiehlt.

Eines Tages probierte ich es mit ihrem Vorschlag und sagte: »Du kannst alles mit mir machen, was du willst.«

Sie tat, als sei sie schockiert, lächelte aber. Sie kniete nieder und küßte meinen Bauch. Ich hatte meinen Penis nicht mehr unter Kontrolle. Er pulsierte und wurde dick vor Begierde, pendelte zur Seite und kam an ihrem Kinn zur Ruhe. Mit einer raschen Bewegung drehte sie den Kopf und nahm meinen Penis in den Mund. Wie ernst sie dieses dumme Ding nahm, faszinierte mich; ich hatte ihn oft angesehen und gedacht: *Du Trottel.* Sie hielt eine Weile so etwas wie stumme Zwiesprache mit ihm, dann lutschte sie ihn. Zuerst war ich etwas gehemmt, weil ich fürchtete, daß sie es vielleicht nicht gern tat. Doch sie tat es immer wieder, und ich wollte nicht, daß sie aufhörte.

Wir hatten kein Wort dafür. Ich war zu gehemmt, es auch nur zu erwähnen. Das war etwas, das wir nur im Dunkeln machten. Ich mußte daran denken, wenn sie ein Eis am Stiel leckte oder Lebensmittel erwähnte, die sie nicht mochte – Möhrengemüse, Limabohnen oder rohe Austern. Dann sagte sie: »Das könnte ich nie runterkriegen!«

Lucy wußte, daß ich Schriftsteller werden wollte. Was ich schrieb, sah sie nicht, aber manchmal bat sie mich, ihr Geschichten zu erzählen. Wenn ich mit ihr redete, kam ich auf Ideen.

»Sie handelt von einem Mann, der in ein fremdes Land reist und ständig alles falsch macht«, sagte ich einmal.

»Wie ein Marsmensch, der auf der Erde landet.«

Das war eine gute Idee.

»Als er einen Brief aufgeben will, steckt er ihn sorgfältig in einen Mülleimer.«

»Das klingt großartig.«

»Und als er einen Papierschnipsel wegwerfen will . . .«

». . . steckt er ihn in einen Briefkasten«, ergänzte Lucy.

»Weil sie wie Zahnpasta aussieht, drückt er eine Tube Ölfarbe auf seine Zahnbürste.«

»Das gefällt mir«, sagte sie.

Wenn ich ihr die Geschichte erzählte, konnte ich mir manchmal das Schreiben sparen, denn es half, die Qualität einer Geschichte zu erkennen. Diese war mit Sicherheit ein Blindgänger.

Lucy traf ich dreimal die Woche, abends. Wir gingen spazieren oder ins Kino oder in die Harvard Gardens und tranken Bier. Doch jeder Abend klang auf die gleiche Weise aus:

Wir gingen zurück in die Pinckney Street, schlichen uns in ihr Zimmer und liebten uns. Dann schlich ich mich hinaus, was schwieriger war, als hineinzukommen, und ging zur Bushaltestelle. Ich war immer voller Energie, wenn ich das kleine Zimmer verließ.

Mrs. Mamalujian sah ich zweimal die Woche, tagsüber. An einem Tag tranken, am anderen aßen wir.

Die Frauen wußten nichts voneinander. Doch sie bedeuteten mir viel, und ich brauchte sie beide. Oft fand ich Mrs. Mamalujian zu großzügig mir gegenüber und versuchte es auszugleichen, indem ich ihre Großzügigkeit an Lucy weitergab; so gesehen war Mrs. Mamalujian Lucys Mäzenin, nicht meine. Und wäre es nicht wegen Lucy gewesen, hätte ich wahrscheinlich nicht soviel Zeit mit dieser fünfzigjährigen Frau verbracht. Mrs. Mamalujians Gegenwart steigerte mein Glücksgefühl, dieses hübsche Mädchen zu haben, das ich umarmen und küssen und dem ich Geschichten erzählen konnte.

Bisher hatte ich von Walsteaks nur geträumt; den Genuß hob ich mir auf.

7

Dann aß ich mein erstes Walsteak.

Mrs. Mamalujian tauchte Anfang August am Schwimmbad auf und sah hektisch und verstört aus, als versuche sie, sich krampfhaft an etwas zu erinnern, das ihr entfallen war. Wenn ihr Gesichtsausdruck besagte: »Es liegt mir auf der Zunge«, fühlte man sich total hilflos. Die vielen wilden, kreischenden Jugendlichen ängstigten sie, das wußte ich . . . arme Leute machten sie unsicher. Sie fühlte sich von ihnen in die Enge getrieben, reagierte mit übertriebener Großzügigkeit, lächelte zuviel und gab zuviel Trinkgeld. Wenn sie besonders verstört war, erklärte sie sich mit allem einverstanden, nur um schnell zu entkommen. Doch heute schien es, als studiere sie die Leute im Bad, als versuche sie zu verstehen, sich zu erinnern.

Larry hatte gesagt: »Es ist deine Freundin«, und ich fand sie am Eingangsdrehkreuz.

»Du hast nicht zufällig Zeit, Andy, oder?«

Es war keiner unserer regulären Tage. Doch ich hatte Zeit und sagte es ihr auch. Larry hatte sich danach gedrängt, meine Nachmittagsschicht zu übernehmen, falls ich statt seiner abends im Bad wäre. Er ging mit Loretta, der Krankenschwester aus der Blutspendeabteilung, zu einem Boston-Pops-Konzert in der Hatch Shell. »Ich will Eindruck schinden«, hatte er gesagt. »Wir hören uns die alten Meister an, und dann lege ich sie flach.«

»Wahrscheinlich könnte ich jetzt weg«, sagte ich zu Mrs. Mamalujian.

»Das ist sehr gut. Ich möchte heute mit dir etwas Besonderes unternehmen, weil heute ein besonderer Tag ist.«

»Es gibt da ein Restaurant, in dem ich gern essen würde«, sagte ich. Mrs. Mamalujian war begeistert, weil ich mal etwas forderte. »Das Waldorf, in der Nähe des Coop.«

Sie zog ein Gesicht. »Das ist eine billige Studentenkneipe. Aber wenn du unbedingt willst, gehen wir hin. Wir nehmen ein Taxi. Ich habe vor, mich dermaßen zu betrinken, daß ich nicht mehr fahren kann.«

Ich verriet ihr nicht, warum ich ins Waldorf wollte, das in meinen Augen alles andere als eine billige Kneipe war. Doch als ich bestellte, wußte sie Bescheid.

»Endlich bekommst du dein Walsteak«, rief sie. »Nimm zwei davon. Nimm drei!«

»Sie sind aber ziemlich groß«, warnte der Ober.

»Er hat einen Riesenappetit«, erwiderte Mrs. Mamalujian.

»Eins reicht«, sagte ich.

»Und wie hätten Sie es gern?« Die Frage machte mich sprachlos. Der Ober versuchte zu helfen. »Halb durchgebraten? Durch?« Ich hatte keine Ahnung, daß Walsteaks genau wie andere Fleischsorten gebraten wurden.

»Halb«, sagte ich. »Normal.«

»Der Laden ist gar nicht so übel«, sagte Mrs. Mamalujian. Sie war bereits bei ihrem zweiten Drink. Ihre Rührstäbchen behielt sie, um die Übersicht nicht zu verlieren. Oft hatte sie am Ende eine Handvoll zusammen.

»Das schmeckt.« Sie nahm einen Schluck Gin Tonic. »Wahrscheinlich könnte man sich davon ernähren.« Sie wirkte nicht mehr ängstlich: Der Drink hatte ihren vergeßlichen Gesichtsausdruck verschwinden lassen. »Ich hoffe, du magst Krabbensalat. Ich werde nicht viel von meinem essen. Du mußt mir helfen.«

Vielleicht wurden Menschen dick, weil sie nicht nur ihre eigenen Portionen aßen, sondern auch noch die Reste aller anderen vertilgten. Ich wollte eine Bemerkung darüber machen, aber Mrs. Mamalujian kippte gerade ihren zweiten Drink herunter und orderte mit der freien Hand den nächsten.

»Ich will nur das Walsteak.«

Außerdem freute ich mich, daß dieses Lokal billig war. Ich hatte mich noch nie reingetraut und sah jetzt, daß ich es mir bei den Preisen leisten konnte, Lucy hierher einzuladen. Ich überlegte bereits, an welchem Abend es mir paßte. Und es war nur vier U-Bahn-Stationen von ihrem Zimmer entfernt!

»Du hast mich nicht gefragt, warum heute ein besonderer Tag ist«, sagte Mrs. Mamalujian.

»Haben Sie Geburtstag?«

»Wenn du so was Dummes sagst, merkt man, wie jung du bist.«

»Was ist denn so schlimm an Geburtstagen?«

»Mein Gott«, sagte sie gequält, als hätte ich von Krankheit oder Tod gesprochen. Sie schaute sich verzweifelt um, und als sich der Ober mit seinem Tablett näherte, streckte sie den Arm aus, griff sich das Glas und nahm einen großen Schluck.

»Shrimpssalat für die Dame. Wal für den Herrn. Guten Appetit.«

Um dieses Essen herum hatte ich ein ganzes Gespräch aufbauen wollen: wie es Stubb danach gelüstete, wie er den Koch weckte, damit er es zubereitete, ihren Dialog und das lange Kapitel über das Essen von Walfleisch.

Es war graubraun und schwärzlich vom Grill, etwa von der Größe eines Kinderschuhs, mit angebrannten Zwiebeln als Beilage und einem Klacks Kartoffelbrei. Aber es sah wie ein gewöhnliches Steak aus, nur der Knochen fehlte.

Mrs. Mamalujian zündete sich eine Zigarette an. Das tat sie oft, wenn sie Essen sah. Sie führte beide Hände zum Mund . . . rauchen, trinken, rauchen, trinken. Mittlerweile wirkte sie wieder geistesabwesend.

Ich schnitt mein Steak mit dem scharfen Messer an und war überrascht, wie rot es innen aussah, wie blutig. Es war eine echte Entdeckung, aber ruhig sagte ich: »Rotes Fleisch.«

»Ich habe beschlossen, meinen Mann zu verlassen, deshalb ist es ein besonderer Tag«, sagte Mrs. Mamalujian.

Ich hatte ein Stück Fleisch im Mund und schmeckte zum erstenmal Wal. Der Geschmack war anders als der jedes anderen Fleisches, das ich je gegessen hatte. Es war zäh, es war ölig und verblüffenderweise salzig . . . salzig wie das Meer, mit fischigem Beigeschmack. Was zum Teufel hatte sie gerade gesagt?

»Er war völlig von den Socken.«

Ich blinzelte, den Geschmack von Walfleisch auf der Zunge.

»Guck nicht so besorgt«, sagte Mrs. Mamalujian.

Den Geschmack beschreibt Melville nie: das einzige, was er nicht über Wale berichtet.

»Damit hätte er nie gerechnet.«

Da fiel mir ein, was sie gesagt hatte.

»Sie meinen, Sie sind einfach zu ihm gegangen und haben gesagt: ›Ich gehe‹?«

»Ja, ist das nicht aufregend?«

Ich konnte mit meinen wahren Gefühlen nicht hinter dem Berg halten. »Nein, ich finde es schrecklich.«

»Wie kannst du so was sagen, schließlich hast du ja auch etwas damit zu tun, Andy.«

Ich brachte die Frage heraus, was sie damit meinte, und aß weiter, um meine Verlegenheit zu kaschieren. Es war das merkwürdigste Fleisch der Welt. Ich hatte gewollt, daß es anders war, und das war es auch. Darüber gab es jede Menge zu sagen. Warum mußte Mrs. Mamalujian ihrem Mann ausgerechnet heute den Laufpaß geben?

»Bevor ich dich kennenlernte, wußte ich nicht, wie langweilig mein Leben war«, sagte sie. »Es macht Spaß, mit dir zusammenzusein. Du liest Bücher. Du lachst. Du bist lebendig. Außerdem bist du ein phantastischer Zuhörer. Ich will mehr Zeit damit verbringen, mich zu amüsieren.«

Jedes Lob fand ich ungemein beunruhigend, aber diesmal war es noch schlimmer, weil dieses Lob mit Erwartungen verknüpft war. Was konnte ich ihr bieten? Ihre Ankündigung jagte mir Angst ein, und ich wußte, ich würde nicht damit klarkommen. »Was wird aus Ihrer Familie?«

»Die kommen allein zurecht. Mich halten sie ohnehin für eine Witzfigur.«

»Aber Sie müssen doch darüber nachgedacht haben, bevor wir uns kannten.« Ich versuchte, die Verantwortung für ihre Entscheidung abzuwehren. Warum erzählte sie mir das ausgerechnet jetzt? Ich wollte dieses Walsteak essen, aber nach dem ersten Bissen konnte ich mich nicht mehr konzentrieren. Es war, als redete jemand, während man Musik hörte.

»Nein, mein Herr. Bevor du im Club aufgetaucht bist, nahm ich an, ich würde einfach weitermachen wie bisher. Jetzt hat sich alles geändert. Du scheinst dich nicht besonders zu freuen, Andre.«

Man kann unmöglich auf Kommando »Ich freue mich« sagen und den Eindruck erwecken, als meine man es ernst, und als ich »Doch, schon« sagte, klang das total unecht.

Wenn Mrs. Mamalujian trank, gab es eine Phase, da wurde sie unwirsch, normalerweise nach vier oder fünf Drinks. An ihrem Tonfall und der Anzahl von Rührstäbchen merkte ich, daß wir diese Phase erreicht hatten. Noch ein paar Drinks, und sie war aufgekratzt, dann redselig, dann traurig. Oft war sie am Ende in Tränen aufgelöst. Die glichen ihren Küssen: groß und feucht. Sie verschmierten ihr Make-up, hielten aber nicht lange an, und Mrs. Mamalujian verschwand immer erschöpft lächelnd . . . Heute wollte ich das alles nicht. Am liebsten wäre ich wieder im Schwimmbad gewesen.

»Nach Labour Day gehe ich aufs College zurück«, sagte ich, weil ihr Satz *Ich will mehr Zeit damit verbringen, mich zu amüsieren* mich offenbar mit einbezog. »Ich werde dann nicht mehr oft hier sein.«

Schnell konnte ich dieses gehaltvolle, salzige Fleisch zwar nicht essen, aber ich war fast fertig. Ich wollte es vertilgen, mir eine Ausrede einfallen lassen und verschwinden. Wenn sie anfing zu weinen, saß ich fest: Ich konnte sie unmöglich in Tränen aufgelöst zurücklassen.

»Ich kann den Wagen nehmen und dich besuchen. Wir können picknicken. Da oben muß es jede Menge gute Restaurants geben. *Bon appétit!«* Das klang vergnügt.

Diese Zukunftspläne gaben mir das Gefühl, ein Strafgefangener zu sein, der keinen eigenen Willen haben darf, bis er seine Strafe abgesessen hat.

»Ihr Mann wird sich schrecklich aufregen«, sagte ich.

»Hör auf, von meinem Mann zu reden. Du kennst ihn nicht mal. Was für Zeug ich in seinen Schubladen gefunden habe. Du würdest es nie glauben!« Jetzt kam die redselige Phase. Sie nahm noch einen Schluck und sagte traurig: »Ich hatte gehofft, du würdest mich an einem Wochenende nach New York begleiten; vielleicht ein Musical ansehen. Würde dich das nicht reizen?«

Nein, dachte ich, sagte aber: »Klar doch. Das Problem ist bloß, daß ich keinen Urlaub kriege. Und wenn ich nicht arbeite ...«

»Ich habe haufenweise Geld«, unterbrach sie mich und kippte den nächsten Drink runter. »Du ißt zu schnell. Dir wird noch schlecht.«

»Ich muß zurück ins Bad.«

»Du machst dir nichts aus mir«, wimmerte sie.

Da war ich entschlossen zu gehen. Zwei Sekunden später würde sie in Tränen ausbrechen. Ich stand auf, küßte sie und sagte: »Ich rufe Sie an . . . dann können wir weiterreden.« Doch ich wollte nichts mehr hören und hoffte, daß sie sich noch mehr betrinken und mich vergessen würde. Ich würde weder mit ihr nach New York fahren noch jemals wieder ein gutes Walsteak mit einem sinnlosen Streit verderben. Als ich ging, rauchte Mrs. Mamalujian, und ihr ganzes Essen stand noch vor ihr. Reichlich zwei Zentimeter Zigarettenasche hingen über ihrem Krabbensalat. Ich wollte nicht miterleben, wie die Asche in den Salat fiel.

Nach diesem Essen mit Mrs. Mamalujian fühlte ich mich einsam und ruhelos. Lesen half nicht. Ich mußte Lucy sehen. Am nächsten Tag rief ich sie in der Buchhandlung an.

»Gestern habe ich den ganzen Tag lang versucht, dich zu erreichen, Andy«, sagte sie, und schon fühlte ich mich besser. »Ich will mit dir reden.«

»Wie wär's, wenn wir morgen zusammen essen gehen? Es gibt da ein Restaurant . . .«

Mit monotoner Stimme sagte sie: »Du warst nicht im Bad.« Daß Lucy mir nicht zuhörte, war ganz ungewöhnlich.

Am nächsten Abend warf sie kaum einen Blick auf die Speisekarte.

Ich sagte: »Gewöhnlich nehme ich das Walsteak. Schon mal eins gegessen?«

Sie antwortete nicht, sie las die Speisekarte nicht, sie hörte nicht zu.

»Lucy, was möchtest du essen?«

Ihre Augen starrten ins Nichts, weit aufgerissen, aber blind. Ich schwieg, doch nach etwa fünfzehn Sekunden drang meine Frage zu ihr durch.

»Ich weiß nicht«, sagte sie. »Ich hab' keinen Hunger.« Dann schaute sie mich direkt an. »Ich meine, wenn ich was esse, muß ich mich übergeben.« Sie hatte kein einziges Mal gelächelt.

»Hier kriegt man Walsteaks«, sagte ich.

Sie sah mich an wie einen Geisteskranken, mit einer Art verzweifeltem Mitleid.

»Man stellt sich immer graues wabbeliges Zeug mit dicken Fetträndern vor. Aber kannst du dich an die Stelle in ›Moby Dick‹ erinnern, wo Stubbs von ›rotem Fleisch‹ spricht? Das ist keine von Melvilles üblichen Übertreibungen, das stimmt wortwörtlich. Walsteak ist rot wie ein Lendensteak und sehr sehnig. Zwischen Aussehen und Geschmack besteht ein gewaltiger Unterschied.« Mein Gott, war das schwierig, mit jemandem zu reden, der nicht antwortete. »Es sieht wie Rindfleisch aus, schmeckt aber nach Fisch.«

Mir kam der Gedanke, daß es den merkwürdig salzigen Fischgeschmack auch bei Lucy gab, denn nachdem sie diese unaussprechliche Sache mit mir gemacht hatte, machte ich eine unaussprechliche Sache mit ihr. Ich kniete nieder, hob ihre Beine hoch, tauchte tief hinunter, drückte mein Gesicht gegen sie und bewegte hektisch die Zunge. In meinen Ohren rauschte es, weil sie zwischen ihre Schenkel gequetscht waren. Und nun wußte ich, daß die Feuchtigkeit auf meiner zuckenden Zunge nach Wal schmeckte. Ich hatte ihn also schon genossen, bevor ich wußte, was es war.

Ich wollte es ihr erzählen, doch wir sprachen nie über Sex. Alles lief über Berührungen ab. Im Bett schlossen wir die Augen. Wenn es um Sex ging, waren wir blind, taub und stumm. Es war, als wagten wir uns an einen verbotenen Ort vor, in eine Landschaft, die so tabu war, daß dort nichts einen Namen hatte.

Und ich dachte, wenn ich ihr sagte, sie schmecke wie ein Walsteak, würde sie womöglich sehr befangen und gehemmt sein, und dann wäre es aus. Im Bett waren wir andere Menschen als auf der Straße. In diesem Restaurant konnte ich mir kaum vorstellen, mit ihr zu schlafen.

Sie wirkte sehr niedergeschlagen. Ich fragte, was denn los sei. Sie ließ einen langen Augenblick verstreichen, dann seufzte sie.

»Warum bringt man sie um?« sagte sie, ohne meine Frage zu beantworten. »Es sind wunderschöne Wesen. Gewaltig groß und zutraulich. Und intelligent. Sie singen . . . Hast du noch nie die Schallplatte gehört?«

»Nein.« Mit der Wendung, die das Gespräch nahm, war ich nicht einverstanden. Es kam mir so vor, als zeigte ich eine Zielscheibe mit einer ganzen Reihe von Löchern, die ich genial ins Schwarze gesetzt hatte, und die Reaktion wäre der Satz *Ich verabscheue Schußwaffen.*

Lucy verzog das Gesicht und sagte: »Es ist wirklich erschütternd.«

Das konnte man glauben oder auch nicht. Wenn jemand *erschütternd* sagte, war ich nicht erschüttert, sondern verärgert.

Ich sagte: »Wenn du eine Lanze für Wale brichst, bekommst du ein ziemlich verzerrtes Bild von ›Moby Dick‹. Die ganze Bedeutung des Buches ist dann ruiniert. Du lieber Himmel, schließlich symbolisiert der Wal das Böse.«

»Schrei mich bitte nicht an.«

Dieser Vorwurf war für mich schon immer ein Anreiz zu schreien, und ich wollte gerade ansetzen, als der Ober kam. Wir bestellten. Ich nahm ein Walsteak. Lucy erklärte matt, sie hätte gern eine halbe Pampelmuse und eine Tasse Suppe. Ich nahm an, daß sie mich mit dieser absurden Bestellung strafen wollte, weil ich Wal aß. Sie wußte ja nicht, daß sie wie Walfleisch schmeckte.

Ich sagte: »Das ist genauso, als würde man die Kurzgeschichte ›Francis Macomber‹ von Hemingway ablehnen, weil man gegen das Abschlachten von Büffeln ist.«

»Ist daran was falsch?«

»Dann hast du die Symbolik nicht begriffen.«

»Ich kann diese Geschichte nicht ausstehen. Ich kann Hemingway nicht ausstehen. Er ist ein Kotzbrocken. Ich weiß zwar, daß man das nicht sagen sollte, weil er den Nobelpreis bekommen hat und so bedeutend ist. Aber ich hasse es, wenn man Tiere umbringt. Es ist Mord.«

»Gott, bist du Vegetarierin, oder was?«

»Und wenn ich's wäre?« fragte sie, den Tränen nahe.

Doch ich war so aufgeregt, daß ich nicht lockerließ. »Und du liest nur Vegetariergeschichten: Jagen verboten, Fischen verboten, Fleischfressen verboten, Betreten verboten. Hemingway und Melville kommen nicht in Frage. Wie sieht's aus mit der großartigen Geschichte von Faulkner, ›Der Bär‹? Würde sie dir besser gefallen, wenn sie ›Der Kohlkopf‹ hieße?«

»Du bist wütend. Hör auf, bitte.«

»Oder ›Der Salatkopf‹?« fuhr ich fort. »Übrigens gibt es wirklich eine, die ›Die Dillgurke‹ heißt. Die würde dir bestimmt prima gefallen, jede Wette.«

»Du schaffst es, daß ich mir wie die Frau in der Geschichte vorkomme«, sagte Lucy.

Ich überlegte, worum es darin ging. Traf diese Frau nicht einen alten Liebhaber und war sehr enttäuscht, weil der Mann sich als Niete erwies?

Lucy sagte: »Ich habe bloß kürzlich die Schallplatte mit den Wallauten gehört. Wir hatten sie in der Plattenabteilung unseres Ladens. Ich fand das ergreifend ... die sehnsüchtigen Klagelaute ...«

Es war wirklich ungünstig, daß sie in diesem Moment von Walen schwärmte, denn während sie noch redete und ein melancholisches Lächeln ihre Lippen umspielte, stellte der Ober einen Teller vor mich hin, auf dem mein blutiges Walsteak lag.

Das brachte sie zum Schweigen. Sie löste einen Pampelmusenschnitz, schob ihn mit dem Löffel in den Mund und schaute beim Kauen finster vor sich hin. Am liebsten hätte ich gesagt: *Nie hört man Vegetarier beim Essen sagen: »Hm!« oder »O Mann!« oder »Das schmeckt vielleicht gut«.* Indem sie dieses Zeug aß, bestrafte sie sich für ihr Hungrigsein . . . sie war ein echter Yankee. Und die Pampelmuse verschaffte ihr genau den mißbilligenden Gesichtsausdruck, den sie haben wollte, da war ich mir sicher, und jedesmal, wenn sie das nächste Stück in den Mund nahm, wies sie mich in die Schranken.

Sie sagte: »Ich finde es genauso schlimm wie das Töten von Menschen.«

»Du machst wohl Witze«, erwiderte ich und widmete mich demonstrativ meinem Walsteak. Damit wollte ich ausdrücken: Es hat keinen Zweck, diesen Streit weiterzuverfolgen. Wir passen nicht zusammen, dachte ich, sie mäkelt rum, sie ist nicht ganz bei Trost. Und ich beschloß, daß ich sie nicht wiedersehen wollte. Wir konnten uns über die einfachsten Dinge nicht einigen. Meiner Ansicht nach waren Vegetarier irrational. Ich hielt einen Menschen, der sich weigerte, Hamburger zu essen, für verrückt, schließlich war er es, der Hamburger ernst nahm.

Als man ihre Suppe – eine Gemüsesuppe – brachte, zog sie ihre schmalen Schultern hoch, senkte den Kopf und tauchte den Löffel ein – ein Bild des Jammers. Fast tat sie mir leid, bis mir einfiel, wie sie versucht hatte, mir wegen des Walsteaks ein schlechtes Gewissen zu machen.

Daß ich böse auf sie war, schlug mir auf den Magen, oder vielleicht lag es auch daran, daß ich zu schnell aß, weil ich es kaum erwarten konnte zu gehen. Ich wollte sie nach Hause bringen. Im Geiste war ich schon in der U-Bahn, stieg am Memorial Drive aus, ging die Charles Street hinunter und die Pinckney hoch, gab ihr einen Gutenachtkuß und sagte: »Ich ruf' dich an«, ohne es ernst zu meinen. Genauso war es mir zwei Tage zuvor mit Mrs. Mamalujian gegangen.

»Gehen wir.« Ich rief den Ober.

Sie sagte: »Ich bin gleich wieder da« und eilte in Richtung des Schildes mit der Aufschrift TOILETTEN.

Ihre Abwesenheit bewirkte zunächst, daß ich sie verabscheute; dann machte ich mir Sorgen und haßte mich selbst, weil ich glaubte, sie nicht mehr zu mögen, und als sie nach fünfzehn Minuten – die sich wie eine Stunde dehnten – zurückkam, konnte ich sie tatsächlich nicht mehr leiden, weil sie mich warten ließ, während ich mir sinnloserweise Sorgen machte. Ich dachte: Gute Nacht, adieu, dich werde ich nie wiedersehen.

Schweigend erreichten wir die Pinckney Street. Ich verachtete sie, weil sie elend aussah, und redete mir ein, sie mache nur Theater.

»Willst du mit reinkommen?« fragte sie.

»Nö.« Ob sie wußte, was ich dachte? Doch als ich sie küßte, erwachte die Erregung, und ich dachte *Warum eigentlich nicht.*

»Wenn du reinkommen möchtest«, sagte sie, »schleichen wir an Miß Murphy vorbei, und du kannst mit mir machen, was du willst.«

Das ließ mich das Versprechen brechen, das ich mir im Restaurant selbst gegeben hatte, doch in ihrem Zimmer wirkte sie matt und unbeweglich. Sie legte sich mit ausgestreckten Beinen auf den Rücken, bleich wie ein Opfer. Als ich sie berührte, bewegte sie sich nicht. Das fand ich unheimlich, und als ich ihre feuchten Wangen sah, brach ich mein Vorhaben ab. Tränen hielten mich immer auf. Ich sagte: »Vergiß es« und machte Anstalten zu gehen.

Ihr Zimmer war so klein, daß sie die Hände ausstrecken und mich festhalten konnte. »Andy, ich habe meine Periode nicht bekommen«, sagte sie. »Sie ist zwei Wochen überfällig. Ich bete immerzu, aber ... O Gott, ich weiß nicht, was ich machen soll ...«

Das war mein zweites Walsteak.

8

Wir fuhren getrennt nach New York City ... Mrs. Mamalujian nahm das Flugzeug, und ich trampte (unter dem Einfluß Kerouacs). Wir trafen uns im Plaza. Wieder ein Plaza. Wie immer beeindruckte mich ihr originelles Gesicht: rote, aufgeworfene Lippen und breite Wangen, auf die sie Rouge aufgelegt hatte, jede Wange ein eigenständiger Muskel. Unter ihren Augen hingen Tränensäcke, die Augen waren grün verschmiert. Nie zuvor hatte ich ein solches Gesicht gesehen.

Sie sagte: »Ich bin schon seit Stunden hier, ich habe eingekauft, hauptsächlich Unterwäsche.«

Das fand ich deprimierend. Bei der Erwähnung von Unterwäsche, Sex oder Nacktheit sank meine Stimmung. Mrs. Mamalujian wußte nicht, warum ich gekommen war. Sie glaubte, ich sei wegen des Dinners bei Kerzenlicht hier, das wir ein paar Stunden später im Marquis Carvery einnehmen würden. Als es soweit war, mußte das Garderobenmädchen eine Krawatte für mich heraussuchen, die ich zu meinem Khakihemd und der Armeejacke trug. Der Schlips starrte vor Suppenflecken.

»Iß meine Avocado, Andy, bevor der Ober sie mitnimmt.«

Wenn ich mir Sorgen machte, mußte ich was essen.

»Ich habe Karten für die ›West Side Story‹, und Sonntagabend läuft noch ein anderes Stück. Nachmittags können wir mal in das Museum of Modern Art gehen. Macht es nicht Spaß, hier zu sein? Fühlst du dich nicht frei?«

Ich fühlte mich wie ein Knastbruder. »Schon, aber morgen muß ich ein paar Leute treffen.«

»Das geht in Ordnung, wenn du vor Beginn der Vorstellung wieder hier bist. Wußtest du, daß ›West Side Story‹ auf Shakespeare beruht? Das Stück am Sonntag ist von Tennessee Williams. Sehr pikant.« Sie blinzelte. »Schwule und Kannibalismus. Anschließend können wir zu Abend essen. Es war so lieb von dir mitzukommen.«

Nur damit sie wieder auf den Teppich kam, sagte ich: »Nein, es ist lieb von Ihnen, daß ich hier übernachten darf.«

»So sollst du es nicht ausdrücken«, sagte sie.

»Ich meine, es war ein glücklicher Zufall, daß ich hier zu tun habe wegen dieser, äh, Sache.«

»Du bist so beschäftigt. Ich wünschte, mir ginge es genauso.«

Am liebsten hätte ich mich umgebracht, weil ich so beschäftigt war. Ich schob mir Essen in den Mund, damit ich nichts Dummes sagte.

»New York ist was ganz anderes als Boston. Hier ist alles möglich«, sagte sie.

Hoffentlich stimmt das, dachte ich.

Das Zimmer im Plaza hatte ein Doppelbett. Zu meiner Erleichterung duschte Mrs. Mamalujian nach dem Essen ausgiebig, wobei sie die Badezimmertür offenließ, wie beim erstenmal in Boston. Ich lag auf dem Bett und las Ezra Pound – ›Pisaner Gesänge‹.

Mrs. Mamalujian trat tropfend ins Zimmer, vor dem Körper ein Badetuch. »Ziehst du dich nicht aus?«

»Ich muß früh aufstehen.«

Darüber lächelte sie, und sofort wurde mir klar, daß ich etwas Dummes gesagt hatte.

»Übrigens schlafe ich in Hotels immer in Kleidern. Ich habe eine morbide Angst vor Feuer. Wenn es brennt, will ich angezogen sein.«

Das Lächeln wich aus ihrem Gesicht. Sie stand im Halbdunkel und schlüpfte in ein seidenes Nachtgewand. »Wenn du über irgend etwas reden möchtest, dann komm einfach rüber. Manchmal kann man am besten im Bett reden. Ich meine, da kann man Dinge sagen, die man nirgendwo sonst sagt.« Sie knipste seufzend das Licht aus.

Ich lag stocksteif im Dunkeln und erwartete, daß sie mich berühren würde. Wegen ihres starken Parfüms schien es, als wäre sie mir sehr nahe.

»Ach ja, äh, Andre.«

»Hm?«

»Falls du zu mir rüberkommst, sei so gut und zieh die Schuhe aus, ja?«

Mrs. Mamalujian schnarchte im Nachbarbett ruhig vor sich hin und machte schmatzende Geräusche, als ich am nächsten Morgen aus dem Zimmer schlich und mich aufmachte, einen Abtreibungsarzt zu finden. Nur aus diesem Grund war ich hier.

Ich wußte, daß solche Ärzte nicht im Telefonbuch standen. So etwas war illegal. Man kannte sie über Mundpropaganda. Auf Abtreibung stand Gefängnis. Doch ich wußte, daß es solche Ärzte gab. Die Frage war nur: Wo fing ich an zu suchen?

Ein Wahlkampfumzug für Kennedy, der mit Transparenten und Trommeln zum Central Park zog, hinderte mich daran, die Fifth Avenue zu überqueren. Ich stellte mir auf einmal vor, daß wahrscheinlich alle diese wohlhabend wirkenden Frauen mit Broschen und komischen Hüten Abtreibungen hinter sich hatten; doch für sie war es nicht schlimmer, als hätten sie sich einen Zahn ziehen lassen, an einem Vormittag war es erledigt. Mir fiel auch auf, daß alle diese Menschen, Frauen, Männer und junge Leute meines Alters, irgendwie Kennedy ähnelten: aus guten Familien, gutgekleidet, mit guten Zähnen. Sie waren froh, denn sie wußten, die nächsten acht Jahre würde Amerika ihnen gehören. Mir nicht ... Mit diesem traurigen Eindruck blieb ich zurück, als die Kundgebung mit Gesang und Musik die Allee hinaufzog.

Ich ging nach Osten, überquerte die Park Avenue und ging weiter, in der Hoffnung, eine Kneipe zu finden. Doch es gab keine Kneipen. Nur heiße Auguststraßen, große Kaufhäuser und Wohnblocks. Ich sah ein Arztschild: DR. B. M. LEFKOWITZ UND J. R. STONE, GEBURTSHILFE UND GYNÄKOLOGIE. Ich erwog, hineinzugehen und zu fragen, wußte aber nicht, wie ich die Frage formulieren sollte ... Nicht einmal ein Anfang fiel mir ein. Man mußte den Namen eines Arztes haben, den suchte man dann auf. Er wußte, warum man gekommen war, nannte nur noch seinen Preis und verabredete einen Termin. Ich schätzte, eine Abtreibung würde ungefähr zweihundert Dollar kosten, und hatte fünfzig Dollar als Anzahlung dabei.

Dieser Teil New Yorks war undurchdringlich. Ich ging Richtung Süden, bis mir die Idee kam, ich müsse nach Brooklyn gehen. Mit Brooklyn verband ich Glücksspiel, Prostitution und Mord, und irgendwie paßte Abtreibung zu diesen Verbrechen.

Für mich war es zweifelsfrei ein Verbrechen. Aber was sollte ich sonst machen? Ich hatte Lucy versprochen, ihr zu helfen. Ich war für ihre Lage verantwortlich, und als ich ihr sagte, ich führe nach New York, um einen Arzt zu suchen, hatte sie Hoffnung geschöpft. Von Heiraten sprachen wir nicht, der Gedanke flößte uns Angst ein, und seit sie erwähnt hatte, daß ihre Periode überfällig sei, fraß die Sorge meine Liebe zu ihr auf.

Ich ging weiter. So stellte ich es mir vor: Ich stand in einer Bar, vor mir einen Drink. Ich freundete mich mit dem Barkeeper oder auch mit dem Mann neben mir an. Was ist los, Junge? Ach so, du bist neu hier. Dann fragte ich, ob es in der Nähe einen Doktor gab, der einem Mädchen in Nöten beistand. So, wie ich mir das vorstellte, wußte immer einer Bescheid.

»Können Sie mir sagen, wie ich nach Brooklyn komme?«

Der Mann, der warme Semmeln aus einem Karren verkaufte, sah mich zwar nicht an, sagte aber aus dem Mundwinkel: »Andere Straßenseite, downtown zur Vierzehnten, umsteigen zur BMT . . .« und noch mehr, was ich nicht verstand.

Die U-Bahn-Eingänge waren mir gar nicht aufgefallen, es waren nur kleine Schilder über nach unten führenden Treppen. Ich ging die dreckige Treppe hinunter, kaufte einen Chip und stieg in einen Zug. Er ruckelte an und fuhr so schnell, wobei er einige Stationen ausließ, daß ich nach ein paar Haltestellen ausstieg, weil ich Angst hatte, zu weit zu fahren. Ich fragte mich nach Brooklyn durch, etwa zwölfmal, damit ja nichts schiefgehen konnte, bis ich schließlich entdeckte, daß in jedem Waggon eine Karte hing. Als ich dahinterkam, wo ich mich befand, entdeckte ich, wie riesengroß Brooklyn war. Ich entschied mich für Borough Hall. Darunter stellte ich mir einen oberirdischen Platz vor mit einem imposanten Gebäude, von Säulen gesäumt. In Wirklichkeit war es ein glitzernder Einkaufsbezirk, von Verkehrsgestank und Bushupen erfüllt. Ich ging los. Die Backsteinhäuser fand ich ermutigend, und keins der Gebäude war von so einschüchternder Größe wie die in Manhattan.

NICKS'S BAR AND GRILL an der Ecke entsprach der Kneipe meiner Vorstellung. Ich trat ein und bestellte ein Bier. Ich war so ungeduldig gewesen, daß ich nicht auf die Uhrzeit geachtet hatte, es war erst neun Uhr morgens. Abgesehen von einer alten Frau, die wie eine Alkoholikerin aussah, war die Kneipe leer.

»Ruhig heute«, sagte ich zu dem Mann an der Bar.

»Ja.«

»Wird wohl später lebendiger, nehme ich an.«

»Soll das 'n Witz sein?« sagte er und ging fort.

Ein Mann schob die Tür mit seinem Bauch auf und trat ein.

Er trug ein Hawaiihemd, einen Strohhut und zweifarbige Schuhe. Er begrüßte mich und kletterte auf einen Barhocker. Ohne seine Bestellung abzuwarten, brachte ihm der Barkeeper einen Whisky. Er kippte ihn runter wie Arznei, verzog das Gesicht, nahm dann einen Schluck Bier und sah sich um.

»Wird 'n heißer Tag heute«, sagte er.

»Stört mich nicht.«

»Es würde Sie stören, wenn Sie hundertzwanzig Kilo Speck mit sich rumschleppen müßten.«

Ich lachte, doch im stillen fragte ich mich, wie ich das Gespräch vom Wetter auf Abtreibungen bringen könnte.

Er fragte mich, woher ich komme, ihm war wohl mein Akzent aufgefallen. Als ich es ihm verriet, sagte er, Kennedy sei auch aus Boston, und wir unterhielten uns über die Wahl. Er sagte, er sei für Kennedy, und weil ich mich bei ihm einschmeicheln wollte, behauptete ich, das sei ich auch. Er sagte, er sei zeitlebens ein Demokrat gewesen.

»Ich habe mit Jack Kennedy im Pazifik gekämpft.«

Am liebsten hätte ich ihm gesagt, der Pazifische Ozean sei riesengroß und er mache sich selbst etwas vor.

»Außerdem finde ich, es ist an der Zeit, daß wir endlich einen Katholiken im Weißen Haus haben. Das wird dieses Land wieder auf die richtige Bahn bringen.«

Das stimmte mich düster, weil ich nun wußte, daß dieser dicke Mann Katholik war und mir nicht helfen würde.

»Kennedy würde niemals Abtreibungen legalisieren«, sagte ich.

»Warum sollte er? So was ist Mord«, sagte der Mann.

Kurz danach verabschiedete ich mich unter einem Vorwand und ging.

Von dem Bier auf nüchternen Magen war ich ein wenig wacklig auf den Beinen, doch ein paar Straßen weiter betrat ich eine volle Kneipe, The Broad Street Bar. Ich setzte mich neben einen hemdsärmeligen Mann, der auf meine Kontaktversuche nicht reagierte. Ich versuchte es bei einem anderen und brachte ihn nicht wieder zum Schweigen. Endlich bemerkte ich einen ausgesprochen finster dreinblickenden Mann in einer zerrissenen Jacke und fragte: »Wohnen Sie hier in der Gegend?«

»Was geht dich das an?« sagte er böse.

»Ich frage nur, weil ich einen Arzt suche«, sprach ich leise weiter. »Ein Kumpel von mir hat seine Freundin geschwängert und bat mich, mal nachzusehen, ob der Doktor noch im Geschäft ist. Er soll hier in der Gegend wohnen.«

»Ich kenne hier nur Shimkus.«

»Das könnte er sein.«

»Der wohnt drüben in der J-Street.«

Ich dankte ihm, sprintete aus der Bar und suchte mir eine Telefonzelle. Im Telefonbuch standen zwei Ärzte namens Shimkus und ein Simkiss. Keiner der drei nahm den Hörer ab. Wie hatte ich mir auch einbilden können, daß Ärzte an einem heißen Samstag im August in ihren Praxen waren.

Ich probierte es noch in ein paar anderen Bars und unterhielt mich mit Fremden, kam aber nicht weiter. Ich stellte nicht einmal die Frage, wegen der ich hierhergekommen war.

Am Spätnachmittag war ich ziemlich betrunken und verschwitzt und hatte Kopfschmerzen. Auf dem Weg zur U-Bahn entdeckte ich das Praxisschild eines Arztes und ging sofort hinein. Der Arzt unterhielt sich gerade mit seiner Sprechstundenhilfe und musterte mich unwirsch über seinen Brillenrand.

»Kann ich Sie mal kurz sprechen, Doktor?«

»Haben Sie einen Termin?«

»Nein. Ich habe nur eine Frage.«

Er sah mich ernst an, dann seufzte er, und seine Miene hellte sich auf. Widerstrebend stimmte er zu, vielleicht, weil seine Praxis leer war und er nach Hause wollte. Ich war noch nie einem höflichen Arzt begegnet, selbst wenn sie höflich waren, kamen sie mir grob vor. Ich war so verzweifelt, daß ich mit der Frage herausplatzte, sobald er seine Sprechzimmertür geschlossen hatte: Die Freundin meines Freundes brauche eine Abtreibung ...

Er legte die Fingerspitzen aneinander und lächelte. »Doktor John kann Ihnen helfen. Sie finden ihn gleich auf der anderen Straßenseite.«

»Wirklich? Das ist ja toll!« rief ich, ohne mich darum zu scheren, daß meine Aufregung mich verriet.

Doch als ich gehen wollte, sagte er: »Aber wenn ich's recht

bedenke, geht's doch nicht. Doktor John ist im Gefängnis.« Er musterte mich triumphierend und fuhr fort: »Das sage ich allen, die mir diese Frage stellen. Sie wollen, daß ich gegen das Gesetz verstoße.«

Am Abend sah ich mir mit Mrs. Mamalujian die ›West Side Story‹ an. Sie hatte sie schon einmal gesehen, besaß die Platte, kannte alle Songs und sang mit ihrer Kettenraucherstimme mit. Sie hörte nicht mal auf, als sich hinter uns ein Mann lauthals beschwerte.

Im Hotel duschte sie wieder, wie üblich eine Stunde lang bei offener Badezimmertür. Ich las im Wohnzimmer Ezra Pound und dankte Gott, daß es ein Wohnzimmer gab. Doch ich machte mir immer noch Sorgen. *Reiß die Nichtigkeit runter*, las ich. Als sich Mrs. Mamalujian in ihr Bett legte, gähnte ich, lief durchs Zimmer und zog die Schuhe aus. Dann legte ich mich vollständig bekleidet auf mein Bett.

»Du bist ein komischer Junge, Andy. Das hätte ich nie gedacht.«

Ich gähnte wieder und tat, als hätte ich sie nicht gehört.

»Ich meine, unerfahren. Wenn du drüber reden möchtest . . .«

»Morgen muß ich ein paar Freunde treffen«, sagte ich.

»Ich dachte, wir könnten in ein Museum gehen. Uns die Picassos ansehen. Mittagessen. Eine Show besuchen.«

Durch leises Schnarchen versuchte ich mich schlafend zu stellen, und bald hörte sie auf zu reden. Doch ich lag beinahe die ganze Nacht wach, und am Morgen glitt ich vom Bett und kroch auf allen vieren zur Tür.

Sie starrte mich an. »Er steckt«, sagte sie, weil sie glaubte, daß ich den Schlüssel suchte.

Sie machte mich nervös, denn in ihrer Gegenwart konnte ich nicht klar über mein Problem nachdenken; und ich wußte, daß mir die Zeit davonlief. Den ganzen Sonntag lief ich mit den Händen in den Hosentaschen durch die Gegend und überlegte, was ich tun könnte. Mir gefiel die Stadt, in ihrer Größe und Hektik ging ich unter wie alle anderen.

Als ich gegen sechs ins Plaza zurückkam, saß Mrs. Mamalujian im Salon der Suite und trank. »So läßt sich's leben«, sagte sie, und an ihrem Tonfall merkte ich, daß sie betrunken war. Ihr Kopf zitterte. »Ich sitze da und warte, daß du von der Arbeit nach Hause kommst.«

»Ich war nicht arbeiten«, entgegnete ich und gähnte.

»Dein Problem ist«, sie gestikulierte mit ihrem Drink, »daß du nicht weißt, wie man sich amüsiert. Du hast keinen Pep.«

»Ich bin müde vom Herumlaufen.«

»Du wolltest dich doch mit Freunden treffen.«

»Ich bin mit ihnen herumgelaufen.« Ich war so beunruhigt, daß mir keine bessere Ausrede einfiel.

»Wie sind sie denn so, deine sogenannten Freunde?«

»Nette Clique. Aber der eine hat ein Problem. Er wollte, daß ich ihm helfe, doch ich weiß nicht, wie.«

»Ich liebe Probleme«, sagte Mrs. Mamalujian. »Weißt du, warum? Weil ich meist eine Lösung habe. Weißt du, wie die Lösung gewöhnlich heißt? Geld.« Zwischen den Sätzen nippte sie an ihrem Gin.

»Der Volltrottel hat seiner Freundin ein Kind gemacht.«

Ich merkte, daß sie nachdachte.

»Ist das nicht das Problem der Freundin?«

»Er hat versprochen, ihr zu helfen. Er sucht einen Arzt.«

»Solche Ärzte gibt es jede Menge«, behauptete sie.

»Das sagen alle, aber wo, zum Teufel, stecken sie?«

»Gleich da drüben.« Sie zeigte aus dem Fenster.

Ich trat ans Fenster. »Wo?«

»Park Avenue«, sagte sie zögernd.

Als ich mich umdrehte, weinte sie. Ich fragte, ob ihr etwas fehle.

»Ich kenne jemanden, der bei dem Arzt abgetrieben hat«, sagte sie.

»Wie heißt er?«

»Es war eine Frau«, schluchzte sie.

Ich konnte mir vorstellen, wer die Frau war. »Wie der Arzt heißt, wollte ich wissen.«

Es klang so ähnlich wie Zinzler. Das reichte mir. Ich war so dankbar, daß ich mich fast entspannt genug fühlte, um meinen Pyjama anzuziehen und ordentlich zu essen und zu schlafen.

Mrs. Mamalujian trank weiter, und gegen zehn Uhr kicherte sie kurz und kippte um. Ich brachte sie mit all ihren Kleidern ins Bett. Nachdem ich ihr die Schuhe ausgezogen und den Hut abgesetzt hatte, sah sie sehr klein aus. Ins Theater gingen wir nicht mehr.

Ich schlief unruhig in einem der Sessel, und um sechs Uhr morgens schrieb ich Mrs. Mamalujian einen Zettel, auf dem ich ihr für das schöne Wochenende dankte. Im Telefonbuch fand ich *Dr. D. K. Zinzler;* ich ging raus und machte das Gebäude in der Park Avenue ausfindig, fünfzehn Blocks entfernt. Um die Zeit zu vertreiben, frühstückte ich, und um neun Uhr trat ich in Aktion. Der Portier, ein Schlägertyp in blauer Livree, versuchte mich aufzuhalten, als ich durch die Drehtür wollte. Ich schluckte meinen Stolz runter, behauptete, ich hätte einen Termin, und fragte, ob er sonst noch irgendwelche Angaben bräuchte. Mein Eifer langweilte ihn so, daß er mich gehen ließ.

Zinzler residierte im achten Stock. Im Flur war es kühl und still, es roch nach Blumen und Bohnerwachs. Und der Warteraum war so sauber, daß ich zögerte, bevor ich Platz nahm. Seine Sprechstundenhilfe fragte, ob ich einen Termin hätte. Inzwischen hatte ich mir alles zurechtgelegt.

»Nein. Ich soll eine Nachricht abgeben.«

»Ja?« Sie streckte die Hand aus.

»Meine Nachricht ist für den Doktor persönlich.«

»Ich muß wissen, worum es sich handelt.«

»Ich darf Ihnen nur sagen, daß das Anliegen meiner Klientin höchst vertraulich ist.«

Klientin? dachte sie, während sie meine Armeejacke, die Kampfstiefel und die Sonnenbrille musterte. »Einen Moment.«

Während sie aus dem Zimmer war, betraten eine Frau und ein etwa siebzehn- oder achtzehnjähriges Mädchen den Warteraum, die Mutter mit einem mißtrauischen und haßerfüllten Gesichtsausdruck, das Mädchen wirkte benommen und sah aus, als sei ihm schlecht. Ich war mir sicher, daß sie wegen einer Abtreibung kamen. Die Mutter sah mich böse an, offenbar mißfiel es ihr, hier gesehen zu werden.

»Gehen Sie rein«, sagte die Sprechstundenhilfe zu mir und entschuldigte sich bei Mutter und Tochter für die Verzögerung.

Doktor Zinzler erwartete mich im Sprechzimmer. Er wollte aufstehen, doch als er mich sah, runzelte er die Stirn.

»Sie haben eine Nachricht für mich?«

»Es ist mehr eine Frage.«

»Aha«, sagte er und forderte mich mit einer Handbewegung zur Eile auf.

»Ich habe da einen Freund, der wüßte gern, ob Sie sich um seine Freundin kümmern würden.«

Er war ein alter Mann und hatte den unangenehm starren Blick eines alten Mannes.

»Sie ist schwanger.« Weil er mich immer noch anstarrte, redete ich weiter. »Sie will kein Kind. Sie braucht eine, äh ...« Ich wollte das Wort nicht aussprechen, doch das war auch nicht nötig.

Er fragte: »Wer hat Sie zu mir geschickt?«

Wenn ich Mrs. Mamalujians Namen sagte, könnte sie es erfahren, und sie durfte keinesfalls herausbekommen, daß ich der Freund war. »Mein Freund.«

»Wie heißt er?«

»Sie kennen ihn nicht.«

Er stand auf und ging zur Tür. »Sie sind an der falschen Adresse.«

Doch ich wußte, daß es keineswegs die falsche Adresse war. Ihm paßte nur mein Aufzug nicht. »Wieviel kostet es?«

»Ich bin sehr beschäftigt.« Er nahm mich beim Arm und schob mich hinaus.

»Meine Freunde sind verzweifelt.«

»Vielleicht hätten sie vorher über die Konsequenzen ihres Tuns nachdenken sollen.«

Ich schob seinen Arm weg und wollte gerade zuschlagen, als ich ein Keuchen hörte, entweder von der Mutter oder der Tochter. Wenn ich ihm eine verpaßte, gäbe es Zeugen. Mir war jetzt klar, daß sie reich sein mußten, genau wie Zinzler. Und ich war nicht reich. Nur deshalb hatte er gesagt, ich sei an der falschen Adresse. Ich war entschlossen, das Geld zusammenzukratzen, ganz gleich, wieviel; doch darum ging es gar nicht. Man mußte reich aussehen. Ich war nicht gedemütigt. Ich war wütend. Und meine einzige Genugtuung bestand darin, daß er in dem Sekundenbruchteil, als ich die Hand hob, vielleicht um sein Leben gezittert hatte. Auf dem Weg nach unten bedauerte ich, daß ich nicht gesagt hatte: *Ich komme wieder und schlage Sie windelweich.*

Im Greyhound-Bus nach Boston gab ich mich meinen Haßgefühlen hin und empfand zugleich Abneigung gegen Mrs. Mamalujian. Sobald sie ihr Glas abstellte, goß jemand Gin hinein. Wenn sie sich einer Tür näherte, wurde die von jemandem aufgehalten. Wenn sie etwas in einer Vitrine anglotzte, nahm es jemand heraus und zeigte es ihr. Wäre sie zu dem Arzt gegangen, hätte er getan, was sie verlangte.

9

Die Rückkehr ins Schwimmbad war wie eine Heimkehr. Ich schlief in Medford, aber dort lebte ich nicht. Mein Leben war eine Häufung von Geheimnissen. Meine Mutter fragte: »Wie war's am Cape?«, und ich sagte: »Prima«, da mir noch einfiel, daß ich behauptet hatte, ich würde das Wochenende auf Cape Cod verbringen. Schließlich konnte ich ihr nicht sagen, daß ich mit einer fünfzigjährigen Frau nach New York fuhr, um einen Abtreibungsarzt ausfindig zu machen. Zu Hause kannten sie mich nicht mehr. Im Schwimmbad kannten sie mich besser, aber auch hier blieb mein Leben ein Geheimnis.

Ich aß im Bad. Ich brachte Kleidung zum Wechseln mit und verwahrte sie im Bademeisterzimmer. Ich duschte im Umkleideraum.

Ich las hauptsächlich am Pool . . . die ganzen beschissenen schreibenden Weiber, wie Muzzaroll sagte. Damit meinte er Evelyn Waugh, Caryl Chessman und Rainer Maria Rilke. Muzzaroll war stolz darauf, nie ein von einer Frau verfaßtes Buch gelesen zu haben. »Joyce Cary!« schrie er eines Tages. Noch ein beschissenes Weib.

All meine Verabredungen traf ich im Bad. Am Tag nach meiner Rückkehr aus New York rief mich Mrs. Mamalujian an. »Wie wär's heute mit Essengehen?«

»Lieber nicht«, sagte ich. »Ich bin nicht sehr hungrig.«

»Das hat damit nichts zu tun.«

Für die Reichen hatte Essen nichts mit Hunger zu tun. *Essengehen ist nur so eine Redensart,* hatte Mrs. Mamalujian vor nicht allzu langer Zeit behauptet.

»Ich wüßte schon, wo«, sagte sie. »Walsteaks!«

Ich war fest entschlossen, nicht zu gehen. Die Erinnerung an zwei Walsteaks reichte. »Ich bin ziemlich beschäftigt«, sagte ich, damit sie nicht vergaß, daß sie überhaupt nicht beschäftigt war. »Mir geht eine Menge im Kopf herum«, fügte ich hinzu, damit sie nicht vergaß, daß ihr Kopf leer war. Doch sie lachte bloß und legte auf.

Vor allem ging mir Lucy im Kopf herum. Ich hatte sie nicht angerufen, weil ich mich nicht traute, ihr mein Versagen zu gestehen. Und warum sollte ich Mrs. Mamalujian treffen, wenn ich Lucy nicht getroffen hatte?

Gegen Mittag hinterließ sie mir einen Zettel: *Muß Dich sehen, Deine L.* Ich hoffte schon, das Problem sei gelöst und sie wolle nur das sagen. Es sollte ja auch Scheinschwangerschaften geben, reine Hysterie. Eine Frau befürchtete, schwanger zu sein, weil ihre Periode ausfiel; und weil sie Angst hatte, fiel die Periode weiter aus.

Ich traf sie nach der Arbeit. Sie freute sich, mich zu sehen, sah aber immer noch sehr blaß aus. »Wie geht's dir?«

»Soweit ganz gut«, sagte sie.

Das konnte nur bedeuten, daß sie doch nicht schwanger war. »Ist alles in Ordnung?«

»Nein«, sagte sie, und mir rutschte das Herz wieder in die Hose: Wir steckten immer noch in der Bredouille.

Sie sagte: »Wie war es in New York, hast du was erreicht?«

»Nicht viel«, sagte ich, und sie wußte, daß das soviel hieß wie *gar nichts.*

Sie nagte an ihrer Lippe. Die Musicbox in den Harvard Gardens, die ›Get a Job‹ spielte, übertönte fast ihre Worte. »Ich habe Angst«, sagte sie. »Ich weiß nicht weiter.«

»Was soll ich denn tun?«

»Mir helfen.« Sie legte ihre Hand auf meine. »Kommst du mit zu mir?«

Ich hatte keinerlei Lust auf Sex. Ich wollte nicht, ich traute mich nicht, ich hatte jedes Interesse verloren. Ich hatte das Gefühl, als begriffe ich allmählich, was Sünde war. »Es ist eine Geldfrage, mußt du wissen. Wenn man reich ist, kann man alles kriegen.« Ich dachte an mein Versagen in New York ... eine Zurückweisung nach der anderen. »Wenn man in Amerika kein Geld hat, hat man eben Pech gehabt.«

»Du redest, als wäre es in anderen Ländern besser«, sagte Lucy.

»In anderen Ländern wäre eine Abtreibung kein Problem. Beispielsweise in Rußland, wo sie nicht an Gott glauben. Du würdest einfach in eine Klinik gehen, und die Sache wäre erledigt.«

Lucy brach in Tränen aus. »Meine Mutter ruft mich dauernd an und bittet mich, sie zu besuchen. Aber ich will nicht. Ich habe Angst, daß sie mir Fragen stellt oder errät, was los ist.«

»Ich komme mit«, schlug ich, ohne nachzudenken, vor. Kaum hatte ich es gesagt, bereute ich es. Dann mußte ich auf die Toilette. Ich gab ihr mein Portemonnaie und sagte: »Bezahlst du? Ich bin gleich wieder da.«

Als ich zurückkam, saß sie schluchzend am Tisch. »O mein Gott, o mein Gott.«

»Bitte, Lucy. Die Leute schauen schon.«

Doch sie war nicht traurig, sondern wütend. Unter Tränen zischte sie: »Du hast mich angelogen. Du bist neunzehn. Du bist bloß ein dummer Junge.« Sie knallte meinen Führerschein auf den Tisch.

Und ich merkte, daß ihre Mutter genauso dachte. Mrs. Cutler war eine sehr nervöse Frau um die Fünfzig. Etwa so alt wie Mrs. Mamalujian und doch ganz anders, zwischen den beiden war ein Unterschied wie Tag und Nacht. Sie war nicht ärgerlich, daß ihre Tochter einen jungen Burschen in einer Armeejacke zum Abendessen mitbrachte; sie war niedergeschmettert. In ihren Augen stand Panik, sie redete nervös und trug eine Schürze. Nichts erinnerte an Mrs. Mamalujians selbstsicheres Gebaren ... kein Make-up, keine großen Hüte. Mrs. Mamalujian hatte ein irritierendes Lachen und ein originelles Gesicht. Sie ließ gar nicht erst zu, daß man an ihr Alter dachte. Mrs. Cutler dagegen wirkte farblos und schien sich für alles und jedes zu entschuldigen. Sie sah wie eine alte Frau aus.

Sie fragte: »Hattet ihr eine gute Fahrt?«

Wir waren mit dem Bus nach Plymouth gefahren und von dort mit dem Nahverkehrsbus bis Manomet. Dann waren wir bis zu dem Haus über der kleinen Bucht gelaufen. Die ganze Fahrt hatten wir in trübsinnigem Schweigen verbracht. Ich hatte ›Der Fremde‹ von Camus gelesen, manchmal Lucy angesehen und gedacht: So muß die Ehe sein. Es war, als wäre man krank. Man saß mit einem anderen Menschen da und mußte äußerst vorsichtig sein.

»Es war angenehm«, sagte ich. »Ich mag die Südküste. An der Nordküste wohnen lauter Snobs.«

Mrs. Cutler sagte: »Als Lucys Vater noch lebte, hatten wir ein wunderhübsches Haus auf dem Kliff. Wir mußten es aber verkaufen. Ich konnte es nicht finanzieren.«

Lucy schwieg mißbilligend.

»Sie müssen einen Bärenhunger haben.«

»Vor dem Essen würde ich Andy gern den Strand zeigen«, sagte Lucy.

Wir gingen die Straße hinunter. An diesem Tag Ende August war der Teer weich und warm. Hohes Gras, blau blühendes Unkraut und kleine Dornenbüsche säumten die Straße, und es roch gut. Ein Auto fuhr vorbei, und der Mann hinterm Lenkrad winkte.

»Kennst du den?«

»Ich kenne hier jeden«, sagte Lucy mißmutig. Plötzlich machte sie einen Schritt ins Gras, und ich sah, daß da ein Pfad war. Ich folgte ihr den Felsen hinunter zum Strand.

»Es ist schön hier.«

»Es ist scheußlich. Es ist öde«, widersprach sie. »Kannst du dir vorstellen, wie es ist, in so einem Nest aufzuwachsen?«

Wellen schlugen lärmend gegen die Felsen. Die Felsen waren rund und schwarz und sahen aus wie aufeinandergetürmte Kanonenkugeln.

»Das war Mr. Philpotts«, sagte sie und zeigte zur Straße hoch. »Jetzt erzählt er überall rum, daß er gesehen hat, wie ich mit dir zum Strand gegangen bin.«

»Und wenn schon.«

»Er wird dich beschreiben.«

»Ist mir egal.«

»Das ist das Problem mit dir«, sagte sie und ging näher zum Wasser, wo keine Felsen mehr waren, sondern Sand und Steine. »Hier haben wir mal einen kleinen Wal gefunden. Zuerst dachten wir, es wäre eine Matratze oder ein angeschwemmter Reifen. Genau hier war es.« Sie trat mit ihrem braunen Schuh eine Kuhle in den Sand. »Sein Maul stand weit offen. Er lag auf der Seite, wie eine riesige Flunder. Als wir darauf traten, quollen die Augen hervor.«

»Woher wußtet ihr, daß es ein Wal war?«

»Weil es kein Hai war.«

Ich dachte: Alle haben was an Kleinstädten auszusetzen, aber ich finde sie großartig.

»Was werden wir tun?« fragte Lucy aus heiterem Himmel.

Ihre Frage bewirkte, daß ich mich wieder ganz elend fühlte. »Keine Angst«, sagte ich. »Mir fällt schon was ein.«

»Meine Mutter ahnt nichts.«

»Das ist gut.«

»Ich fühle mich scheußlich.«

Am liebsten wäre ich losgerannt, nach Plymouth, nach Duxbury, nach Boston zurück und weiter.

»Ich hab' solche Angst.« Sie faßte mich an, und in mir stieg Panik auf, doch weil sie das nicht merken sollte, nahm ich ihre Hand und küßte sie, was meine Panik nur noch steigerte.

»Es ist ein schöner Strand«, sagte ich. »Komisch, daß gar keine Leute da sind. Um diese Jahreszeit! Ob sie vielleicht einen Bademeister brauchen?«

Lucy sah zu Boden.

»Was ist mit dem Wal passiert?«

»Am nächsten Tag hatte ihn die Flut weggespült.«

Das war ideal, das tote stinkende Ding mit seinem Blubberauge trieb einfach fort, und der Strand war wieder sauber. Ich betete, daß es auch für uns diese einfache Lösung geben würde.

Lucy begann zu weinen. Ob sie an den Wal dachte?

»Wir sollten zurückgehen«, schlug ich vor. »Deine Mutter wird sich fragen, wo wir bleiben.«

Sie putzte sich die Nase und sah mich dann haßerfüllt an. »Warum hast du mich angelogen? Du bist neunzehn Jahre alt. Du hast von nichts Ahnung. Steck dein Hemd in die Hose. Weißt du das nicht mal?«

Stumm gingen wir zum Haus zurück. Ich wollte weg, einfach mit dem nächsten Bus verschwinden. Doch ich fühlte mich schuldig, und da ich nicht wollte, daß sie es merkte, blieb ich. Weil Lucy nichts sagte, redete ich. Aus lauter Nervosität erzählte ich ihnen die gesamte Handlung von Camus' ›Der Fremde‹. Auf ein paar Sätze verkürzt, hörte sie sich albern und unsinnig an.

Mrs. Cutler sagte: »Manche dieser französischen Bücher sind sicher sehr interessant.«

Ich wußte, daß ich sie langweilte und einschüchterte, und ich haßte Lucy, weil sie nichts sagte. Ich versuchte, sie zum Reden zu bringen, weil ich fürchtete, daß sie sonst womöglich anfing zu weinen.

Mrs. Cutler fragte: »Möchten Sie vielleicht etwas Apfelkuchen?«

»Mit Vergnügen«, sagte ich und aß dann ihr zuliebe gleich noch ein Stück.

»Sie haben einen gesunden Appetit«, stellte sie fest. »Das ist ein gutes Zeichen. Lucy hat fast gar nichts gegessen.«

Lucy schaute auf, und zuerst dachte ich, sie wäre wütend. Dann merkte ich, daß ihr schlecht war. Sie stand vom Tisch auf und lief aus dem Zimmer.

Mrs. Cutler sagte: »Wie ich von Lucy weiß, sind Sie Bademeister. Da müssen Sie sehr gut schwimmen können.«

»Es ist nur ein Becken, da ist nicht viel Schwimmen erforderlich. Die Jungs tauchen sich dauernd gegenseitig. Das ist das Hauptproblem.«

»Ich habe das Wasser immer geliebt. Ich könnte mir nicht vorstellen, beispielsweise in Ohio zu leben und nie das Meer zu sehen.«

Ich glaubte zu hören, wie sich Lucy einige Türen weiter übergab.

»Am gefährlichsten in einem Schwimmbecken ist das tiefe Ende«, sagte ich. »Die Leute machen Kopfsprünge rein. Man muß wachsam sein wie ein Habicht.« Dabei war alles ganz problemlos gewesen. Genau so wollte ich es haben, und ich fragte mich, warum ich mich damit nicht zufriedengegeben hatte. Ich mußte die Leute nicht wie ein Habicht beobachten. Ich hatte im Bademeisterstuhl gesessen, Bücher gelesen und höchstens mal aufgeschaut, um einen Blick auf die Uhr zu werfen oder nachzusehen, was Muzzaroll machte. Ich haßte mich selbst, weil ich mehr gewollt und mir dadurch das Leben erschwert und Lucys ruiniert hatte. Und wie stand ich zu Mrs. Mamalujian? Ich war Rettungsschwimmer, ein Lebensretter, aber gerade das stimmte überhaupt nicht.

Als Lucy zum Tisch zurückkam, war ihr Gesicht kalkweiß, und es wirkte noch weißer, weil sie Lippenstift aufgetragen hatte. Sie sagte: »Ich glaube, Andre möchte gehen.«

»Nein«, entgegnete ich, »ich möchte beim Spülen helfen.«

Sie wehrten ab, doch ich bestand darauf. Am liebsten wäre ich gegangen, brachte es aber nicht fertig. Ich legte die Teller zum Abtropfen neben die Spüle und suchte nach einem Geschirrtuch, während sie ständig wiederholten: »Das ist doch nicht nötig.«

»Sie könnten sich hinsetzen und Zeitung lesen«, schlug Mrs. Cutler vor.

Die Vorstellung, wie ein Ehemann oder Vater im Ohrensessel unter der Lampe zu sitzen und den ›Globe‹ zu lesen, während die Frauen mit Geschirr klapperten und flüsterten, war mir ein Graus. Ich wollte weg.

»Den letzten Bus haben Sie verpaßt«, sagte Mrs. Cutler.

»Das macht nichts.«

»Sie können hierbleiben. Lucy, mach mal das Bett im Gästezimmer.«

»Nein, nein.« Ich sah mich schon die Nacht über in einem Schuhkarton im ersten Stock, und am Morgen ging es beim Frühstück weiter. »Ich habe einen Freund in Plymouth. Er rechnet damit, daß ich bei ihm übernachte.« Lucy sah mich scharf an. »Ich räume noch rasch das Geschirr weg und verzieh' mich dann.«

»Leider können wir Sie nicht fahren«, sagte Mrs. Cutler. »Früher hatten wir einen Wagen. Früher hatten wir alles mögliche.«

Ich haßte diesen Tonfall und wollte verschwinden, ehe sie weiterredete. Doch Mrs. Cutler bot mir einen Kaffee an, und ich konnte nicht nein sagen. Sie saß mit trüben Augen da. Wenn sie wüßte, was los war, würde sie noch viel trübsinniger aussehen.

Lucy sagte: »Leg dich schlafen, Mutter. Du bleibst doch nie so lange auf.«

»Wir haben Besuch, Lucy.« Dann gähnte sie. Sie trug immer noch ihre Schürze. Neben dem Stuhl lag ein Stapel Strickarbeit, Wollknäuel und ein halbfertiger Pullover. »Aber mir fallen die Augen zu.«

Als sie aufstand, wurde mir klar, daß ich bald mit Lucy allein sein würde, und schon wurde ich wieder nervös. »Ich muß auch gehen«, sagte ich. »Tausend Dank für das Essen, Mrs. Cutler.«

»Besuchen Sie uns wieder«, sagte sie.

Lucy begleitete mich ans Gartentor. »Was ist das für ein Freund? Davon hast du mir nichts gesagt.«

»Hab' ich vergessen.«

»Ich hab' Angst«, sagte sie. »Das ist dir wohl nicht klar.«

»Das ist mir klar.« Warum kam die Flut nicht und trug mich fort?

»Was willst du unternehmen?« fragte sie mit leiser verzweifelter Stimme.

Da ich keine Antwort wußte, umarmte und küßte ich sie und sagte ihr, sie solle sich keine Sorgen machen. Jetzt müsse ich gehen, es sei weit bis Plymouth. Ich ließ sie los und rannte ins Dunkel, die Straße hinunter.

Doch dann machte ich eine Kehrtwendung und nahm den schmalen Pfad zum Strand. An der Brandung erkannte ich, wo der Strand aufhörte. Ich ging zum anderen Ende, wo sie den angeschwemmten Wal gefunden hatten. Dort kauerte ich mich in den Sand. Es war eine mondklare Nacht, und der Sand war noch warm. Doch nach ein paar Stunden wurde die Luft kalt und der Sand feucht. Ich wußte nicht, wohin. Ich hatte gelogen. Den Freund gab es nicht.

Mich fröstelte die ganze Nacht, und am Morgen stand Lucy über mir. »Du bist neunzehn. Wie konnte ich dir nur glauben? Du schläfst am Strand!«

Ich war zu verblüfft und zu durchfroren, um mir etwas einfallen zu lassen.

»So verhalten sich Neunzehnjährige. Sie schlafen am Strand. Sie haben kein Hirn.«

Das Liegen auf dem feuchten Sand hatte meinen Muskeln nicht gutgetan. Als ich aufstand, fiel ich fast wieder um.

Lucy sagte mit harter Stimme: »Ich brauche Geld. Dreihundert Dollar. Die solltest du besser auftreiben, Kleiner.«

Es war wie ein Fehdehandschuh. Sie war nicht mehr die Lucy, in die ich mich verliebt hatte, als ich in ihrem Schrank in der Pinckney Street hockte. Mir fiel es schwer, daran zu denken, wie wir gelacht oder uns geliebt hatten. Sie traute mir nicht mehr. Sie war wie ein Feind. Ich hatte Angst vor ihr. »Keine Sorge, ich beschaffe das Geld.« Ich wußte, bei wem.

Es gab nichts mehr zu sagen. Wir stapften durch den Sand zum Kliff. Das kurze Gespräch über Geld hatte das letzte bißchen Liebe gekostet.

10

Am Labor Day, als der Sommer zu Ende ging, führte Kennedy wieder Wahlkampf in Boston. Er marschierte in einem Umzug mit, händeschüttelnd, strahlend. Er war die lebende Erinnerung daran, daß ich nichts hatte. Ich wünschte ihm nichts Böses, konnte aber unmöglich sein Kameralächeln sehen, ohne zu wünschen, daß es ihm bald vergehen möge. Doch vor allem lehnte ich ihn ab, weil ich sicher war, daß man ihn wählen würde. Nixon hatte den Blick eines Schnüfflers und sah gerissen aus. Kaum jemand mochte ihn oder traute ihm. Ich wollte diesen unpopulären Mann zum Präsidenten, damit man sich gegen ihn stellen konnte. Einem charmanten und charismatischen Menschen wie Kennedy würde man sogar einen Mord verzeihen.

Doch ich konnte nicht zu dem Umzug gehen, selbst wenn ich es gewollt hätte. Es war der letzte Tag, bevor das

Schwimmbad schloß, und da er in der Wochenmitte lag, zahlte man uns durch einen Irrtum in der Buchhaltung Lohn für zwei Wochen aus. Am Mittag lösten wir unsere Schecks ein. Ich hatte mit dem Geld aus der vorherigen Woche, das ich auf mein Sparkonto einzahlen wollte, hundertzweiundsiebzig Dollar.

Larry sagte: »Sieh dir mal dieses Bündel an« und zeigte mir eine Rolle Geldscheine.

»Meins ist größer«, sagte ich und schob den dicken Geldscheinstapel in den Baudelaire, da meine Hosentaschen nicht groß genug waren.

»Bomforzionös.« Muzzaroll grinste über das Geld in den ›Blumen des Bösen‹.

Muzzaroll trug eine schlabbrige Hose und eine schwarze Sonnenbrille. Eine gefaltete Zigarettenpackung steckte im Ärmel seines roten Bademeister-T-Shirts. Er hatte das gelbe Gesicht eines Sizilianers und behaarte Ohren. Mit den Beinen schlenkernd, stolzierte er umher und sagte: »Ich bin Spitze.«

»›Ich bin Spitze‹, sagte der Bumskopp. Vinny, du bist ein echter Verlierer. Parent und ich haben echtes Geld ... die dicke Knete. Du hast einen Dreck, und das weißt du auch.«

»Ich hab' zweiundzwanzig Zentimeter, wozu brauch' ich Geld«, sagte Muzzaroll.

Wir gingen den Memorial Drive entlang Richtung Schwimmbad und waren glücklich.

»Wir schließen das Bad ab, kaufen ein bißchen Bier und besaufen uns, denn von heute an bin ich arbeitslos«, sagte Muzzaroll.

»Geschieht dir recht, daß du arbeitslos bist. Du bist ein gottverdammter Wichser.«

»Und du läßt es dir in den Arsch besorgen«, behauptete Muzzaroll freundlich.

»Du bist ja nur neidisch«, erwiderte Larry, »weil du nur Taschenbillard spielen kannst.«

»Siehst du dieses Fünfcentstück? Ich könnte jetzt sofort telefonieren und wäre eine Viertelstunde später im Bett. Ich kenn' 'ne Braut in Orient Heights, die kann's kaum erwarten. Manchmal muß ich ihr die Hand aufs Maul legen, weil sie so laut schreit.«

»Du legst ihr die Hand aufs Maul, weil sie Mundgeruch hat. Ich kenne sie. Ich hab's ihr ordentlich besorgt.«

»Das hättest du wohl gern«, sagte Muzzaroll. »Sie würde nicht mal in eure Nähe kommen.« Weil er mit uns beiden redete, bezog er mich gleich mit ein.

»Sie ist häßlich wie die Nacht«, sagte Larry. »Sie hat ein schiefes Gesicht, als hätte jemand darauf gesessen, und eine Titte ist größer als die andere. Ein Brechmittel.«

»Sie ist wunderschön«, Muzzaroll steckte sich eine Zigarette in den Mund. »Gib mir Feuer, du Klugscheißer.«

»Dein Gesicht und mein Arsch.« Larry boxte ihn auf den Arm.

Muzzaroll steckte einen Finger in die Höhe. »Treib's mit dem.«

So redeten sie nur miteinander, wenn sie sich pudelwohl fühlten. Es klang zwar schrecklich, war aber Ausdruck guter Stimmung. Je obszöner und beleidigender sie wurden, desto freundlicher war es gemeint. Sie würden mir fehlen, das wußte ich.

»Parent denkt über seinen Pimmel nach. Nur keine Bange, Kleiner, gib ihm noch ein Jahr oder so. Wenn er dann nicht wächst, kannst du immer noch schwul werden.«

»Damit du ihn vernaschen kannst«, behauptete Muzzaroll.

»Das würdest *du* wohl gern.«

»Bomforzionös. Da ist ein Schnapsladen. Ich werd' mal eben was Bier schnappen.«

Sie waren so ausgelassen, weil das Bad dichtmachte und wir uns vermutlich nie wiedersehen würden. Bosheit steckte nicht dahinter. Waren sie ängstlich oder unsicher, wurden sie höflich; unflätig sein war eine Form von Vertrautheit, es zeigte, wie weit sie gehen konnten.

Ich mußte an Lucy denken. In letzter Zeit hatte ich sie nur einmal gesehen, um ihr die dreihundert Dollar zu geben, die ich mir von Mrs. Mamalujian geliehen hatte. Ich wollte sie nie wiedersehen; doch ich war gegangen und hatte sie um das Geld gebeten. Mein einziger Trost war, daß es ihr nicht fehlen würde, weil sie soviel davon besaß. Doch ich hatte vor, alles zurückzuzahlen, ratenweise, jeweils fünfzig Dollar. Nächstes Jahr wäre ich dann wahrscheinlich schuldenfrei. Bis dahin wollte ich diesen ganzen Sommer vergessen und möglichst nicht mehr an Lucy denken.

Um vier Uhr nachmittags stellten wir die Sirene an, die wir für Notfälle benutzten. Die Jugendlichen beschwerten sich, als wir das Becken räumten. Doch das war unser einziges Vergnügen: die letzte Stunde des letzten Tages.

Ich ging zum Beckenrand. Jeden Abend, bevor wir schlossen, schaute ich in das sich kräuselnde Wasser und rechnete damit, eine Leiche auf dem Grund zu sehen, die den ganzen Tag über da gelegen hatte, während über ihr Schwimmer um die Wette planschten. Da lag zwar nie etwas, doch ich hatte immer Angst davor.

Jetzt hatten wir das Bad ganz für uns. Wir öffneten das Pack Bier und stellten die tuchbespannten Liegestühle auf. Und während der Verkehr hinter dem Zaun vorbeibrauste, taten wir, als wären wir Millionäre und das Bad unser privater Swimming-pool. Die Sonne stand noch hoch über der anderen Seite des Flusses. Wir streckten uns lang aus, tranken Bier und hörten uns Arnie Ginzburgs Rock-'n'-Roll-Show an.

»Ich zeig' den Arsch, das ist mir jetzt egal«, sagte Muzzaroll und zog die Badehose aus. Sein Penis sah aus wie ein dicker kleiner Otter. »Sie können mich nicht feuern!«

Larry warf den Schlauch von einem Autoreifen ins Becken und setzte sich rein, trank Bier und schaukelte auf dem Wasser. »Keinen von uns können sie feuern. Wir arbeiten nicht mehr hier.« Er kippte das Bier. »He, Muzza, was machst du diesen Winter?«

»Keine Ahnung. Vielleicht für den Staat arbeiten. Vielleicht Schnee schippen. Mein Schwager hat eine Autowaschanlage. Er sucht einen Geschäftsführer. Wie steht's mit dir?«

Larry sagte: »Denk' grad drüber nach. Letzten Winter hab' ich in einer Bäckerei gearbeitet. War beschissen. Wie sieht's mit dir aus, Parent?«

»College«, antwortete ich und schaute von den ›Blumen des Bösen‹ auf.

Darauf reagierten sie nicht sofort, aber nach einer Weile sagte Larry: »Du machst es richtig. Bildung ist immer gut.«

»Eins steht verdammt fest«, meldete sich Muzzaroll. »Zur beschissenen Armee geh' ich nicht.«

»Die nehmen ja sowieso keine Schwuchteln«, sagte Larry.

Muzzaroll lachte. »Wißt ihr, was wir tun sollten? Uns Pizzas bringen lassen und hierbleiben, bis es dunkel wird. Dann besorgen wir uns paar Weiber.«

Er rief bei »Der schiefe Turm von Pizza« an und bestellte drei Riesenpizzas. Während wir darauf warteten, kamen zwei Mädchen am Zaun vorbei.

Larry sagte: »He, Mädels, wollt ihr schwimmen? Das ist unser Pool. Wir haben ihn gemietet. Kommt ruhig rein.«

»Na klar«, sagte eins der Mädchen. Sie lachte zwar, zögerte aber, weil der Pool so eigenartig ruhig aussah.

Mittlerweile saß Muzzaroll im Schlauch, in der Hand eine Bierdose und auf dem Kopf eine Baseballmütze.

»Er ist ein Tier«, sagte Larry.

»Seid ihr über den Zaun gestiegen?«

»Sie denkt, wir wären eingestiegen! He, wir haben den Laden gemietet, im Ernst. Frag ihn. Er geht aufs College. Er würde euch nicht anlügen. Sag's ihnen, Andre.«

»Ehrlich, heute gehört das Bad uns«, sagte ich. »Ihr könnt ruhig reinkommen. Es ist alles bezahlt.«

»Die Dicke ist für dich«, flüsterte Larry und sagte laut: »Wir haben gerade Pizza bestellt. Wollt ihr was abhaben?«

Die Mädchen kicherten und wirkten interessiert, und als ich sie ansah – beide waren hübsch, keine war dick –, sagte Larry etwas, das mir einen Schauer über den Rücken jagte. »Andy, da ist deine Freundin.«

Ich schaute in der Erwartung auf, Lucy zu sehen, doch es war Mrs. Mamalujian, die aus einem gelben Taxi stieg.

»Bis dann, Schlaffsack«, sagte Larry. »Wenn du zurückkommst, wirst du mich und den Döskopp im Umkleideraum finden, wo wir gerade diese Bräute bespringen.«

Er sah, daß Mrs. Mamalujian mir Zeichen gab. Da ich nicht wollte, daß sie das Bad betrat, zog ich mich an und lief nach draußen.

Sie sagte: »Ich kam zufällig gerade vorbei. Möchtest du was trinken?« Sie hatte schon ein paar Drinks intus. Man merkte es daran, wie sie dastand, und an ihrem schmollenden Tonfall.

»Nein, danke«, sagte ich.

»Einen Drink, Andrew. Es ist ein Feiertag. Und ich möchte mit dir reden. Ist das zuviel verlangt?« Wenn sie angetrunken war, sprach sie in diesem gekränkten Tonfall, und ein paar Drinks später wurde sie gefühlsselig oder weinte.

Hinter mir brachten Larry und Muzzaroll die Mädchen zum Lachen. Das Bad war leer, und die Sonne ging unter. Sie tranken Bier und aßen Pizza. Ich wollte bei ihnen bleiben und mich amüsieren. Doch ich hatte keine Wahl. Mrs. Mamalujian öffnete die Taxitür, und ich stieg ein.

»Die meisten Bars sind heute geschlossen«, sagte sie.

»In der Charles Street ist wahrscheinlich noch eine offen.« Ich wollte nicht zu weit fort. Ein Weilchen würde ich mit ihr reden, damit sie ihren Willen bekam, und dann schnell zurück ins Bad.

Die Bar hieß »Die Bibliothek«, was mich ärgerte, da in den Regalen nur Schund zur Dekoration stand. Ich bestellte Orangensaft und Mrs. Mamalujian einen doppelten Gin.

»Du kannst stolz auf dich sein«, sagte sie.

»Stimmt was nicht?«

»›Stimmt was nicht?‹ will er wissen.« Vielleicht sprach sie mit der Kellnerin, die gerade unsere Drinks brachte. Sie fuhr fort: »Du hast mich ausgenutzt.«

Sie trug einen großen Hut mit weicher Krempe und eine Sonnenbrille mit gelben Gläsern. Ihr Kopf sah aus wie ein verwelktes Gänseblümchen, und als sie versuchte, mich anzusehen, wackelte der Hut. Sie war betrunkener, als ich vermutet hatte.

»Du hast mit meinen Gefühlen gespielt«, sagte sie.

»Wovon reden Sie überhaupt?« fragte ich. »Ich habe Ihnen nichts vorgemacht.«

»Was für ein Clown. In New York hast du die ganze Nacht deine Klamotten anbehalten. In Kleidern zu schlafen ist irre. Du hast behauptet, du hättest Angst vor Hotelbränden. Aber ich weiß es besser.«

»Ich fürchte mich vor Feuer«, sagte ich und sah mich dabei in voller Länge in meiner Armeejacke und Kampfstiefeln auf dem Bett liegen. Bei dem Gedanken zuckte ich zusammen.

»So kannst du mich nicht behandeln, Andre. Das lass' ich mir von niemandem gefallen.«

»Ich habe gar nichts gemacht«, sagte ich lahm.

»Genau!« rief sie, und als die Leute sich umsahen, zeigte sie ihnen den Lippenstift auf ihren Zähnen.

»Ich war immer offen mit Ihnen. Ich habe nicht gelogen. Was werfen Sie mir vor?« Ich flüsterte, damit sie zurückflüstern konnte.

»Das hab' ich dir gerade erzählt!« Nun schrie sie erst recht.

Meine Mutter sagte immer *Das hab' ich dir gerade erzählt,* und ich wußte nicht, ob ich Mrs. Mamalujian diesen Spruch verzeihen würde.

»Das werde ich dir nie verzeihen«, sagte Mrs. Mamalujian.

Noch so ein Satz, den ich haßte. Was ging hier vor?

Ein Quietschen, das nach einer rostigen Türangel klang, schien aus ihrem Hut zu dringen, als sie den Kopf senkte. Es wiederholte sich, sie begann zu schluchzen.

»Wegen dir habe ich meinen Mann verlassen«, sagte sie. »Und dir ist es egal.«

»Hören Sie, ich muß zurück an die Arbeit.«

»Du gehst nirgendwohin«, sagte sie wütend. »Du läßt mich nicht sitzen.«

»Ich muß arbeiten.« Ich dachte an Larry und Muzzaroll, die wahrscheinlich mit den Mädchen ihren Spaß hatten, während ich hier mit dieser durchgedrehten Alten hockte. Und ich wußte, es war meine Schuld.

»Nie rufst du mich an.«

»Ich habe Sie letzte Woche angerufen.«

»Weil du Geld gebraucht hast. Ich höre nur von dir, wenn du was brauchst.«

»Das ist nicht wahr«, entgegnete ich. Doch es war etwas Wahres dran. Nachdem ich all ihre großzügigen Geschenke abgelehnt hatte, war ich schwach geworden und hatte sie um dreihundert Dollar gebeten. Ich hatte keinen anderen Ausweg gesehen. »Außerdem zahle ich es zurück.«

»Worauf du dich verlassen kannst«, sagte sie in einem Ton, der meine Abneigung gegen sie verstärkte. Es war eigenartig, in jedem Menschen steckte noch ein anderer, ein Fremder. Ihr Tonfall überraschte mich. Es klang wie Lucys Stimme am Strand von Manomet: *Die solltest du besser auftreiben, Kleiner.* Wem gehörten diese Stimmen?

Mrs. Mamalujian bestellte noch einen doppelten Gin. »Du hältst mich für betrunken«, sagte sie.

Das stritt ich ab.

»Du bist ein Lügner. Seht euch bloß diesen Schlappschwanz mit seinem Orangensaft an!«

Ich machte Anstalten aufzustehen.

Sie sagte: »Du gehst nicht.«

»Doch.«

»Du gehst nirgendwohin, ehe ich mein Geld habe«, sagte sie. Ich mußte daran denken, wie der Arzt in New York sagte: *Sie sind hier an der falschen Adresse.* Genauso gedemütigt fühlte ich mich nun. Mrs. Mamalujians höhnischer Gesichtsausdruck besagte: *Jetzt hab' ich dich.* »Du bleibst bei mir.«

Nur dadurch hatte sie Gewalt über mich . . . durch das Geld. Doch ich hatte hundertsiebzig Dollar dabei. Ich zählte sie auf den Tisch und schob sie zu ihr rüber. »Plus ein Dollar Kleingeld.«

»Nein.« Sie legte die Hand auf den Mund.

»Warten Sie, ich bin gleich wieder da«, sagte ich. »Ich hole jetzt den Rest.« Und noch ehe sie antworten konnte, rannte ich aus der Bar und die Charles Street entlang zum Bad.

Die vier waren in der Nähe des Sprungbretts. Muzzaroll hielt sich den haarigen Bauch und machte einen Kopfsprung vor. Als Larry mich sah, kam er zu mir rüber. »Siehst du nun, was dir entgeht? Es sind Krankenschwestern. Hier ist was los. Die Hübsche läßt gar nicht mehr von mir ab.«

»Ich brauche Geld«, sagte ich.

»Lächeln, Andy. Das ist nicht der Weltuntergang.« An seinen Backen klebte Pizzasauce.

»Ich brauche hundertfünfundzwanzig. Ich zahl's dir zurück.«

»Von mir kannst du fünfzig haben.«

»Wie steht's mit Vinny?«

»Von dem kannst du auch fünfzig haben. Ich klaue sie aus seinem Portemonnaie.«

Er besorgte das Geld, schob es durch den Zaun und entschuldigte sich, weil es nicht mehr war. Aber er sagte, er habe selbst Schulden.

»Danke«, sagte ich.

»Wozu sind Freunde da?«

Das war großartig und beruhigte mich; und mir fiel auch ein, woher ich den Rest bekommen konnte. Ich war mir nicht sicher, ob dort noch offen war. Doch die Sorge war unbegründet. Es war Labor Day, ein Feiertag, an dem es immer schreckliche Autounfälle gab. Und wie die Schwester gesagt hatte, Blut konnten sie immer brauchen. Ich sah Loretta, und als sie lächelte, rollte ich den Ärmel hoch und streckte meinen Arm aus.

Ich war nur eine halbe Stunde fort gewesen.

Mrs. Mamalujian brach in Tränen aus, als ich »Die Bibliothek« betrat, und griff nach meiner Hand, als ich das Geld auf den Tisch blätterte. Doch ich zählte weiter ... Larrys fünfzig, Muzzarolls fünfzig und die fünfundzwanzig, die ich für meinen halben Liter B-negativ bekommen hatte.

»Das sind dreihundert Dollar«, sagte ich. Von dem Blutverlust und dem Hinundherlaufen fühlte ich mich schlapp.

»Du hast mich völlig mißverstanden.«

»Warum haben Sie dann gesagt, Sie wollten das Geld zurück?«

»Du weißt, daß ich es nicht so gemeint habe!« Sie zerknüllte die Scheine, und so ließ ich sie zurück, das Geld wie Abfallpapier zerknitternd. Ich wollte sie daran hindern. Ich wollte es ihr wegnehmen. Aber es gehörte mir nicht.

Danach traute ich mich nicht ins Schwimmbad zurück. Ich hockte mich auf eine Bank am Fluß, bis es gegen acht Uhr dunkel wurde; und als ich es nicht mehr ertrug, glückliche händchenhaltende Paare an mir vorbeischlendern zu sehen, stand ich auf und notierte im Kopf den Anfang eines Gedichts: *Betrunken durch die Straßen hetzen, muß mich dauernd in Scheiße setzen.* Weiter kam ich nicht. Als ich auf der Heimfahrt im Bus Baudelaire las, entschied ich, daß das Wort *Verdruß* am besten meine Gefühle für Lucy ausdrückte.

Ich war ihr nicht ausgewichen. Ich machte mir Sorgen; doch weil ich keine Ahnung hatte, was zu tun war, dachte ich lieber nicht soviel über sie nach. Am Tag nach dem Labor Day und die ganze Woche, bevor ich ins Amherst College fuhr, rief ich bei Miß Murphy an oder hinterließ Nachrichten in der Pinckney Street. Ich war mir sicher, daß sie ausgezogen war. Sie hatte nicht gefragt, woher das Geld kam. Es war ihr egal. Auf jeden Fall hatte es unsere Liebe zerstört.

Am Tag vor meiner Abreise rief sie an. Meine Mutter ging ans Telefon, reichte mir den Hörer und sagte mißmutig: »Irgendein Mädchen.«

So wenig wußte sie. In ihren Augen hatte ich den Sommer damit verbracht, die frische Luft im öffentlichen Schwimmbad zu genießen und etwas Geld zu sparen, aber nicht genug.

Da sie zuhörte, konnte ich Lucy weder sagen, was ich von ihr wollte, noch irgendwelche Fragen stellen. Doch auch Lucy wirkte ziemlich distanziert. Sie hatte sich an der Universität Boston eingeschrieben und war in die Newbury Street gezogen. Sie tütete Briefe ein für den Präsidentschaftswahlkampf. Und sie schloß mit dem Satz: »Ich war den ganzen Tag unterwegs, Bücher kaufen.«

Und ich hatte mir Sorgen um sie gemacht! Ich hatte im Bus gesessen, war zigmal mit der Klapperkiste von Bus nach Boston und zurück gefahren und habe dabei das Plakat betrachtet, auf dem stand: *Für regelmäßigen Stuhlgang nehmen Sie dreißig Tage lang täglich eine Zitrone mit Wasser.* Dabei fehlte ihr gar nichts. Sie hatte ein neues Zimmer, sie kaufte Bücher und besuchte Seminare. Und ich fuhr in meinen gebrauchten Armeeklamotten nach Amherst, war dazu verdammt, einen Teilzeitjob anzunehmen, und mußte mir eine Unterkunft suchen. Wieder war ein Sommer gekommen und gegangen, und ich hatte nichts geschrieben außer ein paar bitteren Gedichten.

»Ich fahre morgen«, sagte ich.

»Um wieviel Uhr?«

»Ich weiß nicht.« Ich wollte sie nicht sehen.

»Womit fährst du?«

»Bus.«

Als ich aufgelegt hatte, ärgerte ich mich, weil ich nichts von Belang gesagt hatte, und als meine Mutter mich etwas fragte, schrie ich sie an.

»Was ist bloß in dich gefahren?« sagte sie.

»Ich wünschte, ich müßte nicht zurück an die Uni.«

»Wohin möchtest du denn?« fragte sie mit einem selbstgefälligen Unterton, als wüßte ich keine Antwort.

»Kalifornien«, sagte ich. »Oder Afrika.«

»Mit deiner Einstellung kommst du nirgendwohin.«

Du kennst mich nicht, Ma, dachte ich. Meine Geheimnisse waren sicher.

Es fuhr nur ein Bus nach Amherst, und ich ging früh los, weil ich eine Sporttasche voller alter Kleidung und einen mit Büchern vollgepackten Koffer schleppen mußte. Es war ein heißer Freitag Mitte September, und ich hatte das Zeug von Medford an geschleppt und im Bus Leute angerempelt. Ich sah andere Studenten mit Koffern. Sie sahen glücklich und hoffnungsvoll aus, und am liebsten hätte ich ihnen gesagt, ich sei Kommunist, um zu sehen, wie ihre Mienen einfroren. Doch ich glaubte es selbst nicht mehr. Vielleicht war es besser, nichts zu sagen und einfach fortzugehen. Aber hatte es überhaupt Zweck zu gehen, wenn einen niemand vermißte?

Ich bekam einen Schrecken, als ich Lucy in der Nähe des Kartenschalters allein dastehen und mich anstarren sah.

»Hast du einen Moment Zeit?« fragte sie.

Sie war blaß, wie gewöhnlich, und ich fand das anziehend. Heute wirkte sie voller; weil sie gerannt war, hatte sie rote Flecken im Gesicht und an den Armen. Sie trug ein gelbes Kleid. Ihre Sonnenbrille mit dem weißen Gestell war neu. Mir wurde klar, daß sie mir ebensolche Angst einjagte wie Mrs. Mamalujian.

»Ich freue mich wirklich, dich zu sehen«, behauptete ich.

Wir gingen in eine irisch aussehende Bar am Park Square. Was war ich in diesem Sommer in Kneipen gegangen!

Der Fernseher lief ... Kennedy hielt eine Rede: Versprechungen, Rhetorik. Sein Wahlkampf bestand aus Versprechungen; einen neuen Anfang zu finden, in der Welt Gutes zu tun, alles mögliche in Angriff zu nehmen. Doch nicht er würde die Ärmel hochkrempeln und anpacken, sondern wir. Er würde mit seinem Segelboot in Hyannisport ablegen, und wir übrigen würden uns in unterentwickelte Länder begeben und den Leuten dort zeigen, wie man Hühner züchtet.

»Er sieht so selbstzufrieden aus«, stellte Lucy fest.

»Ich dachte, du tütest für ihn Werbematerial ein.«

»Nein. Das mache ich für die Jungen Republikaner. Hast du was dagegen?«

»Republikaner werden ist wie protestantisch werden.«

»Ich bin protestantisch«, sagte sie.

»Ich will damit sagen, es hat nichts zu bedeuten.«

»Du hast wohl auf alles eine Antwort, was?« fragte sie. Es klang so sehr nach Mrs. Mamalujian, daß ich schneller redete, um das Thema zu wechseln.

»Kennedy wird unser nächster Präsident«, sagte ich. »Er hat nie etwas Schlimmes erlebt. Er führt ein behütetes Leben. Wir werden ihn acht Jahre lang am Hals haben.«

»Du bist also auch Republikaner.«

»Ich bin Anarchist«, sagte ich.

»Gott, was sagst du für dumme Sachen«, stöhnte sie.

Ein Mann neben ihr sagte zum Barkeeper: »Hast du gerade gefurzt?« Der Barkeeper verneinte. »Dann war ich es wohl«, sagte der Mann stirnrunzelnd und hob sein Glas.

»Setzen wir uns da drüben hin«, schlug ich vor. Kennedy sagte gerade: *Wir werden voranschreiten,* als trüge er ein Gedicht vor.

In der Nische sagte Lucy: »Ich schulde dir Geld.«

»Das geht schon in Ordnung«, sagte ich leichthin, mußte aber daran denken, wie gut ich dreihundert Dollar gebrauchen könnte. Es fiel mir nicht leicht, das Geld einfach abzuschreiben: Es war ein Motorrad. »Ich will's nicht haben. He, geht's dir gut?«

Wir wußten beide, wofür dieser Euphemismus stand.

Sie sagte: »Mir geht's nicht schlecht.« Sie war nicht schwanger, soviel stand fest, sonst hätte man es gesehen. »Ich will es dir zurückzahlen.« Sie wirkte sehr angespannt. Lag das an dem, was ich über Republikaner und Protestanten gesagt hatte? Sie war nicht mehr das Mädchen, mit dem ich im Juli durch die Pinckney Street gegangen war. Sie war nicht mal dieselbe, die mir oben in Manomet die Stelle gezeigt hatte, wo der Wal angetrieben worden war. Sie war wie jemand, den ich vor langer Zeit gekannt hatte. »Möchtest du es nicht haben?«

In der Bar war es dunkel, aber sie nahm die Sonnenbrille nicht ab.

»Ist mir egal«, sagte ich und verabscheute mich selbst, weil ich es nicht fertigbrachte, nein zu sagen.

Lucy sagte: »Du wirst nicht einfach in den Bus steigen und verschwinden, als wäre nichts geschehen.«

Ich sah sie wütend an, weil ich genau das tun wollte.

»Bestimmt hast du eine Freundin in Amherst.«

»Nein«, sagte ich. »Ich hab' nicht mal ein Zimmer.«

»Weißt du, was ich glaube?« Ihre Stimme klang boshafter, als ich es je erlebt hatte. »Ich glaube, du wirst es weit bringen. Das ist mir jetzt klar. Du wirst mal großen Erfolg haben. Ich weiß noch nicht, als was, aber so wird es kommen.« Es war das Gegenteil von dem, was ich glaubte, und aus ihrem Mund klang es wie Hohn. »Und ich weiß, daß du das Geld zurückhaben willst.«

Ich schüttelte den Kopf, doch mein Leugnen war halbherzig, und sie merkte es.

Sie nahm die Brille ab und putzte sie mit einer Serviette. Entweder lächelte sie, oder sie war den Tränen nahe. Ihr Gesichtsausdruck war dabei der gleiche, das wußte ich inzwischen. Sie setzte die Brille wieder auf und sah mich an.

»Jemand gab mir eine Telefonnummer«, sagte sie. »Ich rief dort an, und es meldete sich ein Mann. Er klang unwirsch, wie man es von alten Leuten kennt. Aber er sagte, er würde es machen. Ich solle ihn in einer Kneipe in Brockton treffen. Ich lieh mir von meiner Tante das Auto und fuhr hin. Er war fünfzig oder älter und sah aus wie ein Penner. Er war schlampig gekleidet und unrasiert. Als ich ihn sah, wollte ich auf dem Absatz kehrtmachen und die ganze Sache vergessen. Doch es ging nicht, das wußte ich . . . Ich mußte ihm das Geld zeigen. Doch er wollte die Kneipe nicht verlassen. Er sagte immer: ›Nur noch einen‹ und versuchte, mich zum Mittrinken zu bewegen. Und ich war so nervös, daß ich ein Glas trank. Als ich schließlich die Hoffnung so gut wie aufgegeben hatte, sagte er: ›Gehn wir.‹ Wir nahmen seinen Wagen. Ich glaube, er hatte gewartet, bis es dunkel wurde. Wir fuhren nur über Nebenstraßen. Ich verlor jede Orientierung und dachte: *Was ist, wenn er mich umbringt?* Er fuhr langsamer in der Dunkelheit und bog in einen Schotterweg ein, so klein, daß ich ihn nicht bemerkt hatte. Ich kam mir verloren vor, hatte aber viel zuviel Angst, um zu weinen. Vor einem Abbruchhaus hielt er an. Im Scheinwerferlicht sah ich die zerbrochenen Fensterscheiben. Drin zündete er eine Kerze an. Es war eines dieser Häuser, wo Jugendliche Feuer machen, rauchen und die Wände beschmieren. Auf dem Boden lag eine Matratze, und wegen der vielen Glasscherben mußten wir uns vorsehen, wohin wir traten. Er nahm mein Geld, und dann sagte er . . .«

Unter der Sonnenbrille rannen Tränen hervor.

»Lucy, bitte«, sagte ich.

Als sie merkte, daß ich wünschte, sie würde aufhören, nahm sie sich zusammen und fuhr fort. »›Zieh den Rock aus‹, sagte er. Dann fluchte er, zog die Hosen runter und vergewaltigte mich. Ich haßte ihn zu sehr, um zu weinen. Er stank und war betrunken. *Jetzt bringt er mich um,* dachte ich. Aber das tat er nicht. Er kramte herum und holte Instrumente aus einer Papiertüte. Ich hatte mich schon in der Kneipe gefragt, was drin war. Dann steckte er eins der Instrumente in mich rein. Er sagte mir, es werde etwa sechs bis acht Stunden dauern. Er fuhr mich zu meinem Auto zurück.«

»Schrecklich.« Ich dachte, sie wäre fertig. Ich wußte nicht, was ich tun sollte, doch ich wollte weg. Es war viel schlimmer, als ich es mir je vorgestellt hatte. Ich wandte mich ab. Auf dem Fernseher über der Bar kniete ein Mann neben einem kleinen Kind, das eine Stoffpuppe an sich drückte, und sagte: *Hat dir schon mal jemand gesagt, daß du ein sehr tapferes kleines Mädchen bist?*

Mit ihrer dumpf entschlossenen Stimme sagte Lucy: »Auf der Fahrt nach Hause kamen die Schmerzen, als hätte man ein Messer in sich. Ich machte beinahe einen Unfall, fuhr aber weiter, bis der Schmerz unerträglich wurde. Ich hielt an einer Tankstelle, und der Tankwart deutete nach hinten. Ich ging auf die Toilette, und dort ging es ab. Ich dachte, ich würde verbluten. Etwa eine Stunde lang konnte ich mich nicht bewegen. Der Mann wollte die Polizei rufen, aber ich ließ es nicht zu. Zu Hause sagte meine Mutter: ›Du siehst blaß aus, ist alles in Ordnung?‹ Und ich sagte: ›Mir geht es gut. Ich . . .‹«

Erst da fing sie an zu schluchzen, so verzweifelt, daß ich sterben wollte, weil ich dafür verantwortlich war. Dann sah sie mich an und lachte höhnisch. »Da sind deine dreihundert Dollar.«

Ich wollte, daß der Bus verunglückte und ich bei lebendigem Leibe verbrannte oder daß er immer weiter fuhr, an Amherst und Pittsfield vorbei und aus dem Bundesstaat hinaus. Reichte es aus, mein Zuhause zu verlassen?

Ich las immer noch Baudelaire, diesmal die gegenüberliegenden Seiten, auf französisch. ›Fern der spöttischen Welt‹ und ein Gedicht über seine Geliebte . . . nackt, von ihren Juwelen abgesehen, geschminkt. Glänzende Pobacken. Mohrensklavin. Wie ein gefangener Tiger. Mit einem strahlenden Lächeln vor einem Feuer. Sie war schwarz, und sie sehnte sich nach ihm.

Nur weiter so, dachte ich. Fern der spöttischen Welt. Niemand sollte mich kennen. Ich verdiente es nicht, daß mich jemand vermißte. Doch das Zuhause war zu groß, und man konnte ihm zu schwer entkommen. In jedem Staat würde ich ein Versager sein. Wie konnte ich verschwinden? Zu Hause war das ganze Land.

III Junge Afrikanerinnen

I

Man führte den barfüßigen Schüler aus einem Eukalyptuswäldchen, wo er sich versteckt hatte, in mein Büro. Aber warum lächelte er so? Als er näher kam, sah ich, daß sein irrer Blick nicht zu seinem grinsenden Mund paßte. Es war das Lächeln eines Ganjarauchers ... Willy Msemba hatte wieder mal nicht die Finger vom Hanf lassen können. Auf seinem schwarzen Gesicht lagen Regentropfen.

Wie ein Scharfrichter schubste mein Stellvertreter Mambo den Jungen vor sich her. Mambos verschmierte Schuhe und Msembas nackte Füße hinterließen schlammige Spuren auf dem Boden.

»Rektor.« Wenn Mambo dieses Wort benutzte, klang es immer sarkastisch. Mit einer einzigen Bewegung hatte er angeklopft und zugleich meine Bürotür aufgestoßen.

Ich sagte, sie sollten eintreten, doch sie waren schon drin. In ihren krausen Haaren fingen sich ganze Regentropfen und blieben dort unversehrt liegen. Nicht viele Schüler hatten Haare, nicht einmal die Mädchen. Die Haare wurden geschoren, wegen der Läuse.

Willy lächelte seine Zehen an. Von seinen Füßen bröckelte etwas, das wie Kuchenkrümel aussah. Zitternd in seinem nassen Hemd, lächelte er immer noch.

»Ich habe diesen Jungen beim Rauchen erwischt.«

Rauchen hieß immer Ganjarauchen.

Der Wind schüttelte die Eukalyptusbäume – Fetzen faseriger Borke und blasse Blattwedel. Es war ein grauer kalter April in Nyasaland, einer der Monate mit wehendem Nebel. Der Nebel nieselte nach unten und war so dicht, daß einem das Land winzig klein vorkam. Er rötete die Erde und ließ die Dächer ächzen.

In diesem Augenblick schoß Miß Natwick aus ihrem Zimmer quer über den Schulhof, eine jener kleinen, steifbeinigen Frauen, die aussehen, als kippten sie um, wenn sie in Eile sind. Sie war eine Teilzeitkraft, und eins ihrer Fächer war Handarbeit, dennoch begriff sie nicht, warum man nach Mr. Likonis Ausscheiden die Leitung der Schule nicht ihr übertragen hatte. Schließlich war sie eine weiße Rhodesierin!

Kaum hatte sie mein Büro betreten, als auch schon Mr. Nyirongo draußen auf der Veranda an meinem Fenster vorbeikam. Statt einzutreten oder weiterzugehen, blieb er stehen und starrte uns an. Zweifellos faszinierte ihn der Anblick des tropfenden Willy Msemba, flankiert von Vize Mambo und Miß Natwick. Seine Zunge quoll aus dem halb geöffneten Mund.

Ich schritt hinter meinem Schreibtisch auf und ab. Ich war erst seit kurzem Rektor und noch unsicher. Ich hatte ungern Zuschauer, wenn ich Strafen verhängte. Ich wußte, ich war ein ungeeigneter Zuchtmeister, und hoffte, die Schüler würden mich als fairen und gerechten Rektor akzeptieren und meine Gutmütigkeit nicht ausnutzen. Dahinter stand eine einfache Logik: Wenn sie mich mochten, würden sie sich benehmen. So machte man das in Amerika. Mein Vorgänger, Mr. Likoni, hatte sich der britischen Methode bedient. Er legte Übeltäter über einen Stuhl und verdrosch sie.

»Dieser Knabe macht es in jeder Pause«, sagte Vize Mambo. »Hockt einfach unter den Bäumen und raucht sein Ganja. Ich bin der Meinung, das erfordert eine strenge Bestrafung.«

An Vize Mambos Revers steckte ein glänzender Button mit einem großen schwarzen Gesicht darauf – Doktor Hastings Kamuzu Banda. Dieser mißmutig dreinblickende Mann würde nach der Unabhängigkeit im Juli Regierungschef werden, wenn Nyasaland zu Malawi wurde. Er sah weder glücklich noch geistig rege aus, und ich hatte manchmal den Verdacht, daß Afrikaner den Button trugen, um Nichtmitgliedern der Partei oder Ausländern wie mir Angst einzujagen.

Vielleicht sah Mambo, wie ich den Button anstarrte. Er sagte: »Doktor Banda legt Wert auf strenge Disziplin in Malawi.«

»Noch heißt es Nyasaland.«

Doch wir wußten beide, daß das nichts bedeutete. Fast alle

weißen Siedler waren abgereist, nur der britische Generalgouverneur blieb noch. Er hatte den Auftrag, Banda das Land zu übergeben.

»Ich würde gern Willys Version hören«, sagte ich, weil ich den Eindruck hatte, daß Mambo mich unter Druck setzte.

»Die rauchen alle«, erklärte Miß Natwick. »Du lieber Himmel, woher nehmen sie bloß das Geld? Ich denke, sie sind so arm!«

Ihr ging es nur ums Rauchen an sich. Sie hatte keine Ahnung, was Ganja war. Sonst wäre sie fassungslos gewesen.

»Ich glaube, er stiehlt es«, sagte Vize Mambo. »Hoffentlich billigt der Rektor Stehlen nicht.«

Die ganze Zeit über lächelte Willy Msemba sein schiefes Lächeln.

»Was hast du zu deiner Verteidigung zu sagen?«

Er sah mich mit trüben Augen an, als sähe er nach langer Zeit einen alten Freund wieder. »Allo, Mister Andy!« murmelte er.

Miß Natwick stieß einen mißbilligenden Laut aus, als er meinen Vornamen benutzte. Nicht einmal Andre sagte er, sondern Andy . . .

»Mr. Parent«, korrigierte sie. »Auf der Akademie in Salisbury sagten wir immer: ›Herr Direktor, Sir!‹«

»Ich seh' ihn frr . . . eitags«, sagte Msemba zu Miß Natwick und schenkte ihr das gleiche seltsame Lächeln.

»Stimmt das mit der Raucherei?«

Doch er beachtete mich nicht. Er war taub und lächelte immer noch, rollte die Augen und wackelte mit dem Kopf. Jetzt wandte er sich an Miß Natwick. »Er macht jig-jig.«

»Hör mir zu«, sagte ich.

»Mister Andy!«

»Ich betrachte das als ernsten Verstoß gegen die Vorschriften.«

»O ja, der Kerl tanzt wirklich gern!« verkündete der Schüler dem ganzen Zimmer.

»Ich dulde es nicht, wenn in der Schule geraucht wird.«

»Wovon redet dieser Kretin überhaupt?«

»Fragen Sie ihn, woher er das Geld hat«, forderte Vize Mambo.

Msemba sagte: »Er tanzt wie wild!« Dabei trat er Schlamm von seinen Füßen. »Beetriss!«

»Ich verstehe kein einziges Wort.«

Beatles hatte er gemeint, doch ich beschloß, es nicht zu übersetzen.

Mr. Nyirongo schaute aus traurigen Augen finster durch das Fenster und zeigte mir seine gewölbte Zunge. Miß Natwick blinzelte. Vize Mambo hatte seinen Griff um Msembas Arm gelockert. Inzwischen stand nämlich ich im Mittelpunkt des Interesses, nicht mehr Msemba. Ich war dreiundzwanzig. Erst seit zwei Monaten war ich Rektor, seit Likoni gegangen war, und diese Leute hatten meinen Posten haben wollen ... wollten ihn immer noch. Sie warfen mir vor, daß ich nicht zurechtkäme, unreif sei, mich nachlässig kleide – daß ich Amerikaner war. Und doch konnten sie nicht leugnen, daß die Schule so reibungslos wie immer funktionierte und ganz sicher sauberer war als unter Likoni. Außerdem hatte ich Pläne.

»Alle mögen diesen Burschen«, sagte Msemba. »Besonders die Mädchen!«

Gummimaul, dachte ich. Seine Lippen hatten die Beschaffenheit und Farbe eines Fahrradschlauchs, und sie standen immer noch nicht still.

»Zur Strafe«, sagte ich, um ihn zum Schweigen zu bringen, »machst du zehn Ziegelsteine.«

»Und besonders ...«

»Zwanzig Ziegelsteine! Geh jetzt zurück in deinen Klassenraum.«

Niemand hörte mir zu. Msemba machte seltsam gleitende Tanzschritte, dann trampelte er plötzlich los, als zertrete er Schaben. »Etwa so«, sagte er dazu.

»Schaffen Sie ihn hier raus«, sagte ich zu Vize Mambo.

»Er wird frech«, befand Miß Natwick. »Eine Unverschämtheit!«

Msemba nickte zustimmend. »Er tanzt mit Afrikanerinnen.«

»Bringen Sie ihn raus«, sagte ich zu Vize Mambo.

»Mit Afrikanerinnen!« wiederholte Msemba.

Wie viele Afrikaner war er nicht in der Lage, das Wort »Afrika« auszusprechen. Aus seinem Mund klang es wie »Affalika«.

»Wovon redet der Bursche bloß?« fragte Vize Mambo.

»Sogar mit meiner Schwester. Jeden Tag!«

»Das ist eine Lüge«, sagte ich. »Jetzt raus mit dir.«

Vize Mambos Gesicht war immer schwärzer geworden, von kleinen helleren Falten durchzogen. Seine Augen waren winzig, die weiten Nasenflügel bebten vor Wut. Mit zusammengepreßten Lippen packte er Msemba am Arm und zerrte ihn aus meinem Büro. Seinen Zorn über mich ließ er an dem Jungen aus.

Mr. Nyirongo biß auf seiner Zunge herum – und entfernte sich dann; die hohen Fenstersimse reichten ihm bis zum Kinn.

»Montags nach dem Frühgebet«, erzählte Miß Natwick, »haben wir auf der Akademie die Namen der Missetäter verlesen. Sie mußten vor der ganzen Versammlung Aufstellung nehmen. Der Rektor holte seine Rute, dann legte er sie einen nach dem anderen über den Stuhl und vermöbelte sie. ›Danke sehr!‹ – ›Der nächste!‹ Manche wurden ohnmächtig. Manche übergaben sich an Ort und Stelle.« Sie zeigte ihre gelblichen Zähne. »So war das in Salisbury.«

»Likoni hat das versucht. Es funktionierte nicht.«

»Weil er sie nicht fest genug schlug.«

»Wir sind hier nicht in Rhodesien, Miß Natwick.«

»Das läßt sich, verdammt noch mal, leider nicht übersehen.« Damit ging sie.

Lange nachdem die Schüler an diesem Tag nach Hause gegangen waren – ihr Geruch nach Seife und Dreck hing noch in dem leeren Klassenzimmer, und die Stille hallte wie ein Klang nach –, sah ich Willy Msemba beim Ziegelsteinmachen. Er lächelte nicht mehr. Die Wirkung des Marihuanas hatte aufgehört, nun war er erschöpft und benommen.

»Leichte Strafe«, befand Vize Mambo. »Eher eine Spielerei.«

Wo kam er auf einmal her? Doch er tauchte oft plötzlich und unerwartet auf. Wie bei vielen mißgünstigen Menschen klang auch aus seiner Kritik Neid. Ich beschloß, ihn zu überhören. Gemeinsam sahen wir zu. Msemba hatte in ein Loch feuchten Lehm getrampelt, den er vorher ausgegraben und eingeweicht hatte. Dann machte er ihn mit den Füßen geschmeidiger, mischte ihn mit Stroh und stopfte die Masse in ziegelsteingroße Formen, die er zum Trocknen auf den Boden kippte. Er war fast fertig. Seine Beine waren bis zu den Knien verschlammt, und auch die Arme waren von den Fingerspitzen bis zu den Ellbogen lehmverschmiert. Darum ging es bei der Strafe . . . und darum, daß wir die Steine brauchten: zum Bau einer neuen Latrine.

»Hundert Steine hätte er machen müssen«, sagte Vize Mambo. »Mit einem Stock hätte er verprügelt gehört.« Dabei starrte er mich an wie ein Priester, und ich wußte, was er dachte: Afrikanerinnen.

Nun war also ich in der Klemme, nicht Msemba. Man hatte mich zum Rektor gemacht, als Likoni zum Erziehungsminister der neuen Regierung ernannt worden war, die in drei Monaten ihr Amt antreten würde. Likonis Beförderung hatte nichts mit seinen Fähigkeiten zu tun. Er war ein Trunkenbold, der einmal in Aberystwyth in Wales an einem Seminar teilgenommen hatte. Die Urkunde hing an der Wand. Da es im ganzen Land nicht mehr als ein Dutzend Universitätsabsolventen gab, waren die Aufstiegschancen groß. Dafür war ich das lebende Beispiel.

Ich war seit sieben Monaten als Freiwilliger des Friedenskorps in Nyasaland. Es lag zu tief im Busch, an einer zu schlechten Straße, um viele Besucher anzulocken. Neben den Lehmhütten trieben sich bissige entlaufene Hunde herum. Wachteln duckten sich im Gras. Die ganze Nacht lang hockten Eulen auf den Straßen. Es gab schwarzgrünliche Landkrebse, die wie kleine Monster aussahen. Und Hyänen, die meine Abfalltonnen umstießen. Wenn ich nach Mitternacht nach Hause kam, sah ich sie in ihrem hundeartig wippenden Gang davonhopsen. Wir hatten Schlangen. Der Hügel hinter der Schule war ein riesiger Felsen. Ich hatte mit dem Gedanken gespielt, ihn zu erklimmen, fand das aber mittlerweile zu ermüdend. Es gab dreißig verschiedene Vogelarten, aber niemand kannte ihre Namen. *Mbalame* nannte man sie, das gleiche Wort wie für Flugzeug. Mein Haus lag so hoch, daß ich in der Ferne den Mount Mlanja und das blaue Plateau sehen konnte; darunter wurde dunkelgrüner Tee angebaut. Es gab keine anderen Amerikaner an der Schule. Das gefiel mir, weil ich mich für einen Einzelgänger hielt; mit meinem zerdellten Hut, dem zerknautschten Anzug und den fleckigen Wildlederschuhen kam ich mir höchst romantisch vor.

Es kreischte und war still, dieses altmodische Afrika, es roch nach Holzrauch und nasser Erde. Und was ich in diesen Frühlingsmonaten am eigenartigsten fand: Es war kalt.

Ich war der Boß. Doch ein dreiundzwanzigjähriger Rektor war ungewöhnlich, selbst in diesem ungewöhnlichen Land. Einige meiner Schüler waren zwanzig, und viele sahen älter aus als ich. Die Mädchen waren jünger, doch einige hatten bereits Kinder. Das war ihr Geheimnis. Sie taten, als wären sie Schulmädchen, und ich tat, als wüßte ich nichts von ihren Kindern. Wir hatten 156 Schüler. Alle waren mager, großäugig und barfuß.

Willy Msemba war eine Ausnahme. Er war praktisch der einzige Missetäter, dabei aber immer guter Dinge. Und er war intelligent. Er las Mickey Spillane. Er schrieb mir einen Aufsatz, der mit den Worten begann: »Ich heiße Msemba. Ich bin ein Bulle. Ich war in Chikwawa. Ich sah eine Braut – spitze Brüste, dickes Gesicht, geglättete Haare, eine echte Zuckerpuppe. Aber sie war ein harter Brocken. Ich mußte ihr einen Tritt verpassen, ehe sie mit der Information rausrückte, die ich brauchte ...«

Die anderen Schüler waren brav, und da die Disziplin generell so gut war, fürchtete ich, daß wir unser *chimbuzi* nie bekommen würden. Das war nämlich der Grund, Ziegelsteine herzustellen: Wir brauchten eine neue Latrine. Der Zaun um den Abwassergraben war kaputt, und der Graben selbst war fast voll; und er stank. Das erweckte den Eindruck, daß die Leute hier schmutzig und nachlässig waren. Ich wußte, daß das nicht stimmte, und wollte es mit einem neuen *chimbuzi* beweisen. Ich träumte von einem großen, stabilen, symmetrischen Bau mit eingekratzter Jahreszahl *1964*, und wenn man mich fragte, was ich für diese Afrikaner in ihrem Unabhängigkeitsjahr getan hätte, könnte ich antworten, ich hätte ihnen zu einem Scheißhaus aus Ziegelsteinen verholfen.

Die Erde war lehmig genug für gute Ziegelsteine, aber wir hatten eben nicht genügend Disziplinprobleme, um für ständigen Nachschub zu sorgen. Ich brummte ihnen fünf Ziegelsteine für Zuspätkommen auf, zehn für nichterledigte Hausaufgaben, fünfzehn für Prügelei, fünfzehn für das Verstreuen von Abfällen (wenn sie auf dem Schulgelände Zuckerrohr kauten und ausspuckten) und so weiter. Eigentlich gab es fünfundzwanzig für Hanfrauchen, aber Willy Msemba hätte fast geplaudert, und bisher war mein Privatleben ein Geheimnis geblieben. Ich wollte den Jungen nicht gegen mich aufbringen. Er wußte zuviel.

Ich hielt Ziegelsteinmachen als Strafe für eine gute Idee. Es war schmutzig und nützlich. Dennoch wurde ich kritisiert, weil ich zu weich sei. Weil ich nett zu den Schülern war, erzählten Vize Mambo und Mr. Nyirongo herum, ich hätte Angst vor denen. Miß Natwick sagte, das Problem mit Amerikanern sei, daß sie so verflixt phobisch wären. Dies war die schmerzlichste Kritik, denn ich wußte nicht genau, was sie meinte, und es war mir zuwider, einen Ausspruch von Miß Natwick nachschlagen zu müssen *(krankhaft ängstlich, furchtsam)*.

Ich ging darüber hinweg. Besser, man sagte mir nach, ein schwacher Rektor zu sein, als über die andere Sache zu reden, die ich geheimhalten wollte. Und ich wußte, daß die Schüler mich mochten. Ich beherrschte die Sprache, Chinyanja, und ich hatte alle Sprichwörter aus dem *Nzeru Za Kale* (»Weisheit der Alten«) gelernt, »Wer um Regen fleht, fleht auch um Schlamm« und dergleichen. Ich zitierte sie bei den Morgenandachten. »Hast du ein häßliches Gesicht, lerne zu singen.« Ich war der erste Amerikaner, den sie je gesehen hatten. Für einige war ich der erste weiße Mann. Amerikaner – und freundlich – zu sein gab mir Macht über die Schüler, und die Schule lief gut.

Es war eine neue Schule, ein Komplex von vier niedrigen Betongebäuden mit Blechdächern, auf die der Regen so laut prasselte, daß wir den Unterricht unterbrechen mußten, bis es aufklarte. An den Unterrichtsgebäuden entlang verliefen Veranden, im Zentrum gab es eine festgetretene Fläche, auf der wir unsere Morgenandachten abhielten. Vor meinem Büro lag ein halber Meter Eisenbahnschiene, die ich um fünf vor acht mit einer Eisenstange bearbeitete.

Jede Morgenandacht begann mit einem Gebet, einem Lied

und ein paar aufmunternden Worten. Noch gab es keine Nationalhymne. Wir sangen *Mbuye Dalitsani Afrika,* »Gott schütze Afrika«, eine Art panafrikanische Hymne mit der traurig-schwerfälligen Melodie eines Begräbnisliedes. Likoni hatte immer aus der Bibel vorgelesen, meist Psalmen. Ich verzichtete auf die Psalmen und bevorzugte Jona, den Prediger Salomo und den Propheten Hesekiel; am liebsten sprach ich über das Tal der Gebeine. Außerdem trug ich Aesops Fabeln, bekannte Zitate aus Shakespeare und leicht eingängige Gedichte vor. Dazu gab ich passende Kommentare ab. Ich verlas Bekanntmachungen und überprüfte die Anwesenheit. An diesen kalten Morgen zauste der Wind die Eukalyptusbäume, brachte die Blechdächer zum Ächzen und fuhr in die Kleidung der zitternd dastehenden Schüler. Wenn sie ihre Namen hörten, antworteten sie mit »Hia« und »Sah«.

Eine neue Straße verband die Schule mit der tiefergelegenen, früher zum Baumtransport benutzten Straße, die durch einen Wald führte und an der Siedlung Kenjedza endete. Die Schulstraße hatte ich angelegt. Dadurch hatte ich meinen Ruf erworben. Zu Likonis Zeit war sie ein schmaler Pfad durch brusthohe Dornbüsche und Gestrüpp gewesen. Ich wollte, daß der Pfad verbreitert wurde. »Dann werden große Autos zu uns kommen«, sagte Vize Mambo. Doch darauf kam es nicht an, auf Autos legte ich keinen Wert. Ich stellte mir lediglich vor, eine lange geschwungene Straße würde Schule und Schulhügel mehr Würde verleihen.

Ich bat die Behörde für öffentliche Bauvorhaben, uns Arbeiter für die Straße zu schicken.

»Ich kann Ihnen einige Männer schicken, aber bezahlen müssen Sie sie selbst«, teilte mir der zuständige Dezernent telefonisch mit. Seine piepsig verzerrte Stimme drang aus einem schweren altmodischen Hörer.

»Warum bezahlen Sie sie nicht?«

»Das Bauamt befindet sich in einer Übergangsphase«, antwortete er. »Die Briten sind weg.«

»Wer ist zuständig?«

»Das ist die Frage.«

Der Unabhängigkeitstag war im Juli, und bis dahin erteilte die Behörde keine Aufträge. Jeden Morgen traten

Männer zur Arbeit an, doch es gab nichts für sie zu tun; und obwohl sie noch auf der Lohnliste standen, erhielten sie kein Geld.

Ich hatte einen Etat. Für die Straße hatte ich sechzig Pfund vorgesehen, was mir reichlich vorkam; über hundert Dollar. »Schicken Sie mir sechs Mann.«

Die Männer kamen auf Fahrrädern. Sie glotzten die Schüler an, bis die Morgenandacht beendet war, hackten dann an ein paar Büschen herum und traktierten einen großen Baum. Anschließend schliefen sie darunter. Sie sagten, sie wollten mehr Geld, und als ich es ihnen verweigerte, schoben sie ihre Fahrräder den schmalen Pfad hinunter und radelten fort.

Es blieben vierundfünfzig Pfund. Mr. Nyirongo sagte, der Häuptling eines nahegelegenen Dorfes würde die nötigen Arbeitskräfte stellen, verlange aber ein Bestechungsgeld.

»Es sind doch bloß Büsche«, sagte ich. »Wären die Schüler nicht so schlapp, könnten sie eine neue Straße trampeln.«

Alle sagten, die Schüler hätten Würmer und seien deshalb so matt. Doch mir kam eine Idee. Ich ging in Zimba zur Bank und wechselte die restlichen vierundfünfzig Pfund in »Tickeys«, kleine graue Dreipennymünzen. Auf dem Rückweg zur Schule baumelten Segeltuchbeutel voller Geld an meinem Rad, fast viereinhalbtausend Tickeys.

Am Ende der nächsten Morgenandacht verblüffte ich die Schüler mit der Bekanntgabe, heute sei schulfrei. Doch ehe ich sie entließ, rief ich: »Seht her!« Mit den Geldbeuteln beladen, ging ich den ganzen Pfad hinunter und warf Tickeys nach rechts und links, so weit, wie die Straße breit sein sollte.

Wie hungrige Heuschrecken fielen die Schüler über den Pfad her und zerrten an den Büschen, und am frühen Nachmittag war das Land geräumt. Nach ein wenig Feinarbeit wurde die von mir gewünschte Straße daraus. Das war meine erste bemerkenswerte Leistung als junger Rektor.

Beliebt war ich auch wegen meiner speziellen Hausaufgabenregelung. Weil die Schüler in Lehmhütten ohne elektrisches Licht wohnten, erließ ich die Bestimmung, daß sämtliche Hausaufgaben nach Unterrichtsschluß in der Schule zu erledigen waren. Übers Wochenende bekamen sie auch Hausaufgaben auf, von Freitag zu Samstag aber nicht. Dies hieß, daß wir Lehrer an Wochenenden keine Aufgaben korrigieren mußten.

Die Schule hieß nach dem Hügel direkt hinter dem Gebäude »Chamba Secondary School«. Das Wort Chamba bedeutete nicht nur indischer Hanf, sondern stand auch für einen wilden und unsinnigen Tanz. Wenn man jemandem die Bedeutung erklärte, sagte er unweigerlich: »Sehr passend!« Doch ich hielt das für unfreundlich. Nun laßt sie doch, sagte ich; aber ich dachte auch: Nun laßt mich doch.

2

Das Korrigieren an Wochenenden schaffte ich aber vor allem deshalb ab, weil ich an diesen Tagen mit meinen eigenen Angelegenheiten beschäftigt war. Ich paßte die Schulvorschriften meinem Lebenswandel an. Willy Msemba hatte nicht gelogen, als er »Afrikanerinnen!« sagte.

Es war mein geheimes Leben – mein wahres Leben. Das Friedenskorps wußte nichts davon. Ich hatte schon immer zwei Leben geführt, doch in Afrika wurde das zweite erfüllter und freier. Manchmal dachte ich, das sei der eigentliche Grund für meinen Afrikaaufenthalt. Besonders kurz vor der Unabhängigkeit, als niemand Entscheidungen fällte, kam es mir so vor.

Es hatte während meiner ersten Woche in Nyasaland ganz harmlos angefangen. Ich war durch den Regen nach Zimba geradelt, um ein paar Briefe aufzugeben. (Aus Afrika Briefe zu schreiben fand ich aufregend. Der Held dieser Briefe war ich. Allerdings war es schwer, bei der Wahrheit zu bleiben und nichts zu beschönigen.) Zimba war die nächstgelegene Ortschaft und hatte eine einzige Straße. Samstags schloß die Post um zwölf, und so vertrieb ich mir anschließend die Zeit auf dem kleinen Markt, wo Frauen verwachsenes, staubiges Gemüse verkauften. Zu Mittag aß ich im Zimba Coffee Shop. Der Laden gehörte zwei griechischen Brüdern und wurde von einer blonden Griechin geführt. Ich kaufte mir ein Käsesandwich, eine *samosa* genannte Blätterteigtasche mit Curry und eine Tasse starken Kaffee. Sie sah mir beim Essen zu und bedachte mich mit der zwischen Weißen üblichen Aufmerksamkeit – als wäre sie eine entfernte Verwandte.

Das störte mich. Ich ging hinaus in den Regen. Viel gab das Städtchen nicht her: fünf indische Läden, alle mit den gleichen Waren, nämlich Lebensmittelkonserven und Stoffen; eine Autoreparaturwerkstatt mit Tankstelle; eine Zweigstelle von Grindlay's Bank; einen Fish-and-Chips-Laden; eine Bäckerei und die Nyasaland-Handelsgesellschaft. Keins der Geschäfte wurde von Afrikanern geführt. Die Nyasaland-Handelsgesellschaft unterhielten zwei alte Frauen. In einem niedrigen Holzhaus gab es eine Gemischtwarenhandlung mit dem Warenbedarf der Kolonialisten auf Lager: Marmeladengläser, Briefpapier, Kleidung, Londoner Zeitungen vom letzten Monat, Bücher, Tinte, Schuhe, Petroleumlampen, Gummistiefel. Als ich hereinkam, wischte eine der Frauen mit einem Staubwedel (die sie übrigens auch verkauften) einen eigenartigen Apparat ab, der sich Radiogramm nannte: ein großer lackierter Kasten mit gelbem Plastikfenster. »Es ist ein Rundfunkgerät, spielt aber auch Schellackplatten ab«, hatte mir die Frau bei meinem ersten Besuch erzählt.

Die meisten weißen Siedler hatten dem Land endgültig den Rücken gekehrt. Die Regale staubten ein. Afrikaner kaufen weder Bird's Puddingpulver noch Bovril's körnige Brühe, Swan Vesta's Streichhölzer, Dundee-Thick-Cut-Marmelade oder Fenwick's Gummistiefel, weder Hack's Zitronencreme, Gentleman's Relish, Nairn's Köstliche Haferkekse, Dosen mit Bath-Oliven oder gar eingelegte Walnüsse der Marke Battley's.

Ich stöberte in der Nyasaland-Handelsgesellschaft herum, bis der Regen aufhörte, erstand ein Penguin-Taschenbuch – ein in den Tropen spielender Roman von S. Prasad, einem Autor, den ich bewunderte – und machte mich dann mit meinem Fahrrad auf den Heimweg nach Chamba, gestärkt für die fünf Kilometer lange Fahrt, hauptsächlich bergauf.

Als ich an einem anderen Laden vorbeikam, bemerkte ich einen Haufen Fläschchen und Schächtelchen im Fenster und erhielt den Eindruck von der Vorliebe des Nyasaländers für Arzneimittel: DeWitt's Wurmsirup, Philipps' Kolikmittel, Lungentonikum, Eisenpräparate, Leberelixier, Roter Sirup (»Zur Kräftigung«), Nieren- und Blasenpillen von Baxter, Abführ- und Verdauungsmittel sowie Letrax (»Entfernt Spulwürmer, Hakenwürmer, Bandwürmer und Fadenwürmer«). Es gab diverse Sorten Hautaufheller und natürlich zahlreiche Mittel zum Haareentkrausen. Im Laden befanden sich Kunden, doch als ich die Aufschriften las, dachte ich: Wo bin ich hier eigentlich?

Weiter oben, am Stadtrand, lungerten afrikanische Männer vor einem Laden herum. Aus der Tür drang Musik, ein harmonisches Gejaule. Später wurde mir klar, daß dies meine erste Bekanntschaft mit den Beatles gewesen war: in einer Seitenstraße in Zimba, einer Kleinstadt in Nyasaland, Zentralafrika. Es war kein Laden. Ich ging näher heran. Es war laut, an den Fenstern saßen Afrikanerinnen, und von der Veranda aus beobachteten mich sonnenbebrillte junge Männer. Über ihnen hing ein ungeschickt beschriftetes Schild mit der Aufschrift BEAUTIFUL BAMBOO BAR.

Winkte mir da jemand zu? Ich glaubte, ein afrikanisches Mädchen winken zu sehen, doch als ich erneut hinschaute, war es verschwunden. Dennoch trat ich ein. Drinnen kam es mir kalt vor, und die Beleuchtung war schummrig, was der Bar etwas Dunkles, Zwielichtiges gab. Es war ein einziger Raum, in dem es dumpf nach Pisse und Schmutz roch, wie in einem engen Tunnel. Außerdem war es feucht, durch ein Fenster wehte Rauch, der Spiegel war mit blauer und roter Farbe bekleckst, und an den Wänden standen Bierregale voller kleiner bauchiger Flaschen mit Lion und Castle Lager.

Der Barkeeper trug ein T-Shirt, eine Tweedweste, zerlumpte Shorts und Plastiksandalen. Er näherte sich nervös.

Ich sagte: *»Moni. Muli bwanji, achimwene?«*

Hallo Bruder: Es war die freundlichste Anrede. Er war zu verdutzt, um sofort zu antworten. Schließlich sagte er: »Du sprichst.«

»Ja, Bruder.«

»Oh, ich danke dir, Vater«, sagte er.

»Wie heißt du, Bruder?«

»Ich heiße Wilson.«

So oder ähnlich hießen sie alle: Wilson, Millson, Edison, Redison, Henderson oder Johnston. »Danke sehr, Wilson.«

»Und wie heißt du, Vater?«

»Nenn mich bitte nicht Vater.«

»Wie heißen Sie, Sir?«

»Bitte, Bruder.«

»Ja, *achimwene.*« Er brachte das Wort kaum heraus. »Wie heißt du?«

»Ich heiße Andy.«

»O danke, Mr. Undie«, sagte er.

Er erzählte mir, ich sei der erste *mzungu,* der die Beautiful Bamboo Bar je betreten habe. Das hob meine Stimmung. War ich nicht deswegen in Afrika?

Um uns herum saßen fünf oder sechs Mädchen an Holztischen. Als erstes fiel mir auf, daß sie keine Haare hatten; zumindest sehr wenige, kaum mehr als Flaum. Doch die geschorenen Köpfe betonten ihre wohlgeformten Körper. Sie trugen zwar Kleider, aber sogar in der düsteren Bar war nicht zu übersehen, daß sie darunter nackt waren. Sie waren barfuß, und irgendwie paßte das zu ihren nackten Köpfen.

Ich setzte mich zu zwei Mädchen an den Tisch, trank ein Bier und unterhielt mich mit ihnen. Sie fragten, wo ich ihre Sprache gelernt hätte.

»An der Universität Syracuse, was sagt ihr dazu?« Und ich fügte hinzu: »Im Staat New York, USA.«

Sie lachten, alles außerhalb von Nyasaland fanden sie großartig. Doch ich wußte, ich wollte nur in Nyasaland sein.

»Amerikaner«, sagte eins der Mädchen, als probiere sie das Wort aus. Offenbar arbeiteten sie gelegentlich in der Bamboo Bar. Sie stammten aus abgelegenen Dörfern. Für sie war Zimba die Großstadt; sie gehörten zu dieser Bar. Dahinter wohnten sie. Die Musicbox spielte ›Shimmy Shimmy Koko Bop‹, und eine Afrikanerin legte einen plattfüßigen afrikanischen Tanz aufs Parkett.

Sie hieß Rosie. Sie sagte, ihr Lieblingssänger sei Chubby Checker. Außerdem mochte sie Elvis, Del Shannon und die Orlons.

»Wer sind die Orlons?«

»Wah-Watusi«, sagte Rosie. »Und Spokes Mashiani. Aus Südafrika.«

Das waren die Gespräche ... Namen von Sängern, Namen von Songs, wieviel Bier verträgst du, hast du schon mal einen Löwen gesehen? Dazu tönte es: ›Shimmy Shimmy Koko Bop‹.

Schließlich fragte Rosie: »Bist du der Lehrer oben in Chamba?«

Ich bejahte und wandte mich zum Gehen. Draußen war es dunkel geworden. »Das große Haus mit den Blumen davor«, sagte ich. ›Shimmy Shimmy Bop‹. »Es gehörte Mr. Campbell. Er ist zurück nach England gegangen.«

»Sie sind alle zurück nach England«, sagte Rosie.

Das andere Mädchen sagte wehmütig: »Sie haben uns einfach verlassen.«

»Aber ich gehe nicht weg.«

»Das ist gut«, befand Rosie.

»Besuch mich doch irgendwann mal«, schlug ich vor.

»Ja.« Sie legte die Hand vors Gesicht und kicherte.

Ich holte tief Luft. »Wie wäre es mit jetzt, Schwester?«

Sie schnalzte mit der Zunge, eindeutig zustimmend.

Wir gingen, Seite an Seite. Das Fahrrad schob ich, weil ich sie bergauf nicht auf der Rahmenstange sitzen lassen konnte. Sie sagte, niemand habe etwas dagegen, daß sie ging: Im Bamboo herrsche kein großer Betrieb.

»Kein Geld für europäisches Bier, nur für afrikanisches.« Sie meinte das Zeug von haferbreiartiger Konsistenz, das die Marktfrauen in alten Ölkanistern verkauften.

Im stockfinsteren Wald griff ich nach ihrer Hand. Sie war hart und schwer, mit rauhen Fingern und einem Ballen, so ledrig wie ein alter Stiefel. Doch ich ließ nicht los.

Zu Hause bat ich sie, Platz zu nehmen, und goß ihr ein Glas Gin ein. Sie nahm kleine Schlucke und verzog das Gesicht dabei. Ihre nackten Füße waren so rauh und aufgesprungen wie die Hände. Ihr grünes Fähnchen war abgetragen, der Spitzenbesatz am Kragen zerrissen. Ich machte im Kamin Feuer, und wir saßen auf dem von Mr. Campbell zurückgelassenen Sofa vor den brennenden Eukalyptusscheiten. Doch Rosie war unruhig. Sie erkundete das Zimmer.

»Bücher«, sagte sie. Sie sah sich die Bilder an, Kalenderdrucke von Schottland, Katzen, Hunde. Ich fragte, ob sie ihr gefielen. Sie verneinte und sah sich weiter alles an. »Tisch.« Sie strich mit der Hand drüber. »Blumen. Lupe. Vorhänge. Teppich. Messer und Gabel. Tomatenketchup. Senf.«

Neben der Ansammlung klebriger Flaschen auf dem Tisch – auch von Campbell – aßen wir zu Abend, bedient von Captain. Captain war mein Koch: ebenfalls eine Hinterlassenschaft Campbells. Er war zu aufgeregt, um sein anzügliches Grinsen zu verbergen. Mit Rosie unterhielt er sich in einer mir unbekannten Sprache, vielleicht Yao oder Tonga. Ich schnappte das Wort »Amerikaner« auf.

Sie aß hungrig und sehr geräuschvoll, tauchte die Finger ins Essen und wischte sich die Lippen am Handrücken ab. Später wurde mir klar, daß diese hektischen Manieren armer Leute den Sinn hatten, keinen Krumen zu vergeuden. Das Essen brachte sie zum Schwitzen, das fand ich erregend, und ich wollte mit ihr schlafen.

Als es in der Küche still geworden war, nahm ich ihre ledrige Hand und führte sie wortlos ins Schlafzimmer. Sie zog ihr Kleid aus und legte es fein säuberlich gefaltet auf einen Stuhl. Dann setzte sie sich aufs Bett, kippte auf den Rücken und spreizte die Beine. Ich kniete mich vor sie, fing an, und kurz darauf quietschte sie: *»Mwamuna wanga!«* (»Mein Mann!«) Sobald ich fertig war, wollte sie mich schon wieder. So liebten wir uns dreimal, immer auf die gleiche sandwichartige Weise. Ich hatte über einen Monat Abstinenz hinter mir. Dann schlief sie ein und schnarchte die ganze Nacht. Am Morgen brachte ich sie auf der Stange meines Fahrrads in die Stadt zurück.

»Willst du Geld?«

Sie lachte bloß. »Ich will ein Bier.«

Es war neun Uhr morgens, doch der Beautiful Bamboo hatte offen. Von dem müden Barkeeper kaufte ich ein Castle Lager für Rosie und ein Glas zuckrigen Tee für mich. Wir saßen schweigend in der leeren Bar und hörten dem Glockenläuten aus der katholischen Mission zu. Es klang streng, wie eine Schulglocke.

Es war Sonntag. Den restlichen Tag verbrachte ich mit Briefeschreiben, und in einigen Briefen tauchte Rosie auf. Briefe waren mein ein und alles. Dafür lebte ich, um Briefe zu schreiben und welche zu bekommen. Nyasaland war ein Land ohne Schrift. Und ich war immer regelrecht gerührt, wenn mich die lädierten Briefumschläge aus so großer Entfernung endlich erreichten.

Ich schrieb weiter, bis die Sonne hinter dem Chamba-Hügel unterging. Ich war glücklich. Oft fand ich die Erinnerung erotischer als die eigentliche Erfahrung, und die Vorfreude auf eine Frau war immer ein erotisches Vergnügen. Den ganzen Tag lang hatte ich mich auf den Beautiful Bamboo gefreut. Nach dem Abendessen fuhr ich im Dunkeln hin, auf der schlechten Straße zitterte meine Fahrradlampe.

»Rosie ist nicht da«, sagte ein anderes Mädchen und blieb auf ein Schwätzchen. Sie hieß Grace.

Gemeinsam tranken wir elf Flaschen Bier, und als ich nicht mehr klar sehen konnte, wußte ich, daß ich genug hatte. Ich erhob mich ungeschickt und ging zur Tür. Auf der Veranda blieb ich stehen und spürte, wie sich eine Hand um meine Finger schloß. Ich dachte, es sei Rosie, weil die Hand rissig und groß war, aber es war Grace. »Ich komme mit dir.«

Ich brachte kein Wort heraus. Ich bewegte mich vorwärts. Am Rand der offenen Jauchegrube stolperte ich und schwankte.

»Verzeihung!« rief sie.

Ich drehte mich um und versuchte, sie anzusehen. Sie war ein verschwommener Fleck. Dennoch kam ich mir nicht betrunken vor. In einem großen betrunkenen Körper war ich klein und nüchtern.

»Ich liebe dich, Mister.« Sie bestand darauf, mein Rad zu schieben. Dafür war ich ihr dankbar. Ich ging hinter ihr her, stolperte in den Fahrspuren und fühlte mich unsicher im Dunkeln. In Chamba sprachen wir nicht miteinander, sondern gingen wie ein altes Ehepaar zu Bett und schliefen sofort ein. Doch im Morgengrauen wachte ich auf, spürte ihre feuchte Haut an meiner und kuschelte mich an sie. Sie wollte mir helfen, indem sie mich mit ihren rauhen Händen streichelte, was meine Lust fast wieder abtötete. Sie seufzte zufrieden, gab eine Art Juchzer von sich und schlief schniefend wieder ein.

Ihr Geruch hielt mich noch eine Weile wach. Sie roch genauso wie meine Schüler, nach Seife, Schmutz und Schweiß. Es war eine menschliche Ausdünstung, in der sich Tod und Leben vermischten. Ein undefinierbarer Geruch, wie von Pilzen.

Am Morgen war sie verschwunden. Ihr Geruch war noch da und auf dem Bettlaken eine Delle etwa von der Größe ihres Körpers.

Captain stellte einen Teller mit Spiegeleiern vor mich hin und berichtete: »Sie sagte: ›Tut mir leid‹, sie besucht heute ihre Schwester.«

Er war ein kleiner Mann mit vorstehenden Zähnen. Früher war er Koch bei den Königlich Afrikanischen Schützen gewesen. Er konnte Teegebäck backen, er machte Minzsoße und Bratensoße und backte Brot. Er sprach kaum Englisch, kannte aber Worte wie »Braten«, »Hack« und »Pudding«. Er sprach Armee-Suahili, mit mir jedoch Chinyaja. Er war ein Yao aus Fort Johnson und Muslim. Nachdem er mich mit Afrikanerinnen gesehen hatte, sah er mich anscheinend in einem anderen Licht. Er wurde umgänglicher, ein wenig gesprächiger und familiärer, und zugleich fürsorglich.

»Beim nächstenmal kann ich das Mädchen auf Ihrem Fahrrad in die Stadt bringen, wenn Sie wollen.«

Er benutzte das Wort *njinga,* eine Lautmalerei für Fahrrad, die sich wie eine Fahrradklingel anhörte.

»Ja«, sagte ich. »Beim nächstenmal.«

Er hatte gewußt, was mir selbst gerade klargeworden war: daß es noch viele weitere Male geben würde. Ich war glücklich, doch als ich an diesem Morgen auf meiner Straße zur Schule ging, spürte ich ein Jucken. Noch vor der Morgenandacht entdeckte ich einige dunkle Punkte, die an meinen Schamhaaren hafteten. Ich zwickte einen ab und nahm ihn mit in den naturwissenschaftlichen Trakt, wo ich ihn unter dem Mikroskop betrachtete. Wie ich herausfand, handelte es sich um eine Filzlaus.

Da sich an diesem Nachmittag auch noch andere Kunden in Mulji's Apotheke aufhielten, flüsterte ich nur: *Läuse.*

»Filzläuse oder Kleiderläuse?« fragte Mulji so laut, daß es jeder mitbekam.

Das Pulver, das er mir verkaufte, tötete sie ab. Die toten

Nissen kämmte ich heraus, verbrachte eine arbeitsame Woche in der Schule, und Freitag tauchte ich wieder im Beautiful Bamboo auf.

Das war meine erste Woche in Nyasaland gewesen, und so ging es die folgenden Wochen weiter. Freitag-, Samstag- und Sonntagabend las ich im Bamboo Afrikanerinnen auf und nahm sie mit nach Chamba. Morgens brachte ich oder Captain sie auf meiner Fahrradstange in die Stadt zurück. Im Bamboo hielten sich ungefähr zwanzig junge Frauen auf. Sie waren nicht eifersüchtig. Sie wollten nie Geld von mir. Ich glaube, sie wollten nur das Erlebnis, mit einem Amerikaner zu schlafen. Und ich wollte sie.

Wir tanzten zur Musik der Beatles, zu Elvis, zu Major Lance und Little Millie und den »Wah-Watusi«. Den Song *How Do You Do It* von Jerry und den Pacemakers konnte ich nicht ausstehen, aber sie spielten ihn andauernd. Ich entwickelte eine Vorliebe für den schrägen Sound einer Musik, die, wie es hieß, aus Südafrika kam.

Von den Mädchen wurde erwartet, daß sie mit den Gästen tanzten. Aber sie waren weder Kunden noch Angestellte in der Bamboo Bar. Sie ließen durchblicken, daß sie aus ihren Dörfern ausgerissen seien. Und nun waren sie eben hier. Es gab immer etwas zu essen für sie und immer Bier. Ich habe nie erlebt, daß Geld den Besitzer wechselte.

Freitags konnte ich es kaum erwarten. Ich trank ein paar Flaschen Bier und ging früh nach Hause, mit einer Afrikanerin. Sie interessierten sich für mein Haus, waren aber nicht besonders beeindruckt. Mir gefiel meine Unterkunft. Ich bewohnte sie allein. Ich hatte drei Schlafzimmer, einen Kamin und alle alten ›Spectators‹ von Campbell. Ich saß gern auf der Veranda und schaute über das Mlanje-Plateau, auf den großen Felsen, der sich aus den dunkelgrünen Teeplantagen erhob. Ich hatte einen Blumengarten, Campbells Beete und meinen eigenen Taubenschlag. Manchmal band Captain sich ein Tuch um den Kopf und schlachtete zwei Tauben. Er schnitt ihnen nach Muslimsitte die Hälse durch und machte Taubencurry. Captain besorgte auch den Einkauf, so daß ich samstags frei hatte. An diesem Tag blieb ich bis spät in der

Bamboo Bar. Ich ging lange nach Mitternacht, nie allein. Oft traf ich erst in der Morgendämmerung zu Hause ein. Ich schob mein Rad bergauf. Es war wunderschön. Der Himmel lichtete sich, und die Nacht schien sich aufzulösen, wenn ich den Scheitelpunkt der Straße erreichte und den Wald hinter mir ließ. Die Vogel krächzten, und die Hähne krähten. Dunst lag in der Luft, und das Gras war naß.

Wenn die Sonne am Rand des weit entfernten Plateaus auftauchte, lief ich über meinen sanft abfallenden Rasen. Die junge Afrikanerin war hinter mir und stellte das Rad unter den Taubenschlag, und das Klappern weckte die Vögel und brachte sie zum Flattern.

Dann öffnete ich auf dem Rasen meinen Hosenstall und pißte das Bier einer ganzen Nacht in den Sonnenaufgang, wiegte mich auf den Fersen und genoß die herrliche morgendliche Kühle, den rosafarbenen Tagesanbruch, die Feuchtigkeit und das Zwitschern der Vögel.

Die Afrikanerin ging vor mir her und lachte über mich. Ihre dunklen Füße tauchten in das taufrische silbrige Gras. Sie stand da – den hinter dem dünnen Rock hervorbrechenden Sonnenaufgang in blendender Schönheit zwischen ihren Beinen.

3

So war es fünf Monate lang; dann verschwand Likoni, ich übernahm seine Stelle, und die nächsten zwei Monate wurde es sogar noch besser. Als Rektor erließ ich die Vorschriften. Ich war rasend vor Glück, die Übersicht über Nächte und Frauen hatte ich längst verloren. So blieb es, bis Msemba in mein Büro gebracht wurde.

Bis dahin waren meine Aktivitäten geheim geblieben. Die Afrikaner trieben es an den Wochenenden nicht anders. Das Friedenskorps-Büro wußte von nichts. Mir kam mein Verhalten beinahe tugendhaft vor. Ich liebte Afrikanerinnen. Warum war man überhaupt in Afrika, wenn man es nicht tat? Das

Wort Promiskuität traf meine Aktivität nicht. Es war wie eine Explosion. Während der Woche passierte gar nichts, und dann war es die reinste Raserei – drei Frauen an einem Wochenende. An solchen Tagen war ich überstimuliert und konnte nicht schlafen; doch Montag hatte ich mich wieder unter Kontrolle.

Ich war jung, hielt es für eine kurze Phase, war eben erst dreiundzwanzig geworden. An meinem Geburtstag hatte ich Miltons Gedicht über das Dreiundzwanzigwerden in mein Notizbuch geschrieben. Eine Zeile darin versetzte mir einen Stich: *Zeit, der heimliche Dieb der Jugend* . . . Ich veränderte mich rasch. Ich verwechselte Reifen mit Altern und wollte um jeden Preis alle mir zur Verfügung stehende Zeit nutzen. Und das tat ich, bis zur Erschöpfung.

Einmal schlief ich während des Unterrichts ein. Es war in der Abendklasse, die ich dienstags und donnerstags unterrichtete. Es überraschte mich: Noch nie hatte ich gehört, daß jemand beim Reden eingeschlafen wäre. Es passierte, als ich meinen Schülern den Inhalt der ›Farm der Tiere‹ erzählte. Sie waren zu begriffsstutzig, um das Buch selbst zu lesen.

»Die Schweine fingen an, sich zu streiten«, sagte ich. Die Lampe auf meinem Pult flackerte. »Sie beschuldigten einander des Versuchs, den . . . den . . .« Dann schlief ich ein, den Kopf auf den Händen, beim warmen Summen der Lampe.

Als ich aufwachte, redete niemand; keiner kicherte. Es waren hauptsächlich ältere Leute; sie waren sehr höflich und mochten mich. Daß ich während des Unterrichts einschlief, fanden sie ein wenig sonderbar, aber harmlos. Außerdem schlief die Hälfte von ihnen während des Unterrichts ebenfalls. Ich wurde beliebt. Erzählen Sie uns von Cowboys, forderten sie mich auf. Haben Sie ein Pferd? Sind Sie schon einmal in einem Flugzeug geflogen? Ist Ihnen Elvis begegnet? Sind Sie reich? Sind Sie Christ? Welche Sprache sprechen amerikanische Neger? Kann Superman wirklich fliegen? Kein einziger von ihnen glaubte, daß die Welt tatsächlich rund war, aber alle glaubten an Zauberer. Sie waren der Meinung, daß die Briten sie belogen hatten. Ich war genau zum richtigen Zeitpunkt ins Land gekommen: Sie waren bereit, Amerikaner zu werden. Ich konnte sie nur ermutigen.

Die Afrikanerinnen im Beautiful Bamboo hatten die gleiche Einstellung wie meine Schüler. Sie waren nicht nur für Amerikaner empfänglich, sondern geradezu in sie vernarrt. Wenn sie ihre Furcht vor Weißen erst einmal überwanden, merkten sie, daß wir sie begehrenswert fanden, und das steigerte ihr Selbstwertgefühl. Einige trugen keine schäbigen Kleider mehr, sondern bedruckte T-Shirts und Blue jeans. Ein barfüßiges Mädchen mit kahlgeschorenem Schädel trug ein weites Sweatshirt mit dem Kopf von Beethoven.

Manche waren sehr jung, vierzehn oder fünfzehn; keine war über zwanzig. Sie waren kräftig, aber schlank und sehnig; dicke Afrikaner gab es in Nyasaland nicht. Jedenfalls sah ich keine. Ihre Hände waren so schwielig, daß sie heiße Töpfe halten konnten, ohne etwas zu spüren; barfuß gingen sie meilenweit, und sie konnten mit den Zähnen Kronkorken von den Flaschen hebeln.

Eins hatten sie gemeinsam: Sie waren nicht unter die Haube zu bringen. Sie galten als entehrt und waren aus ihren Dörfern verjagt worden. Ein paar waren aus Protest ausgerissen, doch die meisten hatten Kinder bekommen, Abtreibungen hinter sich oder waren in Intrigen verstrickt gewesen. Einige wenige hatten sich kleiner Vergehen schuldig gemacht. Wenigstens eine war Hexe, jedenfalls behaupteten das die anderen. Keine konnte damit rechnen, einen Afrikaner zu heiraten. Sie hatten keinen Status, bekamen keine Mitgift.

Ich brauchte Monate, um das alles herauszufinden, doch dann begriff ich, warum es sie erstaunte, daß wir sie mit nach Hause nahmen und mit ihnen schliefen. Wir begehrten sie! Von ihren Familien und Dörfern waren sie verstoßen worden, doch wir bemühten uns um sie.

Ich war zielstrebig, machte aber keine großen Umstände. Ich hatte alles, was ich begehrte; unbegrenzten Sex ohne Schuldgefühle. Und weil wir in Afrika und sie schwarz waren, war es nicht nur ein Vergnügen, sondern auch ein politischer Akt. Wenn ich darüber nachdachte, lächelte ich und wollte nirgends anders sein als in Nyasaland in Zentralafrika. Manchmal dachte ich: Hier werde ich ewig bleiben.

Der viele Sex hätte mich verrückt machen können, doch ich glaube, er machte mich vorsichtig. Ich konzentrierte mich unter der Woche auf andere Dinge, und das hielt mich davon ab, was mit den Schülerinnen anzufangen. Ich hielt es für meine Pflicht, solche Verhaltensweisen zu unterbinden, aber Vize Mambo und Mr. Nyirongo taten es andauernd. Sie vögelten die kleinen Schülerinnen so grimmig und verbissen, wie sie es von den Missionaren gelernt hatten.

Gelegentlich wurde ich in Versuchung geführt. Einmal klopfte nach der Abendschule ein Kerl namens Eddyson – ein Teilzeithausmeister – ans Fenster meines Hauses. Gewöhnlich brachte er wilde Tauben für meinen Schlag, doch an diesem Tag hatte er ein schlankes Mädchen dabei. Sie lächelte nervös und knetete ihre Hände.

»Danke, Bruder«, sagte ich.

Wir drei standen im Halbdunkel auf der Veranda.

»Nimm sie, Mr. Anderea.«

Sie hieß Emmy. Sie hatte große dunkle Augen, ein schmales hübsches Gesicht und erinnerte mich an eine Schlange. Sie würde sich um mich winden und züngelnd lachen. Ich kannte solche Mädchen, jünger als sie. Ich hielt sie für fünfzehn, aber mit ihrem Alter hatte es nichts zu tun. Sie war eine Schülerin. Es ging nicht. Ich schickte sie fort. Ich wollte nicht, daß Eddyson den Zuhälter für mich spielte, und es mußte eine klare Grenze zwischen meinen beiden Leben geben.

Sie bahnten sich krachend einen Weg, trampelten durch die Beete und brachen durch die Hibiskushecke, wobei Eddyson erklärte, ich sei wahrscheinlich zu müde, und Emmy ihm sanft beipflichtete. Später verriet er mir, er habe sie auf dem Heimweg unter einem Baum selbst flachgelegt. »Und dabei hab' ich mir die Knie schmutzig gemacht!«

Es war nicht schwer, ein Doppelleben zu führen und die Leben getrennt zu halten, wenn beide so befriedigend waren. Das eine bestand aus Sex, das andere aus Arbeit.

In der Schule war von dem Msemba-Zwischenfall nicht mehr die Rede, doch das Schweigen war so beredt, daß es einem Vorwurf gleichkam. Msemba hatte sie einen Blick in mein Doppelleben werfen lassen, und ich stellte mir vor, wie sie immer daran denken mußten, wenn sie seine zwanzig aufeinandergestapelten Ziegelsteine sahen. Und wahrscheinlich dachten sie dabei auch an mein Versagen. Bei dem Tempo würde das neue *chimbuzi* nie fertig werden.

Ich brachte eine Woche des Schweigens hinter mich, in der ich mich zwar in die Defensive gedrängt, aber einigermaßen glücklich fühlte, und dann stattete mir das Friedenskorps einen Besuch ab. Sonst hatte ich meist ein reines Gewissen gehabt, aber jede Autorität flößte mir Schuldgefühle ein. Ich brachte gerade im Büro die Anwesenheitsliste auf den aktuellen Stand, als ich ein Fahrzeug auf meiner Straße – der Tickey-Straße – hörte. Das passierte selten genug, doch es kam sogar noch ungewöhnlicher. Es war der Friedenskorps-Jeep, mit Ed Wently am Steuer. Ich hörte, wie Stühle gerückt und Klassen von ihren Lehrern zur Ordnung gerufen wurden. Kinder sprangen von ihren Pulten auf und versuchten zu erkennen, wer die Besucher waren. Es war auch ihre Straße.

Jemand saß neben Wently auf dem Beifahrersitz. Das mußte wohl ein Korpsbeamter oder ein Reisender in Sachen Armut sein, warum sollte sonst irgendwer hierherkommen. Doch als sich der Jeep näherte, erkannte ich, daß es ein Bursche meines Alters war, der wie ein Freiwilliger aussah. Er hatte den Zu-allem-bereit-Blick: willig, aber ein wenig mißtrauisch.

»Habe einen neuen Rekruten für Sie, Parent.«

Er hieß Rockwell. Er war nervös, und ich wußte sofort, daß es ein Fehler wäre, ihn Rocky zu nennen. Er hatte runde Schultern, war ein wenig blaß, sah verschlagen aus und lächelte nicht. Doch wie viele humorlose Menschen hatte er ein erschreckendes Lachen, das plötzlich aus ihm herausbrach. Es war kein echtes Lachen.

»Eigentlich brauchen wir keinen neuen Lehrer, Ed.«

»Bringen Sie ihn irgendwo unter. Was haben Sie gesagt?«

So lief das beim Friedenskorps: Macht Platz, rückt zusammen, macht gute Miene, schließt Kompromisse – und immer lächeln. Sehr altmodisch, aber voller Schwung! Die Leute vom Friedenskorps tauchten unangekündigt auf und erwarteten, daß man spurte; danach sah man sie wieder monatelang nicht. Sie waren in Washington, um Gratulationen für ihre gelungene Arbeit entgegenzunehmen, oder sie trieben sich auf Botschaftspartys in Blantyre herum.

Ed Wently mochte mich nicht. Er war Sportler, Mitglied im

Rugbyteam des Clubs von Blantyre. Der Club hatte keine afrikanischen Mitglieder. »Sie spielen kein Rugby«, hatte Wently erklärt.

Ich wollte ein Exempel statuieren und ihn zwingen, aus dem Club auszutreten, fand aber keine anderen Friedenskorps-Freiwilligen, die bereit gewesen wären, mich zu unterstützen. Hinter meinem Vorhaben standen teils politische Gründe, teils der Drang, mich querzulegen. Später war es mir egal. Ich führte mein eigenes Leben. Ich kam mir allein vor in meinem zerknitterten Anzug und zerknautschten Hut, in meinem Haus, mit meinem Koch und dem Taubenschlag, als einziger *mzungu* weit und breit. Deshalb war ich auch so bestürzt, als Wently mich anwies, für Rockwell Platz zu schaffen.

»Wir haben kein freies Haus.«

»Sie haben drei Schlafzimmer, Andy!«

Ich dachte: Mist. Und Rockwells Gesichtsausdruck verriet mir, daß er auch nicht gerade versessen darauf war, bei mir zu wohnen. Er hatte kaum ein Wort gesagt, nur sein beunruhigendes Lachen ausgestoßen.

»Sie bewohnen ein Haus des Friedenskorps«, sagte Wently. »Sie müssen flexibler sein.«

So konnte es bei einem Posten im Busch immer kommen. Kaum hatte man sich eingewöhnt, änderten sich die Verhältnisse, und man mußte sich umstellen. Und weil wir nie vorgewarnt wurden, kam jeder Besuch überraschend.

Mir gefiel dieses Land, es machte mir Spaß, Rektor zu sein, ich liebte die Afrikanerinnen. Doch der Gedanke, dem Friedenskorps anzugehören, paßte mir gar nicht. Es mißfiel mir, wie diese Sportskanone Wently vom Friedenskorps redete. Solche Burschen halfen einem nicht, sondern wollten bloß Eindruck schinden und sich selbst Verdienste erwerben.

»Was können Sie unterrichten?«

Rockwell antwortete: »An meiner letzten Schule habe ich ein wenig Chemie und Mathe unterrichtet.«

»Wo war das?«

»Sierra Leone. Ich ließ mich versetzen.«

Wahrscheinlich Buschfieber: Der Mann war irre ...

Ich sagte: »Wir sind dabei, ein *chimbuzi* zu bauen. Und

Sie können Mr. Nyirongo in der dritten Klasse bei Mathe helfen.«

»Was ist ein *chimbuzi?*«

»Sie müssen anfangen, die Sprache zu lernen«, sagte ich. »Es ist ein Scheißhaus.«

Daraufhin gab Rockwell einen merkwürdigen Satz von sich. »Ich fand sanitäre Einrichtungen schon immer höchst aufregend.«

Wir starrten ihn an.

»Deshalb konnte ich es in Sierra Leone nicht aushalten.«

Dazu fiel mir nichts ein.

»Die Toiletten«, sagte er.

»Die Toiletten?« Sogar Wently war sprachlos.

Rockwell sagte: »Genau. Die Leute gingen auf der Straße zur Toilette.«

Ich nahm mir fest vor, diesen Satz aufzuschreiben.

»In Nyasaland tut das niemand«, erklärte Wently und legte Rockwell den Arm um die Schulter, wie das unter Sportskameraden so üblich ist. »Dir wird's hier gefallen, Ward.«

Er hieß also Ward Rockwell. Doch für mich war er von nun an »Macke« Rockwell.

»Körperhygiene ist unglaublich wichtig«, sagte Rockwell, als wir die Straße hinuntergingen.

Es war ein schlechter Anfang. Und die Lage wurde nicht besser. Er beherrschte die Landessprache nicht. Das war entscheidend. Ohne es zu bemerken, hatte ich sie ständig benutzt. Ich lieh ihm meine Grammatik und brachte ihm die Begrüßungen bei, doch ihm fehlte jegliche Sprachbegabung.

Ich fragte, ob er irgendwelche Fremdsprachen kenne.

»Ein wenig Tex-Mex«, sagte er.

»Ist das eine Kindergeheimsprache?«

»Soll das ein Witz sein?« fragte er.

Er war in Houston aufgewachsen, hatte aber in Los Angeles studiert. So kam es, daß er nicht nur kein Chinyanja sprach, sondern daß auch sein Englisch etwas seltsam klang, eben kalifornisch.

»He, dieser Koch. Wenn ich ihm sage, er soll reinkommen, dann will ich, daß er reinkommt.«

»Der Koch heißt Captain. Er spricht kein Englisch.«

»In Sierra Leone sprachen alle Englisch, sogar die Dienstboten.«

Darauf fielen mir drei Entgegnungen ein. Doch wir waren im Busch. Eine unkluge Bemerkung konnte wochenlanges beleidigtes Schweigen zur Folge haben. Ich entschied, dieses Risiko jetzt noch nicht einzugehen.

»Aber mein geistesschwacher Koch in Kenema hat andauernd Barsch gekocht«, sagte er und riß den ersten und einzigen Witz in dem Jahr, das er bei mir war. »Barsch ist für'n Arsch.«

Er war beleibt und litt an dem Fluch übergewichtiger Menschen: kaputte Füße. Er trat unsicher auf und erklärte: »Ich habe üble Senkfüße.«

Wenn er das Wort *Hygiene* sagte, zeigte er die Zähne, und er sagte es immerzu. Mir kam der Gedanke, daß sein vieles Gerede über Sauberkeit nur eine Möglichkeit war, über Schmutz zu reden; sein Lieblingsthema waren seine Gedärme. Er beschäftigte sich eher intensiv als obsessiv damit und war nicht widerwärtig genug, um richtig interessant zu sein. Doch seine Gesinnung machte ihn zu einem unermüdlichen Latrinenbauer.

Schon wenige Tage nach seinem Eintreffen gab es Fortschritte. Er steckte den Sockel ab, begann den Ablauf zu graben, und in der Nähe der Lehmgrube wuchs ein neuer Ziegelsteinstapel in die Höhe. Ich zeigte ihm meinen Entwurf für das *chimbuzi,* doch er sagte, der sei nicht großzügig genug. Er führte mich über den Bauplatz und zeigte mir, wie er das Objekt vergrößern wollte. Ich half ihm, die neuen Maße abzustecken. Bei der Arbeit an der Latrine redete er über seine Eingeweide wie ein Koch, der sich über seinen Appetit freut.

Captain konnte ihn nicht leiden. Er fragte mich, ob der neue *bwana* ein *yehudi* sei. Ich antwortete nur ungern, doch die Antwort lautete auf jeden Fall nein.

Rockwell konnte sich nur über mich mit Captain verständigen. »Sag ihm, ich mag keine hartgekochten Eier.« – »Sag ihm, er soll mein Zimmer nicht betreten.« – »Sag ihm . . .«

»Hör zu«, sagte ich. »Captain arbeitet für mich. Erteil ihm keine Befehle. Such dir doch eine andere Unterkunft, wenn es dir hier nicht paßt.«

»Ist schon in Ordnung hier«, erwiderte Rockwell. »Aber manchmal frage ich mich, ob sich dieser Kerl wäscht.«

»Er ist Muslim. Er wäscht sich häufiger als du.«

»Na«, sagte er zweifelnd.

»Fünfmal täglich.«

Das beeindruckte Rockwell. »Körperhygiene ist wichtig.«

Er putzte seinen Fußboden selbst, er wusch seine Kleidung, er desinfizierte täglich das Bad, er hängte einen Behälter mit Chemikalien in die Kloschüssel, die das Wasser blau färbten. Manchmal sprach er tagelang nicht mit mir, dann wieder ununterbrochen; erzählte unverständliches Zeug über ein Versandunternehmen, das er in Kalifornien aufziehen wollte. Und er sprach über unser *chimbuzi.* Das nahm er sehr ernst. Er grub Löcher und Kanalisationsgräben und legte das Fundament an. »Was wirklich zählt, sind die Grundlagen und das Innere. Es ist wie beim menschlichen Körper. Man muß innen sauber sein, alle Gifte rausschwemmen . . .«

Die Nyasaland-Handelsgesellschaft brachte in einem Landrover ein Paket. Es wog zehn Pfund, und obwohl es gut verpackt war, strömte es einen Geruch aus, daß meine Augen tränten.

Rockwell war begeistert, als ich es ihm aushändigte. »Es sind Duftsteine«, sagte er. »Für unsere neue sanitäre Einrichtung.«

Er war ein sehr methodischer Mensch, deshalb waren Gespräche mit ihm so zäh. Er redete, wie er arbeitete. Seine politisch konservativen Ansichten kamen mir wie eine Variante seiner Sanitärthemen vor, und zur Untermauerung seiner Theorien gab er Geschichten zum besten. In einer besonders ekligen ging es um Afrikaner in Sierra Leone, die sich weigerten, Toilettenpapier ins Klo zu spülen.

»Siehst du? Diesen Leuten kann man nichts beibringen.«

»Falsch. Das Friedenskorps hat oralen Sex nach Nyasaland gebracht.«

»Da wird mir ja übel«, sagte er und sah tatsächlich elend aus. »Wenn man an all die Bazillen denkt.«

Doch ich hatte ihn schockieren wollen. Ich konnte nur unter einem Dach mit ihm wohnen, wenn ich allem widersprach, was er sagte. Es war eine Methode, sich zu wehren. Ich stellte fest, daß ich durch meinen prinzipiellen Widerspruch sehr häufig unrecht hatte und mich zum Narren machte.

Normalerweise widersprach Rockwell nicht. Hatte ich ihn gekränkt, war er beleidigt, wehrte sich aber nicht. Er sagte nur: »Nichts als Worte!« und lief in sein Zimmer. Aber wenn er eine Weile geschwiegen hatte, ging es wieder los: Körperhygiene, Verdauung, die neue sanitäre Einrichtung. Gelegentlich ging es auch um Afrika und das Friedenskorps.

»Wenn ich zurückkomme, schreibe ich ein Buch. Das nenne ich dann ›Die große Lüge‹.«

»Ich denke, du willst ein Versandgeschäft aufziehen.«

»Das Versandgeschäft wird mir die freie Zeit zum Schreiben verschaffen«, sagte er. »Übrigens, mir ist aufgefallen, daß du schreibst. Ständig hackst du auf einer Maschine rum. Was denn?«

Das war mein anderes Geheimnis; doch das Rätsel des Schreibens war so unergründlich, daß ich Angst hatte, über meine Ambitionen nachzudenken. Obwohl ich jeden Tag schrieb, hatte ich zu niemandem je ein Wort darüber verloren. Rockwell hatte mich tippen hören, mehr nicht. Ich war stolz darauf, daß es auf der ganzen Welt keinen Menschen gab, der mich beim Schreiben eines einzigen Wortes Literatur ertappt hatte.

»Briefe nach Hause«, log ich. »Was soll das übrigens für ein Versand werden?«

»Versprichst du, daß du meine Ideen nicht klaust?«

»Ich versprech's. Du kannst es als verpflichtende Äußerung nehmen.«

»Worte.« Er mußte grinsen. »Worte sind treffend.«

Wir saßen am späten Abend vor dem Kamin. Bei Feuerschein bekam er immer etwas Furchterregendes, und in seinem Eifer wirkte er jetzt vor den züngelnden Flammen noch verrückter als sonst.

»Auf Gebrauchsanweisungen steht doch immer: ›An einem kühlen, trockenen Ort aufbewahren‹. Du weißt doch, auf tausenderlei Flaschen oder Dosen. Alkohol, Schuhcreme, was auch immer. Aber was versteht man unter einem kühlen, trockenen Ort? Die meisten Leute haben keinen. Das wird also einer meiner wichtigsten Artikel.«

Das klang irre, und seine Freundlichkeit machte es noch schlimmer. Wovon redete er überhaupt? Ich beschloß, ihn nicht durch Fragen zu beunruhigen, sondern sagte bloß, das sei aber eine prima Idee.

»Findest du? Ich auch! Ich stelle mir einen hübschen kleinen Kasten vor. Obendrauf ein Deckel, innen gefüttert, in Fächer unterteilt, und obendrauf steht: *Kühler, trockener Ort«*, dabei gestikulierte er mit den Händen.

»Klingt phantastisch«, behauptete ich und fragte mich, ob er meine wahre Meinung erraten würde, wenn ich mich einfach verabschiedete und zu Bett ginge. Ich sagte, das Versandgeschäft berge ungeahnte Möglichkeiten.

»Aber Ward Rockwell wird Tausende von Artikeln auf Lager haben. Ist dir schon mal aufgefallen, daß auf Flaschen mit Politur und so was in der Gebrauchsanweisung steht: ›Mit einem sauberen, weichen Tuch auftragen‹? Und daß man nie eins zur Hand hat, wenn man es braucht?«

»Du wirst welche verkaufen.«

»Genau. In einem durchsichtigen Beutelchen. Ich nenne es *Das saubere, weiche Tuch.«* Er wirkte ungemein selbstzufrieden. »Genauso werde ich es mit anderen wichtigen Produkten tun. Rat mal, womit?«

»Das errate ich nie«, sagte ich. Ich hätte es versuchen können, wußte aber, es wäre ein Fehler gewesen.

»Der feuchte Lappen. Erinnerst du dich an die Etiketten, die einen auffordern, irgendwas mit einem feuchten Lappen aufzutragen? Die werde ich verkaufen. In hermetisch versiegelten Umschlägen. Vorgefeuchtete Lappen. Du mußt nämlich wissen, daß Lappen«, seine Stimme überschlug sich, »daß Lappen meist schmutzig sind. Aber meine . . .«

Ich wollte, daß er aufhörte. Doch er plapperte weiter. Er weihte mich in sein ausgeklügeltes Regalsystem für Dinge ein, auf denen *Außer Reichweite von Kindern aufbewahren* stand, sowie seine speziell angefertigte Münze für *Mit einer Münze aufdrücken.*

Schließlich ging ich schlafen. Ich hielt seine spleenigen Ideen für Ausgeburten von Müdigkeit und Isolation. Der Bau des *chimbuzi* ging über seine Kräfte. Ich beschloß, mein Gelübde zu brechen und ihn in den Beautiful Bamboo mitzunehmen.

Er war ein langsamer, stetiger Trinker, und das Bier machte ihn nur noch langweiliger. War er betrunken, wurde er ernst. Er saß inmitten von Lärm und Musik und schenkte den Mädchen keinerlei Beachtung. Er trank, schwitzte und schmollte. Und dann ging er nach Hause, einen Fuß vor den anderen setzend.

»Rat mal, warum ich diesen Laden nicht ausstehen kann.«

»Sag's mir.«

»Man kann da nicht reden«, antwortete er. Auf der Straße war es stockfinster. »Die Sache ist nämlich die, Andy, daß ich das Gefühl habe, mit dir kann ich wirklich reden.«

Das beunruhigte mich. Ich sagte: »Weißt du, diese Mädchen sind nett. Du mußt nur ein Wort sagen, schon begleiten sie dich nach Hause.«

Er gab einen Laut des Entsetzens von sich und stieß hervor: »Bazillen! Das ist das Wort dafür.«

Ich hatte es so eingerichtet, daß Gladys mich im Haus erwartete, weil ich mein Geheimnis vor Rockwell bewahren wollte. Doch seine Einstellung ließ mich nicht unberührt. Es war mehr als Mißbilligung, er war entsetzt gewesen. Ich bekam keinen hoch. Es war seine Schuld. Gladys lachte nur und drückte das unnütze Ding. Impotent zu sein kam mir vor wie das schlimmste Schicksal auf Erden.

Der nächste Abend war ein Montagabend. Rockwell hatte den ganzen Tag an der Latrine gearbeitet, ich merkte es an seinem glasigen Blick. Ich hoffte, er würde auf sein Zimmer gehen und sich beruhigen, indem er irgendwas polierte, doch statt dessen gesellte er sich zu mir vor den Kamin. Ich hatte dort sitzen und über meine Impotenz nachgrübeln wollen.

»Worte«, sagte er. »Worte wie ›gelangweilte Hausfrau‹. So was finde ich klasse.« Er hatte nachgedacht. »Worte sind wirklich komisch. Worte können treffend sein. ›Halbnackte gelangweilte Hausfrau‹.«

Was wollte der bloß in Zentralafrika? Er hätte sich nie so weit von zu Hause entfernen sollen. Dieses Land war schlecht für ihn. Wahrscheinlich war er ein ganz gewöhnlicher Mensch und veränderte sich bloß, weil er hier lebte. Und doch tat er mir nicht leid. Ich lehnte ihn ab. Ich dachte: Was ist, wenn ich impotent bleibe?

Er nahm den Schürhaken, stocherte im Feuer herum und grinste. »Die Leute sagen: ›Ich muß zum Flughafen rausfahren‹ oder ›Seine Kinder fehlen ihm‹ oder ›Man muß eine neue Kassette einlegen‹. Das sind nichts als Worte. Früher hat man so etwas nie gesagt. Irgendwann sagen wir nicht mehr: ›Es muß erst warmlaufen, bevor es funktioniert.‹ Es klappt dann auch so. Ich meine, ›warmlaufen‹ ist ein physikalischer Begriff.«

Langsam und mit monotoner Stimme sprach er ins Feuer. »Uns steht die höhere Elektronik bevor. ›Warmlaufen‹ ist wie Sex. Solche Maschinen brauchen wir dann nicht mehr. Statt dessen werden sie kühl und sauber sein. Und sehr klein.«

Bei diesen Worten kniff er die Augen zusammen. Ich versuchte, ihn nicht anzusehen. Ich wollte, daß er über Hygiene redete. Warum tat er es nicht?

»Flasche. So ein Wort ist wirklich merkwürdig. Je öfter man es sagt, desto seltsamer wird es.«

Ich dachte: *Flasche* ist nicht seltsam. Du bist seltsam.

»›Er ist noch nicht soweit, eine solche Verpflichtung einzugehen.‹ Vor ein paar Jahren hat so was keiner gesagt.«

Aus dem Augenwinkel sah ich, daß er ins Kaminfeuer lächelte.

»Oder: ›Meine Augen sind mein größtes Kapital.‹ Früher hat keiner so was gesagt. Heute sagt man es.«

Ich erwiderte: »Ich glaube nicht, daß Männer es sagen.«

»Ich meine Frauen«, sagte er. »Hör zu, ich bin dahintergekommen. Heute hab' ich ein paar Rohre verlegt und gedacht: Es gibt Männerworte und Frauenworte.«

»Was sind Frauenworte?«

»›Ich heule mir die Seele aus dem Leib‹«, sagte er schnell und sah dabei sehr selbstzufrieden drein. »Oder: ›Ich habe gar nichts anzuziehen.‹«

Er sprach monoton, doch ich merkte, daß er engagiert war; noch nie hatte ich ihn so in einem Thema aufgehen sehen, nicht einmal bei den Eingeweiden. Ich wollte ihn zum Schweigen bringen. Ich wollte sagen: *Ward, draußen vor dem Fenster liegt Afrika. Sieh es dir an.*

Er stocherte ein wenig zu wild im Feuer herum. »Vor ein paar Jahren hätte man nie jemanden sagen hören: ›Man entdeckte ihre halbnackte Leiche in einem flachen Grab.‹« Dieses Lächeln. Und er brauchte mich gar nicht als Stichwortgeber. »Man hätte nie den Satz gelesen: ›In zerrissener Unterwäsche trieb sie mit dem Gesicht nach unten im Wasser.‹«

»Nein«, sagte ich.

»Es gab Anzeichen für ein sexuelles Vergehen«, fuhr er fort. »Ihre geschundene und teilweise bekleidete Leiche wurde von einem Jogger gefunden.«

Er lächelte immer noch.

4

Noch in derselben Woche zog ich nach Kanjedza, in ein winziges Zweizimmerhaus. Eine solche Siedlung nannte man »Township«. Das war eine Stufe über einem Slum, und zwar im wahrsten Sinne des Wortes, weil sie auf einem Hügel lag, und am Fuß des Hügels gab es einen Slum aus Lehmhütten, der Chiggamoola hieß. Kanjedza bestand aus etwa hundert Betonhütten mit Blechdächern, ohne fließendes Wasser und mit Außen*chimbuzis*. Bäume gab es nicht. Bei Regen wurden die Wege zu Abwassergräben. Qualmende Feuer überall. Bissige, räudige Köter. Wegen der Hunde war ich immer mit einem Stock bewaffnet. In den afrikanischen Wohngebieten bellten die Hunde nur Weiße an.

Ich hatte einen Nachbarn, Harry Gombo. Ich beklagte mich, die Häuser seien feucht.

»Wenigstens sind es keine Lehmhäuser«, sagte Harry.

Bröckelnde Lehmmauern und Strohdächer waren ihm peinlich. »Er macht sein Haus lehmig«, sagte er über einen armen Mann, den er nicht mochte. Häufig benutzte er das Wort »primitiv«. Er erkannte nicht, daß ein Lehmhaus den Vorteil hatte zu verrotten, wenn man es nach zwei oder drei Jahren verließ. Diese Betonhütten in Kanjedza würden ewig vor sich hin gammeln und stinken.

Doch ich fühlte mich dort wohl. Meinen Umzug hielt ich

für mutig und stilvoll. Ich war der einzige *mzungu* in der Gegend und kam mir fast wie ein Forscher vor. Solche Townships galten als sehr gefährlich, doch ich wußte es besser. Ich zahlte fünf Pfund Miete im Monat. Ein Zimmer hatte Captain, das andere ich. Er sagte, er habe schon in schlimmeren Behausungen gelebt, aber ich zahlte ihm trotzdem mehr Geld: Elendszulage. Ich war einfach ausgezogen und hatte Ward Rockwell mein Haus auf dem Chamba Hill überlassen. Ich wollte wie ein Afrikaner leben.

Die Straßen in der Township waren so steil und holprig, daß ich nicht Fahrrad fahren konnte. Regnete es, wurden die Straßen zu Sturzbächen und unterspülten die Hütten. Einige standen schief und in tiefe Gräben eingesunken, andere hatten Risse, weil sie sich gesenkt hatten. Auf den Blechdächern wuchs Unkraut. Es gab zwar Schornsteine, doch überall war Rauch, und ständig stieß man auf wütende Hunde und magere Hühner.

Es war eine außerordentlich verwahrloste Siedlung. Harry Gombo sagte, Afrikaner seien solche Hütten nicht gewohnt. Sie kochten im Inneren, versengten die Wände und steckten sie manchmal in Brand. Sie pißten an die Wände. Sie pflanzten nichts an, der Boden war zu steil und zu steinig. Sie hatten alle Bäume abgeholzt und als Brennmaterial verwendet. Das restliche Grünzeug hatten die Ziegen gefressen, es gab weder Büsche noch Gras. Die Hühner pickten im Geröll, die Hunde kämpften um alte Maiskolben. Neben der Straße lag immer ein qualmender Autoreifen. Er brannte nie lichterloh, er ging nie aus, er stank immer.

Um sich in dieser kalten Jahreszeit zu wärmen, machten die Afrikaner Feuer in Eimern. Manchmal erstickten sie an dem Qualm. Keine der Hütten war gestrichen. Alle waren sie häßlich, ungemütlich und rochen unangenehm. Gleich dahinter, wo ein Garten oder eine Bougainvillea hätte sein sollen, stand ein Verschlag, das *chimbuzu.*

Captain fand es hier schrecklich, aber er beschwerte sich nicht. Am meisten litt sein Stolz, unter solchen Bedingungen zu leben. Außerdem fiel es ihm schwerer, ordentlich zu kochen. Es gab kein Teegebäck mehr, keine Fleischpasteten, kein selbstgebackenes Brot, keine langsam geschmorten Braten. Er war an den Elektroherd in Chamba gewöhnt, an den Ofen, den Kühlschrank. Hier hatten wir eine mit Gaze abgedeckte Kiste, den Fliegenschrank. Ich drängte ihn, afrikanisches Essen zu kochen. Schließlich gab er nach, und von nun an war jede Mahlzeit gleich: ein gebackener Teigfladen und dazu ein dickes Eintopfgericht. Man brach sich einen Teigklumpen ab, rollte ihn zu einem Kloß, drückte mit dem Daumen eine Delle rein und zog ihn durch den Eintopf. War der Kloß feucht genug, aß man ihn. Ich trank Tee, ich trank Bier, und wie die Einheimischen reicherte ich meinen Speiseplan mit Plätzchen und Süßigkeiten an: Kekse und harte Bonbons, das britische Erbe. Captain holte kleine Bananen und saure Orangen vom Markt. Den Geschmack betäubte ich mit schwarzen Zigaretten zum Preis von einem Penny das Stück.

Das war mein Zuhause, eine afrikanische Hütte.

Wenn ich junge Frauen mitbrachte, waren sie nicht so eingeschüchtert wie in meinem Haus auf dem Chamba Hill. Eine von ihnen war eine Nachbarin. Sie hieß Abby und arbeitete als Kartenabreißerin im Rainbow-Kino. Sie war neunzehn, hatte zwei Kinder, lange Beine, sie war schön – und merkwürdigerweise Läuferin im Leichtathletikteam der Stadtmannschaft von Zimba.

Sie sagte, sie sei eine sehr schnelle Läuferin. »Warum, weiß ich nicht.« Es war ihr ein Rätsel, weshalb sie die zweihundert Meter unter 25 Sekunden laufen konnte. Langstrecken interessierten sie nicht; sie war Sprinterin. So verhielt sie sich auch im Bett: In Windeseile war alles vorbei.

Abby brannte darauf, in Rhodesien zu laufen. Rhodesien war für sie die glanzvolle ferne Welt. Sie war sicher, daß sie den Zweihundertmeterlauf für Frauen in Nyasaland gewinnen und dann zu einem Wettkampf nach Salisbury fahren würde.

In Nyasaland gab es folgende Wunderkinder: die geborene Athletin (Mutter von zwei Kindern), das Mathematikgenie (ein barfüßiger Dorfjunge) und den Langstreckenläufer (ein junger Mann, der zu Fuß über dreitausend Kilometer nach Nairobi zurückgelegt hatte, »als Training«). Einer meiner Schüler, ein winziger Tonga mit aufgedunsenem Gesicht, war ein hervorragender Flötenspieler; ein anderer, Balljunge im Sportclub Blantyre, ein ausgezeichneter Tennisspieler. Doch diese Menschen mit ihren außergewöhnlichen Fähigkeiten nahm man selten ernst, die meisten empfanden sich selbst als Clowns. Sie machten nichts aus ihren Talenten und starben jung.

Harry Gombo verkaufte Bücher. Sein Cowboyhut bildete einen seltsamen Kontrast zu den vorstehenden Zähnen und dem Nadelstreifenanzug. Er mochte den Sänger Jim Reeves und fragte mich, ob ich ihn persönlich kannte. Harry sang: *This World Is Not My Home (I'm Just A-Passing Through)*. Er schrieb lange beleidigende Briefe an Vorgesetzte in Salisbury. Er wollte einen Firmenwagen. Er sagte, er sei froh, einen Amerikaner zum Nachbarn zu haben. Er bewunderte mich, weil ich eine Liebelei mit Abby, dem Leichtathletikstar, hatte. Er machte sich Sorgen um sie und ihre Kinder. Er schlug mir vor, deren Daddy zu werden. Dann sang er den Jim-Reeves-Song *That Dear Old Daddy of Mine*.

Wenn Abby noch spät im Rainbow arbeiten mußte, brachte sie ihre Kinder in meine Wohnung. Das war ungünstig. Wenn wir beide nach Hause kamen, stolperte ich über die kleinen schlafenden Gestalten, die wie Mehlsäckchen bewegungslos auf dem Boden lagen, wenn ich mit Abby ins Bett wollte. Das brachte mich aus dem Konzept. Sie weckte die Kinder und schickte sie in den schmalen Flur zwischen den beiden Zimmern. Sie hoben ihre zerlumpten Decken auf, liefen schläfrig raus und schliefen bald wieder ein. Aber meine Leidenschaft war dahin.

Eines Abends nahm ich Rosie mit nach Hause, und am nächsten Morgen sah ich, daß sie einen dicken Bauch hatte. »Bist du schwanger, Schwester?«

Sie bejahte.

»Von wem ist es?«

Mit herausforderndem Lachen sagte sie: »Deins!«

Mir stockte das Blut. Ich war so besorgt, daß ich zu rechnen anfing. Es war aussichtslos, da ich mich nicht daran erinnern konnte, wann ich zuletzt mit ihr geschlafen hatte. Doch ich behauptete, es sei unmöglich, und versuchte, überzeugend zu klingen.

»Komm.« Sie legte sich auf den Rücken und hob die Beine. Vorspiel war in diesem Land unbekannt.

Ich konnte nicht. Der Gedanke an das Baby, ihr Bauchumfang und das durchs Fenster fallende Sonnenlicht erstickten meine Begierde.

Ich schlug vor, lieber eine Tasse Tee zu trinken. Sie war einverstanden und sprang aus dem Bett. Captain machte uns Frühstück, und als er gerade nicht im Zimmer war, fragte ich, im wievielten Monat sie sei.

»Im dritten oder vierten«, antwortete sie.

Ich rief: »Ich hab' dich seit einem halben Jahr nicht berührt!«

»Mach nicht so einen Lärm«, sagte sie und sah mich von der Seite an.

»Ich bin nicht der Vater.«

»Das sollte ein Scherz sein.«

»Schwarzer Humor.«

Sie habe keine Ahnung, wer der Vater sei, erklärte sie, doch nach der Geburt würde sie in die Chiperoni-Deckenfabrik gehen und das Aussehen des Kindes mit dem der Männer in der Fabrik vergleichen, und dann würde sie es wissen.

Captain brachte sie auf dem Rad in die Stadt zurück, und an diesem Abend nahm ich eine andere Frau mit nach Hause. Abby traf ich immer sonntags, da gab es nämlich nur eine Abendvorstellung. An diesen Tagen blieb sie nie lange. Ihr Trainer hatte ihr eingeschärft, daß sie viel Milch und genügend Schlaf brauchte. Sie trainierte für den Lauf, der sie nach Rhodesien bringen sollte.

Ich fragte sie, warum sie mit mir schlief, obwohl sie im Training war.

»Weil ich dir so nahe bin«, antwortete sie. Das klang sehr liebevoll. »Mein Haus ist gleich nebenan. Es ist bequem.«

Das ganze Land war in einem genauso miserablen Zustand wie die Township. Aber es gab keine Kriminalität. Die Afrikaner in Kanjedza waren zu arm, um sich übermäßig zu betrinken, und arbeiteten zu schwer, um nachts Krawall zu machen. Die Leute halfen einander, beispielsweise bei der Kinderbetreuung, kochten füreinander, wuschen gemeinsam am Steigrohr: morgens Wäsche, abends Geschirr. Das waren dörfliche Gepflogenheiten und für die Afrikaner selbst in dieser Umgebung die natürlichste Sache der Welt. Für sie war die Township kein Chaos. Sie waren stolz auf ihre Betonhütten und Blechdächer, wirkten aber verstädtert und entwurzelt.

Mit ihren zerbrochenen und dreckverschmierten Fensterscheiben, den zerrissenen Vorhängen, zersplitterten Türen und den Steinen auf dem Dach, damit das Blech nicht wegflog, machten die Hütten einen trostlosen und schmutzigen Eindruck. Aber wenn die jungen Frauen herauskamen, um in die Stadt zu gehen, sahen sie trotz allem frisch und sauber aus, trugen gestärkte Blusen und gebügelte Röcke. Den ganzen Tag lang liefen sie in ihren Sarongs, alten Mänteln und Gummisandalen rum; aber abends putzten sie sich heraus, und man erkannte sie kaum wieder. Die Frauen hatten Kleider an, die Männer trugen Krawatten und Jacketts.

Harry Gombo hatte einen Anzug mit Weste an und einen geschnitzten Spazierstock in der Hand. Gewöhnlich hatte er auch einen Filzhut auf. »Gefällt dir mein Sombrero?« fragte er.

Wir waren unterwegs zu dem Laden in Kanjedza, den jeder »die Kantine« nannte. »Wir nennen das einen Filzhut«, sagte ich. »Du siehst schick aus, Harry.«

Er erzählte mir, er sei im Flachland in der Stadt Port Herald aufgewachsen und habe bis zu seinem achtzehnten Lebensjahr nur kurze Hosen und ein Leibchen getragen.

»Was ist ein Leibchen?« fragte ich und holte mein kleines Notizbuch heraus.

»Eine Weste.« Er meinte ein Unterhemd. »Aber ihr Amerikaner habt ja alles.«

»Es gibt eine Menge Sachen, die ich nicht hatte.«

Er sagte, das überrasche ihn, doch er glaube mir. Und als ich schwieg, hakte er nach: »Was hattest du denn nicht?«

Ich überlegte eine Weile. Ich wollte die Wahrheit sagen.

»Ein Gewehr?« fragte er.

»Nein, ich hatte ein Gewehr.«

»Was denn?«

»Vor allem Sex.«

Er sagte: »Ich hab' mit acht oder neun mein erstes Mädchen gehabt.« Wir näherten uns der Kantine, und er glättete seinen seidenen Schlips. Dann nahm er auf der Bank vor dem Laden Platz, sehr vorsichtig wegen der Bügelfalten in seiner Hose. »Wann hast du angefangen?«

»Zu spät ... später, als ich wollte«, antwortete ich. »Wenn man lange auf etwas warten muß, kriegt man nie genug.«

»Sex ist wie essen.«

»Amerika ist ein sehr hungriges Land, Harry.«

»Ich hatte mal eine Weiße. Sie war groß und dick. Ich liebte sie. Doch sie wurde versetzt. Ihr Mann war bei der Forstbehörde.« Er lächelte sanft. »Doris.«

»Was wollen wir hier eigentlich?« fragte ich.

Er stand auf und pochte mit seinem Spazierstock an die Veranda der Kantine. »Manschettenknöpfe.«

Mir stand der Sinn nach Afrikanerinnen. Kurz nachdem Harry gegangen war, sah ich Abby aus ihrem Haus eilen. »Willst du mich besuchen, Schwester?« Manchmal fragte ich: »Willst du mit nach oben kommen?« Das hielten sie für einen großartigen Witz, weil alle Häuser ebenerdig waren. Doch »nach oben« hieß immer nur das eine.

Abby sagte: »In Ordnung.«

Kaum hatten wir uns geliebt, sagte sie, jetzt müsse sie aber schleunigst fort, sie komme zu spät zum Lauftraining.

»Warum bist du dann mit mir gekommen?«

»Weil du mich gefragt hast.«

Ich begleitete sie zum Sportplatz, und auf dem Heimweg winkte mir ein Mädchen zu. »Besorg's mir hier«, sagte sie und lehnte sich breitbeinig gegen den Zaun.

»Das kann ich nicht.«

Sie lachte, weil sie das lächerlich fand. Anders ginge es nicht, sagte sie, weil sie mit ihrer Mutter in einer kleinen Hütte in Chiggamoola wohne. Ich solle endlich anfangen.

»Mir tun die Füße weh. Ich hab' Senkfüße.«

Sie lachte immer noch.

»Deshalb kann ich es nicht im Stehen tun.«

Eines Freitags war mir danach, und ich bat eine junge Frau namens Gloria, mich nach Hause zu begleiten. Sie sagte, ohne ihre Freundin, ein mageres Mädchen von höchstens vierzehn, könne sie nicht weg. Das Mädchen unterhielt sich mit einem finster dreinblickenden, sonnenbebrillten Mann. Er war einer der Bergleute, die in Südafrika in den Minen arbeiteten und häufig ins Bamboo kamen.

»Ich habe dem Mädchen eine Flasche Bier gekauft«, sagte

er, als ich sie am Arm nahm. »Jetzt lasse ich sie nicht einfach gehen.«

Das sollte heißen, daß das magere Mädchen wegen der zwei Shilling teuren Flasche Castle Lager ihm gehörte.

Ich sagte: »Du solltest dich was schämen, Bruder.«

Das junge Mädchen war dick geschminkt: Hautaufheller, Wimperntusche und Lippenstift. Ihr Gesicht war wie eine Maske. Doch sie hatte keine Figur. Ihr gelbes Kleid hing wie eine Schuluniform glatt nach unten. Wie ein Junge bückte sie sich, um ihre Plastiksandalen zuzuschnallen, und dabei sah ich, daß ihr Schlüpfer wohl zur Schulkleidung gehörte.

»Wie heißt du, Schwester?«

Was sie sagte, klang wie »Boopy«.

»Du kommst besser mit uns«, sagte ich und legte den Arm um Gloria. Unter dem lockeren Kleid spürte ich ihren dunklen kurvigen Körper. Sie war noch verschwitzt vom Tanzen, und sie zu berühren erregte mich. Es war, als drückte ich eine Schlange an mich.

In Kanjedza sperrte ich Captain in sein Zimmer, gab Boopy ein paar Decken und zeigte ihr, wo sie im Flur schlafen konnte. In meinem Zimmer schlief ich mit Gloria, und später weckte ich sie noch einmal. Sie sagte, sie sei zu müde; sie wolle schlafen ... »Nimm meine Freundin.«

»Nein!« sagte ich erschrocken und wartete, wie sie reagierte.

Doch ich hörte nur noch Schnarchgeräusche, die mich wachhielten. Ich lag mit aufgerissenen Augen im Dunkeln und atmete stoßweise.

Das junge Mädchen Boopy schniefte und schluckte, als ich sie weckte, dann kicherte sie und umarmte mich. Als ich sie streichelte, spürte ich ihre Knochen. In meinen Armen war sie ein Kind, doch als ich sie auf dem Boden nahm, stöhnte und seufzte sie und bewegte sich wie eine Frau, die wußte, was sie wollte.

Keiner meiner Schüler wohnte in der Township, selbst für diese Siedlung waren sie zu arm. Ein paar lebten in Chiggamoola, dem Slum, aber ich traf sie nie. Daher hatte ich noch mehr Freiheit als in meinem Haus auf Chamba Hill.

Manchmal besuchte ich Rockwell. Nicht aus Freundschaft,

obwohl ich ihm nun, da ich ihn seltener sah, freundlicher gesinnt war. Ich kam eher aus Neugier und weil ich den Verdacht hatte, er könnte sich eines Tages aufhängen. Ich stellte mir gern vor, daß ich ihn dabei überraschte und ihm das Leben rettete.

Er hatte sich geweigert, einen Koch anzustellen, und gesagt: »Sie waschen ihre Hände nicht. Sie kochen das Wasser nicht. Es ist dreckig.«

»Das ist eben Nyasaland. Das ist die Welt. Das ist die Regel, Ward.«

»Amerika ist sauber.«

»Amerika ist eine Ausnahme.«

Er ernährte sich von Erdnußbutterbroten und hatte immer violette Lippen. Vom Limonadenpulver, wie er erklärte.

Die Afrikaner erzählten mir, daß sie Ward für *wopusa* hielten, was nicht nur verrückt und grausam, sondern auch dumm bedeutete; außerdem fanden sie ihn geizig, weil er sich weigerte, jemanden anzustellen, der ihm das Essen kochte oder sich um den Garten kümmerte. Ich erklärte, Amerikaner hätten keine Diener, aber mir war klar, daß Afrikaner etwas gegen Weiße hatten, die allein für sich lebten und ihnen keine Arbeit gaben. Ich wollte Rockwell nicht schlechtmachen vor den Afrikanern, aber ich sah, daß sein isoliertes Leben ihn immer wunderlicher machte. Was wußte er über Afrikaner?

Ich stellte ihm diese Frage.

Er sagte: »Ich werde es dir verraten: Man sieht kaum je einen kahlköpfigen.« Er nickte bekräftigend, und das fand ich fast so beunruhigend wie die Antwort.

»In letzter Zeit habe ich viel über Kahle nachgedacht. Ist dir schon mal aufgefallen, wie viele kahlköpfige Männer Schnitte, Narben und Wunden auf den Köpfen haben? Dauernd tragen sie einen Verband. Wie kommt das?«

Ich sagte: »Ich weiß nicht genau, Ward.«

»Ich bin dir ungemein dankbar, daß du mir dein *chimbuzi* übergeben hast. *Chimbuzi* stimmt doch? Ich lerne die Landessprache.«

»Du machst prima Fortschritte, Ward.«

»Aber eins macht mir angst«, sagte er. »Wenn ich damit fertig bin, habe ich nichts mehr zu tun.«

Diese Angst verlangsamte sein Arbeitstempo. Das *chimbuzi* wurde viel größer, als ich es mir vorgestellt hatte. Bienenwabenartige Ziegelsteinstapel wuchsen in die Höhe, und ich erkannte an dem, was er bisher fertiggestellt hatte, wie kompliziert sein Entwurf war.

»Kommt dir der Bau bekannt vor?« fragte er mich eines Tages.

Ich sagte: »Irgendwie schon.«

»Er beruht auf dem Alamo in San Antonio, Texas. Siehst du, wie die Seitenflügel abgehen?«

Ich meldete ihn nicht bei Ed Wently, weil er sich so gut mit Miß Natwick verstand. Wenn er endgültig durchdrehte, würde sie mir Bescheid sagen. In jeder Pause hockten sie im Lehrerzimmer zusammen, tranken Tee und aßen trockene Kekse. Als Vize Mambo und Mr. Nyirongo einmal den Raum verlassen hatten, sagte Miß Natwick: »Diesen Leuten kann man überhaupt nichts beibringen.«

»Genau das wollte ich auch gerade sagen.«

»Ich werde diese Lämmlein leiten, die ihre Götzen weggeworfen haben.« Miß Natwick zitierte offenbar ein Kirchenlied. Kurz darauf verhärtete sich ihre Miene, und sie fuhr fort: »Und wenn sie nicht wollen, können sie mich am Arsch lekken.«

Daraufhin bot sie Rockwell eine Praline aus ihrer Handtasche an, und die beiden blieben sitzen, bis Vize Mambo zurückkam.

Manchmal kam mir alles hoffnungslos vor, und ich sah die Schule als reinstes Chaos. Jeden Augenblick konnte alles zusammenbrechen. Aber es hielt. Das ist Afrika, dachte ich. Das ist die Welt. Es ist kein Chaos, sondern Unordnung. Schmutz ist die Regel. Schlechtes Wasser ist die Regel. Verdreckte Toiletten sind typisch. Gestank ist etwas Natürliches, und alle Hunde sind wild. Wenn du barfuß herumläufst, bohren sich Hakenwürmer in deine Fußsohlen. Streck den Arm aus, und schon infizieren dich Mücken mit der Schlafkrankheit. Sitz einen Moment still, und schon springen Flöhe auf deinen Körper. Umarme deine Geliebte, und du kriegst Läuse. Denn dies ist die Welt. Amerika ist die krasse Ausnahme.

Ich sah mir auf dem Sportplatz in Zimba Abbys Lauf an.

Sie hatte trainiert, viel geschlafen und Milch getrunken. Aber es half nichts. Auf zweihundert Meter wurde sie nur Fünfte. Sie sagte, sie habe genug vom Laufen, für eine Frau mit Kindern sei es zuviel. Sie habe mehr davon, wenn sie im Rainbow-Kino Tickets abreiße und sich mit mir vergnüge.

Das war ein anderer Tag, und die folgende Nacht eine andere Nacht.

5

Ich fand, Englisch unterrichtete man am besten, wenn man sich unter die Schüler mischte und sie zum Reden brachte. Ich stellte Fragen, ich ließ sie im Chor die Antworten sagen, ich förderte den Wettbewerb, und als mir die Bonbons für die Gewinner ausgingen, gab ich ihnen Hustenbonbons aus Mulji's Apotheke, die sie genausogern mochten. Miß Natwick beklagte sich, weil die Schüler »Was?« sagten statt »Wie bitte?«, und sie verwahrte sich dagegen, daß sie »Gern geschehen« sagten.

Die Leute beschwerten sich, daß in Afrika alles zu langsam geschah, doch bisher hatte ich die Erfahrung gemacht, daß alles zu schnell ging; es war eine Zeit des Umbruchs, voller Hoffnung und Zuversicht. Innerhalb von Monaten hatten die Schüler den amerikanischen Akzent angenommen. Sie sagten »Wow«, »Yeah« und »Baby«. Das brachten die Popsongs mit sich. Ich hörte, wie ein kleines Mädchen namens Msonko sang: *»Put your sweet lips a little closer to the phone . . .«*

Miß Natwick schrieb an den Bildungsminister. Sie bekam keine Antwort. Es gab keinen Bildungsminister. Vor Juli würde es auch keinen geben.

»Keiner ist zuständig«, sagte sie. »Sie haben den Laden einfach dichtgemacht.«

»›Sie haben sich verdünnisiert‹ kommt der Sache wohl näher.«

»Wie ihr Yankees immer redet.«

»Sie stellen sich tot«, sagte ich. »Politisch gesehen.«

»Ward Rockwell drückt sich allerdings sehr gewählt aus. Aber Sie reden genauso schlimm wie die Schüler.«

»Ihre Handarbeitsklasse wartet, Miß Natwick.«

Ich war zuständig! Ich war Rektor!

Natürlich übertrieben die Schüler ihr Amerikanisch; aber es war auch ein politischer Akt. Die Briten hatten ihnen beigebracht, »Pardon«, »Fünfuhrtee« und »Mein Hemd ist sehr schäbig« zu sagen. Sie hatten Ausdrücke gelernt wie »Flegel« oder »Die Socken hochziehen«, dabei trugen sie gar keine. Das Land stand kurz vor der Unabhängigkeit, daher war Amerikanischlernen eine Methode, es den Briten heimzuzahlen.

Sie haßten die Briten nicht, denn sie kannten sie kaum. Sie waren verunsichert und hatten das Gefühl, ihr Land sei nichts wert, weil sie im Busch lebten. Für diese Verwirrung machten sie die Briten verantwortlich. Wenn sie wütend waren, also meist im betrunkenen Zustand, bedauerten sie sich selbst und wurden ausfallend. Doch die Feindseligkeit ging nie tief.

Es war einfach zu verstehen. Wie viele andere Afrikaner hatten sie sehr isoliert gelebt. Das Ende des Kolonialismus hieß, daß sie aufgewacht waren und entdeckt hatten, wie groß die Welt war. Die Armut war nur das eine. Sie kamen sich klein und schwach vor. Und Tag für Tag wurden sie durch die großen starken Amerikaner daran erinnert. Vielleicht hatte es etwas Gutes gehabt, daß die Briten sie ignorierten. Wir nahmen sie ernst, doch die tiefe Kluft zwischen uns machte sie traurig. Sie wußten nicht mehr ein noch aus.

Irgendwann wurde mir klar, daß wir sie in Versuchung führten.

»Ich will in die Vereinigten Staaten«, verkündete Vize Mambo. »Ich will nach Kansas City.« Kansas City tauchte immer in Songs auf. »Und nach Pasadena.«

Das war mir neu.

»Mr. Rockwell kommt aus Pasadena. Er sagt, da gibt es keine Afrikaner. Deshalb will ich dorthin.«

Willy Msemba wollte nach New York. Dort spielte der Film *Die Waffe sitzt locker.* Er wollte eine »Zuckerpuppe« kennenlernen.

Als wir ihnen sagten, daß wir im nächsten Jahr abreisen

und sie die Schule dann selbst übernehmen würden, fühlten sie sich noch verlassener.

»Ich will in euer Land fahren«, sagte Vize Mambo.

Ich glaubte nicht, daß er es ernst meinte. Es war die Versuchung, die Eingebung eines Augenblicks. Ich konnte mir nicht vorstellen, daß jemand Afrika den Rücken kehren wollte. Lag es daran, daß in ihrem Leben nichts Neues passierte? Das war der Fluch der Armen, Monotonie. Deshalb reizte sie alles Neue. Und die amerikanische Aussprache war etwas Neues für sie.

Sie waren begierig zu lernen. Ich war immer noch Englischlehrer, auch wenn ich die Pflichten des Rektors übernommen hatte. Doch Rektor zu sein war keine Belastung. Schon früh im Leben hatte ich erfahren, daß eine Beförderung das Leben leichter machte. Rektor zu sein war einfacher, als Lehrer zu sein, Lehrer zu sein war besser, als Schüler zu sein, und die schwierigste Aufgabe von allen war die des Hausmeisters. Eddyson Chimanga, der Taubenfänger, hatte die längste Arbeitszeit, die schwerste Tätigkeit und wurde am schlechtesten bezahlt. Englisch zu unterrichten betrachtete ich als eine Art Buße.

Auch die Mädchen im Beautiful Bamboo schnappten Amerikanisch auf. Inzwischen sprachen sie alle recht gut Englisch, die meisten von ihnen besser als meine Schüler. Sie hatten ein größeres Arbeitsvokabular voller exotischer Termini. Das lag nicht nur an den Freiwilligen vom Friedenskorps, die sie mit nach Hause nahmen, sondern auch an den Popsongs, die sie sich konzentriert anhörten. *I wanna hold your hand,* sagten sie. Oder: *Whuddle I do when you've gone and left me.*

Bereits nach wenigen Monaten hatte sich die amerikanische Sprache durchgesetzt.

»Wenn's dir nicht paßt«, sagte eine betrunkene Afrikanerin eines Abends im Bamboo zu mir, »steck's dir hinten rein.«

Ich lachte. Sie machten Fortschritte.

Ich hegte den Verdacht, daß auch die Schüler so redeten, und zwar aus dem gleichen Grund: Sie ahmten uns nach, weil sie uns gern hatten. Sie fühlten sich verlassen und wollten wirklich raus aus ihrem Land. Das machte unsere Arbeit als Lehrer einfacher und belebte alle meine Wochenenden.

Sympathien zu ernten war ein sehr angenehmes Gefühl.

Bewundert und geliebt zu werden war noch besser. Ich fühlte mich als etwas Besonderes. Ich war jung und weit weg von zu Hause: Hier gehörte ich hin. Es gab auf der ganzen Welt keinen angenehmeren Ort. Die Woche über war ich Rektor, und am Wochenende spazierte ich voller Vorfreude ins Bamboo und dachte: *Alles, was ich will* . . .

Noch immer verbrachte ich die Nächte freitags mit der einen, samstags mit einer anderen und sonntags mit der dritten.

Rockwell sagte, er habe gehört, einige Freiwillige läsen in der Stadt Mädchen auf und nähmen sie mit nach Hause. »Wie kann man nur so was machen?«

»Willst du damit sagen, daß wir sie ausbeuten? Daß sie von uns nichts bekommen?«

»Ich meine genau das Gegenteil«, erwiderte er. »Sie beuten uns aus. Wir geben immer nur.« Er meinte seine Latrine. »Und sie nehmen.«

»Wir tun nicht viel für sie. Für uns ist es eine Erfahrung. Sie kriegen nicht viel als Gegenleistung.«

»Sie finden es toll«, sagte er. Manchmal hatte er recht, und das störte mich am meisten an ihm. »Du nimmst wahrscheinlich auch Afrikanerinnen mit nach Hause.«

Ich schwieg. Ich verheimlichte ihm alles, genau wie allen anderen. Daß kein Mensch über mein Doppelleben Bescheid wußte, war meine Stärke; dadurch wußten sie gar nichts über mich.

»Für uns ist es eine Erfahrung«, wiederholte Rockwell. »Das klingt richtig dankbar.«

»Ich bin dankbar. Ward, wir könnten in Vietnam sein.«

»Ich bin wegen meiner Füße untauglich; das gilt also nur für dich«, sagte er. »Hör zu, die haben unheilbare Krankheiten. Hakenwürmer, Onchozarkose, Bilharziose, Malaria, Schlafkrankheit.«

»Die kriegt man nicht vom Vögeln, Ward.«

»Sie haben Tripper. Bei der Ausbildung haben wir einen Film darüber gesehen.«

»Halt die Klappe.«

»Du wirst dir Syphilis holen.«

Das sagten alle. *Er hat sich in Rhodesien was eingefangen.* Doch hier war es anders. Alles war neu und unschuldig. Wir waren noch Kinder. Vielleicht war diese Erfahrung so überwältigend, daß sie Züge von Raserei annahm; einem Außenstehenden wie Rockwell muß es wie Irrsinn vorgekommen sein. Ich hatte mich so dran gewöhnt, daß ich kaum noch allein sein konnte.

Sex war ein Ausdruck von Freundschaft, in Afrika bedeutete es nicht mehr als Händchenhalten. Zuweilen hatte ich das ungute Gefühl, daß es Ausbeutung war, beruhigte mich aber selbst. Wie konnte das sein? Es war freundlich und machte Spaß. Niemand wurde genötigt. Alles geschah freiwillig.

»Magst du mich?« fragte Boopy.

»Ich mag dich, Schwester.«

»Kaufst du mir ein Bier?«

»Ich kaufe dir zwei Bier, Schwester.«

»Nimmst du mich mit nach Hause?«

»Ich nehme dich jetzt sofort mit nach Hause, Schwester.«

»Klingt schon besser«, sagte sie und kniff mich mit ihren mageren Fingern. »Okay.«

Nie verlangten sie Geld. Es war die einfachste Sache der Welt, und seit ich in der afrikanischen Township Kanjedza wohnte, fühlte ich mich mit den Mädchen auf gleicher Stufe. Allein diese Gleichheit war etwas Neues für sie. Aber ich versuchte auch, ihnen etwas zu bieten. Ich war galant und aufmerksam. Ich war sehr dankbar. Damit hatte ich Erfolg, denn das kannte man nicht in Nyasaland. Ich wollte ihnen nichts aufzwingen, sondern fügte mich ein und gab mir Mühe, sie fair zu behandeln. Man hatte diese afrikanischen Mädchen aus ihren Dörfern gejagt. Auch ich war weit weg von zu Hause.

Ich stellte mir vor, daß ich eine gewisse Reife erlangte; und daß ich sehr glücklich war, wußte ich genau. Ich dachte: Es ist die richtige Zeit, und es ist der richtige Ort. Alles entscheidet sich jetzt. Ich war Rektor, ich hatte ein bißchen Verantwortung und ein bißchen Macht. Außerdem war es sehr befriedigend, erfolgreich Englisch zu unterrichten. Alles lief hervorragend. Meine Zeit war ausgefüllt. Nach dem betriebsamen Wochenende kümmerte ich mich intensiv um meine schulischen Pflichten. Ich stand früh auf und radelte durch die tropfende steile Fichtenschonung, gepflanzt von der Forstbehörde

Ihrer Majestät, nach Chamba hinauf. Ich hielt die Morgenandacht ab, unterrichtete meine Klassen und reagierte auf Anfragen. Hatte jemand etwas vergessen, erledigte ich es. Das *chimbuzi* wuchs in die Höhe. Wenn ich jemanden bat, etwas zu tun, lautete die Antwort: »Ja.« Sie sagten immer ja. Die Schüler sagten ja. Die Leute in Kanjedza sagten ja. Die jungen Afrikanerinnen sagten: »Okay«, und das sagte alles.

Als ich eines Dienstags Ende Mai meine Englischklasse unterrichtete, spürte ich ein Jucken an der Eichel. Ich sprach gerade von Gerundien und Partizipien. Ich saß hinter meinem Pult, redete weiter und berührte mich heimlich. War meine Unterhose zu eng?

»Gerundien bildet man von Wörtern wie berühren, jucken und kratzen. Dabei ist die Satzstellung sehr wichtig. Das Gerundium ist ein Verbalsubstantiv. Nehmen wir ›Jucken‹. ›Das Jucken macht ihn verrückt.‹ Wie lautet das Subjekt dieses Satzes? Miß Malinki?«

Ich stand auf, schrieb den Satz an die Tafel und spürte wieder einen Stich. Doch als ich mich an mein Pult setzte, um die Stelle zu berühren, wurde es nur noch schlimmer. Andererseits verschaffte mir die Berührung kurze Momente der Erleichterung.

»Auch ›Quetschen‹ ist ein Verbalsubstantiv. Nicht in ›Sie quetschen die Banane‹, da ist es ein Verb. Aber zum Beispiel in dem Satz: ›Quetschen ist etwas, das häufig Schmerzen hervorruft.‹«

Und ich quetschte wieder. Es war die Hölle. Mein Penis war schlaff und heiß, und durch das Drücken wurde er wund.

»Entschuldigt mich.«

Ich hastete ins *chimbuzi.* Es hatte zwar Mauern, aber noch kein Dach, sah jedoch bereits wirklich wie der Alamo aus. Und da alle Rohre verlegt waren, konnte ich es benutzen. Rockwell war nirgends zu sehen, und ich vermutete, daß er gerade Matheunterricht erteilte.

Schwankend pißte ich Rasierklingen, doch der Schmerz verschwand nicht. Immer noch floß zerstoßenes Glas aus meiner Blase. Als ich in den Penis kniff, schossen mir die Tränen in die Augen, und doch verspürte ich eine gewisse Erleichterung.

»Stimmt was nicht, Andy?«

Ich erschrak. Über mir sah ich den mauernden Rockwell, dessen Kopf und Schultern über die Mauerkrone ragten.

»Natürlich nicht«, sagte ich. Hatte er die flammendrote Rosette an meiner Schwanzspitze gesehen?

»Ich finde, der Bau macht großartige Fortschritte, wenn ich das mal selbst sagen darf.«

Er verschwand, und ich hörte seine Stiefel auf den Leitersprossen. Ich wollte mich aus dem Staub machen, doch er fing mich an der Tür ab und fuchtelte mit seiner Kelle herum.

»Ist dir aufgefallen, wie ich die Deckenträger versetzt angeordnet und die Stützen verstärkt habe? Damit das Ganze stabiler wird. Und was hältst du von den Vorsprüngen an den Ecken?«

Er wollte reden. Er lehnte sich gegen die Tür, wodurch er mir den Weg versperrte, und lenkte meine Aufmerksamkeit auf die Hartholzbalken.

»Die sehen prima aus«, sagte ich. Mein Penis brannte wie Feuer.

»Ich finde es am besten, nach einem Vorbild zu bauen. Traditionell. Wahrscheinlich fragst du dich, warum es nicht wie eine afrikanische Hütte wird, mit Pseudolehmmauern und Strohdach.«

Das hatte ich mich tatsächlich gefragt. Welchen Sinn hatte es, einen traditionellen amerikanischen Bau zu kopieren, das urspanische Fort Alamo? Aber eigentlich wollte ich mich kratzen.

»Das frage ich mich nicht, Ward. Entschuldige mich.«

Er hörte mich nicht. Nervtöter sind immer taub.

»Also, die Sache ist die, daß es hier nie sanitäre Einrichtungen gab. Wenn ich recht verstehe, bedeutet *chimbuzi* einfach Latrine, und das ist eigentlich bloß ein Donnerbalken.«

»Es sieht wunderschön aus.«

»Ich will gar nicht von dir wissen, wie es aussieht«, sagte er ein wenig beleidigt. »Ich spreche auch von Stabilität und Haltbarkeit.«

»Es ist das beste *chimbuzi* in Nyasaland.«

»Verarsch mich nicht.«

Ich wollte nichts als das Jucken aus meinem Penis kratzen.

»Ward, es ist ein Scheißhaus. Es ist zwar ein tolles Scheißhaus, aber immer noch ein Scheißhaus. Übertreib es bitte nicht. Hast du dich dem Friedenskorps angeschlossen, um Scheißhäuser zu bauen?«

Er sah mich finster an. Ich schaute böse zurück. Ich schwitzte; mein Penis pochte.

»Du bist ein ausgesprochen launischer Typ«, sagte er.

»Ich muß zurück in meine Klasse!«

Doch er war taub. »He, wenn ich nach zwei Jahren in Afrika sagen kann, daß ich etwas erreicht habe, bin ich sehr stolz, selbst wenn es nur eine sanitäre Einrichtung ist. Jetzt denkst du dir wahrscheinlich: ›He . . ‹«

»Später!« rief ich und rannte in mein Büro. Ich warf die Tür ins Schloß und massierte meinen Penis, um die Pein zu verringern. Doch das Kitzeln, aus dem ein Jucken geworden war, hatte sich mittlerweile in eine brennende Qual verwandelt. Der Schmerz brannte in mir wie blaues Feuer. Und im Lauf der Stunden entstand aus dem Feuer eine heiße Kugel, die meinen ganzen Penis erfaßte. Der Schmerz war allumfassend. Ich konnte an nichts anderes mehr denken.

Ich ging in mein Klassenzimmer zurück und wies die Schüler an, einen Aufsatz zu schreiben, in dem so viele Gerundien wie möglich vorkamen; dann setzte ich mich in mein Büro und litt.

Der Schmerz hatte den anderen, genauso schlimmen Effekt, daß mein Penis abstarb. Schlimmer noch, er war entweiht, verhöhnt und erniedrigt. Er war nutzlos, er wollte absolut nicht erigieren, blieb schlaff und tat beim Pissen unvorstellbar weh. Er funktionierte einfach nicht, und ich konnte mich selbst nicht leiden. Als der pochende Schmerz nachließ, fühlte sich mein Penis wie eine kochendheiße Nudel an. Ich bildete mir ein, daß er schwarz geworden war, und rechnete damit, daß er abfiel. Ich versuchte, nicht wie wild an ihm zu kratzen; ich hockte in meinem Büro, und er fühlte sich immer noch so bedeutungslos an wie ein Stück Schnur. Mir wurde klar, wie wichtig er mir war. Es war ein unverzichtbarer Bestandteil meiner selbst. Jetzt war er entzündet und unnütz, und das deprimierte mich. Ich sagte meinen nachmittäglichen Unterricht ab, damit ich im Büro hocken und mir Sorgen machen konnte.

Immer wieder verspürte ich den Drang, ihn mir anzusehen. Rockwell mauerte noch an der Latrine, also stellte ich mich hinter die Aktenschränke, öffnete den Hosenstall und nahm das wunde Ding in die Hände. Es war weich, geschwollen und sah schlimm aus.

»Mr. Parent?« Miß Natwick kam hereingestürzt, ein Schreibheft schwenkend.

»Ich glaube, wir haben einen Plagiator in der fünften Klasse.«

»Ich überprüfe hier gerade den Anstrich«, behauptete ich.

»Den Anstrich?« fragte sie ungläubig und trat neben mich, als ich das wunde Ding gerade wieder in die Hose gestopft hatte. Um Miß Natwick abzulenken, kniete ich nieder und musterte widerstrebend die Wand.

»Dem Anstrich fehlt überhaupt nichts«, verkündete sie in einem Tonfall, der andeutete, daß mir etwas fehlte.

»Er ist wund, er ist lädiert, er löst sich auf. Wenn man dran kratzt, fällt alles runter. Das ist mir erst heute morgen aufgefallen. Es ist wie eine Entzündung ...« Was redete ich da bloß?

Ich glaube, Miß Natwick wußte Bescheid. Sie sah mich mit zusammengekniffenen Augen an und verzog mitleidig die Lippen. Als sie ging, wirkte sie angewidert.

Ich sah an mir herunter. Ich tropfte.

6

In meiner Jugend hatte man mir beigebracht, Krankheiten als etwas zu betrachten, das ich mir selbst zufügte. Ich war für alle meine Krankheiten verantwortlich. Weil ich schwach geworden war, hatte ich dem Leiden nachgegeben. Ich war erkältet, weil ich ohne Kopfbedeckung das Haus verlassen oder mir nasse Füße geholt hatte. Zahnschmerzen hatte ich bekommen, weil ich Süßigkeiten aß und mir nicht regelmäßig die Zähne putzte. Diese Formel war schrecklich, weil ich jedesmal Schuldgefühle bekam, wenn ich krank wurde.

Und nun hatte ich den Tripper. Das war die schwerste Strafe, noch dazu seltsam angemessen. Genau das Organ, das ich mißbraucht hatte, brannte nun wie Feuer. Es war, als würde man mit Blindheit bestraft, weil man etwas Verbotenes gesehen, oder stumm, weil man gelogen hatte. Tripper war mehr als eine Krankheit, es war eine Strafe Gottes.

So hatte man es mir beigebracht. Doch ich sträubte mich dagegen. Es war keine moralische Verfehlung, das wußte ich. Es war ein körperliches Leiden, kein Schatten auf meiner Seele. Es kam von Krankheitserregern. Man tötete sie ab, und schon war man geheilt. Ich redete mir selbst ein, daß es nichts weiter als lästig war. Doch das Schuldgefühl blieb. Auch aus einem praktischen Grund: Falls das Friedenskorps dahinterkam, würde man mich vermutlich nach Hause schicken. Ich hatte mich nicht nur danebenbenommen, sondern war auch ein Gesundheitsrisiko. Immerhin war ich zu weit von der Hauptstadt entfernt, um noch am selben Tag den Arzt des Friedenskorps aufzusuchen – was ich ohnehin nicht vorhatte. Es durfte nicht in meinen Unterlagen erscheinen, sondern mußte vertuscht werden; noch ein Geheimnis.

Das Krankenhaus in der Stadt Zimba hieß »Queen Elizabeth«. Ich hatte einmal einen Schüler, der genäht werden mußte, in die Notfallambulanz gebracht. Fünf Stunden hatten wir gewartet.

Am späten Nachmittag radelte ich grimmig dorthin. Auf den kirchenbankähnlichen Sitzgelegenheiten der Notfallambulanz saßen zwanzig verletzte und erkrankte Afrikaner. Auf einer einzigen Bank drängten sich ein wimmerndes Kind in einem blutbeschmierten Hemd, ein Mann mit einer schlimmen Schnittwunde am Hals, ein anderer mit geschwollenem und bandagiertem Fuß, eine Frau, aus deren geschwollenem Auge eine gelbe Flüssigkeit troff, ein kleines jammerndes Mädchen, das sich den Kopf hielt, sowie ein junger Mann mit zerschmetterten Zehen, wahrscheinlich hatte er sie mit der Axt getroffen. Es stank nach Infektionsmittel und Lumpen; die Leute stöhnten und seufzten. Hier fühlte ich mich nicht mehr so krank. Ich nahm Platz, entschlossen, meinen schmerzenden Penis nicht zu berühren.

Als mich die Schwester am Aufnahmetisch entdeckte, winkte sie mich nach vorn und teilte mir mit, ich sei hier falsch. Sie sagte es zwar nicht, aber ich wußte, daß es an meiner Hautfarbe lag. Daß ein *mzungu* hierherkam, war noch nie dagewesen.

»Ich muß den Doktor sprechen.«

»Was fehlt Ihnen, Bwana?«

»Es ist mein Bein, Schwester«, antwortete ich in ihrer Sprache.

Darüber lächelte sie – ob sie riet, daß ich log? – und sagte: »Mr. Nunka wird sich um Sie kümmern, sobald er Zeit hat.«

»Diese Leute waren vor mir da.«

»Sie können warten.«

»Sie sind krank.«

Sie schüttelte den Kopf. »Sie sind Warten gewöhnt.«

Es war zwar unfair, dennoch nutzte ich die Gelegenheit, mich vorzudrängen. Eine schmerzende Naht erstreckte sich von meinem Hals bis zum Penis.

»Zimmer drei«, sagte die Krankenschwester.

Auf dem Weg über den Flur fing er wieder an zu pochen. Ich drückte ihn, was mir Tränen in die Augen trieb.

In Zimmer drei wusch sich Mr. Nunka die Hände. Er kehrte mir den Rücken zu. Beim Händeabtrocknen warf er einen Blick auf den Zettel, den die Schwester mir mitgegeben hatte, und sagte: »Beinverletzung.«

Ich schloß die Zimmertür. Als er sich umdrehte und mich ansah, sagte ich: »Doktor.«

»Ich bin kein Doktor. Ich bin medizinischer Assistent. Mein Name ist Livingstone Nunka. Reden Sie weiter.«

»Meinem Bein fehlt nichts«, sagte ich. Kein Doktor . . . ob er sich auskannte? »Mit meinem Penis stimmt etwas nicht. Innen drin.«

»Ausfluß?«

Ich nickte. »Grünlichgelb.«

»Haben Sie Schmerzen beim Wasserlassen?«

»Ja.«

»*Chinsonono.*«

Ich sah mich um, da ich dachte, er riefe nach dem Pfleger. Doch er lächelte, wiederholte das Wort, und nun wußte ich, daß er meine Krankheit meinte. »Gonorrhöe.«

»Sind Sie sicher?«

»Das muß es sein«, sagte er. »Waren Sie mit Afrikanerinnen zusammen?«

»Ja. Dann und wann.«

Er warf sein Handtuch in einen Wäschekorb und öffnete ein über dem Ausguß hängendes Schränkchen. »Wann hatten Sie zum letztenmal Kontakt?«

»Sonntag.«

»Verzeihen Sie mir diese Fragen. Und davor?«

»Samstag.«

»Sonst noch irgendwann?«

»Freitag.«

Er lächelte und entnahm dem Schränkchen ein großes Glas mit Tabletten. »Wahrscheinlich ist sie Überträgerin.«

»Es sind Überträgerinnen«, sagte ich und räusperte mich. »Es war nicht immer dasselbe Mädchen.«

Jetzt sah er mich direkt an, lächelte aber nicht mehr.

»Drei Mädchen. Afrikanerinnen.«

Er blieb freundlich. *Chinsonono,* erklärte er, sei weit verbreitet, und dann schüttete er einige der weißen Tabletten aus dem Glas auf ein Stück Papier und zählte sie.

»Woher wissen Sie, daß es keine Syphilis ist?«

»Syphilis ist viel seltener. Außerdem sind diese Tabletten auch gegen Syphilis. Und gegen jede andere Infektion.« Er beschrieb das Etikett. »Keine Angst. Die Symptome werden in ein paar Tagen verschwinden. In einer Woche ist es weg.«

»Ich habe gehört, Gonorrhöe sei unheilbar.«

»Nicht in Nyasaland.«

»Ich dachte an Vietnam.«

»Das ist was anderes.«

»Meinen Sie nicht, Sie sollten mich untersuchen?«

»Das ist nicht nötig«, sagte er. »Aber nehmen Sie alle Tabletten. Brechen Sie nicht einfach ab, wenn die Symptome verschwinden. Sie müssen die Behandlung zu Ende führen. Übrigens wäre es keine gute Idee, Alkohol oder Milch zu trinken.« Er zog eine Spritze auf: »Rollen Sie bitte den Ärmel hoch.«

»Warum das?«

»Wenn ich Ihnen Penicillin spritze, kommt die Sache etwas schneller in Gang.«

Als er fertig war, fragte ich: »Was bin ich Ihnen schuldig?«

»Gar nichts. Es ist kostenlos. Sie sind hier in der Notfallambulanz.«

»Ich möchte Ihnen etwas geben.« Es war mir peinlich: Er hatte es mir so einfach gemacht. Schon fühlte ich mich besser. Ich wollte, daß er mich um ein Schmiergeld bat.

»Sie können irgendwann mal kommen und mir helfen.«

»Ich wüßte gar nicht, was ich zu tun hätte!«

»Lediglich pflegerische Tätigkeit. Wir leiden unter Personalmangel.«

»Ich bin nicht ausgebildet.«

»Damit ist es bei mir auch nicht weit her«, sagte Mr. Nunka. »Aber Sie können sich nützlich machen.«

Am nächsten Tag hörte der Ausfluß auf, dann das Jucken. Doch ich war immer noch wund. Er fühlte sich nutzlos an, nicht taub, aber zerschlagen und schlaff. Bei dem Gedanken an Sex wurde er noch schlaffer. Er hatte seine Persönlichkeit verloren, genau wie ich. Kein Sex, kein Alkohol, es war eigenartig. In der Schule dachte ich: Ich habe keine Geheimnisse mehr, ich bin genau so, wie ich wirke. Ein ganzer Aspekt meiner Existenz war verschwunden. Es überraschte mich, daß die Leute mich behandelten wie immer. Ich kam mir wie ein humorloser Langweiler vor. Scherze ärgerten mich. Doch ich war froh, geheilt zu sein.

Am folgenden Samstag ging ich, wohlwissend, daß ich eine Schuld beglich, ins Queen Elizabeth und fragte nach Mr. Nunka.

»Ihnen geht's besser«, sagte er. Er hatte Vertrauen in seine Medikamente. Und ich war ihm dankbar, daß er mich nicht unter moralischen Druck setzte. Der Arzt des Friedenskorps hätte mir einen Vortrag gehalten und mir Schuldgefühle eingeflößt. Dieser sogenannte Wilde dagegen war aufgeklärt. Er fällte keine moralischen Urteile. Ich hatte einen Krankheitserreger eingefangen, den er abgetötet hatte, so einfach war das. Ich war froh, daß ich es mit Afrikanern zu tun hatte. Seine Haltung baute mich so auf, daß ich daran dachte, nie mehr nach Hause zurückzukehren.

Nach der Heilung fühlte ich mich wie früher nach der

Beichte: reiner, sauberer, im Zustand der Gnade. Ich war wieder gesund. Heute war Samstag, doch ich hatte nicht vor, dem Beautiful Bamboo einen Besuch abzustatten.

»Ich bin hier, um Ihnen zu helfen.«

»Ziehen Sie das an«, sagte Mr. Nunka und reichte mir den grünen Kittel eines Pflegers. Er war steif vor Stärke.

Ich stellte mir vor, daß ich ihm bei Operationen assistierte, ein Skalpell reichte, ein Tablett mit Instrumenten hielt. Er würde mir ein neugeborenes Baby reichen, und ich legte das Baby in eine Wiege und flüsterte der jungen Mutter zu: *Es ist ein Sohn.*

Mr. Nunka ging vor mir her durch einen dreckigen, nach Desinfektionsmitteln riechenden Korridor, bis wir eine überbelegte Station betraten. »Die Freiwilligen kommen nicht mehr hierher«, sagte er. »Früher arbeiteten jede Menge Europäer als Hilfskräfte im Krankenhaus.«

»Warum kommen sie nicht mehr?«

»Sie haben das Land verlassen«, antwortete er. »Sie hatten Angst davor, was nach der Unabhängigkeit passieren würde.«

»Es ist aber nichts passiert.«

»Noch sind wir nicht unabhängig«, sagte Mr. Nunka.

Hatte das etwas zu sagen?

Wie auch immer, die meisten Weißen waren weg. Die Nyasaland-Handelsgesellschaft war leer, der Blantyre Sportclub geschlossen. Der Tee wurde nicht mehr gepflückt, die Ministerien waren aufgelöst.

»Sie haben die Patienten gewaschen«, sagte Mr. Nunka.

Auf der Station lagen siebenundvierzig männliche Patienten, alte und junge, aber es gab nur dreißig Betten. Wer kein Bett hatte, schlief auf dem Fußboden. Als ich eine Bemerkung darüber machte, sagte Mr. Nunka: »Sie sind es gewöhnt.«

»Sie sehen krank aus«, sagte ich.

»Sie brauchen ein Bad.« Mr. Nunka brachte mir eine große Emaillebadewanne und ein Stück gelbe Seife. Er erklärte, wir müßten beide anfassen: einer den Patienten stützen, der andere ihn waschen. Wir zogen ihnen die Pyjamas aus und machten uns an die Arbeit, wuschen zuerst die Köpfe, dann die Arme, die Oberkörper und auch den Rest. Bei den ersten mußte ich würgen, doch dann stellte jemand das Radio an.

Bei ›Saturday Night at the Movies‹ von den Drifters dachte ich an Abby im Rainbow-Kino. Wir wuschen noch ein paar Männer, und nach einer Weile war es, als schrubbe man Möbel ab.

Die alten Afrikaner lagen einfach da und stöhnten, während wir sie einseiften. Einige hingen am Tropf oder hatten Katheter, und man mußte aufpassen beim Waschen. Am schlimmsten dran war ein Mann namens Goodall. Während wir ihn wuschen, dachte ich: Vielleicht hat Abby mir den Tripper angehängt? Doch dann spielte das Radio einen neuen Song, ›Return to Sender‹ von Elvis, und ich vergaß Abby. Wir konnten Goodall nicht richtig waschen, sondern nur vorsichtig abtupfen. Er stank, und seine Haut war kalt und schuppig. Doch ich hatte den Eindruck, daß er die Reinigung genoß – er lächelte leicht, als er das warme Wasser auf dem Körper spürte –, und das vertrieb meine Übelkeit.

»Die vielen Schläuche«, sagte ich.

»In seiner Harnröhre haben sich Verengungen gebildet«, flüsterte Mr. Nunka. »Er ist seit sechzig Jahren ein Märtyrer der Gonorrhöe.«

Als wir das letzte Bett erreichten und den alten Mann darin sowie den danebenliegenden wuschen, warf ich einen Blick auf die Notfallambulanz und sah eine bekannte Gestalt über den Kiespfad kommen: Gloria. Sie trug ihr rotes Kleid und einen roten Turban, sehr elegant für das Krankenhaus; doch sie sah ziemlich blaß und trübsinnig aus.

Ich beobachtete sie, während ich dem alten Mann die Füße wusch. Ich wußte, sie würde lange warten müssen. Wie üblich saßen viele Kranke auf den Bänken.

»Wie wär's mit einer Tasse Tee?« fragte Mr. Nunka, als wir fertig waren.

Ich war kein Teetrinker, und die hiesige Sorte hatte die gleiche Farbe wie das Badewasser in der Wanne, mir drehte sich bei dem Gedanken der Magen um, doch der Aufenthaltsraum für das Personal lag neben der Notaufnahme, also nahm ich Platz, las eine alte Nummer des ›Central Africa Examiner‹ und behielt Gloria im Auge. Sie saß auf einer Bank neben der mit Plakaten beklebten Wand. Vielleicht las sie gerade: *Zacharias Zahnbürste sagt: »Benutze mich täglich!«* oder *Im*

Falle von Verbrennungen – eine Anleitung zur Ersten Hilfe als Bildergeschichte.

»Viel zu tun.«

»Es gibt jeden Tag viel zu tun«, sagte Mr. Nunka.

»Goodall macht einen netten Eindruck.«

»Der alte Mann ist eine Institution. Er ist Häuptling des Sena-Stammes am Lower River.«

»Offenbar hat er starke Schmerzen.«

»Er ist daran gewöhnt.«

Mr. Nunka schob wie ein Fisch seine Lippen vor und sog seinen Tee geräuschvoll ein. Den Gestank schien er gar nicht zu bemerken. Er sagte: »Ich hole mir eine Packung Kekse, und dann muß ich ein paar Verbände anlegen. Warten Sie hier auf mich.«

Ich blieb, bis ich sah, daß Gloria aufstand. Wer sie behandelte, konnte ich nicht sehen, er stand hinter einem Vorhang. Nachdem sie gegangen war, ein Fläschchen Tabletten in der Hand, fand ich in einer Ablage ihren Behandlungsbogen. »Lundazi Gloria« stand drauf. Sie hatte Gonorrhöe.

Das erregte mich; nicht die Krankheit, sondern daß sie geheilt wurde. Genau wie ich! Sie und ich waren die einzigen Menschen im ganzen Land, von denen ich wußte, daß sie behandelt wurden. Das weckte meine Liebesgeister. In einer Woche waren wir vollkommen geheilt; dann konnte uns nichts mehr passieren. Zum erstenmal seit einer Woche verspürte ich Lust, und mit der Aussicht auf neue Geheimnisse kehrte mein Optimismus zurück. Doch ich ging ihr nicht nach. Dazu blieb immer noch Zeit.

Mr. Nunka kam, und wir wuschen weitere Patienten, verbanden Brandwunden und leerten Goodalls Harnflasche. Auf der Männerstation war es kalt, was den Gestank etwas milderte, aber auch dazu führte, daß die Männer sich in ihre zerrissenen Decken vergruben. Ein dünner Regen klatschte an die Fenster.

Als der Tag zu Ende ging, sagte Mr. Nunka: »Es war sehr nett von Ihnen, uns hier zu helfen. Ich hoffe, daß ich Sie nicht wiedersehe.«

Er meinte: *Ich glaube.* Afrikaner verwechselten oft die englischen Ausdrücke, wenn es auf Chinyanja nur ein Wort dafür gab.

»Warum nicht?«

»Wir haben kein Geld, um Sie zu bezahlen.«

Das veranlaßte mich zu sagen: »Ich komme morgen wieder.«

Am nächsten Tag wusch ich die alten Männer allein. Mir wurde klar, daß ich sie noch mehrmals würde waschen müssen, bis sie völlig sauber waren. Doch meine Tätigkeit bewirkte einen sichtbaren Unterschied. Sie waren eben so dreckig, daß zweimal Waschen nicht ausreichte, die dicke Schmutzschicht zu entfernen.

Goodall sagte: »Sei vorsichtig, Vater. Tu mir nicht weh.«

Ich machte weiter, und als ich fertig war, war der alte Häuptling sauber, vielleicht zum erstenmal seit Jahren. Seine Haut glänzte. Er lächelte. Doch das Waschen hatte ihn ermüdet; er lehnte sich in seine Kissen zurück und schlief ein.

Die Männer ließen alles so reglos, und ohne zu klagen, über sich ergehen, daß man wirklich den Eindruck haben konnte, Gegenstände zu reinigen, wenn nicht ihre Wunden gewesen wären: zusammengeflickte Beine, Schlangenbisse, dicke Gipsverbände und austrocknende Geschwüre. Ich gab mir Mühe, um die schlimmen Stellen herumzuwaschen. Den ganzen Tag hatte ich allein hier verbracht, und als um fünf der Regen einsetzte, mußte ich die blasse orangefarbene Beleuchtung einschalten – drei Birnen unter der Zimmerdecke. Eine große summende Fliege prallte bei dem Versuch, ins Freie zu kommen, gegen eine Fensterscheibe. Es stank nach Krankheit, und jetzt war auch noch das Tageslicht weg. Es war kalt und klamm. Aber ich war glücklich.

Im Verlauf der Woche war ich in der Chamba Hill Secondary School voll einsatzbereit und arbeitete mehr als je zuvor. Ich hatte mich noch nie so ausgeruht gefühlt. Ich trank keinen Alkohol, nahm keine Mädchen mit nach Hause und unterhielt mich nur mit Captain. Er sagte mir, er glaube, im Fluß Shire lebten Ungeheuer. Nach seiner Beschreibung ähnelte eines einer walgroßen Schlange, die sich um die Fähre schlingen und diese versenken könne. Anstatt ihn zurechtzuweisen, ermunterte ich ihn, mir weitere Ungeheuer zu schildern. Ich hörte zu und kam mir sehr tugendhaft vor und fühlte mich ungeheuer wohl. Ich war vom Tripper geheilt und lebte ein einziges Leben. Dennoch wollte mir Gloria, die ihr Penicillin nahm, nicht aus dem Kopf.

Am folgenden Samstag ging ich nach dem Mittagessen wieder ins Krankenhaus.

Mr. Nunka sagte: »Sie sind heute wieder auf sich allein gestellt, Vater. Der andere Pfleger ist übers Wochenende in sein Dorf gefahren.«

Das störte mich nicht. Ich füllte die Wanne, zog meinen grünen Kittel an und begab mich in die Männerstation. Allein war es schwerer, und es ging langsamer, weil ich die Kranken aufrichten und mit Kissen abstützen mußte, bevor ich sie waschen konnte. Doch ich schaffte es.

Als ich an Goodalls Bett kam, lag der alte Mann nicht drin. Statt seiner hatte es ein mürrischer Mann mit Beschlag belegt, der vorher auf dem Boden gelegen hatte. »Wo ist der alte Mann?« fragte ich.

»Sie haben ihn weggebracht.« Er war froh, daß er nun ein Bett hatte. Doch er merkte, daß ich nicht begriff. Daher sagte er ganz unverblümt: »Er ist gestern gestorben.«

Ich stand da, den tropfenden Lappen in der Hand.

»Wasch mich«, sagte er und setzte sich auf.

»Wasch dich selber.«

»Ich bin krank«, beschwerte er sich.

»Tut mir leid, Vater.« Ich schämte mich, daß ich mir jemals tugendhaft vorgekommen war, reichte dem Mann den nassen Lappen, ging aber nicht sofort nach Hause. Ich blieb und wusch die Patienten, doch ich sah keinen Sinn mehr darin, es gut oder gründlich zu tun. Sie merkten es genausowenig wie Mr. Nunka. An meiner Reaktion auf Goodalls Tod erkannte ich, daß ich diese Arbeit für mich selbst und nicht für die Kranken getan hatte. Waschen bewahrte keinen vor dem Tod.

Am selben Abend ging ich in den Beautiful Bamboo. Ich trank Bier, wartete und sah Gloria beim Tanzen zu. »Komm mit mir nach Hause«, sagte ich um Mitternacht.

Sie erwähnte mit keinem Wort, daß sie den Tripper gehabt hatte. Mr. Nunka hatte mir empfohlen, ein Kondom zu benutzen. Ich fand das überflüssig. Ich war mir sicher, daß wir beide geheilt waren.

Gloria sagte: »Ich liebe dich«, auf englisch.

Das hatte nichts zu bedeuten. Es waren nur Worte aus einem Song. Doch ich empfand große Zärtlichkeit für sie und umarmte sie; ich fühlte mich, als wäre ich knapp dem Tod entkommen und könnte mich vor Schreck noch gar nicht darüber freuen, daß ich am Leben war.

7

Aus Aberglauben und weil ich krank und enttäuscht gewesen war, war ich jetzt nur noch mit Gloria zusammen.

Sie sagte: »Ich kann deine Frau sein.« Das wollte nicht viel heißen. Frau und Ehefrau war dasselbe Wort, genau wie bei Monat und Mond, wie Mann und Ehemann, und sogar die Worte für heiraten und miteinander schlafen waren ähnlich – *kwata* und *kwatana*. Beides bedeutete sich verbinden.

»*Kapena*«, sagte ich. Vielleicht.

Wie die anderen wohnte sie hinter dem Beautiful Bamboo; all die verstoßenen Mädchen, die Rebellen und Ausreißerinnen hausten in einer Hütte. Manchmal machte sie in meinem Haus in Kanjedza halt, schickte aber immer erst einen kleinen Jungen vor.

»Die Frau im roten Kleid möchte Sie besuchen.«

Ich war immer einverstanden, auch wenn es mir unter der Woche nicht paßte. Ich mußte unterrichten, Hausarbeiten korrigieren, Unterricht vorbereiten. Ich mußte den Papierkrieg eines Rektors führen: Entlohnung, Zulagen und Beihilfen für Junglehrer, Briefe an Eltern, Notizen an Lehrer. Ich mußte Akten lesen und Anwesenheitslisten führen. Eines Tages, wenn das Land eine Regierung und ein Erziehungsministerium hatte, würde vielleicht ein Schulinspektor Chamba Hill einen Besuch abstatten.

Miß Natwick sah mich mit den Unterlagen hantieren. Sie sagte: »Bumf.«

Das Wort hatte ich noch nie gehört. Sie sah mein Erstaunen.

»Klopapier«, sagte sie mit rhodesischer Aussprache.

Sie registrierte mit Vergnügen, daß ich noch spätabends in der Schule bleiben mußte. Ich war noch nach Sonnenuntergang in meinem Büro und arbeitete im Licht der zischenden Tilly-Lampe Akten durch.

Allerdings war ich nicht der einzige. Rockwell arbeitete häufig noch auf dem *chimbuzi,* wenn ich nach Kanjedza zurückradelte. Inzwischen ließ er keinen mehr in die Nähe des Scheißhauses, nicht einmal, um es zu benutzen. Wir öffneten wieder die Grube bei den Eukalyptusbäumen. Er hatte die gesamte Konstruktion des *chim* übernommen.

»Selbst ist der Mann«, sagte er, »nur so wird es, wie man es haben will.«

»Ich dachte, du wärst fast fertig.«

»Ich hatte ein Leck in meinen Pissoirs«, sagte er. »Das muß ich stopfen.«

Eines späten Nachmittags, als sich die ganze Schule geleert hatte, sah ich ihn aufs Gerüst klettern, um die Arbeit fortzusetzen, die sein Unterricht unterbrochen hatte. Ich ging hinüber und sah zu. Zunächst ignorierte er mich, dann warf er mir vor, ihm Steine in den Weg zu legen, da ich ihm noch eine Matheklasse zugeschoben hätte.

»Das war die vierte Klasse, lauter schlaue Burschen. Ich dachte, sie würden dir beim Ziegelsteinmachen helfen.«

»Ha! Dein großer Irrtum! Hast gedacht, du könntest sie bestrafen, wenn du sie zum Ziegelsteinmachen abkommandierst. Du hast geglaubt, so bekämst du eine gute Latrine.«

Er lächelte mich an, und mir kam der Gedanke, daß ein Lächeln nur selten im Leben ein Zeichen von Freude war. Wenn Rockwell lächelte, bedeutete das immer etwas anderes.

»Weil es eine Strafe ist, machen sie schlechte Steine. Das hätte dir jeder sagen können. Was soll ich mit denen anfangen?« Mittlerweile saß er auf dem halbgedeckten Dach. Wenn er besonders unausstehlich war, stellte er immer Fragen und wartete ab, bis ich nicht mehr weiterwußte, um sie dann selbst zu beantworten. »Ich habe jeden einzelnen verflixten Stein weggeschmissen.«

Ich fragte: »Woher hast du dann all diese Ziegelsteine?«

»Strafe bringt nichts«, erklärte er. »Man muß die Leute ordentlich motivieren. Dann erfüllt ihre Arbeit sie mit Stolz.«

»Wie motivierst du Leute, Rockwell?«

»Es gibt nur eine Motivation ...« Er begann zu lächeln, brach aber ab, als ich aufschrie.

»Du bezahlst sie!«

»Nicht der Rede wert«, sagte er, meinen Zorn genießend. »Aber sieh dir das Ergebnis an.« Er tätschelte die obere Alamomauer. »Sieh's dir an, das ist ein Ziegelstein von guter Qualität.«

Ich war dagegen, irgendwem etwas zu zahlen. Mir gefiel an diesem Land, daß Geld keine Rolle spielte. Die Afrikanerinnen wollten nie welches haben. Mr. Nunka hatte mich gratis geheilt. Man brauchte kein Schulgeld zu bezahlen. Und was verdiente ich? Fünfzig Dollar im Monat. »Keine Bezahlung mehr.«

»Du bist arrogant.« So wie er es aussprach, klang das Wort gar nicht so übel.

»Ich bin hier der Rektor, Ward. Ich kann dich versetzen lassen. Ich rufe Ed Wently an, und schon bist du wieder in Sierra Leone und siehst zu, wie die Leute auf der Straße auf die Toilette gehen.« Er schwieg; augenscheinlich beunruhigte ihn diese Aussicht.

»Wie sie auf dem Bürgersteig Pipi und Aa machen.«

»Hör auf damit, Parent!«

»Übrigens, woher hast du das Geld?«

»Das sind Spenden. Meine Kirche hat es geschickt.« Er hatte Nägel im Mund. Während er redete, nahm er einen Nagel und hämmerte ihn in einen Dachziegel. Es war das erste Mal, daß er seine Kirche erwähnte; aber ich hätte es mir denken können. »Sie haben einen Glaubensfonds – eine Kasse für Freunde in Übersee. Außerdem machen sie Benefizvorstellungen – Shows zur Rettung der Seelen. Das Geld verteilen sie, damit wir das Wort Jesu verbreiten und« – er nahm einen Nagel aus dem Mund und schlug ihn ein – »in fremden Ländern Bibelstunden durchführen.«

»Das ist keine Bibelstunde.«

Er starrte auf mich runter.

»Es ist eine Latrine«, stellte ich fest.

»Aber es ist und bleibt ein fernes Land«, sagte er mit wütendem Blinzeln.

»Was wäre, wenn deine Kirche herausfände, daß du Afrikaner beschäftigst, um ein Scheißhaus zu bauen?«

»Die Afrikaner machen lediglich die Ziegelsteine«, sagte er und ergänzte großspurig: »Ich errichte das eigentliche Bauwerk.«

»Du spielst Gott mit deinem *chimbuzi.* Das solltest du deinen Leuten sagen.«

»Ich glaube, sie wären froh, daß das Geld einem guten Zweck dient.«

»Soll ich es ihnen mitteilen?«

Er sah, daß ich wütend war. Wahrscheinlich, sagte er, würde er kein Geld aus dem Glaubensfonds mehr ausgeben. Doch ich wußte, daß er mit dem Ding fast fertig war und wohl keine Ziegelsteine mehr brauchte. »Für heute mach' ich Schluß.« Er kletterte die Leiter runter, und ich sah, daß sein Kinn auffallend rosa war, kahl und schorfig wie nach einem Sonnenbrand sah es aus.

»Hast du dich verletzt? Dein Kinn sieht gerötet aus.«

»Nö. Bloß ein Experiment.« Er legte die Hand übers Kinn. »Laß mich in Ruhe. Ich bin krank. Ich habe Schleim im Stuhl.«

Tag für Tag arbeitete ich bis spät und radelte dann die drei Kilometer durch den tropfnassen Kiefernwald nach Kanjedza. Gewöhnlich wartete der kleine Junge auf mich. »Die Frau im roten Kleid möchte Sie besuchen.«

Sie war ungeheuer geduldig, afrikanische Geduld. Das hing damit zusammen, daß man unbegrenzt Zeit hatte. Es war nicht direkt Gleichgültigkeit, kam dem aber nahe und entsprach der Gefühlslage von Menschen in einem Land, wo nie viel passierte. Sie waren geduldig und wachsam, wie Vögel im Baum. Den ganzen Tag konnten sie irgendwo sitzen, warten, nichts tun. Miß Natwick behauptete, sie verhielten sich so, weil Afrikaner verdammt faul seien. Das Friedenskorps erzählte uns, Afrikaner hätten Parasiten und seien sehr schläfrig, weil die Bazillen, Würmer, Zecken und Amöben sie schwächten. Doch bei Gloria spielte wohl noch etwas anderes mit. Sie sagte, sie sei in mich verliebt.

Eines Nachts erzählte sie mir: »Ich besuche meinen Vater. Er ist krank.«

»Wo liegt dein Dorf?

»Darf ich es dir zeigen?«

Ich konnte nicht nein sagen. So brachte sie mich dazu, sie zu begleiten. Wir nahmen den Bus von Zimba nach Blantyre, von wo wir in einem alten, schwarzen Zug mit einer Dampflok weiterfuhren. Er kam nur langsam voran und hielt an jedem Bahnhof. An einigen Hügeln keuchte die Lok und verstummte, und der ganze Zug rollte rückwärts, weil er es nicht bis nach oben schaffte. Dann schaufelte und schürte der Heizer, bis er genügend Dampf erzeugt hatte, daß der Zug über den Hügel kam.

Gegen Mittag trafen wir in der heißen, flachen Stadt Balaka ein. Dort wuchsen Baobabbäume, fett und grau wie mißgebildete Elefanten. Schatten gab es keinen. Im übrigen Land war es kalt und regnerisch, aber dieses tiefliegende Städtchen war sonnenüberflutet. Die Hauptstraße war ein schmaler, mit hellem Staub bedeckter Weg.

»Wohin willst du, Mister Undie?«

»Zum Bahnhof zurück, ich brauche einen Fahrplan.« Es war eine alte Angewohnheit. Kaum kam ich irgendwo an, schon fiel mir ein, daß ich vielleicht schneller als vermutet wieder abreisen wollte. Ich brauchte immer einen Fluchtweg, ganz gleich, wie zufrieden ich war. Die Abfahrtszeiten standen in Kreideschrift auf der Bahnhofsmauer. Ich schrieb sie in mein Notizbuch.

Wir fanden eine Bar, in deren Schatten wir Platz nahmen und aus Blechnäpfen Hühnchen mit Reis aßen. Die Leute starrten uns an: ein weißer Mann mit einer Afrikanerin. Ich trug meinen zerknitterten Anzug und Gloria ihr rotes Kleid und Stöckelschuhe.

Ihr Dorf war zu Fuß erreichbar. Für den Marsch zog sie sich die Schuhe aus. Als wir allein auf der Straße waren, fiel mir auf, daß ich ihr nichts zu sagen hatte. Doch sie merkte es nicht einmal. Auch Schweigen war Ausdruck ihrer Geduld.

Plötzlich blieb sie stehen, kniete nieder und zog die Schuhe an. Bald erfuhr ich den Grund. Vor uns lagen Lehmhütten, durch die abgesägten Bäume sah man die Grasdächer. Große Affenbrotbäume bildeten eine Art Tor, durch das man ins

Dorf kam. Die Hütten waren rund und braun wie Brot, auch die aufgesprungenen Wände erinnerten an Brotkrusten. Etwa ein Dutzend Hütten gab es. Nackte, dreckige Jungens liefen uns nach. Gloria kannte sie: Winston, Snowdon, Blair, Baldwin und ihre kleinen Brüder Redson und Walton.

Einige Frauen jodelten, als sie uns sahen. In Nyasaland war das die übliche fröhliche Begrüßung. Dann plauderten sie mit Gloria in einer Sprache, die ich nicht verstand.

Man schob mich auf einen Schemel und tischte Haferbrei und Eintopf auf. Daß ich schon gegessen hatte, war egal. Hier bedeutete Essen Freundschaft. Gloria wurde von den Frauen in Beschlag genommen; später brachte sie mir eine Flasche Bier, trockene Kekse und endlich eine Schüssel Wasser. Ich wusch mir die Hände.

»Sie möchten, daß du dich ausruhst.« Sie sprach für die Frauen hinter ihr. »Ich muß meinen Vater aufsuchen.«

Da sie so darauf erpicht waren, daß ich mich ausruhte, tat ich ihnen den Gefallen. Sie führten mich in eine leere Hütte, und ich legte mich auf das Gurtbett. Die Wände waren aus getrocknetem Lehm, der Fußboden gestampfte Erde, und die Luft war staubgesättigt. Von dem Strohdach schwebten Schmutzflocken herab. Sogar im Liegen fiel das Atmen schwer, und ich fing an zu niesen.

Ich stahl mich ins Freie, wo ich sah, warum ich ein Nickerchen halten sollte: Das ganze Dorf schlief, keiner rührte sich. Es war die heißeste Stunde des Tages, zwei Uhr. Die Sonne war überwältigend. Sie drückte mir auf die Augen, lastete auf mir, so daß ich kaum laufen konnte. Ich verließ das schlafende Dorf und folgte einem Pfad. Doch als ich bereits zu weit gegangen war, fiel mir auf, daß der Pfad in Wirklichkeit eine Furche in einem Feld war. Sie wurde flacher und verschwand – ich hatte mich verlaufen. Ich kam an einen anderen Pfad, aber wieder war es eine Furche. Sie führte zu einem Maisfeld, und ich hatte noch keine zehn Meter zurückgelegt, als neben mir ein Schatten zum Leben erwachte: eine lange schwarze Schlange, dick wie ein Gartenschlauch. Sie kratzte gegen die Maiskolben, als sie an meinen Füßen vorbeischlüpfte. Einem Aberglauben in Nyasaland zufolge muß man umkehren, wenn eine Schlange den Weg kreuzt. Dies tat ich und ging in die entgegengesetzte Richtung. Fünf Schritte weiter sah ich die nächste Schlange . . . viel größer und schwärzer als die erste. Ich stellte mir vor, wie unter den vielen Maiskolben ganze Nester voller schwarzer Mambas lagen. Es war die giftigste Schlange des Landes.

Ich befand mich mitten in einem schlangenverseuchten Feld. Ich hob einen Stock auf und schlug auf die vor mir liegenden Kolben, um die Schlangen aufzuscheuchen. Ich hatte eine Heidenangst davor, auf die Biester zu treten. In dieser Art Rückzug erreichte ich nach beinahe zwei Stunden die mit hellem Staub bedeckte Straße. Es wurde dunkel, als ich wieder im Dorf eintraf.

»Mein Vater möchte dich sehen«, sagte Gloria. »Er heißt Maxwell.«

Keiner fragte mich, wo ich gewesen sei. Maxwell lag in der größten Hütte des Dorfes auf einem Feldbett. Er sah weit kränker aus als irgendeiner der Männer, die ich im Queen Elizabeth gewaschen hatte, und für mich stand fest, daß er im Sterben lag. Der Raum war kahl. Neben ihm befand sich keine Arznei, nur ein Glas Wasser und eine Bibel. Ich betrachtete ihn eine Weile. Ob er schon tot war?

Aus der Stille kam seine Stimme wie ein Keuchen. »Bist du errettet?«

Ich sagte, ich wisse es nicht.

»Dann bist du nicht errettet«, sagte er. »Du wüßtest es, wenn du es wärst.«

Es folgte eine lange Stille, während derer mir auffiel, daß er Englisch gesprochen hatte.

Endlich sagte ich: »Ich dachte, Sie wollten mit mir reden.«

»Wenn du nicht errettet bist, habe ich dir nichts zu sagen.«

Gloria wartete draußen auf mich. Sie kam mir albern vor in ihrem Übereifer. Sie nahm meine Hand und führte mich weg. Ihren Vater erwähnte sie nicht. »Heute abend komme ich in deine Hütte. Das ist ganz einfach. Du schläfst bei meinen beiden kleinen Brüdern.«

Ich war schockiert. Erst das *Bist du errettet?* ihres Vaters, dann der Wunsch seiner Tochter, mich im selben Raum zu lieben, in dem ihre Brüder schliefen.

Als sie mein Zögern bemerkte, sagte sie: »Du warst mal ein

so scharfer Hund, daß du mich und das kleine Mädchen mit nach Hause genommen und uns beide gevögelt hast.«

Das stimmte, schien mir aber schon ewig herzusein. Und ich ließ mich nur ungern daran erinnern. Ich bildete mir ein, daß ich mich ein wenig verändert hatte. Wenn ich aber gezwungenermaßen darüber nachdachte, mußte ich zugeben, daß dem überhaupt nicht so war. »Was ist, wenn die Jungens wach werden? Möchtest du, daß sie uns sehen?«

»Sie wachen nie auf.«

»Ich kann nicht vögeln, wenn Kinder im selben Raum sind, Schwester.«

»Sie sind es gewöhnt.«

»Und deinem Vater wäre es gar nicht recht, wenn er es wüßte. Du hast mir verschwiegen, daß er ein religiöser Mensch ist.«

»Er ist ein Narr. Diese Dorfbewohner sind primitiv.« Sie benutzte das englische Wort. »Sie haben von nichts eine Ahnung.«

»Ich bin Gast, also muß ich mich benehmen.«

»Du bist mein Gast, also mußt du tun, was ich sage.«

Ich hatte sie immer für unterwürfig gehalten. Was war bloß los? Ich fragte: »Was willst du, Schwester?«

»*Jig-jig.*«

»Tut mir leid. Nicht mit deinen Brüdern neben uns.« Sie schliefen auf Matten neben und unter dem Bett. Wir müßten direkt über ihnen vögeln.

»Wir können es woanders treiben«, sagte sie. Mir fielen die Schlangen ein, die ich am Nachmittag gesehen hatte. »Hier«, sagte sie. »Mein Mann.«

Wir standen im Dunkeln neben einem Baum und flüsterten. »Hier gibt es Schlangen auf dem Boden.«

»Wir vögeln im Stehen«, sagte sie. »Komm näher. Näher.« Das Wort hieß *pafoopee,* es ließ sich leicht lasziv aussprechen.

Ich lehnte ab, doch sie bestand darauf und brachte mich mit ihrer rauhen Hand auf Touren. Sie lehnte sich gegen den Baum und hielt den Rocksaum hoch. Dann balancierte sie auf einer in die Luft ragenden Wurzel, und wir legten los wie die Affen. Als wir fertig waren, fiel mir ein, daß am anderen Ende des Dorfes ihr Vater im Sterben lag. Sie wollte mich noch mal haben. *Pafoopee,* sagte sie.

Die ganze Nacht über hörte ich neben meinem Bett die beiden Kinder schnarchen. Ich lag wach vor Angst, daß Gloria in die Hütte kommen würde. Aber sie blieb draußen.

Am nächsten Morgen reichte sie mir eine Schüssel Wasser und ein großes Stück Seife. Ich konnte mich noch so gründlich waschen, hinterher kam ich mir immer noch schmutzig vor. Afrikaner sahen immer sauber aus. Wie schafften sie es bloß, in Lehmhütten sauber zu bleiben? Es war ihr Geheimnis. Nachdem ich Hände und Füße gewaschen hatte, juckte mein übriger Körper. Ich rasierte mich nicht und traute dem Wasser zu wenig, um mir die Zähne zu putzen.

Doch Gloria sah noch schlimmer aus als ich. Ihr Kleid war schmutzig und wirkte hier völlig fehl am Platz. Die Knöpfe standen offen, so daß ich ihre Rückenwirbel sehen konnte. Bereits am zweiten Tag, einem Sonntag, sah sie so schlampig aus, daß es den anderen Frauen und Mädchen sichtbar peinlich war. Sie machte eine komische Figur mit ihren dreckigen Füßen und dem zerrissenen Kleid, merkte es aber gar nicht. Sie sagte, die anderen Frauen gingen ihr auf die Nerven. In der Stadt Zimba schätzte man sie als eines der flotten Mädchen aus dem Beautiful Bamboo; doch in diesem Dörfchen wirkte sie lächerlich und billig.

Die Frauen waren still und ziemlich zurückhaltend. Sie kümmerten sich rührend um mich, drängten mich, im Schatten zu bleiben und zu essen. Sie brachten mir afrikanisches Bier. Es war sauer und hatte einen ranzigen Beigeschmack, doch ich fühlte mich geschmeichelt, auf traditionelle Art verwöhnt zu werden.

Gloria sagte etwas, das bestimmt soviel hieß wie: »Er trinkt dieses Zeug nicht.« Sie forderte mich auf, ihren Brüdern Geld zu geben, damit sie in Balaka eine Flasche Castle Lager kauften. Ich wollte zwar keins, gab ihr aber Geld, um keine Szene zu riskieren. »Diese Leute sind dumm«, sagte sie.

Ich dachte bei mir, was sie doch für eine schreckliche Person war, und bedauerte, daß ich mitgekommen war. Doch ich schämte mich auch für mich selbst, denn je mehr ich über sie nachdachte, desto überzeugter wurde ich, daß sie nicht anders war als ich. Hatte ich sie zu dem gemacht, was sie war? Amerikanisiert war sie keineswegs, sie war nichts als ein zänkisches, schlampiges, dummes Weib.

»Der alte Mann will dich noch einmal sehen.«

Er lag im Dunkeln. »Ich habe über dich nachgedacht«, sagte er.

Das fand ich bewegend. Er war ein weiser Mann. Vielleicht konnte er mir geben, was ich bei seiner Tochter gesucht hatte. Ich dachte an Überlieferungen, Sprichwörter und Erinnerungen der Siedler. Er war über siebzig, also noch im neunzehnten Jahrhundert geboren. Ich sah in das eingefallene Gesicht dieses Mannes aus einem anderen Zeitalter. Er hatte über mich nachgedacht.

»Ja, du bist verloren«, sagte er. Mir schien, als kichere er. »Du bist verdammt.« Ich dachte: Das sagen alle.

Der Postzug verließ Balaka um Mitternacht. Ich streckte mich auf der Holzbank aus und atmete Kohlenqualm ein. Aus den dunklen Wäldern drang durch die offenen Fenster das Zirpen der Insekten. Gloria schlief. Einmal weckte sie mich auf, weil sie »Hilfe!« rief. Sie behauptete, es sei kein Alptraum, sondern ein Lied gewesen. Im Morgengrauen wachte ich auf, als wir in Blantyre einfuhren. Mein Rücken schmerzte; doch ich war froh. Die Sonne schien, und die Luft war kühl.

Aber als wir zum Busbahnhof gingen, wußte ich, daß etwas zwischen uns anders geworden war. Ich hatte ihr Dorf gesehen, und sie hatte sich dafür geschämt, für ihren Vater und die »primitiven« Menschen. Nun verhielt sie sich mir gegenüber reserviert, als befürchte sie, ich würde mich über sie lustig machen. Ich hatte ihr Geheimnis gesehen. Sie fand, ich wisse zuviel. »Bye-bye«, sagte sie.

In der Öffentlichkeit zeigte sie nie irgendwelche Gefühle. Aber das taten Afrikaner in Nyasaland selten. Sie ging zurück zu ihrem Leben, ich zu meinem.

In meinem Büro wartete Rockwell. Er wollte den Schlüssel für den Werkzeugschuppen haben. Ich sah, daß sein ganzes Gesicht geschwollen und gerötet war.

Er bedachte mich mit seinem abgehackten Auflachen, das soviel bedeutete wie *Paß mal auf!* Und er erzählte mir, er habe sich ein paar Barthaare rausgezupft und sei dadurch auf eine

Idee gekommen. Weil er am Wochenende ohnehin nicht arbeiten konnte (»Du hast ja den Schlüssel für den Werkzeugschuppen mitgenommen, besten Dank, Parent«), habe er sich mit einer Pinzette sämtliche Schnurrbarthaare ausgezupft. Zuerst sei es ganz schön schmerzhaft gewesen. »Dann dachte ich: Scheiß drauf. Gestern habe ich weitergemacht und das ganze Gesicht bearbeitet. He, was ist, wenn die Haare nicht nachwachsen?«

8

Afrikanerinnen sprachen nie über Politik. Auch in Glorias Dorf war davon nicht die Rede gewesen. Die Briten waren verschwunden, bald würde es eine schwarze Regierung geben, das wußte jeder. Doch zur Zeit hatte keiner das Sagen. Es war keine Anarchie, es war Frieden. Weil so wenige Autos fuhren, gingen die Menschen auf der Straße spazieren, und arme Leute zogen ihre beste Kleidung an und betranken sich, Männer mit Krawatten, Frauen in Kleidern. Fremde begrüßten sich mit »Hallo, Vater« – »Hallo, Schwester«. Alles war sehr einfach. Die afrikanischen Mädchen waren alle gleich, unkompliziert, begeisterungsfähig und hübsch. Wahrscheinlich bedeutete ich für sie nicht mehr als irgendein Weißer, aber sie fanden mich sympathisch, und ich war Amerikaner. Ich sprach ihre Sprache, ich konnte sie zum Lachen bringen. Eine sagte: »Ich liebe dich, weil du mit uns tanzt.« Wir tanzten zu ›Mrs. Brown You've Got a Lovely Daughter‹.

Dann gab es auf einmal politische Gespräche. Es ging um die Unabhängigkeit. So etwas wie Nervosität durchzitterte das Land, oder zumindest Zimba, die Beautiful Bamboo Bar und die Chamba Hill Secondary School. Alle waren unruhig und gespannt, wie bei einer Parade, kurz bevor der Musikzug kommt.

Eines Tages nach der Morgenandacht stattete mir Vize Mambo einen Besuch ab. Er hatte ein rotes Hemd, weite

Shorts und Kniestrümpfe an, hielt einen Stock in der Hand und trug neue Schuhe. Afrikaner mit neuen Schuhen machten mich immer mißtrauisch. Sie sahen aus, als wollten sie etwas zertreten.

»Ich muß mit Ihnen sprechen«, sagte er und fügte verschlagen hinzu: »Rektor.«

»Treten Sie ein, Bruder. Wen stellen Sie denn dar?«

»Ich bin Mitglied der Jugendliga«, antwortete er. »Ich organisiere unsere Schüler für die Unabhängigkeitsfeier.« Er schaute durch mich hindurch. Es war, als wollte er sich hinter seiner Uniform verstecken.

»Was steht auf dem Abzeichen?« Es war eine steife bestickte Scheibe, die unter seinem Doktor-Banda-Button hing.

»Chamba-Jugendliga.«

Chamba hatte eine Jugendliga? »Davon hat mir keiner was gesagt.«

»Ich sagte es Ihnen gerade. Wir gestalten die Unabhängigkeitsfeier. Es wird Fahnen, Feuerwerk, Aufmärsche und was weiß ich alles geben.«

»Was sollen die Schüler dabei tun?«

»Marschieren.«

»Und wenn sie zu tun haben?«

»Sie werden nichts zu tun haben.«

Das war ein neuer Vize Mambo. Am liebsten hätte ich ihn aus meinem Büro geworfen. Doch es war nicht meine Unabhängigkeitsfeier. Ich hatte kein Recht, mich zu beschweren, daß mir niemand von der Chamba-Jugendliga erzählt hatte. Wahrscheinlich war sie an irgendeinem Wochenende gegründet worden, als ich mich mit anderen Dingen beschäftigte.

Am selben Nachmittag fuhren zwei Soldaten in einem Landrover vor. Sie trugen Khakiuniformen und gewienerte Kampfstiefel. Ich hielt sie für Deutsche. Sie sagten, sie seien Israelis. Yonny war etwa in meinem Alter; der andere, Moosh, war ein dicker älterer Mann. Vize Mambo hatte sie geschickt. Sie zeigten mir ein Schreiben.

Ich sagte: »Mambo unterrichtet Geographie in der dritten Klasse: Niederschläge, unsere Freunde, die Bäume, was ist ein Vulkan. Keiner hat ihm erlaubt, die israelische Armee in unsere Schule einzuladen. Verstehen Sie, was ich meine?«

»Prüfen Sie's doch nach«, empfahl Moosh und drehte mir den Rücken zu.

Nach der Schule rief ich aus dem Postamt in Zimba Ed Wently an, doch während ich noch von Mambo, dem Mitglied der Jugendliga, und seinen Israelis erzählte, sagte Wently nur: »Seien Sie kooperativ« und legte auf.

Mich hatte es nie gestört, wenn Miß Natwick andeutete, ich sei als Rektor unfähig, und daß Rockwell die Latrine so ernst nahm, freute mich. Doch Mambo mit seinem roten Hemd fand ich beunruhigend. Es schien, als führe auch er ein Doppelleben. Und die israelischen Soldaten in »meiner« Schule irritierten mich. Offenbar wurde ich sie nicht los.

Yonny versuchte auf eine kumpelhaft-soldatische Art freundlich zu sein. Ich sagte, es gefalle mir nicht, wenn Soldaten durch die Schule marschierten. Daraus konstruierte er eine antisemitische Aussage und erklärte: »Niemand mag Israelis.« Yonny lispelte. Ich hatte die irrationale Vorstellung, daß lispelnde Menschen gewöhnlich die Wahrheit sagten. Moosh wirkte mürrisch. Eines Tages verblüffte er mich mit dem Eingeständnis, daß er gerne tanze. Dieser grobe Klotz tanzte gern? Leichtfüßig führte er mir ein paar Schritte vor, und in diesen wenigen Sekunden war er ein anderer Mensch. Ich machte ihm ein Kompliment, und zum Dank warf er mir vor, ich sei nicht streng genug zu den Schülern . . .

Es dauerte nicht lange, und sie kritisierten auch Rockwell. Sie sagten, sie verständen nicht, wieso er die ganze Zeit damit zubrachte, das Dach dieses Gebäudes zu decken.

Rockwell sagte: »Weil ich es bis zur Unabhängigkeit fertig haben will.«

Sie fragten, was das Ding werden solle.

»Sanitäre Einrichtungen, Toiletten.«

»Es ist eine Latrine«, stellte ich fest.

»Typisch amerikanisch«, lispelte Yonny und zeigte seine Zunge bei den Zischlauten.

Moosh sagte, diese Latrine sei zu gut für Afrikaner. »Sie sind mit einem Loch in der Erde zufrieden.«

»Schon mal was von Cholera gehört?« fragte Rockwell, und ich bewunderte seinen Kampfgeist. »Die Krankheit, die in Afrika am meisten Menschen dahinrafft?«

Yonny erklärte: »Ein Menschenleben ist hier gar nichts wert.«

Nach der Schule exerzierten die Israelis mit den Schülern, zeigten ihnen, wie man in Reih und Glied marschiert und Fahnen herumwirbelt, und brüllten sie gnadenlos an. Ich hörte die Trommeln von der Fläche herüberschallen, die sie Fußballplatz nannten.

Ich fragte den Viertkläßler Malenga, was er von den Israelis hielt. Er benutzte ein Wort, das er früher für die Amerikaner benutzt hatte und das »geschickt in allem« bedeutete *(nkhabvu)*.

»Nenn mir ein Beispiel.«

Gerade heute, sagte Malenga, habe Yonny, der jüngere, einigen der Jungens beigebracht, wie man bei einem Verhör den feindlichen Vernehmungsbeamten los wurde. Während man einander Auge in Auge gegenüberstand, sah man ihn direkt an und trat ihn, ohne mit der Wimper zu zucken oder den Kopf zu bewegen, mit aller Gewalt gegen das Schienbein. »Es sind harte Burschen«, schloß Malenga.

Ich haßte Vize Mambo, weil er diese Soldaten eingeladen hatte. Und Rockwell sah ich jetzt in einem neuen Licht. Ich hatte ihn für verrückt und möglicherweise gefährlich gehalten, doch verglichen mit den Israelis, kam einem Rockwell wie ein vernünftiger Mann mit Prinzipien vor. Er hatte zwar seine exzentrischen Züge, dieser Toilettenbauer aus Pasadena, doch bei alledem verfolgte er ein humanes Ziel. Ich war zu streng mit ihm ins Gericht gegangen. Während ich mich an den Wochenenden im Bamboo vergnügte, machte Rockwell an der Latrine Überstunden. Mit dem Dach war er so gut wie fertig. An Regentagen bastelte er im Inneren herum oder strich die Wände.

»Ich glaube, ich habe diese Pissoirs im Griff«, sagte er und fuhr flüsternd fort: »He, wie steht's mit diesen Israelis? Läßt du dich von denen rumkommandieren?«

»Wently hat gesagt, ich soll kooperativ sein.«

»Ich kenne den Namen des israelischen Botschafters«, sagte er.

»Willst du die Soldaten melden?«

»Nein. Der Name macht mir angst.« Rockwell flüsterte immer noch. »Botschafter Shohut. Begriffen?«

Ich verneinte.

Er sagte: »Manchmal sprechen Namen Bände. ›Schuh-Hut‹, verstehst du? Es bedeutet: von Kopf bis Fuß. Das macht mir ein wenig Sorgen.«

Kaum hatte ich meine Meinung über Rockwell geändert, ging es wieder los, er flippte aus. Doch diesmal waren die Israelis dran schuld.

Ich machte als Rektor Überstunden, um zu beweisen, daß ich noch das Sagen hatte. Ich traf mich nicht mehr mit Gloria, sondern nahm abends wieder die Mädchen aus dem Bamboo mit nach Hause. Unter der Woche fing ich morgens um sieben an, schloß die Gebäude auf, begrüßte die Lehrer um halb acht, und dann schlug ich auf die Eisenbahnschiene, um die Schüler zur Andacht zu rufen.

In der letzten Juniwoche betrat Vize Mambo mein Büro, ohne anzuklopfen. Es war einer seiner Uniformtage. »Ich habe eine Forderung, Mr. Rektor, Sir«, sagte er. Diese sklavische Anrede war bei ihm immer ein Ausdruck von Feindseligkeit. »Es geht um die Morgenandacht. Ich schlage vor, nach der Ansprache ein Lied für Kamuzu zu singen.« Er meinte den Mann auf seinem Abzeichen, Hastings Kamuzu Banda.

»Was für ein Lied?« fragte ich.

»›Alles gehört ...‹«

»Wie geht das denn?« fragte ich.

Vize Mambo verschränkte die Arme vor seinem Jugendligahemd, warf den Kopf nach hinten und schmetterte auf Chinyanja das Lied:

Alles gehört Kamuzu Banda
Alle Bäume
Gehören Kamuzu Banda
Alle Hütten
Gehören Kamuzu Banda
Alle Kühe
Gehören Kamuzu Banda
Alle Straßen ...

»Ich habe schon verstanden, Bruder.« Das Lied war klangvoll, aber ziemlich lächerlich. »Doch es ist wohl nicht sehr sinnvoll, wenn die Schüler das singen, oder?«

Er kniff die Lippen aufeinander und funkelte mich stumm an. Ich fragte mich, ob die braunen Punkte im Weißen seiner Augen auf Vitaminmangel hinwiesen. Ich hatte nichts gegen Mambo gehabt, bevor er in seinem Rothemd auftauchte und die beiden Israelis herholte. In diesem Moment hörte ich sie auf dem Fußballplatz Befehle brüllen.

Ich sagte: »Die Lieder, die wir singen, sind zwar langweilig, aber wenigstens harmlos.«

»Wir wollen ›Alles gehört‹.«

»Banda, wer ist das?« Das war nur eine rhetorische Frage. Ich wußte, wer Banda war. Aber Vize Mambo antwortete. »Er ist unser Ngwazi.« Das hieß Eroberer. »Und Chirombo.« Das hieß »großes Tier«. »Unser Messias.«

»Nun machen Sie mal 'n Punkt«, sagte ich.

Er starrte mich immer noch mit seinen braungefleckten Augen an. »Gründer und Vater der Malawi Congress Party. Auf Lebenszeit Präsident unseres Mutterlandes, Malawi.«

»Wissen Sie, Bruder . . .«

»Ich bin nicht Ihr Bruder. Ich trinke kein Bier. Ich poussiere nicht mit Stadtmädchen herum, die enge Kleider tragen und sich die Haare entkrausen.«

Nun funkelte ich ihn an. Mit so etwas hatte ich seit Monaten gerechnet.

»Solange ich Rektor der Chamba Hill Secondary School bin, singen wir das Lied ›Alles gehört‹ nicht. Ist das klar?«

Am letzten Junitag suchte mich ein Mann auf, der sich als Beamter des Erziehungsministeriums vorstellte. Er war Engländer und sehr umgänglich. Er sagte, ihm gefalle die Schule. Da sie sonst nie jemand lobte, war ich ihm dankbar. »Ich wußte gar nicht, daß es ein Erziehungsministerium in Nyasaland gibt.«

»Gibt es auch nicht«, sagte er. »Ich gehöre dem Erziehungsministerium von Malawi an.«

Bei diesen Worten hatte ich das deutliche Gefühl, daß etwas zu Ende ging.

»Wir nehmen gerade die Arbeit auf«, fuhr er fort. »Wir ernennen Schuldirektoren.«

»Chamba hat schon einen«, sagte ich, womit ich mich selbst meinte.

»Ganz recht.« Er sah in einer Akte nach. »Er heißt Winston Mambo und übernimmt ab sofort den Posten.«

Ich stieß einen Laut des Ärgers aus.

»Ihnen kann das doch egal sein, alter Junge«, sagte er. »In ein paar Monaten sind Sie sowieso weg.«

»Woher wissen Sie das?«

Er sagte lächelnd: »Sie sind ein Zugvogel.«

Auf dem Heimweg wollte mir dieser Ausdruck nicht mehr aus dem Kopf.

Mambo zog in mein Büro, und ich fand ein Kabäuschen im naturwissenschaftlichen Trakt. Er feuerte Miß Natwick, gab den Israelis Schränke im Lehrerzimmer – die ich ihnen verweigert hatte – und lud sie ein, ihren Morgenkaffee mit uns zu trinken. Er gründete einen Ableger der Jugendliga für die fünfte Klasse und bildete Gruppen Junger Pioniere für die unteren Klassen. Auf dem Schulhof wimmelte es von Rothemden.

Seine erste Morgenandacht war typisch für alle folgenden: eine Bibellesung, eine Passage aus einer Rede von Doktor Banda, das Lied ›Alles gehört Kamuzu Banda‹ und ein paar aufmunternde Worte.

»Der Mann ist noch nicht mal offiziell Präsident«, sagte Rockwell. »Das Land ist immer noch britische Kolonie.«

Was Rockwell sagte, war zwar nicht richtig, aber auch nicht ganz falsch. Die Situation war nämlich noch viel vertrackter. Zwischen dem Abzug der Briten und der Übernahme durch die Afrikaner befand sich das Land im Nichts. Es war nur ein kurzes Intervall für die Geschichte des Landes, ein Augenblick, kürzer als ein Augenzwinkern. Seit ich hier war, gab es dieses Machtvakuum. Die Afrikaner waren voller Hoffnung und fühlten sich frei. Eine Regierung gab es nicht. Alles funktionierte. Jeder hatte seinen Platz. Doch nun hatte ich das Gefühl, daß der Tag zur Neige ging und uns allen eine lange Nacht bevorstand.

Mambo sagte: »Wir werden die Schule nach afrikanischer Art leiten. Unseren alten Traditionen gemäß.«

»Bibel lesen, rote Hemden anziehen, über Kamuzu singen, auf dem Bolzplatz hinter Israelis herlaufen. Die afrikanische Art!«

»Die Israelis sind unsere Freunde.«

Ich stritt mich nicht mit ihm. Ich war froh, keine Anwesenheitslisten mehr führen, Vorräte überprüfen oder Stundenpläne austüfteln zu müssen. Doch mit Mambo herrschte an der Schule fast schlagartig ein moralisierend-politischer Ton, und Mambo, den ich als Schleimer kannte, wurde unangenehm fromm. Ich merkte, daß er nicht etwa Rektor geworden war, weil ihm sonderlich an der Schule lag, sondern weil er sie als Sprungbrett betrachtete. Er war ehrgeizig. Auf diese Weise arbeitete er sich nach oben.

Auf der ersten Konferenz verkündete er: »An der Chamba Hill Secondary School wird es besondere Unabhängigkeitsfeiern geben. Paraden, Demonstrationen, Kuchen und ein Freudenfeuer. Der Minister kommt und pflanzt vor dem *chimbuzi* einen Baum.«

»Moment mal«, sagte Rockwell.

»Ich habe hier das Antwortschreiben des Ministers. Mr. Likoni nimmt mit Freuden die Einladung seiner ehemaligen Schule an. Ich habe im Etat einen kleinen Eukalyptusbaum für die Pflanzung eingeplant.«

»Die Latrine habe ich gebaut«, sagte Rockwell. »Ich weiß, daß Sie sie begonnen und ein paar Ziegelsteine bereitgestellt haben, aber ich mußte das Ding abreißen und bei Null wieder anfangen. Es ist also allein mein Werk.«

»Wir wollen uns für die Fertigstellung bedanken«, sagte Mambo.

»Dann schreiben Sie an meine Kirche und erwähnen den Glaubensfonds der Kasse für Freunde in Übersee.«

Mambo funkelte ihn mit gefleckten Augen an und zeigte seine blitzenden Zähne. »Es ist unsere neue Schullatrine. Sie muß eingeweiht werden.«

»Ich habe sie bereits eingeweiht«, sagte Rockwell.

»Es muß korrekt gemacht werden«, beharrte Mambo.

»Es gibt nur eine Methode, eine Latrine einzuweihen, und nach der bin ich vorgegangen, Mann.«

Rockwell ließ sich nicht blicken, als Mr. Likoni in seiner Ministerlimousine vorfuhr. Er benutzte die Straße, die von den Schülern auf ihrer Suche nach den Münzen getrampelt und geräumt worden war. Noch vor wenigen Monaten hatte

Mr. Likoni gebeten, mein Fahrrad benutzen zu dürfen. Heute fuhr er in einem neuen Mercedes vor. Er hatte einen Chauffeur. Er trug einen Nadelstreifenanzug und neue Schuhe. Er schnitt ein rotes Band durch und pflanzte einen schlanken Eukalyptusbaum vor dem *chimbuzi.* Mit mir redete er nicht. Er pries die Schule, und er pries Mr. Mambo. Dann stimmte er das Lied ›Alles gehört . . .‹ an.

An diesem Abend fand ich Rockwell im Beautiful Bamboo. Das sei seine Art von Rebellion, sagte er. Er sei schon seit Mittag da und habe nachgedacht. Doch er sah aus, als hätte er geweint.

»Worüber hast du nachgedacht?«

»Über Worte«, antwortete er. »Ich könnte nie ein Mädchen fragen, wie es ihrer Muschi geht, du vielleicht?«

Um zu verhindern, daß er sich in das Thema vertiefte, sagte ich: »Du hast ein denkwürdiges Ereignis verpaßt. Eine Zeremonie zur Eröffnung einer Toilette, das muß man sich mal vorstellen! Der Minister hat ein Band zerschnitten und eine Rede gehalten. Der Typ hat sich früher mein Rad geborgt!«

»Ich wünschte, ich hätte eine Frau«, sagte Rockwell.

Ich drehte mich um und betrachtete die jungen Afrikanerinnen, die an den Tischen saßen, tanzten oder uns beobachteten.

»Komischerweise sehe ich sie nicht als Frauen«, sagte er. Er wirkte verwirrt und verstört. »Lieber besaufe ich mich.« In seinen Augen standen Tränen. »Ich hatte mal eine Freundin. Das war, bevor ich zum Friedenskorps ging. Es klappte nicht. Wenn ich sie bei ihr zu Hause küßte und das Telefon klingelte, nahm sie immer den Hörer ab und telefonierte mindestens eine Stunde lang.«

Er schwieg lange. Die Musicbox spielte Chuck Berry mit dem Lied ›Maybelline‹, danach Elvis' ›Return to Sender‹ und anschließend ›Knockin' On My Front Door‹ von den El Dorados. In den Rock-'n'-Roll-Songs war die ideale Frau eine *crazy little mama.*

»Wenn mir mal eine begegnet, die beim Küssen nicht den Hörer abnimmt, dann heirate ich sie.« Er verbarg den Kopf in den Händen und fing an zu schluchzen.

»Was ist los, Ward?«

Er richtete seine geröteten Augen auf mich und sagte: »Gott, war das eine herrliche Toilette. Ich wollte noch ein paar Steine für die Becken kommen lassen. Mit hervorragender Duftnote.«

Danach tranken wir, ohne ein Wort zu wechseln, bis er schließlich rülpsend sagte: »Es wird Zeit, nach Hause zu gehen.« Ich schaute auf die Uhr. »Ich meine, in die Staaten«, sagte er. »Mit einem Aufenthalt in Paris.«

»Mir ist egal, ob ich je zurückgehe«, sagte ich. Das war mein Ernst, und ich fühlte mich plötzlich sonderbar einsam. Kurz darauf kniff mich jemand mit einer harten Hand und legte freundlich den Arm um mich. Es war eine Afrikanerin. *Crazy little mama.*

»Hallo, Schwester.«

»He, Mann«, sagte sie.

9

An einem kalten nieseligen Julinachmittag – Malawis Unabhängigkeitstag – radelte ich in die Stadt. Aus dem Stadion hörte ich Musik, das Gebrüll von Menschenmassen und Beifall. Doch mit mir hatten die Feiern nichts zu tun. Ich war nur ein ausländischer Lehrer; Mambo war Rektor. Ich haßte es, wenn meine Schüler marschierten, und ich haßte die Jugendliga mit ihren Rothemden. Mein stärkstes Gefühl war Bedauern, daß die Übergangsphase zu Ende ging. Ich hatte gern in einem Land gelebt, das weder eine Kolonie noch eine Republik war, sondern ein namenloses Etwas, das meiner eigenen Stimmung entsprach. In diesem Schwebezustand hatte ich mein Doppelleben führen können.

Diesen Tag mußte ich einfach im Beautiful Bamboo verbringen. Die Bar erschien mir als sicherer, neutraler Ort, wo ich Aufenthaltsrecht genoß. Mehr noch: Hier gehörte ich hin. Wenn ich mich umschaute, sah ich nur Mädchen, mit denen ich irgendwann mal geschlafen hatte. Sie saßen auf Stühlen oder lehnten an der Bar und sahen aus dem Fenster in den Regen hinaus. Es war zu naßkalt, um ins Stadion zu gehen, und die richtige Unabhängigkeitsfeier fand ohnehin in der Hauptstadt statt. Und zwar in diesem Moment. Das Radio war eingeschaltet. Ich hörte die Band ›Alles gehört Kamuzu Banda‹ spielen.

»Der Regen ist sehr stark«, sagte ich auf Chinyanja. Das von mir benutzte Wort für Regen, *mpemera,* war ganz präzise. Es bezeichnete den dünnen Dauerregen, den der Wind auf die Veranda wehte.

»Kann man wohl sagen«, sagte ein Mädchen, und ein anderes meinte: »Du sagst es.« Wie lange redeten sie schon so?

Der Beautiful Bamboo kam mir so schäbig wie nie vor. Es roch nach nassen Schuhen, matschigen Stiefeln und triefender Kleidung. Im Zwielicht wirkte die Bar noch schmieriger, und der Lärm war alles andere als angenehm. Mir unbekannte Männer unterhielten sich lautstark, und das Radio schallte im Wettstreit mit der Musicbox, die ›Downtown‹ von einer britischen Sängerin spielte. Über das Radio kamen die Klänge der Polizeikapelle von Malawi. Bis heute hatte Malawi keine Polizei gehabt, wozu auch? Nun spielte die Kapelle, damit Schüler im ganzen Land marschieren konnten. Im Stadion von Zimba stand Mr. Mambo unter seinem Rektorenregenschirm und strich die Anerkennung für seine im Stechschritt marschierenden Schüler ein. Es war wie bei der Einweihung von Rockwells *chimbuzi.*

Rosie war hochschwanger. Sie lief mit einem Tablett herum. Ich kaufte eine Flasche Bier und setzte mich allein in die Nähe des Radios. Ich kaufte noch eine Flasche. Zwölf war meine Obergrenze. Ich hatte noch viel vor. Die Chiffons sangen ›He's So Fine‹.

»Diese dummen Kolonialisten haben eben nicht begriffen«, schrie Doktor Banda, »daß wir Malawier frei sein wollen! Darum bin ich aus London gekommen. Sie haben mich gerufen! Ich folgte dem Ruf. *Kwacha,* das war die Parole . . .«

Seine Worte gingen in ›Leader of the Pack‹ von Shangri-La unter. Ich konnte die Unabhängigkeitsfeier nicht mehr deutlich hören, im Radio war nur noch ein Knistern. Die große Plastikskala leuchtete orangefarben. Ich spürte die Wärme der

Rundfunkröhren auf meinem Gesicht. Das Radio war fast wie ein Heizkörper.

Rosie kam mit ihrem Tablett zu mir herüber. Ihr Kleid spannte sich um ihren dicken Bauch. Ich sagte: »*Kwacha.*« Morgendämmerung . . .

Sie fragte: »He, willste 'n Bier?«

Ich sagte ja, und es schäumte, als sie es öffnete. War dieses Plärren im Radio noch Doktor Bandas Stimme? Die Amerikaner hielten ihn für eine charismatische Führungspersönlichkeit. Ich hatte eher den Verdacht, daß er geisteskrank war. Den Gedanken fand ich befreiend. Was er sagte, ergab keinen Sinn; aber das war nicht mein Problem.

In diesem Moment, im Lärm des Bamboo, wurde mir klar, daß die Übergangsphase vorbei war. Es war ein seltener, unvorhersehbarer historischer Augenblick gewesen, und ich hatte alles miterlebt. Ich war, wo ich sein wollte, und ich hatte alles, was ich mir wünschte. Ich war immer noch ein Mann auf einer Insel, umgeben von Afrikanerinnen. Sie waren ohne jedes Mißtrauen für mich da, sorglos und hübsch. Sex belasteten sie mit keinerlei Bedeutung. Genuß konnte man es nicht nennen, dafür ging es zu schnell, aber es machte Spaß. Ich fühlte mich überaus glücklich. Je betrunkener ich wurde, desto mehr steigerte sich mein Glücksgefühl. Ich lehnte an der Bar und empfand nichts als Dankbarkeit, daß ich dreiundzwanzig war und draußen in der weiten Welt lebte.

Augenblicke des Glücks nahm ich ganz instinktiv wahr. Den meisten Menschen wird erst viel später klar, daß sie eine Phase des Glücks durchlebt haben. Dadurch enthält ihre Erinnerung immer einen Anflug von Bedauern. Doch ich wußte es, und meine Erinnerung (auch an schlechte Zeiten) war deutlich und lebhaft. Ich dachte: Früher unter den Briten war es schlimm, und in Zukunft unter einer habgierigen Regierung wird es auch schlimm sein, doch im Moment ist es ideal.

Jim Reeves sang ›This World Is Not My Home‹. Auf dem Barhocker neben mir ließ sich Grace nieder. »Gib mir ein Bier, Vater«, sagte sie.

Das Radio lief noch, die Skala leuchtete; ein vielstimmiges *Kwacha!* drang aus dem Lautsprecher.

»*Kwacha*«, sagte ich und gab Grace ihr Bier.

»Blödsinn«, erwiderte sie. »Wo hast du gesteckt, Mister Handy?«

»Hier und da.« Es war zuviel passiert, um es ihr zu erzählen: meine Geschlechtskrankheit, die Arbeit im Krankenhaus, Gloria und ihr Dorf, Veränderungen in der Schule, Mambo, die Israelis, die Latrinenzeremonie. »Aber jetzt bin ich wieder da.«

Sie trank und kratzte ihren Arm, es klang wie Schmirgelpapier. »Wohnst du immer noch in Kanjedza?«

»Ja, Schwester.« Ich trank mein Bier, und meine Gedanken schweiften ab. Ich dachte mir eine Geschichte aus, die im Wartezimmer eines Arztes spielt. Die Wartenden sind alle nicht, was sie zu sein scheinen. Der Mann mit dem kleinen Mädchen ist nicht der Vater, sondern ein Kinderschänder.

»Wohnst du noch im selben Haus?« fragte Grace.

»Klar. Komm doch mit rüber.« Und ich spann die Geschichte weiter: Das Ehepaar verabschiedet sich. Sie trifft ihren Liebhaber, er ist unterwegs zu seiner Geliebten. Der Cowboy ist ein Homo.

»Zuerst will ich hier tanzen.«

»Wir können tanzen, und dann kommst du mit zu mir«, schlug ich vor. Der kleine Junge leidet an einer tödlichen Krankheit, und eine der Frauen – wahrscheinlich die Nonne – hat eine Handgranate dabei. Doch die Geschichte war zu statisch, es gab keine Handlung. Ich würde sie nicht schreiben. »Wir können nach oben gehen.«

Grace lachte ein kehliges Lachen.

»Das Kleid ist sehr schön«, sagte ich.

»Sieben Pfund beim Inder«, antwortete sie. »Und die Schuhe drei Pfund.« Das hieß soviel wie kostbar, elegant, edel. Sie prahlte.

»Wie wär's also?« fragte ich.

Sie starrte mich an.

Ich dachte an eine Geschichte über Zufälle, unwahrscheinliche Zufälle. Ein Mann verläßt das Haus, um seiner Frau Zigaretten zu holen, und wird von einem Auto überfahren. Im Bad bringt sie sich im selben Moment mit dem Fön durch einen Stromschlag um. Im Kinderzimmer schläft ihre kleine Tochter tief und fest, ohne zu ahnen, daß sie Vollwaise ist. Nein, das war nichts. »Gehen wir, Schwester.«

»Nicht jetzt«, sagte sie und lachte wieder. Unvermitteltes Lachen fand ich irritierend. Noch eine Geschichte fiel mir ein. Es ging um eine Scheidung. »Es lag an ihrem Lachen, Euer Ehren.«

»Zuerst gibst du mir Geld«, sagte Grace.

Das ernüchterte mich. Ich dachte über ihre Forderung nach und merkte, wie schockiert ich war. Mir kam eine Geschichte in den Sinn, in der der unschuldigste und verläßlichste Mensch, den man kennt, plötzlich verlangt: Zuerst gibst du mir Geld. »Vielleicht frage ich jemand anders . . . ein anderes Mädchen«, sagte ich zu Grace und schaute mich um.

»Sie wird auch Geld haben wollen.«

Wieso hatte ich nie daran gedacht, daß es so kommen würde? Das Radio lief, im Stadion dirigierte Banda ein Kirchenlied, ›Bringt die Garben ein‹.

Etwa in diesem Moment schlief ich ein, wo ich saß, den Kopf auf die Arme gelegt. Das Lied hörte ich im Traum weiter.

»Tut mir leid«, sagte Grace, als sie mich weckte, indem sie mir ihre harten Finger in den Rücken bohrte.

Während ich schlief, war es Nacht geworden. Die Unabhängigkeitsfeier war vorbei. Im Beautiful Bamboo saßen afrikanische Mädchen still an den Tischen. Sie sahen zur Tür, doch niemand trat ein. Ein paar tuschelten, als ich mit Grace etwas schwankend und immer noch nicht ganz wach die Bar verließ.

Im Dunkeln gingen wir wortlos zu meinem Haus. Captain hatte in meinem Zimmer eine kleine Öllampe aus Zinn brennen lassen, und in diesem schwachen Licht zog Grace sich aus. Bluse und Rock hängte sie über eine Stuhllehne; die Schuhe stellte sie ordentlich nebeneinander an die Wand.

Es gibt so viele Arten, wie eine Frau zu Bett geht, ihre Bewegungen können bedeuten: *Ich komme zu dir* oder Müdigkeit signalisieren. Ich beugte mich über Grace. Ihre Augen waren offen, aber ihr Körper schien zu schlafen. »Bist du schon fertig?« sagte sie.

Da konnte ich nicht weitermachen. Ich rollte auf den Rükken und sah an die Zimmerdecke. Selbst in dieser kalten Jahreszeit hatte Captain ein Moskitonetz über das Bett gehängt. Voller Hohn hing es da und sah aus wie ein Brautschleier. »Möchtest du bleiben?«

»Das kostet mehr.«

Ich dachte über Afrika nach. Wie herrlich war hier die Dunkelheit, und wie glücklich konnte ich mich schätzen, nicht in Amerika oder Vietnam zu sein. Ich konnte hier einfach weiterleben; Zentralafrika lag weit genug weg von beiden Ländern. Ich könnte anfangen, etwas Eigenes zu schreiben. Ich dachte über das Wort *nocturnes* nach. Hier gab es keine Schrift. *Nocturnes* war ein Wort, das in die schriftliche Sprache gehörte, niemand nahm es in den Mund, deshalb war es noch immer so schön. Ich hatte versucht, eine Geschichte über die Afrikanerinnen zu schreiben, aber es las sich komisch. Ich wußte nicht, daß in der Komik die Wahrheit lag. Schreiben mußte ich, weil so viel mit mir geschehen war, das mich einsam machte. Über diese vergangenen Erlebnisse zu schreiben war der beste Weg, sich von ihrer Macht zu befreien. Bei diesem Gedanken wünschte ich mir, noch lange zu leben.

Das alles dauerte zehn Sekunden. Grace warf die Tür ins Schloß und weckte die Hunde, Rufe wurden laut, und Hähne krähten, während durch die Ritzen zwischen meinen Vorhängen Licht fiel. Ein neuer Tag. Obwohl etwas in Afrika zu Ende gegangen war, lächelte ich. Ich wollte es nicht vergessen.

IV Buschbaby

I

Niemand sieht heimatloser aus als ein Inder in einem Mantel. Mein Freund, der Schriftsteller S. Prasad, wartete hinter den Glastüren des Victoria Air Terminal auf mich. Mit seiner Winterkleidung, der dicken Meerschaumpfeife und seinem finsteren Gesichtsausdruck – an diesem Dezembertag sah seine Haut eher grau als braun aus – wirkte er abweisend. Aber ich wußte es besser. Er war ein ungewöhnlicher Ausländer: Er wußte alles über England, hatte ein abgeschlossenes Studium in Oxford hinter sich, war Hausbesitzer und hatte ein halbes Regalbrett Bücher geschrieben. Fünf Literaturpreise hatte er bekommen. »Von Preisen will ich nichts hören«, sagte er manchmal und zog seine berühmte angewiderte Grimasse. Er lebte hier, seit er achtzehn war. Doch immer noch bezeichnete er sich als Exilierten. Er sagte, er gehöre nicht hierher, und so sah er auch aus in seinem Wintermantel. Als er mich entdeckte, runzelte er vor Zufriedenheit die Stirn.

Als wir unterwegs zu seinem Haus auf dem Rücksitz eines Taxis London durchquerten, erzählte er mir von seinem Exil. Ich hörte zu, genoß aber auch das Wetter.

In Uganda, wo ich mittlerweile lebte, füllte eine flirrende Sonne den Himmel, so daß man ihn an den meisten Tagen gar nicht sah. Nach solch gefährlichem, verschwenderischem Sonnenschein sah London an diesem feuchten Tag wie eine unterirdische Stadt aus. Es war kalt, es glänzte, es war schwarz, es schien unzerstörbar zu sein. Doch ich war nur über die Feiertage da. Ich war es leid, in Afrika betrunken heiße Weihnachtsfeste zu verbringen. Diesmal würde ich es richtig machen: Weihnachtslieder singen, durch die verschneiten Straßen stapfen, und dann zurück in den Dschungel . . .

»Ich habe kein Zuhause«, sagte Prasad soeben und kaute

auf seinem Pfeifenstiel herum. »Ihr Amerikaner habt Glück, ihr könnt immer nach Hause fahren. Aber wie sollte ich zu diesem lächerlichen Inselchen zurückkehren? Das Exil ist für mich das Wahre, verstehst du. Diese Burschen . . .«

Wir hielten an einer roten Ampel, und Männer in Melonen und schwarzen Anzügen überquerten wie eine Schar Bestattungsunternehmer vor unserem Taxi die Straße.

». . . diese Burschen haben ja keine Ahnung davon. Sie haben Pensionen und Familien und Häuser und, du liebe Güte, Kinder. Sie haben Sicherheit. Ihnen geht es gut, wahrscheinlich legen sie ein paar Pence auf die hohe Kante. Was glotzt dieser bebrillte Mistkerl so?«

Er meinte einen Inder im Nadelstreifenanzug, der einen Blick auf S. Prasad warf, während er darauf wartete, daß die Ampel grün wurde.

»Pakistanis. Die sind überall«, sagte Prasad. »Kann man es den Engländern verdenken, daß sie sich beschweren? Sie sind um keinen Deut besser als eure Pfeil-und-Bogen-Menschen.«

Ich schwieg, weil ich wußte, daß es ihm nicht ganz ernst war und er zu Hochform auflief, wenn man ihn reden ließ. Normalerweise war er ein höchst zurückhaltender und schweigsamer Mensch, weshalb seine Ausbrüche um so verblüffender waren. Seine Ansichten pflegte er an wildfremden Personen auszuprobieren. *Ich verabscheue Musik* war einer der ersten Sätze gewesen, die ich von ihm hörte. Da er ihn nie wiederholte, nahm ich an, daß er ihn nicht ernst gemeint hatte. Jetzt sprach er über Pakistanis, den Islam und Mr. Jinnah. Ich konnte den Blick nicht von den Passanten wenden. Die hübschen Mädchen in kurzen Röcken, ihre zielstrebige Art zu gehen, die Kurven ihrer Schenkel – alles war anders als die Leute, die durch Wandegeya schlurften. Und alle hatten es eilig.

Prasad bemerkte mein Interesse, doch noch ehe ich sprechen konnte, sagte er: »Für mich swingt London nicht.« Dann lächelte er. »Aber wahrscheinlich für dich, Andre.«

Wir überquerten eine Themsebrücke und schienen endlich im Freien zu sein. Ich warf einen Blick auf den Fluß und das fahle Winterlicht: weißer Himmel, schwarze Gebäude. Auf der anderen Seite wieder Düsternis, das Taxi tauchte in Süd-London ein.

»Ich sollte von hier fortziehen«, sagte Prasad, als wir in einer schmalen Straße vor buckligen braunen Backsteinhäusern hielten. »Ich habe dieses Häuschen auf Vordermann gebracht. Jetzt wird es Zeit zu gehen.«

Das Haus sah frisch gestrichen aus, es hatte ein neues Tor, und an den dünnen Bäumchen im Garten hingen noch winzige weiße Zettel aus der Baumschule.

»Klingel lieber«, sagte Prasad und steckte den Hausschlüssel wieder in die Hosentasche. »Sarah mag es ein wenig dramatisch.«

Gleich darauf tauchte seine Frau auf, umarmte mich und rief: »Andy!«

»Ich wollte immer eine kleine Wohnung in einer kompromißlos vornehmen Gegend«, sagte hinter mir Prasad. Ich wußte, daß er auf seiner Pfeife kaute. »Das stimmt doch, Darling? Oh, tritt bitte ein.«

Ich bewunderte Prasads Werke, seit wir uns vor ungefähr vier Jahren zufällig in Afrika begegnet waren. Er war auf der Durchreise und arbeitete an einem Buch, das er von einem Hotel ins andere mitschleppte. Er las etwas von mir und sagte: »Versprechen Sie mir, daß Sie über diese Gegend schreiben.«

Er meinte Afrika. Ich versprach es. Und so wurden wir Freunde. Als er und Sarah Afrika verließen, lud er mich ein, Weihnachten bei ihnen in London zu verbringen. In Uganda, wo ich unterrichtete, gab es um Weihnachten drei Wochen Regen und drückende Hitze, und man konnte nichts tun außer trinken. Mich hielt dort nichts, Familie hatte ich keine. Also flog ich gerne nach London. Ich war dankbar für Prasads Einladung.

»Du warst noch nie hier!« rief er freundlich. »Sarah, das ist Andys erster Tag in London!«

Er lachte sehr laut und fragte mich, wie alt ich sei, was er bereits wußte. Dann wurde er ernst und gestikulierte mit seiner Pfeife. »Du hast Nyasaland und Tanganjika gesehen, bevor du in England warst«, sagte er. »Du hältst das für unwichtig, aber diese simple Tatsache wird wahrscheinlich dein gesamtes Schriftstellerleben beeinflussen.«

Aus dem Nebenzimmer sagte Sarah: »Übrigens haben Nyasaland und Tanganjika neue Namen.«

»Doch wer kann sie aussprechen, Darling?« Er lachte. »Das ist ganz schön schwer, aber Andy kann's bestimmt!«

Dann zog er sein Jackett aus, legte die Krawatte ab, zog seinen Pyjama und einen lila Bademantel mit Samtrevers und Pantoffeln an. Es war elf Uhr morgens. Er sagte, er müsse arbeiten.

Als er mein Erstaunen bemerkte, lachte er. »Zum Abendessen ziehe ich mich wieder an.«

Als ich am nächsten Morgen zum Frühstück nach unten kam, sortierte Prasad gerade Weihnachtspost. Er reichte mir einen Brief. Frankiert war er mit einer bunten ghanaischen Marke.

Prasad schwieg und sortierte weiter, doch ich wußte, daß er mich beobachtete, während ich las. Ich hatte diesen Brief von Francesca erwartet.

Beim Frühstück sagte er: »Sarah, Andy hat heute morgen einen Brief bekommen, von der Goldküste, stell dir vor!« Er wandte sich mir zu. »Wirst du ihnen einen Besuch abstatten, den Küstenbewohnern?«

»Ich spiele mit dem Gedanken.«

»Aber die Handschrift ist europäisch.« Er verzog das Gesicht zu einer Miene intensiven Nachdenkens und fuhr dann fort: »Französisch? Italienisch? Ich hatte da einen gewissen . . .«

»Italienisch«, sagte ich.

Ihm entging nichts. »Aha«, machte er. »Ich wünschte, ich hätte deine Energie, Andy.«

Bevor er in sein Arbeitszimmer ging, zog er einen anderen Pyjama an, und als er an mir vorbeikam, sagte er: »Die vielen Reisen, die vielen Tickets. Bestimmt bezahlt man dich dort draußen hervorragend. Die Gehälter sind ja exorbitant hoch. Und für deine Altersversorgung wird sicherlich auch gesorgt. Aber was macht das Schreiben?«

»Ich schreibe ein paar Artikel für eine Zeitung in Boston«, antwortete ich. »Damit finanziere ich den Flug.«

»Nicht schlecht.« Prasad wirkte zufrieden. »Du steckst voller Ideen, Andy. Du hast ein ausgemachtes Talent für solche Dinge.«

»Das heißt, daß ich über Ghana zurückfliegen muß.«

»Die Goldküste«, sagte Prasad. »Aber da wohnt ja eine Briefpartnerin von dir.«

Eine Briefpartnerin klang wie *eine Freundin:* Er wußte Bescheid.

»Und danach vielleicht Nigeria.«

»Bongo-Trommeln«, sagte er.

»Anschließend Uganda.«

»Pfeil-und-Bogen-Menschen.«

Um das Thema zu wechseln, fragte ich: »Arbeitest du gerade an etwas?«

»An einer Geschichte«, sagte er. »Möchtest du den Anfang hören?«

Das sah ihm gar nicht ähnlich, er sprach nie über seine Arbeit. »Mit Vergnügen.«

Er begann: *»John Smithers gab sich gerade mit Simon Panga-Matoke dem Analverkehr hin, als das Telefon klingelte. Er zog ihn raus und betrat mit geschwollenem Penis sein Arbeitszimmer. Er nahm den Hörer ab. Es war der Leiter des ugandischen Raumfahrtprogramms.«* Prasad starrte mich an. »Gefällt es dir?«

Ich schüttelte langsam den Kopf, da ich nichts sagen wollte.

»Keine Ahnung, wie du es aushältst, Andy«, sagte er. »Vergiß dein Versprechen nicht.«

Als ich an diesem Morgen von einem Spaziergang zurückkam, bat Sarah mich, ihn zum Essen zu rufen.

Prasads Arbeitszimmer war völlig verdunkelt, doch als ich die Tür öffnete, lag er, immer noch im Pyjama, auf einem Sofa und rauchte eine Zigarette. »Ich habe mein Buch beendet«, sagte er. »Nun habe ich nichts mehr zu tun. Das Buch hat mich fast umgebracht, Mann. Ich bin wie ein Vogel mit gebrochenem Flügel.«

Mein Problem war, daß ich nicht wußte, wie ich ihn anreden sollte. Man kannte ihn als S. Prasad. Sein Vorname lautete Suraj, doch so nannte ihn niemand. (Wenn er ein Hotelzimmer oder einen Tisch reservierte, kam oft »Sir Arch Prasad« heraus, was ihm gefiel.) Über das »Mr.-Prasad«-Stadium war ich hinaus. Sarah nannte ihn »Raj«. Das paßte, vor allem wenn er seinen lila Bademantel und die indischen Pantoffeln trug. Ich hatte keine Ahnung, wie andere ihn anredeten. Freunden von ihm war ich nie begegnet. Doch an meinem zweiten Tag in London sagte ich: »Ich würde euch beide morgen mittag gern zum Essen einladen.«

»Geh du mit, Raj«, sagte Sarah. »Ich habe zu arbeiten.«

»Was meinst du, Raj?«

Zum erstenmal hatte ich diesen vertrauten Namen benutzt. Er lächelte, und ich hatte das Gefühl, daß wir unsere Freundschaft vertieft hatten, obwohl ich mir durchaus bewußt war, daß wir immer noch Meister und Schüler waren.

»Mittagessen ist eine köstliche Idee«, sagte er. »Und anschließend kann ich meine Fahnen abgeben.«

Er ging in sein Arbeitszimmer ... um zu arbeiten, wie er sagte. Doch jetzt wußte ich, daß er auf dem Sofa lag und im Dunkeln rauchte, wie ein Mensch, der traurig ist.

Abends sahen wir fern. Ich fand die Sendungen faszinierend und intelligent und verschlang sie, während Prasad sie verabscheute. »Du glaubst, der Mann lächelt? Dieser Mann lächelt nicht. Das ist kein Lächeln. Dieser Mann ist Politiker. Er ist ein Gauner.«

Es war ein Dokumentarfilm der BBC. Anschließend fand eine Podiumsdiskussion statt. Der Diskussionsleiter riß einen Witz, und das Studiopublikum lachte.

Prasad hatte vor Abscheu die Lippen gekräuselt. »Armer Malcolm«, sagte er. Und an mich gewandt: »Versprich mir, daß du nie an einer solchen Sendung teilnimmst, Andy.«

Sarah kicherte, als ich hoch und heilig versprach, niemals an der Diskussionsrunde von ›The World This Week‹ teilzunehmen. Doch Sarah machte sich nicht über mich lustig. Sie fand Prasad unendlich witzig. Sie war Engländerin, genauso alt wie er und eine so gute Kameradin meines neuen Freundes, daß ich mich nicht traute, sie attraktiv zu finden.

Am nächsten Tag stand sie an der Tür, als verabschiede sie zwei Jungens auf dem Weg zur Schule oder zu einem Ausflug.

Sie bemutterte uns, trieb uns zur Eile an und sagte: »Laß bloß deinen Schirm nicht in der U-Bahn liegen, Raj.«

Er küßte sie nicht, vermutlich, weil ich dabei war. »Ich mag es nicht, wenn man seine Gefühle zur Schau stellt«, sagte er.

Auf dem Weg zur U-Bahn blieb er am Schwarzen Brett eines Kiosks stehen und überflog die diversen dort steckenden Karten. *Französischunterricht. Theatergarderobe. Sehr strenge Herrin teilt bei Spielen mit der Rute aus. Du willst dich amüsieren . . . ruf Doreen an. Junges Model sucht Arbeit. Tanzunterricht. Dunkelhäutige Insulanerin sucht verantwortungsvolle Stellung.*

»Hier haben wir eine kleine Lektion in englischem Euphemismus«, sagte er. Doch er wandte den Blick nicht von den Karten. »Mal sehen, ob etwas für dich dabei ist.« Obwohl er seinen Kopf nicht bewegte, wußte ich, daß er in der Schaufensterscheibe mein Spiegelbild beobachtete. »Nein, sieht nicht so aus.«

In der U-Bahn erklärte er mir, die Karten stammten von Prostituierten. Das Verfahren sei sehr direkt. Man rufe sie an und verabrede einen Termin. Den Preis mache man telefonisch aus. Prasad merkte, daß ich seine Ausführungen aufregend fand, trotz seines angewiderten Tonfalls. »In diesem Land ist Sex überall«, sagte er. »Er liegt in der Luft. Er geht jedem im Kopf rum. Die Leute denken an nichts anderes. Sex ist zu einer Art Besessenheit geworden.«

Er kaute auf seiner Pfeife herum. Die Leute in der U-Bahn trugen schwere Mäntel, Schals und Hüte, ihre robusten Schuhe waren abgewetzt und feucht und ihre Gesichter sehr weiß. Über ihren Köpfen warben Frauen mit rosigem Teint für Unterwäsche, Lippenstifte oder Bademoden.

»Sollen sie doch weitermachen«, sagte Prasad. »Ich will sie nicht dran hindern. Ich will, daß alle völlig befriedigt werden und dann damit aufhören. Sollen sie's doch hinter sich bringen. Sollen sie ausbrennen.« Er sah sich in dem Waggon der Northern Line um und fuhr fort: »Ich will, daß sich dieser Drang selbst verzehrt. Und dann will ich nichts mehr davon hören.«

Wir gingen in Wheeler's Restaurant und bestellten beide Seezunge.

»Wollen wir eine Karaffe Hauswein trinken?« fragte Prasad mit resignierter Stimme. »Ach nein, nehmen wir einen Wein mit Klasse. Du hast eine Stellung, du hast ein paar Pence... Sagtest du nicht, es geht alles auf Spesen? So werden wir dieses Essen nicht vergessen. Warum soll man irgendeinen Rachenputzer trinken? Dafür ist das Leben zu kurz. Laß uns einen wirklich guten Wein nehmen, vielleicht einen weißen Burgunder.«

Wir bestellten eine Flasche 1957er Montrachet. Acht Pfund, zehn Shilling. »Probier mal«, sagte Prasad und drängte mich zum Trinken. »Das wirst du nicht vergessen.«

Nach dem Essen nahm Prasad mich mit in seinen Verlag, wo er die korrigierten Druckfahnen seines Buches abliefern wollte. Es war der Hotelroman, den er auf der Suche nach dem idealen Ort zum Schreiben durch Ostafrika geschleppt hatte.

Howlett Ltd., Prasads Verlag, befand sich in einem kleinen, grauen, mißratenen Ziegelsteinbau in der Nähe des Britischen Museums, wo mir Prasad anschließend die Vitrinen mit handschriftlichen Manuskripten zeigen wollte. »Johnny Keats, Jimmy Joyce, Sammy Johnson, sogar ein bißchen Shakey. Alles da.«

Doch es gab Probleme mit den Fahnen, vielleicht ging es auch um Auslandsrechte. Jedenfalls wurde Prasad aufgehalten. »O Gott«, sagte er, ehrlich betrübt. »Ich lasse dich im Stich. Und das nach diesem köstlichen Lunch.« Er werde den ganzen Nachmittag beschäftigt sein, ob ich allein ins Museum fände? Es sei gleich auf der anderen Straßenseite. Wir könnten uns dann zu Hause treffen. »Sei nicht deprimiert.«

»Ich bin nicht deprimiert«, sagte ich, fühlte mich von dem Wein allerdings ein wenig benommen und guckte vielleicht etwas froschäugig. »Ich komme schon zurecht.«

Gleichzeitig mit mir verließ eine blonde junge Frau den Verlag, und ich hielt ihr die Tür auf. Sie war ausgesprochen hübsch, etwa in meinem Alter und nach der damaligen Mode wie ein Kosak gekleidet: Pelzmütze, langer dunkler Mantel und hohe Stiefel. Ich maß sie kurz von Kopf bis Fuß, dann fragte ich sie nach dem Weg zum Britischen Museum.

»Ich gehe direkt daran vorbei«, sagte sie. »Folgen Sie mir.«

Offensichtlich war auch sie an mir interessiert. Schließlich hätte sie mir problemlos den Weg beschreiben können.

Sie hieß Rosamond und arbeitete als Lektorin bei Howlett's. Doch der Verlag war klein; sie tippte auch, machte Öffentlichkeitsarbeit und Botengänge. Um sie zu beeindrucken, sagte ich, daß ich mit einem von Howletts Autoren bei ihnen gewesen sei, und nannte den Namen.

»Roger hält ihn für ein Genie«, sagte Rosamond, und ihr Tonfall ließ durchblicken, daß sie nicht seiner Meinung war.

»Wer ist Roger?«

»Roger Howlett. Ihm gehört der Laden gewissermaßen.« Sie hatte lange Haare, die beim Gehen vor- und zurückschwangen, und ihr Schritt war kosakenhaft forsch. »Alle fürchten sich vor Prasad. Manchmal ist er ziemlich direkt, und er kann schrecklich ausfallend werden.« Sie lächelte, als falle ihr ein Beispiel ein. »Was haben Sie im Britischen Museum vor?«

»Ich vertreibe mir nur die Zeit.«

Das fand sie komisch, gab sich aber Mühe, es nicht zu zeigen. Dann waren wir an den Toren des Britischen Museums angelangt.

»Wie wär's mit einem Drink irgendwann?« fragte ich.

Achselzuckend sagte sie: »Meine Freunde und ich gehen meistens nach der Arbeit in einen Pub.« Sie deutete auf die andere Straßenseite.

»Dann treffen wir uns dort um sechs«, sagte ich.

»In Ordnung.«

Im stillen dachte ich: Hätte ich zum Mittagessen keinen Wein getrunken, hätte ich sie nie angesprochen. Mir fiel Prasads Vorschlag ein: *Nehmen wir einen mit Klasse* . . . Auch ihr Gesicht hatte Klasse. Vielleicht würde ich sie heiraten; mein ganzes Leben veränderte sich durch eine Flasche weißen Burgunder.

Ich war schon da, als die Museumstaverne um halb sechs öffnete, und so sah ich sie mit ihren Freunden hereinkommen: einer jungen Frau namens Philippa in einem Pelzmantel und mit Ronnie, einem schmalgesichtigen jungen Mann mit feuchten Haaren. Nachdem wir einander unsere Namen verraten hatten, wollten sie von mir wissen, was ich in London machte. Ich erwähnte Uganda, meine Tätigkeit an der dortigen Universität und S. Prasad. Sie schienen nicht sonderlich interessiert, daran merkte ich, daß sie beeindruckt waren; so war eben die englische Art: stolz, zurückhaltend und unaufrichtig. Schließlich waren die meisten meiner Kollegen Engländer. Die drei dachten aber, daß ich als Amerikaner unter lauter Afrikanern lebte.

Nach einer Weile sagte Philippa, sie würde eigentlich ganz gern mal nach Afrika fahren. Rosamond meinte, Afrika habe sie nie interessiert, sie würde aber alles tun, um nach Hongkong zu kommen. Das war wohl ihre englische Art, mich ein bißchen zu reizen, aber es klang ganz freundschaftlich.

Ronnie sagte: »Man glaubt, Afrika sei voller Elefanten, Löwen und nackter Wilder, doch in Wirklichkeit leben alle Tiere in Wildparks, und die Afrikaner sind entsetzlich korrekt. Ständig zitieren sie aus der Bibel und sind ganz versessen darauf, in den Adelsstand erhoben zu werden.« Das verkündete er mit großer Sicherheit, doch es glich dem, was Rosamond gesagt hatte, und zwar aus dem gleichen Grund: Er versuchte, mich zu provozieren.

Als ich ihn anlächelte, fuhr er fort: »Alle tragen Krawatten, Westen und gestreifte Hosen. Ich habe sie im Fernsehen gesehen. Und die Städte dort sehen aus wie Vororte. Andrew wohnt wahrscheinlich in einem furchtbar langweiligen Apartment oder so einer tristen Maisonettewohnung, wie man sie in mittelenglischen Kleinstädten findet.«

Ich lächelte erneut. »Da ist was dran.«

»Seht ihr!« Ronnie lachte laut und legte die Hand auf mein Knie, ließ sie aber eine Spur zu lange liegen; daran merkte ich, daß er homosexuell war. Er war einer dieser unglücklichen, liebebedürftigen Engländer, die leicht laut und ausfallend werden und immer zu weit gehen, um im Mittelpunkt zu stehen. Ich kannte sie aus Uganda; der Club für das Lehrpersonal war voll von ihnen. »Sie sind doch nächsten Monat auch noch hier, oder?«

Ich verneinte.

»Wirklich schade. Wir werden auf dem Grosvenor Square vor der amerikanischen Botschaft eine riesige Demonstration abhalten. Wir haben vor, einiges kaputtzuschlagen.«

»Dann bin ich in Afrika.«

»Wie öde«, sagte Ronnie und wandte sich an Rosamond. »Afrika ist genau wie Surrey.«

»Andererseits stöbern etwa einmal die Woche Hyänen in meinem Mülleimer herum. Letztes Jahr habe ich in meiner Küche eine Schlange gefunden. Und vergangenen Monat hing an meinem Fenster ein Buschbaby.«

»Was ist ein Buschbaby?« wollte Rosamond wissen. Die ganze Zeit über hatte sie konzentriert verfolgt, wie Ronnie mich herausforderte.

»Ein Pelzball mit großen Kulleraugen, ein Affe, man nennt ihn auch Galago«, erklärte ich. »Nur nachts habe ich sie gesehen. Sie haben ungefähr die Größe eines großen Katers. Als erstes fallen einem die dunklen Augen auf, und wenn man die gesehen hat, weiß man, daß sie einem nichts tun, dann will man, daß sie bleiben. Ich ging gerade ins Bett und hörte, wie es an den Fensterstreben kratzte. Es hielt sich mit seinen kleinen Affenhänden fest und saß auf dem Fensterbrett, als wolle es reinkommen und zu mir ins Bett. Es war nicht erschreckt, weil es einen Menschen sah. Es sah mich bloß mit diesen schönen flehenden Augen an.«

»Süß«, sagte Philippa.

Rosamond sah glücklich aus und wollte gerade etwas sagen, als Ronnie in ein erbarmungslos feindseliges Gelächter ausbrach. »Wissen Sie, daß Tollwut unheilbar ist? Wenn eins dieser glutäugigen Wesen Sie beißt, kriegen Sie Schaum vor dem Mund und sterben einen qualvollen Tod durch Austrocknung.« Er grinste spöttisch und fuhr fort: »Das steht alles in dem langweiligen Buch mit den köstlichen Bildern von Embryos, das wir letzten Monat veröffentlicht haben. Gott, ist es schon so spät? Michael wird Zeter und Mordio schreien. War mir ein Vergnügen, Sie kennenzulernen, Andre. Hat man sie zufällig nach André Gide genannt? Ich hoffe, die Antwort lautet ja!«

»Michael ist sein Freund«, sagte Rosamond, als Ronnie gegangen war. »Er hat ihn letztes Jahr zur Weihnachtsfeier mitgebracht. Keiner war auch nur im mindesten schokkiert.«

Philippa sagte: »Ich muß weg. Selfridge's hat heute länger

offen. Ich muß noch was einkaufen. Tschüs, Ros. Hat mich sehr gefreut, Andrew.«

Die ganze Zeit über hatte ich mit Rosamond allein sein wollen, und nun war ich zufrieden. Ich hoffte, noch ein paar Stunden mit ihr dasitzen, mich betrinken und sie anschließend nach Hause bringen und mit ihr schlafen zu können. Es war, als müßte ich in den vierten Stock eines Hauses und in jedem Stockwerk fände etwas statt: Trinken im ersten Stock, bei ihr zu Hause ankommen im zweiten, und die beiden nächsten waren im Moment noch zu weit weg, als daß ich sie klar beschreiben könnte. Doch ich spürte, daß wir schon eine Treppe dieses langen Aufstiegs erklommen hatten.

Wir sprachen über afrikanische Politik, englisches Wetter und amerikanisches Geld. Dabei betrachtete ich ihre blasse Haut, die von der Hitze im Pub roten Wangen und die feuchten Stirn- und Nackenlöckchen. Sie erwähnte ein Theaterstück, das sie sich anschauen wollte. Ich sagte: »Wir könnten gemeinsam ins Theater gehen«, und sie war sofort einverstanden. »Wir sollten zusammen essen gehen«, schlug ich vor. Ich sagte so gerne »wir« und sah dann ihre Augen aufleuchten. Ich hatte sie noch nicht berührt. »Noch etwas zu trinken?« fragte ich.

Sie schüttelte lächelnd den Kopf. »Weißt du, was ich wirklich möchte?«

Dann waren wir draußen, schwankten, umarmten uns, damit wir nicht umfielen. Ich dachte: Wenn ich so betrunken bin, ist sie's auch.

Gelbes Licht schwamm in Pfützen auf der schwarzen Straße, und niederprasselnde Regentropfen wurden von den Scheinwerfern sich nähernder Wagen angestrahlt. Wir gingen durch den Regen, und London schien mehr denn je eine unterirdische Stadt zu sein. Ich fand dieses schmierig-nasse Wetter aufregend. Der Regen und meine Trunkenheit machten mich liebestoll und leichtsinnig. Auf dem Rücksitz des Taxis nahm ich Rosamond in die Arme, küßte sie, fuhr mit der Hand unter ihren weiten Mantel und fummelte. Sie wehrte sich nicht; sie wand sich, rutschte näher heran und berührte meine Haare. Bevor wir in ihrer Straße waren, ließen ihre Hände und ihre Zunge keinen Zweifel daran, daß ich mit ihr schlafen konnte. Ich hatte nirgendwo einen besseren Ort erlebt, um eine Fremde zu küssen, als ein Londoner Taxi.

Später im Morgengrauen sagte sie: »Überrascht es dich, daß ich so schnell mit dir geschlafen habe? Normalerweise bin ich nicht so leicht zu haben. Aber als du von dem Buschbaby erzählt hast, vertraute ich dir. Ich wußte, du würdest mir nicht weh tun. Und ich wußte, du würdest mich nicht abweisen.«

Ein Hoch auf das Buschbaby, dachte ich und mußte an Afrika denken. Ich sagte, ich müsse weg, wolle sie aber wiedersehen . . . morgen. *Heute,* korrigierte sie mich und gab mir einen Kuß. Ich zog mich an und ging hinaus auf die Straße. Ich hatte keine Angst davor, um vier Uhr morgens auf dieser Londoner Straße zu sein. Ich ging meiner Wege, und als ein Taxi kam, hielt ich es an und fuhr zu Prasads Haus auf der anderen Seite des Flusses.

Prasad saß im lila Bademantel und in Pantoffeln an seinem leeren Schreibtisch im Arbeitszimmer, in den Fingern eine kalte Pfeife. Er sagte, er leide an Schlaflosigkeit. »Ich warte auf das Morgenkonzert der Vögel. Alles in Ordnung, Andy? Aber natürlich!« Er schnüffelte lächelnd, er hatte Rosamonds Duft aufgefangen. »Ihr jungen Burschen!«

Endlich hatte ich das Gefühl, daß ich in London angekommen war.

2

Binnen einer Woche hatte ich mir in dieser Stadt Angewohnheiten und Lieblingsplätze zugelegt. Ich erfand Verhaltensmuster und hielt mich daran, um mit fremden Orten und längeren Zeiträumen umgehen zu können.

Ich schlief lange, und nach dem Mittagessen gingen Prasad und ich spazieren. Wir gingen in Buchhandlungen, wir gingen zu einer ereignislosen Séance in der Brixton Spiritualist Church, wir gingen in Museen. Er war mein Führer. Er war Einzelgänger. Er kannte jeden, hatte aber keine engen Freunde. Seine Einsamkeit hatte seine Aufmerksamkeit geschärft, als wäre emsiges Beobachten ein Heilmittel gegen Einsamkeit. Er wußte die abwegigsten Einzelheiten über die Gemälde in den Museen. Er stürzte sich auf die Bilder und machte mich auf einzelne Pinselstriche aufmerksam. »Es ist ein winziger Fleck. Jetzt tritt zurück. Es ist ein Mensch . . . vielleicht ein Kind? Weiter zurück. Es ist ein Mann. Schau dir den Hut an!«

An wie vielen Nachmittagen mußte er diese Bilder allein betrachtet und ihre Geheimnisse ergründet haben. Ich mochte ihn, war dankbar für seine Freundschaft und bewunderte sein Werk; aber seine Isolation machte mir angst. Ich wollte ein anderes Leben führen.

Im Lauf des Nachmittags wurde er stiller, und am Ende eines Tages fragte er immer: »Triffst du dich mit deiner Freundin?«

Ich bejahte. »In dem Pub, von dem ich dir erzählt habe. Warum kommst du nicht mit?«

»Ich verabscheue Pubs.« Er setzte den angewiderten Gesichtsausdruck auf, den er hatte, wenn er über Sex, Fleisch, schlechte Bücher oder Musik sprach.

»Sie brennt darauf, dich kennenzulernen«, log ich.

»Ich bin ganz zufrieden«, erklärte er. Und er sah auch zufrieden aus; ablehnen, sich verweigern, sich zurückziehen – das bereitete ihm Vergnügen. Manchmal lächelte er, wenn er nein sagte. »Ich will keine neuen Leute kennenlernen.«

So verging die Zeit. Die Tage verbrachte ich mit Prasad und die Nächte mit Rosamond, ein Leben kreiste um das andere, und beide drehten sich in mir. Ich traf Rosamond immer in der Museumstaverne, immer tranken wir zuviel, und immer nahmen wir ein Taxi zu ihrer Wohnung im Stadtteil Victoria. Bevor der Morgen graute, erhob ich mich zerschlagen und lief durch die Straßen, bis ich ein Taxi fand, das mich über den Fluß brachte. Nie sah ich ihr Wohnhaus bei Tageslicht und hätte es wahrscheinlich nicht einmal wiedererkannt. Wir redeten andauernd davon, ins Kino oder Theater zu gehen, taten es aber nie.

Wir schliefen rücksichtslos miteinander, wie Fremde, verstanden jeden Schrei falsch . . . Rosamond stöhnte und seufzte und sträubte sich; wenn ich nachließ, stachelte sie mich mit unmißverständlichen Worten an. Diese züchtige Engländerin mit ihrer interessanten Arbeit und ihrer anmutigen Art zu trinken zog ihr Kleid aus und spielte die Hure. Und zwar überzeugend. Wenn wir uns im Dunkeln ihres Zimmers blind aufeinanderstürzten, konnte ich ihr gar nicht oft genug sagen, sie sei unersättlicher als jede Hure, der ich begegnet war. Wenn wir danach um Atem ringend dalagen, fiel mir Prasad ein. »Diese Sache mit dem Sex ist wichtig für dich«, hatte er gesagt. »Ihr jungen Burschen. Jede Menge Libido.« Und einmal hatte er nüchtern erklärt: »Meine Entladung ist sehr gering und unzuverlässig.«

Erst nach einer Woche merkte ich, daß Rosamond Mitbewohnerinnen hatte. In der großen Wohnung lebten noch drei andere junge Frauen, jede hatte ein eigenes Zimmer. Eine von ihnen war Philippa. Als wir eines Abends die Wohnung betraten, hielt Philippa sich mit einem jungen Mann in der Küche auf. Ich hatte das Gefühl, bei etwas sehr Intimem zu stören. »Andrew, ich möchte dir meinen Verlobten vorstellen.« Die förmlichen Worte überraschten mich und gaben mir das Gefühl, daß ich mich ziemlich unpassend benahm.

Er hieß Jeremy und war in der Werbung tätig. Er sagte: »Ihr Amerikaner habt ein paar tolle Ideen« und wirkte sehr nett und ein wenig schüchtern.

Philippa sagte: »Howlett's könnte ein paar gute Ideen für die Werbung gebrauchen. Roger hält Buchpromotion für vulgär.«

»Michael behauptet, aus ihm wird nie ein erstklassiger Verleger, er ist viel zu sehr Gentleman.«

So ging das Gespräch eine Weile weiter, und ich hörte schweigend zu. Doch ich dachte: Sie stehen mitten im Leben, kreieren Ideen, bringen Bücher heraus, verdienen Geld, lassen sich Werbeslogans einfallen, arbeiten Tag für Tag und lösen Probleme. Nichts von dem, was sie taten oder sagten, hatte irgend etwas mit mir zu tun. Ich gab vor, eine Arbeit zu haben, ich behauptete, ich sei Schriftsteller; doch in Wirklichkeit lebte ich einfach in Afrika und wartete darauf, daß etwas passierte.

Rosamond sagte: »Andy lebt in Afrika.« Damit schien sie zu erklären, warum ich so still blieb. Ich war zwar fortgelaufen, aber so weit weg, daß es wieder interessant war.

»Da gibt es eine gewaltige Zukunft für den Tourismus. Besonders in Kenia«, sagte Jeremy.

Tatsächlich? Ich wohnte nicht weit weg, hatte aber nie davon gehört.

»Andy ist Schriftsteller.« Das klang, als wäre Rosamond stolz auf mich, und mir wurde schlagartig klar, daß ich sie liebte.

»Wir haben gerade Kakao gemacht«, sagte Philippa. »Möchtet ihr auch welchen? Leider haben wir die ganze Milch verbraucht.«

Rosamond und ich waren angenehm angetrunken und wollten, daß das Gefühl anhielt. Wir lehnten den Kakao ab und schlossen uns in Rosamonds Zimmer ein. Ungeduldig zogen wir einander aus.

»Je besser man jemanden kennt, desto weniger interessiert man sich für die Kleider des anderen.« Ich hakte ihren BH auf.

»Du bist betrunken«, sagte Rosamond mit betrunken klingender Stimme, zog mich auf den Boden und schlang die Beine um mich. »Nach Weihnachten wollen sie heiraten«, erzählte sie, als wir miteinander geschlafen hatten. Wir klebten aneinander, immer noch auf dem Boden. »In einem wunderschönen Kirchlein in den Cotswolds. Sie gehen nie aus. Sie sparen ihr ganzes Geld, um eine Wohnung anzuzahlen.«

Ich stellte es mir schön vor, verheiratet zu sein. Wie Prasad und seine Frau in ihrem Haus im Süden Londons zum Beispiel. Sarah bemutterte ihn, zog ihn ein wenig auf und half ihm. Sie las seine Fahnen, kochte und hielt das Haus in Ordnung. Sie schienen sich sehr nahe zu stehen. Aus diesem Grund ging er selten aus, und deshalb hatten sie nichts dagegen, daß ich nachts bei Rosamond blieb: Raj und Sarah führten ein Privatleben, zu dem ich keinen Zugang bekam. Mir schien nichts exklusiver oder unergründlicher zu sein als eine glückliche Ehe. Es war, so fand ich, die seltenste Freundschaft der Welt. »Es wäre schön, verheiratet zu sein«, sagte ich.

Rosamond schwieg, dann kicherte sie im Dunkeln und fragte: »Was willst du mir damit sagen?«

»Würdest du gern heiraten?«

»Weiß nicht«, antwortete sie. Sie warf ihr Haar zurück. »Ich habe noch nie drüber nachgedacht.«

Doch als wir kurz darauf wieder miteinander schliefen, wimmerte sie und fing an zu weinen. Ihr Gesicht war tränenfeucht. Sie sagte: »Ich bin glücklich« und drückte mich an sich. »Ich lass' dich nicht los. Du bist mein Gefangener.«

Als ich strampelte, um mich zu befreien, lachte sie, und ihr Verlangen regte sich erneut.

Ich war fix und fertig, als ich am nächsten Morgen in Prasads Haus eintraf. Im Flur schaute ich in den Spiegel und schüttelte den Kopf.

Prasad öffnete die Tür seines Arbeitszimmers und sagte: »Ich glaube, du magst dieses Mädchen.« Er trug seinen Pyjama. Der Mann schlief nie.

»Sie ist sehr nett«, sagte ich und hörte, wie sie mit zusammengebissenen Zähnen *Beiß mich . . . ich bin eine Hure* sagte.

»Wo wohnen ihre Eltern?«

»Ihre, äh, Eltern wohnen in einem Ort namens Walton.«

»Ach du lieber Himmel.« Prasads Grimasse war noch angewiderter als gewöhnlich. »Walton-on-Thames.«

»Du kennst den Ort?«

»Mir wird ganz anders, wenn ich an solche Orte denke.«

Ich wußte, woher sie kam, weil sie an eben diesem Morgen, bevor ich ihre Wohnung verließ, gefragt hatte, ob ich zum Weihnachtsessen mit ihr nach Hause kommen wolle. Ich hatte gefragt, wo das sei.

»Das ist einer dieser Alptraumorte«, sagte Prasad. »England ist voll davon.«

»Er erzählt dummes Zeug«, sagte Sarah später. »Es ist herrlich dort. Der Ort liegt am Fluß. Es wird dir gefallen, viel besser als unser langweiliges vegetarisches Weihnachtsfest.«

»Wir feiern, wie wir es gewohnt sind«, sagte Prasad. »Leider sehr ruhig. Die Zeiten sind vorbei, als ich noch über die Stränge schlug.« Er lachte, und Sarah stimmte ein. Ich beneidete sie, weil sie einander hatten.

Der Morgen des ersten Weihnachtstages war trocken und klar, der blaue Himmel spiegelte sich in den oberen Fenstern alter Häuser, und die Stadt war sehr still, wie am Tage nach einem großen Ereignis. Nur wenige Menschen waren unterwegs, keine Busse, kaum Verkehr, und alle Läden waren geschlossen. In der Nähe des Bahnhofs, der zu war, gab es Lachen von Erbrochenem an der Straßenecke, noch frisch, wie verschüttete Suppe. Eine friedliche Ruhe, vom gelegentlichen Läuten der Kirchenglocken nur noch unterstrichen, lag über der Stadt.

Der Sonnenschein und die Ruhe waren ideal für unser Treffen: Rosamond wartete in ihrem langen Kosakenmantel und der Pelzmütze auf den Stufen der Waterloo Station. Es schien, als wären wir als einzige Menschen an diesem Morgen wach. In dieser verlassenen Stadt hatten wir ein Ziel. Weihnachten flößte mir ein unschuldiges Glücksgefühl ein, und ich küßte Rosamond so heftig und hoffnungsfroh, daß sie aufschrie. Ich überreichte ihr ein Geschenk, einen Seidenschal mit der Zahl des kommenden neuen Jahres: 1968.

»Den werde ich tragen«, sagte sie und legte ihn sich locker um den Hals. »Er ist wunderschön.«

Als wir den Zug bestiegen hatten, gab sie mir ihr Geschenk, ein ledernes Portemonnaie. Ich sagte, es sei genau das, was ich gerade brauchte, und zum Beweis zeigte ich ihr mein altes. Dann saßen wir händchenhaltend und stumm in dem leeren klappernden Zug, der nach abgestandenem Rauch und den vermischten Düften der heimreisenden Partygäste der letzten Nacht roch: Parfüm, Zigaretten, Bier, Whisky, gebratene Speisen. Fetzen von Geschenkpapier und zerdrückte Schleifen lagen zwischen zertrampelten Zeitungen. Unsere Geschenke machten mich ein bißchen traurig. Dergleichen tauschte man aus, wenn man einander nicht gut kannte. Als ich schweigend dasaß – obwohl ich mich gern unterhalten hätte –, empfand ich Rosamond als Fremde und sah der Begegnung mit ihrer Familie besorgt entgegen.

Die Fahrt dauerte nicht lange, weit weniger als die Stunde, von der Rosamond gesprochen hatte. Trotz der vielen Zwischenstationen kam mir England ziemlich klein vor. Es waren nur Ortsnamen, zwar recht eindrucksvolle, aber nichts weiter als Bahnhofsschilder. Ein kurzer Halt, niemand stieg ein oder aus, und wir fuhren weiter. Die Entfernungen waren gering und die Orte enttäuschend. In Afrika gab es über Hunderte von Kilometern nichts als Hügel, Täler und Wälder, und sie hatten keine Namen.

Von Walton sah man nur kleine Häuser und Dächer. Wo war der Fluß? Von den geographischen Namen in London fühlte ich mich betrogen. In Bethnal Green gab es kein Grün, nichts als eine Straße und Verkehr; Sheperd's Bush war eine gefährliche Kreuzung. Und der Slum beim Pub »Elephant and Castle« war der allergrößte Betrug.

»Sie müssen Andrew sein«, sagte Rosamonds Vater. Er gab mir nicht die Hand. Daß er James Graves hieß, verriet er mir nicht; das mußte ich Rosamond fragen. Ich hatte gute Laune gehabt, aber diese englische Verquastheit ernüchterte mich und machte mich mißtrauisch.

Wir stiegen in einen Kleinwagen und fuhren zu einem Haus, das ich zunächst für groß hielt, bis mir klar wurde, daß es nur ein halbes Haus war, eine Doppelhaushälfte. Dafür hatte es einen Namen: *Rosedene*. Die Fassade war eine Mischung aus Putz und Backstein, es hatte ein Ziegeldach und lag hinter dichten Hecken. In dem kleinen Vorgarten drängten sich vier Rosenbüsche, ein Vogelbad und vier rechteckige Rasenstücke, die wie umgedrehte Wurzelbürsten aussahen. Alles war sehr knapp bemessen – die Eisenbahnstrecke, der Bahnhof, die Straße, Mr. Graves' Auto, dieses Haus und sogar die Gäste, die dicht nebeneinander im Wohnzimmer saßen und Weihnachtssherry tranken. Die durch die Fenster fallende Sonne erwärmte den Weihnachtsbaum. Es roch nach Fichtennadeln.

Mr. Graves trug einen dicken Anzug und schwere Schuhe, seine Frau eine Schürze; sie bereite gerade die Bratkartoffeln zu, sagte sie. Dann waren da noch Rosamonds jüngere, ebenfalls schöne Schwester; sie hieß Janey und stieß ein schallendes Gelächter aus, das den neben ihr sitzenden Mr. Fry veranlaßte, sie von der Seite anzusehen. Dave und Jill teilten sich einen großen Sessel, sie saß auf der Armlehne. Dave war ein rotgesichtiger Mann in einem gelblichen Anzug, Jill eine dralle Frau, die zwar so tat, als zügele sie ihren Gatten, ihn in Wirklichkeit aber ermunterte.

»Das ist also der Yankee, von dem wir gehört haben«, sagte Dave.

»Du bist unmöglich«, sagte Jill und verpaßte ihm lachend eine Kopfnuß.

Daraufhin lächelte Dave. »Wie man hört, ist in Amerika alles größer als bei uns. Cheers, James.« Mr. Graves hatte das winzige Sherryglas erneut gefüllt. »Fröhliche Weihnachten. Gottes Segen.« Er nippte. »Richtig so?«

Sein auf mir ruhender Blick hatte etwas Aggressives. Erwartete er wirklich eine Antwort?

»Ach Dave, laß doch«, wehrte Jill liebevoll lachend ab.

Mr. Fry sagte: »Ich habe Vettern, die nach drüben ausgewandert sind. Nach Kanada, Toronto, glaube ich. Meistens schicken sie eine Weihnachtskarte.«

»Eine große Weihnachtskarte«, warf Dave ein. »Größer als unsere.«

»Ich bin nicht aus Kanada.«

»Andrew ist aus Boston«, erklärte Rosamond.

»Dort sind sie englischer als die Engländer«, sagte Mr. Graves.

Jetzt starrten mich alle an und warteten darauf, daß ich wieder etwas sagte.

»Wie kommen Sie hier zurecht?« fragte Mr. Fry.

Bevor ich antworten konnte, ergriff Rosamonds Mutter das Wort. Sie knetete ihre Schürze mit den Händen. »Die Leute kritisieren uns, aber wir haben nun mal nicht viel Platz und sind nicht mehr so wohlhabend, wie wir mal waren.«

Ich hatte keine Ahnung, ob diese Frau von sich selbst oder von England redete, aber das war wohl auch ziemlich egal. Sie umklammerte immer noch ihre Schürze.

»Nun laßt Andrew doch in Ruhe«, sagte Rosamond. »Ihr macht ihn bloß kopfscheu.«

»Wenn ich mich nicht um die Bratkartoffeln kümmere . . .«, sagte ihre Mutter und verließ das Zimmer, ohne den Satz zu beenden.

»Wegen der Schwarzen«, preßte Dave heraus, und seine Wangen spannten sich. »Deshalb kritisiert man uns. Dein Freund weiß bestimmt was darüber, Ros.« Es wurde still im Raum. »Schwarze«, wiederholte er.

Immer, wenn ich dieses Wort hörte, sah ich dunkle, stumpfe Gegenstände vor mir, wie Baumstümpfe in einem abgebrannten Wald.

Mr. Graves räusperte sich und ergriff das Wort. Ich glaubte schon, er würde die Atmosphäre auflockern, denn er lächelte. Doch das Lächeln sollte den Sarkasmus offenbar noch unterstreichen. »Hören wir auch nur ein einziges Wort des Dankes? Keine Spur. Ich sage euch, ich empfinde tiefes Mitleid mit den Rhodesiern.«

»Andrew arbeitet in Uganda«, sagte Rosamond als eine Art Protest.

»Ach ja, wirklich?« sagte Dave, was Jill zum Lachen brachte.

Janey, die jüngere Schwester mit ihren entzückenden Augen und den großen jungen Lippen, sah mich erwartungsvoll an.

Mr. Graves sagte: »Genau das meine ich, Ros. Heute gehen die Amerikaner nach Afrika und erzählen, was wir dort alles falsch gemacht haben. Nun«, er warf mir einen Blick zu, »mal sehen, wie es ihnen dort gefällt.«

»Tut mir wirklich leid, daß ich das sagen muß«, sagte Mr. Fry, der ganz und gar nicht klang, als täte es ihm leid, »aber die Amerikaner können sie gerne haben. Jeden einzelnen von denen können sie kriegen.«

»Und nicht nur in Afrika«, bekräftigte Dave. »Hier gibt es auch ein paar, die ich ihnen liebend gern rüberschicken würde.«

»Meine Mutter hat immer gesagt: ›Amerikanische Männer weinen viel und nehmen nie die Hüte ab, wenn sie das Haus betreten‹«, sagte Mr. Fry. »Ging viel ins Kino, meine Mama.« Er lächelte.

Die Unterhaltung drehte sich wie ein Karussell, und immer, wenn ich es besteigen wollte, wurde es schneller. Ich schwieg und kam mir blöd vor. Dave erzählte eine wirre Geschichte. Ich brauchte eine Weile, bis ich merkte, daß es ein Witz über einen Schwarzen an einer Bushaltestelle war, der gefragt wurde, wie lange er schon warte. Er sagte: »Fünf Jahre.« Darauf erwiderte der Engländer: »Das ist aber eine ziemlich lange Zeit, sogar für einen Bus der Linie elf.« Dave unterstrich die Bösartigkeit der Geschichte, indem er schwor, sie sei wahr.

Mr. Graves sagte: »Trinkt alle aus. Ich höre, daß Dickie uns ruft.«

Rosamonds Mutter wurde »Dickie« genannt?

»So ist's recht«, sagte Mr. Fry, als er mich lächeln sah. »Nehmen Sie diese Bande bloß nicht ernst.«

Ich nickte und lächelte wieder. Als mir klar wurde, daß ich über den Namen Dickie gelächelt hatte, fragte ich mich, ob Mr. Fry gerade sarkastisch gewesen war.

»Ich wollte schon immer mal nach Amerika«, sagte Jill, als wir ins Eßzimmer gingen. »Die Freiheitsstatue sehen. Die Niagarafälle. Gibt's da drüben wirklich Cowboys?«

»Diese Frage stellen mir meine afrikanischen Schüler auch immer«, sagte ich.

Sie hörte mir nicht zu, sondern reichte mir ein Knallbonbon und zog gleichzeitig am anderen Ende. Es gab eine Serie von Knallauten und Rufen. Dann wurden Sinnsprüche vorgelesen, und jeder setzte ein Papphütchen auf.

»Armer Andy«, sagte Rosamond. »Ich zieh' an deinem Knallbonbon.«

»Das glaube ich gern«, sagte Dave, und Jill quietschte vor Vergnügen.

Dann setzte ich meine Narrenkappe auf. Wir saßen dichtgedrängt um einen kleinen, sonnenbeschienenen, mit dampfendem Gemüse beladenen Tisch. Mr. Graves rückte sein Hütchen zurecht und fing wieder von Rhodesien an. »Das sind unsere Leute«, sagte er. Mr. Fry saß neben mir. Er aß nicht, sondern zermatschte das Essen mit der Gabel. An meiner anderen Seite saß Rosamond und schwieg verlegen, als ihr Vater von »unseren Verwandten und Freunden in Rhodesien« sprach. Ihre Mutter – wie mochte man wirklich heißen, wenn die Leute einen Dickie nannten? – sah müde und verängstigt aus. Vielleicht war sie angetrunken. Sie sagte, wir dürften die Weihnachtsansprache der Queen im Fernsehen nicht versäumen.

»Das hat prima geschmeckt.« Mr. Fry legte Messer und Gabel auf seinem leeren Teller parallel nebeneinander.

»Der ist gesprächig, was?« sagte Dave zu Rosamond, und als ich aufschaute, sah ich, daß mich wieder alle anstarrten und laut lachten.

Der Plumpudding wurde mit Brandy übergossen und angezündet. Ein paar Sekunden lang flackerte eine blaue Flamme um das Gebilde. Ich bekam ein zerfallendes Stück, aß eine

Gabel voll und versuchte noch eine, doch als ich zubiß, splitterte ein Zahn. Ich würgte und nahm eine kleine verschmierte Münze aus dem Mund.

»Andrew hat das Sixpencestück«, verkündete Rosamonds Mutter.

»Das bringt Glück«, sagte Mr. Fry.

»Das Geld werde ich wohl brauchen, um den Zahnarzt zu bezahlen«, sagte ich.

Niemand lachte.

Wir begaben uns wieder ins Wohnzimmer, um Kaffee zu trinken und uns die Queen im Fernsehen anzuhören. Die Queen sah sehr weiß und nervös aus und saß in einem Raum, der genau wie dieses Wohnzimmer aussah: vollgestopft und plüschig, mit gerahmten Familienfotos, Spitzendeckchen, Nippes, Fußbänkchen und rüschenbesetzten Lampenschirmen.

Mr. Graves brachte unbeholfen einen Toast aus, anschließend spazierten alle außer Dave und Jill zum Fluß, der so still wie ein Teich und schwarz war; an beiden Ufern standen schwarze kahle Bäume. Noch ehe wir unseren Spaziergang beendet hatten, ließ sich ein Nebelkringel auf dem Wasser nieder, die frühe Dunkelheit des englischen Winters brach an.

»Bleibt Andrew zum Tee?« wurde Rosamond von ihrer Mutter gefragt, obwohl ich direkt neben ihr stand. Da ich diese Art, eine Frage zu stellen, unmöglich fand, stellte ich mich taub. Rosamond fand eine Ausrede, wir müßten sofort wieder zurück nach London.

Im Zug sagte sie: »Es tut mir wirklich leid«, mehr nicht. Diesmal war ich für ihr Schweigen dankbar. Sie nahm meine Hand. Ich fühlte mich elend. Der Druck ihrer Hand auf meiner hatte etwas Endgültiges.

»Ich habe dich eigentlich ein wenig später erwartet«, sagte Prasad, als ich sein Haus betrat, dann musterte er mich ein wenig gründlicher. »O Gott, was ist passiert?«

Ich erzählte ihm von meinem Weihnachtsbesuch.

»Beachte sie überhaupt nicht«, riet er. »Das sind minderwertige Leute. Hatten sie eins dieser deprimierenden Häuser mit einem Blumenwägelchen in der Auffahrt? Mit denen solltest du gar nichts zu tun haben. Einfach wegbleiben. Sei nicht traurig, sei nicht böse. Solche Leute sind sich nur selbst gefährlich.« Er stocherte mit seiner Pfeife in der Luft herum. Er trug seinen Pyjama, den Bademantel, Pantoffeln und die Strümpfe, die ich ihm zu Weihnachten geschenkt hatte.

»Und das Mädchen – das mußt du verlassen, Andy«, sagte er. »Vergiß sie. Vergiß die Familie. Das ist eine Alptraumsippe. Das Haus. Die Ansichten. Willst du so was? Willst du diesen ganzen Quatsch und ein Blumenwägelchen?«

»Ich weiß nicht, was ich tun soll«, sagte ich schließlich.

Sarah sah mich traurig an und dachte: *Armer Andy.*

»Du mußt sie«, Prasad hob wie ein Priester bei der Wandlung die Arme, um seinen Worten Gewicht zu geben, »einfach verlassen.«

»Ich möchte ihr nicht weh tun.«

»Sie wird erleichtert sein.«

Als Sarah zu Bett gegangen war, nahm Prasad mich mit in sein Arbeitszimmer und öffnete einen Aktenschrank. Er zeigte mir einige seiner Notizbücher, seine handschriftlichen Manuskripte. Da ich ihn als sehr selbstsicheren und entschlossenen Menschen kannte, war ich überrascht – ja sogar schockiert –, seine Handschrift zu sehen, das Zögern, die Flecken, Kleckse und Ausstreichungen. Ganze Seiten waren drei- oder viermal umgeschrieben worden. In dem Moment wurde mir klar, daß ich ihn kaum kannte.

»Du möchtest Schriftsteller sein, Andy. Aber siehst du das?« Er schlug ein anderes Notizbuch auf: unkenntlich gemachte Wörter, Gekritzel, seine schöne Handschrift ging in Gekrakel über. »Es ist furchtbar, Mann. Und wenn du es ernst meinst, steht dir ein Haufen Arbeit bevor.«

Als ich am nächsten Tag aufwachte, war er verschwunden. Sarah sagte, er esse in Kensington zu Mittag. Ich hielt nach ihm Ausschau und stand am Fenster, als sein Taxi vorfuhr. Er saß nicht allein in dem Wagen.

»Cyril Connolly«, sagte er. »Wir haben das Taxi geteilt. Kennst du ihn?«

»›Das unruhige Grab‹ ist ein Meisterwerk«, sagte ich.

Prasad verzog die Miene wie immer, wenn er mit etwas nicht einverstanden war, was ich sagte. »Er hat dich am Fenster stehen sehen und gefragt, wer du bist.«

»Was hast du ihm geantwortet?«

»Das ist Andre Parent, ein amerikanischer Autor. Er fliegt an die Goldküste.«

»Was meinte er dazu?«

»Daß er dein Werk kenne«, sagte Prasad. Auf seinen Lippen zeichnete sich ein Lächeln ab.

»Welches Werk?«

»Siehst du. Du hast keine Minute zu verlieren.«

3

Die Hauptstraße von Accra war von zerbrochenen Zweigen und Müll übersät, und einige der Schlaglöcher waren groß genug, daß drei Kinder drin verschwanden. Man sah nur noch ihre dunklen Köpfe, während sie in dem gelben Lehmloch spielten. Mir war speiübel in dieser feuchten Hitze nach der kalten Luft Londons. Afrika schien jetzt für Krankheit und Versagen zu stehen.

Francesca saß am Steuer. Sie lenkte um ein Schlagloch herum, das ihren kleinen Fiat fast verschluckt hätte. »Sie sagen immer, sie würden sie reparieren, aber nie geschieht etwas. Es sind alles Lügen.«

Sie fuhr schlecht, wodurch mir noch schlechter wurde. Wir versuchten, Bier für Silvester zu kaufen, für morgen. In der gesamten Stadt gab es keins. Aber warum kauften wir es erst heute? Warum hatte sie nicht eher daran gedacht? Sie wußte schon seit einem Monat, daß ich kam.

»Es ist immer ausverkauft! Man kriegt keinen Kaffee! Man kriegt keinen Lippenstift! Hast du bei Boots die Schminke bekommen, um die ich dich gebeten habe?«

»Ist in meinem Koffer.«

»Und immer lächeln sie dümmlich und sagen: ›Keine Sorge.‹«

Der Zyniker sagt gewohnheitsmäßig *immer* und *nie,* doch hatte sie nach nur drei Monaten in diesem Lande überhaupt das Recht, zynisch zu sein?

Francesca war zäh. Das überraschte einen zuerst, weil sie so klein und hilflos aussah. Doch sie lebte allein, war selbständig und hatte die Melancholie der italienischen Frau, die sich allein im Leben durchschlägt: ohne Ehemann, ohne Kinder, ohne Kirche. Francescas Unabhängigkeit und Kampfgeist fand ich bemerkenswert. Doch ich fühlte mich in ihrer Gegenwart nicht wohl, weil sie älter war als ich – wieviel älter, verriet sie nicht – und weil ihre Melancholie in trostlose Trauer umschlagen konnte. Ich wußte, wann es soweit war: Trauer erkannte man an ihrer schlechten Haltung.

Zuerst war sie nach London gegangen und hatte Englisch gelernt, anschließend ging sie nach Boston, wo wir uns im Bus nach Amherst kennengelernt hatten. Ein Wochenende lang liebten wir uns bis zur Erschöpfung, dann verschwand sie. Wir hielten brieflich Kontakt. Sie war in Paris, dann fuhr sie zurück nach Sizilien, zu Menschen, die sie haßte. Daß ich in Afrika war, brachte sie auf eine Idee. Nach einer Weile tauchte sie in Ghana auf und lehrte an der Universität, ausgerechnet Englisch. Doch es war keine sehr anspruchsvolle Tätigkeit, sondern so ähnlich wie meine Arbeit: Studenten mittleren Alters lernten High-School-Unterrichtsstoff.

»Es sind die faulsten Studenten, die ich je unterrichtet habe. Sie lernen überhaupt nicht. Immer heißt es: ›Ich hab' vergessen, das Buch zu lesen!‹«

Wenn jemand, der eine Sprache nicht akzentfrei spricht, den Akzent eines anderen nachmacht, wird aus der Parodie gewöhnlich eine Selbstparodie. Auch hatte ich herausgefunden, daß die meisten Menschen, die die Sprechweise von Afrikanern nachahmten, Rassisten waren. Ich brauchte eine Weile, um zu merken, daß Francesca es nicht für Rassismus hielt, wenn sie Ghana oder die Afrikaner kritisierte. Sie hielt es im Gegenteil für den Beweis, daß sie wahrhaft tolerant war. Vielleicht hatte sie recht. Jedenfalls wirkte sie selbstsicher. Es erforderte Selbstsicherheit, in Afrika auszulachen, nachzuäffen und zu schimpfen, doch ich fand es ermüdend, mir das anzusehen und anzuhören.

»Es ist wirklich hoffnungslos mit den Afrikanern«, sagte sie.

»Ich muß ein paar Ghanaer kennenlernen«, erklärte ich. »Dazu bin ich hier.«

»Ich dachte, du wolltest mich besuchen.«

»Stimmt. Aber ich muß die Reise bezahlen. Deshalb schreibe ich einen Artikel.«

»Worüber denn?«

»Ghana nach Nkrumah.« Da sie mich fragend ansah, fuhr ich fort: »Was jetzt? Wer hat das Sagen? Was geschieht als nächstes? Befinden wir uns an einem Scheideweg? Einerseits *dies*, andererseits *das*. Das kann man sich nicht aus den Fingern saugen.«

Sie lachte, sie hörte gern Redensarten, und wenn sie lachte, wurde sie zu einem anderen Menschen. Sie hatte kurzes schwarzes Haar und goldfarbene Haut. Sie liebte die Farbe Grün – für Kleider, Schals und sogar Unterwäsche –, und weil sie klein war, trug sie immer Stöckelschuhe oder geflochtene Treter mit Plateausohlen.

»Ich kann dich einigen Afrikanern vorstellen«, sagte sie und fuhr weiter.

Sie bewohnte eine stickige kleine Wohnung in einem Gebäude, dessen Putz wegen der feuchten Hitze nicht mehr gelb, sondern grau war. Viele Häuser Accras zerbröckelten und sahen schimmelig wie schlechtes Brot aus, und die Straßen zerkrümelten wie alter Kuchen. Im Himmel hingen stumpf leuchtende, übelriechende Wolken, und sogar nachts dampfte die Luft und nahm einem den Atem.

Am ersten Abend – wir hatten kein Bier bekommen – saßen wir inmitten von Umzugskartons und Kisten. Sie sagte, sie habe noch keine Zeit gefunden, richtig auszupacken, außerdem seien die Kisten genauso praktisch wie Schränke. Dadurch wirkte das Zimmer wie ein Abstellraum. Ihr Deckenventilator war lediglich Dekoration. Er ließ die Kalenderblätter flattern, verschaffte aber keinerlei Kühlung.

Francesca trug ein ghanaisches Wickelkleid, das sich löste, als sie sich vorbeugte und bedrohlich aussehenden Eintopf auf meinen Teller häufte, grellbuntes Gemüse in einer fettigen Soße. Das Brot war hart und verstaubt, und die Butter schmeckte nach Seife.

»Dieses Essen ist widerlich«, sagte Francesca. »Mein Koch taugt nichts.«

Ich schwieg. Daß das Essen schlecht war, lag auf der Hand.

Außerdem hatte ich keinen Appetit. Die Küstenhitze wirkte auf mich wie eine Krankheit. Als ich sagte, ich sei nicht hungrig, kreischte Francesca nach dem Koch. Er trat steif und beinahe zeremoniell ein, um unsere Teller zu entfernen. »Sie wollen Puhding, Meddem?«

»Nein, nein, nein, nein, nein.« Mit einer Handbewegung scheuchte sie ihn weg.

Stumm wurde der Tisch abgeräumt, und ich sah, daß es gar kein Tisch, sondern auch eine Umzugskiste war.

»Warum kochst *du* denn nicht, wenn er so schlecht ist?«

»Ich hasse Kochen«, antwortete sie.

Da wurde mir klar, warum sie ihn so grob behandelte. Hier prallten zwei schlechte Köche aufeinander.

»Ich esse nur gern«, sagte sie.

Der Koch trottete hin und her, ins Nebenzimmer und zurück. Wir saßen ruhelos da, und ihr Satz hing immer noch in der Luft. Der Deckenventilator surrte. Das Radio eines Nachbarn tönte durch die Wand, von der Straße hörte man die Rufe von Kindern, mühsam startende Autos und würgende Hunde. Die Küchentür klapperte: Der Koch ging.

»Ich hab' immer noch Hunger«, sagte Francesca.

»Kein Wunder.«

Doch sie lächelte. »Jetzt werde ich dich verschlingen.«

Sie machte das Licht aus, und die gelbe Straßenbeleuchtung erhellte den Raum und ließ die Umzugskisten schiefe Schatten werfen. Francesca stand vor mir. »Mir gefallen diese ghanaischen Kleider«, sagte sie. »Sie lassen sich so leicht ausziehen.« Sie knotete ihr Wickelkleid auf, und es fiel zu Boden. Sie war nackt. Ihr Körper wurde von den Straßenlaternen beschienen, und die Schatten des Fensterkreuzes zeichneten sich auf ihrem Körper ab. Sie ging in die Knie. Ich sah zur Decke hoch. Der Ventilator knarrte wie ein Frosch; und als später das Bett quietschte, hörte es sich an wie ein Dschungelkonzert.

Als ich am nächsten Morgen aufwachte, fühlte ich mich elend. Die feuchte Hitze drückte auf meine Augen, und ich schwitzte, als hätte ich Fieber. Francesca behauptete, es sei ein normaler Tag in Accra. Ein normaler Tag war wie Fieber. Ich stellte mir eine Woche mit diesem Essen und diesem Fieber vor.

»Warum machen wir nicht einen Ausflug?« schlug ich vor. »Wir könnten in deinem Wagen aufs Land fahren.« Ich hoffte, im Norden würde es kühler sein, außerdem war mir diese kaputte Stadt zuwider.

Francesca runzelte die Stirn, um mir zu zeigen, daß sie nachdachte.

»Wir haben keine Pläne für Silvester. Im Speiseschrank ist kaum was zu essen, und zu trinken gibt es überhaupt nichts.«

»Du kritisierst mich«, sagte sie gereizt.

Das stritt ich ab und entschuldigte mich, aber so matt, daß sie wußte, ich log. Mittlerweile bereute ich, London so überstürzt verlassen zu haben, mir fehlten Prasad und Rosamond und die schwarzen glänzenden Straßen.

»Wir könnten nach Kumasi fahren«, schlug Francesca vor. »Da gibt es ein Hotel, in dem nie jemand absteigt. Es ist sehr grün in Kumasi und ein wenig kühler. Aber was ist mit den Afrikanern, die du treffen wolltest?«

»Wo sind sie?«

»Einer lebt im Wohnblock nebenan«, sagte Francesca. »Er arbeitet für die Regierung. Vielleicht kann er dir etwas erzählen. Er heißt Kofi. Alle heißen hier Kofi oder Kwame. Wir können ihn besuchen, bevor wir aufbrechen.«

Ich war so erpicht darauf zu verschwinden, daß ich umgehend packte und Francesca zur Eile antrieb. Doch das bewirkte nur, daß sie noch mehr trödelte. Schließlich behauptete sie, es bleibe nicht genug Zeit, um Kofi zu besuchen, außerdem sei er so langweilig, wozu also?

»Ich muß ihn sprechen«, sagte ich.

Er war ein Mann von Ende Zwanzig mit vorstehenden Zähnen. Wenn er etwas sagte, lachte er, und alles, was er sagte, war ein Kompliment. »Sie sind so jung. Sie sehen so gut aus. Als Francesca mir sagte, Sie seien Professor, stellte ich mir einen alten Mann vor und keinen elegant gekleideten jungen Burschen ...«

Fand ihn Francesca deshalb langweilig? Mir kam es noch schlimmer vor. Am liebsten hätte ich ihn aufgefordert, den Mund zu halten. Statt dessen sagte ich: »In welchem Ministerium arbeiten Sie?«

»Im Arbeitsministerium.« Er lächelte. »Nichts als Bestechung und Korruption. So ist es eben in Afrika. Es ist hoffnungslos.«

»Die Straßen in Accra sind in einem schlimmen Zustand.«

Er lachte sehr laut auf seine unfrohe Art. »In Accra sind sie gut! Sie sollten mal den Rest des Landes sehen!« Beim Lachen knarrte er wie Francescas Ventilator. »Der Minister stiehlt Geld und gibt es seinen Frauen. Er hat vier Frauen. Er hat ein Haus in London. Er ist ein Teufel.« Er lachte wieder.

»Sie scheinen nicht besonders böse darüber zu sein.«

»Warum sich aufregen? Das Leben ist kurz. Wir sagen: *Mach dir keine Sorgen – sei lieber glücklich.* Sie sind in Afrika, mein junger Freund. Trinken Sie etwas. Es ist Silvester.«

Er entnahm einer auf dem Boden stehenden Bierkiste eine Flasche, öffnete sie und spritzte ein wenig Bier auf die Türschwelle. »Das ist ein Trankopfer«, erklärte er. »Für die Götter.«

»Welche Götter?«

»Für alle.«

Er füllte drei Gläser.

Die ganze Zeit über seufzte Francesca gelangweilt. Wir tranken, und Kofi kippte den Rest aus der Flasche in mein Glas. Es sei sehr schlecht, wenn der Gastgeber den letzten Schluck trinke, sagte er.

»Ich dachte, in Accra sei das Bier ausgegangen. Wie sind Sie drangekommen?«

»Bestechung und Korruption.« Er lachte. »Ich werde euch ein paar Kisten besorgen. So viele sie wollen. Überlassen Sie das mir, mein Freund.«

Aus dem Zimmer nebenan drang Gemurmel. Kofi blaffte etwas in seiner Sprache, es klang wie das Krächzen von Krähen, und eine Frau tauchte auf. Sie war ungefähr fünfzehn und in rosa Stoff gewickelt; sie war schwanger und schwitzte.

»Das ist meine Gemahlin, Mr. Endro«, sagte Kofi. »Sie spricht kein Englisch. Sie ist nur ein einfaches Dorfmädchen.«

Sie war barfuß und wegen der Hitze kurzatmig. Sie tupfte sich das Gesicht ab.

»Wann kommt das Baby?«

»In etwa einem Monat«, sagte Kofi. »Es ist unser erstes Kind. Ihr könnt Pateneltern sein. Oder Onkel und Tantchen.«

Francesca seufzte wieder, was Kofi nicht zu stören schien. Er schmeichelte, war beschränkt, voller Versprechen und Komplimente. Er setzte sich nie. Er ging auf und ab, lachte knarrend und drängte uns, mehr zu trinken. Er war viel vergnügter als die ziemlich ernsten Ugander, die ich kannte. Doch er wiederholte sich oft, und ich fragte mich, ob er betrunken war. Er zog über die ghanaische Regierung her. »Die sind alle wie die Geier. Es wird wieder einen Staatsstreich geben.« Und dann sprach er lachend von Nkrumah, dessen Regierung das Land ruiniert habe.

»Ich würde gern ein Regierungsmitglied sprechen«, sagte ich.

»Klar. Den Minister? Den Kanzleramtschef? Den stellvertretenden Minister? Kann ich für Sie arrangieren. Trinken Sie doch bitte noch ein Bier.«

Alles schien so einfach zu sein. Eine Stunde mit einem Politiker oder leitenden Beamten war genau das, was ich brauchte. Dann sprach ich mit jemandem in der amerikanischen Botschaft (»Wie ich aus westlichen diplomatischen Kreisen erfuhr ...«) und mit Leuten auf dem Markt von Accra oder anderen Freunden Francescas – schon hatte ich meinen Artikel über Ghana fertig und konnte meine Flugtickets bezahlen.

»Einen dieser Leute«, sagte ich. »Irgendeinen. Ich möchte ihnen bloß ein paar Fragen stellen. Hören Sie, können Sie das wirklich deichseln?«

»Überlassen Sie das mir. Ich kann das deichseln.« Er schien meine Worte auszuprobieren, sie sich anzueignen. »Klingeln Sie mich an, sobald Sie aus Kumasi zurück sind, und ich deichsle es.«

Er warf seiner Frau zwei Krächzlaute zu, woraufhin sie aufhörte, ihr schwitzendes Gesicht zu betupfen, und schwerfällig aus dem Zimmer stapfte. Sie kehrte mit zwei Flaschen Bier zurück.

»Ich habe genug«, sagte ich und nahm rasch mein Glas vom Tisch.

»Das ist ein Geschenk. Die nehmen Sie mit. Frohes neues Jahr. Afrikanische Sitte.«

»Wir wollen das Bier nicht«, sagte Francesca barsch und zähneknirschend.

»Aber der junge Mann möchte es.« Kofi blinzelte mir zu.

Francesca war verärgert, und man sah es ihr an. Doch Kofi schien es nicht zu bemerken, vielleicht war es ihm auch egal. »Sie sind hier willkommen«, sagte er. »Wir in Ghana haben Achtung vor Lehrern. Für uns sind sie wie Götter. Uns dürstet nach Bildung.«

Auf der Straße nach Kumasi sagte ich: »Du warst nicht sehr höflich zu ihm.«

»Zu Kofi? Er ist wie ein Italiener«, sagte Francesca. »Er denkt nur an sich.«

»Wenn er mir ein Interview mit dem Minister vermittelt, vergebe ich ihm alles.«

Nach langem Schweigen sagte Francesca: »Manchmal redest du wirklich dummes Zeug.«

Diesmal lenkte ich den Fiat. Der kleine Wagen hatte bei den Steigungen zu kämpfen, doch die Straße war besser als erwartet. Im Gegensatz zu Kofis Behauptung war sie gleich hinter Accra besser geworden. Wir kamen in eine höhergelegene und waldreichere Region. Doch der Wald war in schlechtem Zustand, überall lagen umgestürzte Bäume, und der Bambus wucherte. Die Vögel kreischten aufgeregt, und etwa alle hundert Meter lag ein toter Hund auf der Straße, einige bluteten noch, doch die meisten waren ausgetrocknet und steif wie Bretter. Die am Straßenrand stehenden Hütten paßten mit ihren verwahrlosten Dächern zu den kaputten Bäumen. Ihre Mauern waren fleckig und rissig.

Ich verglich meine Beobachtungen mit dem, was ich aus Uganda und Malawi kannte. Die Afrikaner dort kamen mir vernünftiger und ruhiger vor, die Wälder ordentlicher, die Straßen besser gepflegt. Das konnte ich in meinem Artikel erwähnen.

Ich war so mit meinen Gedanken an den Artikel und mit der Fahrerei beschäftigt, daß ich lange Zeit schwieg. Als ich wieder anfing zu reden und mir auf meine Fragen selbst antworten mußte, fiel mir auf, daß Francesca seit einer halben Stunde kein Wort mehr gesagt hatte. Ihr Gesicht war abgewandt.

»Bist du eingeschnappt?«

»Nein«, sagte sie, »aber ich wünschte, ich hätte dich nicht mit zu Kofi genommen.«

»Warum? Weil er dich ignoriert hat?«

»Er hat mich nicht ignoriert«, widersprach sie eilig. »Aber hast du gesehen, wie er seine Frau behandelt hat?« Sie tat, als spucke sie aus. »So sind sie alle.«

Ich fuhr weiter. Kaputte Wälder. Ziegen. Fahrradfahrende Männer. Bollerwagen.

Sie sagte: »Erst als ich euch beide zusammen gesehen habe, wurde mir klar, wie sehr ich ihn verabscheue.«

»Und wie sehr magst du mich?« fragte ich, um sie ein wenig aufzuziehen.

»Ich mag dich wirklich, Andre. Das weißt du. Manchmal denke ich, daß ich dich nicht nur *mag.*« Sie runzelte die Stirn und wandte sich ab.

Ich legte eine Hand auf ihr Knie. »Ich liebe dich, das weißt du.«

»Mach keine Witze. Es ist schlimm genug, daß ich dich so sehr mag.« Sie sah mich an und fuhr böse fort: »Ich will mehr als das.«

»Genau wie ich.« Das meinte ich ernst, und ich sagte es so eindringlich, daß sie sich erneut mir zuwandte, zärtlich mein Gesicht berührte und mich ihre Hand küssen ließ. Sie kuschelte sich an mich und ließ meine Finger zwischen ihren Beinen spielen.

»Das ist der Busch.«

»Ich mag den Busch«, sagte ich.

Die verwahrlosten Wälder neben der Straße waren eine Einstimmung auf das verwahrloste Kumasi. Es war eine grüne Stadt mit hügeligen Straßen, kleinen Läden und mit rotem Staub bedeckten Verwaltungsgebäuden. Die unförmigen Bäume sahen aus wie riesiges Unkraut auf langen Stengeln, allerdings gab es auch schönere, die großen Federn ähnelten. Als wir ankamen, wurde es gerade dunkel; wir fanden das Royal Hotel, wo wir uns als Ehepaar ausgaben. Da es im Hotel kein Bier gab, tranken wir die Flaschen, die Kofi uns mitgegeben hatte. Das Hotel roch nach Feuchtigkeit und toten Insekten. Die Holztäfelchen auf den Parkettfußböden hatten sich gelockert. In dem leeren Speisesaal aßen wir Hammel und gekochtes Gemüse.

Der Ober sagte tadelnd: »Es ist Silvester. Alle Leute sind auf Partys in den Bars und Nachtclubs.«

Vom anderen Ende der Straße her hörten wir Rufe und Musik. »Was könnten wir machen?« fragte ich.

Francesca sagte: »Komm mit aufs Zimmer, und ich zeig's dir.«

So liebestoll hatte ich sie noch nie erlebt. Erst nach Mitternacht verließen wir das Schlafzimmer. Betrunkene Männer wankten grölend durch die Straßen. Wir gingen zurück aufs Zimmer und liebten uns wieder, dann schliefen wir bis Mittag.

Am selben Tag besuchten wir den Palast. Ich sagte: »Sieht nicht aus wie ein Palast.« Wir gingen zum Museum. Es war geschlossen. Der Markt ebenfalls. Alles war menschenleer, die Straßen und Geschäfte sahen schmutzig und häßlich aus.

Am Abend im Bett sagte Francesca: »Ich dachte immer, Afrika wäre dunkler, gefährlicher und geheimnisvoller. Manchmal möchte ich weg, bevor ich anfange, die Menschen hier zu hassen.«

Sie hielt mich fest umklammert. Ich fragte mich, wie es wäre, mit ihr zu reisen. Wenn sie mit mir schlafen wollte, war sie wie ein Kind. Mir gefiel das: Geliebte, Tochter und Ehefrau in einer Person. Auch gefiel mir der Gedanke, daß sie stark und verläßlich war.

»Frohes neues Jahr«, sagte ich. Daß ich an diesem Tag mit ihr zusammen war, hatte bestimmt etwas zu bedeuten. »Wir müssen uns daran gewöhnen, neunzehnhundertachtundsechzig zu sagen.«

Francesca umarmte mich mit den Worten: »Ich bin glücklich, Andre.«

Die Sonne ging gerade auf, als ich mich am nächsten Morgen aufsetzte und dachte, ich müsse pinkeln. Ich spürte ein bekanntes Jucken in meinem Penis. Als ich ihn drückte, sammelte sich dicke gelbliche Flüssigkeit an seiner Spitze. Ich rollte fluchend auf die andere Seite. Francesca schlang ihren Arm um mich.

»Laß das«, sagte ich und schüttelte sie ab. »Ich habe irgendeine Infektion.«

Wir suchten in Kumasi einen einheimischen Arzt auf. Ich mußte mich setzen, und er zog sich Plastikhandschuhe an und untersuchte mich. Er stellte mir ein paar einfache Fragen. »Es ist Gonorrhöe«, sagte er. »Keine Sorge«, er schrieb mir ein Rezept aus, »damit werden Sie wieder gesund. Sind Sie verheiratet?«

»Nein«, antwortete ich.

Francesca hatte im Wagen gewartet. Ich stieg ein und sagte: »Ich habe den Tripper.«

Sie schlug die Beine übereinander, sagte aber nichts.

»Ich weiß, woher ich ihn habe«, fuhr ich fort und versuchte, meine Stimme unter Kontrolle zu halten. »Nun möchte ich nur noch wissen, woher du ihn hast.«

Sie fing an zu weinen. Da wußte ich Bescheid, und ich sah ihn deutlich vor mir, seine vorstehenden Zähne, die Glupschaugen. Mir fielen alle seine Versprechen wieder ein und wie sie die ganze Zeit über geschwiegen hatte.

Ich legte den Gang ein, und wir zockelten in Richtung Küste.

»Wohin fahren wir?« fragte sie.

»Nirgendwohin«, sagte ich.

4

»Sie müssen trinken«, sagte der Afrikaner neben mir. Wir saßen im Flugzeug von Accra nach Lagos. An die Passagiere wurden Bierflaschen verteilt. »Sie müssen eine oder zwei trinken.«

Der Arzt in Kumasi hatte es mir verboten, Alkohol setzte die Wirksamkeit des Penicillins herab. »Ich darf nicht«, sagte ich. Es juckte immer noch.

»Sie dürfen nicht *trinken?*« Er grinste mich mitleidig an und zeigte all seine Vorderzähne.

»Ich bin Alkoholiker«, sagte ich. »Nehme ich einen Schluck, will ich sofort den nächsten. Und dann bin ich besoffen und völlig außer Kontrolle.«

»Ja! Ja!« rief er eifrig, lachte laut und schob mir eine Flasche zu. »Reden Sie weiter!«

»Und dann übergebe ich mich.«

Er trug einen neuen Anzug. Seine Hand fuhr zu seinem Revers, das er glattstrich, wobei er wieder lachte, aber diesmal entmutigt. »Ich verstehe«, sagte er.

Er war Volkswirtschaftler. Da ich fand, ich könne nichts über Ghana schreiben, drängte ich ihn, mir seine Ansichten über Nigeria zu erzählen; er war Dozent an der Universität Ibadan. Er hatte Fakten parat und war ironisch. Als er mir sagte, wie Nigeria seine Industrieprojekte finanzierte, hörte sich das hämisch und anklagend zugleich an.

»Möchten Sie wissen, wie dabei verfahren wird?« Er trank und wischte sich den Mund. »Die Firma zahlt eine beträchtliche Summe, um sich auf dem Markt zu etablieren. Der betreffende Minister erhält einen Anteil von zwanzig Prozent – und schickt sein Geld nach London oder New York. Die Firma hat das Monopol, also erhöht sie die Preise. Sobald der Minister von den Profiten erfährt, verlangt er seinen Anteil. So geht es immer weiter. Die Firmen und die Politiker verschwören sich gegen das Volk.« Darüber lächelte er. »Neokolonialismus ist keine hohle Floskel. Dahinter steckt viel Wahres. Ganz gleich, wieviel Geld dieses Land erwirtschaftet, es wird immer arm bleiben. Ändern wird sich nichts. In finanzieller Hinsicht waren wir unter den Briten besser dran.«

»Aber politisch gesehen ist Nigeria doch freier, oder?«

Darüber lachte er. »Wir haben zwei Militärputsche hinter uns!«

»Ich dachte, Nigeria sei jetzt vereint.«

»Hier wird es Krieg geben.« Er sprach leiser. »Im Osten, im Ibo-Land. Fahren Sie nicht dorthin. Es hat nichts mit Politik oder mit Geld zu tun. Die Ibos kämpfen um das Wichtigste auf der Welt: um ihr Leben.«

»Woher wissen Sie das?«

»Ich bin Ibo«, sagte er. »Und was machen Sie?«

»Ich bin Lehrer in Uganda.«

»Machen Sie Urlaub?«

Da es in Afrika immer unklug war, sich als Schriftsteller oder Journalist zu erkennen zu geben, sagte ich: »Wenn man so will. Ich besuche eine Bekannte.«

»Ich dachte, nach dem letzten Putsch seien alle Ausländer abgereist.«

»Meine Bekannte ist Nigerianerin«, sagte ich.

»Gott stehe Ihnen bei!« Er lachte so laut, daß sich mehrere Mitreisende umdrehten und ihn anstarrten.

Und dann ging das Flugzeug in den Landeanflug über, rollte vorbei an Lehmhütten, Schrottautos und kleinen Schuppen mit geflickten Dächern.

Der Volkswirtschaftler eilte aus dem Flugzeug. Ich dachte: *Der Mann ist doch nicht echt.* Als ich am nächsten Tag mit anderen Nigerianern – mit Chefredakteuren, einem Reporter und einem Verlagsvertreter – sowie einem Mitarbeiter der amerikanischen Botschaft sprach, kam mir sogar der Gedanke, daß sie alle nicht echt waren. Sie schauspielerten. Ihre eigentlichen Leben blieben vor mir verborgen, doch mir zuliebe hatten sie sich die schillernden Rollen von Schriftstellern, Geschäftsleuten, Lehrern oder Stammesangehörigen zugelegt. In jeder öffentlichen Person steckte eine kleinere, fremdere Person, die keinerlei Ähnlichkeit mit der hatte, die vor mir stand. Ständig war ich drauf und dran, *Wer sind Sie?* oder *Was glauben Sie eigentlich, wer Sie sind?* zu fragen, bis mir mit gelindem Schrecken einfiel, wer ich war.

Ich hatte Femi seit einem Jahr nicht gesehen. Ich hätte nie gedacht, daß ich sie noch einmal wiedersehen würde. Da ich sie nicht erschrecken wollte, rief ich nicht sie, sondern ihren Bruder George an, nachdem ich die Redakteure und Beamten wegen meines Artikels gesprochen hatte.

George tauchte in meinem Hotel auf. Er war so schwarz und glatt, daß er eine zweite Haut zu tragen schien; man hatte den Eindruck, im Inneren dieser Haut stecke jemand anderes, aber wer?

»Komm, wir trinken was!« Er war herzlich, gesprächig, dynamisch. Er sah mir nicht in die Augen. Wir gingen fünf Straßen weiter in einen lauten Club. Das war das Merkwürdige an Lagos: Von einem guten, teuren Hotel war es ein kurzer Spaziergang bis zu einem gefährlichen Slum. In dem Club hielten sich Prostituierte auf, große dünne Mädchen mit orangefarbenen oder blonden Perücken. George schrie nach zwei Bieren, und als man sie brachte und wir anstießen, trafen sich unsere Blicke, und er verlor sein Lächeln. »Was passiert ist, tut mir sehr leid«, sagte er.

Ich sah voraus, daß dies eine unmögliche Unterhaltung werden würde. Er war gedrückter Stimmung, und im Club war es ausgesprochen laut. Eine Band mit Blechbläsern spielte, die Leute tanzten und ruderten mit den Armen, alte Frauen kreischten. Ich mußte ihn bitten, seinen Satz zu wiederholen, und als er ihn beim zweitenmal so laut rief, daß ich ihn verstand, klang er unaufrichtig. Doch er meinte es ehrlich, das wußte ich. »Die Familie schämt sich sehr!« brüllte er.

»Reden wir nicht darüber.«

»Wir haben den Burschen gefunden! Wir haben ihn verprügelt! Wir haben ihm etwas Geld abgenommen!«

»Ich kann dich nicht verstehen«, behauptete ich und schüttelte den Kopf.

»Warum trinkst du dein Bier nicht?«

»Ich bin krank!« Die Symptome waren zwar verschwunden, doch ich nahm immer noch Penicillin.

George lächelte; er verstand nicht. Er schrie weiter. Ich tat, als könne ich ihn wegen der Musik und des Lärms nicht hören, und endlich gab er es auf. »Femi möchte dich sehen«, sagte er.

Das hatte ich hören wollen. Ich stand auf, und George begleitete mich nach draußen. Kaum hatten wir den Lärm des Clubs hinter uns gelassen, war George wie ausgewechselt. Keine Entschuldigungen mehr. Er lachte über den starken Verkehr und das Hupen. Er erzählte mir, er wolle in Kaduna Ingenieurwesen studieren. Er sprach über sein eigenes Leben. Und er schien erleichtert zu sein, daß er nicht mehr über Femi reden mußte. Dieses Thema hatten wir im Gedröhn der Musik und im Halbdunkel des Clubs zurückgelassen. Herzlich wirkte er nicht mehr, sondern erschöpft; er wurde still. Nach all der Anstrengung hatte er nichts mehr zu sagen.

George hatte mir Femis Adresse gegeben, aber nicht gesagt, wo das war. Der Taxifahrer schnaubte, als ich sie ihm nannte, und fuhr eine geschlagene Stunde, ohne je die ewig gleiche kaputte Straße zu verlassen. Es war Mittag, und wir fuhren langsam in einer Autoschlange, vorbei an niedrigen Gebäuden und beschmierten Schildern. Kam mir das bekannt vor, weil ganz

Lagos wie ein ewig gleiches Chaos wirkte? Es war eine häßliche Stadt. Der Lärm und die Hitze kamen mir wie zwei Seiten derselben elenden Medaille vor. Nur der Zerfall war echt. Alles andere war unecht. Es war keine Stadt, das Geld war wertlos, das Essen schlecht, die Luft stank, die Ärmsten liefen herausgeputzt herum, in großen Tüchern und bunten Umhängen, mit Turbanen, Schärpen und akkurat gefalteten Togas.

So war auch Femi gewandet. Ihr Turban paßte zu ihrem langen Kleid, das weiß-violette Tuch war von Goldfäden durchwirkt; ihr Auftreten hatte etwas Ägyptisches, ihre ganze Haltung, der verschwenderische, sorgfältig um den Kopf gewickelte Stoff, und selbst die Gesichtszüge, mandelförmige, leicht umflorte Augen, volle Lippen und hervortretende Bakkenknochen, wirkten pharaonisch. Sie glich einer in goldene Gewänder gehüllten Katze. So stand sie vor mir, als sie den Lumpen beiseite schob, den Türersatz. Hinter ihr rannte ein Huhn heraus, mit gesenktem Kopf und wie verrückt gakkernd.

Ihr Dorf – falls es ein Dorf war – lag in der Nähe des Flughafens. Die Flugzeuge donnerten beim Landen und Starten flach darüber hinweg und schwängerten die heiße Luft mit ihrem Kraftstoffgestank. Graue Seifenblasen und Zahnpastastücke flossen in einem Waschwasserrinnsal durch eine Furche im Dreck und blubberten in einen Graben, das schöne Geräusch animierte mich, einen Blick auf die ekelhafte Brühe zu werfen. Femis Hütte bestand aus Pappe, Brettern und flachgeklopften Ölkanistern. Aber Femi war eine Schönheit.

Wir küßten uns nicht, sondern gaben uns nur die Hände: Ihre Mutter war zugegen. Da ihre Mutter kein Englisch sprach, paßte sie besonders gut auf. Sie trug ebenfalls ein herrliches Gewand, dazu einen Schal und eine wallende Kopfbedeckung. Während wir in der staubigen Hütte standen, beobachtete sie uns genau, doch als wir an entgegengesetzten Enden des Raumes Platz nahmen, verlor sie anscheinend jedes Interesse und verzog sich.

»Na, woher kommst du? George sagte, aus London.«

»Ich war über Weihnachten in London.«

»Manchmal fliegen sogar Nigerianer über Weihnachten nach London«, sagte Femi. Sie hatte schwere Lider, die ihre

Augen völlig bedeckten, wenn sie sich ärgerte. »Ich halte das für eine verdammte Zeitverschwendung.«

»Wohin würdest du denn reisen?«

Sie blickte interessiert auf. »Vielleicht nach Ikeja.« Sie war aus Ikeja. »Oder vielleicht nach Uganda.«

Ich hatte gehofft, das würde sie nicht sagen. »Du fehlst allen«, sagte ich.

»Die Menschen sind sehr primitiv, aber es ist eine schöne Gegend«, sagte sie. »Wenn ich an den Busch denke – dort sind die Leute so rückständig. Darum sind sie freundlich. Buschmenschen ...«

Über uns hinweg flog ein Flugzeug und übertönte ihre Worte. Sie beendete den Satz mit einem Schulterzucken.

»Gefällt es dir hier besser?«

»Städte sind besser«, sagte sie. »Hier gefällt es mir nicht. Aber das ist das Haus meiner Mutter. Ich kam nach der Operation hierher und blieb einfach.«

Fast hätte ich gefragt: *Welche Operation?* Bis mir einfiel, was diese Umschreibung bedeutete. Sie starrte mich an. Sie war übertrieben zurechtgemacht, wie für eine Oper oder einen Festumzug, für etwas Irreales; doch was sie sagte, war sehr real. Es traf mich tief und rief Erinnerungen wach.

»Wie lebst du?« fragte sie.

»Ganz gut. Und du?«

»Auch nicht schlecht. Ich bin immer noch geschwächt. Ich dachte schon, ich würde nie aufhören zu bluten. Manche sterben daran. Das haben sie mir hinterher erzählt.« Ihre Augenlider wurden schwer, und sie sah wieder hochmütig und pharaonisch aus.

Ihre Mutter trat leise lachend ein. Sie hatte ein totenkopfähnliches Affengesicht in der Farbe von Schuhleder und ebenso trocken und faltig. Sie stellte eine Flasche Orangenlimonade auf einen Teller. Aus einem Tuch holte sie zwei Gläser, wischte sie mit dem Tuch ab und goß die Orangenlimonade hinein. Sie verstand zwar nichts, beobachtete uns aber aus feuchten geröteten Augen.

»Warum haben sie mir das nicht früher gesagt? Daß man daran sterben kann?« sagte Femi.

Die Mutter hatte mich von Femis Worten abgelenkt, deshalb stellte ich eine Frage, die ich sofort bereute, als Femi antwortete.

»Weil sie die Blutung nicht stillen können«, sagte sie. »Und ich verlor so viel Blut, daß ich andauernd ohnmächtig wurde. Ich nahm Eisentabletten. Blutarm bin ich immer noch.«

»Gott, diese Flugzeuge machen einen Lärm«, sagte ich, als das nächste vorbeitoste und die dünnen Wände der Hütte zum Zittern brachte.

»Und meine Familie schämte sich meiner«, sagte Femi.

»Aber das ist jetzt vorbei. Du kannst dein Studium beenden.«

Femi sah weg. Sie hörte mir nicht zu. »Als ich von hier fortging, um bei dir in Uganda zu sein, waren sie so glücklich. Es war ein richtiges Abenteuer. Sie waren stolz auf mich. George hat mit mir angegeben.« Sie runzelte die Stirn. »Und ich, ich war auch glücklich.«

Rasch sagte ich: »Meine Schuld war es nicht.«

»Und als ich so schnell zurückkam, waren sie entsetzlich enttäuscht.« Sie rückte den Turban mit einem langen roten Fingernagel zurecht. »Ich habe nie daran gedacht zurückzukommen. Es ist schrecklich, wenn man zurückkommt, ohne es zu wollen.«

»Ich wollte auch nicht, Femi.«

»Es war sehr schwer. Und danach wurde es noch schlimmer. Schließlich mußte ich in das Dorf fahren.«

»Welches Dorf?«

»Wo man diese Dinge macht. Eine alte Frau schneidet einen auf. Darum habe ich geblutet.«

Als sie *geblutet* sagte, flog wieder ein Flugzeug über uns hinweg. Zu dem lauten Brummen bellte ein Hund wie verrückt und verschluckte sich an seinem Gebell. Die Luft in Femis Hütte roch nach Feuchtigkeit und Hitze und dem Abwasser mit der Zahnpasta und dem Seifenschaum, das blasig neben der Hütte stand.

»Du hättest nicht in das Dorf gehen müssen«, sagte ich.

»Aber ich wollte mein Studium beenden.«

»Hast du im September angefangen?«

Sie schloß halb die Augen. Das bedeutete nein. »Damals blutete ich noch.«

Ich fand dieses Gespräch furchtbar. Es war, als machte ich

einen Krankenbesuch . . . Aber was sollte sie sonst sagen? Dieses Ereignis war alles, was uns noch verband. Sie hatte mich in Uganda besucht und nach einem Monat gesagt, sie sei schwanger, im zweiten Monat schwanger, wie der Arzt feststellte. Zuerst hatte ich erklärt, das sei unmöglich. Doch da irrte ich mich. Sie führte noch ein anderes Leben, zu dem sie zurückkehrte, und ich versuchte, sie zu vergessen. Ich hatte sie aus alter Freundschaft besucht, doch das alles wollte ich nicht hören.

»Und da der Junge mir nicht genug Geld gab, hat es mein Vater bezahlt.«

»Ich hätte dir das Geld gegeben.«

»Warum solltest du? Du hattest doch nichts damit zu tun.« Das stimmte. »Es war der andere Junge.«

Sie war zweiundzwanzig, doch für sie waren wir alle Jungen. Ich hatte mich dabei wie ein Junge gefühlt, aber es hatte einen Mann aus mir gemacht . . . und aus ihr eine Frau. Und doch war sie nicht verbittert. Sie klang immer noch überheblich und abweisend.

»Der andere Junge wollte gerade heiraten. Er ist aus Onitsha, ein Ibo, er hat Angst vor den Kämpfen. Im östlichen Teil des Landes gibt es Ärger. Es ist alles Mist. Ich will weg von hier. Bist du wütend?«

Ich schüttelte den Kopf.

»Weiße sehen oft wütend aus«, sagte sie.

»Ich bin nicht wütend, Schatz.«

»Aber ich habe dich traurig gemacht«, stellte sie fest. »Ich war auch traurig. Und krank.«

Draußen blafften Hunde und schrien Kinder, als ob sie sich bekämpften oder stritten, begleitet wurde dieser Lärm von klappernden Blechtellern.

»Vielleicht kannst du irgendwann mal zu Besuch nach Uganda kommen«, schlug ich vor.

Sie lächelte, aber es war ein trauriges Lächeln, und sie gab ein Geräusch von sich, das wie »Nein« klang.

»Ich glaube, daß du glücklich wirst«, sagte sie und verzog das Gesicht wie ein kleines Mädchen. Sie sah lustig und traurig zugleich aus. Mitleid wollte sie nicht. Dieser Ausdruck erinnerte mich daran, wie sehr ich sie geliebt hatte, wie stark, geduldig und sanft sie war und wie ungern ich sie hatte gehen lassen. Das Schlimmste war, daß sie sich selbst an allem die Schuld gab und es kaum ertragen konnte, vor ihre Familie zu treten.

»Du wirst auch glücklich sein«, behauptete ich.

»Das glaube ich nicht«, sagte sie. »Aber ich kann's versuchen.«

Ihre Mutter steckte den Kopf durch die zerschlissenen Vorhänge, redete auf uns ein und forderte uns auf, die Limonade zu trinken.

»Sie hält mich für dumm. Wenn du gehst, wird sie mich kritisieren.«

»Dann gehe ich nicht.«

»Du mußt gehen«, sagte sie trocken. »Mir ist diese alte Frau, meine Mutter, egal. Sie will, daß ich die Frau von irgendwem werde, Kinder kriege und mich von meinem Mann verprügeln lasse.«

Da packte mich die Sehnsucht, und ich wünschte, ich könnte sie mit zurücknehmen. Doch es war zu spät. Wir hatten unsere Chance gehabt und sie vertan. »Alle fragen: ›Wo ist deine schöne Nubierin?‹«

Femi lachte. Das gefiel ihr. »Was ist eine Nubierin?«

»Eine große schwarze Frau mit entzückend langem Hals, aus dem Sudan.«

»Aus dem Busch!« rief sie und klickte abschätzig mit ihren weißen Zähnen. »Hast du jetzt eine Freundin?«

»Nein«, sagte ich.

»Du wirst eine finden«, sagte sie. »Wenn du Schwierigkeiten hast, finde ich eine für dich.« Bei dieser Vorstellung lachte sie wieder. »Ein nettes Dorfmädel, das dir dein Essen kocht und ganz still ist. Eins, das ein wenig primitiv und gehorsam ist.«

»Wie du?«

»Aber nein!« Wieder lachte sie. »Ich bin ein modernes Mädchen. Mir gefällt das rasante Leben . . . Musik und Tanz. Ich lese auch gern Bücher. Ich höre Rundfunk. Ich benutze Lippenstift.«

»Ich will eine wie dich.«

»Das ist lieb«, sagte sie und nickte, dann reckte sie stolz

den Kopf und lächelte mich an. »Ich bin froh, daß du das gesagt hast, weil ich wieder traurig sein werde, wenn du fort bist.«

»Hast du keinen Freund?«

Sie schloß kurz die Augen – nein. »Dieser dumme Junge hat in Enugu geheiratet und Angst davor hierherzukommen, weil es Krieg geben wird.« Sie seufzte. »Ich würde mich gern in ein Flugzeug setzen« – eins war gerade über uns weggeflogen –, »aber ich glaube, das werde ich nie tun. Das andere kann ich vergessen, weil es vorbei ist. Aber es macht mir angst, wenn ich nicht weiß, was sein wird.«

Ich war froh, als ihre Mutter zurückkam und mich zum Essen nötigte, weil der Rest Ritual war. Ich aß – gedünstete Süßkartoffeln und Eintopf –, während Mutter und Tochter mich wortlos bedienten. Sie brachten mir eine Schüssel Wasser; ich wusch mir die Hände; ich sagte, ich müsse gehen ... Ich hatte einen Termin im Informationsministerium, für meinen Artikel, der mit alledem nichts zu tun hatte.

Femi begleitete mich die Straße entlang. In ihren Gewändern sah sie besonders hochgewachsen und würdevoll aus, mit ihrem eleganten Turban, den Armreifen und ihrem hochmütigen Blick. Uns umgaben die elenden Hütten, die vielen Hunde, die schmutzigen Kinder, und die Flugzeuge über uns machten einen solchen Krach, daß Femis Worte verlorengingen, als wir uns endlich küßten und sie etwas rief. Ich konnte sie nicht hören, aber sie lachte, und ich hätte gern gewußt, warum.

5

Bei Einbruch der Dunkelheit flogen in Kampala, in dem Stadtteil Wandegeya, wo ich wohnte, alle Fledermäuse – es waren Tausende – quiekend von den hohen Bäumen auf und verdunkelten den Himmel. So wurde es jeden Abend Nacht im Fledermaustal.

Aus meinem Taxi sah ich sie wie Rußflocken in die Höhe

steigen, kleine, flatternde schwarze Flocken. Nach dem langen Weihnachtsurlaub war ich gerade aus Lagos eingetroffen. Ich schaute hoch, sah die Fledermäuse und starrte sie an. Es war kein bedrohlicher Anblick. Es war etwas, das sich in Wandegeya tagtäglich abspielte. Ich wußte also, wo ich war. Es war nichts Schreckliches – ich war zu Hause.

Meine Wohnung roch nach Hamid, meinem Papagei, nach dem Gipsgeruch seines Kotes. Als er mich sah, gab der Vogel ein blubberndes Knurren von sich, und ich ließ ihn aus seinem Käfig, glättete seine grauen Federn und strich ihm über den Schnabel. Er flatterte eine Zeitlang durch das Zimmer, ehe er sich niederließ und die Rücken meiner Bücher anknabberte. In seiner Schale war noch jede Menge Futter, und sein Käfig war sauber, daher wußte ich, daß Jackson ihn versorgt hatte.

Ich war zwar unruhig, doch mein Verlangen hatte sich noch nicht wieder eingestellt. Ich war immer noch infiziert, nahm immer noch Penicillin. Ich sah Schaben in der Speisekammer ... Dutzende, da Jackson Lebensmittel stehengelassen hatte. Ein verschimmelter Laib Brot und eine offene Mehltüte waren von ihnen übersät. Ich fragte mich, ob ich ihn feuern sollte. Er hatte die Angewohnheit, wenn er es eilig hatte, Müll in eine Küchenschublade zu fegen und dann zu vergessen. Aus dieser Schublade stammten unsere Schaben.

Ich ging in Yung Hoks Lebensmittelgeschäft, und der chinesische Besitzer verkaufte mir ein Schabenspray. Nach einer befriedigenden Stunde des Schabentötens und -zusammenfegens packte ich meinen Koffer aus, legte die schmutzige Wäsche auf einen Haufen und sah die Bücher durch, die ich in London gekauft hatte, ›Die Verdammten der Erde‹ von Frantz Fanon, Conrads ›Der heimliche Teilhaber‹ und eine alte Ausgabe von ›Tarzan‹.

Bei der Lektüre von ›Tarzan‹ und beim Gintrinken nickte ich auf dem Sofa ein und schleppte mich dann zu Bett. Erst als ich am nächsten Morgen aufwachte, dachte ich über all das nach, was in den letzten drei Wochen geschehen war; mein Aufenthalt bei Prasad, meine Affäre mit Rosamond, der Tripper, den ich mir bei Francesca geholt hatte, mein Besuch bei Femi. Ich lag im Bett, grübelte darüber nach und zuckte zusammen bei dem Gedanken, daß ich Rosamond gegenüber vom Heiraten gesprochen hatte, wurde wütend, als mir einfiel, wie Francesca mich mit dem geschlechtskranken Ghanaer bekannt gemacht hatte, und deprimiert, als ich an Femi dachte, wie sie in ihrer staubigen Hütte ihren Sonntagsstaat angelegt und *Ich blute immer noch* gesagt hatte. Eine Woche hier, ein paar Tage da, ein Nachmittag, eine lange Nacht: das alles war aufregend gewesen, doch ich konnte mich des Gedankens nicht erwehren, daß es ein Reinfall war. Es schien, als hätte ich ein Riesenfest besucht – und wäre allein nach Hause gekommen.

Ich blieb im Bett, genoß mein Alleinsein, bedauerte mich ob meiner Einsamkeit und genoß den Gedanken, daß ich Schulden hatte und hart arbeiten mußte, nämlich drei Artikel schreiben, um meine Tickets zu bezahlen. Die Arbeit einer Woche schreckte mich nicht. Angst machte mir, was ich alles verbarg: Francesca und die Gonorrhöe versteckte ich hinter einem Essay über ghanaische Politik. Niemand wußte, daß ich zwischen meinen Besuchen in nigerianischen Ministerien Femi in ihrem Slum besucht hatte, und ich würde etwas über England schreiben, ohne Rosamond oder S. Prasad zu erwähnen. Ich haßte es, etwas stillschweigend als unwirklich hinzunehmen, und doch faszinierte mich dieses Verschweigen auch. Ich war mir nicht sicher, ob diese verschiedenen Frauen mit ihren ungewöhnlichen und schwierigen Leben für die Welt nicht wahrer und bedeutender waren als die Themen, über die ich schrieb. Indem ich all dies unterdrückte und für mich behielt, ergab es eine Art private Parallelgeschichte, wobei ich gelegentlich den Verdacht hatte, daß sie ungleich wichtiger war als alles, was ich offenbarte. Andererseits kam so viel zusammen, daß ich selbst keinen Sinn darin entdeckte. Im Moment war es ratsamer, diese Artikel zu schreiben und an meinem Roman über Yung Hok zu arbeiten, den Lebensmittelhändler; auch ein einsamer Mann.

In dieser gespaltenen Stimmung fühlte ich mich am wohlsten, wenn ich eine andere Sprache sprechen konnte. Jackson kam herein und sagte: *»Habari gani, bwana?«* Und ich antwortete auf Suaheli. Jenes andere, unwirkliche Ich wurde freigesetzt, um als *bwana* über seine Reise plaudern zu können. Ich verbarg mich in ihm und sah die Welt mit seinen Augen.

Um neun ging ich in mein Büro. Veronica, die Muchiga-Sekretärin, brachte mir eine Tasse Kaffee und bat mich, ihr einen Brief zu diktieren. »Ich will die Prüfung ablegen, Mr. Anderea. Ich muß meine Geschwindigkeit verbessern.«

Ich diktierte einen Brief an den Premierminister von Uganda, in dem ich mich gegen die in den östlichen Landesteilen praktizierte Beschneidung junger Mädchen wandte.

»Sie sind sehr grob, Mr. Anderea«, sagte Veronica. Dann tippte sie den Brief auf ein Blatt Papier mit meinem Briefkopf: *Andre Parent, B. A., Amtierender Direktor, Institut für Erwachsenenbildung.*

»Wir Muchiga haben keine Beschneidung von Frauen«, sagte Veronica und sah zu, wie ich ihr Manuskript korrigierte.

»Nein, aber Sie haben diese köstliche Urinzeremonie.«

Sie schenkte mir ihr derbes Lächeln. Diese Zeremonie hatte sie mir beschrieben: Die frisch angetraute Braut setzt sich mit nacktem Gesäß auf die Hände aller Brüder ihres Gatten und pinkelt, um das Band zu besiegeln.

»Ich finde, Sie haben auch komische Sitten«, sagte sie.

»Tatsächlich, Veronica?«

»Europäer haben gern Toiletten im Inneren des Hauses«, sagte sie. »Ich halte das für sehr unsauber.«

»Ich auch.«

Sie ging, kichernd über ihre Kühnheit, und ich drehte meinen Stuhl herum, so daß ich aus dem Fenster sehen konnte. In dem großen zersplitterten Baum auf dem Rasen vor meinem Büro nisteten Graureiher, die Reihermutter schob Futter in die offenen Schnäbel ihrer Jungvögel. Unter dem Baum hieb der Gärtner mit einer Sichel auf Unkrautbüschel ein. Er trug unvorstellbare Lumpen, die einmal eine Hose gewesen waren, einen Uniformmantel der King's African Rifles sowie einen zerfledderten Hut. Er schwitzte und wischte sich mit einem braunen Lappen über das Gesicht. Seine bloßen Füße waren so groß und rissig wie ein paar Schuhe.

Im Schatten der Hecke saßen die Studenten, die während der Ferien hiergeblieben waren; der Unterricht hatte noch nicht begonnen. Ich erkannte Francis Omolo, einen Mann mit rötlicher Haut aus der Gegend des Westlichen Nils, dem nach Stammessitte sämtliche unteren Zähne ausgeschlagen worden waren; Mr. Kato, den Lehrer aus Trans-Nzoia an der Grenze zu Kenia, Chango Muwenga, der einen Mao-Button trug, sowie den kleinwüchsigen Mgubi, der auf der anderen Seite der Mondberge lebte, bei den Pygmäen von Bundibugyo. Sie blieben hier, weil ihr Zuhause zu weit weg war. Sie hatten Bücher dabei, doch auf denen saßen sie; das Gras war feucht.

Am Rande des Rasens standen Bambusgehölze, und in ihren Nestern machten Webervögel einen höllischen Lärm. Von jenseits der Hecke hörte ich die Fahrradklingeln, Autohupen und die Busse, wenn ein anderer Gang eingelegt wurde; außerdem sah ich auf einem weit entfernten Hügel die weißen Minarette der Ismaili-Moschee. Bei diesem Blick aus dem Fenster versuchte ich, mir die kalten glänzenden Straßen Londons in Erinnerung zu rufen, doch vergeblich. Ich sah nur Rosamond vor mir, ihre Pelzmütze und den langen Mantel, und war irgendwie unzufrieden, daß wir uns so kühl getrennt hatten. Doch hier konnte ich sie mir nicht vorstellen ... auch Francesca nicht. Ich konnte mir diesen Ort, oder mich selbst, nicht anders vorstellen. Afrika war, wie es war – auf ewig unfertig. Es war Ton, der nicht hart wurde. Aus der Ferne darüber nachzudenken und sich das Land vorzustellen war viel besser, als herzukommen und sich von den kaputten Straßen, dem Lärm und der Unvollkommenheit enttäuschen zu lassen. Und was würden sie von den Fledermäusen halten? Allein der Name reichte aus. Ich beneidete die Menschen, die Afrika nie gesehen hatten.

Ich machte mir eine Notiz: *Bücher über Afrika von Autoren, die nie dort waren. Tarzan, Der Regenkönig, Der unsägliche Bassington und ...* Veronica unterbrach mich mit der nächsten Tasse Kaffee, und ich empfand einen kurzen Augenblick des Glücks, als ich begriff, daß ich mit meinem Roman über das Afrika des chinesischen Lebensmittelhändlers nicht zu Rande kam, weil dieses Afrika noch nie beschrieben worden war. Wie konnte ich diesen unglaublichen Menschen überzeugend gestalten? Wie die Sonne beschreiben, die mein Büro durchflutete, daß die Bücher und Briefstapel in den Regalen vergilbten? »Amtierender Direktor« war ich, eine Art

Hausmeister, der den Laden in Gang und staubfrei hielt. Niemand hatte große Ansprüche, schließlich waren wir in Afrika. Keiner von uns stand unter Druck. Wir konnten weder erfolgreich sein noch versagen. Ich hatte hier Arbeit, gehörte aber nicht dazu. Ich kam mir vor wie Yung Hok, der chinesische Lebensmittelhändler.

Als ich meinen Kaffee umrührte, rief der Schatzmeister an. Er fragte: »Waren Sie fort?«

Ich verneinte, nur um herauszufinden, ob er meine Behauptung anzweifeln würde, schließlich war ich fast einen Monat lang fortgewesen. Er lachte . . . drei Quäktöne.

Er hieß Mr. Wangoosa und gehörte einer jener Kirchen an, in deren Glauben man nur errettet oder verdammt sein konnte. Er war errettet, ich war verdammt, das hatte er mir bei unserer ersten Begegnung deutlich zu verstehen gegeben. Somit hielt ich es für überflüssig, höflich zu ihm zu sein. Er hatte meine Seele bereits der Hölle überantwortet. Er bat mich um eine Liste der neuen Studenten.

Ich sagte, diese Liste hätte ich nicht, und dachte: Welche neuen Studenten?

»Sie müssen bestimmt mächtig ranklotzen«, sagte er.

Das war der aktuelle Ausdruck für »viel zu tun haben«. Ich bejahte, obwohl ich ganz und gar nicht mächtig ranklotzen mußte.

Anschließend begab ich mich zum Mittagessen nach Hause, schlenderte durch die Sonne und ging durch die Hitze. Jackson hatte Bananen gebraten und ein Curry gemacht.

Auf Suaheli sagte er: »Ich habe dem Koch oben von Ihrer Safari in Europa erzählt und was Sie über Westafrika gesagt haben. Er fand das sehr aufregend.«

»Gut«, sagte ich. Ich aß, und er wich mir nicht von der Seite. »Wissen Sie, daß es in der Küche Schaben gibt?« Da ich das Wort für Schaben nicht kannte, benutzte ich den allgemeinen Begriff für Insekten, *doodoos.*

»Ich werde sie allesamt töten«, erklärte er und vollführte einen weit ausholenden Hieb mit seiner sehr großen Hand. »Was wollen Sie zu Abend essen?«

»Heute kein Abendessen, Jackson.«

»Bitte geben Sie mir etwas Geld«, sagte er. »Zwanzig Shilling.«

Er hatte schlechte Zähne, blutunterlaufene Augen, lange, dürre Arme und trug ein zerrissenes Hemd. Er zerknüllte die Zwanzigshillingnote und führte die Hände zur Stirn. »Diese Frau, Miß Rashida, wollte Sie besuchen. Ich sagte ihr, Sie sind auf Safari in Europa. Sie wird wiederkommen.«

Er ging, und ich legte mich aufs Sofa, dachte über Rashida nach und über mein geordnetes Leben: Beruf, Haus, Gehalt und Freunde ... sogar eine Freundin. Während meiner Abwesenheit hatte ich das alles vergessen; und wäre ich weggeblieben, wäre mir vielleicht nicht wieder eingefallen, daß hier ein wirkliches Leben auf mich wartete.

Nachmittags fand außerhalb der Hochschule ein Kurs statt, der nichts mit dem Institut für Erwachsenenbildung zu tun hatte. Er war von einem meiner Vorgänger ins Leben gerufen worden, auch einem Amtierenden Direktor. Der Kurs hieß »Englisch für Diplomaten«. Alle Studenten waren Botschaftsangehörige in Kampala: ein Grieche, ein Ruander, ein Ägypter, zwei Chinesen und der italienische Botschafter. Es galt als großer Erfolg, einen Botschafter im Kurs zu haben, und solange er teilnahm, machten wir weiter.

Die Chinesen kamen aus der Volksrepublik, Mr. Chen und Mr. Sung. Sie trugen Mao-Anzüge und sprachen kaum ein Wort Englisch. Mr. Solferini, der Italiener, war ein gepflegter und sehr höflicher Mann, der zwanzig Jahre lang in Somalia gelebt hatte. Sein Englisch war zwar dürftig, aber er verfügte über ein reiches Repertoire an Gesten. Er drängte mich, nach Somalia zu fahren. Das sei ein gutes Land zum Jagen. Mogadischu, sagte er und küßte die Fingerspitzen. Leoparden, Wildschweine, Kaninchen, Vögel. Die übrigen Kursteilnehmer hörten und sahen zu. Sie waren sehr reserviert.

Gewöhnlich übten wir Dialoge, die ich an die Tafel schrieb. Heute ging es um das Geldleihen.

»*I waant to bowrow zum mooney frem yo, plis*«, sagte Mr. Solferini.

»*Da iss da seko tie dis wik you ha as-kid me dat*«, behauptete Mr. Chen.

»*I nid eet forr an airmairgency*«, sagte Mr. Solferini.

»*Emergency*«, korrigierte ich.

»Hay-mergency«, sagte er.

Die Diplomaten hörten angestrengt zu und hatten Angst, von mir zum Sprechen aufgefordert zu werden. Doch jeder kam an die Reihe, so machten wir es immer. Sie sprachen stockend und versuchten, ihre Würde zu bewahren.

Nach dem Kurs blieben Mr. Chen und Mr. Sung noch da und schenkten mir ein Exemplar des ersten Bandes von Mao Tse-Tungs ›Ausgewählten Werken‹ samt einer neueren Ausgabe der Zeitschrift ›China Reconstructs‹ mit einem Bild Maos auf dem Umschlag.

»Vielleicht können Sie mir beibringen, Chinesisch zu sprechen«, sagte ich. Darüber lachten sie nervös. »Ich würde gern mal nach China fahren.«

»China, ja!« Sie hatten keine Ahnung, wovon ich sprach. Als ich noch etwas sagte, gerieten sie in Panik und eilten davon.

Anscheinend sprach ich immer mit Menschen, die kaum Englisch konnten. Aber das störte mich nicht, und oft war ich froh darüber, weil ich mir den Monolog merken und mich später daran erinnern konnte. Ich fand es ermüdend, in London andauernd Englisch zu reden, und verlor dabei das Zeitgefühl. Es war eine andere Welt, in der ich mir unwirklich vorkam. In Ghana war ich auf der Durchreise gewesen, und in Lagos hatte ich nur zugehört.

Hier war ich glücklicher. Selbst die exotischsten Phänomene – die Fledermäuse, die Reiher, die Nubier mit ausgeschlagenen Zähnen, die von Schmucknarben zerklüfteten Stirnen und Dinkas oder die Moslemfrauen hinter ihren schwarzen Seidentüchern – waren mir vertraut. Die ugandischen Soldaten, immer mit blutunterlaufenen Augen und besoffen, kamen mir fremdartiger und gefährlicher vor. Doch sie blieben in ihren Lagern und bei den Straßensperren im Busch.

Das Telefon klingelte. Es war der Bibliothekar mit der Frage, ob ich die Akte mit den Anschaffungen gegengezeichnet hätte. Er war ein englischer Homosexueller, der in einem Wohnblock neben meinem wohnte. Er nannte seinen afrikanischen Liebhaber seinen »Boy«. Genau wie ich zeigte er zu Hause sein wirkliches Selbst.

Den ganzen Tag lang hatte ich über meine Artikel nachgedacht: einer über England, einer über Ghana, einer über Nigeria. Falls mir ein guter Einfall kam, brauchte ich ihn bloß auszuschmücken. Ich spürte die Erregung, das Prickeln einer Idee, die ich noch nicht fixiert hatte; sie war noch beweglich und provisorisch, noch nicht getrocknete Tinte, vorläufig wie mein Leben. Das gefiel mir.

Als das Büro leer und Veronica gegangen war, setzte ich mich an die Schreibmaschine und begann den Artikel über England. Ich schrieb eine Seite, dann hörte ich auf. Es war Nacht geworden, die Fledermäuse waren ausgeflogen. Nachts roch Afrika anders, weniger staubig und vom feuchten Duft der Blumen erfüllt. Doch nachts gab es mehr Geräusche: das Schrillen der Insekten, die Autohupen, die Rufe. *Rafeekee!* schrie jemand, er rief nach einem Freund.

Rashida wartete vor meiner Wohnung auf mich. Sie saß auf der Treppe, die Ellbogen auf den Knien. »Dein Koch hat gesagt, du bist wieder da.« Sie sprach Suaheli, wie immer, wenn sie nervös war.

Ich sagte: »Du siehst sehr schön aus, *habibi.*«

Sie war etwa siebzehn und klein, hatte ein witzig durchtriebenes Gesicht und dürre Beine. Mit ihrem Lippenstift sah sie wie eine abgebrühte erwachsene Frau aus, doch wenn die Farbe gegen Ende des Abends verblaßte, wirkte sie wie ein Kind. In dieser Nacht trug sie ein rotes Kleid, Stöckelschuhe und einen gelben Schal. Ihr billiger Schmuck klapperte, und ich fand sie hinreißend mit ihren großen braunen Augen und den langen Wimpern. Sie war stolz auf ihre hamitische Nase und ihr schmales Gesicht.

»Bist du hungrig?«

»Ich habe ein paar Bananen gegessen.«

»Wie wäre es mit einem Drink?«

Wir sprachen immer noch Suaheli, aber sie antwortete auf englisch: »Kein Bier. Ich nicht will«, als wolle sie Allah mit ihrer Ablehnung beeindrucken.

Wir gingen hinein, und Hamid kreischte los, er machte die quietschende Tür nach. Rashida rief ihm etwas zu ... *kasuku,* Papagei.

»Wie lange hast du auf mich gewartet?«

Sie zuckte die Achseln, das wußte sie nicht, es war ihr egal.

»Ich will tanzen gehen«, sagte sie und fügte kokett hinzu: »Kein *jig-jig.*«

»Erst *jig-jig,* dann tanzen.«

Sie lachte bloß und band ihren Schal fester.

Ich goß ihr ein Glas Orangensaft ein und öffnete mir eine Flasche Bier. Rashida trank schweigend, während ich irritiert das Etikett der Bierflasche musterte, die Aufschrift »Indian Pale Ale« und das Glockenemblem; sie kam aus der Brauerei am Viktoriasee. Ich trank das Bier aus und dann noch eins, froh darüber, zum Frühstück das letzte Penicillin genommen zu haben. Rashida spielte mit dem Papagei.

»Komm her«, sagte ich und knipste das Licht aus.

Sie stand auf und setzte sich neben mich auf das Sofa. Die Vorhänge waren geöffnet, und der Lichtschein von draußen reichte aus. Ich umarmte Rashida, streichelte und küßte sie. Sie ließ züchtig die Hände im Schoß liegen und preßte die Knie zusammen, und als ich versuchte, ihr Kleid anzuheben, sträubte sie sich. Ich lachte, küßte sie wieder und war erregt. Das erstemal seit Ghana empfand ich Lust.

»Laß uns *jig-jig* machen, dann gehen wir in einen Nachtclub«, sagte ich und schob eine Hand unter ihr Kleid.

»Du bist ein Affe«, sagte sie.

»Ja, ich bin ein Affe.«

»Sag mir, daß du mich liebst.«

»Ich liebe dich«, sagte ich und dachte: Ich bin es nicht wirklich, das ist ein Spiel, das ist Spaß.

»Ich liebe dich, *habibi.*« Sie küßte mich, dann leckte sie mein Gesicht. Sie erhob sich kichernd, zog ihr Kleid aus und legte es sorgfältig gefaltet übers Sofa, damit es nicht knautschte. Sie trug einen roten, spitzenbesetzten Slip, ein Geschenk von mir, und rote Schuhe, abgewetzt von ihren vielen Fußmärschen. Sie bog gähnend ihren schmalen Körper in dem winzigen Slip, und ich griff nach ihr. Sie wich meinen Händen aus und eilte auf klappernden Schuhen ins Schlafzimmer.

Später, als sie das Schlafzimmer verließ, um auf die Toilette zu gehen, hielt sie inne und sah mich an. Im Licht aus dem Flur sah sie wunderschön aus. Zart und schwarz, wie ein Kätzchen, stand sie auf Zehenspitzen da. Auf englisch sagte sie: »Ich bin gleich wieder da.« Ich spürte, wie mein Verlangen nach ihr zurückkehrte, und dachte: Ich bin glücklich. Wir schliefen noch einmal miteinander, und sie war wie eine Katze, biß mich in den Hals, kratzte meinen Rücken und zappelte, weinte beim Orgasmus, bis sie schließlich bebte und ruhig liegenblieb.

»Ich bin noch nicht fertig«, sagte ich.

»Was willst du?« fragte sie ruhig.

Ich sagte es ihr.

»Liebst du mich?«

»Ich liebe dich, *habibi.*«

Sie lächelte und drückte mich sanft nach unten.

Später gingen wir ins »Gardenia« tanzen, bis ich zu müde war, um mich zu bewegen. Ich setzte sie in ihrem Haus ab, in der Nähe des Schönheitssalons, in dem sie arbeitete.

»Ich habe kein Geld«, flüsterte sie.

Ich gab ihr etwas und stellte mich betrunkener, als ich war. Und das ist auch nicht wirklich, dachte ich.

Die Tage vergingen. Im Büro diktierte ich Veronica Briefe. Ich schrieb meine Artikel, sie tippte sie ab. Mr. Wangoosa fragte mich nach Studenten und Plänen. »Wir müssen mächtig ranklotzen«, sagte ich. Niemand klotzte ran, aber jeden Tag passierte etwas.

Der Papagei weckte mich mit seinem Kreischen, sobald Jackson den Käfig aufdeckte. Dann frühstückte ich: Tee und Papaya, und dann und wann briet Jackson mir ein Ei. In meinem Büro las ich die ›Uganda Argus‹ und begab mich um elf auf einen Kaffee zu den anderen Lehrkräften in den Aufenthaltsraum für das Lehrpersonal. Zurück im Büro, beobachtete ich die Reiher bis zum Mittagessen, das ich gewöhnlich in »The Hindoo Lodge« einnahm, zusammen mit Neogy und Desai. Wenn wir Curry aßen, gingen wir anschließend immer ins »Panwallah«, und auf dem Heimweg spuckte ich Betelsaft auf die Kampala Road. Nach dem Mittagsschlaf setzte ich mich im Büro ans Telefon. »Damit beschäftige ich mich.« – »Die Akte ist in Arbeit.« – »Da klotzen wir mächtig ran.« Und dann ging auch schon der Fünfuhrtee nahtlos in den Abendtrunk im Lehrpersonal-Club über, wo ich – häufig mit

Rashida – Bier trank, bis ich betrunken war. *Ich liebe dich, habibi,* sagten wir.

Die Samstage waren noch unkomplizierter. Ich machte bei Yung Hok halt, aß dann in der Stadt ein Curry und trank den ganzen Nachmittag, bis Rashida Feierabend hatte. Dann gingen wir tanzen, liebten uns und schliefen bis zum Sonntagmittag, wenn bei Shah's die Londoner Zeitungen verkauft wurden. Eines Sonntags las ich von den Demonstrationen in London und sah Fotos von aufgebrachten Studenten. Ich verstand ihre Wut, doch die Einmütigkeit der Masse war mir suspekt. Rashida fand die schweren Mäntel und Hüte, die Bärte und Schals faszinierend. An diesem Sonntag – wie an allen übrigen Sonntagen – verbrachten wir den Nachmittag im Botanischen Garten und beendeten den Tag im Bett.

Das Buschbaby kam zurück. Es kratzte am Fliegengitter und schien um Futter zu betteln. Ich gab ihm Obst, weiche Melonen und Bananen, und es bekam nie genug. Es klammerte sich ans Fenster, aber ich ließ es nie in die Wohnung. Was würde es wohl in meinem Zimmer anstellen?

Rashida hatte für das Tier keinen Namen außer *nyama,* was Fleisch oder Tier bedeutete und zu allem paßte. Sie war *nyama,* genau wie ich.

Ich hielt meine Bürostunden ein; ich stempelte zum Arbeitsbeginn, stempelte am Feierabend, ging trinken und schlief mit Rashida. Ich schrieb meinen Yung-Hok-Roman im Büro, weil nichts zu tun war, bis die Studenten zurückkamen. Ich konnte mir nicht vorstellen, glücklicher zu sein. Kampala war ein herrlicher Ort mit gelb verputzten Läden unter Laubbäumen; eine kleine, über sieben bucklige Hügel verstreute Stadt.

Ich las ›Robinson Crusoe‹ und fand, das war mein Leben. Ich las ›Tarzan‹ und dachte das gleiche. Ich las ›Sieg‹ und ›Der heimliche Teilhaber‹ von Conrad. Ich war der Held jedes Buches, das ich las.

Ich beneidete niemanden, wollte auch nicht das Leben eines anderen Menschen führen. Ich hatte alles, was ich wollte. Ich konnte mir höchstens vorstellen, selber beneidet zu werden. Doch ich fand, daß ich mich von allen auf der Welt unterschied – ich war nicht besser, sondern anders –, und weil mir das gerade klargeworden war, kam es mir vor, als finge mein

Leben erst an. Ich hatte also noch alles vor mir. Ich war sechsundzwanzig Jahre alt.

Rashida lachte, als ich sie nach ihren Plänen für die nächste Woche fragte; für sie existierte die Zukunft kaum. Ihr Lachen war echt. Es war absurd, über die Zukunft nachzudenken. Ihr Fatalismus sprach mich frei.

Was ihr Aussehen betraf, war sie eigen, sie achtete sehr auf ihre Schuhe und ihr Kleid. Ihre Haare waren immer frisiert. Sie zog mich auf, weil ich Turnschuhe zu einem Anzug oder ein T-Shirt mit einem Freizeitjackett trug. »Du ziehst dich an wie ein Afrikaner im Busch.«

Nur das Äußere war wichtig. Man vergaß leicht, wie viele Menschen in Uganda sich nach der Mode richteten. Trug man die falsche Kleidung, war man verdächtig. Doch das machte das Leben auch einfacher. Ich war nichts als ein weißer Mann, besonders für die anderen Weißen. Also behielt ich all meine Geheimnisse für mich. Ich hatte eine Tarnung, die niemand in Afrika knacken konnte: ein weißes Gesicht.

An einem dieser Abende, an denen Rashida über meine unpassende Kleidung lachte, sahen wir uns im »Majestic« einen James-Bond-Film an, ›Feuerball‹. Rashida verehrte James Bond und fand die Brände, Explosionen und rasenden Autos in dem Film aufregend. Anschließend zogen wir ins »Gardenia« und tanzten, umgeben von Prostituierten und betrunkenen Männern. Später, als wir die Kampala Road hinuntergingen, hörte ich einen unmenschlichen Schrei, wie von einem Affen, der Feuer gefangen hatte. Es sei ein indischer Junge, der von einem wütenden Afrikaner in die Enge getrieben wurde, sagte Rashida ». . . *muhindi*«. Doch sie hatte selbst mit Sicherheit indisches Blut, sie gehörte zu den ostafrikanischen Mischlingen, für die keine Vorschriften außer denen des Islams galten. Für eine Frau bedeutete dies Gehorsam, Gebete und Verzicht auf Alkohol; beten sah ich sie allerdings nie.

Die Schreie des Inders schienen sie zu erregen. Sie trieb mich an, und in meiner Wohnung zog sie ihr Kleid aus. Sie küßte mich und wand sich, spornte mich an. »Liebst du mich?«

»Ja. Ich liebe dich.«

Dann stöhnte sie auf und verschlang mich.

»Ich will nicht nach Hause«, sagte sie danach. Sie atmete schwer, ihre Augen glänzten.

Ich hatte zwei zusammengeschobene Einzelbetten. Wir lagen in dem am Fenster, von wo ich immer das Buschbaby sehen konnte.

»Ich will hier schlafen.« Und schon begann sie leise zu schnarchen. Sie roch nach ihrer Hütte, nach deren Lehmboden und dem Hund; nach Parfüm, Schweiß und Haarspray.

Als ich aufwachte, war die Hölle los . . . Schreie und Sirenen, Autohupen, Alarmanlagen, ein Chaos aus Klingeln und Schrillen. Zuerst glaubte ich, das alles verursacht zu haben, konnte aber nicht das Bett verlassen, um es herauszufinden. Das Zimmer schien sich im Dunkeln zu drehen, die Wände wurden von den draußen blinkenden Lichtern hell angestrahlt. War es ein Alptraum? Ich dachte, der Raum stürzte auf mich. Die graue Zimmerdecke wurde weiß und schien zu wogen und sich zu biegen, zu mir herunter.

Es war kein Traum. Die Erde bebte und brachte in der Stadt jede einzelne Alarmanlage zum Schrillen. Nachdem das Beben etwa eine Minute lang angehalten und mein Zimmer sich gedreht hatte, lag ich schwitzend da und lauschte den Sirenen. Es war alles vorbei, doch ich fürchtete mich, wenn ich daran dachte, daß wir hätten sterben können. Ich blieb wach und konnte kaum atmen. Rashida rührte sich nicht. Es war Sonntag. Sie schlief bis mittags.

6

Auf Suaheli gab es kein Wort dafür, oder falls doch, so kannte es niemand. Keiner beherrschte die Sprache gut, es war niemandes Muttersprache, eigentlich gar keine richtige Sprache, sondern eher dreihundert gebräuchliche Wörter. »Erdbeben« gehörte nicht dazu.

Doch es brauchte keinen Namen: Jeder hatte es gespürt. Am nächsten Tag redeten alle darüber. Ein Minarett der Ismaili-Moschee war eingestürzt, im Parlamentsgebäude zeigten sich Risse, ebenso an der steinernen Veranda der Aga-Khan-Schule. An der Beleuchtung des Sendemastes auf dem Wireless Hill hatte es einen Kurzschluß gegeben. Das Denkmal von George V. war vom Sockel gestürzt, und in der National and Grindlay's Bank war je ein großer Spiegel zersplittert.

Davon abgesehen, war nicht viel passiert. Kampala war keine fragile Stadt. Daher betrachtete man das Ganze als Abenteuer, und in der allgemeinen Freude, ein so ungewöhnliches Ereignis überlebt zu haben, sprachen einen ganzen freundlichen Tag lang völlig Fremde miteinander. »Ich dachte, es wären Diebe.« – »Ich dachte, ich wäre betrunken.« – »Haben Sie die Moschee gesehen?«

Rashida hatte das Beben verschlafen. Sie lachte über meine Versuche, es zu beschreiben, da es kein Wort dafür gab. Ich sagte, die Erde habe gezittert, und versuchte ihr zu zeigen, wie sich das angefühlt hatte.

Sie sagte: »Du tanzt ja« und lachte.

Ihr Gelächter ärgerte mich. Nicht, weil es albern wirkte oder ich mir wie ein Clown vorkam. Mich störte, daß es ihr gleichgültig war. Selbst wenn ich es ihr verständlich machen könnte, wäre es ihr egal, und wahrscheinlich würde sie auch dann lachen. In ihrem Fatalismus hätte sie es ebenso akzeptiert wie vieles andere.

Für mich war es ein Alptraum gewesen. Wenn ich lachte, dann aus reiner Angst ... In diesem schmalen Bett hätte ich sterben können, neben mir einen schnarchenden Teenager. So wollte ich mich nicht verabschieden, mit sechsundzwanzig zerschmettert und begraben unter den Hohlblocksteinen des Semakokiro House, dem Wohnkomplex für das Lehrpersonal. Der Gedanke machte mir angst. Ich hatte nicht gewußt, daß sich Betonwände bogen, ohne zu brechen. Ich stellte mir immer wieder vor, wie mir Bausteine aufs Gesicht fielen.

Rashida sagte: »Es war der Wind.«

Einen Moment lang hätte ich sie am liebsten geschlagen, weil sie so dumm war. Dann sah ich ein, wie lächerlich das wäre, und verlor jedes Interesse an ihr. Sie lachte mich immer noch aus. Ich brachte sie zu ihrer Hütte.

Ich brauchte jemanden, mit dem ich meine Angst teilen konnte. Doch an diesem Abend war niemand auf den Straßen. Sie hatten Angst vor einem neuen Beben. Die meisten Afrikaner hielten es für eine Strafe Gottes, nicht etwa, weil sie unwissende Wilde aus dem Busch gewesen wären, sondern weil sie ziemlich strenggläubige Christen waren. Die weißen Ausländer hatten keine bessere Erklärung.

Ich fuhr mit dem Auto umher, bis die Fledermäuse ausflogen, und schaute dann bei Rashida vorbei. »Sie ist ausgegangen«, sagte eine Frau aus der Tiefe der Hütte. Rashida nannte diese braune, ernste Frau immer »Tantchen«, und ich hatte sie in ihrem alten verblichenen Wickelkleid überrascht.

»Ist sie allein weg?«

»Nein. Mit einem Inder.«

Ich war nicht eifersüchtig, sondern sauer auf mich selber, weil ich mir geschworen hatte, sie an diesem Abend nicht zu treffen. Warum sollte sie auf mich warten? Ich wußte, daß es da einen Inder gab, den sie mochte, weil er einen Wagen hatte und mit ihr tanzen ging. Er schenkte ihr ganze Bahnen bedruckten Baumwollstoffs aus seinem Laden, die sie zu Kleidern verarbeiten ließ. Ob er wußte, daß ich ihr flotte Unterwäsche verehrte?

In Wandegeya war es sehr dunkel, und nun, da die Fledermäuse ausgeflogen waren, auch stiller. Es war zu spät, um ins Kino, zu früh, um nach Hause zu gehen. Ich hätte ins »Hindoo Lodge« gehen können, aber heute abend wollte ich nicht allein essen. Ich sah einige Afrikaner, die sich an den Jalousien und Gitterstäben festhielten, um durch das Hinterfenster in einen Laden zu spähen, wo eine indische Familie die amerikanische Fernsehserie ›I love Lucy‹ sah.

Nachts fiel jeder auf, der Strom hatte. Man konnte die Leute durch ihre Fenster sehen, weil es zu heiß war, die Fensterläden zu schließen. Und wenn sich die Augen an die Dunkelheit gewöhnten, sah man die Afrikaner neben der Straße stehen oder sitzen, auf Busse warten, Maiskolben rösten, Erbseneintopf umrühren und einen ebenfalls anstarren.

Wegen dieser umherziehenden Afrikaner, der Radfahrer und

Hunde fuhr ich nur ungern nachts. Außerdem grasten Kühe neben der Straße. Ich saß im Dunkeln neben Rashidas Hütte und dachte an das Erdbeben.

Wenn man in Kampala nicht wußte, wohin man gehen oder was man tun sollte, gab es immer noch den Club für das Lehrpersonal. Es war nur ein Raum in einem alten Gebäude, das für sich unter einem hängenden Eukalyptusbaum stand. Man hatte es gewählt, weil es so isoliert war, wegen des Lärms. Es gab Musik aus einem Plattenspieler neben der Bar. Und es wurde immer geschrien, aber freundlich. Die Mitglieder fühlten sich als heroische Außenseiter.

Durch die Fenster sah ich unter den Lampen ein paar glänzende betrunkene Gesichter. Im hohen Gras parkten drei Wagen. Kaum stellte ich den Motor ab, da hörte ich auch schon die Stimmen, nicht wütend, nur laut und angetrunken, irgendwer widersprach jemandem.

Es war Crowbridge. Als ich eintrat, verstummte er. »Seht mal, wer da ist, unser amerikanischer Freund, Bwana Parent«, sagte er.

»Ihr habt also alle das Erdbeben überlebt«, stellte ich fest.

Schweigen. Dann sagte Crowbridge: »Darüber reden wir nicht. Das Thema steht uns bis hier. Wenn du darüber sprechen willst, kannst du dich gleich wieder verpissen, Bwana.«

»Du unterbrichst gerade etwas, Andy«, sagte Potter.

Crowbridge erzählte seine Geschichte weiter. Es ging um einen gewissen Hasset, der Uganda am Unabhängigkeitstag verlassen hatte. Das war mir klar, weil Crowbridge gerade sagte: »Wißt ihr noch, wenn der einen Kater hatte? Er müsse bis Mittag schlafen, dann sei er wieder in Ordnung, hat er immer behauptet, aber falls ihn jemand um elf wecke, leide er den ganzen Tag. Jedenfalls war dieses Miststück aus Kololo, die wir die Marquise von Gush nannten, pausenlos hinter ihm her. Eines Morgens rief sie ihn um halb elf an. Am Abend zuvor hatte er sich ordentlich einen hinter die Binde gegossen. Irgendwie schaffte er es bis zum Telefon, brüllte: ›Ich nehme in meinem Haus vor Mittag keine privaten Anrufe entgegen, verschwinden Sie bitte aus der Leitung!‹ und knallte den Hörer auf die Gabel.«

Mungai und Okello lachten in dem Glauben, die Geschichte sei zu Ende, aber Crowbridge ignorierte sie. »Ein paar Tage später kam er am Postamt vorbei. Ihr wißt ja, er war wie alle Trinker: zu jeder Tageszeit ein anderer Mensch. Um fünf Uhr nachmittags war er die Freundlichkeit in Person. Jedenfalls steht vor ihm die Marquise mit ihren beiden Töchtern – rausgeputzt und lächelnd. Sagt Hasset: ›Hallo zusammen. Ich wußte ja gar nicht, daß Sie so eine nette Familie haben. Rufen Sie mich doch mal an, gewöhnlich bin ich vormittags zu Hause.‹«

Diesmal lachte keiner. Potter gähnte hinter vorgehaltener Hand. Mungai und Okello sahen besorgt aus. Crowbridge trank weiter. Daß seine Geschichte nicht angekommen war, schien ihn nicht zu stören. Es wurde ständig über Leute geredet, die nicht anwesend waren. Kaum drehte man den Rükken, war man selbst Gesprächsstoff.

Am anderen Ende der Bar saß ein Afrikaner namens Kwasanja neben Godbys Frau – von Godby war weit und breit nichts zu sehen – und redete in bekümmertem Tonfall auf sie ein. »Wenn sie mich einen Schwarzen nannten, hat mich das nicht gestört«, sagte er. »Aber ich habe es gehaßt, wenn sie mich einen Farbigen nannten. Zu meiner Vermieterin sagte ich: ›Was meinen Sie mit *Farbiger?* Welche Farbe denn, hä?‹ Sie wußte keine Antwort. Sie war eben nur so eine verdammte Frau aus der Arbeiterklasse.«

Godbys Frau sagte völlig ausdruckslos: »Ich bin auch eine Frau aus der Arbeiterklasse.« Dann drehte sie sich zu mir um und sagte: »Du hast deine Bar-Rechnung nicht bezahlt.«

Sie mochte mich nicht besonders. Als wir vor einem Jahr allein im Club gesessen hatten, schlug ich vor: »Laß uns den Laden dichtmachen und auf einen Drink zu mir nach Hause gehen.« Sie wußte, was ich meinte. Doch als ich mit ihr schlief, jammerte sie: »Graham! Graham! Graham!«, und ich konnte nicht weitermachen. Sie schlug mich und weinte vor Enttäuschung, doch was sollte ich tun?

Graham war ihr Mann, Dozent im Fachbereich Geographie. Sie hieß Alma und trug immer weite lockere Kleider, obwohl sie eher zierlich war. Sie war Kettenraucherin und saß gebeugt an der Bar, in der Hand die Zigarette. Daß sie einfach mitgekommen war, als ich »Gehen wir« sagte, hatte mir gefallen. Aber als sie den Namen ihres Mannes rief, war ich schockiert und überrascht. Manchmal brachte sie ihr Baby mit in den Club, und der Kleine saß sabbernd im Buggy, während sie trank. Sie hatte ein Diplom in Mathematik, bekam aber keine Arbeit im Mathe-Fachbereich, weil der Leiter, ein alter Hase namens Tarpey, sagte, er wolle kein verdammtes Weib im Kollegium haben. Daher übernahm Alma die Buchführung an der Bar und zählte die von uns unterschriebenen Zettel zusammen.

»Wird Zeit, daß du deine Rechnung bezahlst.«

»Ich war fort«, sagte ich. »In England, um genau zu sein.«

»Das glaube ich dir nicht. Du bist erst in einem Jahr mit Urlaub dran.«

»Das war kein Urlaub. Ich war über die Feiertage weg.«

»Reine Geldverschwendung. Du hättest nach Mombasa fahren können.«

»Wo ist dein Schnuckelchen, Andrew?« fragte Crowbridge.

»Ich habe kein Schnuckelchen.«

»Die Nubierin«, sagte er.

»Sie ist keine dreckige Nubierin.«

Potter sagte: »Ich glaube, am attraktivsten sind die Batoro. Fort Portal ist voller Schnepfen.«

»Genau wie Kabale«, meldete sich Kwasanja. Er kam aus Kabale.

Sie begannen eine der Standarddiskussionen im Club: welche afrikanischen Frauen am hübschesten waren.

»Wer ist Barkeeper?« fragte ich. »Ich hätte gern ein Bier.«

Crowbridge trat hinter die Bar und entnahm dem vibrierenden Kühlschrank eine Flasche Indian Pale Ale.

»Und für mich einen doppelten Gin«, sagte Okello.

Als er den zweiten Schluck einschenkte, hielt Crowbridge die fast leere Flasche hoch, damit jeder sah, daß am Boden weniger als ein Schluck schwamm. »Barkeepers Schlückchen«, sagte er und kippte es in sein Glas.

»Wir müßten richtige Musik haben«, sagte Potter. »Und was zu essen. Wir könnten Sandwiches machen und ein Essen für fünf Shilling anbieten.«

»Schlag das bei der nächsten Sitzung vor«, sagte Alma.

»Ich geb' dir eine Flasche Bier aus.« Okello nahm auf dem Hocker neben Alma Platz und stellte die Flasche vor sie hin.

»Vielen herzlichen Dank, aber du kriegst von mir nichts«, erwiderte Alma. Sie war sehr mit sich zufrieden und sog Rauch aus ihrer zusammengedrückten Zigarette. Ob sie noch wußte, wie sie *Graham! Graham!* geschrien hatte? Der arme Godby, jeder vögelte seine Frau, während er zu Hause das Baby hütete. Ich stellte mir vor, wie die Godbys nach all dem Saufen und Bumsen zurück nach England fuhren und in einem Ort wie Walton-on-Thames ein geruhsames beschauliches Leben führten, als wäre nichts geschehen.

Hier lebte man wild und leichtsinnig, aber es passierte selten was. Afrika galt als gefährlich, doch am schlimmsten war die Langeweile, die langen Nächte, die Sehnsucht nach etwas anderem, die Geschichten, die man schon kannte. Aber es gab ja immer noch Mombasa.

Crowbridge sagte: »Ich muß weg. Wer macht den Barkeeper? Potter?«

»Ich«, sagte Okello, als Potter die Schultern zuckte.

»Nicht vergessen, die Zettel zu unterschreiben«, mahnte Crowbridge. »Laß bloß nicht die Sau raus.« Damit ging er. Wie betrunken er war, wurde mir erst klar, als ich hörte, wie er den Motor anließ, knirschend die Gänge einlegte und holpernd durchs Gras fuhr.

»Du warst doch in Nyasaland, Andrew, stimmt's?« fragte Potter, dann fuhr er fort, ohne eine Antwort abzuwarten: »Da wächst jede Menge Patschuli. Der Fachbereich braucht welches.« Er gehörte dem Fachbereich Botanik an. »Kennst du jemanden, der mir welches schicken könnte?«

Ich dachte angestrengt nach. Ich schrieb dort keinem Menschen, mir fiel kaum noch ein Name ein. Die Amerikaner waren weg. Die mir bekannten Afrikaner konnten kaum schreiben. Ich hatte das alles hinter mir gelassen. Offenbar wanderte ich von einer Welt in die andere. »Es muß jemanden geben«, sagte ich, obwohl ich wußte, daß dem nicht so war.

Kwasanja sang zu einer Schallplatte:

Malaika
Nakupenda malaika
Namini fa nyenye . . .

Dann unterschrieb er seine Zettel und ging, man hörte das nächste durchs Gras holpernde Auto.

Okello goß sich aus der gerade geöffneten Ginflasche ein Glas ein, setzte die Flasche an und nahm mit hüpfendem Adamsapfel einen großen Schluck.

»Mich laust der Affe!« rief Potter.

»Barkeepers Schlückchen.« Okello wischte sich mit dem Handrücken über den Mund.

»Dafür unterschreibst du, Festus!«

Okellos Vornamen hörte ich zum erstenmal.

Mungai sagte: »Als ich in London war, haben sie schlimmere Sachen gemacht als das.«

»Dieser Club steckt in den roten Zahlen«, behauptete Potter. »Frag Alma. Sie macht die Buchführung. Ist das komisch, Alma?«

»Keine Ahnung«, sagte sie. »Ich gehe nach Hause.«

»Und ich gehe auch.« Okello folgte ihr hinaus in die Dunkelheit und ins feuchte Gras.

Mungai sagte: »Weihnachten wollte sie von mir flachgelegt werden. Wir fuhren in meinem Wagen zum Wireless Hill. Ich hab's versucht, konnte aber nicht.«

»So redet man nicht über Alma Godby«, sagte Potter. »Sieh dich vor, Kumpel.«

»Ich bin betrunken.« Mungai lächelte, vielleicht bei dem Gedanken an Alma in seinem Auto auf dem Wireless Hill.

»Das ist verflucht noch mal keine Entschuldigung.«

»Ich verziehe mich.« Mungai wankte nach draußen.

»Der Mistkerl hat seinen letzten Zettel nicht unterschrieben«, sagte Potter.

Das Lied ›Malaika‹ war zu Ende. Es herrschte Ruhe.

»Weihnachten wollte sie von mir flachgelegt werden«, äffte Potter Mungai böse nach. »Was ist bloß mit diesen Leuten los?« Er räumte die Bar auf und stellte Flaschen knallend ins Regal zurück.

Ich teilte seine Wut nicht. Auch ich hatte versucht, Alma Godby flachzulegen. »Woher wußtest du, daß Okello mit Vornamen Festus heißt?«

»Er hat mal bei mir studiert«, antwortete Potter. »Sind alles ehemalige Studenten. Kwasanja hat Volkswirtschaft belegt und einen Abschluß in Politologie. Mungai war einer von Peters Studenten. Er ist ein heller Kopf. Er trinkt zuviel, und er redet zuviel, aber«, er lächelte, »das tun wir schließlich alle.«

Ich nahm noch ein Bier aus dem Kühlschrank, öffnete es und unterschrieb dafür. Potter vertiefte sich in die ›Argus‹, und ich versuchte mir vorzustellen, was für Studenten Okello und Kwasanja gewesen sein mochten. Wahrscheinlich ausgesprochen fleißige und optimistische, die sich auf Ugandas Unabhängigkeit vorbereiteten und dem Rat ihrer jungen Lehrer Crowbridge und Potter folgten, die sich jetzt im Suff bei Alma Godby abwechselten.

»Ruhig heute abend«, sagte Potter und sah von seiner Zeitung auf.

»Wo sind alle?«

»In der Stadt findet ein Jazzabend statt«, antwortete er. »In der Bar beim Museum.«

»Was ist ein Jazzabend?«

»Laute Musik und billiger Wein. Schallplatten. Zeitverschwendung, wenn du mich fragst.«

Er stopfte seine Pfeife, schob mit dem Daumen Tabak nach. Dann hielt er inne, starrte eine Weile vor sich hin und lächelte. »Hier ist es viel gemütlicher.«

Er baute seine Utensilien auf der Theke auf, seinen Tabak und seine Pfeife, Zündhölzer, sein Messer, seinen Stopfer, Zeitung, Glas Gin, Flasche Tonic; pedantisch, als würde er am Schreibtisch arbeiten. Ich sah zu und dachte an die bebende Erde.

»Ach ja. Festus war ein sehr heller Kopf«, sagte er. »Vor Jahren.« Er war noch keine fünfunddreißig und hielt schon Rückschau.

Ich fragte: »Welche Bar beim Museum?«

»Zeitverschwendung«, wiederholte er. »Nimm dir einen Drink, Andy.«

»Ich habe einen, danke.« Ich will auf keinen Fall in diesem Schuppen noch einen Abend verbringen, dachte ich.

»Hast du gesehen, wie Festus hinter Alma zur Tür gegangen ist?« Potter schmatzte. »Ich sehe es vor mir, wie er mit der Hand unter ihren Pullover fährt.«

Auch das wollte ich nicht näher erörtern. »Ich werde wohl in diesen Jazzclub fahren.«

Potter runzelte die Stirn. »Ich könnte genausogut mitkommen.«

Wir nahmen meinen Wagen. Die Bar hatte keinen Namen, war aber wegen der vielen Autos, der Musik und dem Lärm leicht zu finden. Es war Dixieland-Musik, und die Bar sah aus wie eine beliebige Raststätte irgendwo auf der Welt. Wir parkten unter einem Dornbusch und schoben uns durch die Menschenmenge auf der Veranda; die Leute redeten über das Erdbeben. Sie waren beschwipst und beglückwünschten einander, daß sie noch am Leben waren.

An der Bar sagte Potter: »Man kriegt nicht mal 'n verfluchten Drink.«

Auf einer Couch an der Wand saß eine sehr hübsche, vielleicht zwanzigjährige Blondine, die sich mit einem großen Glatzkopf unterhielt. Der Mann stand auf und ging in ein anderes Zimmer. Ich dachte mir im stillen: *Warum nicht,* ging hinüber und nahm neben der Blondine Platz. Sie lächelte mich an, aber weniger zur Begrüßung als vor Überraschung.

»Hallo«, sagte ich, und bereits dieses Wort zeigte mir, daß ich betrunken war. »Das war vielleicht ein Erdbeben, unglaublich, wie?«

Sie seufzte. Mit Nachdruck sagte sie: »Ich war starr vor Schreck. Alle halten es für urkomisch. Ich fand es schauderhaft.«

Ich wollte, daß sie weiter sprach; genau so etwas wollte ich hören. Zur Ermutigung sagte ich: »He, mir ging der Arsch auf Grundeis.«

»Sie sind Amerikaner«, stellte sie fest.

»Woher wissen Sie das denn?«

Wieder lächelte sie, dann lachte sie leise.

Ich fragte: »Sind Sie heute abend in Begleitung hier?«

»Ja. Er ist nur mal eben rausgegangen.«

»Dann hören Sie mir gut zu. Wir treffen uns morgen abend um halb sieben auf der Bibliothekstreppe. Okay?«

Sie nickte, weil sich der große kahlköpfige Mann mit wachsamer Miene näherte. Ich entschuldigte mich und verschwand, verblüfft über meine Dreistigkeit.

Auf dem Rückweg sagte Potter: »Was habe ich dir gesagt? Zeitverschwendung.«

7

Durch eine Lücke in der Hecke sah ich sie und ließ mir Zeit, weil ich so erleichtert war. Sie saß auf den flachen Stufen der Bibliothek und rauchte eine Zigarette. Sie hatte nicht die nachdenkliche und irritierte Miene eines Menschen, der auf einen Fremden wartet, sondern sah eher zufrieden aus, und auf ihrem Gesicht lag Licht, die letzten hellen Sonnenstrahlen, bevor die Sonne hinter den Bäumen versank. In diesem Augenblick, bevor wir uns trafen, hatte ich das irrationale Gefühl, daß wir uns kannten und Freunde waren. Natürlich stimmte das nicht. Doch es war ein angenehmes Gefühl ... Glück und aufkeimende Hoffnung. Sie lächelte.

Sie stand auf und trat ihre Zigarette aus, als sie mich die Straße überqueren sah. Sie war sehr hübsch mit der Sonne auf ihrem Haar und in ihrem Sommerkleid. Sie war beinahe so groß wie ich und wirkte selbstsicher, und erst als sie sprach, merkte ich, daß sie schüchtern war, aber auf englische Art schüchtern; aufmerksam, förmlich und ein wenig zögerlich.

»Wollen wir irgendwo ein Schlückchen trinken?« fragte ich, bemüht, sie nicht anzustarren.

Und sie murmelte: »Aber ja ... Warum nicht ... Wo Sie wollen.«

»Wie wäre es mit der Veranda?« So hieß die Bar neben dem Speke Hotel.

»Ist die nicht teuer?« fragte sie und lächelte wieder.

Das fand ich rührend, weil es ganz und gar keine teure Bar war, sondern nur irgendeine in einer Stadt voller Bars. »Sie sind Studentin«, sagte ich. Studenten dachten immer ans Geld und sparten.

»Stimmt. Ich studiere Pädagogik.«

»Und was wollen Sie damit anfangen?«

»In den Busch gehen und unterrichten.« Das klang nach solch entschiedener Unabhängigkeit, daß ich mir bereits ausgeschlossen und ein wenig verlassen vorkam.

Auf der Veranda fanden wir einen Tisch unter den Bäumen, in deren Ästen Lichterketten hingen. Es waren Feuerbäume, und kaum hatten wir uns gesetzt, fiel eine Blüte auf unseren Tisch.

»Vielleicht sollte ich sie im Haar tragen«, sagte sie und steckte sie hinters Ohr. Ich fand sie exotisch. Dann warf sie einen Blick in ihren kleinen Spiegel und runzelte die Stirn. »Gott, sehe ich bescheuert aus!« Sie riß sich die Blüte aus den Haaren.

Der Kellner brachte unsere Drinks. Sie trank ihren und wirkte distanziert, aber zufrieden. Ich schlürfte meinen nervös und sagte: »Ich habe nicht geglaubt, daß Sie kommen würden.«

»Ich auch nicht«, sagte sie. »Wenn man mich aufreißen will, bin ich eigen.«

»Kein Zweifel. Schließlich«, ich schlürfte immer noch an meinem Drink, »haben Sie sich von mir aufreißen lassen.«

»Ich hatte etwas anderes vor, aber das hat sich zerschlagen.« Auf ihren Lippen war nicht die Spur eines Lächelns.

»Wirklich?« fragte ich. »Mit dem Glatzkopf? War er beschäftigt?«

»Er ist ein sehr netter Mensch. Er ist Anthropologe und erforscht die Bwamba. Er ist sehr interessiert an den Beschneidungszeremonien.«

»Mit dem wollten Sie sich also treffen, stimmt's?«

Sie lachte. »Hören Sie gar nicht hin. Ich hatte gar nichts anderes vor. Heute war ich beim Zahnarzt und habe mir einen Zahn ziehen lassen. Um bei der Wahrheit zu bleiben: Eigentlich wollte ich nicht zur Bibliothek kommen. Doch ich bin froh, daß ich es getan habe.« Sie trank noch ein Schlückchen. »Mir geht's schon besser.«

»Ich war froh, als ich Sie gesehen habe.«

»Das meinen Sie ernst, nicht wahr?« Sie berührte wie zufällig meine Hand und bekannte, sie sei froh, hier zu sein.

»In dieser Bar?«

»In Afrika.«

»Wieso reden die Leute in Afrika eigentlich immer darüber,

daß sie in Afrika sind?« fragte ich. Da sie keine Antwort gab, fuhr ich fort: »Es wäre vielleicht ganz nett, woanders zu leben, um mal über etwas anderes zu reden.«

»Ich bin hierhergekommen, um zu unterrichten.« Das klang wie ein Vorwurf. »Ich möchte nirgendwo anders sein.«

Ich wußte genau, was sie meinte: Genauso hatte ich mich in Nyasaland gefühlt, während meines ersten Jahres. Ich versuchte, sie zu beeindrucken, weil ich sie wiedersehen wollte. »Ich bin Amtierender Direktor des Instituts«, sagte ich. »Ich schmeiße den Laden. Ich habe achtzig Studenten und fünf Teilzeitdozenten.« Ich verriet ihr nicht, daß meine Vorgänger alle gekündigt hatten und nach Hause gefahren waren und daß man mich ersetzen würde, sobald sich ein geeigneter Afrikaner fand. Ich berichtete, in ganz Uganda gäbe es regionale Institute, die ich bald besuchen würde.

»So eine Arbeit fände ich großartig«, sagte sie. »Ich würde gern im Land rumfahren.«

»Wollen Sie mich begleiten?«

»Sie brauchen meine Hilfe nicht.« Das erklärte sie sehr bestimmt, und ich fragte mich, wie ich sie in Versuchung führen konnte.

Zweifellos hatte sie ein klares Ziel: in Afrika sein, im Busch unterrichten, unabhängig sein. Sie war ein freier Geist, und sie wußte, was sie wollte. Ich konnte kein Teil ihrer Pläne sein. Meine Aufgabe war hier, in Kampala. Und ich hatte keine anderen Pläne.

Ich war vorsichtig mit meinen Fragen, weil ich mich durch ihre Antworten nicht enttäuschen lassen wollte. Sie kam aus London; sie hatte in Oxford studiert, mochte Wordsworth und D. H. Lawrence, war Sozialistin, ihr Vater arbeitete für die Wasserbehörde. Sie war in Theaterstücken aufgetreten, als Rosalind in einer Studentenaufführung von ›Wie es euch gefällt‹. Ich wollte nicht tiefergehen und herausfinden, daß sie einen Liebhaber hatte.

»Lassen Sie mich bitte meinen Anteil zahlen«, sagte sie, als der Kellner die Rechnung brachte.

Sie meinte es ernst, wieder ein Beispiel für ihre betonte Selbständigkeit. Ich war beeindruckt, aber ein wenig verunsichert; ich war es nicht gewohnt, daß Frauen ihre Zeche zahlten.

»Möchten Sie die beste Aussicht in Kampala sehen?« fragte ich.

Sie sah erstaunt aus, war aber einverstanden, und ich fuhr mit ihr zum Wireless Hill. Wir parkten am Rande des Gipfels und sahen auf die vielen Lichter hinunter. Der Hügel war ein Treffpunkt für heimliche Liebespaare, die über Autos verfügten. In der Nähe standen zwei Wagen, auf den Vordersitzen umarmten sich Menschen. Der Kessel, in dem die Stadt lag, war voller Lichter, und hinter Moschee und Kathedrale, beleuchteten Villen und Denkmälern erstreckte sich die undurchdringliche Schwärze des ugandischen Dschungels und des weit entfernten Viktoriasees.

Ich küßte sie, und eine Weile hielten wir einander einfach fest. Endlich sagte ich: »Ich mag dich wirklich.«

»Du kennst mich doch kaum.«

»Gut genug.«

Da gab sie nach. »Ich bin froh, daß du mich magst«, sagte sie. »Ich mag dich auch.«

In diesem Moment sah ich, daß der neben mir geparkte Wagen Graham Godbys alter Austin war. Im Inneren wurde Alma Godbys Kopf gegen das Rückfenster gepreßt. Den Afrikaner neben ihr, der unter Anstrengung und mit vorquellenden Augen lächelte, identifizierte ich eindeutig als Festus Okello. Es war peinlich und vielsagend. Oft hatte ich hier oben genauso geparkt. Auf den Wireless Hill brachte man jemanden, den man nicht mit nach Hause nehmen konnte; es war verschwiegener als eine geborgte Wohnung oder das kleine Hotel in Bombo, das wir den Bumsladen nannten. Hierher kamen Ehebrecher, meist Ausländer, um vor ihren Frauen in Sicherheit zu sein. Der Hügel war ein düsterer und ziemlich hoffnungsloser Ort. Früher hatte ich das aufregend gefunden, doch als ich Alma und Festus in ihrem bebenden Wagen sah, wurde ich nervös. Es kam mir wie ein schlechter Anfang für uns vor.

Ich sagte: »Ich mag dich so sehr, daß ich nicht mit dir schlafen will.«

Sie blieb stumm. Dann schnaubte sie. »Was für ein eigenartiger Spruch. Gott, bist du komisch!«

»Ich meine, ich bin froh, mit dir hier zu sein«, sagte ich

eilig. »Versteh mich bitte nicht falsch. Mein Interesse an Sex ist groß.«

Sie schaute aus der Windschutzscheibe und lächelte die Lichter an. »Das ist ausgesprochen beruhigend.«

Sie hatte die verheerende Fähigkeit der Engländer, eine Aussage auf dem schmalen Grat zwischen Ironie und Ernsthaftigkeit anzusiedeln. »Irgendwann müssen wir's mal probieren«, sagte sie. »Aber womöglich hilft es, wenn du weißt, wie ich heiße.«

Sie hieß Jennifer – Jenny; das verriet sie mir allerdings erst am nächsten Tag. Das war ihre Art, mich aufzuziehen und auch hinzuhalten. Diesmal wartete ich auf sie, und zwar am Schwimmbad. Sie sagte, sie gehe fast täglich schwimmen. »Du nicht?« fragte sie.

»Hier kann ich das nicht«, antwortete ich. »Mir wird ganz anders, wenn ich in meiner Badehose dastehe, während die Afrikaner am Zaun hängen und zusehen.«

Fünf zerlumpte Afrikaner klammerten sich an den Maschendrahtzaun um das Bad, andere lagen im Gras und schauten hinein. Sie blieben den ganzen Tag da und beobachteten die Ausländer im Schwimmbad, die kleine, enge Badehosen und -anzüge trugen, einander naß spritzten oder sich sonnten. Nacktheit faszinierte die Afrikaner, und die Idee, daß Menschen in der Sonne herumlagen, war ihnen so neu, daß sie einfach mit offenem Mund glotzten und sich fragten, warum diese Leute sich nicht bewegten.

Gewöhnlich hielt ich mich von dem Ort fern, auch wenn ich diesen Voyeurismus als angemessene afrikanische Reaktion auf das Verhalten von Weißen in Uganda betrachtete, die barbusige Stammesfrauen oder nackte Karamojongkrieger anstarrten, die sich nicht die Mühe machten, ihre dicken baumelnden Schwänze zu bedecken.

»Ich gebe afrikanischen Kindern Schwimmunterricht«, sagte Jenny.

»Hier würde ich nicht schwimmen. Es wäre mir zuwider, mich so anstarren zu lassen.«

»Das ist doch albern. Das ist Snobismus.«

Es war unsere erste Meinungsverschiedenheit. Jenny war intelligent und argumentierte logisch; doch ich fand, daß sie unrecht hatte.

»Wahrscheinlich schwimmst du nicht gern.«

»Ich war mal Bademeister.«

An diesem Abend nahm ich sie mit ins »Hindoo Lodge«. Jenny gefiel es dort, es gab vegetarisches Essen, an langen Tischen serviert. Die Kellner waren Brahmanen, auch wenn sie schmuddelige Pyjamas trugen. Ich entdeckte meine Freunde Neogy und Desai und stellte sie Jenny vor. Sie lächelten von einem Tisch in der Nähe aus und sahen ihr beim Essen zu. Es war das einzige orthodoxe Restaurant in der Stadt. Es gab Wasser in Messingkrügen, einen Waschraum nach hinten hinaus und weder Messer noch Gabeln.

Jenny machte keine Umstände, auch wenn sie gewisse Probleme hatte, den Reis mit den Fingern zu essen. »Diese Männer starren mich an«, sagte sie.

»Weil du mit der linken Hand ißt.«

»Na und?«

»Man sollte mit der rechten Hand essen und sich mit der linken lieben.«

»Sag ihnen, ich bin beidhändig.«

Von nun an gingen wir häufig essen, im »Sikh's«, im »Grand Hotel« und bei »Greek's«, bei »Fatty's« und im »Chez Joseph«. Wir gewöhnten uns an, am Sonntag nachmittag durch den Botanischen Garten zu bummeln, umgeben von umherspazierenden Indern, und meist gingen wir anschließend zum Tee in das Lake Victoria Hotel. Ich war wirklich glücklich, wenn Jenny nicht gerade erzählte, wie sehr sie sich auf ihren Studienabschluß und ihren Job im Landesinneren freute. Begeistert sprach sie vom Schulunterricht im Busch, in Orten wie Gulu oder Arua oder sogar noch abgelegeneren Dörfern wie Pakwach, Kitgum und Moroto. Ich wollte nicht, daß sie ging, sprach es aber nie aus. Ich schlug vor, sie zu besuchen, und bis es soweit war, könnten wir ja unsere Zeit gemeinsam verbringen, wenn sie zufällig nichts anderes vorhabe.

»Ich habe zufällig nichts anderes vor«, sagte sie.

»Ich muß einige Hörergruppen besuchen. Möchtest du mich begleiten?«

»Was ist eine Hörergruppe?«

»Früher hatten wir im ganzen Land Tutoren, doch die Regierung hat unseren Etat gekürzt. Also habe ich in abgelegenen Dörfern Gruppen zusammengestellt und jeder Gruppe ein Radio gegeben. Wir übertragen den Unterricht auf Radio Uganda; Englisch, Politologie, afrikanische Geschichte, alles mögliche. Alle paar Monate besuche ich die Gruppen, um zu hören, ob es Probleme gibt.«

»Wohin fährst du?«

»Überallhin.«

Der Morgen, an dem Jenny und ich Kampala verließen, war einer der glücklichsten meines Lebens. Die Sonne schien, und wir brausten unter einem blauen Himmel dahin, Richtung Westen nach Kabale, vorbei an Flüssen und von federigem Papyrus verstopften Sümpfen, an unter narbigen Baobabbäumen liegenden verräucherten Dörfern und der Ebene von Ankole, wo es Giraffen und Gazellen gab. Wir hielten in Mbara an, wo wir in dem kleinen Hotel zu Mittag aßen. Beim Essen fuhr ein Landrover vor – Touristen und Fremdenführer in Safarikleidung, Reiterjacken, breitkrempigen Hüten und großen Stiefeln; sie waren Jäger und sehr aufgeregt, daß sie sich in dieser scheinbaren Wildnis aufhielten. Nach dem Mittagessen brachen wir auf und fuhren in den Distrikt Kigezi auf einer Straße, die sich um flache Hügel und Vulkane schlängelte. Bisher war ich immer allein unterwegs gewesen. Es war herrlich, von dieser Frau begleitet zu werden. Wir unterhielten uns über Bücher, die uns gefielen. Abwechselnd trugen wir Gedichte vor. Sie rezitierte Wordsworth und T. S. Eliot, ich Baudelaire und Robert Frost. Gemeinsam deklamierten wir Shelleys Sonett ›Ozymandias‹. Wir sangen Volkslieder und, als es auf den kurvigen Straßen von Kisoro dunkel wurde, Weihnachtslieder.

Nach zwölfstündiger Fahrt trafen wir um zehn Uhr abends im staatlichen Rasthaus ein und gingen nacheinander ins Bad. Der Speiseraum war leer. Der afrikanische Ober brachte uns gedämpfte Bananen, Eintopf und aus dem Kongo eingeschmuggelte Flaschen Primus-Bier, die Grenze war näher als Kampala. Die Insekten zirpten laut. Wir saßen auf der Veranda, wo es kühl genug war, um einen Pullover zu tragen. Durch die Bäume sah ich in den Hütten die Lampen brennen und roch den Rauch der Feuerstellen. »Gott, ich liebe dieses Fleckchen Erde.«

»Freut mich, das von dir zu hören«, sagte Jenny.

Ich mochte den Geruch von Holzfeuern, den Lehmgeruch der staubigen Straße, das Lärmen der Insekten, das Geräusch eines leise bimmelnden Fahrrades, den Duft des Jacarandastrauches nach dem Regen. Ich sah gern den weiten Sprüngen der Giraffen zu, ich genoß die langen, heißen Tagesreisen und sogar den Geruch nach Politur, Bohnerwachs und Kochbananen im Rasthaus.

»Vielleicht sollten wir uns aufs Ohr legen«, schlug ich vor. »Morgen müssen wir weiterfahren.«

In unserem Zimmer standen zwei Einzelbetten. Jenny hatte ein paar Sachen auf das eine geworfen, und ich machte das gleiche mit dem anderen, so meldeten wir unsere Ansprüche an.

Aber als ich das Licht ausgemacht hatte, fragte ich: »Darf ich zu dir ins Bett?«

Sie blieb stumm. Ob sie schon schlief? »Ich verspreche, daß ich mich benehme«, sagte ich. »Ich möchte mich nur an dich kuscheln.«

»Also gut.« An ihrem Tonfall merkte ich, daß sie lächelte.

Ihre Haut unter dem Baumwollnachthemd fühlte sich feucht und warm an. Sie schwitzte leicht. Sie schlief ein und atmete leise und verträumt. Ich konnte nicht schlafen. Mein Herz pochte. Ich lag mit weit geöffneten Augen da.

Ich berührte sie. Sie wachte auf und rückte von mir ab. »Du hast versprochen, daß du's nicht tust.«

Als ich sie küßte, ihre Beine anhob und teilte, sagte sie: »Nein«, doch das Geräusch, das sie machte, als ich in sie eindrang, klang eher wie ein Ja.

Ich besuchte meinen Kurs, dann fuhren wir weiter. Das Land wirkte leer. Zwischen den Städten sah man kaum Menschen und keine Dörfer, nur Tiere. Im Dunkeln fuhren wir durch den Hochwald, dann stießen wir in die Ebene vor. Einmal trafen wir auf eine Elefantenherde. Wir versuchten, sie zu zählen, doch ab sechzig kamen wir nicht weiter, weil Kronenkraniche und an der Straße grasende Gnus uns ablenkten. Über die vergangene Nacht sprachen wir nicht.

»Wußtest du, daß man das Gnu auch Wildebeest nennt?« fragte Jenny. Sie konnte auch die Grantgazelle von der Thomsongazelle unterscheiden und wußte die Namen diverser Dornbüsche. Sie erzählte mir, daß Elefanten trauerten, wenn ein Herdenmitglied starb, sie klagten und trompeteten, und manchmal versuchten sie, die Leiche zu begraben.

Wir fuhren nach Norden zu meiner Hörergruppe in Katwe, wo es einen Salzsee gab, und zum Eduardsee, in dem sich die Flußpferde tummelten. Einige steckten bis zu den Nasenlöchern im Wasser, andere grasten, schnaubten und schissen, wobei sie die Klumpen mit ihren Schwänzen herumwirbelten. Wir passierten das Kupferbergwerk und den stillgelegten Bahnhof von Kilembe und kamen in den Bereich der Teeplantagen. Immer noch sahen wir keine Menschen, nur die dichten Teebüsche. Bei Sonnenuntergang erreichten wir Fort Portal. Wir stiegen im »The Mountains of the Moon Hotel« ab und liebten uns wieder.

Die Mondberge überquerten wir auf einer schmalen, durch den Ituri-Wald führenden Straße. Im Wald war es schattig und feucht, und wenn wir zu einer Rast anhielten, wurden wir von Pygmäen belästigt. Sie waren kleiner als die Farne, versteckten sich und bewarfen uns mit Steinen, wenn wir sie nicht fotografieren wollten. Als ich auf die Autohupe drückte, verschwanden sie, wohl in dem Glauben, ich würde auf sie zufahren. In diesem Wald war ich froh, Jenny dabeizuhaben. Solange wir zusammen waren, gab es für mich keinen Grund zurückzufahren. Wir schliefen auf einem schmalen Bett in Bundibugyo, und ein paar Tage später brachen wir auf ihre Bitte hin gen Norden nach Gulu auf. Die Straße war zuerst schlammig, dann sandig, Zebras sahen uns beim Wechseln eines Reifens zu, und an einer Straßensperre stoppten uns zahnlose Acholi-Soldaten mit glänzenden Gesichtern und gefährlich aussehenden Flinten. Sie wollten Bestechungsgeld; ich zahlte, und Jenny dachte über die lässige Bedrohung durch diese Männer nach. In Gulu war es heiß, man hörte nur das Lärmen der Heuschrecken. Durch die schütteren Bäume drang der Sonnenschein, es gab keinerlei Schatten. Habichte standen über Grasbränden und stießen gelegentlich auf Mäuse oder Schlangen herab, die vor den Flammen flüchteten.

Wir waren nur zehn Tage unterwegs, doch am Ende kannten wir einander so gut, daß ich sie in Kampala küßte und »Ich liebe dich« sagte.

Ich hatte immer geglaubt, das Wort Liebe sei durch inflationäre Verwendung abgenutzt, und doch wirkte sie erschüttert, als ich es aussprach.

8

Sie sagte nicht, daß sie mich liebte. Statt dessen benutzte sie zärtliche Ausdrücke und Umschreibungen, die mich quälten. Wäre sie Amerikanerin gewesen, hätte ich gewußt, was sie meinte; wäre sie Afrikanerin gewesen, wäre mir alles viel klarer gewesen. Aber sie war Engländerin, und ihre Sprache konnte einen zur Weißglut bringen und so diffus sein wie Rauch. Ich bedeute ihr sehr viel, sagte sie. Sie sei so glücklich wie noch mit keinem anderen. Die Fahrt habe mächtig viel Spaß gemacht. Sie sei untröstlich gewesen, daß sie wieder zurück in die Stadt fahren mußte. Ich würde ihr sehr fehlen ...

Ich wollte mehr. Es gab nicht mehr. Wenige Wochen später bestand sie ihre Prüfungen und hatte ihr Diplom in der Tasche. Begeistert erzählte sie mir, sie sei an eine Buschschule im Hochland Kenias versetzt worden. Sei das nicht absolut super?

Ich stimmte zu, weil sie so zufrieden wirkte. Doch allein schon bei dem Gedanken wurde mir übel. »Wie kann dich das ugandische Erziehungsministerium nach Kenia schicken?«

»Das hat das Britische Ministerium für Wirtschaftliche Zusammenarbeit gemacht«, korrigierte sie mich. »Es ist ein Dreijahresprogramm.«

Sie hatte das nie erwähnt. Das lag zum einen Teil daran, daß sie nur selten über sich sprach; zum anderen daran, daß immer ich am meisten redete.

»Ich kenne das weiße Hochland«, sagte ich, und sie zog eine Grimasse. Aber so hieß die Gegend nun einmal, obwohl Jomo Kenyatta Präsident war. »Es hätte schlimmer kommen können. Zum Beispiel, wenn du nach Sansibar müßtest.«

»Ich würde liebend gern nach Sansibar gehen«, sagte sie.

Ich fand ihren Enthusiasmus ausgesprochen entmutigend und hätte am liebsten gesagt: *Und was ist mit mir?*

»Und wenn du heiraten würdest?« fragte ich. »Was würde das Ministerium dazu sagen?«

»Das Programm ist nur für Ledige, Paare sind weniger flexibel. Außerdem habe ich keine Pläne in dieser Richtung.«

Bevor sie abreiste, verbrachten wir vier Tage am Nabugabosee, in dem es keine Bilharziose gab, daher konnten wir schwimmen. Wir lebten wie Schiffbrüchige in einer gemütlichen Hütte, kochten auf einem Holzfeuer und holten unser Wasser aus einer Quelle. Ich paddelte sie in einem Einbaum zu der Leprakolonie auf der Insel im See; wir brachten Bettlaken mit, aus denen sie Verbände herstellen konnten. Wir sammelten Blumen und preßten sie in Jennys Buch. Wir schliefen miteinander. Und auf dem Rückweg nach Kampala sagte sie, ihr habe alles mächtig viel Spaß gemacht.

Sie weinte, als sie mit dem Nachtzug nach Nairobi aufbrach. Auf dem Bahnsteig waren Inder, Afrikaner, Briten, Flüchtlinge, Griechen aus dem Kongo, Belgier aus Ruanda, Leute, die nur bis Tororo oder Jinja oder fünfzehn Kilometer weiter wollten; andere reisten endgültig ab, mit all ihrer Habe, und ihre Dienstboten sahen sie an, als wären sie verwaist. Jeder verabschiedete sich anders.

»Sei nicht traurig, Schatz.«

»Ich bin nicht traurig«, sagte sie. »Es geht los, und das finde ich so aufregend, daß ich mich nicht unter Kontrolle habe.«

»Du wirst mir fehlen.«

»Du wirst mir auch fehlen.« Hätte sie das gesagt, ohne daß ich sie drängte?

»Ich schreibe dir.«

Sie sagte: »Ich bin schrecklich faul im Briefeschreiben.«

Das paßte mir gar nicht. »Darf ich dich besuchen?«

»Es ist so weit weg!« rief sie, aber es klang überrascht, als sei ihr nie der Gedanke gekommen.

Der Zug pfiff. Auf dem Bahnsteig wurde eine Glocke geläutet. Es war eine laute Dampflok, die nur langsam auf Touren kam. Ich ging neben dem Zug her, und als er sich schließlich entfernte, nahm er einen Teil von mir mit. Ich kam mir vor wie nach einem Schlaganfall . . . als funktioniere ein Teil von mir nicht. Zum erstenmal in meinem Leben begriff ich, warum Verliebte immer über ihr Herz reden. Es schien mir mein zerbrechlichster Körperteil zu sein, und ich spürte es unter meiner Kehle pochen.

Ich ging wieder zu meinem krächzenden Papagei und setzte mich zwischen die von ihm angeknabberten Bücher, von lähmender Traurigkeit befallen. Ich war meist gern allein gewesen und hatte mich immer, wenn jemand abreiste, frei und sogar glücklich gefühlt. Dann konnte ich zu meinem Leben zurückfinden, zu meinem geheimen Leben. Es war kein Versteck oder Loch, in das ich mich still verkroch, sondern laut und voller Aktivität und der Motor meines Schreibens.

In meinem Leben hatte es eine ganze Reihe von Aufbrüchen gegeben. Ich hielt mich gerne für wölfisch und ein wenig skandalös. In London war ich gern mit Rosamond zusammengewesen, hatte aber meine Abreise als Befreiung empfunden; genauso war es mit Francesca in Accra und mit Femi in Lagos gewesen. In Kampala fand ich die Aussicht auf eine Nacht mit Rashida immer aufregend, doch am nächsten Morgen wollte ich nie, daß sie länger blieb, und die Nachmittage im Botanischen Garten konnten sehr lang werden. Ich schlief gerne allein. Nur dann hatte ich gute Träume. Wenn ich mit einer Frau das Bett teilte, bekam ich häufig Alpträume. Ich versuchte nie, das zu erklären. Es war eben so, daß ich in meinem Leben bisher am glücklichsten gewesen war, wenn ich allein war und Bewegungsfreiheit hatte. Vom Moment ihrer Abreise an fehlte mir Jenny. Ihr Zug verließ den Bahnhof, und schon schlich ich wie ein Krüppel nach Hause.

Auf dem Heimweg durch Wandegeya sah ich Rashida. Sie kam gerade in ihrem weißen Kittel aus dem Modern Beauty Hair Salon, in dem sie arbeitete, und ich hielt neben ihr. »Hallo, *habibi*. Bist du eine Krankenschwester?«

»Ja, *bwana*«, sagte sie, ohne zu überlegen. »Hier drunter

habe ich eine *dawa.«* Dabei berührte sie ihren Kittel. »Ist prima Medizin. Damit du wieder zu Kräften kommst.«

So war unsere Beziehung: zotige Scherze. Ich hegte freundschaftliche Gefühle für sie, mehr aber nicht.

Ich war zu verwirrt, um Jenny zu schreiben, und als ich mich aufraffte, wurde es ein konfuser Brief. Es war der Versuch, meine Eifersucht, meine Trauer, meine Einsamkeit und Angst zu vertuschen. Ich schrieb nur, daß sie mir fehle. Und ich fuhr fort, daß, während ich schrieb, etwas am Fenster über dem Bett kratzte. Ich hatte hochgeschaut und die großen Lemurenaugen des Buschbabys gesehen. Es schien mich aufzufordern, es einzulassen. Ich gab ihm ein Stück Banane, ließ es aber draußen. Es wirkte traurig. Ich wollte es in die Arme nehmen, und während ich es beobachtete, kamen mir die Tränen. Diese Geschichte stimmte.

Liebe schien mir nicht das richtige Worte zu sein, um meine Gefühle zu beschreiben. Jenny fehlte mir, doch ich fehlte mir auch selbst – mir fehlte jener andere Mensch, der ich in ihrer Gegenwart war. Ich hatte sie nicht gefoppt, manipuliert oder wie ein Pavian mit meinem Schwengel vor ihr herumgewedelt. Ich spürte, daß sie froh und zufrieden war. Sie hatte mich sanft und großzügig werden lassen, sie hatte mich geduldig gemacht. Wenn ich mich so benahm, konnte ich mich selbst besser leiden, und weil sie verschwunden war, verfiel ich wieder in die andere Rolle. Sie war das Tageslicht, das mir meine Geheimnisse gezeigt hatte, und die meisten waren es nicht wert, daß ich sie behielt.

Aber ich war nicht nur traurig, sondern auch wütend, weil sie mich verlassen hatte. Dann verrauchte die Wut und wurde von Selbstmitleid ersetzt. Ich saß im Zimmer und hörte dem Geplapper meines Papageis zu. In meinem Büro tat ich so, als arbeitete ich; aber ich redete kaum, da meine Stimme meinen Kummer verriet.

Die Leute fragten: »Alles in Ordnung?«

Wenn ich sagte, alles sei großartig, wußten sie, daß ich log, weil meine Antwort so traurig klang. Ich war mir sicher, daß sie im Club andauernd über mich redeten. Sie waren mir gegenüber zu herzlich. Sie gaben sich alle erdenkliche Mühe, freundlich zu sein, was bewirkte, daß ich mich noch schlechter fühlte.

Crowbridge fragte: »Verläßt du uns?«

Ich schüttelte den Kopf. »Wie kommst du denn auf die Idee?«

»Jemand erwähnte neulich die Universität von Papua-Neuguinea, und da wurdest du ganz still.«

In Uganda war man immer auf der Suche nach einem Ortswechsel, nach längerfristigen, mit Pensionsansprüchen verbundenen Stellungen in den Tropen ... in warmen ungeordneten Ländern, die gute Arbeitsbedingungen boten. Besagte Universität in Port Moresby war damals gerade sehr beliebt.

»Ich gehe nirgendwohin.«

»Ausgezeichnet«, sagte Crowbridge. »Braver Junge.«

Er spendierte mir einen Drink. Ich trank langsam, traurig; mir fehlte die Energie, mich zu betrinken. Ich wurde nur noch trauriger.

»Wie geht's deiner Nubierin?« fragte Crowbridge.

Da fühlte ich mich sofort viel schlechter, und ich ging ohne ein Wort, obwohl ich wußte, daß ich mich verdächtig gemacht hatte und als Jammerlappen galt.

Zu Hause schaffte ich es, mich zu besaufen, und schrieb einen fünfzehnseitigen Brief an Jenny, keuchte beim Schreiben und brach schließlich über den Seiten zusammen. Als ich sie am nächsten Morgen las, zerriß ich sie. Es war ein Wortschwall. Er enthielt Passagen aus einem Buch, das ich gelesen hatte, Kafkas ›Briefe an Milena‹ ... morbide Liebesbriefe. Meine eigenen hätten ihr Angst eingejagt.

Es wäre angenehm, dachte ich, wenn wir einen gemeinsamen Freund hätten, der ihr von mir berichten könnte: Andy liebt dich ... Er leidet wirklich ... Er ist in einem schrecklichen Zustand ... Übrigens ist er ein recht guter Schriftsteller ... Außerdem Institutsdirektor ... mit sechsundzwanzig! ... Aber wir machen uns Sorgen um ihn ... So war er noch nie ... Wir erkennen ihn kaum wieder ... Seit deiner Abreise ist er nicht mehr er selbst. So etwas konnte ich nicht selber schreiben. Ich wollte nicht ihr Mitleid. Sie sollte mich auch lieben und mit mir über die Zukunft reden.

In meiner Einsamkeit schmiedete ich Pläne für uns beide: Heirat, Kinder, ein Job in Hongkong oder Singapur. Ich wollte

Afrika verlassen, wo ich mir nun wie ein Versager vorkam, außerdem war Afrika mein Rivale um Jennys Liebe. Und ich lehnte sie ab, weil sie meine Liebe zum Alleinsein zerstört hatte, in mein geheimes Leben eingedrungen war; sie hatte dafür gesorgt, daß ich sie brauchte.

Ich schrieb ihr gutgelaunte Briefe und unterdrückte meine Angst. Wenn sie mich zurückwies, würde ich meine Zelte abbrechen, das wußte ich. Ich bewarb mich – um eine Alternative zu haben – um einen Job in Kuala Lumpur und einen in Oulu, an der Universität von Nordfinnland.

Drei Wochen vergingen. Meine Ungeduld packte mich wie ein Fieber. Ich fühlte mich krank, ich blieb im Bett, und am Fenster tauchte das Buschbaby auf wie ein höhnischer Dämon. Eines Abends ging ich in den Club, nicht etwa weil ich wollte, sondern weil ich wußte, daß ich zur Quelle für weiteren Tratsch wurde, wenn ich's nicht tat. Ich brachte die Energie auf, mich zu betrinken, und auf dem Heimweg kamen mir die Tränen. So hatte ich noch nie in Selbstmitleid geschwelgt, und mein Vergnügen an diesem erbärmlichen Melodram machte mir angst.

Eines Tages spielte ich mit dem Gedanken, mich umzubringen, doch als ich mir das Ganze überlegte – die verschlossene Tür, der Abschiedsbrief, der Strick, die Schlinge, der umgetretene Stuhl –, mußte ich lachen, nahm das Leben an und fühlte mich von dem Gedanken gestärkt, daß ich nie Selbstmord begehen würde.

Aber vielleicht bringe ich Jenny um. Ich würde sie nie verlassen, ich werde nie aufhören, sie zu lieben. Doch vielleicht bringe ich sie um.

Als sie endlich schrieb, vier Wochen nach ihrer Abreise aus Kampala, fühlte ich mich schlechter statt besser. Es war eine Postkarte, ein Foto von einem trotteligen Kikuyu-Mann mit gelackt aussehender Haut und Dellen im Gesicht. Er trug einen Lederschild und einen Speer wie aus einem Kuriositätenladen. Auf der Rückseite stand: *Lieber Andy, ein paar Eingewöhnungsprobleme (kein Wasser!), aber die Mädchen sind lieb und die anderen Lehrer sehr hilfsbereit. Ich habe mein eigenes Haus und den Koch des Vormieters geerbt. Zur Zeit große Hektik, Schuljahr fängt Mo. an, aber ich schreibe wieder, sobald sich die Gelegenheit ergibt! Alles Liebe, Jenny.*

An dem Kärtchen störte mich dreierlei: daß es kurz und forschfröhlich war, daß es keinerlei Bezug auf meine sechs Briefe nahm und daß es meine Zuneigung nicht einforderte. Ausrufungszeichen konnte ich nicht ausstehen. Ihr ging es gut, sie war glücklich; dies zu wissen machte mich unglücklich. Anrufen konnte ich nicht. Die Leitungen nach Kenia funktionierten nie, und klappte es doch einmal, hörte man ein schwaches, wie aus einem Brunnen hallendes Geflüster, das einen noch einsamer machte, weil man eine Stimme anbrüllen mußte, die immerzu sagte: *Sprich lauter, ich kann dich nicht hören.* Wie konnte ich die Dinge schreien, die ich sagen wollte, wie ertragen, als Antwort ein mäuschenhaftes Geflüster zu hören?

Am Freitag wurde ich unruhig. Ich ging betrunken zu Bett, und als ich am Samstag um vier Uhr morgens aufwachte, fragte ich mich, was zu tun war. Ich hatte keine Wahl: Es gab nur eine Möglichkeit. Ich zog mich im Dunkeln an, stieg in mein Auto und fuhr los, raus aus Kampala. Die Straßen waren leer, der vor der Stadt liegende Wald finster, doch als es dämmerte, sah ich Afrikaner, die sich neben ihren Hütten wuschen, auf Busse warteten oder in die Zuckerrohrfelder gingen. Ich frühstückte in Tororo und überquerte dann die Grenze. Der Grenzbeamte auf der kenianischen Seite gähnte mich an, als er meinen Paß abstempelte. Am Vormittag sprangen in Westkenia fünf afrikanische Jungs mit staubweißen Gesichtern aus dem neben der Straße wachsenden Elefantengras auf mich zu. Sie waren beschnitten worden und nun Männer; das stellten sie unter Beweis, indem sie mich anbrüllten und bemalte Schilde schwenkten. Später saßen grimassierende Paviane auf der Straße und bleckten ihre Gebisse. Die Straße führte vorbei an Tee-, Weizen- und Maisfeldern, Kakteen, felsigen Hügeln und Lehmhütten. Wie mir die Meilensteine verrieten, näherte ich mich Nairobi. Die Sonne senkte sich über Muthaiga, als ich auf eine gen Norden führende schmalere Straße einbog. Kurz vor sieben beleuchteten meine Scheinwerfer das Schild UMOJA SCHULE FÜR MÄDCHEN. Die

Fahrt hatte zwölf Stunden gedauert, doch müde war ich nicht. Meine Nerven waren zum Zerreißen gespannt.

Ich bog in eine von dichten Hecken begrenzte Auffahrt und fuhr langsamer. An den Büschen hingen schwere rote Blüten, und in den dunklen Radspuren lagen zerquetschte große, braune Blütenblätter. Zwei grün uniformierte Mädchen traten zur Seite, um mich durchzulassen. Doch ich hielt an. »Bitte, wo ist Miß Bramleys Haus?«

»Auf dieser Seite«, antwortete die eine, und das Mädchen neben ihr unterdrückte ein Kichern.

Erst jetzt, als ich dieses Geräusch hinter der vorgehaltenen Hand des Mädchens hörte, bekam ich Bedenken. Was, wenn das alles ein gewaltiger Fehler war? Ich hatte Jenny nicht vorgewarnt. Vielleicht war sie mit einem Mann zusammen – oder übers Wochenende verreist. Vielleicht war sie an die Küste gefahren. Ich wußte gar nichts über ihr Leben. Alles, was mir vorher und die ganze lange Fahrt über richtig erschienen war, wurde nun erschüttert. Fast wäre ich umgekehrt, zwang mich aber zum Weiterfahren.

Ihr Haus stand hinter einer Hecke. Hier waren alle Gebäude hinter Laub verborgen. Es brannte Licht. Ich fuhr nicht ganz vor, sondern schaltete den Motor aus, schloß behutsam die Tür und trat ans Fenster.

Ein Afrikaner war bei ihr. Ich schaute. Hören konnte ich nichts. Sie stand da und kehrte ihm das Gesicht zu; er starrte sie bloß an und hörte zu. Sie lächelte. War er ihr Liebhaber? Egal, sagte ich mir. Das zeigte mir nur, wie wenig ich sie kannte.

Ich wollte weg. Ich zitterte. Ich konnte die beiden nicht stören, wollte es nicht. Es war nicht richtig. Vielleicht hatte sie mir einen Brief geschrieben, der am Morgen in Kampala eingetroffen war; doch ich hatte ihn nicht bekommen, weil ich schon aufgebrochen war. Vielleicht stand in dem Brief: *Lieber Andy, diesen Brief zu schreiben habe ich vor mir hergeschoben, aber nun kann ich es nicht länger verschieben . . .*

Die Fahrt zurück nach Kampala dauerte zwölf Stunden, nach Nairobi waren es beinahe zwei. Aber wie konnte ich ausgerechnet jetzt zurückfahren? Es ging nicht – ich war erschöpft. Und doch mußte ich verschwinden, denn nun begriff ich die kurze Postkarte, das lange Schweigen, das Kichern der Mädchen. Ich litt, mußte aber klopfen und sie sehen, um mich zu verabschieden.

Als sie die Tür öffnete, konnte sie nicht reden. Ich hielt das für Verlegenheit und entschuldigte mich wortreich. »Ich konnte dich nicht anrufen. Ich dachte: Fahr einfach mal vorbei. Keine Sorge, ich bleibe nicht. Ich sehe ja, daß du beschäftigt bist . . .« Ich redete immer weiter, doch sie hörte nicht zu.

Sie lächelte und sagte: »Du hast ja *takkies* an!«

Ich hatte mich in aller Eile angezogen. Ich trug einen schwarzen Anzug, ein T-Shirt, eine Sonnenbrille und Tennisschuhe, *takkies.* So nannte man sie in Kenia. Der hinter ihr stehende Afrikaner war ganz ruhig.

»Tut mir leid, euch zu unterbrechen«, sagte ich.

Jetzt sahen wir ihn beide an. Er sagte: *»Mem, chakula kwisha? Wewe nataka kahawa?«*

»Er ist dein Koch!« rief ich viel zu laut.

»So leid es mir tut«, sagte sie und wandte sich an den Afrikaner. *»Kwisha asanti sana. Hapanataka kahawa. Kwaheri, John.«*

»Warum möchtest du keinen Kaffee?«

»Weil ich mit dir allein sein will«, antwortete sie.

Als er ging, sagte Jenny: »Wenn er Obstsalat macht, kippt er ihn in die Schüssel mit den Obstsalatresten von gestern. Ich esse ein wenig, und er fügt jeden Tag ein wenig hinzu. Die Schüssel ist immer voll. Es ist ein bodenloser Obstsalat. Ich esse ihn seit über drei Wochen. Das kann doch wohl nicht gesund sein? Ich erklärte gerade . . . O Andy«, und sie warf die Arme um mich, »ich bin so froh, dich zu sehen. Du hast mir gefehlt. Ich kann kaum glauben, daß du hier bist.«

Wir gingen sofort ins Bett. Wir liebten uns, schlummerten ein, wachten wieder auf und liebten uns wieder.

In der Dunkelheit ihres Schlafzimmers sagte ich: »Ich liebe dich.«

»Ich liebe dich auch.«

»Ich meine, ich liebe dich wirklich«, sagte ich. »Ich habe mich in dich verliebt.«

Es klappte nicht mit diesem Wort. Es war hoffnungslos. Doch als sie mich umarmte, merkte ich am Druck ihres Körpers, daß sie glücklich war und mich wahrscheinlich liebte.

Am nächsten Morgen lächelte sie. »Tragen Amerikaner immer *takkies* zum Anzug?«

Ich blieb bis Dienstag. Wir liefen zu einem nahegelegenen Hotel, dem Izaak Walton. Es lag an einem Forellenbach, Weiße kamen aus Nairobi hierher, um zu fischen. Wir aßen zu Mittag und gingen im Dunkeln zurück zur Umoja-Mädchenschule. Wir fuhren nach Meru, wir sahen uns den Berg Kenia an. Wir atmeten die Jacarandadüfte ein. Morgens und abends liebten wir uns.

Wann in meinem Leben hatte ich mich einmal nicht darauf gefreut, morgens aufzubrechen und abzureisen, allein? Doch die Vorstellung, Jenny zu verlassen, fand ich furchtbar. Mich tröstete der Gedanke, daß sie auch traurig zu sein schien.

Sie fragte: »Kommst du wieder?«

»Was meinst du?«

Drei Wochen später kam ich zurück. Und dann besuchte sie mich, sie nahm das Flugzeug und landete in Entebbe. Wir verbrachten das Wochenende gemeinsam, wir liebten uns, redeten, verzögerten den Aufbruch und eilten schließlich zum Flugplatz, damit sie am Sonntag abend ihr Flugzeug erwischte.

Die kurvenreiche Landstraße war voller gehender und radelnder Menschen, stellenweise tollten sogar Kinder herum, und die Fahrt erforderte meine ganze Konzentration. Erst als sie abgeflogen war, fiel mir ein, daß sie meine Hand genommen und beiläufig gesagt hatte: »Übrigens, meine Periode ist ausgeblieben. Bestimmt besteht kein Grund zur Sorge.«

9

Popatlal Hirjee war Goldschmied. Unter schweren Lidern lagen gelbliche Augen. Er war sehr dick und hatte so plumpe Hände, daß seine drei oder vier Ringe in dem Fleisch seiner Finger verschwanden. Im Schneidersitz saß er wie ein Pascha in seinem Laden. Als ich die von ihm angefertigten goldenen Eheringe abholte, ließ er sie auf eine klappernde Waagschale fallen, legte auf die andere Schale Gewichte und sortierte sie. Dann brach er einen Diamanten aus einer Brosche und paßte ihn in Jennys Ring ein. Das alles geschah wortlos.

Sein Gehilfe sagte: »Wir können Namen eingravieren. Ihren Namen in den Ring der Dame und umgekehrt. Und das Datum.«

Ich schrieb die Informationen auf einen Zettel. Popatlal Hirjee meißelte die Namen und das Datum auf die Innenfläche der Ringe. Auf ihrem stand *Andre 4. Aug. 1968.*

»Bariki«, sagte der Goldschmied. Gesegnet seien Sie.

Ich fuhr noch ein letztes Mal nach Umoja in Kenia, um Jenny und ihre zwei Koffer abzuholen. Auf dem Rückweg nach Kampala übernachteten wir in Eldoret. Zwei Tage später wachten wir ineinander verschlungen auf.

»Heute heiraten wir«, sagte ich. »Ich liebe dich.« Aufzuwachen und das zu sagen kam mir gewagt und wunderbar vor.

Gemeinsam betraten wir das Standesamt von Kampala. Die Trauungsformel las ein Afrikaner in einem dreiteiligen Anzug vor. Unsere Trauzeugen waren meine indischen Freunde Neogy und Desai, die sich mit ihren extravaganten Unterschriften auf unserer Heiratsurkunde verewigten. Wir gaben eine Party im Club, und noch ehe sie zu Ende war, fuhren wir Richtung Fort Portal und stiegen in unserer Hochzeitsnacht in Mubende ab, im Rasthaus bei dem Hexenbaum, und am nächsten Tag im »The Mountains of the Moon Hotel«, wo wir eine glückliche Woche verbrachten.

Am Abend, als wir wieder in Kampala eintrafen, tauchte das Buschbaby am Fenster auf. Es war nicht auf Nahrungssuche, auch nicht unruhig, sondern beobachtete nur. Es kam auch an den folgenden Abenden, und unter dem Blick seiner großen Augen veränderte sich mein Leben.

Jenny sagte, Hamid müsse weg. Wir könnten nicht einen Papagei und ein Kind im selben Haus haben; wie ich es überhaupt ertrüge, daß der verdammte Vogel meine Bücher anknabberte und auf meine Möbel kackte. Und Jackson verschwand ebenfalls, als Jenny entdeckte, daß er Abfall in Küchenschubladen versteckte; mir war es nicht gelungen, ihm diese Unsitte abzugewöhnen. Wir stellten Mwezi ein, der Name bedeutete Mond, eine Frau mit vorstehenden Zähnen, die Teegebäck backte und es kaum erwarten konnte, daß das Baby kam. Das Haus wurde geputzt, vielleicht zum erstenmal seit meinem Einzug.

Das Buschbaby sah zu; mehr verlangte es gar nicht. Es kam und ging und war kein Omen mehr. Ich hatte jetzt mein eigenes Buschbaby. Ich liebte es, neben ihr aufzuwachen, konnte es kaum erwarten, meine Arbeit zu beenden und zu ihr nach Hause zu eilen. Meine Gewohnheiten änderten sich. Selten ging ich in den Club. Jenny war der einzige Mensch, den ich brauchte. Wir gingen zusammen essen, manchmal auch tanzen. Ich kaufte ihr Geschenke: eine Elfenbeinschnitzerei, eine silberne Schnalle aus Sansibar, Kitenge-Tuch. Wir unternahmen lange Reisen zum Westnil und nach Kitgum, wo wir meine Hörergruppen besuchten. Ich wurde sehr ruhig.

Und mein Roman über Yung Hok gewann Konturen. Ich beschrieb den chinesischen Lebensmittelhändler, den einzigen chinesischen Ladenbesitzer im Land, als Minderheit schlechthin. Früher hatte ich ihn für verwundbar gehalten, doch jetzt, nach meiner Heirat, sah ich ihn als stark und als Teil einer Familie: Er hatte Frau und Kinder, was mir vorher nie aufgefallen war. Er war kein Symbol für etwas, sondern er selbst, ein ungewöhnlicher Mann. Er ließ mich das Land mit anderen Augen sehen. Dadurch wurde er lebendig, daher konnte ich über ihn schreiben. Für meinen Elan und meine Inspiration dankte ich im stillen Jenny. Ich arbeitete in dem zweiten Schlafzimmer, hoch erfreut, daß Jenny in der Nähe war. Jetzt gab es für mich keinen Grund mehr, über eine Abreise aus Afrika nachzudenken. Endlich war ich zu Hause.

Etwa um diese Zeit las ich in der Zeitung ›Uganda Argus‹ eine mit den Worten AMERIKANISCHER SCHRIFTSTELLER VERSTORBEN überschriebene Notiz. Es war Jack Kerouac. Er war siebenundvierzig geworden. Vor Jahren war er mir alt vorgekommen. Jetzt kam er mir jung vor, viel zu jung zum Sterben. Ich dachte daran, wie ich ›Unterwegs‹ las, und konnte mich nicht erinnern, ob es mir gefallen hatte. Ich schrieb weiter an meinem eigenen Roman.

Inzwischen aß ich mittags immer zu Hause. Meist kochte Mwezi, und wenn wir sie fortgeschickt hatten, liebten wir uns nachmittags und schliefen, bis ich wieder zur Arbeit ging. Als ich eines Nachmittags aufwachte, sah ich, wie Jenny sich abwandte, um ihr Schluchzen zu unterdrücken. Das Buschbaby tauchte am Fenster auf, es hörte zu.

»Was fehlt dir?«

Sie sagte: »Alles!« und schluchzte laut los.

»Sag's mir bitte«, flehte ich, entsetzt über ihren Kummer.

»Ist das nicht offensichtlich?«

Für mich war nichts offensichtlich.

Sie sagte: »Ich fühle mich scheußlich.« Ihr Weinen war keine atemlose Hysterie, keine Panik; aus ihr drang langsames, schmerzliches Schluchzen, als brächen sich Wellen. Und ich war so glücklich gewesen bis zu diesem Augenblick, glücklich wie noch nie, das hatte ich ihr oft genug erzählt. Als ich es jetzt sagte, fing sie an zu schreien.

»Natürlich bist du glücklich!« rief sie. Ihr Gesicht war feucht, und daß sie nackt war, machte ihr Weinen nur noch schlimmer. Ihr ganzer Körper drückte Kummer aus. Ich stand auf und reichte ihr meinen Bademantel, weil ich den Anblick nicht länger ertrug.

Sie sagte: »Du mußtest deine Stelle nicht kündigen. Du hast Arbeit, du hast Geld. Ich habe alles aufgegeben, sogar meinen Namen. Das hier habe ich nie gewollt. Ich habe nichts zu tun.«

Das überraschte mich. Ich wäre nie auf den Gedanken gekommen, daß jemand etwas gegen diesen Zustand einwenden könnte. Warum sollte man arbeiten wollen, wenn man nicht mußte? Was sie sagte, verblüffte mich so, daß mir keine Gegenargumente einfielen. Ich sagte: »Wir machen doch Ausflüge, oder?«

»Du sitzt immer hinterm Steuer!«

»Ich kenne die Straßen, ich weiß die Abkürzungen.«

»Ich bin lernfähig. Ich bin schon in Afrika Auto gefahren. Ich spreche Suaheli«, sagte sie. »Ich bin nicht blöd. Ich habe in Oxford studiert, und du hast dafür gesorgt, daß ich meine Arbeit kündige.« Sie wurde leiser, was mich noch mehr beunruhigte, weil ihre Trauer nun in Wut umzuschlagen schien.

»Jetzt bin ich genau wie diese Ausländerfrauen, die ich immer bemitleidet und verachtet habe. Ich bin eine *Memsahib,* du hast eine *Memsahib* aus mir gemacht. Ich bleibe zu Hause und warte auf dich.«

Am liebsten hätte ich *Da kannst du aber von Glück reden* gesagt, traute mich aber nicht. Es kam mir pervers vor, daß sie so unglücklich war. Ließen sich solche depressiven Anwandlungen auf ihre Schwangerschaft zurückführen? Das sich ans Fenstergitter klammernde Buschbaby schien dieser Meinung zu sein.

Jenny setzte sich auf und sagte: »Ich bin hier, um Afrikaner zu unterrichten. Das war mein einziges Ziel. Und du hast es unterbunden.«

Da verlor ich die Beherrschung. »Afrikanern englische Sprache oder Rechnen beizubringen, das ist lachhaft. Ich hab' die Schnauze voll davon, ich kann's nicht mehr hören. Die Hälfte der Studenten ist verheiratet und hat Familie; sie behaupten, sie wollten ins Ausland gehen, um zu studieren. Das ist gelogen, sie wollen auswandern und nie mehr wiederkommen. Ihr Leben ist ihnen zuwider. Sie wollen ein Ticket nach England oder Amerika. Sie verabscheuen ihr Bauerndasein. Anzüge und Krawatten wollen sie tragen. Die von dir unterrichteten Mädchen werden alle in einem Dorf landen, wo sie mit einem hölzernen Mörser Mais stampfen. Jede einzelne wird zehn Kinder und einen besoffenen Mann haben. Was hat es für einen Sinn, hier irgendwas zu lehren außer Landwirtschaft?«

»Du kannst Afrikaner nicht leiden, das weiß ich«, sagte Jenny.

»Über vier Jahre lang waren meine einzigen Freunde hier Afrikaner und ein paar Inder. Du redest dummes Zeug. Du kennst mich gar nicht.«

»Du machst abfällige Bemerkungen über sie, das kannst du nicht abstreiten. Als wir in Moroto waren ...«

»Meinst du diese nacktärschigen Karamojong? Sollte ich so tun, als wären sie nicht nackt? Ich stehe mit dir und diesen Männern da und sehe vier riesige Salamis hin und her schwingen, also mache ich eine Bemerkung über einen Delikatessenladen.«

»Es war fies«, sagte sie. »Du hättest so tun können, als sähest du nichts.«

»O Gott«, rief ich. Mittlerweile war ich angezogen – und kam zu spät zur Arbeit. »Ist ja großartig. So tun, als sähe ich ihre Pimmel nicht. So tun, als wäre das hier eine richtige Stadt. So tun, als brächten sie einander nicht um. So tun, als beneideten und haßten sie uns nicht. So tun, als sei man nicht weiß. So tun, als glotzten sie nicht auf deine Titten. So tun, als hülfe deine Arbeit diesem Land. So tun, als seiest du nicht hier, um dich im Busch köstlich zu amüsieren. So tun, als würde es in fünf Jahren mit Uganda gewaltig bergauf gehen. So tun, als sei der Präsident kein komplettes Arschloch, kein Mörder, Folterer . . .« Ich brach ab, weil Jenny wieder anfing zu weinen. »Du suchst Arbeit? Du kannst meine haben. Dann bleibe ich zu Hause.«

»Das wäre dir zuwider.«

»Ich fände es großartig«, sagte ich. Es war mein Traum: den lieben langen Tag zu Hause sitzen und an meinem Roman arbeiten. »Ich würde liebend gern in diesem Zimmer sitzen und schreiben.«

»Ich habe kein Zimmer!« rief Jenny. »Das ist dein Haus! Alles gehört dir. Ich hasse es!« rief sie mit tränenerstickter Stimme.

»Hör bitte auf zu weinen!« Ich durfte sie in den Arm nehmen.

»Ich bin so unglücklich«, sagte sie.

»Vielleicht geht es dir wegen des Babys so schlecht.«

Ihr Blick wurde kalt. »Herr im Himmel, du hast überhaupt keine Ahnung. Wenn mich etwas glücklich macht, dann einzig und allein das Baby.«

Bei dem Wort Baby schaute ich auf: Das Buschbaby war verschwunden. An welcher Stelle unserer Brüllorgie hatte sich das kleine Wesen verzogen? »Und was ist mit mir?« fragte ich. »Liebst du mich nicht?«

»Ich kenne dich ja nicht mal.«

Wir kamen zu keinem Schluß, wir hörten nur auf, weil ich zur Arbeit mußte. Ich fühlte mich schauderhaft, und ich kam mir überrumpelt vor; Antworten hatte ich keine. Würde es immer so sein?

Ich arbeitete an meinem Roman und war überrascht, daß ich weitermachen konnte. Es ging so glatt wie eh und je. Das war eine Erleichterung und ein Trost. Mein Held, Yung Hok, leitete seinen Lebensmittelladen und schmiedete Pläne; auch er hatte ein Privatleben. Aber Mrs. Yung Hok, die bisher im Hintergrund geblieben war, nahm ein Eigenleben an und wurde zu einer handelnden Gestalt. Sie war ein sehr unzufriedener Mensch und bekam schlimme Wutanfälle, und wenn sie ihren Mann wieder einmal anschrie, verstummte er, zog den Hals ein und verdrehte die Augen wie ein kleiner Junge, der von seiner Mutter ausgeschimpft wird.

10

Ich hatte ein hübsches Mädchen geheiratet, das sich sehr rasch in eine unzufriedene Frau verwandelte. Doch das war noch nicht alles. Eine andere Frau reifte in ihr heran. Jenny veränderte sich erneut, sie wurde runder, ziemlich schwerfällig und unternahm weniger. Sie wurde stiller, schlief mehr und entwickelte eine Vorliebe für Ananassaft. Sie war jetzt weicher, langsamer, ein bißchen weinerlich. Ihre Veränderung faszinierte mich ... und entband mich von dem Vorwurf, ihr Leben zerstört zu haben. Jetzt führte auch sie ein anderes Leben.

Am Sonntagmorgen kauften wir immer auf dem Markt ein. Eines sonnigen Sonntags fuhren wir gerade über die Kampala Road, als uns ein Inder auf seinem Motorroller entgegenkam. Er winkte, und seine Maschine schwankte, als er die Fahrt verlangsamte. »Zurück, zurück!« brüllte er. Es sah absurd aus, wie er auf der leeren Straße in dieser schläfrigen Gegend herumschrie, während die Sonne auf die Bäume knallte und grüne Schatten warf. »Sie bringen euch um!«

Ein anderes Auto näherte sich von hinten. Der Inder schaute über seine Schulter, dann wieder auf uns und schrie erneut. Ich hatte dieses Schreien schon einmal gehört: als ein Inder spätnachts von einem Afrikaner überfallen wurde. Rashida hatte es aufregend gefunden. Es war Panik. Der Wagen hinter mir hupte, der Afrikaner am Lenkrad bedeutete mir, ich solle losfahren.

Jenny fragte: »Was hat der Inder nur?«

Sein Gesicht war grau, auf den Lippen hatte er Speichelflocken. Jetzt schrie er auf den Fahrer hinter mir ein. »Fahr zurück!« brüllte er. »Die bringen dich um!« Wegen seines Hindi-Akzents wirkten seine Worte irgendwie weniger dringend.

Ich fragte: »Was ist los?«

Er antwortete nicht. Er zerrte an seinem Motorroller, schmiß ihn beinahe um, fuhr über den Bordstein und raste auf einen durch Bäume führenden unbefestigten Weg. Es war sehr verwirrend. Alles hatte nur ein paar Sekunden gedauert.

»Scheiße«, sagte ich verwirrt.

Jennys Mund stand weit offen. Mit einer Stimme, die ich nicht als ihre erkannte, sagte sie: »Schau.«

Weit vor uns, am Scheitelpunkt der Straße, kamen Menschen, zerlumpte Afrikaner, lauter Männer, eine Menschenmenge so breit wie die Straße. Gestikulierend liefen sie auf uns zu, und kurz darauf hörte ich ihre Schreie. Sie kamen an einem Laden vorbei und warfen die Schaufensterscheibe ein, sie kamen an einem Auto vorbei und kippten es um, sie schwangen Knüppel und schmissen Steine.

Der Wagen hinter mir hupte immer noch, und der afrikanische Fahrer machte ungeduldig schiebende Handbewegungen. Er steckte den Kopf aus dem Fenster und rief: »Fahren Sie weiter!«

Es war Wangoosa, der Schatzmeister, der in meiner Gegenwart noch nie die Stimme erhoben hatte. Seine Augen waren klein und seine Zähne riesengroß; er war böse, weil ich zögerte. Und er war so nahe an mich herangerückt, daß ich nicht rückwärts fahren konnte. Vorwärts ging auch nichts mehr ... Der zerlumpte afrikanische Mob rückte näher.

Ich versuchte zu wenden. Auf der engen Straße war das ein schwieriges Manöver, und während ich mit dem Lenkrad kämpfte, fing Jenny an zu weinen.

Dann war der Mob über uns. Die Windschutzscheibe wurde eingeschlagen. Sie zerbrach rasch in winzige Stücke, die auf uns fielen. Jenny schrie, als ihre Knie und Hände blutig wurden. Ich brüllte auch, protestierend, doch das Geheul der Masse war so laut, daß ich meine eigene Stimme nicht hörte. Im Wagen war es dunkel geworden, weil die uns umgebende Menge das Licht abhielt. Das Rückfenster zerbrach mit einem Knall, und ein Seitenfenster zersplitterte. Sie schlugen auf das Metall der Karosserie ein, hämmerten auf Dach und Türen.

Die glatten Gesichter der Afrikaner hingen im vorderen Fenster. Ihre Kleidung war zerrissen, die Haare wirr und dreckig, sie schwitzten. Alle lachten, und jetzt schaukelten sie den Wagen, versuchten, ihn umzuschmeißen. Ich hatte das Gefühl, daß eine gewaltige Anzahl großer schmutziger Hände nach mir griffen.

Jenny schrie hysterisch. Ich konnte sie nicht aus dem Auto holen, solange ich nicht selbst rauskam, und seit das erste Fenster zersplittert war, versuchte ich vergeblich, die Fahrertür zu öffnen. Die dagegendrückenden Afrikaner hielten sie fest verschlossen. Ich schob immer noch mit der Schulter dagegen und rief: »Aufhören! Meine Frau ist hier drin! Sie ist verletzt, sie blutet ...«

Sie beachteten mich nicht, aber in ihrem Eifer, das Dach einzuschlagen, gaben sie die Tür frei. Ich schaffte es, sie so weit aufzustoßen, daß ich mich durchquetschen konnte; ich stellte mich darauf ein, verprügelt zu werden, und hob die Arme, um die Schläge abzuwehren.

Es kamen keine. Die Afrikaner traten grinsend beiseite. Ich sah, daß es Hunderte waren, und alle hielten Knüppel und Eisenstangen in den Händen. Einer ging an mir vorbei und schlug so fest gegen die Tür, daß die Stange klappernd auf die Straße fiel.

Auf Jennys Seite des Wagens war ein Handgemenge im Gange. Ich legte die Arme zum Schutz vors Gesicht und drängte mich durch die Menge. Aber Jenny war fort. Das Auto schaukelte, es war leer. Am schlimmsten fand ich das Gelächter. Der Mob betrachtete mein Auto als Spielzeug, das er unbedingt kaputtmachen wollte. Ich fühlte mich hilflos und verzweifelt, weil ich Jenny nirgends entdeckte. Umgeben von Afrikanern, ließ ich mich treiben: Ich wurde Teil der Masse, Teil ihres Willens. Wir kippten mein Auto um ... ich war dabei.

Dann packte jemand meinen Arm und zerrte mich aus dem Mob in den Sonnenschein. »Kommen Sie mit.« Es war ein kleiner hakennasiger Inder in grauem Anzug. Er war halb so groß wie ich, doch ich brauchte seine Kraft, um mich von den Afrikanern zu lösen. Er half mir näher an den Bürgersteig heran, und in dem Moment schaute ich hoch und sah Jenny hinter einer Tür verschwinden.

Der kleine Inder trieb mich durch diese Tür, dann schmiß er sie ins Schloß und verriegelte sie. Als er gerade den dritten Riegel vorschob, hämmerte jemand gegen die Tür. Ich wußte, wer es war: Ich hatte ihre Hände gesehen.

Doch der hakennasige Mann lächelte. »Die kriegen sie nicht kaputt. Die Tür ist stabil.«

Das Hämmern wurde lauter. Der Inder lächelte immer noch. »Die Tür habe ich selbst gemacht«, sagte er. »In meiner eigenen Werkstatt. Ich verstehe mein Geschäft.« Er strich seinen Anzug glatt. »Doch um sicherzugehen, begeben wir uns aufs Dach.« Er brachte mich an die Treppe und schaute zurück zur Tür, auf die eingehämmert wurde. »Das ist eine politische Angelegenheit. Das ist Blödsinn. Das ist ...« Und er räusperte sich laut und spuckte aus.

Auf dem Weg zum Dach kamen wir an einem Flur vorbei. Eine Inderin steckte den Kopf aus einem Perlenschnurvorhang und sagte etwas zu dem Mann.

»Ihre Frau ist da drin. Keine Sorge. Sie wird behandelt.«

Jenny saß mit hochgeschlagenem Rock da. Ihre Schenkel waren mit Antiseptikum eingepinselt. Auch an den Armen hatte sie Schnittwunden, ihr Kleid war zerrissen. Ich nahm sie ungeschickt in den Arm, und sie begann leise zu wimmern. »Wir sind in Sicherheit«, sagte ich. »Das verdanken wir diesem Mann.«

»C. D. Patel.« Der Mann richtete sich auf und streckte die Hand aus. »Tischlerei. Möbel, Betten. Und Sie?«

»Andre Parent.«

»Ihr Beruf?«

»Ich bin Schriftsteller.«

Auf dem Dach tranken wir unter einer Markise Tee und aßen Kekse, während unter uns die letzten Aufrührer durch die Straße zogen.

»Warum?« fragte Jenny.

»Afrikanischer Streit und Ärger«, sagte Mr. Patel. »Sie haben das britische Hochkommissariat angegriffen und die Türen eingeschlagen. Glastüren. Und dann randalierten sie.«

Seine Frau schnalzte mißbilligend mit der Zunge.

»Es ist eine politische Angelegenheit«, erklärte ihr Mr. Patel lächelnd.

»Es war ein Alptraum«, sagte Jenny.

Mr. Patel lächelte immer noch. »Es ist Kokolores.«

Als er das sagte, war ich mir sicher, ich würde es ertragen, verstehen und aufschreiben können. Und im selben Augenblick war ich auch sicher, daß ich Afrika so bald wie möglich verlassen wollte.

»Sie müssen noch ein paar Süßigkeiten nehmen«, sagte Mr. Patel. »Meine Frau hat sie zubereitet. Wir nennen das hier *gulabjam*. Bitte nehmen Sie.«

»Sie haben mein Auto demoliert«, sagte ich. »Was machen wir jetzt?«

»Sie werden bald nach Hause gehen können. Ich bringe Sie in meinem Lieferwagen hin.«

Mir fiel ein, daß ich Polizisten bei meinem Wagen gesehen hatte, nachdem ich ausgestiegen war und der Mob mich umdrängte. Warum hatten sie mir nicht geholfen, warum den Angriff nicht aufgehalten? Ich zitterte vor Zorn und wollte mein Erlebnis gerade loswerden – und auch alle anderen Beschwerden, wie über Wangoosa, der mich angehupt und meinen Rückzug behindert hatte –, als Jenny plötzlich aufstand. Sie war nicht sicher auf den Beinen. Sie hielt sich an meiner Schulter fest.

»Oh«, sagte sie leise und berührte ihren straff gewölbten Unterleib. Sie versuchte, einen Schritt zu machen, zögerte aber, als Wasser ihre Beine hinunterlief und ihren Rock verdunkelte. In der nächsten Sekunde sprang die Frau des Inders auf, noch ehe ich reagieren konnte.

Ich schaute in Jennys Gesicht. Sie kam mir gleichzeitig ganz ruhig und ein wenig überrascht vor, als hätte sie gerade etwas gehört – kein gewöhnliches Geräusch, sondern ein himmlisches Flüstern, das in der Luft lag.

V Zurück aus Sibirien

1

Es war Winter in Sibirien. Ich hatte mit tiefem Schnee und Verwehungen gerechnet und bereits das Telefongespräch einstudiert, das ich in Chabarowsk führen würde: die Kälte, die Eiszapfen, die Schneestürme. Doch als wir bei eisiger Kälte tiefer nach Sibirien hineinfuhren, fiel enttäuschend wenig Schnee. Manchmal gab es meilenweit nichts zu sehen außer schlanken Birken mit sich schälender Rinde unter einem Himmel, der so schwer war, als läge der Schnee in den tiefhängenden Wolken und würde jeden Moment auf mich niederfallen.

Ich reiste aus Japan nach Westen, und das Telefonieren ging mir seit Hokkaido im Kopf herum, wo ich drei vergebliche Versuche unternommen hatte. Immer hörte ich das Freizeichen, so lange, daß ich ein leeres Zimmer vor mir sah. In Japan war es Sonntag, in London Samstag. Vielleicht war sie übers Wochenende weggefahren?

Das Problem auf solch langen Reisen war diese Spannung, die zur Qual wurde, weil man nicht wußte, was los war. Doch ich war überstürzt abgereist . . . in Ungnade. Nach sechs Wochen hatte ich versucht anzurufen. Es war in Indien, eine miserable Verbindung, die gepreßte Stimme des indischen Telefons, bei der man eher an eine Séance denkt. Ich vernahm ihre leise Stimme, alles sei in Ordnung.

Zwei Monate später warteten in Singapur keine Briefe auf mich, doch ich blieb eine Woche lang dort, und einer traf am Tag vor meiner Abreise ein. Es war ein kurzer Brief; sie schrieb, ich fehle ihr. Danach war Schweigen. Ich war in Vietnam, und als ich wußte, daß Telefonieren unmöglich sein würde, dachte ich nicht mehr daran. Ich machte mir weiter Notizen, das ordnete meine Gedanken, es half mir zu vergessen, und wenn ich sie durchlas, fand ich Trost.

In Japan sagte man mir, es sei einfach, nach England zu telefonieren. Das stimmte, aber niemand nahm den Hörer ab. Und dann mußte ich abreisen. Ich befand mich auf einem sowjetischen Schiff im Japanischen Meer – hohe Wellen und Gischt; dann in der kalten braunen Stadt Nachodka; dann wieder in einem Zug nach Chabarowsk. Warum lag in Sibirien so wenig Schnee?

Damals gab es noch keine Gruppenreisen in die Sowjetunion. Einzelreisende begleitete eine Reiseleiterin von Intourist, der ein Auto samt Fahrer zur Verfügung stand. Normalerweise war der Wagen eine große schwarze Limousine, Fahrer oder Fahrerin waren schlecht gelaunt und gekleidet wie Maurer. Dieses Verfahren sollte bewirken, daß Reisende parierten ... Meine Reiseleiterin war eine Art Kindermädchen von einschüchternder Größe. Aber ich ließ mich keineswegs einschüchtern. Ich kam mir wie etwas Besonderes vor. Ich fühlte mich geschmeichelt, daß man mich für gefährlich genug hielt, um Bewachung nötig zu haben. Ich genoß die Vorstellung, daß ich ein Spion war. Ich war sehr einsam.

Ich hegte den Verdacht, nach viermonatigem ununterbrochenem Reisen halb verrückt zu sein. Warum ich überhaupt aufgebrochen war, hatte ich vergessen. Doch das war mittlerweile unwichtig, da ich auf der Heimreise war. Deshalb war der Anruf so dringend. Ich brauchte eine Bestätigung, daß mein Zuhause noch da war, daß sie warteten, daß ich geliebt und gebraucht wurde. Ich hatte meine Briefe auf gut Glück abgeschickt.

In Chabarowsk sagte Irina: »Ist ungewöhnlich«, was soviel hieß wie: ist unmöglich. Sie meinte das Telefonat. Irina war meine Reiseleiterin. Sie stammte aus der sibirischen Stadt Irkutsk, die sie für einen kosmopolitischen Ort hielt. Sie war gegen ihren Willen hier postiert worden, machte aber das Beste daraus. Sie war jung, übergewichtig und roch intensiv nach Parfüm und ihrem Fuchspelz. Von mir war sie enttäuscht. Sie fragte: »Wo ist Ihr Mantel? Wo ist Ihr Schal? Andere Schuhe haben Sie nicht?«

Mein Mantel war aus Japan. Er war zu klein. Gekauft hatte ich ihn wegen seines Kragens aus Kaninchenfell. Ich hatte dünne Wollhandschuhe dabei und eine Skimütze, auf der »Hokkaido« stand.

»Ich dachte, ich könnte in Chabarowsk einen Schal und Stiefel kaufen.«

»Ist nicht möglich, solche Dinge hier zu kaufen«, sagte sie und lachte. Dieses Lachen ließ mich zum erstenmal vermuten, daß es ihr zuwider war, in einer Stadt zu wohnen, in der solche simplen Notwendigkeiten grotesker Luxus zu sein schienen.

Außerdem war Irina von mir enttäuscht, weil ich nicht an ihr interessiert war. »Aus Schottland«, sagte sie und deutete auf ihren dicken Wollschal. »Made in Italia« – sie zeigte ihre Handschuhe. Ich begriff zwar nicht, warum sie so etikettversessen war, merkte aber, worauf sie hinauswollte. Meine Intourist-Coupons bewahrte ich in einem wunderschönen Lederbeutel auf, den ich in Thailand gekauft hatte.

»Ist hübsch«, sagte sie, als sie ihn das erstemal sah. »Teuer?«

»Froschhaut«, sagte ich. Das stimmte. »Sehr billig.«

Sie schaute seufzend aus dem Autofenster. Ich wußte, ich hatte sie enttäuscht. Sie wollte von mir ein wenig umworben werden, ein kleines Geschenk bekommen . . . Parfüm oder ein Schmuckstück; und sie würde sich von mir herumkriegen lassen, wenn es sich so ergab. Anschließend würde sie alle Klamotten anziehen – die beiden Pullover, die Stiefel, den Pelz, den schottischen Schal sowie die italienischen Handschuhe –, und nachdem sie sich neu geschminkt hatte, würde sie sich aus dem Staub machen. Danke schön.

Statt dessen wollte ich bloß mit London telefonieren. Das paßte ihr gar nicht. In der Sowjetunion benutzte niemand Telefone. Man schickte Telegramme auf dickem bräunlichem Papier. Die Wörter wurden zweimal gezählt und abgezeichnet und gestempelt, noch einmal gelesen und überprüft, bis es gar keine Nachricht mehr war, sondern nur noch in Rubel verwandelte Großbuchstaben.

»Ist notwendig?« fragte sie zweifelnd.

Damit meinte sie: Warum unternimmst du eine lange Reise und besuchst interessante Gegenden wie Sibirien, wenn du an diesen Orten hauptsächlich zu Hause anrufen willst?

»Es ist dringend.«

»Ist nicht leicht, Telefon zu finden.« Ihre gerunzelte Stirn bedeutete: Wenn du von mir nichts weiter willst als ein Telefonat, vergeudest du meine Zeit.

Doch ich wußte, ich konnte nur nach Hause fahren, wenn ich zuerst dort anrief, und so sagte ich: »Es muß hier jede Menge Telefone geben.«

»Natürlich«, sagte sie in jenem beleidigten Tonfall, den ich mit Menschen in armen Ländern in Verbindung brachte: Hältst du uns für Wilde?

»Ich meinte, für Auslandsgespräche.«

Sie zuckte die Achseln, was durch den Pelz zu einer theatralischen Geste wurde. »Es kann uns gelingen, mit Kiew zu telefonieren. Es kann uns gelingen, mit Leningrad zu telefonieren. Wir haben Ferngesprächsleitung. Ferngespräch.«

»Was ist mit London?« Ich wollte, daß sie mit der gleichen indignierten Bestimmtheit *Natürlich* sagte wie kurz zuvor.

»Zuerst ist nötig, das Telefon zu buchen.«

»Ja.«

»Und dann ist nötig, mit Moskau zu telefonieren.«

»Ja«, wiederholte ich und wartete auf mehr. Doch sie überlegte.

»Und dann müssen wir Erkundigung anstellen.«

»Bitte tun Sie das für mich, Irina.«

»In Moskau«, sagte sie, »ist Frühstückszeit«, und sie quetschte ihre winzige Uhr zwischen zwei großen Fingern mit Grübchen. »Jetzt wir fahren in Museum. Berühmtes Museum.«

Ausgestopfte Tiere mit glänzenden Glasaugen, staubige Vögel, verdrahtete Dinosaurierknochen, Fossilien, Gemälde von schnurrbärtigen Männern, Körbe und uralte lädierte Ureinwohnerfäustlinge, Töpfe und Waffen, angesichts deren ich dachte: Konnten sie damit kochen? Konnten sie damit töten? Das Gebäude war überheizt. Alles, was ich sah, war tot, und die quietschenden Dielen stimmten mich traurig.

»Jetzt wir aufsuchen Fabrik.«

»Was ist mit meinem Telefonat?«

»Ist wichtige Fabrik, macht Flaschenzüge, Winden . . .«

»Bitte, Irina.«

Sie antwortete nicht. Sie sagte auf russisch etwas zu dem Fahrer. Daß wir zum Hotel zurückgefahren waren, merkte ich erst, als wir dort ankamen. Irina murmelte etwas und stieg aus, doch als ich ihr zu folgen versuchte, fuhr mich der Fahrer auf russisch an, und ich blieb in dem muffigen Wagen sitzen.

»Ist gebucht«, sagte Irina, als sie zurückkam. »Jetzt wir besuchen Fabrik. Dann wir sehen Fluß. Dunkelheit kommt bald.«

»Was meinen Sie mit ›gebucht‹? Gebucht nach London?«

»Nach Moskau.«

»Wird man mich dort mit London verbinden?«

»Ich glaube schon. Ich hoffe es.« Sie sah meinen Gesichtsausdruck und lächelte mich an. Sanft sagte sie: »Keine Sorge.«

Am späten Nachmittag, es war bereits dunkel, ging ich das steile Flußufer hinauf zum Wagen, und dabei kam mir der Gedanke, daß ich zu weit gegangen war. Ich war zu lange fort gewesen. Was tat ich eigentlich hier, in dieser eiskalten Gegend, wo ich auf dem Eis ausglitt? Die Dunkelheit, die Kälte und die Stille waren sibirisch. Ich hätte nie hierherkommen sollen.

Sibirien war wie der Tod, nur nicht so endgültig. Es glich eher einer tödlichen Krankheit, einer besonders aufreibenden, ja sogar schmerzhaften Art zu warten. Ein flacher Herzschlag markierte die ablaufende Zeit wie das leise Ticken einer Uhr. Es war ein Zustand, den ich gerade erst kennenlernte: Sibirien bedeutet Spannung. Es war nicht Tod, sondern Sterben.

Zurück im Hotel, schrieb ich meine Notizen: über Irina und die Fabrik, das Museum, die Bank, das Standbild auf dem Platz, das Aussehen der Häuser, den Flur und darüber, wie alte Männer durch Löcher im Eis gefischt hatten. Bei diesen Aufzeichnungen war ich Experte im Auslassen. Ich schrieb nichts über das Telefonat. Auf meinen Reisen gab es gewisse immer wiederkehrende Ängste, die ich nicht notieren mußte, um mich daran zu erinnern.

Irina hatte gesagt, der Anruf würde um acht kommen. Das geschah nicht; ich hatte auch nicht damit gerechnet, daß er hier in Sibirien pünktlich sein würde. Ich war überrascht, als kurz vor halb neun das Telefon klingelte: Moskau! »Ich möchte mit London sprechen«, sagte ich.

»Die Nummer bitte?«

Ich sagte sie langsam. Dann wiederholte ich sie, womit ich

so beschäftigt war, daß ich nicht hörte, wie das Fräulein vom Amt mich immer wieder aufforderte, den Hörer aufzulegen, bis sie schrie.

Der Anruf kam etwa eine Stunde später. »Sprechen Sie bitte lauter!«

Ich sagte: »Liebling, kannst du mich hören?«

»Ja.« Die Stimme war leise, wie ein Zittern in einem Meer von Geräuschen, aber sie gehörte eindeutig Jenny.

»Ich bin in Sibirien. Ich hatte solche Schwierigkeiten, dich anzurufen, erst in Japan und jetzt hier. Ich mußte erst in Moskau anrufen.«

Als ich keine Antwort bekam, wurde ich befangen und fragte: »Kannst du mich auch bestimmt hören?«

»Ja.«

Einwortantworten förderten gewöhnlich meine Gesprächigkeit, aber bei dieser wurde ich unsicher. »Stimmt irgendwas nicht?«

»Du hast mich geweckt.«

»Tut mir leid, das wußte ich nicht. Jenny, ich bin in Sibirien.«

»Es ist sechs Uhr morgens«, sagte sie deutlich und anklagend, was ich auf eine Störung in der Leitung zurückführte.

Ich sagte: »Du fehlst mir.«

Darauf erfolgte gar keine Reaktion.

Ich fragte: »Kannst du mich noch hören?«

»Ja.«

»Was machst du gerade?«

»Ich habe geschlafen. Du hast mich geweckt.«

An den Pausen und dem Tonfall hört man immer, wann der andere möchte, daß man den Hörer auflegt. Ich fühlte es deutlich, fand das aber so beunruhigend, daß ich dem Druck standhielt und weitersprach. »Ich komme bald nach Hause.«

Nach einer Pause fragte sie: »Wann?«

»Ende des Monats.«

»Du hast gesagt, du würdest Weihnachten zu Hause sein.«

Ich fing an zu erklären.

»Es ist nicht wichtig«, unterbrach sie. Doch sie war nicht großzügig. Das hatte nichts mit Sympathie oder Verzeihen zu tun. Es klang eher wie: *Du* bist nicht wichtig.

Der Hörer in meiner Hand war kalt. In meinem Ohr summte laut das nächste Schweigen. Ich sagte: »Ich bin so einsam hier.«

»Es war deine Idee. Die ganze Reise. Ich wollte nicht, daß du fährst.«

»Es war sehr anstrengend ...«

Doch sie beendete noch ihren eigenen Gedanken. »Das ist jetzt nicht wichtig.«

»Jenny, es tut mir wirklich leid, daß ich dich geweckt habe. Wir sehen uns in ein paar Wochen. Ich liebe dich. Hörst du mich? Liebling, ich liebe dich.«

»Du fehlst Jack«, antwortete sie. Ihre Stimme klang immer noch kalt. Ich machte die Leitung, den gedämpften Klang, das Echo verantwortlich. »Ich muß gehen. Ich stehe im Nachthemd im Flur. Ich werde mich erkälten ...«

»Ich bin in Sibirien!« Mein Schrei erschreckte mich, doch die Verbindung war unterbrochen.

»Vierunddreißig Rubel«, verkündete Irina am nächsten Morgen an der Rezeption. »Sie haben sehr lange telefoniert.«

Ich tat, als wäre ich vollauf mit Geldzählen beschäftigt.

»Jetzt ist alles in Ordnung«, sagte sie und lächelte mich an. Sie reichte mir die Quittung.

Ich sagte: »Ja«, aber ich wußte, daß etwas ganz und gar nicht stimmte. Ich wollte nicht darüber nachdenken, was es war. Ich wußte nur, daß ich so schnell wie möglich nach Hause mußte. Keine Aufenthalte mehr, dachte ich. Am selben Abend nahm ich die Transsib nach Moskau ... acht Tage in dem wackelnden, rumpelnden Zug, die Kälte und die Birken. Heiligabend brachte ich betrunken mit dem Küchenchef im Speisewagen zu, den ersten Weihnachtstag am Fenster.

Ich dachte mir eine Geschichte aus. Einen Mörder, der nicht gefaßt wurde, überkommt solche Reue, daß er den Namen ändert und den seines Opfers annimmt. Seine Persönlichkeit verändert sich, bis er so sanft und furchtsam ist, daß man ihn schließlich selbst ermordet.

Warum entwickelte sich die Geschichte so makaber? Auf diese Frage wußte ich keine Antwort, also ließ ich mir eine neue Geschichte einfallen, über einen Amerikaner in London. *Er stand am Fenster und sah auf die Straße hinab* ... immer derselbe Anfangssatz. Ich wußte alles über diesen Mann, daß er in meinem Alter, daß er in Vietnam gewesen, daß er allein war. Als er aus dem Fenster schaute, sah er, wie ein Straßenfeger von einem jungen Mann drangsaliert wurde. Besonders schlimm daran war, daß der Sohn des Straßenfegers Zeuge der Erniedrigung seines Vaters wurde. Der Amerikaner folgte dem Rüpel durch Süd-London, zettelte eine Schlägerei mit ihm an und tötete ihn. Die Geschichte handelte von dem Preis, den er für diese Tat zu zahlen hatte: eine lange Geschichte, die ich deutlich vor mir sah.

In Moskau machte ich nicht länger halt, als ich brauchte, um im Schneematsch die Stadt zu durchqueren und ein polnisches Visum zu bekommen. Ich nahm den nächsten Zug und fuhr durch bis Hoek van Holland, sah alles verschwommen und las ununterbrochen, um meine fünf Sinne beieinanderzuhalten.

In Rußland hatte ich begonnen, Tschechow zu lesen, und war jetzt bei der letzten Geschichte des Bandes angelangt: ›Die Dame mit dem Hündchen‹. Es ging um eine Liebesaffäre, deren Wahrhaftigkeit mich erschreckte. Ich las weiter und brach ab; ich las und brach ab. Als ich fertig war, saß ich stumm im Zug, das Taschenbuch in den Händen. Ich las die Geschichte noch einmal. Ich las sie viermal. Jedesmal zog mich derselbe Absatz an und hielt mich auf. Er begann: *Und während er redete, dachte er daran, daß er zu einem Rendezvous gehe und keine lebende Seele davon etwas wußte und wahrscheinlich nie jemand etwas erfahren würde. Er führte zwei Leben: eines war vor aller Augen ... und das andere verlief im verborgenen.*

Das verstand ich sehr gut, aber ein solches Leben führte ich nicht mehr. Ich führte jetzt ein einziges Leben – ich hatte Jenny und Jack. Ich hatte keine Geliebte. Zu Hause war ich so glücklich gewesen, daß ich mich sicher genug fühlte, lange Zeit auf Reisen zu verbringen: Ich hatte ein Zuhause, in das ich zurückkehren konnte. Doch die Beschreibung in der Geschichte traf haargenau meine früheren Gefühle. *Und dank einem seltsamen Zusammenwirken von Umständen, das vielleicht zufällig war, fand alles, was für ihn wichtig, interessant, notwendig war, worin er aufrichtig war und sich nicht belog, was den Kern seines Lebens bildete, verborgen vor den anderen statt.*

Nicht mehr, dachte ich. Ich hatte mich der Geheimnisse entledigt; ich führte nun ein einfaches Leben, das ich mit Frau und Sohn teilte. Doch der Absatz ließ mich immer noch nicht los. *Und von sich schloß er auf andere, glaubte nicht das, was er sah, und nahm stets an, daß bei jedem Menschen sein wirkliches, sein interessantestes Leben unter dem Schutze des Geheimnisses wie unter dem Schutze der Nacht verlief.*

Meines nicht; doch bei der Überquerung des Ärmelkanals packte mich Trauer, und diese Trauer wich nicht von mir. Sie ging tiefer als eine Verstimmung, sie glich eher einem körperlichen Leiden. Ich ertrug es nicht, die Geschichte noch einmal zu lesen. Ich hatte immer wieder Alpträume, noch in Sibirien zu sein.

2

Nach der langen Zeit konnte ich es kaum erwarten, sie zu sehen. Außerdem wollte ich gesehen werden. War ich noch derselbe? Welchen Eindruck machte ich? Ich brauchte jemanden, der mir sagte, mit mir sei alles in Ordnung. Das war eine der Ängste, wenn ich nach Hause kam. Jemand sagte: *Du hast dich verändert, du bist anders geworden,* sah mir starr in die Augen und runzelte die Stirn.

Seit fünf Jahren war ich mit Jenny verheiratet, reiste aber seit neun Jahren umher, seit Afrika; das Reisen überschnitt sich also mit der Ehe und grenzte sie ein. Es war nichts Routinemäßiges, das alljährlich stattfand oder lange im voraus geplant wurde. Spontan verschwand ich, wann immer es mir möglich war. Es war keine Flucht, sondern ein Mittel, zur Konzentration zu finden und allein zu sein. Es half mir beim Schreiben. Reisen fand ich höchst friedlich. Außerdem brachte es mich auf Ideen. Jenny schien nichts dagegen zu haben. Sie war eine moderne Frau, deren Vorstellung von Freiheit darin bestand, einem Beruf nachzugehen. Reisen war für mich Atemluft, das wußte sie.

Die Ehe ermöglichte mir das Reisen, weil sie mir das nötige Gefühl von Sicherheit gab: Ich war nicht auf der Suche nach einem neuen Zuhause, ich war ein Wanderer, an allem interessiert und immer willens, in den Schoß meiner kleinen Familie zurückzukehren. Die Stabilität und Langeweile zu Hause, die Gerüche und die Bilder an der Wand, die bekannten Kleinigkeiten beruhigten mich. Am meisten beruhigten mich die Gesichter der Menschen, die ich liebte: Jenny und unser Sohn Jack.

An einem düsteren Spätnachmittag traf ich in Harwich ein, und London erreichte ich in einer schwarzen, windigen Nacht. In der Schlange am Taxistand der Liverpool Street Station lernte ich einige Inder kennen, und wir kamen überein, uns ein Taxi nach Süd-London zu teilen. Wir waren Fremde in einer fremden Stadt, die versuchten, Geld zu sparen. Und da ich so lange in Indien gewesen war, fand ich es natürlicher, mit ihnen zu sprechen, als mit den auf ein Taxi wartenden Engländern.

Unterwegs sagte einer: »Wir haben uns an dem Taxistand die Beine in den Bauch gestanden. Der Fahrer hat wegen Ihnen gehalten, mein Freund.«

»Woher kommen Sie?«

»Aus Broach, in Gujarat. Sie kennen Gujarat?«

»*Ghem cho. Magia ma chay.*«

»Das ist ja unglaublich, Mr. Bhiku«, sagte der Mann zu seinem schweigsamen Begleiter. »Der Amerikaner spricht unsere schwierige Sprache.«

»Ich kenne nur sechs Wörter.«

»Na und? Die verwenden Sie ausgezeichnet.«

Sie beklagten sich über das kalte London, das ich nach Sibirien gar nicht kalt fand, nur naß und schwefelgelb glänzend wie die Straßenbeleuchtung. London war mir im Winter oft wie eine unterirdische Stadt vorgekommen, in einer feuchten tropfenden Höhle.

»An der nächsten Ecke steige ich aus«, sagte ich und gab ihnen die Hälfte des Betrags, der auf dem Taxameter stand.

»Und wie heißen Sie?«

»Andre Parent.«

»Genießen Sie den Rest ihres Besuches, Mr. Andre.«

Warum sollte ich sie korrigieren? Teilweise hatten sie recht: Ich war vorübergehend hier, ein Fremder, nur ein Besucher. Ein zahlender Gast, wie man in England sagt.

Ich hatte das Taxi absichtlich in der High Street verlassen, damit ich den Rest der Strecke zu Fuß zurücklegen und so die Reise beenden konnte, die ich vor fast fünf Monaten mit dem Gang zum Bahnhof begonnen hatte. Außerdem wollte ich nicht vom Lärm eines Taxis angekündigt werden. Alle Londoner Taxis waren laut. Mein Eintreffen sollte eine Überraschung sein. Seit meinem Anruf aus Chabarowsk vor zwei Wochen hatte ich nicht mit Jenny gesprochen. Ich war sehr angespannt, als ich auf den Klingelknopf drückte. Ich kam mir wie ein Fremder vor ... schlimmer noch, wie ein Eindringling.

Hinter der Milchglasscheibe der Tür zeichnete sich ein menschlicher Umriß ab; dann ein Murmeln: »Wer ist da?«

»Ich bin's«, sagte ich.

Die Tür öffnete sich schnell. »Andy!« Jenny schlang die Arme um mich und küßte mich, und die ganze Wärme des Hauses samt seinen köstlichen vertrauten Gerüchen ergoß sich durch die Türöffnung über mich und wärmte mein Gesicht.

Oben ging ich in Jacks kleines Zimmer. Er war wach, er hatte die Klingel und die Unruhe gehört. Er schaute mich im Dunkeln an und wirkte verschüchtert.

»Jackie, ich bin's«, sagte ich. »Ich bin wieder da.«

»Dad«, sagte er und seufzte erleichtert. Er richtete sich auf und umarmte mich so vehement, als empfände er eher Panik als Liebe. Ich spürte seine dünnen Ärmchen an meinem Hals und dachte: Ich gehe nie wieder fort.

Es war die leblose Zeit zwischen Weihnachten und Neujahr: Ferien, die an Ebbe erinnerten oder an einen endlos langen Sonntag nachmittag. Die Londoner Straßen waren leer, der Himmel grau. Doch Nichtstun war genau das, was ich nach der vielen Bewegung brauchte.

Plötzlich gehörte ich wieder dazu. Ich ging einkaufen, ich kochte am Abend und erledigte hingebungsvoll und dankbar die stumpfsinnigsten Pflichten. Ich wusch den Wagen, ich baute Regale zusammen. Weihnachten hatte ich versäumt, doch der Baum stand noch. Ich schaffte ihn weg und räumte die Dekorationen fort.

Jenny sagte: »Du wirkst so energiegeladen.«

»Ich bin so froh, wieder hier zu sein.«

Es war Silvester. Wir hatten immer Wert darauf gelegt, nicht zu feiern, auf keine Party zu gehen; wir waren einfach dankbar, daß das alte Jahr friedlich zu Ende gegangen war, und gingen vor Mitternacht zu Bett.

Ich fragte: »Bist du nicht auch froh? Habe ich dir nicht gefehlt?«

Wir saßen rauchend da, umgeben von Essensresten und zwei leeren Weinflaschen. Jenny redete sehr nachdenklich, wenn sie die Wahrheit sagte. Auf ihre bedächtige Art die Worte wählend, antwortete sie: »Es war so schrecklich, als du gegangen bist. Es herrschte eine solche Leere. Ich war so verzweifelt einsam, daß ich im stillen so tat, als wärest du tot.«

Meinem Gesichtsausdruck entnahm sie, wie entsetzt ich war.

»Nur so konnte ich von einem Tag zum anderen weiterleben.«

»Ich konnte es nur, weil ich mir vorstellte, wie sehr ich dir fehlte; daß du auf mich gewartet hast.«

Sie schwieg, und ihrem Schweigen entnahm ich, daß sie nicht gewartet hatte. Einen Moment lang ging mir wie schon in Sibirien durch den Kopf, daß ich hätte sterben können – in Vietnam in die Luft gejagt, in Burma vergiftet oder in Sibirien erfroren – und es niemandem etwas ausmachte.

»Guck nicht so böse, Andy, bitte, ich *freue mich* ja, daß du zurück bist. Ich hatte vergessen, wie gut du kochen kannst, und Jack ist wie ausgetauscht, du hast ihm wirklich gefehlt. Manchmal wurde er ganz still, dann wußte ich, daß er an dich dachte.«

»Schlafenszeit«, sagte ich nach einem Blick auf die Uhr. Es war zehn vor zwölf.

In dieser Nacht und in anderen Nächten liebten wir uns . . . nicht leidenschaftlich, aber mit einer gewissen Hartnäckigkeit meinerseits. Ich fragte mich immer, ob sie sich wehren oder sich weigern würde. Sie wehrte sich zwar nicht, hatte aber auch nicht viel Spaß daran. Doch das war nicht verwunderlich. Nach einer so langen Trennung waren wir noch nicht wieder aneinander gewöhnt.

Sie arbeitete in einer Filiale von Drummond's Bank in der Nähe des Ludgate Circus. In einer Gegend Londons, wo ständig Geld gewechselt wurde, war sie Abteilungsleiterin in der Devisenabteilung. Ihre Bezahlung war gut – sie verdiente mehr als ich –, und ihre Stellung in der Bankhierarchie entsprach der einer zweiten Geschäftsführerin. Ihre Arbeitszeit hatte zur Folge, daß wir eine Tagesmutter brauchten. Vor meiner Abreise hatte in dem hinteren Schlafzimmer ein Mädchen gewohnt – Betty aus Bradford.

»Was ist aus Big Betty geworden?« fragte ich kurz nach meiner Rückkehr.

»Sie hat vor Weihnachten gekündigt. Sie studiert Pädagogik und möchte mit behinderten Kindern arbeiten.«

»Von jetzt an kann ich Jack zur Schule bringen. Dann haben wir das Haus für uns.«

»Das hatte ich gehofft. An drei Vormittagen in der Woche kommt Mrs. T. zum Putzen, du brauchst also nicht Staub zu wischen.«

»Ich hätte nichts gegen Staubwischen einzuwenden!«

»Wie häuslich du auf einmal bist.«

»Ja. Weil ich auf der verdammten Reise manchmal das Gefühl hatte, ich würde nie wieder lebend da rauskommen, sondern in irgendeiner scheußlichen Gegend wie Sibirien oder Afghanistan feststecken. Dann dachte ich: Was ist, wenn ich sterbe? Was für eine lange teure Reise, und dann der ganze Ärger, nur um zu sterben.«

»Du bist zu Hause, Andy. Schau nicht so besorgt drein.«

»Ich habe mir pausenlos Sorgen gemacht. Ich bin ausgesprochen abergläubisch geworden. Ich hatte Angst, du würdest bei meiner Rückkehr nicht hier sein.«

Sie gab mir einen Kuß. »Es ist großartig, daß du wieder hier bist.«

Ich sah ihr lange ins Gesicht, und sie wandte sich ab.

Nach all dem Herumreisen fand ich dieses ruhige Reihenhaus in einer Londoner Seitenstraße paradiesisch. Die meisten hielten die Gegend für eine der ödesten des Londoner Südens, aber ich fühlte mich hier zu Hause. Ich verbrachte den Tag mit Kleinigkeiten, brachte Jack zur Schule, machte ihm später sein Essen und legte ihn zum Nachmittagsschläfchen ins Bett; anschließend gingen wir spazieren, kauften Lebensmittel ein, und ich kochte. Zwischendurch, wenn ich eine ruhige Minute hatte, sah ich meine Notizen durch. Ich fand sie entmutigend: die merkwürdige Schrift, die bizarr klingenden Ortsnamen. Es waren vier große Notizbücher, etwa fünfhundert Seiten. Das war zuviel. Irgend etwas wollte ich damit tun, aber was? Ich stellte mir das Buch vor, doch so ein Buch hatte ich noch nie geschrieben. Ich hatte Angst anzufangen.

Die häuslichen Pflichten kamen mir gelegen. Sie verhinderten, daß ich nachdachte; sie waren stumpfsinnig und ermüdend, genau das, was ich brauchte. Der kleine Jack kam mir wie das ideale Kind vor, und ich wußte, daß er froh war, mich zu Hause zu haben. Er hatte ein ernstes Gesicht, sehr blaß von dem englischen Winter, schöne kleine Hände und tiefbraune Augen, die so ausdrucksvoll waren, daß ich alles tat, um ihn zufriedenzustellen. Ich machte ihm kleine Geschenke, kaufte ihm Süßigkeiten im Laden an der Ecke und zum Tee Gebäck bei Broomfield's; ich sah mit ihm fern, während er auf meinem Schoß saß. War er in der Schule, vermißte ich ihn so, daß ich manchmal zu früh loszog, um ihn abzuholen.

»Was möchtest du zu Mittag essen?«

»Sandwiches mit Pastete und Wurstbrötchen, und, Dad, kann ich Wackelpudding haben, den es auf Geburtstagspartys gibt?«

Ich freute mich, daß ich ihn glücklich machte, indem ich bei ihm war und ihm diese einfachen Dinge bot. »Du hast mir gefehlt, als ich weg war.«

»Aber jetzt bist du zu Hause.« Er machte mir Mut.

»Und ich gehe nicht wieder fort.«

»Das ist gut, dann können wir nämlich spazierengehen und mein neues Boot segeln lassen.«

Ich hatte ihm ein winziges Segelboot gekauft, das wir auf dem Teich im Crystal Palace Park zu Wasser ließen. Es war ein großer, matschiger Park mit Gärten und ausgedehnten Rasenflächen, auf denen man herumlaufen konnte. Der Teich lag in einer Lichtung, und wir brachten immer Brot für die Enten mit. Nach diesen Ausflügen, von denen Jack eine rosa Nase und kalte Hände bekam, nahmen wir den 73er Bus zurück nach Catford.

Wir sahen fern. Ich fand, daß es auf der ganzen Welt nichts Schöneres gab, als mit meinem kleinen warmen Sohn auf dem Schoß dazusitzen und Kindersendungen anzusehen. Wenn er lachte, drückte ich ihn noch fester an mich. Warum war ich je weggefahren?

Den ganzen Vormittag über, solange er in der Schule war, hatte ich Sehnsucht nach ihm. Wenn ich aus irgendeinem Grund das Haus verlassen mußte, eilte ich zurück, um bei ihm zu sein. Und er enttäuschte mich nie, er konnte es jedesmal kaum erwarten, mich zu sehen.

Die Wochenenden waren für mich eine wahre Wonne und liefen immer gleich ab. Am Samstag fuhr ich morgens in den Supermarkt in Sydenham einkaufen, kam zum Mittagessen nach Hause, und den Nachmittag verbrachte ich mit kleinen Arbeiten. Samstagabend kochte Jenny. Wir gingen selten aus. Wir sprachen davon, Ski zu fahren, wenn Jack älter war. Das beste an Samstagen war, früh ins Bett zu gehen und miteinander zu schlafen. Sonntags fuhren wir aufs Land nach Kent oder gingen in ein Museum. Ich trug den Jungen auf den Schultern. Ich fragte nie, was passieren würde. So wollte ich es haben: ein glückliches Zuhause. Die Ängste, die ich auf Reisen verspürte, waren Vergangenheit. Durch meine Heimkehr war ich zu dem Menschen geworden, der ich wirklich war. Reisen war ein anderes Leben, das ich hinter mir gelassen hatte.

Jenny fragte: »Kommst du mit deinem Buch voran?«

Ein Buch war mein einziger Grund für die Tortur gewesen. Ich hatte noch nicht angefangen, behauptete aber: »Prima.«

»Was machst du den ganzen Tag?«

»Ich schreibe, ich spiele mit Jack, ich rauche, ich sehe mir das Kinderprogramm im Fernsehen an.«

»Hast du einen Abgabetermin für das Buch?«

»Im Vertrag steht: Frühling 1974.«

»Das ist bald«, sagte sie. »In drei oder vier Monaten. Du wirkst gar nicht beunruhigt!«

Die Reise hatte mich beinahe erledigt; was würde da erst ein Buch aus mir machen? Mein Geheimnis war, daß es gar kein Buch gab ... jedenfalls keins, was zu schreiben mir wichtig gewesen wäre. Im Augenblick wollte ich nicht mehr als dies – die kleine Familie in einem kleinen Haus am Rande einer finsteren Stadt. Es war sicher.

»Was passiert, wenn du den Abgabetermin nicht einhältst?« fragte Jenny. »Bekommt der Verlag dann sein Honorar zurück?«

»Ich habe es ausgegeben«, sagte ich. »Aber ich glaube, daß ich einen Aufschub kriege.« Und ich dachte, wenn sie wüßte, daß Jack an einem durchschnittlichen Tag mit seinen Buntstiften mehr schreibt als ich ...

Sie sagte: »Du hast wirklich Glück, daß ich einen guten Job habe.«

Das stimmte. Außerdem war sie stolz auf ihren Beruf. Sie empfand ihn als Akt der Befreiung. Meiner Meinung nach unterlag sie da einem kleinen Irrtum: Ihre Arbeit befreite mich und gab mir Zeit. Bestimmt wußte sie, daß ich nicht arbeitete. Vielleicht war sie stolz darauf, die Brötchen zu verdienen. Ich hatte nichts dagegen. Nach meiner Rückkehr war ich etwa einen Monat lang glücklich, ein anderes Leben gab es für mich nicht.

Und dann war es vorbei. Ende Januar waren Jack und ich eines späten Nachmittags im Crystal Palace Park. Es war ein kalter Tag, und es wurde dunkel, der Himmel senkte sich auf meine Augenbrauen. Doch ich hatte Jack ein Versprechen gegeben und wollte es halten. Mit dem Segelboot unter dem Arm betraten wir durch das große Backsteintor den Park.

Auf dem Weg zum Teich zerrte Jack an meiner Hand und sagte: »Ich will die Dinosaurier sehen.«

Ich dachte, er verwechselte diesen Park mit dem Hyde Park, in dessen Nähe das Natural History Museum mit seinen Dinosauriern lag. »Hier gibt es kein Museum«, sagte ich.

»Nicht das Museum, die Dinosaurier.«

»Meinst du vielleicht den Zoo?«

»Nein! Nicht den Zoo ... die Dinosaurier!«

»Hör zu, Jack, hier gibt es keine Dinosaurier.«

»Doch!«

Vor lauter Enttäuschung fing er an zu schluchzen und lief vor mir her zu einem Garten, den ich noch nie gesehen hatte. Und in diesem Garten stand ein großer grünlich-bronzener Stegosaurus (das stand auf dem Schild) mit einem langen Schwanz und Knochenplatten, der an einem Rhododendron vorbeizustapfen schien. Im Zwielicht sah er aus wie ein Wesen, das nachts zum Leben erwachte.

»Da«, sagte Jack. Sein Gesicht war weiß. »Ich hab's dir doch gesagt!«

Er war ein lieber Junge, aber so rechthaberisch wie die meisten intelligenten Kinder; Widerspruch brachte ihn zur Weißglut. Dann zeigte er mir in dem halbdunklen Garten noch mehr Dinosaurier. Ich fand das rührend, da die Ungeheuer fünfmal so groß wie er waren.

Meine nächste Frage klang fast bewundernd. »Woher wußtest du von diesen Dingern?«

»Ich war mit Mamis Freund hier.«

Ich rang mir die Frage ab: »Sagtest du Mamis Freund oder Freundin?«

Er antwortete sofort, und auf einmal wurde mir bitterkalt.

3

Jack hatte gesagt: »Was guckst du so, Dad?«

Ich sagte: »Gar nichts«, und so meinte ich es auch.

Er sah, daß ich mich in diesem Moment verändert hatte. Bedrückt redete ich mit ihm und versuchte zu entscheiden, was ich nun unternehmen sollte. Mir fiel nichts ein. Mein Kopf war leer. Ich hatte keinen Plan.

Am nächsten Tag holte ich meine Notizbücher und las sie noch einmal gründlich durch, wobei ich wieder daran dachte, wie traurig und schwierig meine lange Reise gewesen war. Ich tat mir selbst leid, und mein Verdacht bestätigte sich: Ich war hintergangen worden. Ich hatte das Gefühl, wieder in Sibirien zu sein, und dabei fiel mir das gesamte Telefongespräch wieder ein, und es tat mir weh.

Schon damals hatte ich den Gedanken unterdrückt, daß mein Anruf für Jenny sehr überraschend gekommen war. Es war sechs Uhr morgens gewesen. Ich hatte es nicht wahrhaben wollen, aber während unseres Telefonates war sie mit jemand anderem zusammengewesen. Er hatte auf meiner Seite des Bettes gelegen und auf sie gewartet.

Vielleicht hatte ich sie nicht geweckt, sondern nur unterbrochen. *Laß es klingeln. – Nein, vielleicht ist er es. – Na und? Er würde sich fragen, wo ich war. Laß mich aufstehen, Liebling.* – Deshalb war sie nicht bloß zurückhaltend, sondern kalt gewesen. – *Wer war es? – Er war's. Keine Sorge. Er ist in Sibirien.*

Jetzt hatte ich ein Geheimnis, und es war wie eine Krankheit. Meine Fähigkeit zur Tarnung war so hoch entwickelt, daß ich damit umgehen konnte. Doch es schmerzte, damit zu leben und es zu verheimlichen. Die Heimlichkeit stellte mein früheres Doppelleben wieder her. Doch es war nicht das Spiel, das ich als Jugendlicher erfunden hatte. Ich war zweiunddreißig. Ich wußte, ein Doppelleben ist nicht eine von zwei Existenzen, die man mit der anderen austauscht wie ein Schauspieler, der die Kostüme wechselt. Beide Leben werden gleichzeitig gefühlt und geführt.

Immer, wenn ich mit Jack zusammen war, wenn ich fernsah oder ihn von der Schule abholte, wenn ich für Jenny kochte, wenn ich einkaufte, in den Waschsalon ging, Geschichten erzählte, zuhörte, Pläne schmiedete oder mit ihr schlief – immer und überall regte sich in mir das Geheimnis. Ich glaubte, daß auch sie zwei Leben führte und daß sie, da sie nicht daran gewöhnt war, leichtsinnig sein würde. Ich konnte es nicht abwarten, daß sie sich verriet. Ich suchte nach Beweisen.

Zuerst sah ich im Haus nach. Im Schlafzimmer stand ihre Frisierkommode. Schubladen. Sämtliche Diebe und Einbrecher begeben sich meist ins Schlafzimmer, wo sie schnurstracks auf die Frisierkommode zusteuern – die Schubladen enthalten alles, das wissen sie. Ich kramte darin herum und fand ausländische Münzen, Haarnadeln, kaputte Kulis, ihren

Paß (sie hatte während meiner Abwesenheit das Land nicht verlassen), Quittungsbelege für Gas- und Stromrechnungen, Scheckbücher und Schmuck. Den Schmuck erkannte ich wieder. Solche Geschenke hatte sie also nicht bekommen. Ich prüfte die Scheckabschnitte, ohne Erfolg.

Ihre Kleidung war aufschlußreicher. Ob es etwas bedeutete, daß sie einen Haufen neue Unterwäsche gekauft hatte? Das glaubte ich schon. Doch mehr fand ich nicht. Sie warf selten etwas weg, ihre Schubladen und Regale waren voll. Doch es war bedeutungsloser Krempel. Ich fand einen Schnappschuß von ihr mit Jack im Arm, den ich über meinem Schreibtisch an die Wand klebte.

Jack fragte: »Was machst du da, Dad?«

»Ich räume die Schubladen auf.«

»Darf ich dir helfen?«

»Nein«, sagte ich scharf, und dann sanfter: »Nein.«

Bei der Abreise aus Sibirien hatte ich mir eine lange Geschichte ausgedacht, in der ein Mann auf einer Straße vor den Augen seines Sohnes gedemütigt wurde. Jetzt fiel sie mir wieder ein. Jack wußte etwas, doch weil er sich dessen nicht bewußt war, konnte ich mit ihm nicht darüber sprechen. Es war unmöglich, ihn zu fragen, aber oft sah ich in seine schönen klaren Augen und dachte: *Erzähl mir von Mamis Freund ... hat er dich oft mit in den Park genommen? Hat er mit dir gespielt? Wo hat er gegessen?* Dann wüßte er Bescheid. Die Fragen würden ihn warnen, und dann hätte er ein Geheimnis. Damit würde er leben müssen. *Wo hat Mamis Freund geschlafen?* Jack lächelte mich an. Er wußte alles, und nichts davon war falsch. *Wie heißt er?*

Ich hatte die Macht, ihm seine Unschuld zu nehmen. Nur eine Andeutung von mir, und er würde straucheln. Wie einfach und zutreffend die Bibelgeschichte war, in der Adam und Eva zuviel wissen wollten.

Ich geriet in Versuchung, doch ich liebte das Kind zu sehr. Statt dessen gewöhnte ich mir an, Jennys Handtasche und Aktentasche zu durchwühlen. Gewöhnlich tat ich es zweimal. Sobald sie von der Arbeit kam, eilte sie zu Jack und las ihm meist eine Geschichte vor. Dann durchsuchte ich rasch ihre Tasche – Schlüssel, Quittungen, Geld, Pfefferminzdrops, Zettel, Briefmarken, Adreßbüchlein. Ich sah mir alles genau an. In ihrer Aktentasche befanden sich Buchführungszettel, Computerausdrucke, Fotokopien von Devisenberechnungen bis auf vier Stellen hinter dem Komma, Finanzanalysen und ihr ›Evening Standard‹.

Später am Abend wusch sie sich die Haare oder nahm ein Bad. Dann sah ich alles noch sorgfältiger durch. Ich hatte jeden einzelnen Namen in ihrem Adreßbüchlein unter die Lupe genommen. Nichts.

Tag für Tag durchsuchte ich ihre Handtasche und Aktentasche, und mir ging nur eine einzige Frage nicht aus dem Kopf: Warum hob sie all diese bedeutungslosen Zettel, die ausländischen Münzen und Gummiringe auf, warum schmiß sie die alte Rolle Pfefferminzdrops nicht weg?

»Ich kann meine Zeitkarte nicht finden«, sagte sie eines Morgens.

Sie befand sich in der mit einem Reißverschluß versehenen Seitentasche ihrer Handtasche, und zwar in einem Plastiketui, das außerdem zwei Weihnachtsbriefmarken enthielt. »Hast du schon mal in deiner Handtasche nachgesehen?«

»Natürlich hab' ich das!«

»Laß mich nachsehen. Vielleicht kann ich ja . . .«

»Wage es ja nicht, diese Tasche anzufassen«, sagte sie so heftig, daß ich wußte, sie verheimlichte etwas.

Etwa einen Tag später sagte sie, sie habe ihre Zeitkarte gefunden. Ich fragte nicht, wo.

Ihre Tasche durchsuchte ich weiter bei jeder Gelegenheit. Erzählte sie, sie habe ein Paar Handschuhe gekauft, fragte ich, in welchem Laden, und sah auf dem Etikett in den Handschuhen nach, ob sie auch die Wahrheit sagte. Wenn sie ankündigte, sie müsse Überstunden machen, rief ich sie unter einem Vorwand zu später Stunde im Büro an. Ich suchte nach Schwachstellen, nach irgendwelchen Unstimmigkeiten. Es gab keine, und gerade das kam mir verdächtig vor.

Ich überprüfte alle ihre Quittungen: für einen neuen Stuhl, ein paar Strümpfe, einen Friseurbesuch. Stand auf irgendeinem Zettel eine namenlose Telefonnummer, rief ich dort an. Ich bekam Jacks Schule an den Apparat, die Praxis des Hausarztes, sogar die Bank, allerdings nicht ihr Büro. Jedesmal legte ich den Hörer auf, ohne meinen Namen zu nennen.

»Wie kommst du mit deiner Arbeit weiter?« fragte sie.

Meine Arbeit! Ich hatte keine Arbeit, wenn man davon absah, daß ich in ihrer Handtasche herumwühlte und das Haus nach Anhaltspunkten durchsuchte. »Langsam«, log ich, doch sie glaubte mir. »Mein Arbeitszimmer ist kalt. Ich brauche einen wärmeren Raum.« Nach einem untätigen Vormittag am Schreibtisch stand ich mit tauben Händen und Füßen auf.

Sie sagte: »Ach ja, ich habe mir den Heizlüfter geholt.«

Ich hatte vergessen, daß einer in dem Zimmer gewesen war. »Ich habe mich schon gefragt, wo er ist«, sagte ich, neugierig auf ihre Reaktion.

Sie wurde sehr unsicher. Zuerst fiel es ihr nicht ein. Dann sagte sie, sie habe ihn verliehen. Ich fragte, an wen. Sie antwortete, sie habe ihn doch nicht weggegeben, sondern mit in die Bank genommen. Doch er sei kaputt, in der Reparatur. Ein neues Heizelement werde eingebaut.

Sie war eine schlechte Lügnerin. Beinahe tat sie mir leid. Aber warum wich sie aus? Ohne jede Vorwarnung tauchte ich eines Nachmittags gegen Schalterschluß, um halb vier, in der Bank auf und verlangte sie zu sprechen.

»Mein Name ist Andre Parent. Soviel ich weiß, arbeitet meine Frau hier.« Ich war noch nie dort gewesen.

»Welch eine Überraschung!« Das war ein bühnenreifes Flüstern. Immer noch lächelnd, fügte eine der älteren Frauen in der englischen boshaft-freundlichen Art hinzu: »Einer von den Männern, die ihre Frauen unangemeldet besuchen!«

Doch Jenny blieb gelassen. Sie sagte, sie sei erst in zwei Stunden fertig. Wir verabredeten uns für einen Drink nach der Arbeit im Black Friar. Als sie in den Pub kam, war sie entspannter und freundlicher, als ich sie seit langem erlebt hatte. »Das sollten wir öfter machen«, sagte sie und küßte mich.

Wir fuhren händchenhaltend mit dem Zug nach Hause, und während ich Abendessen machte und den Babysitter bezahlte, nahm Jenny ein Bad. Auf dem Herd blubberte die Spaghettisoße, und ich dachte über Jennys Tasche nach. Ich würde nicht nachsehen . . . nicht nach den angenehmen Stunden, die wir soeben miteinander verbracht hatten. Doch als ich die Tür ins Schloß fallen und das Wasser einlaufen hörte, konnte ich nicht widerstehen; die Macht der Gewohnheit war zu stark.

An den Krimskrams in ihrer Tasche war ich so gewöhnt, daß ich den einmal gefalteten Zettel sofort fand. *Ich möchte Dir so lieb wie irgend möglich sagen, daß ich Dich so sehr wie irgend möglich liebe.* Keine Unterschrift, kein Name. Ich nahm den Zettel mit in mein Zimmer, um ihn unter meiner Schreibtischlampe zu betrachten.

»Daddy«, rief Jack, »du hast mir keine Geschichte vorgelesen!«

Ich sah mir nicht mehr den Zettel an, sondern das Bild von Jenny und Jack. Wer zum Teufel hatte eigentlich dieses Foto gemacht?

4

Jenny kam im Bademantel aus dem Bad, mit wirren nassen Haaren, das Gesicht rosa vor Feuchtigkeit und Hitze, ein wenig atemlos und sehr mit sich selbst beschäftigt ... völlig ungedeckt.

Ich sagte: »Ich weiß, daß du während meiner Abwesenheit eine Affäre hattest.«

»Das ist aus und vorbei.« Sie war überrumpelt worden und sagte die Wahrheit.

»Es gab also jemanden.«

»Ich möchte nicht darüber reden.« Sie frottierte ihre Haare und ging.

Ich folgte ihr mit meinen Fragen. »Wer ist es? Kenne ich ihn?«

»Das ist unwichtig.« Sie wirkte sehr gefaßt.

Ich hatte weder den Zettel noch den zweifellos von ihm stammenden Schnappschuß erwähnt. Ich war einfach mit meiner Anschuldigung herausgeplatzt, und sie stritt nichts ab. »Wie konntest du nur?«

Sie reagierte scharf. »Du bist abgehauen. Allein gelassen hast du mich. Du hast nicht mal gefragt, ob es mir recht war ...«

»Und du bist mit diesem Kerl ins Bett gegangen!«

»Was hast du denn von mir erwartet?« Mich überraschte, wie selbstverständlich sie es zugab, aber mich störte, daß sie nicht zerknirscht war. »Hast du geglaubt, ich würde nach deiner Abreise Nacht für Nacht allein in diesem Haus verbringen?«

»Ich habe Nacht für Nacht allein in miesen Hotels verbracht.«

»Vielleicht hättest du dir jemanden fürs Bett suchen sollen. Ich hätte das verstanden.« Das sagte sie beinahe liebevoll, fügte aber ärgerlich hinzu: »In London war es Winter und dunkel und kalt. Du warst in der Türkei und in Indien. Burma. Japan. Großartige Länder.«

»Es war schauderhaft! Ich war allein ...«

»Du hast es so gewollt«, fuhr sie mich an. »Ich war es leid, dich von deiner Reise reden zu hören. Du hättest ja nicht fahren müssen. Ich habe dich angefleht zu bleiben.«

»Wir brauchten das Geld.«

»Das ist nicht wahr. Ich habe Arbeit.«

»Ich konnte nicht schreiben. Ich hatte nichts zu tun. Ich ertrug den Gedanken nicht herumzusitzen.«

»Ich wollte es nicht, aber du bist trotzdem gefahren. Jetzt mußt du dich mit den Konsequenzen abfinden.«

»Du bist unglaublich«, sagte ich. »Du konntest nicht die paar Monate bis zu meiner Rückkehr warten.«

In dem besserwisserischen Tonfall einer Lehrerin sagte sie: »Viereinhalb Monate.«

»Du konntest nicht warten!«

»Warum sollte ich? Du hast getan, was du tun wolltest. Du hast auch nicht gewartet. Du hast dich amüsiert.«

»Es war gräßlich«, widersprach ich. »Ich kann dir gar nicht sagen, wie erbärmlich es war. Das weißt du doch. Ich habe dir fast täglich geschrieben ...«

Da sah ich sie vor mir, wie sie die Briefe öffnete. Sie stand neben der Haustür, schob den Finger unter die Lasche und riß den Umschlag auf. Sie glättete das Briefpapier, sah sich den

Briefkopf genau an – irgend etwas Irreführendes wie *Grand Hotel Amritsar* –, und dann warf sie einen flüchtigen Blick ans Ende und las: ... *Du fehlst mir sehr, und ich kann es kaum erwarten, Dich wiederzusehen.* Anschließend zog sie los und traf sich mit dem Mann.

»Und du hast mir kaum geschrieben. Jetzt weiß ich, warum.«

»Ich habe dir den Grund genannt. Es war, als wärest du gestorben. Ich wollte nicht an dich denken. Sonst hätte ich mich nur elend gefühlt.«

»Jedenfalls hast du mit diesem Kerl gevögelt, damit hattest du wohl alle Hände voll zu tun.«

»Ich wußte, daß es dir nur darum geht, um Sex. Du kannst dir nicht vorstellen, daß es etwas ganz anderes war.«

»Wenn du einen Liebhaber hast, was gibt es da noch anderes?«

»Freundschaft beispielsweise. Davon hast du natürlich keine Ahnung. Du hast keine Freunde, du bist viel zu egoistisch. Und dann gibt es auch noch praktische Dinge. Einmal wollte der Motor nicht anspringen. Er ließ die Batterie aufladen ...«

»Er läßt die beschissene Batterie aufladen, und du reichst ihm deinen Arsch«, schrie ich. »Wo hat er in dieser Nacht geschlafen? Hä? Du bist mit ihm aufgewacht, und der Wagen sprang nicht an. Er schlief in meinem Bett!«

Sie warf mir einen schrägen Blick zu. »Ich sage kein Wort mehr. Wie kannst du es wagen, so mit mir zu reden.«

Am liebsten hätte ich sie geschlagen. Nicht aus Zuneigung oder Mitleid ließ ich es, sondern aus dem Gefühl heraus, nicht aufhören zu können, bis ich sie schwer verletzt, gewürgt oder getötet hätte. Nicht der Gentleman in mir hielt sich zurück, sondern der clevere Mörder, der wußte, welcher Gewalttat er fähig war.

Wir gingen zu Bett, und ohne Warnung oder Vorbereitung rollte ich herum und schob ihre Beine auseinander. Schweigend – aber nur darauf wartend, daß sie sich wehrte – drang ich hektisch und brutal in sie ein. Sie gab keinen Laut von sich. Kurz danach, als ich mich von ihr abwandte, um einzuschlafen, weinte sie leise.

»Was ist los?«

Sie schwieg und versuchte, ihr Schluchzen zu unterdrücken. Wenn mir etwas leid tat, dann nur, daß sie sich vielleicht selbst bedauerte statt mich.

In den folgenden Tagen ging es mir nicht mehr aus dem Kopf, keinen Augenblick, den wir zusammen waren. Mitten im unverfänglichen Gespräch über Jacks Fortschritte in der Schule, die losen Dachziegel oder ob wir einen neuen Teppich für die Diele kaufen sollten, sagte ich plötzlich: »Wer ist es?«

»Ich habe dir doch gesagt, es ist aus.«

»Hat er hier geschlafen?«

»Ich möchte nicht darüber reden.«

»Er ist mit dir ausgegangen. Er ist mit dir im Park gewesen.«

»Hör bitte auf. Wenn wir so weitermachen, schreist du mich am Ende bloß wieder an.«

»Crystal Palace Park – ich weiß Bescheid. Und in Greenwich wart ihr auch. Lüg mich nicht an, ich weiß es.«

Das Foto war im Park von Greenwich aufgenommen worden. Ich hatte es mit einer Lupe betrachtet und im Hintergrund den Hügel und eine Ecke des Observatoriums entdeckt. Und ich ärgerte mich, daß es so ein gutes Foto von Jenny und Jack war, beide lächelnd und glücklich. Es war mit einer teuren Kamera aufgenommen worden, man sah es an der Größe des Abzugs, an der Schärfe und der Farbe. Wir hatten eine billige Kamera, wir hatten kein Geld. Seine hatte offensichtlich ein Weitwinkelobjektiv mit 35 mm Brennweite, und wahrscheinlich hatte er eine Schultertasche mit Objektiven und Filtern. Ich stellte ihn mir als ernsthaften und egoistischen Menschen vor – so waren in meinen Augen alle fanatischen Fotografen –, der seine Nase in alles steckt, weil alles ihm gehört. Vermutlich glaubte er, meiner Frau und meinem Kind einen großen Gefallen zu tun, indem er sie fotografierte. Er hatte mit meiner Frau geschlafen und mit meinem Kind gespielt. *Sieh dir die Dinosaurier an, Jack. Ich halte dich mal eben hoch, damit du sie sehen kannst. Und los geht's* ... Und ich saß in Rangun oder Kalkutta oder irgendeinem anderen erbärmlichen Ort in Unterwäsche auf der Bettkante, als Schreibunterlage ein Buch auf den Knien, und fing meinen Brief an: *Liebling* ...

»Ich weiß, daß er hier geschlafen hat«, sagte ich. »Wie konntest du das zulassen? Im selben Haus mit Jack! Dein Sohn bekam mit, wie du mit einem anderen Mann gevögelt hast. Du bist ein Miststück, eine Hure . . .«

Sie fing an zu weinen. Das wollte ich. Eine andere Genugtuung hatte ich nicht: daß es ihr leid tat und sie sich schämte, daß sie Angst bekam.

Sie sagte: »Wenn du mich verlassen willst, dann geh. Aber tu mir bitte nicht noch mehr weh.«

Weder wollte ich gehen, noch wollte ich, daß sie ging. Was ich wollte, war unmöglich. Die ganze Affäre wollte ich ungeschehen machen. Wahrscheinlich wäre mir lieber gewesen, wenn sie geleugnet hätte. Doch in ihrer traurigen Ehrlichkeit, ihrer Wut und ihren Tränen gab sie alles zu.

Ich sagte: »Armer kleiner Jack.« Jenny weinte. »Er weiß alles darüber. Er hat alles gesehen. Er wird es nie vergessen.«

Jennys Tränen wirkten wie ein Eingeständnis, daß auch dies stimmte. »Laß mich bitte in Ruhe, Andy.«

Sie wußte, daß sie schwach war und daß mir mein Zorn Kraft verlieh; doch ihre Schwäche war meine einzige Hoffnung. Es genügte nicht, daß ich ein oder zwei verzerrte Details kannte. Ich dachte: Wenn ich mehr weiß, wenn ich alles weiß, könnte es leichter werden.

»Er arbeitet in der Bank, das weiß ich.« Ich wußte es nicht. Dahinter stand einfach die Überlegung, daß ihr nur jemand im Büro den Zettel geben konnte.

Sie schluchzte, sagte aber nichts.

»Wahrscheinlich ist es jemand, den ich kenne.«

Ihre Augen waren rot, die Haut darum schlaff und entzündet. Sie sahen aus wie zwei blutende Wunden.

»Kaum war ich abgereist, hast du dich mit ihm eingelassen, und all meine Briefe haben dir nichts bedeutet . . .«

»Deine Briefe waren mir sehr wichtig«, erwiderte sie, und das tat mir weh. Ich wollte lieber, daß sie das andere leugnete. »Ich habe alle aufgehoben, sogar die Postkarten. Du glaubst mir nicht.«

Doch ich hatte meine Briefe in einer ihrer Schubladen gefunden, fein säuberlich gestapelt. Ich kannte alles, was in diesen Schubladen lag. »Er hat hier geschlafen, du hast für ihn gekocht ... Ich bin sicher, daß auch Betty über ihn Bescheid wußte. Wahrscheinlich hat sie deshalb gekündigt ...«

Jennys Gesicht lag in ihren Händen. Stimmte das? Ich dachte: *Streite es ab.* »... und ich weiß, daß du an dem Tag, als ich aus Sibirien anrief, mit ihm im Bett gelegen hast. Am Abend zuvor warst du ausgegangen. Es war dir gar nicht recht, daß ich anrief. Darum warst du so abweisend, obwohl ich dein Mann bin. Er lag im Bett, auf meiner Seite des Bettes, und wartete auf dich ...«

Immer noch weinte sie, und ich dachte: *Sag doch etwas.* »Und auch jetzt wartet er auf dich. Er schreibt dir Zettel. Du triffst ihn immer noch!«

Sie sagte: »Nein, es ist aus!«

Das war ihr einziges Leugnen, und es war schrecklich, weil es bedeuten mußte, daß alle meine anderen Beschuldigungen stimmten.

5

Es ging nicht nur darum, daß ein anderer mit ihr ins Bett gegangen war, auch wenn mich das entsetzte und in mir eine Wahnvorstellung hervorrief, in meinem Kopf erhob sich ein Mann mit einem Hackebeil und begann zu tanzen. Da war noch etwas Schlimmeres. In mancherlei Hinsicht hatte ich eine gefährliche Reise hinter mir. Mir fielen die schlimmen Momente ein, die klapprigen Busse auf Gebirgsstraßen, widerliches Essen und Wasser, Hotels, die bei Brand zur Mausefalle wurden, die bösartigen und verrückten Menschen, die mir begegnet waren; Vietnam.

Ich hätte sterben können. Nie hatte ich meine Furcht abgelegt, daß ich dazu verdammt war, bei einem Unfall zu sterben, in einem tristen Ort, wo ich nichts zu suchen hatte. Oft träumte ich von Eisenbahnunglücken, oder eine wütende Menschenmenge hackte mir die Arme ab, häufig fing ich Feuer im Traum. Überall war ich der Fremde. Doch ich tröstete mich mit der Gewißheit, daß meine Familie wartete. Es war ein methodischer Aberglaube: Ich sang, um mich bei Laune zu halten, und solange sie an mich dachten, würde mir nichts geschehen; und falls ich doch starb, würde es ihnen das Herz brechen.

Jetzt wußte ich es besser. Wenn ich gestorben wäre, hätten sie auf jene schuldbewußte Art getrauert, die man empfindet, wenn sich etwas Schreckliches tatsächlich ereignet, das man tief im Innersten erhofft hatte. Mein Tod wäre ihnen vielleicht gelegen gekommen, da ein anderer bereits meinen Platz eingenommen hatte und mich ersetzte. Er saß in meinem Sessel, schrieb an meinem Schreibtisch, wahrscheinlich benutzte er meine Bücher. Seine Füße legte er auf meinen chinesischen Hocker. Er schlief auf meiner Seite des Bettes und spielte mit meinem Kind. Ich sah den Frühstückstisch vor mir; ein klebriger Löffel steckte im Marmeladeglas. So war es bei meiner Abreise gewesen; dann starb ich, und jemand anders saß an dem Tisch. Doch das Marmeladeglas mit dem verschmierten Löffel blieb stehen. Wie dumm von mir, je an meine Unersetzlichkeit geglaubt zu haben. Ich zählte nicht.

Ich hatte immer gedacht, die zynischsten Zeilen der Literatur stünden in dem aus dem 17. Jahrhundert stammenden Theaterstück ›Der weiße Teufel‹ von John Webster:

> O Mann,
> Der du auf deinem Totenbette liegst und heimgesucht wirst
> Von heulenden Eheweibern! Trau ihnen nie; sie heiraten von neuem
> Bevor der Wurm dein Leichentuch durchbohrt, bevor die Spinne
> einen dünnen Vorhang für deine Grabinschrift gewoben hat.

Mit anderen Worten: Noch bevor deine Leiche kalt ist, wird es deine Frau mit einem anderen treiben.

Mir war das immer zu grausam und höhnisch erschienen, um wahr zu sein. Doch es stimmte. Ich hielt meinen Fall für schlimmer, da ich nicht gestorben, sondern nur verreist war. Sie hatte gesagt: *Insgeheim tat ich so, als wärest du tot.*

Sie behauptete, sie habe mir alles gesagt. Ob das stimmte? Ich dachte: Es muß noch mehr geben.

»Wie heißt er?« fragte ich.

»Was nutzt es, wenn ich dir das sage?«

»Dann weiß ich, wer er ist.«

»Es ist alles vorbei«, sagte sie. »Du bist wieder da. Jetzt ist es anders. Siehst du denn nicht, daß ich dich liebe?«

»Würdest du mich lieben, hättest du das nicht getan.«

»Mir war nicht klar, daß du es dir so zu Herzen nehmen würdest«, sagte sie. »Ich hätte nie gedacht, daß du so verletzt sein könntest.«

»Es bringt mich um.«

»Ich wünschte, du wärst nicht so melodramatisch.«

Ich packte sie bei den Schultern und schüttelte sie, dann schubste ich sie gegen die Wand, wobei ihr Kopf anstieß. Sie war erschrocken, gab aber außer einem plötzlichen Atemstoß keinen Ton von sich, also tat ich es noch mal. Diesmal hatte sie Angst und Schmerzen und fing an zu weinen. »Bitte ...«

»Melodramatisch!« Dieser Vorwurf hat fast immer ein Melodrama zur Folge. Ich neigte zur Brutalität. Die Auswirkungen wurden mir erst bewußt, wenn ich gewalttätig geworden war. Ich wollte sie noch einmal schlagen. Das konnte ich nur verhindern, indem ich einen Aschenbecher aufhob und zu Boden schmetterte. Es gelang mir, sie einzuschüchtern ... Ihre panische Angst verschaffte mir keine Befriedigung, beruhigte mich aber, da sie davon passiv wurde.

Aus dem kleinen Zimmer im ersten Stock kam Jacks schläfrige Stimme: »Daddy, was ist das für ein Lärm?«

Hätte es ihn nicht gegeben, wäre ich viel weiter gegangen, das wußte ich. Wie oft mußte ich von nun an sagen: »Ich habe etwas fallen gelassen«? Das wollte er unbedingt von mir hören, obwohl er wußte, daß es eine Lüge war. Er fürchtete, eines Tages mit der Wahrheit belastet zu werden.

Ein Sturm war über uns hereingebrochen. In alten Märchen haben Hexen die Gabe, Wind herbeizupfeifen. In meinen Augen hatte Jenny diese Hexengabe, doch der Wind wehte immer weiter, sie konnte ihn nicht zur Ruhe bringen. Wir hatten alle Angst; wir alle sehnten sein Ende herbei.

In meiner wütenden Eifersucht suchte ich nach weiteren

Beweisen, und als ich keine fand, wurde ich nur noch mißtrauischer. Mein Unvermögen, irgend etwas zu finden, sah ich als endgültigen Beweis, daß etwas verheimlicht wurde.

»Hör auf . . . Du tust mir weh!«

»Sag mir seinen Namen!«

»Daddy . . . Mami!«

Wir waren das störende Paar, dessen Geschrei man spätabends aus einem Fenster hört. Wir waren die Leute, die einander verzweifelt anbrüllen, die das Fenster offenlassen, damit sie jemand hört. Dabei denkt man immer: Sie sind dumm und gefährlich. Solche Leute waren wir.

Sie sagte: »Warum hätte ich es nicht tun sollen?«

Ich sagte: »Ich wollte, daß du besser bist als ich.«

Sie sagte: »Wie absurd, mich zu hassen, weil du dich in mir wiedererkennst.«

»Das ist nicht absurd, sondern logisch«, widersprach ich. »Aber du bist schlimmer!«

Und zwischen diesen Streitereien setzten wir uns und aßen, wir sahen fern, wir schliefen miteinander. Ich haßte sie nicht. Wir liebten uns, und ich lag im Sterben.

In all meinen Träumen tauchte der Tod auf. Ich öffnete die Türen zu mir bekannten Zimmern, aber da war niemand. Ich durchsuchte die Wälder nach meinem Sohn und entdeckte ihn in weiter Ferne, an der Hand eines anderen. Und wenn ich nach unten sah, erkannte ich, daß etwas, das ich für eine rohe Rinderhälfte in einem Graben gehalten hatte, mein in einem Grab liegender Leichnam war. In meinen Träumen tauchten nie Leidtragende auf, es gab keine Trauer, es gab keinen Beleg dafür, daß ich je existiert hatte. Immer wieder träumte ich vom Fliegen: In niedriger Höhe stieg ich über Hügel auf, und wenn ich eine Bruchlandung machte, brachen meine Knochen wie splitternde Stuhlbeine.

Nach solchen Träumen wachte ich so zerschlagen auf, als hätte ich gar nicht geschlafen. Und ich war nicht imstande, etwas anderes zu tun als stumpfsinnige Arbeiten im Haushalt. Ich brachte Jack zur Schule, ich wischte Staub und spülte Geschirr, und dann holte ich Jack ab und zwang ihn, Mittagsschlaf zu halten, weil ich selbst einen nötig hatte. Das alles war mir zuwider, aber ich konnte nichts anderes tun. Wenn

Mrs. Trevor, die Putzfrau, kam, zog ich allein los. Gewöhnlich lungerte ich vor Drummond's Bank herum und beschattete Jenny, wenn sie nach Hause fuhr. Am Bahnhof hastete ich dann zum Fahrkartenschalter und tat so, als hätte ich dort auf sie gewartet.

Mir fiel nichts auf. Nie sprach sie mit jemandem. Sie las ihren ›Evening Standard‹, und damit hatte es sich. Und ich fand nichts niederschmetternder, als mit all den heimfahrenden Pendlern im Londoner Zug zu sitzen. Sie waren müde, blaß und zerknittert; ich war sicher, daß sie träumten, doch sie sahen niedergeschlagen aus. Unter ihnen zu sitzen ängstigte und deprimierte mich. Früher war ich mir wie ein Fremder vorgekommen: Ich war anders, ich hatte Hoffnungen und meine eigene Arbeit, ich war ein Zugvogel. Nun kam mir der Verdacht, daß ich ihnen glich . . . wir wurden alle betrogen.

Ich öffnete Jennys Post und fand heraus, daß der Begriff »einen Brief über Dampf öffnen« unsinnig ist. So ein Verfahren gibt es nicht, wenigstens kein sinnvolles. Mit Dampf zerstört man den Umschlag, die Tinte zerläuft, es gibt eine Schweinerei. Der Briefträger zeigte mir, wie man es macht.

Ich sollte für einen Brief aus den USA zwanzig Pence Nachgebühr zahlen. Die Handschrift war unregelmäßig: der Brief eines Lesers, per Adresse des Verlages. Solche Schreiben konnten sehr nett oder höchst ärgerlich sein. Ich brauchte ein nettes, auf das andere konnte ich verzichten. Ich zögerte mit meinem Geld und sagte: »Ich wünschte, ich wüßte, was drinsteht.«

Der Briefträger fragte: »Haben Sie mal 'n Bleistift?« Dann steckte er die Bleistiftspitze unter den Falz an der Seite, rollte den Bleistift und öffnete das seitliche Dreieck.

Der Brief begann mit dem Satz: *Ich habe noch nie einem Autor geschrieben.* Ich las noch ein wenig weiter, dann trennte ich mich von den zwanzig Pence. Und beinahe täglich kam ein Brief für Jenny. Ich öffnete alle nach der Briefträgermethode, aber sie sagten mir nichts. Sie waren von Brot für die Welt, ihrem College-Tutor oder der Labour Party.

Der Zettel, den ich in ihrer Handtasche gefunden hatte, war ihr im Büro zugesteckt worden, das stand für mich fest. Und als ich in meiner Wut behauptete, ihr Liebhaber müsse ein

Arbeitskollege sein, hatte sie bloß geschluchzt, nicht geleugnet.

In der Bank arbeiteten nicht viele Männer; die meisten kannte ich vom Sehen. Einer saß an einem Schreibtisch in der Nähe des Auskunftsschalters. Er war ungefähr in meinem Alter, Anfang Dreißig, und arbeitete scheinbar konzentriert, offenbar ohne den ihn umgebenden Lärm und die Unruhe zu bemerken. Er trug keinen Anzug wie die anderen Männer in der Bank. Sein Cordsamtjackett war leicht fleckig, aber der Schlips war modisch breit und bunt. Er wirkte deplaziert. Er erinnerte mich an mich selbst. Das Namensschild auf seinem Schreibtisch trug die Aufschrift A. C. SPEARMAN.

Die anderen Männer im Büro, deren Namensschilder ich sehen konnte – Dinshaw, Roberts, Wilkie und Slee –, trugen alle dunkle Anzüge und sahen ziemlich langweilig und dümmlich aus. Nach einem schweren Arbeitstag gingen sie niedergeschlagen nach Hause wie die Pendler, die ich im Zug um 17.43 Uhr nach Catford Bridge sah.

Ich lungerte herum, weil ich nichts anderes zu tun hatte, und folgte Spearman, wie ich Jenny gefolgt war. Er wohnte in Sydenham, was verdächtig nahe, allerdings an einer anderen Bahnstrecke lag. Er ging immer allein zur Charing Cross Station. Etwas an seinen Schuhen – abgewetzt, formlos, mit abgelaufenen Absätzen – überzeugte mich, daß er der Mann war. Er lebte im obersten Stockwerk eines riesigen Hauses, dessen Wohnungen in Apartments unterteilt worden waren. Sein Name stand neben einem der acht Klingelknöpfe.

»Ich weiß, wer es ist«, sagte ich.

Jenny war gerade nach Hause gekommen. Dann war sie immer am verletzlichsten, zu müde zum Kämpfen; sie wollte in aller Ruhe dasitzen und einen Schluck trinken, dankbar, daß ich das Abendessen zubereitete. Sie hatte ihre Aktentasche weggestellt und saß ein wenig im Schatten. Sie sah blaß und erschöpft aus. »Tu's bitte nicht«, sagte sie.

»Ich will mich nicht streiten«, behauptete ich. »Ich bin nicht mehr wütend. Ich glaube dir, daß es vorbei ist. Ich arbeite an meinem Buch. Ich weiß bloß, wer es war ...« Jedes Wort war gelogen. »Es ist Spearman, ich weiß es.«

Sie seufzte und sagte: »Nein, nein«, nicht einmal bereit zu

streiten. Als ich nicht lockerließ, schlug sie die Hände vors Gesicht. »Ich bin froh, daß du mir glaubst, wenn ich sage, es ist aus.« Das war nicht ironisch gemeint: Sie glaubte mir. »Aber es war nicht Andrew Spearman. Der arme Kerl. Er lebt in ständiger Angst, gefeuert zu werden. Ihm habe ich den Heizlüfter geliehen.«

»Ich könnte ihn nach dir fragen«, sagte ich. »Ich weiß, wo er wohnt.«

»Bitte, Andy. Wenn du mir versprichst, daß du keine Szene machst, sage ich dir, wer es war.« Sie sprach aus der Dunkelheit auf der anderen Seite der Lampe und blieb im Schatten, als sie fortfuhr. »Manchmal ist es besser, wenn man die Fakten weiß. Je weniger man weiß, desto schlimmer ist es für die Phantasie. Mir wäre lieber, du hättest es nie herausgefunden.«

Ich sagte: »Ich verspreche, daß ich keine Szene mache. Ich will's nur wissen. Was du über die Fakten gesagt hast, sehe ich genauso. Manchmal ist meine Phantasie wirklich schrecklich.« Ich sprach leise, aber ich zitterte. Wußte sie denn nicht, daß ich alles versprochen hätte? Es war genauso, als müßte ich jemanden durch einen Trick dazu bringen, daß er mich in irgendein Gebäude ließ. Ich lächelte, gab ihr recht, ließ meinen Charme spielen, um sie in Sicherheit zu wiegen. Es war, als verführte ich sie, und seufzend gab sie nach.

»Es war Terry Slee«, sagte sie. »Sei nicht böse, Liebling.«

»Ich bin ganz und gar nicht böse.« Doch ich dachte: Den Mistkerl bringe ich um.

6

Ich hätte es wissen müssen. Sie hatte sich keinen Mann ausgesucht, der mir glich, sie hatte sich für das Gegenteil entschieden. Er war älter – geschieden, wie ich herausfand – und ziemlich gut gekleidet im konventionellen Nadelstreifenanzug der Banker (seine Uniform hatte etwas hellere Streifen). Er war ein Mann von Welt und ehrgeizig. Ich wachte jeden Morgen in dem Gefühl auf, daß ich weit weg von zu Hause war. Dieser Mann war aus London, genau wie meine Frau. Er war stellvertretender Geschäftsführer der Bank. Wahrscheinlich hatte er sie eingestellt. Sie sah ihn Tag für Tag. Das fand ich unerträglich. Ich haßte es, daß sie ihn ganz familiär Terry nannte. Die Wahrheit dämpfte den Schmerz nicht, sie machte ihn schlimmer. Ich dachte: Da ist noch was, immer ist da noch was.

Weil sie sich für jemanden entschieden hatte, der so ganz anders war als ich, fühlte ich mich von ihr abgelehnt. Vielleicht wäre es mir gelungen, einen anderen Amerikaner oder einen Taugenichts hinzunehmen; und an Spearman und seine kaputten Schuhe hatte ich mich fast gewöhnt. Doch dieser lächerliche Lackaffe, der seiner Frau den Laufpaß gegeben hatte, der selbstzufriedene Kerl mit seinen dreiteiligen Anzügen, seiner ›Financial Times‹ und dem Spleen, eine unglaublich lädierte Aktentasche mit sich herumzuschleppen, war für mich eine Zumutung. Wie konnte sie nur?

Und ich kannte ihn auch noch. Vor zwei Jahren, kurz vor Weihnachten, hatte ich ihn im Black Friar kennengelernt. Ich war zu früh gekommen. Sie trafen zusammen ein, atemlos, lachend, mit geröteten Gesichtern von der Kälte, sich über einen Witz amüsierend.

Als Jenny mich sah, hörte sie auf zu lachen. »Das ist mein Mann.«

»Ich habe schon viel von Ihnen gehört«, sagte er.

Nicht alle Engländer gaben einem die Hand; lernte ich das an diesem Tag? »Ich noch nichts von Ihnen.«

»Das ist vielleicht auch besser so.« Dabei zeigte er die Spur eines Lächelns, hielt sich für umwerfend komisch.

Wieso hatte ich ihn nicht verdächtigt? Ganz einfach: weil er ein solches Arschloch war. Nie hätte ich gedacht, daß sich Jenny mit so einem einlassen würde. Ich hatte mich so in ihr geirrt, war so getäuscht worden, daß ich mich berechtigt sah, mein Versprechen zurückzunehmen ... alle meine Versprechen.

»Woran denkst du gerade?« fragte sie mich eines Tages.

Ich habe beschlossen, dich nicht zu töten, dachte ich.

Als ich keine Antwort gab, sagte sie: »Nie hörst du mir zu.«

Ich hatte keinen präzisen Plan, nur die allgemeine Vorstellung, ihn zu vernichten; ich wollte ihn so unglücklich machen, wie er mich gemacht hatte.

Jeden Morgen um halb neun ging Jenny zur Arbeit. Ich blieb zu Hause, überlegte, was zu tun war, und war gelähmt bei dem Gedanken, daß sie ihn treffen würde. Sie waren den ganzen Tag lang zusammen. Oft stellte ich mir vor, daß sie sich wie damals gemeinsam über einen Witz amüsierten. Der Witz war ich.

Beinahe jeden Abend fragte sie: »Was macht deine Arbeit?« Sie traute sich nicht, *dein Buch* zu sagen.

»Sie kommt voran.« Es gab kein Buch. Ich hatte noch nicht einmal angefangen. Ein Buch schien mir eine Flucht vor alldem zu sein, außerdem war ich sowieso nicht in der Lage, irgendwas zu schreiben. Die Sache füllte meine gesamte Privatsphäre aus und hatte alles andere aus meinem Kopf verdrängt.

Ich stellte mir vor, wie ich auf ihn schoß, während er die Treppe zu seinem Zuhause hinaufschritt; ich tötete ihn zwar nicht, fügte ihm aber schlimme Verletzungen zu, riß ein Ohr ab, trennte eine Hand vom Gelenk, entstellte sein Gesicht, verkrüppelte ihn. Er besaß eine Wohnung in einem Haus in Islington. Gelegentlich lungerte ich davor herum. Ich spielte mit dem Gedanken, alle seine Fensterscheiben einzuschlagen oder das Haus in Brand zu stecken, Säure über sein Auto zu gießen. Ich hatte von einem Mann gehört, der schwere Verfolgungen und sogar Folter ertrug, jedoch völlig zusammenbrach, als man ihm seinen Hund stahl. Slee besaß eine Katze. Ich hatte das Tier an einem seiner Fenster gesehen. Ich dachte mir mehrere Varianten aus, die Katze zu erhängen.

An einem Abend im Februar sagte Jenny, sie werde spät nach Hause kommen, ob ich auf den Kleinen aufpassen könne. Ich bejahte, natürlich täte ich das. Ich hatte so meine Zweifel, und später am Abend rief ich sie über ihre Direktleitung in der Bank an.

»Ich will nur hoffen, daß es wichtig ist, Andy. Ich gehe gerade den Etatvorschlag des Schatzkanzlers durch.«

Das klang überzeugend, und sie war im Büro, wie sie gesagt hatte. »Verzeih die Störung, Liebling. Ich konnte den Hustensaft nicht finden. Jack ist erkältet.«

»Im oberen Schlafzimmer ...«

Doch ich war nur halb überzeugt. Ich wählte Slees Nummer.

»Hallo«, sagte er. »Wer ist da? Sprechen Sie!«

Ich war zufrieden und legte auf. Doch mir gefiel es, seine irritierte Stimme zu hören, also rief ich ihn von nun an immer an, wenn sich die Gelegenheit bot.

»Hallo ... Hallo ... Zur Hölle mit Ihnen. Ich weiß nicht, was Sie ...«

Ich war immer darauf bedacht, als erster aufzulegen. Einmal spielte ich Hundebellen von einem Tonband, ein andermal ein Band mit irrem Gelächter. Ich weckte ihn um vier Uhr morgens, und als ich es das nächstemal versuchte, hörte ich das Besetztzeichen, er hatte den Hörer neben den Apparat gelegt. Das war nur zehn Tage, nachdem ich seinen Namen erfahren hatte.

Eines Freitagabends rief Jenny an und sagte, sie käme später.

»In Ordnung. Ich warte auf dich.«

Dann wählte ich die Nummer in Islington. Es klingelte und klingelte, doch ich hatte vier Gin intus, und meine Trunkenheit machte mich geduldig.

Merkwürdigerweise meldete sich nach langem Klingeln eine ältliche Frauenstimme, verstört und unsicher bei den Vokalen. Der Zahnersatz der Frau wackelte, wenn sie sprach, sie schmatzte, als lutsche sie Bonbons. »Mr. Slee ist zur Zeit nicht anwesend. Versuchen Sie es ein andermal.«

»Können Sie mir sagen, wo er ist?«

»Leider nicht. Ich füttere nur die Katze.«

»Hören Sie, es ist ein Notfall. In der Bank ist eingebrochen worden. Es ist von größter Wichtigkeit, daß ich Mr. Slee erreiche.«

»Ich weiß nicht recht.« Sie wurde hörbar schwankend. »Wer sind Sie überhaupt?«

»Officer Remington«, behauptete ich nach einem Blick auf meine Schreibmaschine. »Von der Kripo.«

»Sie klingen wie ein Yankee«, sagte sie mit unverhohlenem Erstaunen.

»Das trifft zu, Madam. FBI. Es handelt sich um eine externe Angelegenheit. Ich muß Sie bitten, das Gespräch absolut vertraulich zu behandeln.«

»Er ist übers Wochenende bei Mr. Wilkie. Ich habe die Nummer hier irgendwo ...« Sie ließ den Hörer krachend fallen, dann kehrte sie zurück, mit Papier raschelnd und schwer atmend, und las mir eine zehnstellige Nummer vor.

»Können Sie mir sagen, wo das ist?«

»Leider nicht.« Dann protestierte sie: »Sie wollten nur die Nummer haben!«

»Natürlich. Ich war bloß neugierig. Danke sehr, Madam.«

Als ich aufgelegt hatte, rief Jack: »Worüber lachst du, Daddy?«

Jenny tauchte gegen neun Uhr auf. Sie nahm Platz und entspannte sich schweigend wie immer, wenn sie nach Hause kam. Ich überließ sie eine Weile sich selbst, dann setzte ich mich neben sie, und wir sahen uns die Nachrichten an.

Die Spitzenmeldung kam aus Nordirland, es ging um eine Bombe in einer Milchkanne; man sah eine Landstraße und einen zwei Meter breiten Krater neben einer Hecke. Im Hintergrund befand sich eine herrliche Wiese, ein steinernes Bauernhaus vor blauen, winterlichen Hügeln.

»Ich frage mich, wie es wäre, auf dem Land zu leben.«

»Bestimmt sterbenslangweilig«, sagte Jenny. »Und man fährt ewig lange zur Arbeit. Der Süden Londons ist schlimm genug.«

»Wohnt Wilkie nicht irgendwo auf dem Lande? Ich erinnere mich, daß du davon sprachst.«

»Kent«, antwortete sie. »Das ist was anderes. Es liegt an der Hauptstrecke.«

»Wo genau ist sein Haus eigentlich?« fragte ich nebenher.

»In Sevenoaks. Spiel bloß nicht mit dem Gedanken, dorthin zu ziehen. Ich würde nie mitkommen.«

Greville Lodge, Wilkies in der Nähe von Sevenoaks gelegenes Haus, war aus grauem Stein und bot den eigentümlich versunkenen Anblick einzeln stehender englischer Landhäuser: als versinke es in der weichen Erde. Auf der Wiese daneben standen ein Dutzend grasender Kühe, und in der kreisrunden Auffahrt parkten vier Autos. Es war eine mehrtägige

Party, und an diesem regnerischen Nachmittag waren die Gäste im Haus, tranken wahrscheinlich Tee und freuten sich auf einen Drink und das anschließende Dinner – das englische Ritual des Essens und Trinkens, um sich die Zeit zu vertreiben.

Jenny hatte ich gesagt, ich führe nach Folkestone. »Für mein Buch.« Mit meinem nicht existenten Buch entschuldigte ich alles. Ich dachte über das nach, was ich da tat: Ich stand am Rande von Sevenoaks auf einem schmalen Weg im leichten Nieselregen in der früh hereinbrechenden Dunkelheit eines Februarnachmittags. Das Plätschern von den tropfenden Bäumen klang wie leiser Applaus.

Mein Herz raste vor Aufregung, weil ich hier und nirgends anders sein wollte und weil ich zum Angriff überging, mich dem Problem offensiv stellte. Außerdem verspürte ich einen boshaften und verantwortungslosen Kitzel bei dem Gedanken, ich könne verrückt sein. Ich war vor nichts zurückgeschreckt, um hierherzukommen, hatte ein solches Geheimnis daraus gemacht. An diesem regnerischen Samstag nachmittag unter dem tropfenden Baum zu stehen und mich hinter der Hecke zu verstecken kam mir gleichzeitig absurd und angemessen vor. Doch ich mußte mein Verhalten keinem erklären, ich kicherte und dachte: Mein Irrsinn ist meine Entschuldigung. Allerdings erkannte ich auch, daß Verrücktheit meine persönliche und einmalige Überlebenslogik war.

Ich ging im Dunkeln über die nahegelegenen Wege, ließ den Regen auf mich fallen. Niemand darf mich hier sehen, dachte ich. Jedesmal wenn ein Auto vorbeifuhr, senkte ich den Kopf. Ich hätte die Zeit auch trinkenderweise in dem Pub »The Horse and Groom« verbringen können, an dem ich dreimal vorbeikam, doch dann wäre ich das Risiko eingegangen, gesehen zu werden. Und wenn man mich sah, erkannte man mich auch wieder . . . Später erinnern sich die Leute, und in den Nachrichten zeigt man das verblüffend ähnliche Bild eines tropfnassen Amerikaners. Halte diese Mission geheim, bis der Zeitpunkt zum Handeln gekommen ist, sagte ich mir im stillen und mußte über meine eigenen Worte lachen.

Dann war es etwa acht Uhr, und ich war durchweicht. Im Greville Lodge brannten die Lichter. Ich ging lächelnd die

Treppe hoch und ermahnte mich selbst, nicht zu lächeln. Im Hausinneren bimmelte die Klingel, und eine Frau in weißer Bluse und schwarzem Rock öffnete die Tür.

»Telegramm für Mr. Wilkie«, sagte ich. »Ich brauche seine Unterschrift.«

Zunächst hielt ich die Frau für Mrs. Wilkie, doch als sie leise sagte: »Einen Augenblick bitte, Sir. Ich sage ihm, daß Sie hier sind«, merkte ich, daß sie ein Dienstmädchen war.

Leise auf den flauschigen Teppich tretend, folgte ich ihr über den Flur und in das Speisezimmer. Erst als ich das wunderschöne Haus betrat, merkte ich, wie häßlich ich aussah. In einem Spiegel warf ich einen Blick auf mein grobes nasses Gesicht und die wirren Haare.

»Jemand mit einem Telegramm . . .« Die Frau zuckte zusammen, als sie merkte, daß ich direkt hinter ihr stand.

Wilkie erhob sich. Er war klein und verärgert, und da es bei seiner Größe kaum etwas ausmachte, wenn er aufstand, wirkte sein Zorn lächerlich. »Wer sind Sie?« fragte er.

In dem Raum war es warm, es roch nach Essen; ich sah noch einen Spiegel, helle Lichter und Bilder. Die acht Anwesenden saßen um den Tisch, Slee am anderen Ende. Er wirkte beinahe amüsiert. Er erkannte mich nicht. Ich wußte, daß er dachte: Wilkie hat ein Problem. Ich beobachtete ihn, während ich sprach. »Nachricht für einen Mann namens Slee«, sagte ich.

Sein Gesicht wurde glatt und glänzend vor Angst. Er machte Anstalten, sich zu erheben. In seiner Wange zuckte es.

»Setzen Sie sich«, befahl ich und zog eine Pistole aus der Tasche.

Eine der Frauen atmete tief, wobei sie nickte und mit den Schultern pumpte, eine andere schrie wie eine Katze. Die Männer waren versteinert und stumm . . . aus Angst, etwas zu tun, womit sie das Ausmaß ihrer Furcht verraten würden. Dabei war das Ding eine Wasserpistole aus Jacks Spielzeugkiste. Ich ließ sie halb in meinem Ärmel stecken. Vor einer Stunde hatte ich draußen im Regen in das Ding gepinkelt.

Ich sagte: »Ich möchte sie nicht benutzen, also zwingen Sie mich nicht dazu.«

Wilkie war nervös, mittlerweile aber vorsichtiger. »Hören Sie, wenn das ein Raubüberfall ist . . .«

»Maul halten«, befahl ich. Es gefiel mir, wie er verängstigt zurückwich und den Mund kantig zusammenpreßte. »Das ist kein Raubüberfall. Ich bin Andre Parent . . .«

Jemand flüsterte: »Jennys Mann.«

»Und dieser Mann«, fuhr ich fort und zeigte mit meiner Pistole auf Slee, so daß er zusammenzuckte, »hat meine Frau gefickt!«

»Das ist Unsinn!« sagte Slee zu einer ihm gegenübersitzenden Frau, zweifellos seine Begleiterin, vielleicht seine Verlobte.

»Während meiner Abwesenheit.« Ich tropfte aufs Essen, da mein Ärmel über dem Tisch hing. Mir gefiel die Spannung, wie sie mir zuhörten und vor mir zurückwichen. »Dieser Mistkerl kam in mein Haus, hat mit meinem Sohn herumgemacht, ist mit meiner Frau ins Bett gestiegen. Genau so war es.«

Wilkie starrte Slee an.

Ich sagte: »Das gehört sich nicht, du schmieriger Wichser!«

»Bitte beruhigen Sie sich, Mr. Parent«, meldete sich Wilkie zu Wort. »Ich kümmere mich darum. Kommen Sie doch in mein Büro. Wir reden darüber . . .«

»Maul halten.«

Eine Frau fing an zu weinen, daher übersprang ich den Rest meiner Rede und sagte: »Ich habe eine Nachricht für Sie.« Aus meiner Tasche kramte ich einen Zettel. Mir war zuwider, wie Slee mich anfunkelte. Er dachte sich bestimmt: *Dich kriege ich.*

Mit dampfendem Mantel stand ich da und las den Zettel vor. Meine Haare hingen über den Augen, von den Ellbogen tropfte es.

»›Ich möchte Dir so lieb wie irgend möglich sagen, daß ich Dich so sehr wie irgend möglich liebe.‹« Slees Gesicht wurde hart. »Das haben Sie meiner Frau geschrieben.«

Er sagte: »Und wenn ich's getan hätte?«

Verblüfft von seiner Arroganz, bedrohte ich ihn mit der Pistole, bis er sich wand. Ich befahl: »Nehmen Sie das« und reichte ihm das nasse Papier. Er nahm es widerwillig wie ein Stück Scheiße.

»Das sind Ihre Worte«, stellte ich fest. Er hielt den Zettel, schwieg aber. »Essen Sie ihn auf«, befahl ich.

»Seien Sie nicht albern«, sagte er.

»Sonst schieße ich!« Ich trat näher an ihn heran, und mein großer nasser Ärmel zitterte neben seinem Gesicht. »Stecken Sie's in den Mund, und zwar dalli.«

Die schweratmende Frau wimmerte und versuchte vergeblich ihr Schluchzen zu unterdrücken.

Slee legte sich den Zettel auf die Zunge und machte den Mund zu.

»Runterschlucken.« Er zögerte. Ich fuchtelte wieder mit der Pistole, um ihm angst zu machen. Sein Mund bewegte sich, und von der Anstrengung traten ihm Tränen in die Augen. »Wenn du noch mal in die Nähe meiner Frau kommst, bring' ich dich um, du Wichser.«

Er sah aus, als müsse er sich übergeben. Den anderen schien klargeworden zu sein, daß sie nichts zu befürchten hatten, weil sich mein Zorn einzig gegen Slee richtete. Sie verhielten sich still und aufmerksam, nur die Frau wimmerte weiter. Die Angst vor mir war in eine Art Groll gegen Slee umgeschlagen.

Er stand langsam auf, während ich rückwärts zur Tür ging. Es war ein schwaches Zeichen der Auflehnung.

»Hinsetzen.« Ich sah, daß er die Zähne fest zusammenbiß, und ging einen Schritt auf ihn zu. »Du bist tot, Arschloch«, sagte ich und spritzte ihn mit der Pistole an.

»Meine Augen!« Er kreischte so unvermittelt los, daß ich erschrak. Mit den Händen schützte er sein Gesicht. Doch bevor er zu sich kommen und mich verfolgen konnte, lief ich aus dem Zimmer. Ich hörte jemanden sagen: »Ist es Säure?« und warf die Speisezimmertür so fest ins Schloß, daß die Wand wackelte. Es klirrte, als fielen Porzellanteller, Vasen oder Bilder auf den Boden.

Ich flüchtete in den Regen, lachend.

7

Am Sonntag fuhren wir zum Richmond Park, sahen uns die Hirsche an und tranken dann in einem zugigen alten Gebäude an der Westseite des Parks Tee. Jenny sagte: »Auf dem Weg zum Klo habe ich eine Plakette entdeckt, auf der stand, daß Bertrand Russell hier aufgewachsen ist.«

Jack fragte: »Wer ist Bertrand Russell?«

»Ein berühmter Mann, der sehr klug war«, sagte Jenny.

»Er war ein blöder Scheißer von schmutziger Gesinnung, der Amerikaner haßte«, sagte ich.

»Daddy hat ›Scheißer‹ gesagt!« rief Jack, vor Aufregung zitternd. Er verzog die Lippen und wiederholte: »Scheißer!«

Am Montag, als Jenny gerade den Mantel anzog, sagte ich ihr, ich sei in Sevenoaks gewesen. Ich wollte sie nicht unvorbereitet losziehen lassen. »Ich habe mich um deinen Freund Slee gekümmert.«

Ohne die wirren Haare, den nassen Regenmantel und die mit Urin gefüllte Pistole zu erwähnen, erzählte ich ihr, daß ich »Wirbel gemacht« hätte. Von dem Zettel sagte ich nichts, obwohl ich bei der beschönigenden Darstellung seine Tränen vor mir sah.

»O Gott«, sagte sie und blieb an der Haustür stehen. »O Gott. Das ist nicht wahr. Du Idiot. Wie konntest du nur?«

Einen Moment lang dachte ich, sie würde nicht zur Arbeit gehen. Sie sah krank aus, erschrocken. Der Irrsinn meiner Tat wurde mir bei ihrem Gesichtsausdruck klar.

Sie sagte: »Ich wünsche dir, daß es nicht so schlimm ist, wie es sich anhört.«

Ich wußte, daß es schlimmer war. Doch ich rechnete damit, daß die Anwesenden sich kurz faßten und Einzelheiten wegließen.

Als sie nach Hause kam, schmiß sie die Tür ins Schloß, und mir schwante, es würde eine lange Nacht werden. Sie sagte kein Wort zu mir, bis Jack im Bett lag. Wir hatten ihm abwechselnd aus seinem gegenwärtigen Lieblingsbuch ›Ameise, Biene und der Regenbogen‹ vorgelesen, das davon handelte, wie die Farben entstanden. Nun lag ich lesend im Dunkeln und hatte Angst vor dem, was kommen würde.

»Bist du von allen guten Geistern verlassen?« begann sie.

Vor Wut war ihr Gesicht starr und unangenehm, ihre Augen haßerfüllt. Ihre Haut hatte die Farbe von Zement. Sie verabscheute mich. »Bist du übergeschnappt? Ist dir klar, was du getan hast?«

Lauter Fragen, und es wurden immer mehr. »Was hast du vor? Willst du erreichen, daß man mich rausschmeißt? Wo liegt dein Problem?«

Dann gab sie eine erstaunlich genaue Schilderung meines Auftritts: wie ich das Mädchen belogen hatte und hereingeplatzt war, gedroht und geflucht und Slee gezwungen hatte, den Zettel zu essen, und wie ich alle mit der Waffe in Angst und Schrecken versetzte. Die Pistole war das schlimmste: Engländer verabscheuen Schußwaffen und haben panische Angst davor.

Sie erzählte es mir, um mich zu beschämen, doch während sie noch redete, erlebte ich alles noch einmal und fand es großartig. Bei der Erinnerung mußte ich lächeln. »Es war eine Wasserpistole«, sagte ich.

»Er glaubt, du hast seine Augen verletzt. Da waren Chemikalien drin.«

»Pisse«, korrigierte ich.

»Du bist krank«, stellte sie angewidert fest.

»Er hat es verdient. Er verdient noch viel Schlimmeres. Er hat noch mal Glück gehabt.«

»Es geht nicht nur um ihn, verstehst du. Du hast allen das ganze Wochenende verdorben.«

»Hätte ich eine richtige Waffe gehabt, hätte ich ihn erschossen«, sagte ich. Mir fiel das Mossberg ein, das ich mit fünfzehn besessen hatte. Ich stellte mir vor, wie ich Slee damit bedrohte, malte mir seine panische Angst aus und sah vor mir, wie er erschlaffte, nachdem ich ihn erschossen hatte. »Ich werde ihn erschießen.«

»Wilkie meint, du solltest zum Arzt gehen. Ich war eine Stunde lang bei ihm im Büro. Er war so gedemütigt . . . Und du kannst dir gar nicht vorstellen, wie ich mich gefühlt habe. Er sagte mir immer wieder, er wäre zur Polizei gegangen, wenn Terry nicht . . .«

»Nenn ihn nicht Terry!«

»Ich nenne ihn, wie ich will. Du solltest ihm dankbar sein. Er hat Wilkie überredet, keine Anzeige zu erstatten.«

»Anzeige weswegen? Daß ich ihn gezwungen habe, einen Zettel zu essen? Ist das vielleicht strafbar? Ha! Ich würde ihn zu gern vor Gericht sehen!« Ich sah ihn vor mir, wie er sagte: *Dann befahl er mir, den Zettel in den Mund zu stecken, Euer Ehren,* während die Leute auf den Zuschauerbänken lachten.

»Du hast diese Menschen terrorisiert«, sagte Jenny. »Du hast wertvolles Porzellan zerbrochen. Mrs. Wilkie war außer sich. O Gott, du bist zum Heulen. Du hältst das für komisch.«

Bei diesen Worten fiel mir wieder ein, wie ich Slee angespritzt und wie er die Hände vors Gesicht geschlagen hatte, und ich lachte, während ich dachte: *Meine Augen!*

»Du bist wütend, weil ich ihn gezwungen habe, ein Stück Papier zu essen. He, das war sein eigener Zettel! Es war komisch. Ich würde es wieder tun. Ich würde ihn zwingen, noch mehr zu essen.«

»Deshalb bin ich nicht verärgert«, entgegnete sie. »Ich weiß, daß dein Stolz verletzt wurde. Mir war nicht klar, daß du es so schwer nehmen würdest.« Sie argumentierte sehr rational, war aber immer noch wütend. Es war mir gar nicht recht, wenn sie ihre logischen Phasen bekam, denn sie war intelligent, und ich konnte nur die Oberhand behalten, wenn sie aus der Fassung geriet. »Aber ich habe was dagegen, daß du alles kaputtmachst. Und besonders viel habe ich gegen Gerede. Du kannst den Mund nicht halten, was? Jetzt weiß jeder in der Bank Bescheid.«

Ich fand es nur gerecht, daß sie sich damit auseinandersetzen mußte. Sie hatte alles verbergen und schuldlos dastehen wollen.

»Das hast du dir selbst zuzuschreiben«, sagte ich. »Hättest du es nicht mit dem Kerl getrieben, wäre das nie passiert.«

»Ich habe doch gesagt, es tut mir leid: Ich habe dir gesagt, ich freue mich, daß du zurückgekommen bist, und will, daß unser Leben normal weitergeht.« Dabei starrte sie auf ihre Hände, nun hob sie den Kopf und sah mir ins Gesicht. »Doch das hat dir nicht gereicht.«

Das stimmte. Ich brauchte den Triumph, diesen Mann zu

demütigen. Jetzt konnten wir weitermachen. »Wir werden damit fertig«, sagte ich.

»Nein«, erwiderte sie. »Du hast es verdorben. Du hast mich in eine schauderhafte Lage gebracht. Das kann ich dir nie verzeihen.«

»So ist's recht, setz dich für dieses Arschloch ein. Mich hat er nicht in eine schauderhafte Lage gebracht. Denk bloß nicht an mich.« Doch Sarkasmus half nicht weiter, und ich konnte nicht verhindern, daß ich hinzufügte: »Ich erschieße ihn!«

»Du hast es mir praktisch unmöglich gemacht, dort weiter zu arbeiten«, sagte sie. Der Haß in ihrer Stimme tat mir weh, weil eben diese Stimme so logisch klang. »Ich habe keine Achtung mehr vor dir.«

Sie war blaß und hatte den ausgehungerten Blick, den sie immer bekam, wenn sie wütend war. Doch es flossen keine Tränen. Ganz gleich, was ich sagte, sie würde nicht die Fassung verlieren.

»Du suchst dir besser eine andere Schlafstelle.«

»Das ist mein Haus.«

»Dann such dir ein anderes Zimmer«, verlangte sie kühl. »In meinem Bett will ich dich nicht haben.«

Mein Arbeitszimmer hatte keine Heizung, aber ein Sofa, und dort schlief ich in jener Nacht, unter meinem Mantel und in Strümpfen, und las wie ein Verrückter in einem russischen Roman. Als ich am nächsten Tag allein durch das kalte Zimmer stapfte, hatte ich das Gefühl, immer noch in Sibirien zu sein, die eisig-staubige Luft von Chabarowsk zu atmen; ich war gestrandet, und jeden Moment konnte etwas Schreckliches passieren.

Ich lag im Dunkeln und klammerte mich an meinen Mantel. Die sibirischen Reminiszenzen deprimierten mich, aber als ich das Glitzern am Fenster sah, wurde ich ruhiger. Der helle Londoner Wintermorgen warf frostig-weißen Glanz auf meinen Schreibtisch, auf meine Schreibmaschine, meine Papiere und den Stapel dicker Notizbücher.

Ich traute mich nicht, sie aufzuschlagen, doch als ich Jack in die Schule gebracht hatte, ging ich nach oben in das kalte Zimmer und fing an zu lesen. Nun erst wurde mir klar, wieviel ich aufgeschrieben hatte. Ich hatte alles notiert, und aus diesem Grunde hatte ich alles vergessen. Die Notizbücher überraschten mich mit ihrer Fülle an Details: Himmel, Essen, Eisenbahnen, Gesichter, Gerüche, Kleidung, Wetter. Und sie steckten voller Gespräche. Es waren genaue Gespräche, zuerst auf Zettel gekritzelt, und dann getreulich als wörtliche Rede aufgezeichnet.

Ich blätterte Seiten um, übersprang ganze Absätze, bis mein Blick an der Beschreibung eines indischen Bahnbeamten im Zug nach Simla haftenblieb, bei den dunklen Ringen unter seinen Augen, dem ernsten Mund und der braunen Uniform. Er hatte mir von einem Zwischenfall in Bengalen erzählt, wo er als Buchhalter arbeitete, von einem Mann, der ihn bedrohte. *»Ich sorge dafür, daß Sie ins Polizeiregister kommen«, sagte ich, und dann hab' ich dem Kerl eine verpaßt . . .*

Ich lachte laut auf und brach sofort ab, als ich das seltsame Geräusch hörte. Beim Lesen hatte ich mich einen Moment lang mitreißen lassen und alles andere vergessen. Ich hatte den Inder vor mir gesehen, der mir in dem Waggon der Holzklasse gegenübersaß, die terrassierten Felder auf den steilen Hängen und wie der Zug die langstieligen Wildblumen neben den Gleisen streifte. Das war eine halbe Welt entfernt, und weil es so losgelöst von mir und doch so vollständig war, mußte ich lachen. Es war ein zutreffender Einblick in eine andere Szenerie, der mich aufheiterte. Es war, als betrachtete man ein geniales Gemälde und verlöre sich in ihm.

Ich kannte mein eigenes Lachen. In Wilkies Haus war es besorgniserregend gewesen. Und ich hatte vergangene Nacht Jenny angelacht, als mir einfiel, wie ich Slee mit der Pistole bespritzte. Das war wilder gewesen, mit einem schikanösen Unterton, aber zugleich befreiend, lebensbejahend.

Kaum hatte ich Jack abgeholt und mit Essen versorgt, eilte ich zurück in mein Arbeitszimmer und holte die Notizbücher hervor. Der Raum war kalt gewesen, bis ich zu lesen begann.

8

Innerhalb von wenigen Tagen, durch das Lesen stimuliert, fing ich an zu schreiben. Ich arbeitete anhand der Notizbücher, schrieb aber nichts ab. Ich erweiterte, erklärte und erfand dazu. Ich nannte das fabulieren.

Ich hatte die Notizbücher noch nicht zu Ende gelesen. Mit dem größten Teil des ersten war ich fertig, den Rest hatte ich überflogen und mich über witzige Sätze oder genaue Beschreibungen gefreut. *Die Booking Hall in Kalkutta,* las ich zum Beispiel. *Ich wachte neben dem Fenster auf, Rußflocken auf dem Gesicht, und schälte mir eine Zwergbanane zum Frühstück.*

Solche Genauigkeit war ein Geschenk: Was ich brauchte, war eine andere Welt. Ich stellte das erste Notizbuch neben meine Maschine und fing an zu tippen, die Erzählung zu verbessern und zu ordnen, die ich während der Reise hingekritzelt hatte. Früher schrieb ich alles mit der Hand – und kam mir dabei wie ein Mönch vor. Doch diesmal mußte es schneller gehen. Am ersten Tag schrieb ich fünf Seiten. Ich schrieb, als würde ich singen oder Geschichten erzählen, denn mein Herz war wie aus Stein, und ich spürte, daß ich in diesem Eiltempo schreiben mußte, um mich besser zu fühlen. Es half. Während der Stunden, die ich an meinem Schreibtisch verbrachte, war ich nicht glücklich, aber höchst zufrieden. Ich war beschäftigt, vollbrachte etwas: Ich fabulierte.

Ich war wieder unterwegs, doch auf einer viel besseren, kurioseren Reise ohne Ärgernisse und Verspätungen, ohne Schmerz und quälende Spannung, ohne Frau. Ich war der glückliche Reisende. Die zufälligen Begegnungen polierte ich ein wenig auf. Sie gewannen durch Kürzen. Eben war ich noch in Paris, dann in Italien, auf der nächsten Seite schon in Jugoslawien und Bulgarien. *In der Nacht überquerten wir, während ich schlief, die Grenze.* Und es fehlte noch so vieles: Indien und Birma. Es würde ein langes Buch werden.

Am ersten Tag gegen halb sieben Uhr abends öffnete und schloß sich die Haustür. »Ich bin's«, hörte ich und dann: »Mum!«, als Jack aus dem Hinterzimmer rannte, wo er ferngesehen hatte. Die Stimmen wirbelten mich aus meiner Welt, ich landete wieder in Sibirien. Mein Zimmer war kalt, meine Finger waren steif. »Ich bin gleich unten«, rief ich.

Ich konnte kein Wort mehr schreiben. Ich löschte die Lichter, schloß die Tür und ging nach unten.

»Du siehst blaß aus«, sagte Jenny.

Wir küßten uns wegen Jack.

»Ich habe gearbeitet.«

»Wie kommst du voran?«

»Ich weiß nicht.«

Ich sagte die Wahrheit. Sobald ich das Zimmer verlassen hatte, konnte ich nichts von dem denken, was ich geschrieben hatte – jede Erinnerung war wie weggeblasen.

Ich fragte Jenny nicht nach ihrer Arbeit, ich wollte nicht, wagte es nicht. Wir brachten Jack zu Bett, dann machten wir Abendessen. Beim Kochen wechselten wir uns ab, lasen Jack abwechselnd seine Gutenachtgeschichte vor. Das war keine Freundlichkeit, sondern der praktische Versuch, Reibungen zu vermeiden. Wir unterhielten uns höflich wie zwei Fremde, die sich zufällig am selben Tisch begegnen und die Frage stellen: *Ist der Platz noch frei?*

»Ich hasse diese düsteren Nachmittage«, sagte sie. »Dieses verfluchte Wetter.«

»In letzter Zeit hat es viel geregnet.«

Es war das allererste Mal, daß wir uns über das Wetter unterhielten. Fast hätte ich gelacht über das Ehepaar, das endlich allein ist und über den Regen spricht. Doch ich mochte den Regen. Zu meinen wenigen Freuden in England gehörte das schlechte Wetter. Es gefiel mir, wenn der Regen wie ein Schneeschauer gegen das Fenster prasselte; und es munterte mich auf, Menschen zu sehen, auf die der Wind einpeitschte. Bei Unwetter wirkte London immer schwarz, und Schwarz stand dieser Stadt. Kälte und Nässe hielten mich im Haus und verschafften mir ein Gefühl der Behaglichkeit. Unfreundliches Wetter war mir immer eine Hilfe beim Schreiben gewesen. Ich sah Jack gern in seinem roten Regenmantel, dem wasserdichten Hut und den kleinen Stiefeln, und sein Gesicht war auch bei der Kälte warm und glatt, wenn ich ihn küßte.

»Zeit für die Nachrichten, vergiß das Spülen«, sagte ich. »Das mache ich später.«

Zu der Zeit sahen wir uns immer die Nachrichten an. Gerade war ein Bergarbeiterstreik im Gange. Er füllte die Zeitungen, war die erste Meldung in den Nachrichten, das Hauptthema aller politischen Debatten und tauchte in den meisten Reden auf. Es war ein lärmendes Endlosdrama mit immer neuen Gesichtspunkten oder aktuellen Entwicklungen. Englisch war der Streik in der Hinsicht, daß sein Stumpfsinn so ernst genommen wurde. Das Ergebnis wurde ausgewalzt und jeder Zug festgehalten, wie bei einem Cricketspiel, einer Schachpartie oder einem riesigen Baum, der mit dem Beil gefällt wird. Wir alle waren Zuschauer. Doch ein Streik bedeutet Stillstand. In einem Land, in dem kaum etwas geschah, war es ein Drama, wenn Leute nichts taten. In diesem Fall arbeiteten Arbeiter nicht.

In den Nachrichten sah man immer dicke Männer in Anzügen zu Sitzungen gehen und von Sitzungen kommen, und ihre Ansichten erkannte man am Akzent: gebildete Rechte, ungebildete Linke. Stur waren sie alle. Mich faszinierte die Eintönigkeit.

»Morgen bin ich den ganzen Tag zu Hause«, verkündete Jenny.

»Ist Feiertag?«

»Die Bank ist zu. Alles ist zu. Wir arbeiten nur noch drei Tage die Woche.«

»Was soll das?«

»Regierungsanordnung. Sie wollen Kohle sparen. Das soll helfen, den Bergarbeiterstreik zu brechen.«

Daß das Land an vier Tagen in der Woche dichtmachte, störte mich nicht weiter, es hatte etwas Absurdes, das mir sogar gefiel; doch wenn Jenny im Haus war, konnte ich nicht arbeiten. Ich mußte allein sein. Sie haßte mich, und in dieser Atmosphäre konnte ich unmöglich schreiben. Je mehr ich darüber nachdachte, desto weniger gefiel mir diese Dreitagewoche. Das war ein aus Rachsucht geborener Trick. Für Arbeitsverweigerung war dieses Land immer zu haben.

»Was für ein blödes Land.«

»Du kannst ja abreisen«, sagte sie. »Niemand hält dich.«

Ich wollte darauf antworten, doch als ich den Mund öffnete, fing ich an zu weinen. Ich dachte an den oben schlafenden Jack, an Jenny und die glücklichen Jahre unserer Ehe, an meine Arbeit. Sechs Romane hatte ich veröffentlicht. Sie waren zwar gut besprochen worden, hatten sich einigermaßen verkauft, aber Geld hatte ich keins mehr. Um meinen Lebensunterhalt zu verdienen, mußte ich ein Buch im Jahr schreiben. Dazu fühlte ich mich in der Lage, aber gelobt zu werden und pleite zu sein bedeutet für einen Schriftsteller eine Art Sibirien.

»Warum verläßt du England nicht, wenn du das Land so haßt?«

Schluchzend sagte ich: »Ich lebe nicht in diesem Land. Ich lebe im ersten Stock dieses Hauses, wie so ein Spinner, der glaubt, es sei immer noch Krieg, sich vor allen versteckt und Angst hat ...« Was redete ich da? Mein Gesicht war tränenüberströmt.

Jenny sagte: »Mein Gott, du bist ein Bild des Jammers.«

Das war ein typischer Tag: die Erregung des Schreibens, Jenny tauchte auf, ein gedrücktes Mahl, der Bergarbeiterstreik in den Nachrichten und Tränen – manchmal ihre, manchmal meine.

Ich spürte, daß sie mich aufgegeben hatte. Ich war allein. Doch ich besaß ein Mittel gegen Einsamkeit: das Buch. Einen Roman oder eine Geschichte hätte ich nie schreiben können. Meine Phantasie war stumpf. Doch meine Reise in den Notizbüchern war so etwas wie ein Konzept; ich mußte es nur verbessern; gewöhnlich reichte es, Dinge auszulassen, hinzufügen mußte ich nichts. Ich hatte die gesamte Reise mit zurückgebracht, alle Eisenbahnen, alle Gespräche, alle Menschen. Ich mochte Reiseliteratur nicht besonders, in der Regel handelte es sich um geographische Abrisse, verkürzte Geschichte und blutleere Angeberei, wie weit der Autor gereist war und was er alles gegessen hatte. Ich versuchte etwas anderes, aber ich tat es nicht, um eine neue Gattung zu entwickeln, sondern nur, um meine Stimmung zu heben. Ich setzte mich voller Sorgen an den Schreibtisch, doch sobald ich mich in meine Notizbücher vertiefte, fing ich an zu lächeln.

Das lag meist an den Gesprächen, die ich im genauen Wortlaut notiert hatte. Nichts fand ich menschlicher als direkte Rede. Sie konnte ganz einfach sein oder durch den Ort Besonderheit erlangen. In der entlegensten Gegend Afghanistans, in dem übelsten und dreckigsten Hotel, das ich je gesehen hatte, spielte ich mit einem amerikanischen Hippie Karten. Wir waren auf dem Landweg aus Istanbul ausgereist, über dreitausend Kilometer weit, und gerade in einem Kaff mit drei Häusern eingetroffen. Ein Telefon klingelte. Darauf schrie der Hippie: »Wenn's für mich ist, sag ihnen, ich bin nicht da!«

Bisher hatte mein Schreiben mich gerettet. Weil ich schrieb, vor allem weil ich gerade nicht über das schrieb, was mich beunruhigte, konnte ich aus meiner Erfahrung etwas Neues, eine positive Stimmung, schaffen.

Auf der Reise war ich weniger angespannt gewesen als jetzt, weil ich glaubte, zu meiner glücklichen Familie heimzukehren. Ich hatte mich getäuscht und fand mich in einem Sibirien wieder, das echter, kälter und gefängnisähnlicher war als das von mir verlassene. Diesmal wartete keiner auf mich, das war das schlimmste, aber es war auch ein Ansporn. Wenn ich schrieb, benutzte ich meine Einsamkeit und die eiskalte Gleichgültigkeit der Welt, um etwas Gutes zu schaffen, um Versagen in das Gegenteil zu verkehren.

Doch Sibirien blieb. Sibirien war das unfertige Buch; Sibirien war auch die mich täglich umgebende Welt, wenn ich aufhörte zu schreiben. Nichts deprimierte mich mehr oder weckte so rasch Selbstzweifel wie die Frage: »Wie kommt deine Arbeit voran?« Dann wurde ich an mein heimliches Leben erinnert. Ich lebte weit entfernt von der zivilisierten Welt und versuchte, aus meinem Aufenthaltsort schlau zu werden. Früher hatte ich aus einer anderen Furcht heraus geschrieben: Ich verspottete Geister, um zu zeigen, daß ich keine Angst hatte. Es klappte.

Doch jetzt war ich in Sibirien und hatte schreckliche Angst. Indem ich diesen Schrecken in meinem Buch verbarg, wurde das Buch lebendig und bekam eine eigene Note. In guten Komödien stimmt ganz eindeutig irgend etwas nicht, aber das ist verborgen und wird nicht klar ausgesprochen, nicht einmal angedeutet. Die Komödie ist die öffentliche Version privater Düsternis. Je lustiger sie ist, desto mehr Schrecken muß man dahinter vermuten. Diese einfache Wahrheit hatte ich gerade entdeckt. Doch ich versuchte nicht, beim Schreiben witzig zu sein; ich versuchte nur, nicht trübsinnig zu sein. Manchmal ertrank ich, manchmal schwamm ich, und häufig war ich erstaunt, daß ich noch am Leben war.

Und ich legte die Reisestrecke zum zweitenmal zurück, aber diesmal wußte ich, wohin ich fahren und was ich tun mußte. Das war das Schöne an einem Reisebuch: Man erhielt eine zweite Chance. Das galt auch für andere Formen des Schreibens. Was man als prophetische Gabe darstellt, ist nichts als spätere Einsicht.

Diesmal unternahm ich die Reise allein. Es hätte nichts ausgemacht, wenn ich gestorben wäre. Es gab immer jemanden, der einen ersetzen konnte. Es hatte einen gegeben. Von Zeit zu Zeit sah ich deutlich die Szene in dem warmen, hell erleuchteten Zimmer im Greville Lodge vor mir. Ich schämte mich, doch ich hätte es wieder getan.

Ich schrieb um mein Leben, ich schrieb, um meine Existenz zu beweisen. Alles – die Schriftsprache, das Buch, die Sichtweise – schuf ich neu, um mich ins Leben zurückzuholen.

Jeden Tag, sobald Jenny zur Arbeit aufgebrochen war, schlich ich in mein Zimmer und schrieb. Manchmal arbeitete ich bei Kerzenschein, wegen des Bergarbeiterstreiks gab es Stromausfälle. Ich fand die plötzliche Dunkelheit und die von Taschenlampen und Kerzen beleuchtete Stadt großartig; alles war zu und verschlossen, als wäre London in den Klauen der Pest. So fühlte ich mich auch. Nur ein Teil meines Verstandes arbeitete, ich wurstelte mich durch. Wenn Jenny zu Hause war, arbeitete ich kaum. Ich ging spazieren und merkte, wie fremd ich war, wie wenig ich dazugehörte. Und wenn ich arbeitete, schrieb ich um so leidenschaftlicher. Es war, als stellte ich mich einem Schneesturm und schrie gegen den Wind an. Den Wind beeindruckte es nicht, aber mich machte es stark.

Die Tage wurden länger. Irgendwann endete der Bergarbeiterstreik, und beide Seiten erklärten sich zum Sieger. Das Licht wurde heller, und es gab mehr davon. Das war hilfreich. Und es wurde Frühling. An manchen Abenden kam Jenny nach Hause und fragte: »Was machst du eigentlich den ganzen

Tag?« Ich verriet es ihr nicht. Der Frühling hielt Einzug. Nun entdeckte ich die einzige berechenbare englische Jahreszeit. Der Sommer war unsicher und häufig kalt. Der Herbst war kühl, und kaum hatten die Blätter ihre Farbe geändert, waren sie auch schon verschwunden. Sie fielen nicht wie in Massachusetts. Der Wind riß sie von den Bäumen, oder sie lagen durchweicht und matschig auf der Straße. Der Winter war feucht und finster; die Feuchtigkeit war kälter als Frost. Doch der Frühling kam rechtzeitig: zuerst als Empfindung, dann als Andeutung von Farbe und einer neuen Temperatur. Und schließlich gab es kein Halten mehr. Er war wie ein Lied mit Refrain oder ein Kanon, der immer lauter, frischer und wärmer wurde, je öfter man ihn sang; und die ganze Jahreszeit kam aus dem Boden.

Meine Arbeit machte Fortschritte. Ich brauchte die Routine, und Jennys Gleichgültigkeit wie Jacks Forderungen waren zwei Seiten derselben Routine. Ich mußte Essen kochen, ich mußte Geschirr spülen, ich mußte aufhören. Daß ich mir wie ein Häftling vorkam, gehörte dazu; es war die Voraussetzung für meinen Wunsch auszubrechen. Mein Schreiben hatte ich in das alles eingefügt.

Die Reise hatte viereinhalb Monate gedauert. Die Niederschrift des Buches erforderte genau die gleiche Zeit. Ich sah nun, daß es ein Buch war. Mir fiel es nie leicht, dieses Wort in den Mund zu nehmen.

An dem Tag, als ich die letzte Seite schrieb, verließ ich das Haus früher als gewöhnlich und machte einen langen Spaziergang, ehe ich Jack abholte. Ich war ein Fremder, ein Ausländer, doch diese Stadt machte mir keine angst mehr. Die häßlichen Backsteinhäuser entmutigten mich nicht. Es war unwichtig, daß es keine schönen Aussichten gab und ich nicht weiter als bis zum Ende der Straße sehen konnte. Ich träumte nicht mehr, hier sterben zu müssen und in einem Schlammloch beerdigt zu werden. Der Winter war hart gewesen, aber er lag hinter mir. Ich hatte keine Angst mehr. Meine Arbeit war beendet.

»Was macht dein Buch?«

»Es ist ein Buch«, gab ich zu, war aber zu abergläubisch, um zu sagen, es sei beendet. »Fast fertig.«

»Bestimmt ist es gut«, sagte Jenny.

Sie hatte kein Wort davon gesehen; das hatte niemand. Die Heimlichkeit machte mich stark. »Ich weiß nicht.« Es gefiel mir, weil es etwas Neues war, doch ich konnte nicht sagen, ob es gut war. Trotzdem machte ich mir keine Sorgen.

9

Es kümmerte mich nicht, ob das Buch gut war oder nicht. Immerhin hatte es den Vorzug, witzig zu sein. Ich hielt Humor für den höchsten Ausdruck der Wahrheit. Mein Reisebuch würde nicht allen alles sagen, aber einigen konnte es etwas geben, da war ich mir sicher. Leuten wie mir. Im Verlauf des Schreibens hatte ich mir abgewöhnt, mich selbst als besonders oder anders zu sehen, und mittlerweile dachte ich: Es gibt viele Menschen wie mich. Das Buch hatte ich geschrieben, um mich zu verlieren, und sie würden es aus dem gleichen Grund lesen: um durch ihren sibirischen Winter zu kommen.

Was mich außerdem zufriedenstellte: Es war genau das Buch, was mir vorgeschwebt hatte, um dessentwillen ich aufgebrochen war. Ich war nicht auf Lob aus, ich wollte nur die Reise beenden, und dieses Ziel hatte ich erreicht. Als das Buch fertig war, war die Reise vorüber. Jetzt war ich wirklich und wahrhaftig zu Hause angelangt.

Es gefiel mir, den Papierstapel zu betrachten. Ein Buch war etwas Gegenständliches, und Schreiben kam mir wie eine der bildenden Künste vor. Gern hielt ich den ganzen Stapel in der Hand, wuchtete ihn auf meinen Schreibtisch und klopfte ihn eigenhändig in Form. Dieses Buch war anders als alle Bücher, die ich geschrieben hatte. Ich war im Begriff gewesen zu sterben, und es war meine Art des Überlebens.

Beim Schreiben waren mir andere Ideen gekommen, für Geschichten, für einen Roman. Doch kein einziges Mal ging mir diese Geschichte durch den Kopf: Es war einmal ein Mann, der kehrte von einer langen Reise nach Hause zurück und fand heraus, daß seine Frau einen Liebhaber hatte. Das war mein Geheimnis, meine Phantasie speiste sich aus dem, was ich verbarg.

Jenny und ich waren in dem emotionalen Bereich angekommen, der jenseits von Enttäuschung und Wut liegt. Es gab keine Auseinandersetzungen mehr. Wir hatten eine Art friedliche Leere erreicht, die wahrscheinlich nichts als Verzweiflung ist. Zorn bedeutet Leben, und dieser Zustand hatte nichts Lebendiges. Sie hatte mich aufgegeben, und ich zog mich zu meinem Buch und in mein Zimmer zurück. Ich hatte sie mit Worten verletzt, und sie hatte mit der unendlich dummen Floskel reagiert: »Ich werde dir nie verzeihen ...«

Es war Ende Juni und warm. London roch süß nach neuen Blättern und frischen Blumen. Jetzt hatte ich Zeit für lange Spaziergänge, und in diesen Stunden schätzte ich mich glücklich, ein Fremder zu sein: Ich konnte die Stadt erobern, doch nie konnte die Stadt mich in Besitz nehmen. Früher hatte ich trübselig registriert, daß ich nicht hierher gehörte, doch jetzt fand ich, daß mich das frei machte.

Das Glück, mein Buch beendet zu haben, machte mich großzügig, ruhig und kühn. Mir konnte nichts zustoßen, weil ich bewiesen hatte, daß ich mit dem Schlimmsten fertig wurde.

So ganz war ich mir nicht darüber im klaren, wie es zwischen mir und Jenny stand, aber ich fühlte mich stark genug, alles zu ertragen, was sie sagte: daß sie mich verlassen wollte oder daß sie mich nicht ausstehen konnte. Ich warf ihr nicht mehr vor, was geschehen war. Es hatte mich verrückt gemacht, doch ich war wieder normal. Ich war bereit zu vergeben, selbst wenn ich nie vergessen konnte ...

Mir war klar, daß ich beim Schreiben den Kontakt zu ihr verloren hatte. Ich beschloß, besonnen vorzugehen. »Laß uns gemeinsam zu Mittag essen«, schlug ich vor. »In der Stadt, meine ich.«

Sie war überrascht, versuchte aber, es nicht zu zeigen. Ausweichend sagte sie: »Die Restaurants in der Nähe der Bank sind überfüllt und laut.«

Vermutlich hatte sie Angst vor mir. Womöglich brüllte ich sie im Restaurant auf einmal an: Du Verräterin! Du Hure! Ich nehme dir Jack weg, und du wirst ihn nie wiedersehen! Vielleicht geriet ich wieder in Rage. War es nicht besser, weiterzumachen wie bisher, in dem Gefühl verzweifelter Resignation?

Ich sagte: »Wir könnten im Regent's Park picknicken. Ich bringe belegte Brote mit.«

»Das macht zu viele Umstände.« Das war eine ihrer Varianten, um etwas abzulehnen.

»Ich habe nichts anderes vor«, beharrte ich. »Wir treffen uns in der Bank.«

»Ich weiß nicht recht.« Sie war sich meiner nicht sicher. Sie wußte, daß ich in der Lage war, eine Szene zu machen. Ich war irre gewesen. Ich könnte es wieder werden. »Geht es dir gut?« fragte sie.

Ich antwortete: »Wir werden Spaß haben. Jack kann in der Schule essen.«

Sie sah besorgt aus, stimmte aber zu. Wahrscheinlich fürchtete sie, ich könnte gewalttätig werden, wenn sie ablehnte.

In der Bank wurde ich angestarrt, und einige Leute sahen nervös zur Seite und taten, als seien sie nicht interessiert, was noch schlimmer war.

»Ich habe einen Termin mit Mrs. Parent.«

»Dürfte ich Ihren Namen erfahren?«

Sie kannten mich doch! Offenbar wollten sie es von mir hören. »Ich bin ihr Mann.«

Das bewirkte eine plötzliche Stille, die in hektische Aktivität überging. Ich durfte in das innere Büro eintreten. Slee saß an seinem Schreibtisch und beschäftigte sich intensiv mit einem Blatt Papier. In dieser Haltung war er eingefroren. Er verhielt sich wie ein Eichhörnchen, das beim Anblick von Menschen reglos auf seinem Ast sitzt in der Hoffnung, unsichtbar zu sein, während man es kilometerweit sehen kann.

Sobald sie die Nachricht erhielt, eilte Jenny die Treppe herunter. Sie war nervös und wollte weg von diesen Leuten. Die Bank war zu einer Bühne geworden, auf der Jenny und ich agierten. Alles, was wir machten, war von Bedeutung, und sogar ihre Angst, daß ich einen Rückfall bekäme und durchdrehte, zeigte sich in ihren Bewegungen und gehörte zur Handlung.

Einige Leute schienen zu lächeln, wenn ich sie plötzlich ansah. Als ich zurücklächelte, wirkten sie erschreckt.

Im Taxi lehnte sich Jenny zurück. »Ein herrlicher Tag für ein Picknick.« Das klang erschöpft und erleichtert. Daß ich sie in der Bank abholte, war eine Tortur gewesen. Doch ich hatte meine Rolle gut gespielt, und dafür war sie dankbar. Sie lächelte. »Wenn es im Juni heiß ist, bedeutet das meist, daß wir einen miesen Sommer bekommen.«

»In den Staaten ist jeder Sommer großartig.«

Sie warf mir einen fragenden Blick zu.

»Ich dachte, wir könnten im Juli rüberfliegen.«

»Woher nehmen wir das Geld?«

»Von dem Buch. Sobald ich das Manuskript abliefere, kriege ich zweieinhalbtausend, die letzte Rate. Das ist mehr als genug.«

Sie sagte, was ich empfand: »Darauf kann man sich freuen.«

Das Taxi setzte uns am Inner Circle ab. Wir betraten den Park und ließen uns auf einer Wiese in der Nähe des Rosengartens nieder.

»In den ›Vier Quartetten‹ hat der Rosengarten eine bestimmte Bedeutung, aber ich habe vergessen, welche. Jedenfalls«, sagte ich, als ich die belegten Brote aus der Tasche nahm, »ist dies nicht die Zeit für T. S. Eliot. Nimm dir ein Sandwich.«

Es waren Käsesandwiches, durch die Hitze trocken und schlaff. Ich hatte hartgekochte Eier mitgebracht, ein paar Mandarinen und Schokoladenkekse. Als ich alles aufs Gras drapierte, wirkte es spärlich und kindisch. »Ein erbärmliches Picknick«, sagte ich.

»Es sieht köstlich aus«, sagte Jenny und begann zu weinen.

Ich erklärte, es habe keine Mühe gemacht und ich hätte jetzt mehr Zeit, da meine Arbeit abgeschlossen sei, doch ihren Tränen der Dankbarkeit war unmöglich Einhalt zu gebieten. Und dann sagte sie formell und würdevoll: »Danke, daß du zu uns zurückgekommen bist.«

Ich war zu bewegt, um zu sprechen, und hatte Angst, ich könnte weinen.

Wir aßen schweigend. Die auf das Gras scheinende Sonne wärmte uns mit ihrem butterweichen Licht. Eine schwache Brise wehte den Duft aus dem Rosengarten zu uns herüber.

»Ich war dir gegenüber sehr unfair«, sagte Jenny endlich. »Ich hoffe, du verzeihst mir.«

Das hatte ich mir bereits vorgenommen. Es war besser, mit der Wunde zu leben, als vorzugeben, sie existiere nicht. Außerdem bewies die Wunde, die sie mir zugefügt hatte, daß wir beide auch nur Menschen waren.

»Ich hab' Angst, daß du mich verläßt«, sagte sie.

Ich war jetzt stark genug, allein zu sein; doch ich war auch normaler und vernünftig genug zu wissen, wie sehr ich sie liebte und ihre Liebe brauchte. Als ich Sibirien verlassen hatte, mußte ich, ob ich wollte oder nicht, die Angelegenheit zu Ende bringen und das Buch schreiben. Das hatte ich bei kaltem Wind, in dunklen Nächten und allein getan. Nun, da ich fertig war, hatte ich die Wahl. Wieder war ich zurückgekehrt, und vereinfacht gesagt, schien mir das Zurückkommen der Sinn allen Schreibens zu sein. Die Reise aus Sibirien hatte lange gedauert.

»Ich will glücklich sein, so wie wir früher waren.«

»Ich habe dich nicht glücklich gemacht«, sagte sie. »Aber ich glaube, ich könnte es, wenn du mir eine Chance gibst.« Sie küßte mich, und ihr tränennasses Gesicht streifte meine Augen. »Du hast mir gefehlt.« Tränen verschmierten ihre Lippen. »O Gott, du hast mir so gefehlt.«

Ich weinte auch und fühlte mich glücklich dabei, und danach war ich noch glücklicher. Dann lagen wir nebeneinander im Gras und hörten, wie Besucher des Rosengartens sagten: »Ist das nicht herrlich und warm?« – »Es ist einfach umwerfend.« – »Ich will ein Eis am Stiel.«

Ich war glücklich, weil ich sie wieder als Freundin hatte, und ich war glücklich, weil meine Arbeit getan war. Das Buch war so geworden, wie ich es gewollt hatte, nur das zählte für mich. In einer Phase großer Trauer und Angst hatte ich meine Reise humorvoll beschrieben. Wer dem Tode geweiht ist, schreibt am besten über das Leben, denn dann weiß er es zu schätzen. Mein Ziel war gewesen, dieses Buch zu schreiben.

Was danach kam – Veröffentlichung, Rezensionen, Verkauf und Werbung –, war mir nicht mehr wichtig.

Das alles konnte ich Jenny nicht erzählen. Manches konnte ich aufschreiben, war aber nicht in der Lage, es auszusprechen. Wahrscheinlich war ich deshalb Schriftsteller geworden.

»Wir sollten gehen«, sagte ich. »Du verspätest dich sonst noch.«

»Ich würde gern den Rest des Tages hierbleiben.«

»Es kommen noch viele Tage.«

Sie sah mich lächelnd an und fragte: »Warum bist du so lieb zu mir?«

Ich hatte nicht gemerkt, daß ich besonders lieb zu ihr war, doch so etwas nicht zu merken gehörte zum Glücklichsein. Ich sagte ihr, ich sei glücklich, und sie lächelte.

Als ich mich über sie beugte, um sie zu küssen, sah ich hinter ihr am Horizont einen der flachen grünen Hügel im Park, von denen ich im Traum abhob und flog, die Arme ausgebreitet wie Möwenflügel ... Ich schwebte über den Köpfen der Menschen nah über dem Boden und spürte den Wind an meiner Brust, der mich in der Luft hielt, bis er schwächer wurde und mich fallen ließ.

Während des nächsten Monats wurde ich immer aufgeregter bei der Aussicht, in die Staaten zu fliegen. Für mich bedeutete es das letzte Stück Heimweg. Und ich würde meine Romanidee ausführen: Ein Mann steht am Fenster und beobachtet, wie unter ihm auf der Straße ein Vater im Beisein seines Sohnes gedemütigt wird. Der Roman sollte die Folgen dieser kleinen Szene schildern. Zeit und Ideen – mehr brauchte ich nicht, um glücklich zu sein. Mit Jennys Liebe war alles möglich. Durch Willensanstrengung hatte ich mein Buch geschrieben, ohne mir ihrer Liebe bewußt zu sein, und ich war mir beinahe sicher, daß es nur für Menschen verständlich sein würde, die ein wenig wie ich waren. Wie viele mochten das sein?

Ich lieferte mein Buch ab, kassierte das Honorar und kaufte drei Tickets für die Staaten. Kurz vor unserer Abreise klingelte spätabends das Telefon, einer der Anrufe, die mit Sicherheit sehr wichtig oder sehr ärgerlich sind. Es war Amerika, Geräusche drangen aus der Leitung, dann machte es *piep*, gefolgt von der Stimme meiner Lektorin. »Hoffentlich sitzen Sie«, sagte sie.

Ich lachte und sagte, ich hätte gerade zwei große Bier getrunken.

»Champagner wäre angemessener«, sagte sie. »Ich habe nämlich großartige Neuigkeiten für Sie.«

Ich konnte mir nicht denken, was sie damit meinte. Am liebsten hätte ich ihr gesagt, daß ich schon alles besaß.

Dann entdeckte ich, daß das größte Glück unvorstellbar war und sich nicht erzwingen ließ. Es glich dem Gefühl in großer Höhe: Das Atmen fiel leichter, die Zeit veränderte sich. Und die Jahre flogen vorüber . . . vorwiegend heiter. Gute Neuigkeiten, gute Neuigkeiten.

VI Von allem zwei

1

Das Flugzeug flog schwerfällig durch den winterhellen Nachmittag, und unter mir sah ich die Landschaft meiner Kindheit: die Landenge von Nahant Beach, den schmalen Streifen von Revere Beach, die Inselklumpen des Bostoner Hafens, und beim Landeanflug erkannte ich Wright's Weiher, die Kirche St. Ray's, Elm Street und die Sandgruben, wo ich Tina Spector geküßt hatte. Von oben glich es einer Landkarte der Vergangenheit, wie sie in mein Gedächtnis eingegraben war.

Wir gingen in Schräglage, Massachusetts kippte zur Seite weg, wir flogen tief über East Boston und Orient Heights, und es schien – wie immer, wenn man in Logan landet –, als landeten wir im Hafenbecken. Unter uns war nichts als das blaue Wasser. Kurz bevor wir im Meer aufsetzten, tauchte wie ein Wellenbrecher die Landebahn auf, und ich war glücklich. Jede Landung in Amerika war für mich eine Heimkehr, ein Grund zum Feiern.

Ich war der erste am Zoll, wo es wie an der Kasse eines Supermarktes aussah.

»Gepäck?« fragte der Zöllner, als ich ihm meine Zollerklärung reichte.

»Ich habe keins.«

Er sah auf. Er hatte ein typisches Bostoner Gesicht: ein irisches Gesicht mit fleischigen Wangen, kleinem Mund, dünnen Lippen. Seine Schultern waren schmal, sein großer, massiver Bauch drückte die Gürtelschnalle nach unten. Die Haare trug er im kurzen Polizistenhaarschnitt. Er kratzte sich den haarigen Unterarm und fing an, mich einzuschüchtern. Er hatte blaue unfreundliche Augen und blasse Lider.

Ich legte mein Buch beiseite. Es war die ›Geheime Geschichte der Mongolen‹ (›The Secret History of the Mongols‹).

»Mehr haben Sie nicht dabei?«

»Nein.«

Mit seinen Wurstfingern hielt er die Zollerklärung fest und lehnte sich über den Tisch, um nachzusehen, ob ich log.

»Mehr haben Sie nicht?«

Nervensägen, die ein und dieselbe Frage wiederholten, konnte ich nicht ausstehen. »Das habe ich eben beantwortet.« Ich sah, wie er vor Wut den Hals einzog, und fuhr fort: »Es stimmt. Ein Geschichtsbuch. Dreizehntes Jahrhundert.«

»Woher kommen Sie?« Er blätterte in einem dicken Buch, um meinen Namen auf der Fahndungsliste zu finden.

»London.«

Ohne hochzusehen, kritzelte er auf meiner Zollerklärung herum. »Geschäftlich oder Urlaub?«

»Beides.«

»Wie lange waren Sie fort?«

»Zwei Monate.«

Er sah wieder hoch und sog durch den kleinen Mund Luft ein. »Sie sind zwei Monate lang weg und haben keinerlei Gepäck?«

»Ich habe ein Haus in London.«

»Ach ja?«

»Da befindet sich alles, was ich brauche.«

»Was ist das für eine Adresse in Barnstable?«

»Mein Haus«, antwortete ich. »Mein anderes Haus.«

Er wirkte sauer und neidisch, sein kleiner Mund war aufgeworfen, als habe man ihm etwas zu essen verweigert.

»Sie haben nicht mal eine Zahnbürste dabei.«

»Ich besitze zwei Zahnbürsten.«

Er musterte mich immer noch gierig und angewidert, und ich haßte ihn, weil er Schwierigkeiten machte. Das ist meine Heimat, dachte ich. Hier bin ich zu Hause.

»Wie schön. Sie haben also zwei Zahnbürsten.«

»Ich habe von allem zwei«, sagte ich. »Eins hier, eins dort.«

»Das ist wirklich schön«, wiederholte er. »Was machen Sie beruflich?«

»Ich schreibe Bücher.«

»Habe ich schon von Ihnen gehört?«

»Offensichtlich nicht.«

Doch er zögerte. »Was für Bücher? Krimis oder so was?«

»Nicht direkt.«

Er schrieb immer noch in meine Zollerklärung. Als er einen Blick zur Seite warf, sah er die wartenden einreisenden Passagiere. »Meine Frau ist der Bücherwurm«, sagte er, und sein Interesse an mir erlosch. Er knallte einen Gummistempel auf meinen Paß und schob die Zollerklärung hinein. »Geben Sie das dem Beamten am Ausgang.«

Ich steckte das Buch in die Tasche und ging nach draußen. Es war klar und kalt, und ein leichter Kerosingeruch lag in der Luft. Ich überquerte den großen Parkplatz zum Terminal der Eastern Airlines, wo ich kurz nach Mittag den Regionalflug nach Hyannis nahm. Nur ich und eine stille Yankeefrau mit prallem leinernen Einkaufsbeutel saßen in dem achtsitzigen Flugzeug. Auf dem verlassenen Parkplatz wartete das Osterville-Taxi.

Als ich dem Fahrer die Adresse nannte und ein paar Fahrthinweise gab, sagte er: »Ich habe Sie schon mal gefahren.«

»Stimmt.«

»Großes Haus. Auf dem Hügel.«

»Stimmt.«

»Hübsches Fleckchen.«

Da mir gar nicht paßte, daß er sich für meine Privatsphäre interessierte, sagte ich nichts mehr. Ich öffnete das Fenster einen Spalt weit und atmete die Luft ein – Fichtennadeln, Salzmarschen und feuchtes Laub. Auf der anderen Seite der Marsch zeichneten sich die cremefarbenen Dünen wie Brandung ab. Der Fahrer kannte den Weg. Als ich bezahlte, wiederholte er: »Hübsches Fleckchen.«

Wenn Fremde das Haus lobten, wurde ich immer nervös. Ich fürchtete ihr Interesse, weil ich wußte, sie würden es nie vergessen. Es war die Sorte Haus, das auf seinem eigenen Hügel thronte. Ich wollte es geheimhalten.

Ich sah ihm nach und paßte auf, daß er wirklich abfuhr, ehe ich ins Haus ging. Alles war so, wie ich es verlassen hatte. Die durch die hohen Fenster einfallende Sonne wärmte die Räume, mein Buch lag auf dem Tisch, wo ich gesessen und gelesen hatte, meine Pantoffeln standen an der Haustür, meine Teekanne und -tasse neben der Spüle, die Kühlschranktür war einen Spalt offen. Ich riß zwei Monate von dem Kalender und rief Eden an. »Ich bin da.«

Sie stieß einen kleinen Begeisterungsschrei aus, und sie sagte: »O Andy, es ist wunderbar, deine Stimme zu hören. Wann kann ich dich sehen?«

Ich rollte die Teppiche aus und rückte sie zurecht. Ich trug die in der Bibliothek gestapelten japanischen Drucke hinaus und hing sie an ihre Plätze. Ich kramte die Statuen vom Dachboden – die goldene Tara, den silbernen Lama und den bronzenen Buddha – und stellte sie auf ihre Podeste. Ich öffnete die Fenster, staubte die Tische ab und machte das Bett. Ich stellte den Kühlschrank und den Boiler an. Ich ging durch den Garten, hob ein paar heruntergefallene Äste auf und schleuderte sie in den Wald, kehrte die Fichtennadeln aus einem Abflußrohr, las einige Kiesel vom matschigen Rasen und warf sie auf den Weg. Ich sah mir die Pflanzen an. Die Magnolienblüten öffneten sich gerade, die Tulpen wuchsen, die Azaleen hatten Knospen, und an den meisten Büschen und Bäumen zeigten sich kleine, harte, blutfarbene Knospen. Ich schloß die Garage auf und suchte nach Anzeichen für Mäuse: Zwar waren keine Kadaver zu sehen, aber aus den Schälchen, die ich im Januar aufgestellt hatte, war alles Gift gefressen worden.

Ich nahm die Abdeckplane von meinem Ruderboot und pumpte einen platten Reifen des Anhängers für den Bootstransport auf. Ich schloß die Batterie an den Jeep an und ließ den Motor laufen, während ich die Spinnen aus dem Whirlpool entfernte. Inzwischen war das Wasser im Boiler heiß. Ich ließ die Wanne vollaufen und lockerte in dem wirbelnden Wasser meine Muskeln; dann zog ich meine Kapkleidung an: Sweatshirt, Blue jeans und Mokassins, noch kühl von dem Schrank.

Mit einem Bier aus der Speisekammer legte ich mich mit dem Blick nach Westen auf das Chaiselongue und las die ›Geheime Geschichte der Mongolen‹. Mich fesselte das Schicksal des Ong Khan, des obersten Herrschers eines Volksstammes, der sich Keraits nannte. Er war ein einfallsreicher und phantasievoller Stammesführer, und ich ließ meine Einbildungskraft spielen, sah mich auf dem Rücken eines Pferdes meine Krieger vorwärts treiben und über große Teile der Mongolei ausschwärmen lassen. Ich fragte mich, warum ein so mächtiger Führer wie Ong Khan keine größere Herausforderung für Tschingis Khan gewesen war.

Und dann erfuhr ich es. Der Ong Khan wurde in einer kurzen Schlacht unerwartet besiegt. Er verlor sein Pferd und seine gesamte Ausrüstung. Mit leeren Händen machte er sich aus dem Staub, in dem Glauben, es würde zu weiteren Schlachten kommen. Er legte eine weite Strecke zurück; beim Aufblicken sah ich die über Sandwich untergehende rote Sonne.

»Der Ong Khan«, so las ich, »war nach der langen Reise durstig und begab sich hinunter zum Bach, um zu trinken, wo ihn ein naimanischer Kundschafter mit Namen Khori-subechi aufgriff.

Er sagte: ›Ich bin der Ong Khan‹, doch der Kundschafter glaubte ihm nicht und tötete ihn.«

Ich hörte auf zu lesen, klappte das Buch zu und dachte über mein Leben nach. In meine Bücher hatte ich es kaum eingebracht. Mit dem Sonnenuntergang auf dem Gesicht dachte ich an den Ong Khan und an mich, bis das Tageslicht verschwunden war, bis die Nacht den letzten Tropfen aus dem Himmel gewrungen hatte und mein Haus im Dunkeln lag.

Im Dunkeln, ohne Buch, hielt ich Ausschau nach Eden. Am Fuße des Hügels stand in der Ferne eine einzelne Laterne, deren altmodischer Lichtkegel sich auf der Straße abzeichnete. Es war ein karger, stimmungsvoller Edward Hopper, wie die schmucklose Tankstelle am anderen Ende der Straße, wie das weiße Schindelhaus im Norden an der Marsch. Ich lauschte dem Nebelhorn von der Einfahrt zum Cape-Cod-Kanal – alle fünfzehn Sekunden kam ein tiefes Tuten. Im Augenblick schien alles vollkommen zu sein: meine Einsamkeit, das durch die hohen Fenster sichtbare sternenübersäte Firmament, die Straßenlaterne wie eine vereinzelte Narzisse und das aus der Finsternis dahinter ertönende Nebelhorn, während ich auf einen Ellenbogen gestützt Bier trank. Den Ong Khan hatte ich vergessen; ich dachte nur an Eden. Vorfreude war für mich ein Segen, und es gab nichts Besseres, als in dem warmen halbdunklen Haus auf die Ankunft dieser Frau zu warten. Mit Gelassenheit hatte das nichts zu tun. Es war reine Bewegung, wie eine ereignisreiche Reise, die eine Welle von Gefühlen und Empfindungen hervorruft.

In einer zufälligen, chaotischen Welt hektischer Tage und langer Nächte bedeutete es Sicherheit und Glück. Die Vorfreude war so angenehm, daß ich Wehmut verspürte, als ich die Scheinwerfer von Edens Wagen die lange Auffahrt hinaufkommen sah. Die beiden goldenen Zahnräder in meinem Kopf wurden langsamer und kamen zum Stillstand.

Ruhig ging ich hinaus zum Auto.

»Warum hast du mir nicht gesagt, daß du kommst?« fragte Eden, als wir uns in der Tür umarmten. »Ich hätte dich am Flughafen abgeholt.«

»Ich habe erst gestern den genauen Flug erfahren.«

Ein wenig irritiert fragte ich mich, warum ich ihr diese Lüge auftischte. Wollte ich allein am Cape ankommen und solche Augenblicke der Vorfreude auskosten?

»Du planst nie voraus«, stellte sie zärtlich fest. »Nie hast du eine Vorstellung davon, was du im nächsten Moment machen wirst.«

Ich drückte sie an mich. »Ich weiß, was ich mit dir machen werde.«

Sie sagte: »Alles«, küßte mich lange und fest und begann zu weinen, ich spürte das ihren Körper durchlaufende Schluchzen. »Du hast mir gefehlt.«

»Du hast mir auch gefehlt.«

Alles, was ich sagte, überprüfte ich auf seinen Wahrheitsgehalt. Als wir händchenhaltend ins Haus gingen, sagte ich mir, daß ich diesen Satz ernst gemeint hatte.

»Warum bist du so lange weggeblieben?«

»Ich hatte viel zu tun«, sagte ich und dachte: Das war es nicht allein.

»Geh bitte nicht wieder fort.«

»Nein«, sagte ich. »Nie wieder.«

Mit Eden im Haus war ich ruhelos und ein wenig gehemmt, und die Zeit schien sich gegen uns zu stellen. Ich spürte, wie wir scheiterten. Immer wieder stellte ich mir die Frage: Was würde ich tun, wenn ich allein wäre? Was würde ich essen, wohin würde ich gehen?

Eden sagte: »Ich möchte für dich kochen.«

»Es ist nichts zu essen im Haus.«

»Wir könnten einkaufen fahren. Hast du keinen Hunger?«

Ich wußte es nicht. Wäre ich allein, wüßte ich es.

»Ich habe im Flugzeug gegessen«, sagte ich. »Trinken wir lieber etwas.«

»Dann kippst du mir noch um«, sagte Eden. »Das machst du immer, wenn dich die Zeitverschiebung aus dem Rhythmus gebracht hat.«

Im Haus war es immer noch dunkel. Ich hatte mir nicht die Mühe gemacht, Licht anzuknipsen. Im Dunkeln goß ich Wein ein, wir tranken ihn am Fenster bei Sternenschein, betrachteten die Laterne unten an der Straße und lauschten dem Hupen des Nebelhorns aus dem Kanal.

»Wir müssen über Indien reden«, sagte ich.

»Willst du immer noch, daß ich mitkomme?«

»Natürlich.«

Sie kam zu mir, setzte sich auf meinen Schoß und schmiegte sich an mich. Ihre weiche Haut roch nach Blütenblättern, und an meinen Augen spürte ich ihre Wärme. Als sie mich berührte, erstarben meine Gedanken, meine Zunge wurde pelzig, und tief in mir regte sich etwas – ein Stromkreis begann zu pulsieren und brachte mein Herz und mein Blut in Wallung.

Beiläufig sagte sie: »Ich habe mich wegen Indien erkundigt. Es heißt, jetzt sei die beste Reisezeit.« Doch etwas in ihrem Tonfall war alles andere als beiläufig. Ihre Stimme klang begeistert und erleichtert, weil die Angelegenheit offenbar geklärt war. Sie hatte ihre Pläne darauf ausgerichtet, sie hatte sich auf mich verlassen. Wenn ich fort war, vergaß ich oft ihre Intensität, allein ihre Nähe erinnerte mich daran, wie eng ihr Leben mit meinem verbunden war. Doch auf welches meiner Leben verließ sie sich, und wem hatte sie von Indien erzählt?

»Warte nur, bis du es siehst – die Tempel, die Ruinen, die Reisfelder und die schwarzen Züge, die tagelang unter weiten heißen Himmeln dahintuckern.«

Eden schniefte und sagte den Tränen nahe: »Ich bin so glücklich, du hast mich so glücklich gemacht.«

Ich küßte sie und lächelte im Dunkeln, ich betrachtete die Sterne, deren Lichtschein schwankte, als wären sie beschwipst.

»Ich möchte dir etwas zeigen«, sagte Eden. Sie stand rasch auf und verließ das Zimmer.

Als sie zurückkam, fragte sie: »Kannst du mich sehen?«

In ihrer Hand flammte ein Streichholz auf, sie zündete eine Kerze an und kam damit näher.

Sie trug einen knappen schwarzen Slip, der bis ans obere Ende ihrer langen weißen Beine reichte. Ihre Lippen sahen schwarz aus – sie hatte Lippenstift aufgetragen, und ihre Haut schimmerte im Licht der Sterne und der flackernden Kerzenflamme. Sie glich einer Nachtblume, und als sie sich hinkniete, um den Kerzenständer auf den Boden zu stellen, zeichneten sich ihre blaßweißen Pobacken unter dem strammen Slip ab. Dann stand sie auf; das Kerzenlicht schien durch die Seide und zeigte ihren schlanken nackten Körper. Sie trat näher, streichelte mein ausgestrecktes Bein und umklammerte mein Knie mit ihren Unterschenkeln. »Bin ich ein schlimmes Mädchen?« Sie hockte sich auf mein Knie wie ein »Hoppe, hoppe Reiter« spielendes Kind.

»Ja«, sagte ich eifrig.

Sie seufzte, rutschte hoch und saß auf meinem Schoß, umarmte mich und drückte ihre Brüste an mich. Ihr dichtes Haar war in meinem Mund, ihr Speichel auf meinen Lippen, und meine Hände waren voll von der schwarzen Seide, die ihre Haut gewärmt hatte.

»Wenn ich so schlimm bin, mußt du mich ins Bett bringen«, sagte sie.

Wir gingen nach oben, uns unbeholfen umarmend. Zuerst liebten wir einander blind, dann wurden wir unserer Sache sehr sicher, und dieses Vertrauen in das Fleisch des anderen war, als könne man im Dunkeln sehen.

Ich wachte auf, als es noch dunkel war. Der leuchtende Wekker zeigte kurz nach fünf. Eden lag fest schlafend neben mir, ihren Körper dicht an mich gepreßt. Ich schlüpfte aus dem Bett, ging im Dunkeln nach unten und rief von dem Telefon in der Bibliothek aus London an.

»Jenny . . . bist du's?«

»Liebling«, sagte sie; sie war angenehm überrascht. »Ich hätte nicht gedacht, so bald von dir zu hören. Wie spät ist es bei euch? Es kann doch höchstens Morgengrauen sein.«

»Viertel nach fünf. Ich konnte nicht schlafen.«

»Stimmt etwas nicht?«

»Nein. Das kommt bloß von der Zeitverschiebung.«

»Deine Stimme klingt komisch.«

»Ich bin wohl müde.«

»Du Ärmster, ruh dich ein bißchen aus. In ein paar Tagen bist du wieder auf dem Damm. Bestimmt bist du sehr aufgeregt wegen Indien.«

»Ich weiß nicht«, sagte ich. »Mir gehen so viele andere Dinge im Kopf herum.«

»Kann ich dir irgendwie helfen?«

»Eigentlich nicht«, sagte ich rasch und fuhr fort: »Ich nehme den Reiseführer mit, den ich schon vor zehn Jahren benutzt habe. Ich fahre dieselbe Strecke.«

»Wäre es nicht unglaublich, wenn sich nichts verändert hätte?«

»Es muß sich verändert haben«, sagte ich.

»Jack vermißt dich auch. Er liegt mir pausenlos in den Ohren, ich soll ihm einen Computer kaufen.«

»Kauf ihm doch einen«, schlug ich vor.

Es kam mir so unschuldig vor, etwas haben zu wollen, das man mit Geld kaufen konnte. Das wollte ich Jenny gerade sagen, als sie weitersprach. »Am liebsten würde ich mit dir nach Indien fahren. Aber ich wäre dir nur im Weg. Außerdem weiß ich, daß du dich fest darauf eingestellt hast, allein zu reisen.«

Während wir redeten, dämmerte der Morgen. Im lichtdurchfluteten Zimmer legte ich den Hörer auf die Gabel und hörte Eden meinen Namen rufen.

Drei Wochen später rollte ich die Teppiche zusammen, baute die Batterie aus, räumte die Statuen weg, stellte den Haupthahn ab, nahm die Bilder ab und so weiter. Ich schloß das Haus ab, und wir flogen los.

2

Eden war groß und schlank, die dichten schwarzen Haare fielen glatt herunter, und durch ihre blasse Haut wirkte sie empfindlich wie ein Stubenhocker. Und doch war sie athletisch. Sie war Tänzerin gewesen, trainierte immer noch, um in Form zu bleiben, und hielt sich an ihre Tänzerinnendiät. Spätabends, wenn sie hungrig oder liebeshungrig war, verzog sie den Mund und wurde zum kleinen Mädchen. Die übrige Zeit war sie eine elegante, einschüchternde Frau mit klimpernden Armreifen und graugrünen Fuchsaugen.

Ich sagte ihr, sie sei vollkommen. Ich beschrieb sie genauestens, pries ihre Haare und Augen zum Beweis, daß mir nichts entging.

»Ich färbe meine Haare. Die Farbe heißt ›Nachtglanz‹. Ich schminke mich. Ich benutze Lippenstift. Meine Kontaktlinsen sind gefärbt.« Sie lächelte. Machte sie sich über mich lustig? »Mein erstes selbstverdientes Geld habe ich gespart und mir Zahnkronen machen lassen. Meine Füße sind riesengroß, ist dir das noch nicht aufgefallen?«

Die unerwartete Ehrlichkeit machte sie in meinen Augen nur noch begehrenswerter.

»Ich bin unmöglich«, rief sie. »Ich werde dich in den Wahnsinn treiben.«

Solche Ausdrücke benutzten nur Frauen, und ich fand immer, in solchen Fällen müsse man ihnen glauben – sie wußten es schließlich am besten. Doch durch die Übertreibung ihrer Fehler zog Eden ihre Aussage ins Lächerliche, und es gefiel ihr, daß ich von ihrer Selbstkritik nichts hören wollte. Mir gefiel ihre Vitalität, ihre Bereitwilligkeit, ihre Energie. Sie verbrachte einen ganzen Tag mit Schwimmen oder Wandern und den verbleibenden Abend beim Liebesspiel. Kochen machte ihr Spaß; sie schnitt Rezepte aus Feinschmeckerzeitschriften, und wir kochten sie nach. Wir kauften in dem großen Supermarkt in Hyannis ein, frischen Fisch und Gemüse, fuhren dann zu mir nach Hause und bereiteten alles zu. Ich brachte sie mit frischer Luft, gutem Essen und wildem Sex in Verbindung und fühlte mich am gesündesten, wenn ich mit ihr zusammen war. Oft schien ihr Gesichtsausdruck oder ihre Stimmlage zu fragen: *Was nun?* oder *Was kommt jetzt?* Sie war vierunddreißig. Sie war nie verheiratet gewesen. Als wir uns ein paar Monate kannten, bekam sie Depressionen. Ich wollte wissen, was los sei. Sie gab vor, es sei nichts, aber ihre Stimmung änderte sich nicht. »Ich frage mich bloß, wo das alles hinführen soll«, sagte sie.

Ich fand diesen Satz verführerisch, lautete doch die Antwort immer: *nirgendwohin.* Die meisten Frauen, die ich kannte, schauten zwanghaft nach vorn; sie dachten ständig an die Zukunft, immer hatten sie das Gefühl, daß die Zeit verstrich. Hörte ich einer Frau genau zu, schien sie wie eine Uhr zu ticken, und selbst die albernste schmiedete Pläne.

Eden dachte über das Altwerden nach. In der gleichen depressiven Stimmung sagte sie: »Was würdest du sagen, wenn ich dir erzählte, ich hätte mich mit jemandem getroffen?«

Mich mit jemandem getroffen war unweigerlich eine sexuelle Anspielung. Es bedeutete alles.

Ich konnte ihr nicht antworten – mein Mund war zu trocken.

Sie sagte: »Ich habe nur Spaß gemacht. Ich wollte herausfinden, ob es dir etwas ausmacht.«

»Es macht mir etwas aus.« Das kam als jämmerliches Krächzen heraus.

Sie wurde sehr ernst, weil sie merkte, daß sie mich getroffen hatte. »Es ist dir wirklich wichtig, stimmt's?« Dann küßte sie mich. »Es tut mir leid, Liebling. Das hätte ich nicht sagen dürfen. Ich bin ein ganz schlimmes Mädchen.« Ihre Stimme veränderte sich, wurde weicher, zu der eines kleinen Mädchens. »Du solltest mich sofort ins Bett bringen. Bestrafen solltest du mich.«

An diesem Tag war sie nackt unter ihrem kurzen Rock und dem grünen Kaschmirpullover. Als ich sie berührte, wurde sie munter, und ich auch.

Manchmal trug sie Kniestrümpfe, wenn wir miteinander schliefen, oder einen Spitzenkragen – sonst nichts – oder ein Band im Haar. Sie trug immer irgend etwas – eine seidene Schärpe, einen Ledergürtel, ein Paar Stöckelschuhe. »So fühle ich mich nackter.« Einmal trug sie eine Maske. Nie war sie völlig bekleidet oder völlig entkleidet.

Auf ihre Eleganz, ihr Flair, die Art, wie sie sich präsentierte, bildete sie sich etwas ein. Das spiegelte sich darin wider, wie sie Geschenke verpackte; wunderschön, in glänzendem Papier und mit diversen Schleifen. Auf so etwas legte sie genausoviel Wert wie auf ihre Frisur oder die Kontaktlinsen in der richtigen Farbe; doch wie beim Geschenkeverpacken hatte ich den Eindruck, daß sie Aufmerksamkeit erregen wollte. Es war Eitelkeit; denn sie hätte nicht nötig gehabt zu betonen, worin sie gut war. Vermutlich hatte sie etwas gegen meine nachlässige Kleidung oder meine legere Art zu schenken, ich verpackte nur selten etwas. Ich kam mir albern vor, wenn ich ein Band um etwas wickelte, außer um ihren Hals, wenn wir miteinander schliefen. Doch wir kamen miteinander aus: Sie gestattete mir, ein Barbar zu sein, und ich unterstützte sie in ihrer Eleganz.

Daß sie so sehr auf das Äußere von Menschen und Dingen achtete, resultierte wahrscheinlich aus ihrer Arbeit. Sie war Mitherausgeberin einer Bostoner Zeitschrift, die sich auf Antiquitäten und Einrichtungsfragen spezialisierte, und sie wohnte nicht weit von mir in Marston Mills, in einem alten Haus, das sie restauriert hatte. Sie verfügte über die Fähigkeiten eines Menschen, der durch langes Alleinleben unabhängig geworden war. Sie hatte einen Gemüsegarten, kochte selbst und fror Gemüse ein, machte Marmelade und konservierte Tomaten in Steinguttöpfen. Ihr ganzes Haus hatte sie allein gestrichen, tapeziert, das Parkett abgezogen und versiegelt. Sie webte ihre Läufer und Vorhänge selbst und nähte dazu passende Kissenbezüge. Sie kochte sehr gut, und wie so viele geniale Köche war sie keine große Esserin, sie sah gern zu, wenn andere ihre Gemüseskulpturen verspeisten.

Warum hatte sie nie geheiratet? Dann hätte sie all diese Fähigkeiten wahrscheinlich nicht entwickelt, doch es gab noch eine andere Antwort. Sie mochte Kinder nicht besonders. Häufig war sie selbst wie ein Kind – das sind viele Leute, die keine Kinder haben. Und sie sagte mir, sie habe immer noch Zeit, sich zu überlegen, ob sie Kinder haben wolle.

Wir saßen im Flugzeug und flogen im Dunkeln Richtung Osten; der Pilot verriet uns ein paar Details über unsere Route, die über Neufundland führte.

Eden hörte nicht zu. Sie riß eine Seite aus einer Zeitschrift. »Sieht das nicht köstlich aus?«

Ein guter Koch liest ein Rezept wie ein Musiker die Partitur – der einfachste Hinweis sagt ihnen alles; sie brauchen nur einen Blick auf eine Zeile zu werfen und sind bereits sensibilisiert.

Ich las: *Hummer Bisque à la Chef Bernard.* Es handelte sich um eine drei- oder vierstündige Operation; man brauchte Wein und Sahne und etliche Dinge, von denen ich noch nie gehört hatte, die Zubereitung erfolgte in circa zehn verschiedenen Arbeitsgängen. Der siebte Schritt bestand darin, die Hummerschale zu pulverisieren, damit das Gericht die richtige Farbe bekam.

Eden lehnte den Kopf an meine Schulter und nahm meine Hand. »Das kochen wir auf dem Cape, wenn wir aus Indien zurückkommen. Wir backen Brot. Zum Nachtisch gibt es Profiteroles.«

Sie war Expertin in der Herstellung zartester Windbeutel mit Cremefüllung, und das wußte sie auch. Das gehörte ebenfalls zu ihrer Eitelkeit, war aber verzeihlich, weil es ihr ein solches Vergnügen bereitete, für andere zu kochen.

Doch ich fragte mich, warum Antiquitätenliebhaber und Restauratoren fast immer Feinschmecker waren. Gehörte das zu dem Versuch, stilvoll zu leben, oder war es nichts als Snobismus?

Eden hätte ohne weiteres zugegeben, daß sie einem der Objekte ähnelte, die sie sorgfältig restaurierte, oder einem der Gerichte, die sie mit viel Aufwand zubereitete. Das Problem bestand darin, daß sie die Pedanterie des Gourmetkochs verinnerlicht hatte. Das konnte störend sein.

Während wir über das phantastische Essen redeten, das wir nach unserer Rückkehr aus Indien kochen würden, servierte man uns eine geschmacklose Flugzeugmahlzeit, die leicht nach gebratenem Plastik roch und nur an der Oberfläche Farbe hatte; rührte man die Erbsen um, waren sie nicht mehr grün. Das Hühnchenfleisch war feucht, faserig, wie mit Tapetenkleister überzogen, und lag zwischen durchweichten Reiskörnern, braunfleckigem Salat, kaltem Brot und einem Quader trockenem Kuchen.

»Müll«, konstatierte Eden und aß einen Apfel aus ihrer Handtasche.

Das Essen war scheußlich, doch der Hunger stimmte mich nachsichtig. Aber etwas zu essen, was sie verschmäht hatte, machte mich so befangen, daß ich aufhörte. Es gefiel mir nicht, daß sie so rigoros war und über dieses Zeug keine Witze reißen konnte. Sie war sich ihrer Sache so sicher, daß ich ins Zweifeln geriet, ohne zu wissen, warum.

Ein wenig später sagte sie: »Wir sind noch nie zusammen geflogen. Eigentlich sind wir nie gereist, oder?«

Das war es – das war der Grund. Wir kannten uns nur auf dem Kap, nicht in der Welt.

Nach dem Essen zeigten sie den Film ›Die Glücksritter‹, doch ich schlief mittendrin ein, und kurz bevor der Morgen graute, flogen wir in niedriger Höhe über London. Ich sah hinab auf das Muster gelber Laternen auf dem Straßengewirr, drückte mein Gesicht ans Fenster, fand den Fluß, dann die größeren Parks, und als wir schließlich noch tiefer gingen, entdeckte ich die York Road und verfolgte unseren Flug über den Südwesten Londons, über Wandsworth, Putney und Richmond. Im Morgenlicht trafen wir in Heathrow ein. Das Regenwasser schimmerte in Pfützen auf der Rollbahn.

»Da wir nun mal hier sind, möchte ich wenigstens wissen, warum«, sagte Eden. »Wäre es nicht einfacher gewesen, über die Westküste nach Indien zu fliegen?«

»Diese Strecke ist direkter«, behauptete ich, und als sie skeptisch guckte, ergänzte ich: »Weil man die Internationale Datumsgrenze nicht überquert.«

Das schien sie hinzunehmen. Nun, es war sechs Uhr morgens – keine Uhrzeit, die klares Denken fördert.

Sie fragte: »Ist es nicht ein seltsames Gefühl, mit mir in London zu sein?«

»Wir sind nicht in London«, entgegnete ich ausweichend. »Wußtest du nicht, daß der Flughafen in Middlesex liegt?«

Wir saßen eine Weile im Transitraum, dann verschwand sie und blieb etwa zwanzig Minuten lang weg. Als sie wiederkam, war sie frisch geschminkt, roch angenehm und wirkte erfrischt. Sie besaß die Gabe, sich durch Make-up, Kleidung und Frisur täglich zu erneuern.

Unser Flug mit Air India startete nicht vor Mittag, also kaufte ich Londoner Zeitungen und las sie beim Frühstück. Es gefiel mir, zu essen und zu lesen, ohne viel dabei zu reden. Aber Eden war unruhig und gesprächiger als gewöhnlich.

»Nichts als Fett«, lautete ihr Kommentar zu den Eiern mit Schinken. »Und was soll das hier sein?«

Ich schaute kurz auf und antwortete: »In Fett geröstetes Brot. In England sehr beliebt.«

»Igitt.«

Sie aß trockenen Toast und eine Apfelsine, die sie mit ihrem eigenen Messer schälte, und trank Earl-Grey-Tee, eine Sorte, auf der sie bestand. »Teebeutel«, sagte sie verächtlich, da sie ihren Tee immer mit losen Blättern in einer Kanne machte. »Wie weit ist es mit diesem Land gekommen?«

Noch so eine Eigenheit von Antiquitätenkennern: Gewöhnlich waren sie nicht nur Gourmets, sondern auch anglophil und wie die schlimmsten Anglophilen sehr kritisch und klassenbewußt. Solche Leute fühlten sich immer der englischen gehobenen Mittelschicht zugehörig, ganz gleich, wo sie in Amerika aufgewachsen waren.

»Stimmt was nicht?«

Ich runzelte die Stirn, unzufrieden mit mir selbst, daß mir diese Eigenheiten bei ihr auffielen. »Alles in Ordnung«, sagte ich. »Tut mir leid, daß du von England enttäuscht bist. Aber vergiß nicht, dies ist nur ein Flughafen. Alle Flughäfen sind gleich. Wir könnten genausogut in Tokio sein. Sogar Städte gleichen mittlerweile einander, die großen Hauptstädte werden sich immer ähnlicher.«

»Jedes Land hat seinen besonderen Geruch«, sagte sie.

Ob sie das irgendwo gelesen hatte? Sie war nicht viel gereist, nur in Feriengebiete wie die Karibik, Mexiko und Florida. Ich nahm an, daß fremde Länder sie ein wenig ängstigten. Sie wollte mehr wissen, als sie wußte, sie wollte Expertin sein. Auf ihre Art war sie Perfektionistin, deshalb mußte sie sich ständig selbst beweisen. Sie war gut in schwierigen Dingen, aber gehemmt, daher wirkte sie amateurhaft, wie geschickt sie auch sein mochte. Ich spürte, daß sie in Heathrow alles registrierte und es später erwähnen würde: die eigenartigen Telefone, Aschenbecher, Teppiche, Schilder,

Schreibweisen; die Schuhe der Leute, ihre Hüte, wie sie rauchten und aßen.

Wir dösten in den Stühlen des Transitraums, und als ich aufwachte, zeigte ich Eden den Duty-free-Shop. »Bitte kauf dir etwas«, sagte ich.

»Du wirkst so ernst!«

»Weil ich möchte, daß du dir etwas kaufst.«

»Ich will nichts aus einem Duty-free-Shop«, sagte sie. »Ich will nur dich.«

Sie wich nicht von meiner Seite und wollte sich kein Parfüm kaufen lassen.

»Sollen wir Wodka kaufen? In Indien ist es ...«

Sie umarmte mich, küßte mich und sagte, sie sei so glücklich, bei mir zu sein. Sie brauche nur mich in Indien, weiter nichts.

»Alle Jumbo-Jets riechen unterschiedlich«, stellte sie fest, als sich die Air-India-Maschine mit Passagieren füllte – magere Eltern mit dicken Kindern und mehr Handgepäck, als ich je auf einem Flug gesehen hatte.

Es waren neun Stunden bis Delhi – zwei Mahlzeiten, noch ein Film und ein frühes Abendessen, das sich »High Tea« nannte. Eden fand die Mahlzeiten akzeptabel. Sie entschied sich für das vegetarische Menü, als sie sah, daß die orthodoxen Hindus der oberen Kasten das gleiche taten. Später schmiegte sie sich an mich und schlief einen Teil des Fluges mit dem Kopf an meiner Schulter. Ich verriet nicht, daß sie mich am Schlafen hinderte, weil ich mich freute, sie so entspannt zu erleben. Außerdem beobachtete ich fasziniert, wie sich diese hochgewachsene Person zusammenklappte und fest einschlief.

Wir trafen mitten in der Nacht auf dem Flughafen von Delhi ein und kämpften uns, von Mitreisenden angerempelt und von Gepäckträgern belästigt, durch das schmuddelige Flughafengebäude. Dann fuhren wir durch leere dunkle Straßen zu unserem Hotel. Die Nacht war kühl, das verbeulte Taxi roch staubig, und durchs Fenster strömte ein Geruchscocktail aus Schmutz und Vegetation, Kuhfladen, faulenden Früchten, Holzfeuern und Dieselabgasen. Eden atmete tief durch und würgte.

Ich sagte: »Selbst mit verbundenen Augen würde man merken, daß man in der Dritten Welt ist.«

Sie wirkte erregt oder unglücklich. Jedenfalls runzelte sie nur die Stirn und sagte nichts.

»Armut riecht immer schlecht«, fuhr ich fort. »Aber Indien sieht tagsüber besser aus.«

Die lange Fahrt in die Stadt verunsicherte sie; man merkte ihr an, daß sie die Gerüche und das Zirpen und Knarren der Zikaden unheimlich fand. Weil sie nervös war, wurde sie grob zum Taxifahrer. »Warum haben Sie das Taxameter nicht angestellt?«

Sie mußte die Frage wiederholen, bevor der Fahrer erwiderte: »Taxameter kaputt, Mahdhum.«

»Wer's glaubt!«

Ich griff nicht ein. Am Flughafen hatte ich erfahren, daß der Fahrpreis in die Stadt 120 Rupien betrug, und Eden würde sich im Hotel beruhigen lassen, das im Stil eines Palasts gebaut war und wie ein Bühnenbild aussah: Marmorfußböden, Blumen, Vasen voller Pfauenfedern und Sessel wie Throne, im Foyer ein Springbrunnen, die Männer in goldenen Turbanen und Uniformen, die es kaum erwarten konnten, einen zu bedienen. So war es denn auch, und es verfehlte nicht seine Wirkung. Wenn sie ruhiger war, zeigte Eden mehr Mitgefühl, allerdings auf die herablassende Weise wohlhabender Menschen in einem armen Land.

»Würdest du nicht auch am liebsten ein paar dieser kleinen Kinder mit nach Hause nehmen?« fragte sie, als wir am nächsten Tag durch das Rote Fort gingen.

»Sie scheinen sich hier ganz wohl zu fühlen«, antwortete ich. Die Kinder tollten zwischen den Ständen und Läden umher.

»Stell dir vor, was man alles für sie tun könnte«, sagte sie. »Ich würde dieses kleine Mädchen gern hochheben und verschwinden lassen.«

»Um deinetwillen oder um ihretwillen?«

Wenn sie wütend war, wurde Eden förmlich und unnahbar. Betont steif wandte sie sich von mir ab, wobei sie stolperte. »Ich vergesse immer, daß du ja ein Kind hast.« Sie schritt gemessen und würdevoll, als befände sie sich auf einer Prozession. Ihre Stimme klang giftig, als sie ergänzte: »Und eine Frau.«

»Nun mach mal halblang, Eden. Es geht mir nur darum, daß diese Kinder in ihrem jetzigen Leben glücklich sind.«

»Sind sie das wirklich? Dazu kann ich nichts sagen. Ich habe keine Kinder.«

»Und das ist *Hathi Pol«,* sagte der Fremdenführer gerade. »An dieser Stelle können Elefanten das Rote Fort betreten, mit *howdah* auf dem Rücken. Manchmal werden sie mit Seide und Edelsteinen bedeckt.

Große zerzauste Krähen hockten auf den rotbraun verputzten Zinnen und krächzten uns an, als wir über das Kopfsteinpflaster tappten. Wir besuchten das Moti Mahal, den Thronsaal und den Marmorpavillon. »Dies ist das *ghat,* wo Mahatma Gandhi eingeäschert wurde«, sagte der Führer und deutete auf die Brüstung und über die Mauer hinaus auf das Denkmal am Ufer des Flusses Jumna. »Mir ist schwindlig«, sagte Eden. »Ich muß zurück ins Hotel.«

»Memsahib ist unpäßlich?«

»Ja, Memsahib ist unpäßlich«, bestätigte ich und dachte, daß Memsahib überall sonst auf der Welt grotesk klang, aber hier hervorragend zu ihr paßte.

Später, am Pool, sagte sie: »Mich stört, daß anscheinend jeder die Hand ausstreckt und nervt: Bettler, Fremdenführer, Taxifahrer, Strichmädchen, Leute, die Postkarten und Souvenirs verkaufen. Sogar die Vögel – Spatzen, Stare und diese ekelhaften Krähen. Alle belästigen einen.« Sie schlürfte ihren lauwarmen Fruchtsaft und sagte: »Gott, ich gäbe was für einen richtigen Drink. Wir hätten zollfreien Schnaps kaufen sollen.«

Mein Freund Indoo holte uns am nächsten Tag im Hotel ab. Er war ein Journalist, der als Reiseveranstalter und Publizist arbeitete. Ihm gefiel das Flair des Reisens, und der Umgang mit Ausländern – die immer unter der Zeitverschiebung litten und nachgiebig waren – entsprach seinem herrischen Naturell. Doch wie viele Inder mit für Inder untypischen Jobs war er reizbar und fordernd wie ein großes Kind. Mir verriet er freimütig, er sei im Reisegeschäft tätig, weil er billige Tickets bekomme und um die ganze Welt fliegen könne.

»Es ist ein Vergnügen, einer so attraktiven Frau zu begegnen«, sagte er zu Eden, und ich wußte, daß ihre Größe – sie war einen Kopf größer als er – ihn irritierte. Sein Charme war im Verlauf der Jahre immer mechanischer geworden.

Mich überraschte, welche Wirkung dieser Satz auf Eden hatte. Sie genoß es augenscheinlich, mit dieser abgedroschenen Floskel traktiert zu werden. Mir waren sowohl die Schmeichelei als auch ihre Reaktion peinlich.

»Ich stehe zu Ihrer Verfügung«, sagte Indoo, der sofort erkannte, daß sie empfänglich war. »Mir ist klar, daß Sie in Indien etwas ganz Besonderes sehen wollen.«

Sie strahlte; sie war die *memsahib,* er der *chowkidar,* ihr Diener. »Eines der vielen faszinierenden Geheimnisse Indiens«, fuhr er fort und sah mich matt lächelnd an, wohl in der Hoffnung, daß ich ihn nicht unterbrach oder verspottete.

Eden sagte: »Das ist sehr freundlich von Ihnen. Aber ich glaube, ich habe schon genug Sightseeing absolviert.«

Am Morgen hatte sie mir gesagt, sie wolle weder Humayuns Grab noch die Moschee in Alt Delhi oder den Turm Qutub Minar am Stadtrand sehen. Also hatten wir ein Taxi genommen und eine Runde durch die Antiquitätenläden gemacht. Beim Herumstöbern hatte sie ein paar neue Wörter gelernt, die sie schon benutzte – *company paintings, mughal, rajasthani.* Sie steckte voller Fragen. An diesem Vormittag hatte sie drei Ladenbesitzer gefragt, was ein bestimmter steinerner Gegenstand sei, und jeder der Männer hatte mit dem Kopf gewackelt und ihr geantwortet: *Das ist ein Lingam, Madam.* Mittags hatte sie ein paar bemalte Wandbehänge (»company period«), ein geschnitztes Kästchen (»mughalische Motive«) sowie bunte gewebte Stoffe (»rajasthani«) gekauft. Als ich mich gerade über das öde Shopping beschweren wollte, kaufte sie mir ein Tintenfaß aus Messing und küßte mich – zum großen Vergnügen des Ladenbesitzers.

Indoo sagte: »Recht hat sie. Warum Ruinen angucken? Nichts als Touristen und verunstaltetes Zeug. Abenteuertouren sind jetzt sehr gefragt. Aufregend, das können Sie mir glauben. Etwas Besonderes . . . Morgen fahren wir los.« Er bleckte die Zähne.

»Möchtest du, Andy?« fragte Eden. »Ich überlasse es dir.«

»Ich würde es gern versuchen«, sagte ich. »Was steht uns bevor?«

Indoos Gesichtsausdruck signalisierte Optimismus. »Wildwasserfloßfahrt auf dem Ganges. Nehmt Badeanzüge mit. Ich sorge für den Picknickkorb und was wir sonst noch brauchen.«

Am nächsten Morgen verließen wir um halb vier mit dem Wagen Delhi; Indoo saß vorn neben dem Fahrer, einem Sikh, Eden und ich hinten. Unterwegs schliefen wir, und als wir in Roorkee aufwachten, schien die Sonne. Indoo wollte uns den Kanal und die gemeißelten Löwen zeigen. Wir tranken Tee und aßen Bananen, bevor wir weiterfuhren; der Sikh hupte pausenlos Radfahrer und Ochsenkarren an.

»Dies ist eine heilige Stadt«, sagte Indoo in Hardwar, und als der Sikh zögerte, wohl in der Annahme, ein kleines Besichtigungsprogramm sei angebracht, sagte Indoo fest: »Weiterfahren.« Er wies uns auf Rishikesh hin (»Hier weilten die berühmten Beatles zu Besuch«), und wir fuhren weiter. Die Straße stieg an und verlief in Kurven oberhalb des Flusses, aber nach ein paar Meilen bog der Sikh scharf rechts ab, und wir fuhren auf einem schmalen Weg zum Fluß hinab.

»Hier ist das Lager.«

Zwischen spärlich belaubten Bäumen, auf denen Vögel zwitscherten, standen zwei Steingebäude. Zwei untersetzte Inder in Shorts und T-Shirts saßen, die Rücken gegen die warmen Steine gelehnt, in der Sonne und tranken Tee. Direkt unter ihnen ergoß sich der dreißig Meter breite Ganges schäumend über braune Felsen. Das allein war schon eine Überraschung: Ich hatte ihn mir immer als flachen, ruhigen Fluß vorgestellt, schlammfarben und träge.

Als die beiden Inder uns sahen, rappelten sie sich auf. Indoo rief ihnen auf Hindi etwas zu, und sie eilten in eins der Gebäude. Zehn Minuten später brachten sie uns ein spätes, aus Obst und einem angebrannten, öligen Omelett bestehendes Frühstück. Eden tat nur, als würde sie essen.

Die beiden Inder waren Hausmeister, Köche, Fahrer und Paddler. Während wir aßen, säuberten sie die Geräte, brachten die Ausrüstung auf Vordermann und pumpten das Floß auf.

Eden sagte: »Es ist phantastisch. Ich kann nicht glauben, daß ich hier bin. Ich bin so aufgeregt wie ein kleines Mädchen bei seinem ersten Ausflug.« Sie packte meinen Arm und verkündete mit Piepsstimme: »Ich habe solche Angst.«

»Wenn Sie uns nicht begleiten möchten, können Sie hierbleiben«, sagte Indoo. »Wir haben hier alles, was man braucht.«

»Ich komme mit.« Eden gab ihrer Stimme einen furchtlosen Klang, als wäre ihr Mut in Zweifel gezogen worden. »Ihr glaubt doch wohl nicht, ihr könnt mich zurücklassen?«

Ihre Entschiedenheit verwirrte Indoo. An mich gewandt, sagte er: »Es ist wirklich schön, dich zu sehen, Andrew!«

Wir schnallten das Floß auf das Autodach und fuhren über eine holprige Straße zu einer etliche Meilen stromaufwärts gelegenen unbewohnten Villa. Wir parkten auf dem Grundstück des großen leeren Anwesens und zogen in dem muffigen Kutschhaus unsere Badesachen an. Hier war der Fluß breiter als am Lager und nicht so reißend, aber Indoo sagte, gleich hinter der nächsten Biegung, wo ein kuppelförmiger felsiger Hügel stand, sei Wildwasser. Wir gingen an das felsige Flußufer und zogen bei strahlendem Sonnenschein unsere Schwimmwesten über.

»Diese unbequeme Ausrüstung macht mich irgendwie nervös«, sagte Eden, als sie die Riemen festzurrte.

»Sturzhelm und Handschuhe nicht vergessen«, rief Indoo.

»Du lieber Himmel, siehst du den da?«

Indoo stand am Rand des Wassers und zeigte uns, wie man paddelt: wie man verlangsamt, wendet und beschleunigt, um das Floß aus einem Loch in den Stromschnellen zu befreien.

»Warum üben wir nicht im Floß?« Eden kam sich augenscheinlich albern vor, auf dem Trockenen ihre Paddel hin und her zu schwingen.

»Das geht nicht«, antwortete Indoo. »Sind wir erst mal im Floß, fehlt die Zeit dazu. Der Fluß fließt dann zu schnell. Nicht vergessen, das ist die Ganga!«

»Mutter Ganga«, sagte einer der Paddler eifrig.

»Du lieber Himmel«, murmelte Eden.

»Du mußt nicht mitkommen«, sagte ich so beiläufig wie möglich.

Doch Eden blieb fest. »Ich bleibe nicht zurück«, sagte sie, und an Indoo gewandt: »Zeigen Sie mir diesen Schlag noch mal.«

»Das ist die richtige Einstellung«, rief Indoo.

Alle sechs knieten wir in dem großen Gummifloß – Eden und ich in dem wulstigen Bug – und schoben es vom Ufer weg. Das unförmige Floß sah wie ein mißratener Gummireifen aus, doch bei der ersten Serie von Stromschnellen merkte ich, wie sinnvoll die Form war. Luftkissen an den Seiten schützten vor den scharfen Felsen in den flachen Stromschnellen. Das Floß hob und bog und zwängte sich durch den bewegten Fluß, begleitet von Edens Schreien, die vom tosenden Wasser übertönt wurden. Hier war der Ganges kein phlegmatisches, stummes Gewässer. Er war blau, laut, sehr kalt und erinnerte an die schmelzenden Gletscher in den Vorgebirgen des Himalajas, die ihn speisten.

Als wir das erste Wildwasser überstanden hatten, stöhnte Indoo vor Vergnügen und sagte: »Wenn ihr rausfallt, schützt das Gesicht, und schwimmt wenn möglich ans Ufer. Sonst holen wir euch raus.«

»Das erzählt er uns jetzt«, sagte Eden, und an ihrer schlechten Laune merkte ich, daß sie Angst hatte.

In diesem ruhigen Flußabschnitt gab Indoo uns Anweisungen für die vor uns liegenden Stromschnellen. Wir sollten voll durchziehen und, sobald wir das Wildwasserloch unter dem Felsen erreichten, mit aller Macht paddeln, um das Floß aus dem Wirbel zu bekommen. Sonst würde uns die Kraft des Wassers nach unten drücken.

»Na prima«, sagte Eden mit ausdrucksloser Stimme.

Das stürzende Wasser war so laut wie ein Wasserfall und hatte den Rhythmus eines stampfenden Motors. Die Inder im Heck brüllten, um sich Mut zu machen. Es war eine überwältigende Minute. Ein Blick zur Seite zeigte mir Edens offenstehenden Mund, ihr triefendes Gesicht und die weißen Zähne. Und dann hatten wir es geschafft: In der Wärme und Stille einer Flußbiegung tauchten wir wieder auf.

»Mir ist kalt«, sagte Eden. »Ich bin fix und fertig.«

Einer der Inder krächzte etwas auf Hindi, und der andere antwortete.

Indoo sagte: »Sie sehen etwas.«

Vor uns lag eine Sandbank, auf der ein loser Haufen dunkles Treibholz lag. Wir paddelten darauf zu, während die Männer sich in ihrer Sprache unterhielten.

»Was sagen sie?« fragte Eden.

»Es ist eine Leiche«, sagte Indoo, als das Floß auf den Sand trieb, vielleicht einen Meter vom Knochenhaufen entfernt. Es klang, als sagte er Kadaver. Das Ding war ledrig und schien nicht recht zusammenzupassen. Nur der Schädel, die Zähne und die vergilbte Schädeldecke deuteten auf menschlichen Ursprung hin.

»Schnell weg hier«, sagte Eden. »Ich kann gar nicht hinsehen.« Sie hatte den Helm abgenommen und die Hände vors Gesicht geschlagen. »Laßt es bloß da liegen.«

Die beiden indischen Paddler sprachen ernst miteinander.

Indoo übersetzte: »Sie sagen, wir müssen es begraben.«

»Wie weit müssen wir noch den Fluß hinunter?« fragte ich.

»Zwei Kilometer.«

»Gibt es noch mehr Stromschnellen?« fragte Eden.

»Von hier bis zum Lager nichts als Stromschnellen und nochmals Stromschnellen.«

»Du lieber Himmel.«

Indoo sah mich seelenvoll an. »Eine nichtbegrabene Leiche ist etwas Furchtbares.«

Doch Eden sagte mit einem verzweifelten Blick flußabwärts: »Wenn wir jetzt nicht fahren . . .«

»Das steht nicht zur Diskussion«, erklärte Indoo. »Wir haben keine andere Wahl. Vergeßt nicht: Das ist Mutter Ganga.«

Indoo sah, wie sich Eden zu den Paddlern umdrehte, die sich singend über die Knochen beugten. »Sie machen *puja.*« Er lächelte ihr beruhigend zu.

»Und du stehst einfach da«, sagte Eden vorwurfsvoll zu mir. Was hatte ich ihr getan?

Während unseres Gesprächs hatten wir die Sandbank betreten und das Floß vertäut. Eden wandte uns den Rücken zu und ging rasch die Sandbank entlang. Als sie weit genug weg war, luden wir die Knochen auf die breiten Paddelblätter und trugen sie vorsichtig aus dem Hochwasserbereich. Mit Hilfe der Paddel gruben wir ein Loch, ließen die Skelettreste hineingleiten (wobei die Inder *Ram! Ram! Ram!* vor sich hin murmelten) und bedeckten alles mit den größten Felsbrocken, die wir finden konnten.

Keiner von uns sagte ein Wort. Es war, als hätten wir den toten Menschen gekannt. Der Mann oder die Frau mußte unter Gewaltanwendung und allein gestorben sein. Keinerlei Riten waren eingehalten worden, man hatte die Leiche nicht verbrannt; bis wir sie auf der Sandbank entdeckten, war sie nichts als Treibgut am Fluß gewesen. Es hätte Ong Khan sein können; oder ich.

Es war aufregend gewesen, aber die körperliche Anstrengung wirkte beruhigend, und die Ehrfurcht der anderen beeindruckte mich. Sie hatten einiges auf sich genommen, um die menschlichen Überreste zu beerdigen und sie vor Hunden, Fischen und Rabenkrähen zu schützen. In einer vieldeutigen, mißverständlichen Welt war dies eindeutig eine gute Tat. Am besten gefiel mir, daß sie so feierlich und würdevoll ausgeführt worden war, obwohl es keine Zeugen gab und niemand die Tat würdigen oder auch nur bemerken würde. Wir hätten einfach an dem Leichnam vorbeipaddeln können, aber das brachten wir nicht fertig. Ich wollte nicht sterben wie Ong Khan.

Mir fiel ein, wie wir uns zu meiner Ministrantenzeit mit drei Begräbnissen eine Hochzeit verdient hatten. Es bestand keine Verbindung zwischen solchen sinnentleerten Ritualen und dem, was wir an diesem Morgen getan hatten. Mir war, als hätten wir die ersten zögernden Schritte zur Schaffung einer neuen Religion unternommen. Es war mein erstes Zeichen dafür, daß ich vielleicht den Weg zurück zum Glauben finden könnte. Ich befand mich in Hochstimmung, als wir das Floß wieder zu Wasser ließen. Es war wie der Zustand der Gnade, das durch die Beichte bewirkte Gefühl von Wahrhaftigkeit und Hoffnung, das ich als Kind gekannt hatte. Es war eine kostbare Osterstimmung.

»Wir haben mit den Paddeln ein Loch gegraben«, setzte ich an.

»Erzähl mir nichts«, sagte Eden und trat gegen das Floß. »Ich will nichts davon wissen. Ich will bloß fort von hier. Mir ist eiskalt.«

Indoo begriff. »Wir geraten ein wenig in Zeitnot. Wir nehmen den direkten Weg zurück. Keine Stromschnellen.«

»Gott sei Dank«, sagte Eden.

Der Tag endete abrupt und anders als geplant. Wir kauften in Hardwar *puris,* und unterwegs hielten wir an, um indische Süßigkeiten und Eis zu kaufen.

Indoo sagte: »Auf solchen Ausflügen mache ich immer all das, was ich zu Hause nie tue. Ich esse dauernd irgendwas. Ich trinke Cola. Ich schlecke Eis. Ich bin glücklich.«

»Ich kenne dieses Gefühl«, sagte Eden.

»Vielleicht.«

»Hoffentlich finden Sie nicht, ich hätte wegen der Leiche überreagiert«, sagte sie.

Indoo wackelte mit dem Kopf, was ja und nein bedeuten konnte. Er gab sich gern rätselhaft und genoß es sichtlich, als er zu Eden sagte: »Wir Inder sagen, die Welt ist *maya* – Illusion. Sie existiert in Wirklichkeit nicht. Das Geheimnis besteht darin, den Dingen ihren Lauf zu lassen.«

»Das ist wunderschön«, sagte Eden.

»Eines Tages werden wir zur Ganga zurückkommen.«

3

Etwa einen Tag später saß ich in Delhi in der Hotelbar und blätterte im Reiseführer, als ich Eden das Foyer betreten sah. Ich reagierte durchaus zwiespältig, wenn die Männer sie anstarrten. Zwar war ich stolz auf ihre Schönheit, hatte aber etwas dagegen, wie lüstern diese Männer sie anglotzten, nicht anerkennend, sondern besitzergreifend. Am wenigsten konnte ich das von Indern akzeptieren, denn ihre Frauen durfte keiner anstarren, und sie hielten die meisten westlichen Frauen für geistlose Huren. Ich sah den Hunger und die Verachtung auf ihren Gesichtern und verabscheute sie deswegen.

»Diese Männer taxieren dich«, sagte ich, als sie die Bar betrat.

»Wahrscheinlich haben sie nichts Besseres zu tun.« Sie war keineswegs beleidigt; ich fragte mich, ob sie sich nicht sogar geschmeichelt fühlte.

»Wo hast du den ganzen Nachmittag gesteckt?«

»Unterwegs«, sagte sie mit ihrem Kleinmädchen-Schmollmund.

Ich kam nicht umhin, ihre Findigkeit zu bewundern. Es war zwar nur Delhi, und man konnte problemlos ein Taxi bekommen und in der Stadt überallhin fahren. Aber sie war noch nie in Indien gewesen: Alles war fremd und einiges bedrohlich. »Trink etwas«, schlug ich vor.

»Ich hätte gern etwas *lassi«,* sagte sie.

Flüssiger kalter Joghurt, in einem Glas serviert; woher kannte sie so was? Ich beschloß, sie nicht zu fragen.

Man brachte das gesalzene *lassi.* Eden nahm einen Schluck und stellte das Glas ab. Sie schwitzte, ihre Haare waren feucht, ihre Haut glänzte, die Bluse klebte an ihren Brüsten. Sie lächelte mich an, berührte mit einer anmutigen Geste ihre Kehle und fuhr mit den Fingernägeln über die blasse Haut ihres Halses. Als ich ihren Fingern folgte, fiel mir auf, daß sie eine neue Halskette trug.

»Was ist das?« fragte ich.

Sie lenkte sofort ab und lächelte mich an. Doch ich hatte es kurz gesehen: eine knöcherne Halskette aus kleinen geschnitzten Teilen.

»Sind es Totenköpfe? Ist das so ein verrücktes tibetisches Ding?«

Die geschnitzten Perlen hingen auf ihrer Haut. »Das verrate ich dir nicht«, sagte sie, und ihre Hand bewegte sich von ihrem Hals zu den Brüsten. »Wenn du es herausfinden willst, mußt du mit nach oben kommen.« Sie trank ihr *lassi* aus, leckte die Schaumreste von den Lippen, stand auf und verließ mit langsamen, herrlich schwingenden Bewegungen, ohne nach links oder rechts zu schauen, die Bar.

Ich ließ mir die Rechnung bringen und folgte ihr. Zum Scherz klopfte ich an, doch sie reagierte nicht. Ich wartete kurz, dann klopfte ich wieder. Eine leise Stimme sagte: »Herein.«

Als ich öffnete, kam sie hinter der Tür hervor. Sie war von oben bis unten nackt, die ganze herrliche lange Gestalt. Sie küßte mich und nestelte an meinem Hemd herum. Sie trug die Halskette ... Erst klebte sie am Brustansatz, gleich darauf baumelte sie um die eine Brust. Wie ich vermutet hatte, war es eine Reihe kleiner Schädel, aus Knochen geschnitzt, die aus leeren Augenhöhlen glotzten und ohne Lippen grinsten.

Eden packte mich und schob mich aufs Bett hinunter. Sie lutschte meinen Penis, dann hockte sie sich darauf und steckte ihn mit einer Hand in sich, während mir die kleinen Schädel ihrer Kette ins Gesicht baumelten. Als ich kam, ächzte sie, bewegte ihr Becken heftiger und warf mit klappernder Halskette den Kopf zurück.

»Es war ein Geschenk«, sagte sie später, als wir von unserem spontanen Schläfchen erwachten. Sie hatte einen Laden mit Antiquitäten entdeckt. Und zwar mit guten, sagte sie, echten, einzigartigen, wie man sie in den USA kaum finden konnte. Sie hatte dem indischen Inhaber (»ein verrückter kleiner Kerl mit einem Scheitelkäppchen«) von ihrer Zeitschrift erzählt und gesagt, sie wolle den Laden in ihrer Auslandsecke vorstellen.

»Der Laden ist voll von großartigem Zeug«, berichtete sie. »Einiges ist total verrückt, und einiges ist unglaublich.«

»Ich weiß genau, was du meinst.«

»Machst du dich über mich lustig?«

Sie wollte einen Artikel schreiben und einen indischen Fotografen mit der Bebilderung beauftragen. Der Ladenbesitzer war einverstanden gewesen.

»Dachtest du vielleicht, er hätte etwas dagegen?«

Und er hatte sie mit der Halskette fortgeschickt.

»Er nahm sie einfach aus einer Schublade und hängte sie mir um den Hals«, sagte Eden. »Er hat sich geweigert, Geld dafür zu nehmen.«

»Wundert dich das?«

»Du bist wirklich sarkastisch, Andy. Ich kann es nicht leiden, wenn du Leute runtermachst.«

Sie hatte recht. Ich hatte mir geschworen, auf dieser Reise einfach mit ihr durch die Gegend zu fahren und nichts zu sagen, und diesen Schwur hatte ich gebrochen. »Es sind Yakknochen. Tibetische Flüchtlinge schnitzen sie. Das habe ich in Darjeeling gesehen.«

Eden kramte in ihrer Handtasche und beförderte zwei weitere Gegenstände ans Licht. »Das hier hat er mir auch gegeben. Das eine ist wohl eine Flöte und das andere eine Trommel.«

»Ebenfalls tibetisch.«

»Woher weißt du das so genau?«

»Weil Inder nie etwas aus Menschenknochen schnitzen würden. Die Flöte ist ein Beinknochen, sieht wie ein Oberschenkel aus.« Dabei streichelte ich ihren Oberschenkel. »Die Trommel ist aus einem menschlichen Schädel.«

Eden lachte, als hätte ich einen Scherz auf ihre Kosten gemacht. »Ich sag' ja, er ist verrückt!«

Ich betrachtete die Knochen, und die kleine Trommel wurde zu einem menschlichen Kopf und die Flöte zu einem dürren braunen Bein. Ich fand es traurig, wie sie entweiht worden waren: Sie lagen auf dem dicken weißen Marmortisch neben einer ›Time‹ von letzter Woche, einer leeren Flasche Cola und einigen ausgefransten Rupienscheinen, die wie abgefallene Blätter aussahen. »Willst du sie behalten?«

»Du hättest wohl gern, daß ich sie beerdige.«

»Das wäre gar keine schlechte Idee«, sagte ich und dachte daran, wie wir am Oberlauf des Ganges für solche Knochen mühsam mit Paddeln ein Loch gegraben hatten.

Eden lachte wieder und stand auf. Sie war immer noch nackt. In einer Hand hielt sie ein Stück abgeschlagene Hirnschale, in der anderen den Teil eines Beinknochens, und um ihren Hals baumelte die gelbe Halskette aus Schädeln.

Als sie vor dem Bett stehenblieb, sah ich in ihren Schamhaaren kleine Tropfen glitzern, von unserem Liebesakt waren sie spitz wie ein Bart, dunkel und feucht. Sie stellte sich breitbeinig über mich und setzte mit einer ungeschickt besitzergreifenden Geste einen Fuß auf meinen Brustkorb. »Was guckst du so?« fragte sie herausfordernd-spöttisch.

Wir schliefen noch einmal miteinander, und sie war sogar noch aktiver als zuvor. Anschließend lagen wir erschöpft auf dem Bett. Durch die Vorhänge drang die indische Sonne und warf einen hellen heißen Streifen auf unsere Körper.

»Sieh dir den Kerl wenigstens mal an«, sagte sie. »Vielleicht änderst du deine Meinung.«

Der Antiquitätenhändler war ein verhungert aussehender Kaschmiri namens Ismail mit knochigem Gesicht und blutunterlaufenen Augen. Ich mißtraute ihm wegen seiner beflissenen Höflichkeit und der Art, wie er Eden rühmte und mir in allem zustimmte. Er schien sich ausgezeichnet mit ihr zu verstehen, obwohl er sie erst einmal gesehen hatte. Mir mißfiel, wie er uns verstohlen musterte und dezent beeinflußte, und ich mochte seine Angewohnheit nicht, sich vorzubeugen und leise auf den Boden zu spucken. Am meisten verabscheute ich sein vertrauliches Gehabe. Wenn von Preisen die Rede war, flüsterte er und tat so, als wären wir drei Verschwörer. Jemand hatte ihm das Wort »maximal« beigebracht. »Das hat maximalen Wert«, raunte er. »In Europa wird es einen maximalen Preis erzielen.«

Ich sagte kaum etwas, Ismail dagegen sehr viel. Wenn ich sprach, konnte ich es nicht verhindern, daß meine Stimme streng und ungeduldig klang. Das machte ihn noch fügsamer, und sein Flüstern wurde zum Zischen.

»Ich kann Ihnen maximalen Rat geben«, sagte er und bot uns *lassi* an. Er wühlte sich durch Haufen von Mondsteinen und kramte in Dosen voller Silberkettchen und Fußspangen. Als er sich unter den Tresen bückte, um noch mehr zu holen, schlug ich Eden vor, am nächsten Tag nach Agra abzureisen.

Wir nahmen den Janata-Expreß, einen der langsamsten Züge Indiens. Eden saß leidend auf der Holzbank, jammerte jedesmal, wenn der Zug hielt – was häufig vorkam –, und sah mich vorwurfsvoll an. Da der Janata von einer Dampflok gezogen wurde, wehten Ruß und Qualm durch die Fenster.

»Ich habe das Hotel furchtbar ungern verlassen«, sagte sie.

»Du kannst nicht nach Indien fahren, ohne den Tadsch Mahal zu sehen.«

»Wir hatten so ein wunderschönes Zimmer. Dort war ich gern mit dir zusammen.«

»In Agra gibt es auch ein gutes Hotel.«

Sie sah skeptisch aus. Ihr Gesicht war verschwitzt, sie hatte einen Fleck auf der Wange, ihr T-Shirt und die in Sandalen steckenden Füße waren staubig. Ich hatte sie noch nie dreckig erlebt. So wirkte sie jugendlich, leichtsinnig und sogar begehrenswert. Als ich versuchte, ihr das zu sagen, behauptete sie, ich mache mich über sie lustig.

Die Inder starrten sie an. Keiner von ihnen reiste sehr weit. Sie drängten sich in den Waggon, standen in Trauben im Gang und schwitzten, und nach ein paar Stationen kämpften sie sich ins Freie und wurden von anderen ersetzt, die genauso stumpf und müde aussahen.

Ein Mann mit einer Kiste auf der Schulter schob sich in unsere Richtung. »Eßkrim. Eßkrim. Eß-eß.« Er stieß den Deckel auf und zeigte uns den schmelzenden Kisteninhalt.

»Sieht aus wie Gift. Wahrscheinlich ranzig«, vermutete Eden. »Wir wollen nur hoffen, daß du mit dem Hotel in Agra recht hast.«

Während es dämmerte, fuhren wir an Gräben mit lärmenden Fröschen und Büschen voller zirpender Zikaden vorbei. Eden senkte den Kopf und schien den Atem anzuhalten, damit die Zeit schneller verging. Als wir an der Agra Fort Station ankamen und über den Bahnsteig gingen, rempelten uns mit Bündeln beladene Inder an. Die Leute brüllten, Frauen kreischten, Männer schleppten Kisten, Kinder quäkten, während der Zug schnaufte und sich quälte. Ungeduldige knochige Finger stupsten uns von hinten.

»Sir, Sir«, rief der Mann, um meine Aufmerksamkeit zu erregen. »Ich trage Ihr Gepäck, Sir. Ich habe Taxi.«

Es war ein kleiner Inder in einem zerrissenen Hemd. Er hatte leicht vorstehende Augen, die öligen Haare standen ab. Einer seiner Vorderzähne fehlte, doch die Lücke machte ihn eher zum Opfer als zum Schläger. Eine Rasur hatte er bitter nötig.

»Nehmen Sie ihr Gepäck«, sagte ich.

»Bitte, Missus.« Er hob Edens große Tasche auf seinen Kopf.

Irgendwie paßte sein Taxi zu ihm. Es war eine kleine schwarze Klapperkiste mit braunen zerschlissenen Sitzpolstern und einem kaputten Kühlergrill. Die Scheinwerfer standen so dicht zusammen wie die Augen des Inders. Die Kurbeln für die Fensterscheiben waren unbenutzbar. Ein Fenster ließ sich nicht öffnen, das andere nicht schließen.

»Ich heiße Unmesh«, sagte der Mann und nahm neben dem

Fahrer Platz. Er dreht sich um, legte das Kinn auf die Rückenlehne und sah uns an. Wir schwiegen. »Ich wissen alles.«

»Das ist gut, Unmesh.«

»Dieser Mann ist mein Angestellter«, sagte Unmesh, womit er den Mann am Lenkrad meinte. Er ähnelte Unmesh: Schnurrbart, rote Zähne, kaputtes Hemd, feuchte Augen. »Er ist mein Fahrer.«

»Ist das kein Taxi?« fragte Eden.

»Dies ist Fahrzeug eines Reisebüros«, sagte Unmesh. »Vanita Tourist Agency.« Begeistert lächelnd wackelte er mit dem Kopf. »Vanita heißt meine Tochter.«

Plötzlich hielt er ein Foto in seiner dünnen Hand: ein verdutzt aussehendes kleines Mädchen im Rüschenkleid.

»Dieses Automobil nenne ich ebenfalls Vanita.«

Die Sitze waren lädiert, ich saß auf einer zerbrochenen Feder. Wenn wir an Tongas, zweirädrigen Pferdefuhrwerken, vorbeikamen, wich der Fahrer aus, ohne das Tempo zu reduzieren. Der aufsteigende Staub verdüsterte wie dichter Nebel die an den Obstständen neben der Straße hängenden Laternen.

»Ich bin geschäftsführender Direktor der Vanita Tourist Agency«, erklärte Unmesh. »Ich sage Ihnen, ich wissen alles.«

Wir bogen in eine lange, heckengesäumte Auffahrt ein. Eden sah hinaus – ihr Fenster war das offene. Wir kamen an einen Säulengang, sahen durch einen marmornen Eingang in ein helles Foyer, und ein Inder mit Turban, der wie ein Maharadscha aussah, öffnete die Autotür. Er trug weiße Handschuhe. Von jenseits der Hecke hörte man das Klagen eines Pfaus.

»Schon besser«, sagte Eden und stieg aus.

Unmesh hob sein Kinn von der Rückenlehne. »Sie wollen Tadsch Mahal sehen? Ich bringe Sie. Ich zeige Ihnen. Ich wissen alles.«

»Seien Sie morgen früh um neun hier«, sagte ich.

Unmesh wirkte sehr überrascht, beinahe schockiert; dann erholte er sich wieder. »Danke sehr, Sir. Danke sehr. O danke sehr«, sagte er und legte beide Hände vor seiner Nase aneinander.

Eden nahm ein Bad und einen Drink und fühlte sich glücklich. Nach dem Essen war sie entspannt und sinnlich.

»Ich liebe dich«, sagte sie. »Ich genieße es, mit dir hier zu sein. Tut mir leid, daß ich im Zug so schlecht gelaunt war.«

»Warst du das?«

»Ich glaube schon«, meinte sie. »Aber jetzt bin ich es nicht mehr. Von nun an werde ich ein braves kleines Mädchen sein.«

»Beweis es.«

»Bring mich ins Bett, und du wirst es erleben«, sagte sie und hauchte: »Ich möchte, daß du mit mir schläfst. Warte hier – laß mir fünf Minuten Zeit.«

Als ich das Schlafzimmer betrat, trug sie einen Sari. Sie drehte sich langsam und ließ sich von mir auswickeln, aber nicht ganz. Wir liebten uns in einem seidenen Wirrwarr.

Als Unmesh uns am nächsten Tag abholte, sagte sie lachend: »Wo hast du den bloß ausgegraben?« Doch sie war nett zu ihm. Wir nahmen auf dem kaputten Rücksitz Platz und wurden zum Tadsch Mahal gefahren, während Unmesh uns von dem Kaiser Shah Jahan und seiner geliebten Frau Mumtaz Mahal erzählte. Ihre Liebe war so groß, daß sie zu einem Fleisch wurden.

Eden drückte meine verschwitzte Hand. »Sind Sie verheiratet?« fragte sie Unmesh.

»Ich bin verheiratet und habe eine Tochter, Vanita«, antwortete Unmesh und zückte erneut das Foto.

Eden lächelte traurig. Sie umarmte mich, sie sah aus dem Fenster, und ich wußte, daß sie an Kinder dachte.

»Wie viele Kinder, Sir?«

»Wir haben keine Kinder«, sagte ich vorsichtig. »Noch nicht.«

Eden drückte meine Hand und wirkte besorgt; und doch spürte ich, daß sie glücklich war.

»Ich Ihnen zeigen Tadsch Mahal«, versprach Unmesh. »Ich Ihnen sagen alles darüber. Ich wissen alles.«

Aber wir lehnten ab. Hand in Hand schritten wir durch das Tor und schauten auf das kleine exquisite Gebäude jenseits des schmalen spiegelnden Teiches. Das frühe Morgenlicht färbte es rosa; es wirkte fürstlich und mit seinen überschlanken Minaretten, den exakt konstruierten Fenstern und marmornen Zwischenwänden fragil wie eine Muschel. Der Bau war von solch fast lebender Schönheit, als wäre er erst an diesem Morgen fertiggestellt worden – wie eine gerade erblühte Blume, auf der noch Tautropfen lagen.

Ich wollte etwas sagen, aber Eden drückte warnend meine Hand, so daß ich es verschluckte. Sie weinte ... Unter ihrer Sonnenbrille liefen Tränen hervor. Sie wollte mir etwas sagen, brachte aber keinen Ton heraus. Das Gesicht dem Tadsch Mahal zugewandt, begann sie zu schluchzen.

Ich nahm sie in den Arm. Nie hatte ich sie mehr geliebt als in diesem Augenblick. »Ich liebe dich«, sagte ich.

»O Andy, ich liebe dich so.« Dabei stieß sie einen langen leidenschaftlichen Seufzer aus und hörte auf zu weinen. Sie preßte ihr Gesicht an meins und begann: »Bitte ...«

In diesem Moment tauchte Unmesh auf. Grinsend zeigt er uns die Lücke zwischen seinen fleckigen Zähnen. »Ich haben keine Eintrittskarte«, sagte er und deutete schwungvoll auf den Kartenschalter im Haupttor. »Kartenverkäufer ist mein Freund. Er mich kennen.«

Ich starrte Unmesh an, während Eden sich abwandte, um sich die Tränen abzuwischen.

Unmesh warf sich in die Brust, runzelte die Stirn und deklamierte: »Dies ist Tadsch Mahal, das von zwanzigtausend Menschen auf Befehl des Kaisers Shah Jahan erbaut wurde, dem Sohn des Jahangir und Vater von Aurangzeb. Besagter Shah Jahan war ein bedeutender Sammler kostbarer Edelsteine und Juwelen, wie wir an dem weltberühmten Pfauenthron und sogar an Wänden des Tadsch selbst sehen können. Wenn Sie näher treten, sehen Sie zahlreiche Edelsteine, Juwelen und Halbedelsteine aller Sorten. Shah Jahan war von Edelsteinen so fasziniert, daß er einmal, als fast nackte *Nautch*-Mädchen für ihn tanzten, die Tänzerinnen gar nicht beachtete, sondern gelassen weiter die Edelsteine, Juwelen und Halbedelsteine betrachtete, die man ihm gerade überreicht hatte.«

»Unmesh, bitte«, sagte ich. »Wir wollen uns nur umsehen.«

»Ich Ihnen zeigen: Ich wissen alles.«

Doch wir ließen ihn stehen und bummelten weiter, um das Tadsch zu erkunden. »Er ist nett«, sagte Eden. »Armer Kerl.«

Sie war tolerant geworden. Die Liebe stimmte sie freundlich, und dafür liebte ich sie. Der magische Ort hatte uns verändert und zu besseren Menschen gemacht.

Ich wollte ihr erzählen, was Aldous Huxley über das Tadsch Mahal gesagt hatte, als er es 1926 besuchte: daß es ein Beispiel für »Phantasiearmut« darstelle und die Minarette »zu den häßlichsten Strukturen gehören, die je von Menschenhand errichtet wurden«. Aldous Huxley, der natürlich über Schönheit Bescheid wußte, da er in Los Angeles lebte! Er starb am selben Tag, an dem Kennedy erschossen wurde, so daß er nie betrauert wurde. Doch Eden stöhnte leise und begann wieder zu weinen, und ich wußte, daß ich ihr nichts davon sagen konnte.

Wir verbrachten eine Stunde oder mehr damit, uns die diversen Gemächer anzusehen, und sie fotografierte die in den Marmor eingelegten Halbedelsteine: kleine bearbeitete Schmuckstücke, in Blumenform angeordnet. Aus der Entfernung sah das Tadsch makellos aus, doch aus der Nähe glänzte es vor Blumenrabatten und Laub.

Wir gingen in den Gärten spazieren, unter Bäumen voller zwitschernder Vögel.

»Geh bitte nicht wieder weg«, sagte Eden, meine Hand fest umklammernd. »Ohne dich fühle ich mich elend. Ich versuche, tapfer zu sein, ich mache meine Arbeit, aber ich denke jede Sekunde an dich. Ich denke an nichts anderes.«

Zur Beruhigung küßte ich sie, doch sie wehrte ab und sagte: »Daß du mir so sehr fehlst, macht mich verrückt. Andy, wir müssen zusammensein, sonst ...« Sie schniefte und atmete schwer, als würde sie wieder anfangen zu weinen. Eine Weile schwieg sie. Als wir an den Brunnen vorbeikamen, sagte sie: »Ohne dich zu sein ist eine Art Sterben. Innerlich bin ich dann tot.« Sie drehte sich um und blickte auf das Tadsch Mahal. »Es ist Liebe und Verlust zugleich. Das ist es ...« Sie sah das im Sonnenschein liegende wunderbare Mausoleum an und nickte. »Das habe ich begriffen.«

Kaum hatten wir das Tadsch Mahal verlassen, änderte sich ihre Stimmung. Auf dem Rückweg in die Stadt lachte und scherzte sie mit Unmesh. Er brachte uns zu einem Marmorbildhauer, der vermutlich eine Provision zahlte, damit Unmesh ihn in seine Touristentouren einbaute. Es waren hervorragende Arbeiten. Wir kauften eine Marmorscheibe, die sich auch als Tischplatte verwenden ließ.

»Das ist für unser Haus«, sagte Eden, und ihr Gesicht glänzte vor Vergnügen.

Schweigend gingen wir zum Auto. *Unser Haus,* hatte sie gesagt, und ich sah es deutlich vor mir . . . Ein heißer Morgen in Kalifornien, in einer trockenen Landschaft mit Kakteen und einem hohen weißen Himmel, an einem Ort, wo noch keiner von uns beiden gewesen war, unser neuer Anfang. Eden saß neben einem Swimming-pool und lackierte in aller Ruhe ihre Zehennägel. Sie war umrahmt von einer geschnitzten Türeinfassung, hinter der ich im Schatten saß. Unser Haus war niedrig und wunderschön; Eden hatte es eingerichtet, alte Möbel und Bilder aufgetrieben. Sie hatte die Vorhänge genäht, die Kerzen gegossen, die Pflanzen eingetopft, die Läufer gewebt. Kinder oder Tiere gab es keine, doch in der Diele stand ein großer lebender Baum in der Nähe der Marmorplatte aus Agra. Die Küche war riesengroß, und obwohl wir selten Gäste hatten, bereitete Eden oft Schlemmermahlzeiten zu. In dieser Hitze und Helligkeit lebte ich auf, all meine Sinne waren wach – ein neuer Ort, ein neues Leben. Ich fühlte mich jünger, ich trieb Sport, und wir schliefen andauernd miteinander. Der Vergangenheit hatte ich den Rücken gekehrt. Es tat weh: der Schmerz, die Leere, das Gefühl, versagt zu haben. Doch ich schrieb über neue Dinge, über den Schmerz, über das Chaos im Leben. Eden und ich redeten viel, wir berührten uns, gingen in Restaurants. Eden wurde wütend, wenn ich eine andere Frau ansah. Wir lernten Spanisch; sie hatte mich bedrängt, Steptanzunterricht zu nehmen, das klang zwar absurd, reizte mich aber.

»Woran denkst du?« fragte Eden und sah mir in die Augen.

Ich hielt das immer für eine fatale Frage, da die Antwort stets *an alles* lautete. »Ich denke über dich nach«, sagte ich. »Über uns.«

Da nahm sie meine Hand.

4

»Dieser Ort ist märchenhaft«, sagte Eden mit leuchtenden Augen, als sie sich am nächsten Morgen am Fenster räkelte. Sie war glücklich, und das veränderte sie physisch, machte sie stärker, gelassener und lasziver. Wie hektisch und nervös sie in den Staaten gewesen war, hatte ich gar nicht gemerkt, bis ich sie in Agra so glücklich erlebte. Doch nicht nur das Tadsch Mahal versetzte sie in Hochstimmung; ihr gefiel auch das Hotel, sie mochte die Fruchtsäfte und das Essen, die Schlafzimmer und heißen Duschen. Und sie war jede Minute bei mir. Ich überlegte, ob ich ihr sagen sollte, daß ich mich durch unser ständiges Zusammensein etwas eingeengt fühlte. Würde sie das verstehen? Schließlich waren ihr die Vorzüge des Alleinseins auch nicht unbekannt.

Unmesh fuhr uns nach Sikandra, um Akbars Mausoleum zu besichtigen, ein großes, rotes, zerbröckelndes, palastartiges Gebäude mit einer riesigen Kuppelhalle. Im Inneren stieß Unmesh ein Heulen aus, und wir stoppten die Zeit, wie lange das Echo anhielt. Er brachte uns nach Fatepuhr Sikri, einer phantastischen Geisterstadt in der Wüste. Wir aßen trockene Käsebrote und tranken milchweißen Tee. Eden behauptete, es mache ihr gar nichts aus. Sie habe keinerlei Klagen. »Ich mag es rauh«, sagte sie.

»Das ist nicht rauh.«

Sie musterte mich mißtrauisch, wahrscheinlich überlegte sie, ob ich sie aufzog. Wußte sie denn nicht, daß es Luxus war, an einem sonnigen Tag in der Pracht einer verlassenen Mogulstadt zu picknicken, umgeben von Beos?

Unmeshs Auto war muffig und staubig. Auf dem Rückweg ließ es kein Schlagloch aus. Es neigte zu Fehlzündungen, der Motor stotterte, es holperte keuchend über die Straßen. Unmesh hatte eine Schnellkur für die Leiden seines Wagens: Er hielt an und pustete in die Treibstoffleitung. »Müll«, sagte er mit vom Benzin glänzenden Lippen. Etwa fünfzehn Kilometer hinter Agra ruckelte das Auto . . . Reifenpanne.

»Tut mir leid«, sagte Unmesh und beschimpfte den Fahrer auf Hindi. Der reagierte mit einem Tritt gegen den Reifen.

»Das braucht Ihnen nicht leid zu tun.« Ich meinte es ernst.

»Der unerschütterliche Andre Parent«, sagte Eden.

»Der bin ich.«

Wir standen am Rand einer staubigen Straße. Die Straße bestand aus zerbrochenen weichen Teerstücken.

»Wir könnten hier kampieren«, meinte Eden.

Ein Radfahrer kam vorbei, räusperte sich und spuckte uns mit einem Spritzer roten Betelsaft an, wobei er Edens Kleid knapp verfehlte. Eden sah das nicht als Feindseligkeit. Der Mann war nur ein Tölpel auf einem Rad. »Es ist so still«, sagte sie.

Es war die traurige sommerliche Totenstille in der Ebene, die mich immer an stinkenden Schatten, abgestandenes Wasser und Cholera erinnerte.

»Da drüben ist ein Dorf«, sagte Unmesh. »Ich kennen diese Gegend.«

»Siehst du?« sagte Eden. »Wir kämen zurecht. Wir könnten in einer kleinen Hütte wohnen.«

Der Fahrer kniete nieder und plagte sich mit den rostigen Muttern ab, während Unmesh ihn antrieb.

»Er soll sich beeilen«, flüsterte Eden mir zu. »Ich will zurück in das herrliche Hotel und mit dir schlafen. Ich will, daß du mich benutzt ... benutze meinen Körper. Du sollst machen, was du willst. Gib mir Befehle, mach mich zu deiner Sklavin, sag mir, was ich tun soll.«

Ich drehte mich zu Unmesh um und fragte: »Kann er den Reifen nicht ein bißchen schneller wechseln?«

Als ich am nächsten Tag zu Eden sagte, wir führen gen Süden nach Madras, protestierte sie: »Muß das sein?« Und zwar in der Kleinmädchenstimme, mit der sie immer versuchte, mich umzustimmen.

Doch ich war voller Unruhe aufgewacht, besorgt, weil ich so wenige Notizen gemacht hatte. »Das ist kein Urlaub«, sagte ich. »Verstehst du? Ich muß einen Artikel schreiben. Bisher habe ich absolut nichts getan.«

»Habe ich dich vom Arbeiten abgehalten?« fragte Eden gekränkt.

Ich schwieg und zuckte die Achseln. Es war mein eigener

Fehler, daß ich nicht darauf bestanden hatte, Zeit für mich zu haben.

»Du hast jede Menge Zeit zu arbeiten, wenn ich nicht bei dir bin«, sagte sie. »Wie lange waren wir diesmal zusammen? Zwei oder drei Wochen am Kap und zehn Tage hier in Indien. Und da überrascht es dich, daß ich bei dir sein will?«

»Reg dich nicht auf.« Ich wußte, was kam.

»Deine Frau hat dich die ganze übrige Zeit. Monate, Jahre! Und ich hatte nichts!«

Das war eines der Themen, die mich in die Enge trieben und zum Schweigen verurteilten. »Und du wagst es, mir vorzuwerfen, ich hielte dich von der Arbeit ab.« Eden ging rückwärts Richtung Tür. »Na schön«, sagte sie. »Du willst arbeiten? Also, nur zu!«

Sie schnappte sich ihre Handtasche und schmiß beim Hinausgehen die Tür mit solcher Wucht ins Schloß, daß die Wand wackelte. Und in meinem Kopf fiel eine andere Tür ins Schloß.

Ich setzte mich an den Tisch am Fenster, stützte den Kopf auf die Hände und starrte mein leeres Notizbuch an. Ein Weilchen kritzelte ich vor mich hin, malte die Ränder voll, dann riß ich eine Seite raus und schrieb einen Brief, der mit den Worten begann: *Geliebte Jenny . . .*

Der Madras-Expreß traf kurz nach Mitternacht im Bahnhof von Agra ein. Unmesh brachte uns zum Bahnsteig. Er sah jammervoll aus, zerlumpter als je zuvor. Er kramte den Schnappschuß seiner Tochter Vanita heraus und ein winziges Paßfoto seiner Frau. Er zauberte zwei Flaschen Cola und zwei Trinkhalme hervor.

Der Fahrer stand hinter Unmesh und drängte uns zu trinken. Es war zu spät, ihn nach seinem Namen zu fragen.

Eden sagte: »Langsam gehen mir die beiden auf die Nerven.«

Als der Zug anfuhr, standen wir im Gang beim Schaffner und versperrten den Durchgang. Unmesh nahm Haltung an; der Fahrer tat es ihm gleich. Traurig wackelten sie mit den Köpfen.

»Sie kommen zurück, Sir. Ich nehme Sie mit. Ich zeige

Ihnen. Ich wissen alles. Ich dann haben gut Geschäft.« Unmesh sah mich flehend an und wiederholte: »*Bitte.* Sie kommen.«

Wir fanden ein Abteil mit zwei Betten und wurden von den Fahrbewegungen des Zuges in den Schlaf geschaukelt. Am Morgen rollte ich auf die andere Seite und sah Eden am Fußende meines Betts sitzen. Vermutlich saß sie schon länger da und wartete, daß ich aufwachte. Sie küßte mich. »Guten Morgen, Liebling.«

Ich konnte mir den Gedanken nicht verkneifen, daß diese Worte und dieser Kuß typisch für Liebespaare waren. Sagten Verheiratete im Morgengrauen *Guten Morgen, Liebling* und küßten sich? Ich tat es nicht, und als ich es mir vorstellte, wirkte es absurd und künstlich. Die meisten Leute wachten auf und nuschelten: *O Scheiße.*

»Warum grinst du?«

Das konnte ich ihr nicht verraten. »Mir fiel gerade ein, wo wir sind«, behauptete ich. »Hast du gut geschlafen?« Noch so eine Liebhaberfrage, genau wie: *Kann ich etwas für dich tun?*

»Wie ein Stein«, versicherte sie.

Ich schob das Rouleau hoch und war einen Moment lang geblendet, benommen von der Helligkeit. Nicht nur von der Sonne, sondern auch von dem leuchtenden Grün der Reisfelder und der großen schlanken Palmen. Ich wandte mich um und sah Eden – bleich, mit strähnigen Haaren, glanzlosen Lippen und geschwollenen Augen – in demselben unbestechlichen und gleißenden Licht der indischen Ebenen. Sie hatte kaum geschlafen; vielleicht war ihre kleine Lüge ein Versuch, mich zu besänftigen.

Sie sagte: »Tut mir leid, daß ich gestern grob zu dir war. Aber du hast mich provoziert.«

»Wenn das so ist, sollte ich mich vielleicht entschuldigen.«

Sie zog eine Grimasse. »Ich kann deinen Sarkasmus nicht ausstehen. Gott im Himmel, ich habe mich gerade entschuldigt. Warum nimmst du das nicht an?«

Ich schwieg. Wir kamen an einem Bahnhof vorbei, und das Bahnhofsschild wurde von dem auf der Rückseite der Tür angebrachten Spiegel reflektiert. Wir klapperten über eine Anzahl von Weichen auf eine Nebenlinie, und das Rattern ließ

Edens Wangen erzittern. Ich schwang die Beine aus dem Gewirr der Laken und machte Anstalten aufzustehen.

Angewidert sagte Eden: »So ist's richtig. Lauf weg. Das machst du immer, wenn wir uns streiten.«

»Ich laufe nicht weg. Ich stehe auf.«

»Meine Worte hast du völlig ignoriert.«

»Das habe ich nicht.«

»Es war eine Entschuldigung, verdammt! Was willst du denn noch?« Sie fing an zu weinen. In ihrer zerknitterten Bluse sah sie elend und unausgeschlafen aus; ihr Gesicht wurde faltig vom Weinen. »Ich glaube, es macht dir Spaß, mich zu quälen.«

Ich umarmte sie und warf dabei einen Blick auf meine Armbanduhr. Es war Viertel nach sieben. Ich wollte mich hinlegen und weiterschlafen. Obwohl ich mich beim Aufwachen ausgezeichnet gefühlt hatte, war ich jetzt wie zerschlagen. Ich hielt Eden im Arm und spürte, wie mir Energie entzogen wurde. Ich hatte in meinem Leben einige Menschen kennengelernt, deren Anwesenheit mich schwächte; ihre Abhängigkeit beraubte mich meiner Kraft, und während ich erschlaffte, wurden sie putzmunter.

Nach einer Weile schob Eden meinen Arm weg. »Laß mich in Ruhe. Auf dein Mitleid kann ich verzichten.« Sie zog die Schultern zusammen und bot ein Bild des Jammers.

Ohne ein weiteres Wort verließ ich das Abteil und ging auf die Toilette, ein feuchtes Kabuff aus Metall, an dem die graue Farbe abblätterte, mit einem zersprungenen Waschbecken. Durch ein Loch im Boden sah man die Schienen vorbeirauschen. Während der Zug weiterraste, pinkelte ich durch das Loch, dann wusch ich mir die Füße und hielt den Kopf unter den Wasserhahn. Ich putzte mir mit Zahnpasta, aber ohne Wasser die Zähne. KEIN TRINKWASSER verkündete ein über dem Becken hängendes zweisprachiges Schild. Im Spiegel sah ich mein miesepetriges, stacheliges Gesicht; ich konnte es nicht ausstehen, wenn man mich frühmorgens anschrie. Ich nahm zwei Aspirin, schluckte sie ohne Wasser und verbrachte noch ein Weilchen mit dem Versuch, in meinen Zügen mein anderes Gesicht wiederzuerkennen, bis jemand gebieterisch an der Türklinke klapperte.

Unser Abteil war abgeschlossen. Ich drückte gegen die Tür.

»Wer ist da?« kam Edens mißtrauische Stimme.

»Ich«, sagte ich, und ehe ich mehr sagen konnte, wurde der Riegel zurückgeschoben.

»Beeil dich«, sagte sie und riß die Tür auf.

Das Rollo war heruntergezogen, das Abteil lag im Halbdunkel, nur am Rand des Fensters fiel etwas Licht durch die Spalten. Doch es war hell genug, um sie zu sehen. Sie trug ein T-Shirt und Stöckelschuhe, sonst nichts.

»Verriegel die Tür«, sagte sie, und als ich mich dazu umdrehte, umschlang sie mich von hinten, ließ ihre Hände über meinen Körper gleiten und sagte: »Ich bin eine schlimme schmutzige Frau, und du bist mein Sexsklave. Du mußt alles tun, was ich von dir verlange.« Sie knabberte an meinem Ohr, bearbeitete mich mit den Händen und sagte: »Das gehört mir, das gehört mir auch, und das alles gehört mir.« Sie saß mit gespreizten Beinen auf der Kante des unteren Bettes. »Auf die Knie mit dir!«

Das dunkle Abteil und der ohrenbetäubende Lärm des Zuges machten sie leichtsinnig. Sie bestand darauf, daß wir nachmittags noch einmal miteinander schliefen, doch diesmal war sie die Sklavin, und ich bezog meine Anregungen von den Spielen, die sie mir am Morgen beigebracht hatte. Dieser Tag im Zug zerfiel in etliche Teile: essen, schlafen, sich lieben, aus dem Fenster sehen. Und sie las Emily Edens ›Up the Country‹, während ich mir Notizen machte. Meine Notizen glichen denen eines Entdeckungsreisenden, sie enthielten Einzelheiten über das Wetter, die Entfernungen und die Landschaft, aber nichts über Eden oder darüber, daß wir in dem heißen Abteil abwechselnd Sklave des anderen waren. Wir fuhren in den Bundesstaat Andhra Pradesh ein, und bei Anbruch der Nacht waren wir in Warangal, inmitten von leuchtenden Hütten und zirpenden Reisfeldern.

»In der zweiten Nacht im Zug schläft man immer besser.«

»Gott, hoffentlich«, sagte Eden in ihrer Koje.

Man brachte uns Blechtabletts mit Essen: Gemüse, Reis, Dal und drei durchweichte Chapattis, die wie mißratene Tortillas aussahen.

»Das kann ich nicht essen«, erklärte Eden. »Ich lese wohl einfach etwas.«

Innerhalb von Minuten war sie eingeschlafen. Ich knipste das Licht aus und verriegelte die Tür, ließ aber das Fenster offen und das Rollo oben, so daß ich die Bahnhöfe und Sterne vorbeirauschen sah. Und dann schlief ich ein und träumte von meinem anderen Leben. Verschwitzt und schuldbewußt wachte ich frühmorgens in Madras auf.

Das Vishnu Hotel war alt, heiß, schlecht beleuchtet und hatte die verrottenden Teppiche aller schäbigen Hotels in Indien: Sie faulten im feuchten Halbdunkel vor sich hin. Es war stickig und roch nach Schimmel. Der Badezimmerboden war feucht, an der Kommode fehlten Griffe, und in dem Schrank hingen zwei verbogene Kleiderbügel aus Draht. Das gerahmte Kalenderblatt an der Wand zeigte das Matterhorn, im Vordergrund sah man ein Schweizer Dorf, einen Mann in einer kurzen Lederhose, eine Frau mit Häubchen und Schürze sowie etliche muskulöse Kühe.

Eden sagte: »Wenigstens kann ich duschen.«

Doch als sie sich ausgezogen hatte und den Hahn aufdrehte, kam kein Wasser. Sie fluchte, dann fing sie an zu weinen. »Ich habe seit zwei Tagen nicht gebadet. Bisher habe ich an jedem Tag meines Lebens ein Bad genommen!«

Ich beschwerte mich bei dem Geschäftsführer, einem freundlichen Mann mit dunklem Rattengesicht namens Thumboosamy. Als ich mich erkundigte, ob das sein Vor- oder Nachname sei, antwortete er: »Beides!« Er gab Laute des Bedauerns von sich und versicherte mir, wir müßten nur Geduld haben, die Dusche würde schon funktionieren. »Wasser wird kommen«, sagte er in der eigenartig prophetischen Art, die Tamilen annehmen, wenn man sie bedrängt.

Sobald ich das Zimmer betrat, hörte ich Blubber- und Spritzgeräusche aus der Dusche. Eden stand darunter und seifte ihre Schenkel ein. »Es ist zwar kalt, aber wenigstens naß«, sagte sie. »Du hattest kaum das Zimmer verlassen, da kam es.«

Sie entschuldigte sich für ihren Lärm um nichts; ich schwieg. Sie sagte: »Das macht alles nichts, solange wir zusammen sind.«

Später kauften wir Apfelsinen und Bananen und aßen sie auf einer Bank in der Nähe der Strandpromenade.

»Warum sind wir hier?« fragte Eden.

»Wegen meines Artikels über Indien. Es ist jetzt zehn Jahre her, daß ich das letztemal hier war. Ich besuche alle Orte, wo ich schon einmal war, um herauszufinden, was aus ihnen geworden ist.«

»Zu welchem Schluß kommst du?«

»Ich werde es dich wissen lassen«, sagte ich. »Außerdem versuche ich herauszufinden, was aus mir geworden ist.«

»Vielleicht sollte ich besser diese Geschichte schreiben.«

»Du hilfst dabei.«

»Nein, stimmt nicht«, widersprach sie. »Ich war dir nur im Weg. Geholfen habe ich dir überhaupt nicht. Ich schäme mich – aber ich will unbedingt mit dir zusammensein. Ohne mich würdest du viel schneller reisen und wahrscheinlich mehr sehen. Du wirst nie all das abklappern können, was du schon einmal besucht hast.«

»Ich weiß. Ich muß im Juli noch einmal wiederkommen.«

»Dann konzipieren wir unsere Weihnachtsausgabe«, sagte Eden. »Zu der Zeit bekomme ich nie und nimmer Urlaub.«

»Ich reise allein.«

»Ich werde an dich denken«, sagte sie. »Jetzt, da ich dich in Indien erlebt habe, kann ich mir alles ausmalen.« Sie sprach traurig und gefaßt wie eine Witwe. »Ich werde mir vorstellen, wie du in der Hitze herumläufst. Du wirst nicht schwitzen. Du wirst dir nie den Magen verderben. Du wirst jede Nacht schlafen können.«

»Das klingt, als hättest du etwas dagegen.«

Sie sah mich ausdruckslos an. »Gewissermaßen schon. Du leidest nie.«

»Als ich jünger war, kam es das eine oder andere Mal vor, und es war so schrecklich, daß ich danach nichts besonders schlimm fand.«

»Wenn man jung ist, kommt einem alles schrecklich vor.«

»Nein. Die meiste Zeit über war ich glücklich. Ich rede von richtiger Angst. Es hatte immer mit anderen Menschen zu tun und war wie eine tödliche Krankheit.«

»Erzähl mir davon.«

»Ich wüßte gar nicht, wie ich anfangen sollte«, sagte ich. »Vielleicht schreibe ich eines Tages darüber.«

»Dann sehe ich dein Foto in der Zeitung. Ich werde eine Rezension lesen. Ich werde das Buch kaufen und alles darüber lesen.« Sie redete sich in die wehmütige Stimmung einer verlassenen Geliebten hinein. Einige dieser Worte hatte ich am selben Morgen im Radio gehört, als ein indischer Wirtschaftswissenschaftler über die fallenden Börsenkurse in Europa sprach: *Wenn Sie den Markt zu Ihrer Geliebten machen, müssen Sie sich mit seinen Launen abfinden.*

Ich plante, etwas Besonderes mit ihr zu unternehmen, und fing ganz beiläufig damit an. Nach dem Mittagessen fragte ich: »Wie wäre es mit einem Ausflug?«

Wir fuhren mit dem Taxi in den südlich der Stadt gelegenen Vorort Tambaram, wo ein Freund von mir wohnte. Ich hatte Mahadeva meinen Besuch angekündigt, wollte ihm aber nicht zumuten, mich in Madras zu treffen. Außerdem hatten wir uns 1973 in seinem kleinen Haus in Tambaram kennengelernt, und ich wollte die Begegnung wiederholen. Er war Schneider und arbeitete auf der Veranda an der Nähmaschine. Seine Hütte stand an einer schmalen Straße östlich vom Markt.

»Wir gehen zu Fuß«, sagte ich auf der Hauptstraße zu dem Taxifahrer, weil ich es beim erstenmal auch so gemacht hatte. »Warten Sie hier auf uns.«

»Du tust sehr geheimnisvoll, Andy.«

Der Himmel war schwer und grau, die heißen Wolken hingen wie alte Laken herab. Von der Luftfeuchtigkeit fühlte ich mich wie verbrüht. Da Eden so sehr mit ihrem Haß auf das Wetter beschäftigt war, bemerkte sie nicht, daß es mich auch beeinflußte. Wir gingen langsam die Straße entlang, vorbei an den Obst- und Gemüseverkäufern, und ich erzählte Eden von meiner ersten Begegnung mit Mahadeva. Damals hatte er mir ein Hemd genäht.

»Was ist so besonders an ihm?«

»Ich durfte ihn nicht bezahlen«, antwortete ich. »Er machte mir das Hemd umsonst. Er sagte, es sei ein Freundschaftsbeweis, ein Geschenk. Später schickte ich ihm eine Zwanzigdollarnote.«

»Er hat dein Geld also doch bekommen.«

»Er war natürlich furchtbar beleidigt«, sagte ich. »Das Geld hat er für wohltätige Zwecke gespendet. Und dann ist da noch etwas Besonderes. Ich erzähle es dir später.«

Als er uns kommen sah, sprang Mahadeva von seiner Nähmaschine auf. Er wischte sich die Hände ab, rief nach seiner Frau und lief mit den Worten »Ich hätte euch in Madras abholen können!« auf uns zu. Er war merklich gealtert. Seine Bartstoppeln wurden grau, und obwohl er ziemlich mager war und spindeldürre Arme und Beine hatte, war sein Bauch kugelrund. Seine Frau tauchte neben ihm auf. Sie wirkte ebenfalls verhärmt. Beide verzogen die Gesichter zu einem Lächeln und führten uns ins Haus. »Bitte nehmen Sie Platz. Gleich gibt es etwas zu trinken.« Er schickte seinen ältesten Sohn in den Laden nebenan, um kalte Getränke zu holen. Seine anderen Kinder versammelten sich an der Tür und starrten hinein, vier sehr dünne Kinder mit großen Augen.

Mahadeva erkundigte sich, wie es mir ginge und was ich gemacht habe. Er hatte in ›The Illustrated Weekly of India‹ einen Artikel über mich gesehen und seinem Bruder in Vijayawada geschickt.

Während wir plauderten, war Eden beim Einblick in die Monotonie der Armut verstummt. Ich sah, wie sie die bunten Bilder an der Wand betrachtete, den Elefantengott Ganesh und den Affen Hanuman.

»Ich will Ihnen noch ein Hemd nähen«, sagte Mahadeva gerade. »Für die Dame könnte ich ein hübsches Kleid schneidern.«

Doch Eden sah verschwitzt aus und reagierte nicht.

Man breitete Palmblätter vor uns aus, und Mrs. Mahadeva schöpfte eine Portion Reis und einen Klumpen Gemüsecurry darauf; leuchtendgelbe Kartoffeln und geraspelte Kokosnuß. Wir aßen mit den Händen, und Eden aß, was ich aß – das gleiche Essen, die gleiche Menge.

Mrs. Mahadeva sagte auf Tamil etwas zu ihrem Mann. Er wandte sich an mich und fragte: »Wie viele Kinder?«

Bevor ich antworten konnte, sagte Eden ziemlich schroff: »Wir sind nicht verheiratet.«

Mahadeva gab diese Information an seine Frau weiter.

»Ich trinke dieses Wasser nicht«, sagte Eden.

Mrs. Mahadeva kam und ging. Sie aß nichts. Sie sprach nicht. Die Kinder starrten uns an. Alle schienen sich ein wenig vor Eden zu fürchten. Ich fragte mich, ob das daran lag, daß wir nicht verheiratet waren. Wir reisten gemeinsam – und in Briefen an Mahadeva hatte ich meine Frau und mein Kind erwähnt. Ich konnte es ihm jetzt nicht erklären, versuchte es gar nicht erst. Es war besser, wenn wir ein Geheimnis blieben und wenn Eden die verwirrten prüfenden Blicke spürte.

»Palmblätter sind sehr hygienisch – wir werfen sie einfach weg«, erklärte Mahadeva, da es auch in Indien ungewöhnlich war, von einem Blatt zu essen.

Wir saßen da und unterhielten uns über Banalitäten, wie es das Ritual verlangte. Es war ein armes Haus, der Mann und die Frau wirkten unglücklich und abgehetzt, die Kinder starrten uns an, und das kleinste, das ich für krank hielt, saß einfach nur da und schrie. Über dem Haus lag eine Art düstere Unfertigkeit. Es roch wie ein Grab, und der Mann und die Frau wirkten zu alt, um so kleine Kinder zu haben. Arm zu sein war sehr unbequem, und ich wollte, daß Eden sah, wie uninteressant, unpraktisch und hoffnungslos es war. Daß Mahadeva so angeregt wirkte, widersprach dem nur scheinbar und war einer der traurigsten Aspekte der Falle, in der er sich befand.

Als wir uns verabschiedet hatten und zurück zur Straße gingen, fragte Eden: »Was ist die andere Besonderheit?«

»Er ist genauso alt wie ich«, sagte ich. »Und Mrs. Mahadeva ist genauso alt wie du.«

»Diese alte Frau?«

»Diese alte Frau ist vierunddreißig.«

Den Rest dieses heißen Tages war Eden ruhig und nachdenklich. Etwas an ihrer gesammelten Haltung verriet mir, daß sie über sich selbst nachdachte. Sie sagte: »Sie mochten mich nicht. Hast du gesehen, wie sie mich angestarrt haben? Sie halten mich für eine Nutte.«

In dieser Nacht im Vishnu Hotel weinte sie. Sie schlief schlecht und frühstückte nicht. Sie sagte, es läge nicht am Hotel, sondern an etwas anderem, sie könne es nicht erklären. Am nächsten Tag zogen wir in das Hotel Taj Coromandel um.

Es war ein schönes Haus mit großen hellen Zimmern, einem Café, einem guten Restaurant, Topfpflanzen im Foyer und einem Swimming-pool. Edens Laune besserte sich, und sie sprach über ihre Zeitschrift, einen Artikel, den sie schreiben, ein Essen, das sie uns kochen wollte. Am glücklichsten war sie, wenn sie über die Zukunft sprach. Im Kopf hatte sie Indien bereits verlassen, obwohl ich ihr noch mehr zeigen wollte.

Wir sahen uns das alte Eishaus, den Bankettsaal und all die anderen architektonischen Überbleibsel des Raj an. Wir fuhren aufs Land und bewunderten die Reisfelder. Wir fuhren mit einem Mietwagen nach Mahabalipuram, dem Tempel am Meer. Es war eine große Ruine mit in Stein gehauenen Elefanten in der Nähe der Brandung. Schwarze Tamilenjungen schrien und planschten in ihrer zerlumpten Unterwäsche im Wasser.

Eden trug ihre Schädelhalskette. Der böige Wind wehte ihre Haare zur Seite. »Ich könnte dieses Land regelrecht hassen lernen«, sagte sie. »Wenn ich wieder zu Hause bin, kommt mir vielleicht alles herrlich vor. Ich wünschte, ich hätte die Macht, alles abzureißen und neu aufzubauen. Du lächelst wieder so.«

Ich bekam das zwar mit, hörte aber kaum zu.

»Sag mir, daß du mich liebst«, verlangte sie.

Der Wind trieb die Wellen an den Strand, eine überrollte die andere.

»Ich liebe dich.«

»Ich wünschte, ich hätte dich nicht gefragt«, sagte sie. »Jetzt ist es zu spät.«

In dieser Nacht lag ich im Hotelzimmer auf dem Bett und las die örtliche Tageszeitung, ›The Hindu‹, während Eden duschte. Außer dem laufenden Wasser hörte ich noch ein anderes Geräusch. Redete sie mit jemandem? Sang sie? Ich legte die Zeitung weg und horchte an der Tür.

Sie weinte ... Es war mehr als Weinen; ein langsames, quälendes Schluchzen, das anstieg und wieder abklang.

»Alles in Ordnung mit dir?« rief ich.

Sie hörte mich nicht. Sie schluchzte weiter. Doch sobald kein Wasser mehr floß, gab sie auch keinen Laut mehr von sich. Als sie aus dem Bad kam, sah sie entspannt aus – sehr ruhig, beinahe gelassen.

»Ich habe dich in der Dusche reden hören.«

»Ich habe geweint.« Ihre Stimme klang, als wäre die Traurigkeit längst vergangen. Sie merkte, daß ich sie immer noch besorgt musterte. »Ich weine immer beim Duschen«, stellte sie fest und lächelte über mich, weil ich nicht Bescheid wußte.

Sie weinte immer beim Duschen?

Im Flugzeug auf dem Rückweg nach Delhi sagte sie bedauernd: »Ich wollte noch einmal mit dir schlafen« und nahm meine Hand. »Ich glaube, alle Frauen haben Vergewaltigungsphantasien. In dieser Hinsicht bin ich ziemlich konventionell.«

»Bedeutet das, du hast Vergewaltigungsphantasien?«

»Natürlich«, sagte sie auf die gleiche lächelnd-sachliche Art.

»Ich bin dreiundvierzig, und ich habe noch nie ...« *Alle Frauen haben Vergewaltigungsphantasien?*

Doch in Delhi hatten wir keinen Aufenthalt, es war keine Zeit, ich nahm sie nicht mit Gewalt, stellte ihre Phantasie nicht auf die Probe. Wir stiegen in ein anderes Flugzeug um und flogen neuneinhalb Stunden lang in die Sonne.

In London, in Heathrow, wirkte sie plötzlich beunruhigt, als sei ihr etwas eingefallen, und sie sagte: »O Gott, du verläßt mich.«

»Du wirst schon zurechtkommen«, sagte ich.

»Jetzt komme ich zurecht. Aber sobald du im Flughafengebäude um die Ecke gebogen bist und ich dich nicht mehr sehe, fange ich an zu weinen.«

5

Dann saß ich im Zug, pendelte zwischen zwei Leben, raste von Eden zu Jenny, allein.

Es war ein gewittriger Frühlingsmorgen, der Wind zauste die finsteren Bäume, und die Wolken sahen aus wie von gelben Sprüngen durchzogenes Gußeisen. Das Abteilfenster war so dunkel, daß ich mein Gesicht darin sehen konnte: ein fremder Mensch, der nach einem zehnstündigen schlaflosen Flug wie ein Zombie aussah. Neben mir zeitung- und bücherlesende Menschen auf dem Weg zur Arbeit, die alle besser zu sein schienen als ich. Doch als ich bedachte, daß auch sie ihre Geheimnisse hatten, wurde mir klar, wie sehr wir uns ähnelten.

Wie immer, wenn ich allein war, schloß ich die Augen und hielt den Atem an, wie ein Mann, der in einen Brunnen fiel. Ich fragte mich nicht mehr, ob ich glücklich war, es erschien mir unwichtig. Ich hielt mich in diesem Raum auf, in dieser zischenden Luft, und war in dem Glauben, mich nicht verändert zu haben, von einem Leben zum anderen unterwegs. So hatte ich seit geraumer Zeit gelebt. Aber diesmal – vielleicht lag es daran, daß ich mein Gesicht im Fenster sah – bemerkte ich die Andeutung eines anderen Ichs in mir, und ich dachte: *Wer bist du?*

Ich lebte zwei Leben und wußte, daß ich bei jeder Frau ein anderer Mensch war – ich belog jede oder tischte jeder eine andere Version der Wahrheit auf; ich schärfte mir ein, was ich erzählen und was ich auslassen mußte. Wir waren Liebespaare. Sie erfanden mich, ich erfand sie. Doch für jeden von uns gab es eine komplexere Person jenseits von all dem Geschummel. War ich nicht ein neuer Mensch, wenn ich allein war?

Ich wollte mich im Zug nicht durch Schreiben verdächtig machen, also murmelte ich in mich hinein: Vielleicht lebe ich mein Leben nicht so, weil ich es durch die Intensität, von allem zwei zu haben, verstärken will, sondern weil ich mich vor dem Alleinsein fürchte. Ich habe Angst davor, diesem eigenartigen Einzelgänger von Angesicht zu Angesicht gegenüberzustehen und ihm einen Namen zu geben; ich fürchte mich davor, ihn als Ganzes zu sehen.

Doch als ich an diesem regnerischen Morgen durch Hounslow fuhr, fiel mir auf, daß es da noch einen dritten Menschen gab. Er war der Beobachter, der Zeuge von allem, wie der Kontrolleur, der soeben den Wagen betrat: kein Wort, kein Murmeln, nur das Knabbern und Stanzen der Lochzange.

Dieser dritte Mann war derjenige, der zur Seite trat und die Notizen machte, die Bücher schrieb. Sein Leben spielte sich in seinem Inneren ab. Er schwieg, gestikulierte selten, stritt sich nie, er träumte, er sah alles und war daher der Leidende.

Er radelte durch den Straßenverkehr, er beobachtete vom Oberdeck der Busse, er saß auf den Ecksitzen in Eisenbahnen, und nie fiel ein Spiegelblick auf ihn zurück – seine Augen blieben immer auf andere Menschen gerichtet. Er las Zeitungsberichte, Schlagzeilen wie »Rätselhafte Dreiecksgeschichte endet blutig« oder »Privatleben eines Jekyll-und-Hyde-Autors in der U-Bahn enthüllt«. Er unternahm lange einsame Spaziergänge. Er entschuldigte sich mit dringenden Besprechungen und ließ anstrengende Freunde sitzen, um im Park Fisch mit Pommes zu essen und die Überbleibsel an die Enten zu verfüttern. Er hob abgelegte Briefe auf und las sie, durchstöberte den Papierkorb im Hauptpostamt nach weggeworfenen Entwürfen von Telegrammen – soviel Leidenschaft in ein paar Zeilen –, und er hatte einen Blick dafür, wie Frauen ihre Kleidung stand. Schaute eine Frau ihn an, ging er weg; fing er einmal einen Blick auf, guckte er verschreckt und machte sich aus dem Staub. Er schrieb Briefe. Er vertrieb sich die Zeit im Kino. Er ging in Museen. Er saß allein in Konzerten. Er lungerte in Bibliotheken herum. Wurde es im Winter früher dunkel, blieb er vor erleuchteten Fenstern stehen und sah hinein. Er aß im Stehimbiß und suchte nur selten gute Restaurants auf. Gab es eine Auseinandersetzung auf der Straße, einen Streit im Zimmer nebenan, eine Fehlschaltung im Telefonnetz oder züchtigte jemand ein Kind, hörte er fasziniert zu. Er war hellwach, lebendig: kein Schauspieler, der in den Kulissen auf seinen Einsatz wartete. Das war seine wahre Existenz, und es gab keine Zeit zu verlieren, weil sein Leben verstrich und nicht mehr war als ein Luftbläschen, das in einem Getränk an die Oberfläche stieg.

Lebendig sein heißt allein sein, schrieb ich, mein kleines Notizbuch in meiner Hand verbergend. *Allein sein heißt lebendig sein.*

Er konnte die Welt nur mit dieser durchdringenden, einsamen Konzentration verstehen, wenn er die Stationen vorbeifliegen sah, so wie er einmal die Stationen des Kreuzweges in

St. Ray's gesehen hatte. Doch hier waren die Namen schlichter und irreführender, von Osterley über Boston Manor nach Northfields. Ob der Mann gegenüber tagtäglich das Kreuzworträtsel in der ›Times‹ löste und seine Zeitung immer auf die gleiche Art faltete? Und was empfand die Frau neben ihm, während sie las, und das schon um Viertel nach acht Uhr morgens in Acton Town: ... *dann, kaum an Deck, umarmte er sie, bedeckte ihren Mund mit dem seinen und erhitzte ihre Lippen, und sie spürte, wie seine harte Männlichkeit gegen sie pochte, als sich die Jacht in den Wind legte* – wenn sie *pochte* las, pochte sie dann auch, und was sah sie vor sich?

Der Zug verlangsamte die Fahrt, hielt an. Die Türen schoben sich auseinander. Zwei Fahrgäste stiegen aus, ein Mann stieg ein; er blieb stehen. Die Türen schlossen sich. Der Zug zitterte und nahm wieder Fahrt auf, rauschte über die Schienen, wurde schneller, klapperte, wurde langsamer, hielt an, der besagte Mann stieg aus, vier weitere Personen traten ein; und so weiter und so fort.

Ich führte zwei Leben, doch an diesem Tag hatte ich das Gefühl, daß beide unvollständig waren. Ich lebte in den Lükken zwischen ihnen, hatte immer nur dort gelebt. Außerhalb, unter anderen Menschen, war ich nicht ich selbst, daher kannte mich keiner. Ging es jedem so, kannte keiner von uns sich selbst? Ich redete nicht. Ich hörte zu. Ich beobachtete. Und mein Schweigen machte mich unsichtbar.

Ich dachte: Sobald jemand anders seinen Blick auf uns richtet, werden wir verkleinert, zu häßlichen Miniaturen unserer selbst – aus diesem Grund sah ich weg, wenn jemand mich ansah. War ich unsichtbar, kam ich mir gewaltig und einflußreich vor, in dem Gefühl, alles zu sehen.

Und an diesem Morgen, ausgerechnet, unvergeßlicherweise, nahm eine junge Frau die Taschenbuchausgabe eines meiner Bücher aus ihrer Tasche, öffnete es und hielt es wie ein dickes Sandwich. Wird ein Taschenbuch gründlich gelesen, sieht man es ihm an – es schwillt an und wird dicker, sein Rückgrat knickt und wird faltig, das Interesse des Lesers beeinflußt es physisch. Dieses Exemplar war offenbar mit Vergnügen gelesen worden. Ich beobachtete die Frau beim Weiterlesen, und ich genoß ihr Gesicht, ihre Augen. Sie trug eine schwarze grobgestrickte Jacke über einer blauen Bluse, einen bläulichen plissierten Rock, weiße Schuhe und eine helle Strumpfhose. Unter ihren großen weichen Locken hatte sie die Lippen vor Konzentration zusammengepreßt, manchmal öffneten sie sich entspannt, amüsiert, als habe sie bemerkt, wie sich jemand oder etwas am Ende der Buchseite näherte. Erwartungsvoll schlug sie sie mit geübten Fingerspitzen um.

Ich hätte ihr zwanzig Stunden lang zusehen können und womöglich meine Station verpaßt, wenn nicht in Earl's Court eine Stimme gequäkt hätte, als käme sie aus dem Lautsprecher eines Synthesizers.

»Vorsicht, Zwischenraum . . . Vorsicht, Zwischenraum.«

Da stieg ich um.

6

Jenny war noch nicht wach. Es hatte aufgeklart, der heftige Wind hatte die Gewitterwolken nach Osten geschoben und das Unwetter die Luft unter dem blauen Himmel dieses Aprilmorgens aufgefrischt. Die Straßen waren feucht und sahen schwärzer aus. Diese wenigen Wochen waren die einzige Zeit des Jahres, in der Düfte London durchzogen; Unmengen rosafarbener und weißer Blüten, die blühenden Bäume eines englischen Frühlings, überlagerten den Verkehrsgestank der Stadt.

Das große Haus stand nach hinten versetzt an der ruhigen Straße in Clapham, seine weißen Fenster hoben sich hell gegen den rußüberzogenen Backstein ab, der selbst keine erkennbare Farbe aufwies – nicht rot, schwarz oder braun, sondern die Schattierung eines alten Baumstumpfes, betagt und versengt, mit der Struktur von Haferbrei oder Tweedstoff. Der Goldregen vor dem Haus hatte eben zu blühen begonnen. Mich faszinierte die Schönheit eines Lebewesens, das giftig war.

Ich stieg die Treppe hinauf, klingelte aber nicht. Ich schloß selbst auf, leise, streifte drinnen meine Schuhe sowie einen Teil meiner Kleidung ab, schlich in das dunkle Zimmer und glitt zu ihr ins Bett.

»Ich habe dich reinkommen hören«, sagte sie und küßte mich.

Ihre Glieder umschlossen mich, ihr Körper klammerte sich an mich wie eine Meerespflanze an einen Stein. Die Laken waren feucht-warm: Sie schlief bewegungslos, glühte in ihrem ruhigen Schlummer.

»Du hast kalte Füße«, sagte sie, paddelte mit den Beinen und gähnte. »Wieviel Uhr ist es?«

Ich behauptete, ich wisse es nicht, sonst hätte sie gesagt: *So spät schon!* und wäre aufgestanden. Ich wollte noch eine Weile mit ihr daliegen.

»Bist du froh, daß du zu Hause bist?«

»Ja.«

»Habe ich dir gefehlt?«

»Ja.«

»Hast du dich amüsiert?«

Ich brummte vage und vieldeutig und sagte schließlich: »Vielleicht muß ich noch mal zurück.«

»Ach Gott!« Jenny atmete tief durch, und ihr Körper versteifte sich.

»Diesmal könntest du mich begleiten«, sagte ich.

Sie seufzte, und ihr Körper wurde wieder weich. »Ja, nimm mich mit«, sagte sie und küßte mich. »Allerdings weiß ich, wie es sein wird. Nur deine Reise. Nur deine Pläne und Vorbereitungen. Du wirst dich aufspielen und mich herumkommandieren, und ich muß dir wie deine Geliebte nachlaufen.« Sie klammerte sich an mich. »Hast du eine Geliebte, Andy? Nein, ich will's nicht wissen. Meinst du das ernst, daß du mich nach Indien mitnimmst?«

»Das ist meine erste ordentliche Mahlzeit seit deiner Abreise«, sagte Jenny.

Ich hatte ihr ein englisches Frühstück gemacht, Eier mit Schinken, gegrillte Champignons, Haferbrei und – bloß um ihre Reaktion zu testen – geröstetes Brot. Sie trank Kaffee, für mich hatte ich eine Kanne grünen Tee aufgegossen. Wir saßen am Tisch beim Fenster; Jenny trug zur Arbeit ein Kleid mit weißrosa Blüten auf blaßgrünem Hintergrund, wie die Clematis im hinteren Garten.

»Ist dir aufgefallen, daß ich abgenommen habe? Ich esse kaum etwas, wenn du weg bist. Ich esse Käse und Kräcker, sehe fern und esse Wurstbrötchen, ich trinke zuviel. Manchmal glaube ich, daß ich Alkoholikerin werde. Ich habe dir nicht gefehlt, oder? Ach, egal ... es ist toll, dich wieder hier zu haben. Wirst du dich mit Jack treffen?«

»Vielleicht sehe ich ihn heute nachmittag zum Tee«, sagte ich.

»Er würde dich gar zu gern sehen«, sagte Jenny. »Du fehlst ihm so, wenn du weg bist. Er wird blaß und ganz still und faucht mich an, wenn ich nett zu ihm sein will.«

Dann teilte sie mir die restlichen Neuigkeiten mit: Das Auto hatte eine Macke und sprang nicht an, das Oberlicht schloß nicht mehr dicht, die Putzfrau war seit fast einer Woche nicht mehr aufgetaucht, im Kühlschrank war nichts zu essen – sie sagte, sie hätte keine Lust einzukaufen, da Jack nur an den Wochenenden nach Hause komme, ich hätte die Narzissenblüte verpaßt, die Telefonnotizen und meine Post lägen auf meinem Schreibtisch.

»Es wurde mir zuviel, detaillierte Anrufe zu notieren«, sagte sie. »Es ist so öde und überflüssig. Ich habe allen gesagt, ich wisse nicht, wann du nach Hause kämst.« Sie schüttelte den Kopf und runzelte die Stirn. »Sie bemitleiden mich, wenn du weg bist. Dann behandeln sie mich wie eine Witwe. Mir ist das zuwider. Und einige Leute werden so servil, sobald sie herausfinden, daß ich mit dir verheiratet bin. Neulich war so einer dran. Ich buchstabierte ihm meinen Namen. ›Wie der Schriftsteller‹, sagte er. Seine Mutter liest deine Bücher. Es ist schauderhaft. Ich würde gern meinen Namen ändern.«

»Warum? Schämst du dich seiner?«

»Nein«, sagte sie, »aber ich bin schließlich eine eigenständige Person. Ich bin intelligent. Ich lese Bücher, ich habe eigene Meinungen und eben auch einen eigenen Namen.«

»Man käme nie auf den Gedanken, daß du eigene Meinungen hast«, sagte ich.

Sie lächelte, dann begann sie zu lachen und erhob sich.

»Das war ein herrliches Frühstück, aber wegen dir komme ich zu spät zur Arbeit.«

Ich dachte noch über diese servilen Leute nach und sagte: »Reisen ist anstrengend. Indien ist kein Urlaub, sondern Arbeit.«

»Halt mir bitte keine Vorträge, Andy«, entgegnete Jenny. »Ich brauche etwas Bedenkzeit. Und glaub bloß nicht, du kannst zurückkommen und einen herumkommandieren. Ich werde nicht alles stehen- und liegenlassen, um in dieses verdammte Indien zu fliegen. Ich habe nämlich auch meine Arbeit.« Dabei hatte sie ihren Mantel angezogen, nervös und hektisch zwängte sie ihre Arme in die Ärmel. Ich sah ihr schweigend zu.

An der Haustür sagte sie: »O Gott, jetzt schau dir dein Gesicht an. Ich habe was Falsches gesagt. Gib mir ein bißchen Zeit, Andy. Ich mußte mich an deine Abwesenheit gewöhnen; und jetzt muß ich mich daran gewöhnen, daß du wieder da bist.«

Sie gab mir einen Kuß, schnappte sich ihre Aktentasche und war weg.

Ich packte meine Reisetasche aus. Ich duschte, machte noch einen grünen Tee und öffnete meine Post: freundliche Leserbriefe, Einladungen zu Seminaren, Ersuchen um Lesungen, Autogrammforderungen, Bitten um Kommentare zu Leseexemplaren, vier Stück, mit Begleitbriefen, wie meine Verlage sie früher verschickt hatten, um Empfehlungen für *meine* Bücher zu bekommen. Und Rechnungen – Jacks Schulgeld, Steuernachzahlungen sowie sieben weitere Forderungen, einschließlich einer Telefonrechnung über fast zweitausend Mark – für Telefongespräche mit Eden. Ich würde zwei Tage brauchen, um mich durch diesen Stapel zu wühlen, doch das gehörte zu den Strafen fürs Reisen.

Der Tank war leer, deshalb sprang der Wagen nicht an. Ich holte fünf Liter mit meinem Reservekanister, fuhr anschließend zur Tankstelle und tankte voll. Ich fuhr zum Einkaufen nach Vauxhall und füllte den Kühlschrank. Ich machte mir noch einen grünen Tee.

Ich saß am Fenster, sah auf den Anger hinaus und trank chinesischen Tee. Wolken füllten den Himmel und verzogen sich. Ich kam mir unbeweglich und selbstzufrieden vor – ein an Trägheit grenzendes Gefühl anheimelnden Friedens, als sei ich durch meine Anwesenheit in diesem Haus mit einem langsam schleifenden Treibanker verbunden. Genauso hatte ich mich in meinem anderen Haus gefühlt. Hier genoß ich einen herrlichen Blick und einen bequemen Sessel, doch dort sah ich auch Baumwipfel und hatte einen ähnlichen Sessel. Hier wie dort hatte ich einen breiten Schreibtisch, einen Rasierapparat, Bücher: zwei Atlanten, zwei Dickens-Ausgaben, zwei Boswells, zwei Shakespeares, zwei ›Obras Completas‹ von Borges. Ein Fahrrad hier und eins dort; zwei Kanus, zwei Ferngläser, zwei Kurzwellenradios, zwei Zahnbürsten, zwei Garderoben und alles andere auch, bis hin zu der Flasche Tabascosoße in jedem Regal, in jedem Haus, in jedem Land. Dieses Haus war anders gebaut, enthielt aber exakt das gleiche wie mein amerikanisches Haus: von allem zwei.

Außer ... und bei diesem zögerlich gedachten Wort sah ich die Kinder auf dem Anger und dachte an Jack.

Die Wolken füllten mittlerweile den Himmel, und es nieselte. Ich zog mich für schlechtes Wetter an: einen Filzhut mit heruntergezogener Krempe, eine Lederjacke und eine dicke Hose. Ich rollte mein Rad aus dem Schuppen im Garten, fuhr den Hang hinunter zum Fluß und über das Chelsea Embankment nach Pimlico und dachte, wieviel besser dieses Fahrrad war als mein amerikanisches. Der Fluß führte eine Menge Wasser und floß mit einer Springflut rückwärts, und ein Kormoran verschwand in ihm, als ich in die Bessborough Gardens einbog. Voller Entsetzen bemerkte ich, daß Arbeiter die Häuser abrissen, die auf den Platz führten, denn in einem von ihnen hatte Joseph Conrad seine ersten Worte als Romancier zu Papier gebracht. Und nun war dieses Haus ein Trümmerhaufen. Eine der größten Leistungen von Schriftstellern bestand für mich darin, daß sie ein Ereignis herausgriffen und es mit Hilfe ihrer Phantasie erhellten, damit die Menschen verstanden und sich erinnerten; und das taten sie nicht nur mit Ereignissen, sondern auch mit Menschen und ihren Leidenschaften. Vergessen war weit schlimmer als versagen: Es war ein Akt von Gewalt; und alles Schreiben war darauf ausgerichtet, die Zeit zu bezwingen. Niemand konnte Schriftsteller oder Schriftstellerin werden, niemand es auch nur wollen, solange er oder sie nicht die unparteiische Grausamkeit der verstreichenden Zeit erlebt hatte.

Ich radelte an dem Schutt von Conrads Haus vorbei, überquerte die Vauxhall Bridge Road, passierte die Rückseite der Tate Gallery und fuhr auf Nebenstraßen zum Smith Square und der Great College Street. Dort schloß ich mein Rad an dem Zaun vor einem der Schulgebäude an und lungerte herum.

Wenn ich auf Jack wartete, mußte ich immer daran denken, wie ich mit fünfzehn auf meine Freundin Tina Spector in der Nähe ihres Hauses an der Brookview Road gewartet hatte. Beim Herumlungern verspürte ich ein diffuses Schuldgefühl, als würde man mich jeden Moment ertappen und zur Rede stellen. Und Jack gegenüber fühlte ich mich verlegen und angreifbar, weil ich so lange fort gewesen war.

Er schien mich nicht zu erkennen, als er aus dem Tor zum Schulhof trat und rasch zu seinem Wohngebäude ging. Er trug seine Schuluniform: schwarzer Anzug, schwarzer Schlips, schwarze Schuhe. Sie waren abgewetzt, sein Anzug zu eng – er wuchs. Seine Haare standen ab, er war blaß. Er sah müde und zerknittert aus, trug eine Aktentasche: ein ernster, kleiner, überarbeiteter Engländer.

Rasch kam er auf mich zu, grüßte mich aber nicht, sah mich nicht an. Er stand in meiner Nähe und wandte den Kopf ab, schaute über den von den alten Schulgebäuden umschlossenen Rasen. »Nimm den Hut ab, Daddy. Nimm ihn bitte ab.«

»Es regnet, Jack.«

Er ließ mich einfach stehen. Ich verlor ihn. Er sagte noch etwas mit derselben verzweifelten und eindringlichen Stimme, doch ich verstand es nicht. Ich nahm den Hut ab, stopfte ihn in meine Jacke und folgte ihm.

»Und die Fahrradspangen«, sagte er.

Die hatte ich vergessen. Ich nahm sie ab. »›Hutlos nehme ich mit betretenem Schweigen meine Radspangen ab.‹«

»Den nehmen wir gerade durch«, sagte Jack. »Genau dieses Gedicht.«

»Was nimmst du noch durch?« Inzwischen hatte ich ihn

eingeholt. Er ging schnell, die Aktentasche unter den Arm geklemmt, und schlug einen Umweg zur Victoria Street ein.

»Alle . . . Chaucer, Jane Austen, Conrad. Zwei Stücke von Shakespeare.« Sein Tonfall war müde, fast resigniert. »Frag mich nicht, ich habe so viel zu arbeiten. In den Prüfungen kriege ich nie und nimmer ein A.«

»Es macht nichts, wenn du kein A kriegst.«

»Und ob, warum nehme ich sonst überhaupt daran teil?« Es war ihm zuwider, logisch sein zu müssen, weil ich leichtfertige Bemerkungen machte. »Außerdem wird mich keine Universität aufnehmen, wenn ich keine guten Noten habe.«

»Was lest ihr von Conrad?«

»›Herz der Finsternis‹. Woher hast du diesen blöden Hut?«

»Vergiß nicht, ›Der Vorposten des Fortschritts‹ zu lesen, das war die ursprüngliche Fassung der Geschichte. Und meine Lieblingsstory, ›Der heimliche Teilhaber‹. Als ich durch Bessborough Gardens fuhr, dachte ich . . .«

»Dad, warum . . .«

»Hör mir zu. Ich dachte: Als erstes muß man begreifen, daß die Zeit vergeht.«

Zögernd hörte er mir zu. Sein Gesicht war blaß, auf einer Wange hatte er einen Tintenfleck, in seinen Haaren hingen Regentropfen. Seinen Augen sah ich an, daß er sich an das erinnern würde, was ich gesagt hatte.

»Dad, warum mußtest du auf einem Fahrrad kommen?«

»Es geht schneller. Hier in der Gegend finde ich nie einen Parkplatz fürs Auto. Warum? Ist es dir peinlich, wie mein Hut?«

Er ging weiter und fragte dann leiser: »Wie war es in Indien?«

»Interessant«, sagte ich, doch an seiner Kopfhaltung merkte ich, daß es ihm egal war und er nur das Thema wechselte. »Vielleicht fliege ich noch mal mit Mum hin.«

Er hörte nicht zu. »Außerdem muß ich mich auch noch auf Geschichte und Russisch vorbereiten.«

Wir waren in die Victoria Street eingebogen. Ich fragte: »Brauchst du irgendwas? Etwas, das wir kaufen können?«

»Batterien für meinen Walkman.«

»Mehr nicht?«

Er zuckte unbeholfen mit den Schultern: Sein Körper ruckte auf seinen Kopf zu und begrub kurzzeitig den Hals.

Ich war verärgert und frustriert, weil er nichts wollte, das nur ich ihm geben konnte, oder weil er sich vielleicht auch nur weigerte, es mir zu sagen. Damit versetzte er sich in eine stärkere Position. Er war fünfzehn, wirkte aber schon sehr alt. Als ich seine zerschrammte und ramponierte Aktentasche sah, seine runtergerutschten Strümpfe und die weißen Knöchel, wurde ich traurig. Er war kein großer Junge, sondern eher ein kleiner Mann, und in seinem abgewetzten schwarzen Anzug sah er sehr müde und geplagt aus. Neben ihm kam ich mir in meinen Blue jeans und der Lederjacke jünger vor als er.

»Stimmt irgendwas nicht, Jack?«

Er schüttelte den Kopf, was *Nein* hieß, aber zu schnell, was *Ja* bedeutete.

Wir gingen in ein kleines, von einem cholerischen Italiener geführtes Café in der Nähe der Victoria Street. Schwitzwasser kondensierte an den Schaufenstern, die Teemaschinen ächzten, und in der Luft vermischte sich Bratendunst mit dem hartnäckigen Geruch gekochten Gemüses. Jack wartete am Tisch auf mich, während ich zwei Tassen Tee und zwei Stück Kuchen kaufte. Sobald er aß, drückte sich in seinem Hunger auch seine Stimmung aus. Eden aß manchmal so: langsam, mißmutig und angewidert, wie Menschen eben essen, wenn sie deprimiert sind.

»Deine Prüfungen sind schuld, was?« fragte ich. Auch sein Schweigen bedeutete ja. »Vielleicht kann ich dir helfen.«

Erst jetzt sah er mich an. In seinen Augen stand kalte Wut. »Kannst du Russisch? Hast du Puschkin im Original gelesen? Weißt du über Standardabweichungen in höherer Mathematik Bescheid?« Ich lächelte ihn albern an, und als er merkte, daß ich mich zurückzog, bohrte er nach.

»Was ist mit dem Avignoner Exil der Päpste? Was hat Karl der Fünfte im Hundertjährigen Krieg zur Förderung der Sache der Valois beigetragen?« Er sah aus, als würde er gleich weinen.

»Darüber muß ich bis morgen einen Aufsatz schreiben«, sagte er. »Vier Heftseiten. Ich hab' noch nicht mal angefangen.«

Da erst fiel mir ein, wie ich in salbungsvollem Ton zu ihm gesagt hatte: *Als erstes muß man begreifen, daß die Zeit vergeht,* und ich sagte: »Vielleicht kann ich dir bei deinem Englisch helfen.«

»Ich will keine Hilfe«, entgegnete er. »Ich will es bloß hinter mich bringen.«

Schweigend trank er seinen Tee, der Augenblick verstrich.

»Ich hoffe, Mum begleitet mich nach Indien«, sagte ich. »Möchtest du auch gern mitkommen?«

»Wieso fragst du, obwohl du weißt, daß ich hierbleiben und diese Prüfungen ablegen muß?« sagte er wieder auf seine logische Art, die mich beschämte.

»In den Staaten mußte ich keine solchen Prüfungen ablegen«, sagte ich und dachte darüber nach, wie ich in seinem Alter war: als Ministrant in St. Ray's, mit Tina Spector und meinem Gewehr in den Sandgruben; ich dachte an die drei Begräbnisse für eine Hochzeit und die Walsteaks ein paar Jahre später. »Ich wünschte, du müßtest es auch nicht.«

Er kratzte an seiner Krawatte. »Dann hättest du mich nicht auf diese Schule schicken sollen«, sagte er, mit dem Gesicht eines Menschen, der reingelegt worden war. Er hatte mir durch intensives Lernen einen Gefallen tun wollen. Weshalb nahm ich mir das Recht heraus, ihm in den Rücken zu fallen, indem ich heuchlerischerweise etwas anderes wünschte? Er war ehrlicher als ich.

»Was bedeutet Manichäismus?« fragte er.

»Hat was mit Dualität zu tun, daß Gut und Böse eine Einheit sind«, sagte ich. »Das Gute im Geist, das Böse im Körper und im Materiellen. Irgendwas in der Richtung.«

»Woher kommt das Wort? Aus dem Griechischen?«

»Vom Namen des Propheten, Manes. Er war Perser, der immer wieder von einem Engel aufgesucht wurde, den er schließlich als sein zweites Ich erkannte. Maler war er auch. Man brachte ihn um. Seine Anhänger flohen nach Mittelasien. Warum willst du das wissen?«

»Das war eine der Häresien, die das Papsttum . . . ach, vergiß es. Ist ja egal«, sagte er, schob Tasse und Teller beiseite und ging auf Distanz. »Ich muß jetzt zurück. Danke für den Tee, Dad.«

Wir verließen das Café, und ich spürte, daß der Besitzer mir nachstarrte, als wäre ich ein Päderast.

Jack sagte: »Du brauchst nicht den ganzen Weg mit mir zurückzugehen.«

Schämte er sich meiner? Wir kamen an einem Schaufenster vorbei, in dem geistliche Gewänder auslagen und in denen wir uns spiegelten, Jack gekleidet wie ein Leichenbestatter, ich in dem nieseligen Monochrom Londons wie ein Cowboy angezogen und mit wirren Haaren. Kein Wunder, daß Jack Bedenken hatte, mit mir herumzulaufen.

Ich begleitete ihn zu dem großen steinernen Torbogen, einem Seiteneingang der Schule. Jack zögerte. Er wollte nicht, daß ich weiter mitkam.

»Wenn du diese Prüfungen hinter dir hast, bist du mit der Schule fertig. Dann fliegen wir in die Staaten und amüsieren uns. Du kannst deinen Führerschein machen.«

Zum erstenmal an diesem Nachmittag schaute er begeistert hoch. »Ich kann's kaum erwarten. Den Führerschein möchte ich wirklich haben. Darf ich dein Auto fahren?«

»Du darfst mein Auto *haben,* Jack«, antwortete ich. »Außerdem hab' ich zwei davon.«

Ich sah ihn vor mir, wie er hinter dem Steuer saß, anfuhr und auf einer amerikanischen Straße verschwand. Er wirkte energiegeladen, immer noch blaß und müde, aber in seinem Blick lag eine Vitalität, die verriet, daß er etwas wollte, auch wenn es noch Jahre dauern würde. Die nassen Haare klebten an seinem Kopf.

»Danke für den Tee, Dad«, wiederholte er. »Es ist wirklich gut, dich zu sehen.« Er lächelte bei der Vorstellung, selbst ein Auto zu fahren.

Ich konnte nicht anders, ich mußte ihn in die Arme schließen. Er war so dünn. Vor Überraschung wurde er ein wenig starr, erlaubte mir aber, ihn zu umarmen. Dann küßte ich ihn auf die Wange, und daran, wie er den Kuß erwiderte, spürte ich die Zuneigung, die ich in seiner Stimme nicht gehört hatte. Er war wie ich, es graute ihm davor, Gefühle zu zeigen.

»Tut mir leid, daß ich so viel auf Reisen war.«

»Mich stört das nicht«, sagte er. »Solange du zurückkommst.« Er hob seine Aktentasche auf und fuhr sich mit den

Fingern durch die feuchten Haare. »Aber während deiner Abwesenheit war Mum deprimiert und ziemlich verstört.«

»Ich glaube, ich weiß, warum.«

»Sag es bitte nicht«, sagte er, und ich wußte, daß er sich davor fürchtete, diese Geschichte zu erfahren. Es war belastend genug, mein Sohn zu sein: zu versuchen, es mir recht zu machen, ohne von mir überschattet zu werden, ohne ein Lakai zu sein.

Plötzlich wurde er wieder befangen und hatte es eilig. Er sagte: »Tschüs« und riß sich von mir los. Würde er je erfahren, wieviel Macht er über mich hatte, wie sehr ich in meiner Liebe zu ihm auf seine Ermutigung und Anerkennung angewiesen war, vielleicht mehr als er auf meine? Ich sah ihm nach, bis er das Ende des Fußweges erreicht hatte und klein geworden war, wie eine Gestalt aus meiner Vergangenheit. Es regnete immer noch. Ich setzte meinen alten Hut auf und ging zu meinem Fahrrad.

7

»Findest du es eigenartig, mit einem anderen Menschen nach Indien zu reisen?« wollte Jenny im Taxi zum Flughafen wissen.

Ich verneinte wahrheitsgemäß.

»Ich weiß, wie gern du allein reist«, sagte sie.

Ich lächelte sie schweigend an, dankbar, daß sie mitkam. Ich nahm ihre Hand, doch sie war zu nervös, um diese Geste zu bemerken. Wegen des bevorstehenden zehnstündigen Fluges war sie aufgeregt und besorgt – hatte sie eventuell nicht die richtige Kleidung mitgenommen oder nur unzureichende Anweisungen für ihre Urlaubsvertretung zurückgelassen?

»Stell dir vor. Indien. So bald«, sagte sie. »Ich werde mir da ganz komisch vorkommen.«

»Wir werden Spaß haben«, versprach ich. »Ich brauche nur genug Stoff für meinen Artikel, und dann können wir uns amüsieren. Unser einziges Problem wird die Hitze sein. Dieser Monat und die beiden nächsten sind die heißesten in Indien.«

»Ist mir egal. Der Frühling in London war schauderhaft. Mich stört es nicht, daß ich Wimbledon versäume. Und es war richtig von dir, nicht darauf zu dringen, daß ich dich letzten Monat begleiten sollte.« Halb in Selbstgespräche vertieft, kramte sie herum, murmelte, glättete ihren Rock. »Das wäre nicht in Frage gekommen. Etatverabschiedung. Der Schatzkanzler hatte so seine Überraschungen für uns parat, das kannst du mir glauben.«

Jenny arbeitete inzwischen als Wirtschaftsprüferin bei einer großen Firma in der Londoner City. Ihre und meine Arbeit hätten unterschiedlicher nicht sein können. Ich hatte nur eine ganz vage Vorstellung von Jennys Tätigkeit. Sie analysierte Firmenausgaben. Manchmal bekam ich die Ergebnisse zu sehen – ihren Namen auf Berichten. Und sie sah meinen auf Büchern. Doch noch nie hatte sie mich eines schreiben sehen, das hatte keiner; nicht einmal ein anderer Schriftsteller wußte, wie ein bestimmtes Buch geschrieben worden war. Es hatte nichts mit Leichtigkeit zu tun, sondern war ein stockender, chaotischer und geheimnisvoller Vorgang, der im Dunkeln ablief.

Jenny hatte nicht das strenge Aussehen eines Wirtschaftsprüfers. Mit ihrem legeren Auftreten hätte man sie für eine Kunstlehrerin oder Zeitschriftenredakteurin halten können. Ihre mittelblonden Haare färbte sie so regelmäßig, daß ich ihre natürliche Farbe nicht mehr kannte. Gut möglich, daß sie unter all dem Zeug mittlerweile grau wurde. Sie hatte blaugrüne Augen und trug manchmal eine dicke Brille, manchmal Kontaktlinsen. Ich mochte gar nicht wissen, wie eine Frau Eleganz oder Schönheit erlangte; ich wollte nichts über Drähte oder Make-up erfahren. Das endgültige Resultat wollte ich sehen.

Selten kleidete sie sich modisch, hatte aber ihre Überzeugungen, was wahrscheinlich ein größeres Plus war. Sie trug große, weite, augenscheinlich immer bequeme Kleidung. Was mich zuerst angezogen hatte, war ihr Aussehen gewesen, und diese Schönheit hatte sie nie eingebüßt.

Etwas an der Art, wie sie saß, an ihren weiten Kleidern und

der großen Reisetasche deutete an, daß sie Platz brauchte: Ellbogenfreiheit. Selten hielt sie meine Hand, sie wich ein wenig zurück, wenn ich sie umarmte. Berührte ich sie oder nahm ihren Arm, lächelte sie, aber dann schien ihr Arm abzusterben. Wenn ich mit ihr sprach, sah ich sie oft lächeln; aber sie hörte mir nicht zu, sondern lächelte über etwas, das ihr durch den Kopf ging. Sie hatte ein ausgezeichnetes Gedächtnis, in dem sie sich manchmal aufhielt, außerhalb meiner Reichweite. In ihrer Ernsthaftigkeit erinnerte sie mich an Jack. Sie war logisch und ab und zu sehr still, und dann stellte ich mir vor, wie ihr Herz pochte und sie sehr ruhig atmete, ohne zu merken, was um sie her vorging. Sie war überaus aufmerksam, aber nicht besonders auf der Hut. Sie ging rasch, hatte aber keinen Orientierungssinn. Die einfachsten mechanischen Dinge überforderten sie, so hatte sie regelmäßig Schwierigkeiten mit den sogenannten kindersicheren Verschlüssen von Aspirinfläschchen. Über die Vorstellung, sich für ihre Exzentrizität zu entschuldigen, konnte sie nur lachen. »So bin ich eben«, sagte sie. Sie hatte an niemandem etwas auszusetzen, der anders war. Daß sie selbst merkwürdig war, machte sie tolerant. Allerdings konnte sie sehr ungeduldig sein.

Ihr Mitgefühl, ihre Logik und Intelligenz brauchte ich, darauf verließ ich mich. Sie hatte den gesunden Menschenverstand der Engländer, aber nicht ihren Neid. Ihre Stärken waren meine Schwächen, und das wußte ich. Deshalb war sie ein Teil von mir geworden. Hatte ich irgend etwas, das sie schätzte? Ich glaube, sie fand es faszinierend, daß meine Schwächen sich mit meiner Selbstsicherheit vertrugen. Ich wußte von ihr, daß sie sich gefragt hatte: Wie konnte ein so unvollkommener Mensch wie Andre so unverfroren sein? Früher hatte sie vermutet, es läge daran, daß ich Amerikaner war. Doch nein, es lag daran, daß ich Schriftsteller war. Dieses Rätsel hatte mich zum Schriftsteller gemacht.

Sie kannte mich gut und konnte neben mir ganz ruhig sein oder auch meine Gedanken lesen. Wir waren seit beinahe sechzehn Jahren verheiratet. Das Wort »Ehefrau« fand sie unmöglich.

Im Transitraum des Terminals drei in Heathrow sagte ich: »Wir können noch nicht an Bord gehen. Laß uns einen Blick in den Duty-free-Shop werfen. Ich möchte, daß du dir etwas kaufst, ja?«

»Natürlich, wenn du darauf bestehst. Ich glaube, ich kaufe mir eine diamantenbesetzte Armbanduhr.«

Ich hielt meine Kreditkarte bereit, aber sie erstand lediglich eine Literflasche Whisky.

»Im Büro hatte jemand eine dieser gefälschten Rolex-Uhren. Die hat sie für zwanzig Pfund in Singapur gekauft. Sie sah eigentlich ganz hübsch aus ... so hübsch, daß ich keine Lust mehr habe, mir eine echte zu kaufen.« Sie umklammerte die Flasche. »Mehr brauche ich nicht. Soviel ich weiß, kriegt man das Zeug in Indien nicht.«

Als das Flugzeug zur Startbahn rollte, hielt sie meine Hand und drückte sie fest, bis wir abhoben. Doch gerade als wir Schloß Windsor überflogen, ließ sie meine Hand wieder los. Als ich den Arm um sie legte, sagte sie: »Bitte nicht, Andy. Mir ist so heiß. – Ach du liebe Güte, bist du jetzt beleidigt?«

Es wurde rasch Nacht, weil wir ostwärts flogen. Wir aßen, wir schliefen, wir wurden zum Frühstück geweckt; und wir landeten frühmorgens, als es heiß und blendend hell war. Es war weit drückender als bei meinem letzten Besuch, und weil ich es im stillen verglich, fand ich es schwerer erträglich als Jenny. Ich hatte das nicht erwartet, aber sie war auf alles vorbereitet.

Die Hitze verdarb mir die gute Laune. Als der Taxifahrer uns sagte, das Taxameter sei kaputt, lachte ich höhnisch. »Ich weiß ja, daß der Fahrpreis hundertzwanzig Rupien beträgt.

»Hundertfünfzig, Sir«, widersprach er. Er war unrasiert und mager, und auf dem Beifahrersitz der Rostlaube saß ein anderer schmuddeliger Mann.

Ich gab nicht nach.

»Stell dich nicht so an«, sagte Jenny. »Du versuchst immer, ein Schnäppchen zu machen. Du solltest dich schämen, mit diesem armen Mann zu feilschen.«

Als wir im Hotel angelangt waren und auf unser Zimmer gebracht wurden, stand Jenny am Fenster und sagte leise: »Es ist ein moralisches Dilemma, nicht wahr ... das Luxushotel in diesem armen Land, wo Hunger herrscht?« Sie drehte sich zu mir um und lächelte hilflos und selbstironisch zugleich. »Es hat etwas Verderbtes.«

»Was kann man da machen?«

»Ich weiß nicht, was du vorhast, aber ich gehe schwimmen«, sagte sie und zog ihr T-Shirt aus.

Ich sagte, es sei zu heiß zum Schwimmen und es komme mir beinahe pervers vor, wenn Menschen sich in tropischen Ländern sonnten.

»In Uganda hast du mich mal kritisiert, weil ich geschwommen bin.«

»Genau, im Schwimmbad, und die vielen Afrikaner hingen am Zaun.«

»Mach dich nicht lächerlich«, sagte sie. Rasch und zügig zog sie sich aus und ihren Badeanzug an, als wäre sie allein. Sie war gesund und hatte eine gute Figur, ihre makellose Haut war bedeckt von jugendlichem Flaum. Doch im Spiegel musterte sie sich kritisch. »Ich habe gerade einen schauderhaften englischen Winter hinter mich gebracht, und etwas Sonne ist genau das, was ich brauche. Du kannst ja hier sitzen bleiben, schmollen und dich tugendhaft fühlen.«

Während sie weg war, rief ich Indoo in seinem Reisebüro an. Er sagte, wir müßten uns treffen, er habe das eine oder andere mit mir vor.

»Ich bin mit meiner Frau hier«, sagte ich. »Die Frau, die Sie kennengelernt haben, Eden, war nicht meine Frau. Haben Sie verstanden?«

»Keine Sorge, alter Junge«, sagte Indoo.

Später am selben Tag fuhr ich mit Jenny zum Roten Fort. Ich zeigte ihr den Moti Mahal, den Thronsaal; wir gingen weiter zu den Befestigungen. »Das ist das Hathi Pol, das Elefantentor.«

»Das macht Spaß«, sagte Jenny. Sie trug einen Strohhut, den sie an einem Stand gekauft hatte, ein blaues Kleid und Sandalen. »Ich kann's gar nicht glauben, daß ich wirklich in Indien bin. Ohne den Gestank und die vielen zerlumpten Leute würde ich es wohl kaum glauben. Es ist eine Mischung von Glanz und Elend, nicht wahr?«

Ein Inder folgte uns. Er hatte einen Packen Ansichtskarten dabei, die er Jenny vors Gesicht hielt und ihr damit die Sicht versperrte.

»Ich will keine Postkarten, danke«, sagte sie.

Doch allein die Tatsache, daß sie mit ihm geredet hatte, nahm der Mann als Ermutigung, er fing an zu nuscheln, zu winseln und mit den Karten zu wedeln. Jenny ignorierte ihn und wollte weitergehen.

»Maddhuum, Maddhuum . . .«

»Nein«, sagte Jenny und lächelte ihn verzerrt an. Doch als er ihr eine Postkarte in die Hand drücken wollte, um sie zum Kauf zu zwingen, fuhr sie ihn an: »Weg damit!«

Darauf wandten sich ein paar in der Nähe spielende Kinder uns zu und lachten.

Jennys Miene hellte sich auf. »Weißt du noch, wie Jack in diesem Alter war?« Der Gedanke stimmte sie heiter, und sie schien die Hitze nicht zu bemerken. Es waren um die fünfunddreißig Grad, und die schrägstehende, stechende Nachmittagssonne schien uns über die Dächer direkt in die Augen.

»Süß«, sagte sie, als die Kinder weiterlachten, als hätten sie einen Schluckauf. »Übrigens sind wir nicht zu alt, noch ein Kind zu kriegen.« Sie lächelte immer noch. »Aber sie können einem verflucht auf den Geist gehen.«

Wir gingen weiter, zu den Gassen im Fort, aus denen man einen Basar gemacht hatte. Ich blieb bei den Ständen stehen, sah mir die Messingwaren an, den antiken Schmuck, die Schnitzereien, das Lederzeug und die gewebten Taschen.

»Du und dein Tineff.« Jenny lachte ungeduldig. »Das Zeug kriegst du auch in London.« Sie ging weiter. »Ich sehe mir die durchbrochenen Marmorwände an.«

»Hast du nicht die Nase voll vom Sightseeing?«

»Noch nicht. Ich will mir das hier zu Ende ansehen, um nicht morgen wiederkommen zu müssen. Da haben wir etwas anderes vor – die Moschee, glaube ich.«

Der nächste Ansichtskartenverkäufer sprach sie an.

Jenny starrte ihn an und sagte ruhig: »Verpiß dich.«

Am nächsten Tag trafen wir uns in der Hotelbar mit Indoo. Er wirkte ziemlich benommen, so daß ich mich fragte, ob er betrunken war, doch dann wurde mir klar, es war bloß Respekt vor Jenny. Er machte keine Bemerkung über ihre Schönheit – es galt als unziemlich, so über die Ehefrau eines

Mannes zu sprechen. Ich fühlte mich nicht geschmeichelt, vielmehr war ich verärgert, weil er sich die Freiheit herausgenommen hatte, bei meinem letzten Besuch Eden zu schmeicheln.

»Vielleicht würden Sie gern meine Frau kennenlernen«, schlug Indoo vor. Er sprach fürsorglich mit Jenny, als hätte er es mit einer Kranken zu tun.

»Liebend gern«, sagte Jenny. »Leider haben wir nicht viel Zeit.«

»Sie würde Ihnen alle Geschäfte in Delhi zeigen«, sagte er. »Nur die wirklich guten. Sie könnten Einkaufsbummel machen.«

»Damit habe ich leider nichts am Hut«, sagte Jenny und lächelte ihn nett an.

Da Indoos Idee verworfen worden war, wurde er nur noch förmlicher. »Ich verstehe vollkommen«, sagte er, doch es war herauszuhören, daß er absolut nicht verstand.

Um die Stimmung aufzulockern, sagte ich: »Indoo ist eigentlich kein Freund materieller Werte. Vermutlich ist er der Meinung, Einkaufen sei eine sündige Zeitverschwendung.«

Das brachte ihn zum Lächeln. »Stimmt«, sagte er, »aber Indien braucht harte Währung. Darum mache ich eine Ausnahme.«

»Erzählen Sie Jenny von *maya*«, schlug ich vor.

Er hob einen Finger, wie es Langweiler tun, wenn sie einem Vorträge halten, und sagte: »Wir Hindus glauben, die ganze materielle Welt ist *maya* – Illusion. Das Geheimnis besteht darin, den Dingen ihren Lauf zu lassen.« Jenny starrte ihn bloß an, den Kopf ein wenig ungläubig geneigt. Indoo gab sich Mühe, fromm auszusehen. Affektiert hielt er sein Glas und sagte mit seelenvoller Stimme: »Ich persönlich bin dieser Ansicht.«

»Und was haben Sie da in der Hand?« erkundigte sich Jenny. »Ist das Whisky oder eine Illusion?«

Indoo lachte langsam und gekünstelt. »Große Klasse«, sagte er. »Das gefällt mir. Ich vergebe Ihnen diesen Spruch.«

Ich hatte das Gefühl, daß bei diesem kleinen Treffen alles schiefging.

Schließlich tönte Indoo: »Ich verrate Ihnen, was ich wirklich sehr gern machen würde – eine Wildwasserfahrt mit dem Floß auf dem Ganges. Bringen Sie Ihre Badekleidung mit. Ich werde für einen Korb mit Essen und alle anderen Utensilien sorgen.«

»Eine interessante Idee«, sagte ich.

»Ja«, sagte Indoo. »Ich hole Sie am frühen Morgen mit dem Auto ab, sagen wir um vier oder halb fünf. Dann fahren wir nach Norden bis Hardwar. Dort nehmen wir eine Seitenstraße zum Lager meiner Firma am Ganges. Der Fluß ist an dieser Stelle sehr reißend. Ich habe vier Burschen vor Ort, die uns den Fluß hinunterbefördern werden. Sie ziehen Schwimmwesten an und paddeln wie die Teufel durch die Stromschnellen. Ich sage Ihnen, das ist eine aufregende Sache, besonders wenn sich das Floß im Wasser dreht und wendet. Abenteuerreisen sind heutzutage groß in Mode. Das ist ein Eintagesabenteuer. Was sagen Sie dazu?«

Jenny schwieg zunächst, dann sagte sie gelassen: »Entschuldigen Sie, reden Sie mit mir?«

»Allerdings«, sagte Indoo, und ich merkte, wie unwohl er sich in seiner Haut fühlte. »Wie sieht's aus? Mit dem Floß durchs Wildwasser von Mutter Ganga.«

Jenny lächelte ihn an. »Sie scherzen wohl.«

Doch sie erklärte sich einverstanden, uns am nächsten Tag bis Hardwar zu begleiten. Hier stieg sie aus, Murray's Reiseführer in der Hand. Indoo und ich frühstückten im Lager. Sobald Jenny verschwunden war, wirkte er merklich entspannt. Lag das daran, daß sie meine Frau war und er Förmlichkeiten wahren mußte? Oder weil er bei einem Täuschungsmanöver mitspielen sollte? Ich fand es erstaunlich, daß er überhaupt eine Reaktion zeigte, da ich ihn immer für einen recht unbeschwerten Heuchler gehalten hatte.

»So ist es besser«, sagte er und schnallte seine Schwimmweste um. »Frauen fühlen sich nämlich auf Gummiflößen nicht zu Hause.«

Er saß direkt hinter mir auf dem letzten Sitz und paddelte, schrie und rief in den Stromschnellen und brüllte seinen Männern zu, schneller zu paddeln. Als wir den Abschnitt des Flusses erreichten, wo wir die Leiche gefunden hatten, sagte er lachend: »Wissen Sie noch?«

Wo wir die Knochen beerdigt hatten, sprudelte das Wasser. Nach diesem Anblick war mein Bedarf an Stromschnellen gedeckt, und ich konnte nicht mehr besonders gut paddeln. Es war nicht Trauer, ich war einfach nur bedrückt und nachdenklich und sah mich immer wieder um, als hätte ich einen Teil von mir beerdigt.

Das wollte ich Jenny erzählen, als wir uns am Nachmittag an der Brücke in Hardwar trafen. Doch ich mochte sie nicht mit einem so trübsinnigen Gedanken belasten: Sie lächelte glücklich und sagte, sie habe einen wunderschönen Tag verbracht.

»Wir müssen Roorkee sehen«, erklärte Indoo, doch er vergaß, es dem Fahrer zu sagen, und als wir an die Abzweigung kamen, schlief er, so daß wir auf direktem Weg nach Delhi weiterfuhren.

Ich erzählte Jenny von der Wildwasserfahrt. Die Leiche erwähnte ich nicht, nur die Stromschnellen, das kalte Wasser und die anschließende Wanderung.

»Es wäre mir zuwider gewesen«, sagte Jenny. »Weißt du, wie du dich anhörst? Wie einer dieser langweiligen Gruppenführer bei den Pfadfindern, die ständig von Frischluft quasseln, wie einer von diesen öden Männern mittleren Alters, die in kurzen Hosen rumlaufen und ihre knubbeligen Knie zeigen. Als nächstes wirst du mir erzählen, meine Wangen hätten nicht genug Farbe!«

Doch das war nicht böse gemeint. Sie umarmte mich dabei und gab mir dann einen Kuß. »Ich bin froh, daß ich mitgekommen bin«, gestand sie. »Und ich bin froh, daß du dich amüsiert hast. Ich muß doch nicht dabeisein und dir die Hand halten, oder?«

»Wie hast du den Tag verbracht?«

»Ich bin durch Hardwar gebummelt. Ich habe ein Täßchen Tee getrunken und anschließend in einem dreckigen kleinen Restaurant zu Mittag gegessen. Das Essen war ganz ordentlich. Ich habe ein paar Fotos gemacht und mir die Tempel angesehen. Wußtest du, daß Hardwar eine heilige Stadt ist? Dann nahm ich mir ein Taxi und fuhr an das andere Flußufer nach Rishikesh. Erinnerst du dich noch, daß die Beatles dort waren und den Maharishi besucht haben? Ich hatte keine großen Erwartungen. Ich lief herum und sah zu, wie die Leute beteten und sich im Fluß wuschen, und«, sie stockte, »lach nicht, aber ich spürte, wie mich eine gewisse Frömmigkeit überkam.« Sie brach ab, plötzlich befangen in dem holpernden Auto.

»Nur weiter«, sagte ich und drückte sie an mich.

»Ich betrachtete die dürren Menschen, wie sie durch die Stadt latschten, und fing an zu weinen, vor purer Freude, sie zu sehen. Sie sahen so unschuldig aus, und ihr Glück machte mich glücklich. Sie hatten einen Weg gefunden, in dieser seltsamen Welt glücklich zu sein. Ich dachte darüber nach, daß es in dem Geist der Dinge Ordnung gibt, daß Frömmigkeit Ordnung ist, und all das schien von meinem Wirtschaftsprüferdasein in London so weit weg zu sein. Die Sonne stand schräg über dem Fluß, und mir fiel ein, wie ihn dein Freund«, dabei deutete sie mit dem Kopf auf die zerknitterte schlafende Gestalt Indoos, »Mutter Ganga nannte.«

Sie hielt erneut inne und schluckte, und ich dachte, sie würde in Tränen ausbrechen. »Ich war gerührt«, gestand sie. »Ich kam mir vor wie Mrs. Moore in ›Auf der Suche nach Indien‹ – mit mir passierte etwas Wunderbares und Merkwürdiges. Vielleicht nennt man so etwas eine religiöse Erfahrung, auch wenn sich das aufgeblasen anhört. Doch ich fand es herrlich, auch ohne es zu begreifen. Ich wollte nicht weg. Ich wollte nur bleiben und zusehen, wie diese Menschen sich wuschen und beteten, wie die Kinder beteten und diese phantastische Sonne auf den Fluß schien.« Sie stieß ein eigenartiges Tröten aus, und ich merkte, daß sie lachte. »Ich dachte andauernd: ›Ich will weiterleben.‹«

»Das ist gut«, sagte ich. »Ich liebe dich.«

»Das brauchst du nicht zu sagen. Zeig mir einfach nur, daß es stimmt.«

Bald danach wachte Indoo auf und bestand darauf, anzuhalten und Eis zu essen. »Ich genieße solche Ausflüge«, sagte er. »Dabei kann ich essen, was mir Spaß macht.« Er bestellte eine Campa Cola, einen Schokoriegel und eine Waffeltüte mit Vanilleeis. »Zu Hause esse ich so etwas nie. Meine Frau sieht das nicht gern.«

Erinnerte er sich, daß er mir das schon einmal erzählt hatte? Ich bezweifelte es. Wenn Leute mir gegenüber etwas wiederholten, hatte ich immer das Gefühl, daß sie mich nicht kannten, daß es ihnen gleichgültig war, mit wem sie sprachen. Sie existierten, ich nicht.

Als Indoo lächelte, wurde mir bewußt, daß er ausgesprochen dumm sein konnte. Ich schaute aus dem Fenster, wurde aber auch nicht schlauer aus den Myriaden unwirtlicher Sterne. Sie waren so hell, daß sie meinen Blick auf die sie umgebende undurchdringliche Finsternis lenkten. Die Straße wurde staubig, und was aussah wie aufsteigender Nebel, war ebendieser Staub, in den sich Lichter bohrten, auch die schwachen orangefarbenen Scheinwerfer, die offenbar unweigerlich zu alten gefährlichen Bussen gehörten.

»Es war ein herrlicher Tag«, sagte Jenny im Hotel, nachdem wir miteinander geschlafen hatten.

Ich stimmte zu, dachte aber auch an Eden und hatte das Bedürfnis, ihr meine Abwesenheit irgendwie zu erklären. Gab es eine bessere Zeit als spätnachts, wenn alle fest schliefen? Gab es einen besseren Ort zum Schreiben als neben dem Marmorbrunnen im Foyer dieses Hotels, auf hoteleigenem Briefpapier? Doch als ich den Brief aufgegeben hatte und wieder unterwegs nach oben war, konnte ich mich des Gefühls nicht erwehren, daß ich den Tag verdorben hatte.

8

Als ich am nächsten Tag vorschlug, den Janata-Expreß nach Agra zu nehmen, sagte Jenny: »Warum so eilig? Wir haben Delhi noch nicht richtig gesehen. Ich möchte noch einmal das Rote Fort besichtigen. Du hast mir nicht erzählt, daß Shah Jahan es erbauen ließ und seine Tochter überall in der Altstadt Moscheen errichtete. Und wir Briten erbauten Neu-Delhi. Meinst du nicht, ich habe ein Recht, daran interessiert zu sein? Außerdem gibt es hier ein Grab, das so etwas wie ein plumper Prototyp des Tadsch Mahal ist.«

»Humayuns Grab.«

»So heißt es«, sagte sie, griff sich den Reiseführer und las: »›Sein Bauplan wurde später für das Tadsch übernommen, aber hier ohne die Tiefe und Poesie jenes berühmten Bauwerkes angewandt.‹ Bring mich also nicht davon ab. Ich mache meine Hausaufgaben. Und wie steht's hiermit?« Sie öffnete das Buch an einem der Lesezeichen. »›Die erotischen Reliefs sind berüchtigt, besitzen aber für Hindus religiöse Bedeutung. Besucher brauchen sie sich nicht zu betrachten, wenn man dem Aufseher vorher erklärt, daß er einen auf sie hinweist.‹«

»Wo findet man die?«

»In Benares«, antwortete sie lachend. »Pech gehabt!«

Sie besichtigte geduldig und gründlich. Wenn der Reiseführer auf die Schneckenverzierung oder die Gitterwände hinwies oder mit dem Satz lockte: *Im Mihrab befindet sich eine einzigartige persische Inschrift in kufischer Schrift,* war sie unterwegs. »Wie komme ich zum Mihrab?« hörte ich sie einmal einen verdutzten Inder in einer der Moscheen Delhis fragen. Sie bewertete die Empfehlungen des Reiseführers, und als sie einmal die in Stein gehauenen Blumen auf einem Torbogen musterte und einen Blick in den Reiseführer warf, sagte sie: »›Überragend‹ finde ich doch ein wenig übertrieben.«

Wir blieben noch zwei Tage und arbeiteten uns nach dem Reiseführer Absatz für Absatz durch jedes Grab und jeden Turm, durch jede Moschee und jede Kirche. Ich ließ mich bei solchen Gelegenheiten durch Krähen oder Leute beim Picknick von der Architektur ablenken, und wenn Jenny beispielsweise am Outub Minar sagte: »Beachte die durch Kragsteine gestützten Balkone und die winkligen Kannelüren«, wanderte mein Blick die Kannelüren hinunter und blieb an einer räudigen schwarzen Katze hängen, die zwischen den antiken gelbroten Fliesen herumflitzte. Ich sah mir lieber Touristen als Ruinen an. Jenny störte das nicht, sie hielt mir auch keine Strafpredigt. »Ich weiß genau, daß ich nie mehr hierher zurückkommen werde«, sagte sie, »darum will ich nichts auslassen.«

Spät an einem dieser heißen Nachmittage durchstöberte ich die Antiquitätenläden am Connaught Circus. Ich war kaufwütiger als bei meinem letzten Besuch, weil ein bemalter

Wandbehang (Rama und Sita auf einer an einem Mangobaum befestigten Schaukel sitzend), den ich gern gekauft hätte, inzwischen verkauft worden war. Diese Enttäuschung machte mich entschlossen. Ich erwarb einen anderen Wandbehang – von geringerer Qualität als der, für den ich mich erwärmt hatte, aber den besten, den sie hatten –, außerdem ein silbernes Armband, den Messingkopf einer Göttin sowie einen Dolch für Jack.

Jenny begleitete mich eines Abends, als ich hin und her überlegte, ob ich eine alte verzierte Tür aus Orissa kaufen sollte. Sie hatte vier Paneele, war geschnitzt und fein säuberlich mit Szenen aus dem Ramayana-Epos bemalt.

»Wenn du glaubst, du bräuchtest eine Tür«, sagte sie, »dann kauf sie in Gottes Namen«

»Das ist nicht irgendeine olle Tür«, wehrte ich mich.

»Ich werde wohl ein paar Ansichtskarten kaufen«, sagte sie und fuhr, als sie mich zögern sah, fort: »Kauf das alberne Ding ruhig, wenn du es haben willst, aber frag mich um Himmels willen nicht mehr nach meiner Meinung. Du brauchst doch wohl nicht meine Erlaubnis?«

»Ich habe wahrscheinlich insgeheim vermutet, du wärst nicht einverstanden.«

»Selbstverständlich bin ich nicht einverstanden«, rief sie. »Du hast schon so viel überflüssiges Zeug. Deine beiden Häuser sehen aus wie Museen. Noch nie habe ich so viele Teppiche, Statuen und Schnitzereien gesehen. Ich hab' was gegen Leute, die sich ständig Dinge aneignen und sagen: ›Das ist ein hübsches Stück‹ oder ›Das ist sehr alt . . . diese Tür hat eine Geschichte zu erzählen‹.«

»Die Leute starren dich an.«

»Laß sie starren«, sagte sie. »Also, willst du meine Meinung wissen? Ich glaube, Menschen, die gern Antiquitäten kaufen und sich mit altem Krempel umgeben, sind sehr unsicher und fürchterlich raffgierig, und sie alle hassen – aus irgendeinem Grund – Kinder. Wenn dir meine Meinung nicht paßt, frag mich nicht danach.« Dann fügte sie mit leidender Miene hinzu: »Herrgott, ist mir heiß.«

Ich beschloß, die Tür aus Orissa nicht zu kaufen. Nicht nur Jennys Zorn brachte mich davon ab. Ich wollte mich auch nicht darauf einlassen, Frachtpapiere in dreifacher Ausführung auszufüllen. Ich ging einfach weg. Jenny schien das zu ernüchtern, offenbar war sie ein wenig beschämt, weil sie glaubte, mich vom Kauf abgebracht zu haben.

Tiefer im Basar kamen wir an diesem letzten Tag an Ismails Laden vorbei. Ich blieb am Fenster stehen, hinter dem Yakknochen und Schnitzereien auf Podesten ausgestellt waren.

Jenny musterte sie stirnrunzelnd. »Meinst du, sie töten extra Tiere, um dieses Zeug herzustellen?«

Aus dem Ladeninneren winkte uns Ismail wie ein Geisterbeschwörer mit lockenden Armbewegungen herein. »Kommen Sie. Sie sind willkommen. Bitte. Maximaler Wert.«

Ich folgte Jenny in den Laden, wo Ismail bereits eine Schublade geöffnet hatte. Er entnahm ihr eine Halskette aus dunklen fleckigen Knochen und hielt sie in die Höhe. Dann wandte er sich an Jenny und legte sie ihr um den Hals. »Sie gehört Ihnen, Madam.«

Jenny wurde starr, ihr Hals versteifte sich, die seitlich herunterhängenden Arme waren durchgedrückt, und ihre Finger wurden zu Krallen. »Nehmen Sie dieses Ding weg«, zischte sie.

Ismails Augen wurden gelb vor Furcht. Er zuckte zusammen, dann gehorchte er zögernd.

Der Zug war heißer und überfüllter, als ich ihn in Erinnerung hatte, außerdem kam er mir viel langsamer und schmutziger vor. Indien steckte voller unerwarteter Freuden, und seine Bewohner konnten anmutig und großzügig sein; aber gerade dieser Zug enthielt alles, was man an diesem Land verabscheuen mußte – schlechte Laune, verdreckte Fußböden, widerwärtige Toiletten und Staub sowie das miserabelste Essen, das man sich nur vorstellen konnte. Ein Mikrokosmos des Schlimmsten im indischen Alltag.

»Ist das die einzige Möglichkeit, nach Agra zu kommen?« erkundigte sich Jenny.

»Ich hielt es für eine gute Idee, die Menschen kennenzulernen«, sagte ich. »›Janata‹ ist Hindi für ›Menschen‹. Wir sitzen im Janata-Expreß.«

»Es ist schauderhaft«, stellte Jenny fest und sah sich mit einem Ausdruck eigenartigen Abscheus im Wagen um. Dann entschuldigte sie sich. »Tut mir leid, daß ich mich beklage. Bestimmt bin ich dir furchtbar lästig. Aber wenn mir jemand auf die Zehen tritt, schreie ich.«

Sie stand auf und lief herum, und ich folgte ihr. Ich fragte mich, ob sie wirklich schreien würde. Das tat sie nicht, im Gegenteil, im Laufe der anstrengenden Fahrt wurde sie ruhiger und gefestigter. Sie saß da und schaute eine Zeitlang finster vor sich hin, aber als ich aufsah (wir fuhren durch Muttra – ich las gerade darüber im Reiseführer), lächelte sie. Auf der anderen Seite des Gangs hielt eine Inderin ein kleines Baby auf dem Schoß. Jenny beobachtete die beiden, halb neidisch, halb verzückt.

»Sieh mal«, sagte sie.

Das Baby war ein kleines, verbrüht aussehendes Wesen, rosa vom Brüllen. Es wollte hochgehoben und im Arm gehalten werden. Das entsprach dem Instinkt von Babys, die ja so schutzbedürftig und hilflos sind. Die Mutter hatte den Instinkt zu reagieren, so wie der Vater wahrscheinlich auch. Warum wollte ich das Kind nicht trösten? Vielleicht war dieser Instinkt auf die engsten Verwandten begrenzt, und wir Menschen waren so egoistisch und konkurrenzbetont, daß uns die Kinder anderer Leute gleichgültig waren. Auf mich traf das jedenfalls zu.

Ich erzählte es Jenny und fügte hinzu:» Ich kann nicht in abstrakten Kategorien an Kinder denken.«

»Aber Babys sind so süß«, sagte sie. »Schau es dir an.«

»Du weißt nicht mal, ob es ein Junge oder ein Mädchen ist«, wandte ich ein. »Es ist wirklich komisch, weißt du. Wenn du mich fragen würdest, ob ich Babys mag, ich glaube, ich würde nein sagen.«

»Aber wegen Jack hast du so einen Aufstand gemacht.«

»Ach, mein eigenes Kind . . . das ist was anderes.«

Sie wurde wieder still, schien sich auf das indische Baby zu konzentrieren. »Was wäre, wenn wir mehr Kinder hätten?« Es war keine Frage, eher wie ein Selbstgespräch mit verteilten Rollen. »Jung genug bin ich«, fuhr sie fort. »Vielleicht willst du ja eine Jüngere. Es gibt haufenweise Frauen, die dich heiraten würden. Jack würde dich nicht mal vermissen. Er ist alt genug, um zu verstehen.« Sie musterte mich durchdringend. »Warum tust du's nicht?«

»Vielleicht bist du mir lieber.«

»Ich bin eine richtige Xanthippe.«

»Aber du meinst es nicht ernst«, sagte ich.

»Da hast du wirklich recht.«

»Schlimm ist nur, wenn andere Leute mithören«, sagte ich. »Manchmal klingt es furchtbar, wenn man dir zuhört.«

»Armer Andy«, sagte sie.

»Ich liebe dich«, sagte ich.

»Müssen wir uns das gegenseitig versichern?« fragte sie und fuhr fort: »Tut mir leid. Das müssen wir wohl.«

Danach hielten wir Händchen, doch ihre wurden feucht, und sie entzog sie mir.

Bei Anbruch der Dunkelheit kam mit der Finsternis eine merkwürdige Stimmung über uns. Ich stellte mir vor, wir alle in diesem Eisenbahnwagen wären alt. Die Beleuchtung funktionierte nicht. Es gab kein Wasser. Es gab keine freien Sitzplätze. Wir saßen im Dunkeln, sehr müde; und die klappernden Räder waren so laut, daß jede Unterhaltung unmöglich war. Es war eine gespenstische Fahrt, lauter schweigende Menschen fuhren durch die Nacht, als hätten wir uns in diesem Geisterzug in Geister verwandelt.

Diese Stimmung hatte sich meiner so nachhaltig und intensiv bemächtigt, daß ich bei unserer Ankunft auf dem Bahnhof von Agra das deutliche Gefühl hatte, noch nie dort gewesen zu sein. Unmesh war nirgends zu sehen, obwohl ich damit gerechnet hatte, ihn zu treffen; auch das trug zu meinem Gefühl der Entfremdung bei.

Wir ließen uns von einem Taxi ins Hotel bringen – in dasselbe Hotel –, und Jenny sagte: »Sieht nobel aus.«

In unserem Zimmer standen zwei Einzelbetten. Ich lag in meinem und dachte über ihre provozierende Frage nach: *Warum tust du's nicht?* Ich fragte mich, warum ich keine Entscheidung traf.

Unmesh war am folgenden Morgen im Hotel. Durch den Leiter des Hotelpagendienstes, einen riesigen und blutrünstig aussehenden Sikh, dessen gelbe Handschuhe zu seinem Turban paßten, hatte ich ihm eine Nachricht überbringen lassen, und noch bevor ich zu Ende gefrühstückt hatte, erfuhr ich (durch einen auf einem silbernen Tablett überbrachten Zettel), daß Unmesh am Eingang auf mich wartete. *Zu Ihren Diensten.*

Er begrüßte mich wie einen alten Freund, riß meinen Arm wie einen Pumpenschwengel auf und ab, vielleicht voller Angst, mit seiner Vertraulichkeit zu weit zu gehen. Es war eine Art seitliche Annäherung, und seine Miene war die eines Mannes, der die ganze Zeit über glaubt, man könne ihn zurückstoßen. Und doch plapperte er ununterbrochen. Er überbrachte Grüße von seiner Frau. Seiner Tochter Vanita habe er alles über mich erzählt. Sie wolle nach Amerika und mich kennenlernen. Sie sei in der Schule. Der Fahrer – den Namen des armen Mannes nahm Unmesh nie in den Mund – erinnerte sich an mich, Unmesh winkte ihm zu, woraufhin er vortrat und eine ruckartige Kopfbewegung machte. Damit wollte er mir wohl zeigen, daß er sich freute, mich zu sehen.

In ihrem weißen Kleid erschien Jenny auf der Hoteltreppe; auf ihren blonden Haaren glänzte die Sonne. Besucher heißer Länder – besonders Frauen – wirken entweder viel älter oder viel jünger, als sie sind, was etwas mit dem Licht zu tun hat oder damit, wie sie auf die Hitze reagieren; einige verwelken, andere blühen auf. Jenny wirkte sogar jünger als ihre achtunddreißig Jahre.

Ich sagte überdeutlich: »Unmesh, das ist meine Frau, Mrs. Parent.«

»Danke sehr, Missus«, sagte Unmesh und sah wahrhaft verängstigt aus, als er die Hände vor seiner Nase zu einer *monaste* zusammenlegte.

»Er weiß alles«, sagte ich.

Unmesh hatte eng zusammenstehende Augen, und wenn sie klein und ernst wurden wie jetzt, schien es, als stünden sie noch enger zusammen. »Ich wissen alles.«

»Wir wollen uns heute morgen das Fort und den Palast ansehen«, sagte Jenny. »Heute nachmittag besuchen wir das Tadsch. Bringen Sie uns hin?«

Unmesh zischte unsicher seine Zustimmung, ja, er würde uns hinbringen. Dann sagte er in seinem abgehackten Telegrammstil: »Tadsch. Morgens. Besser.«

»Also schön, Sie wissen es am besten.«

»Ich wissen alles, Missus.«

Für mich klang das mittlerweile wie das Eingeständnis äußerster Ignoranz. »Gehen wir«, sagte ich.

»Noch nicht«, widersprach Jenny und wandte sich an Unmesh. »Ich muß noch ein paar Dinge erledigen. Ich will Briefmarken kaufen und mir die Wirtschaftsnachrichten im World Service der BBC anhören. Eventuell muß ich ein Fernschreiben aufgeben. Danach können wir uns treffen und das Tadsch Mahal besuchen. Es soll ja sehr romantisch sein. Um Viertel nach neun bin ich soweit. Vielleicht können Sie das Ihrem Fahrer erklären? Ich danke Ihnen.« All das sagte sie in einem Ton, als spräche sie mit einem alten vertrauten Kollegen. Unmesh hörte sich das mit weißen flatternden Augen an, vielleicht baß erstaunt darüber, daß er es verstand.

Wir fuhren zu der von Jenny angegebenen Zeit los. Unmesh war verunsichert, wußte nicht, ob Jenny oder ich das Sagen hatte – wenn Jenny mit ihm sprach, sah er immer hektisch zu mir herüber. Doch sobald der Wagen auf den Parkplatz einbog, begann er seinen Sermon über Shah Jahan und dessen geliebte Frau, seine Liebe zu Edelsteinen und Juwelen. Er brabbelte immer noch, über Shah Jahans Inzest mit seiner Tochter, wie er den Pfauenthron erbaut hatte und im Gefängnis gestorben war, als wir zu dem Kartenverkäufer im riesigen Torbogen kamen. Er erzählte weiter, nannte Daten und beschrieb das Mauerwerk, während ich unsere Eintrittskarten kaufte.

Ich sagte: »Wir sehen Sie dann später, Unmesh.«

»Ich komme. Kostenlos. Ich zeige Ihnen dies und jenes. Hierhin und dorthin. Kostenlos. Gratis.«

»Bemühen Sie sich nicht.«

Aber Jenny widersprach: »Doch, ich halte das für eine gute Idee.«

»Wir brauchen ihn nicht.«

»Ich möchte, daß er uns begleitet«, sagte Jenny, und ich entnahm ihrem Tonfall – auch wenn es kein anderer gemerkt hätte –, daß sie kurz davor war, die Beherrschung zu verlieren, falls sie ihren Willen nicht bekam. »Kommen Sie mit. Erzählen Sie mir von diesem Teich und den Bäumen. Wissen Sie etwas darüber?«

»Ich wissen alles, Missus«, behauptete er und fuchtelte mit den Händen. »Zypressen, Missus.« Bei den Zischlauten hörte er sich an wie ein Wasserball, aus dem die Luft entwich.

Ich ging vor. Ich wäre gern mit Jenny allein gewesen, und für ihren ersten Blick auf das Tadsch hätte sie stehenbleiben sollen. Doch sie schaute vom Reiseführer aufs Tadsch, verglich die Beschreibung im Buch mit dem im dunstigen Sonnenschein daliegenden Gebäude; und sie hörte Unmesh zu, wie er erzählte, Tadsch sei die Verballhornung von Mumtaz, dem Namen der geliebten Ehefrau. Diese einfache Information war mir neu, und so ging ich allein weiter, und mein Ärger verschwand.

Mich verunsicherte und überwältigte die Erfahrung, daß das Tadsch Mahal ein anderes Gebäude als bei meinem letzten Besuch zu sein schien. Nicht nur die Form war anders – beispielsweise war es größer, die Minarette waren breiter und höher –, sondern es hatte auch eine andere Farbe, als wäre es aus einer anderen Marmorsorte erbaut, aus einem völlig anderen, härteren und muschelartigen Stein. Es sah rosiger aus, nicht so weiß, und glänzte golden, wenn die Sonne darauf schien. Andererseits warf es dunklere Schatten als zuvor. Diesmal fiel mir auf, wie robust es war, und ich fragte mich, wo seine Zerbrechlichkeit geblieben war. Neue Enthüllungen, neue Geheimnisse – ich fand das sehr beunruhigend. Es war ein heißerer Tag als beim letztenmal und eine andere Uhrzeit, aber wie konnte sich das Gebäude in sechs Wochen so verändert haben? Es sah nicht mehr so frisch aus. Es war reifer, und zu seiner Perfektion – ein seltener Anblick in diesem Land – gehörte ein Hauch von Unvergänglichkeit. Und noch etwas anderes: eine unübersehbare Vitalität, etwas Lebendiges, Atmendes.

»Was hältst du davon?« fragte ich, weil Jenny nichts gesagt hatte.

»Es ist phantastisch«, sagte Jenny hinter mir, und ich wußte, daß sie irgend etwas sagte, weil ihre Aufmerksamkeit voll in Anspruch genommen war. »Ehrlich, ich habe so etwas noch nie gesehen.«

Sie betrachtete es prüfend, wobei ihr Gesichtsausdruck ernster wurde. Dann nickte sie, schwieg eine ganze Weile, in

Nachdenken verloren, und vergaß den Reiseführer. »Unglaublich«, murmelte sie vor sich hin.

»Der Bau hat zweiundzwanzig Jahre gedauert, Missus.«

»Das überrascht mich nicht«, sagte Jenny, hörte aber kaum hin. Sie lächelte mich an. »Um ehrlich zu sein, ich war auf eine gewisse Enttäuschung vorbereitet. Aber das gefällt mir.«

Ich berichtete Jenny, was Aldous Huxley über das Tadsch gesagt hatte (»Phantasiearmut . . . Minarette gehören zu den häßlichsten Strukturen, die je . . . errichtet wurden«), was sie mit einem Schulterzucken quittierte.

»Gewäsch«, sagte sie. »Aber, weißt du, er war ja auch blind. Das meine ich im wahrsten Sinne des Wortes. Er ist überall herumgehumpelt und angeeckt. Er konnte nichts sehen. Was kann man da schon erwarten?«

Unmesh sagte: »Ich zeigen Ihnen innen, Missus. Ich wissen alles.«

O Gott, dachte ich und schlenderte hinter ihnen her, während er quasselnd die Marmortreppe hinaufging. Seine Erklärungen waren lang und wirr. Jenny sagte: »Ist das Englisch? Reden Sie englisch?«, und sie forderte ihn auf, das eben Gesagte zu wiederholen. Immer, wenn ich sie einholte und gerade etwas sagte, unterbrach Unmesh mich und deutete eifrig auf irgend etwas, nachdem er von Jenny ein Stichwort erhalten hatte. »Wo ist das ›einmalig ausgeführte marmorne Gitterwerk‹?«

Im Gebäude, unter der Kuppel, brachte Unmesh uns zum Schweigen und forderte uns auf, ganz still zu sein. Dann jaulte er ohne Vorwarnung mit seltsam hundeartiger Stimme los: *Hauu-uhuu-huuh . . .*

Als er fertig war, behauptete er, das sei ein vierzig Sekunden langes Echo gewesen, und wenn wir wollten, könnten wir es stoppen. Ich ging, als er wieder losjaulte. Jenny hob in dem schlechten Licht ihre Armbanduhr vor die Augen, um die Sekunden zu zählen.

Als wir in den Garten hinter dem Tadsch gingen, um einen Blick auf den rostfarbenen Fluß zu werfen, näherte sich Unmesh, atemlos Informationen von sich gebend.

Jenny sagte: »Das genügt, Hamish. Wir machen nur einen Spaziergang.«

»Er heißt nicht Hamish.«

»Wie auch immer. Hamish ist ein völlig korrekter schottischer Name, und ich finde, er paßt zu ihm.« Sie kramte in ihrer Handtasche herum und zog einen rosafarbenen Zehnrupienschein heraus.

»Gib ihm das nicht.«

»Was soll das heißen?«

»Er ist unser Führer, unser Fahrer. Dafür bezahle ich ihn«, sagte ich. »Er sagte, er würde uns aus Gefälligkeit zum Tadsch begleiten. Ich wollte ihn nicht mal dabeihaben. Laß ihn uns jedenfalls beim Wort nehmen und ihm kein Trinkgeld geben.«

»Ich will ihm aber ein Trinkgeld geben«, sagte Jenny.

Unmesh hörte zu, sein Gesicht lief vor Aufregung dunkel an.

»Du hast ihn doch gehört«, fuhr ich fort, und diesmal drehte ich mich zu ihm um. »›Kostenlos. Kein Geld.‹«

Unmesh wand sich und lächelte erwartungsvoll Jennys Antwort entgegen.

»Ich habe ihn das nicht sagen hören.«

»Er hat's gesagt. Sie haben es doch gesagt, Unmesh, stimmt's? Er sieht mich nicht an!«

»Was er gesagt hat, ist mir egal. Wenn ich ihm ein Trinkgeld geben will, gebe ich ihm ein Trinkgeld . . .«

Unmeshs Hemd war dreckig. Es war dasselbe Hemd, das er bei meinem letzten Besuch getragen hatte, das einzige Hemd, das ich ihn je hatte tragen sehen. Es war an den Schultern zerrissen, an der Tasche sah man Kugelschreiberflecken, die Zipfel hingen raus. Es hatte einmal mein Mitleid geweckt; doch diesmal hätte ich ihn am liebsten dafür geschlagen, daß er es trug, ohne es zu waschen.

». . . und wenn ich das mache, geht es dich nichts an«, schloß Jenny gerade.

»Er sagte, er wolle das verfluchte Geld nicht!«

»Es ist belanglos, ob er darum bat oder nicht. Ich weiß, daß er es haben will. Du hast kein Recht, mir zu sagen, was ich tun soll!«

Wir hatten die Vögel in den Bäumen über uns zum Schweigen gebracht, ein paar Kinder schlenderten herüber und hörten zu, und Unmesh lungerte immer noch herum, wandte den Blick nicht von Jenny, seine Finger in Höhe ihres Geldes.

»Das ist lächerlich«, sagte ich und wurde gehemmt, als ich hinter Unmeshs wirren Haaren das Tadsch Mahal leuchten sah.

»Nehmen Sie's«, befahl Jenny, drückte die zehn Rupien in Unmeshs gierige Hand und legte noch fünf drauf.

Unmesh wurde höflich. Das Geld entspannte ihn. Er schloß die Augen und berührte mit den Scheinen seine Stirn, wobei er sich leicht verbeugte.

»Sie haben gesagt, Sie wollten kein Geld.« Ich ließ ihm keine Ruhe. Doch Unmesh schaute nicht auf. Er wandte den Blick ab, verdrehte den Kopf in Richtung Jenny, die wegging.

»So bist du nun mal«, sagte sie, während sie über den Weg zum Flußufer marschierte. »Herrisch. Gemein. Du versuchst, dieses armselige Männchen zu übervorteilen. Du versuchst, mich herumzukommandieren.« Sie drehte sich um. »Untersteh dich, mir zu sagen, wem ich Trinkgeld geben darf. Wenn ich ihm fünfzig Pfund geben will, werde ich's tun, und du hast kein Recht, mich daran zu hindern. Das geht dich gar nichts an. Und jetzt laß mich in Ruhe. Du machst mich krank.«

Damit zog sie ihre Hutkrempe hinunter und ging weiter, der strikten Geometrie der Wege folgend, die zur Rückseite des Tadsch Mahal führten. Unter dem bedeckten Vormittagshimmel wirkte es fleckig.

Unmesh trieb sich hinter mir herum.

»Ich dachte, wir wären Freunde«, sagte ich.

Er blickte zu Boden und schien zu schrumpfen, als wolle er um Verzeihung bitten. Ob er das absichtlich tat, damit ich mich schämte?

»Ach, vergessen Sie's«, sagte ich lachend, was ihn offenbar beruhigte.

Nach dem Fort, dem Palast und dem Mittagessen besuchten wir die Werkstatt der Marmorbildhauer. Inzwischen hatte Jenny sich beruhigt. Sie erwähnte unseren Streit beim Tadsch nicht mehr, bis ich darauf zu sprechen kam und sagte, Unmesh bekäme wahrscheinlich eine Beteiligung, weil er uns hierhergeführt hatte, und ob er nicht von Glück reden könne, so umgängliche Touristen gefunden zu haben.

»Da kann er überhaupt nicht von Glück reden«, sagte Jenny und sah sich rasch nach ihm um. »Und du warst völlig im Unrecht. Du weigerst dich bloß, es zuzugeben. Aber ich möchte nichts mehr davon hören.«

Man führte uns durch die Werkstatt und zeigte uns die Knaben, die die Marmorplatten vorbereiteten, sie glätteten und polierten, und die Facharbeiter, die Verzierungen in den Stein hauten oder Stücke von Halbedelsteinen in die Oberfläche einpaßten. Sie stellten Briefbeschwerer, Tischplatten und Schachbretter her, mit den gleichen in Einlegearbeit gestalteten Blumenmustern, die sich auf den Wänden des Tadsch fanden.

»Kaufen wir eine?« fragte ich. Dabei zeigte ich auf eine Platte, die man für einen Couchtisch verwenden könnte.

Jenny antwortete spöttisch: »Ein kleines Stück Indien zum Mitnachhausenehmen. Muß das sein?«

»Daraus ließe sich ein schöner Tisch machen.«

»Sei nicht albern, Liebling«, sagte Jenny sanfter; vielleicht war es ihr peinlich, daß die Marmorbildhauer zusahen. »Es ist zwar hübsch, aber unnütz. Wir hätten bloß bald genug davon und würden ihn auf den Speicher bringen, wie die vielen anderen unnützen Schätze, die du gekauft hast. Andy, sei ehrlich – hast du nicht schon genug?«

9

»Ich glaube, Agra können wir abhaken«, erklärte Jenny. »Laß uns etwas anderes besichtigen.«

Also fuhren wir acht Kilometer gen Norden nach Sikandra an der Muttra Road, um uns das Mausoleum des Kaisers Akbar anzusehen. Es war ein riesiges, wunderschönes, moscheeähnliches Gebäude mit großer Kuppel, aus rotem Sandstein gebaut, und als Jenny lachend fragte: »Wo ist das kühn durchbrochene Gitterwerk?«, lief Unmesh vor und deutete auf die Seitenflügel. Dann behauptete er, unter der Kuppel gäbe es ein hervorragendes Echo, wenn auch nicht ganz so lang wie im Tadsch. Unmesh brüllte, Jenny stoppte die Zeit (vierunddreißig Sekunden) und gab ihm zehn Rupien, mit denen er den roten Punkt auf seiner Stirn berührte, bevor er seine magere Hand über den zerknitterten Scheinen schloß.

»Ich will kein Wort von dir hören«, sagte Jenny und hakte sich bei mir unter. In freundlicherem Ton fügte sie hinzu: »Laß uns nicht streiten. Was für ein wunderschönes Gebäude – und wir sind die einzigen Besucher. Ich war zwar gestern ein bißchen grob zu dir, aber siehst du nicht ein, daß du eindeutig unrecht hattest?«

Wir kamen an einer kleinen weißen Säule vorbei. Jenny, immer noch den Reiseführer in der Hand, referierte, dort habe sich einmal der Koh-i-noor-Diamant befunden, bevor er Teil des Pfauenthrons geworden sei.

Als ich ihr so zuhörte, wie sie aus dem Reiseführer vorlas, wurde mir ganz warm ums Herz, und ich fragte: »Liebst du mich?«

Sie lächelte. »Ja«, sagte sie, »sehr sogar. Und ich gehe so gern mit dir auf Reisen. Das möchte ich noch öfter machen.«

Bei diesen Worten sah ich überdeutlich die aufgelöste Eden vor mir und hörte sie sagen: *Sobald du um diese Ecke gebogen bist, fang' ich an zu weinen.*

Wir fuhren nach Fatehpur-Sikri. Jenny, mit ihrem Schlabberhut, und Unmesh gingen von einer leeren Straße in die andere und identifizierten die Gebäude. Ich bestieg das fünfstöckige Panch Mahal und war danach so erschöpft, daß ich keuchend im Schatten der Torbögen nach Schlangen Ausschau hielt. Die genaue Temperatur wollte ich gar nicht wissen, bestimmt weit über vierzig Grad. Es war eine brennende, sengende Hitze. Sogar das Krächzen der Krähen klang flehend. Als die Krähen verschwunden waren, bewegte sich in dem gleißenden Sonnenschein nichts mehr, und das einzige Geräusch stammte von Heuschrecken, eine Art High-Tech-Zirpen, das die Hitze wie eine Messerspitze durchdrang.

In dem Schatten eines Gebäudes, das mir bekannt vorkam, packte Unmesh das Mittagessen aus: Es war dieselbe Stelle, an der wir auch beim letztenmal gegessen hatten.

»Pignig«, erklärte Unmesh.

Jenny und ich saßen gemeinsam auf einer steinernen Sitzgelegenheit. »Verraten Sie mir, was auf den Sandwiches ist, Hamish.«

»Chäs«, sagte Unmesh.

»Köstlich«, sagte Jenny. »Es ist himmlisch.«

»Vielleicht zu heiß für Missus«, vermutete Unmesh.

»Reden wir nicht vom Wetter«, sagte Jenny. »Wie heißt dieses Gebäude?«

»Khwabgah«, antwortete Unmesh.

»Und das heißt?« fragte ich.

»Haus der Träume«, sagte Unmesh.

»Großartig«, befand Jenny, »›Haus derTräume‹.«

»Weil sie drin schlafen.«

»Siehst du, Andy? Er weiß wirklich alles.«

Ihr Lob beflügelte Unmesh. »Und wo Mister geklettert, ist das Panch Mahal. Panch heißt fünf. Fünf Ebenen.«

»Punsch, das Getränk, besteht aus fünf Ingredienzen. Darum heißt es Punsch«, gab ich meinen Senf dazu.

»Sehen Sie, Hamish? Mein Mann weiß auch alles.«

»Ja. Er wissen alles«, bestätigte Unmesh, deutete dann mit seinem Sandwich auf die umliegenden Gebäude und fuhr fort: »Dies Daftar Khana, dies Rumi Sultana, dies Palast des Jodh Bai, dies Jami Masjid . . .«

»Er ist tatsächlich ziemlich langweilig«, gab Jenny zu, als ich sie später allein antraf. »Aber furchtbar lieb.«

»Wo steckt er?«

»Ich habe ihn fortgeschickt, eine gute Tasse Tee finden.«

»Tee? Bei dieser Hitze?«

»Du bist so unwissend«, sagte sie. »Tee ist genau das richtige. Er bringt einen zum Schwitzen und verschafft einem dadurch Kühlung. Da kannst du jeden fragen. Und du willst der große Reisende sein!«

Sie lachte, wie sie es immer tat, wenn sie etwas Abschätziges sagte, aber es war ein zärtliches Lachen. Sie war nicht boshaft, sondern wahrte lediglich ihre Identität, distanzierte sich, stellte meine Fähigkeit auf die Probe, herausgefordert zu werden oder Widerstand zu überwinden. Insgeheim bewunderte ich sie, wenn sie sich mir gegenüber behauptete, aber es ärgerte mich, wenn sie im Irrtum war oder zu weit ging. Außerdem war es mir ein Greuel, wenn wir uns in der Öffentlichkeit stritten, vor allem in Gegenwart von Unmesh. Schon aus Solidarität sollte sie mir wenigstens in Unmeshs Anwesenheit nicht in den Rücken fallen, wenn sie schon nicht mit mir einverstanden war. Er hatte kein Recht, uns streiten zu sehen. Doch ich kannte sie gut genug, um ihre Antwort vorwegnehmen zu können: Welches Recht hast *du* eigentlich, einen Streit zu gewinnen, nur um den Schein zu wahren?

Über unseren kleinlichen Disput um Unmeshs Trinkgeld sprachen wir nicht mehr. Doch ich hatte das Gefühl, daß sie die Zeche bezahlte, da Unmesh sich an ihre Fersen heftete, plapperte und jaulte, weil er glaubte, am Ende würde für ihn noch mehr Bakschisch herausspringen.

Er bekam keins mehr. Er kannte Jenny nicht so gut wie ich. Und wie üblich nahm sie kein Blatt vor den Mund. »Ich weiß, Sie wollen noch mehr Trinkgeld, Hamish. Aber ich habe Ihnen schon genug gegeben. Damit sollten Sie vollauf zufrieden sein.«

Doch er ließ nicht locker, hoffte, sie zu beeindrucken, und kurz bevor wir gingen, bugsierte er uns energisch zur Südmauer der Moschee, wo sich ein riesiger Torbogen und eine lange Treppe befanden. »Siegestor Buland Darwaza«, sagte Unmesh. »Sehen Sie, sehen Sie.« Er deutete auf eine arabische Inschrift. »Ich es werden lesen.« Er verfolgte die Schrift, indem er einen dürren Zeigefinger durch die Luft bewegte, und sagte: »Issa, Friede sei mit ihm, sagt: ›Welt ist Brücke. Geh über Brücke, aber baue nicht Haus auf Brücke. Welt währt nur eine Stunde . . . verbringe sie mit Beten.‹«

»Wer ist Issa?« fragte Jenny.

»Jesus«, antwortete Unmesh.

»Unser Jesus?«

»Euer Jesus!« rief er triumphierend und blickte erwartungsvoll drein, erhielt aber keine Belohnung.

Auf dem Rückweg über die zerfurchte Straße nach Agra betete ich, daß an dem Auto irgend etwas kaputtgehen würde, wie damals auf der Rückfahrt mit Eden. Der Wagen sah zwar ebenso lädiert und laut aus, aber die Fahrt verlief ohne Motorschaden oder Reifenpanne.

Daher sagte ich an einer bestimmten Stelle: »Halten Sie den Wagen an, Unmesh. Ich muß Wasser lassen.«

»Was für eine drollige Formulierung«, sagte Jenny.

Ich ging kurz raus, als Unmeshs Gesicht über dem Vordersitz auftauchte. »Lassen Sie auch Wasser, Missus?«

Ihr Blick ging durch ihn hindurch, und sie gab keine Antwort.

Am Straßenrand ließ ich mir Zeit. Es war spätnachmittags, und die schwüle Luft hatte die Hitze des Tages gespeichert. Staub klebte an meinen verschwitzten Armen. Die ausgedörrten Felder neben der Straße sahen rissig und unfruchtbar aus. Von nahegelegenen Hütten drangen Stimmen herüber, Kindergelächter und Frauengeplapper. Woher nahmen sie nur die Energie, so laut zu reden?

Ein junger Mann näherte sich dem Wagen. Mit offenem Mund schaute er neugierig in das Auto und starrte Jenny an, dann streckte er die Zunge raus, katzbuckelte und jammerte.

»Er wollen Geld, Missus«, übersetzte Unmesh.

»Was sagt er?«

»Er sagt, er ist sehr hungrig.«

Jenny wirkte unentschlossen. Sie musterte den Mann durch ihre Sonnenbrille. Ich griff in unseren Picknickkorb, nahm eine schmale Gurke heraus und reichte sie dem jungen Mann. Er verzog sein Gesicht, murmelte etwas und trat in das bröckelige Feld.

Jenny rief ihn zurück und gab ihm zwei Rupien. Er bedankte sich seufzend, während Unmesh voller Mißgunst zusah. »Du bist ein solcher Esel«, sagte Jenny leise, beinahe liebevoll zu mir.

Ich stand immer noch neben dem Auto, auf der kaputten Straße. »Würde es dir gefallen, hier zu leben?«

»Meinst du *hier,* in diesem verlotterten kleinen Kaff, oder in Indien ganz allgemein?«

»Hier . . . in dem Dorf da drüben.«

»Ich wissen alles über dieses Dorf«, meldete sich Unmesh.

Doch Jenny lachte nur. »Was für eine alberne Frage!«

An einem heißen Abend ließen wir Unmesh am Bahnhof von Agra zurück. Wie eine dicke Decke lag die Dunkelheit drückend über uns. Zum Abschied zeigte uns Unmesh Fotos von seiner Tochter Vanita. Jenny sagte: »Sie sieht Ihnen sehr ähnlich«, was er mit den Worten: »Überhaupt nicht!« zurückwies, als wäre dies eine Verunglimpfung des kleinen Mädchens.

Aus entgegengesetzten Richtungen fuhren gleichzeitig zwei Züge in den Bahnhof ein. Dies löste einen leidenschaftlichen Redefluß bei Unmesh aus. »Hier drüben Rauf-Zug. Dieser dort Runter-Zug. Der nach Gwalior, jener für Madras-Expreß. Zwei Drehgestelle, acht Güterwaggons, das hier ein Schlafwagen . . .«

Schließlich gab ich nach und drückte ihm ein Trinkgeld in die Hand, um ihn zum Schweigen zu bringen. Während wir einstiegen, standen er und der Fahrer auf dem Bahnsteig und schwitzten uns an.

Jenny sagte nichts, bis ich sie fragte. »Er ist ein lustiger kleiner Kerl, nicht wahr? Hältst du ihn für ein wenig beschränkt?«

Der Madras-Expreß hatte zwar keine Klimaanlage, aber der brüllend heiße Luftzug, der unter den hochgezogenen Rollos ins Wageninnere blies, war nur ein Teil unserer Unannehmlichkeiten. Es gab kein Bettzeug, das Abteil war verdreckt, die Matratze stank nach Insektendreck, und wir erfuhren, daß es erst am nächsten Morgen etwas zu essen geben würde.

»Dieses Abteil hat mir den Appetit verdorben«, sagte Jenny. »Außerdem bin ich so müde, daß ich die fehlenden Laken wohl nicht bemerken werde. Aber, du liebe Güte, manchmal kommst du auf die merkwürdigsten Ideen, Andy.«

Sie wickelte sich in eine in Delhi gekaufte Stoffbahn und schlief sofort ein. Ich lag wach und verfluchte diesen Zug, dachte aber auch, daß die Reise mit Jenny anders war. Ob besser oder schlechter, hatte ich noch nicht entschieden; es schien eine Reise durch ein ganz anderes Land zu sein. Die Hotels waren anders, die Leute, Ismail war nicht Ismail, Indoo nicht Indoo, und sogar das Tadsch hatte sich verändert. Die Waren in den Läden – die Antiquitäten und Handarbeiten – wirkten weniger exotisch und ziemlich primitiv. Das Wetter war anders, so heiß, daß ich zu fiebern glaubte, und der Lärm schien die Hitze zu verstärken.

»Wenn es regnet, wird es kühler«, versprach der Schaffner am folgenden Morgen. »Die Monsunregen haben sich verspätet.«

Die Morgendämmerung war früh und unvermittelt hereingebrochen, und die Sonne ging auf – von ungewöhnlicher Größe und Form erhob sie sich aus den schlichten flachen Feldern. Dann war der gesamte Himmel von Licht erfüllt und wurde immer blauer, bis der Tag schließlich unter dem weißen Mittagshimmel von Hitze durchdrungen war.

Ich sah in den Gräben neben den Gleisen bis zu den Nüstern untergetauchte Büffel und beneidete die nackten Kinder, die von Kanalrändern in schaumiges Wasser sprangen.

An diesem Tag redete Jenny kaum ein Wort. Sie sagte, es sei zu heiß, um viel zu essen. Sie las ein Buch, das sie aus London mitgebracht hatte, einen verwickelten und ambitionierten Spionageroman. »Meine Urlaubslektüre« nannte sie es.

»Warum liest du das?« fragte ich, irritiert darüber, wie sie gelassen auf ihrem Bett saß und umblätterte.

»Sei nicht eifersüchtig«, sagte sie. »Wenn du wieder einen Roman schreibst, lese ich ihn. In der Zwischenzeit laß mich bitte in Ruhe. Das hier ist ein bißchen schwülstig, aber nicht schlecht. Bloß kindisch, so wie Spionage kindisch ist. Ein Spiel, das Männer spielen, oder?«

»Wen interessiert es?« sagte ich und wandte mich ab, während der Zug durch die Hitze holperte. »Mein nächstes Buch wird ein Reisebuch.«

»Ich kann Reiseliteratur nicht ausstehen«, sagte Jenny. »Nun sei nicht beleidigt. Du weißt schon, was ich meine. Wozu soll sie gut sein? In der Regel sind die Verfasser zweitklassige Schreiberlinge, die über sich selbst schwafeln und auf Schwierigkeiten aus sind. Sie haben absolut nichts zu sagen.«

»Redest du von mir?«

»Dies ist eine Unterhaltung, Andy. Es ist nicht persönlich gemeint«, und sie lächelte freundlich. »Ich habe den Eindruck, Reiseschriftsteller sind wie gehässige Rezensenten. Sie fahren irgendwohin und meckern über das Wetter, dann über die Menschen, die Sehenswürdigkeiten und die Hotels. Das ist Reiseliteratur: nichts als gehässige Meckerei.«

Das verkündete sie so selbstsicher und mit solcher Gewißheit, daß ich es komisch fand, und kaum lachte ich, geriet sie ins Stocken. »Mir ist heiß«, sagte sie. Sie las nicht weiter in ihrem Buch. Nachdem einige Minuten vergangen waren, erklärte sie: »Übrigens habe ich dich beobachtet, seit wir Delhi verlassen haben.«

Der Zug holperte über eine Weiche und schwankte, als wir an einem Güterzug vorbeifuhren. Jenny wollte wieder etwas sagen, aber als sie merkte, daß sie nicht zu verstehen war, schwieg sie, bis der Lärm nachließ und wir wieder auf freier Strecke waren.

»Hoffentlich stört es dich nicht, daß ich dich beobachtet habe«, sagte sie. »Ich konnte nicht anders. Ich meine, es ließ sich nicht übersehen.«

»Wovon redest du eigentlich?«

»Du hast dir keine der Sehenswürdigkeiten angeschaut. Das Tadsch Mahal hast du kaum eines Blickes gewürdigt – ein so phantastisches Bauwerk. In Fatehpur-Sikri hast du dich auf den Boden plumpsen lassen, als wärst du wassersüchtig oder sonstwas. Und die letzten beiden Tage bist du bloß mit offenem Mund durch die Gegend getapert.« Das mochte zwar durchaus so ausgesehen haben, doch wie konnte ich zugeben, daß ich *sie* beobachtet hatte? »Verzeih meine Frage«, fuhr sie fort, »aber mußt du nicht arbeiten?«

»Ich habe mir Notizen gemacht«, erwiderte ich lahm.

»Ich verlange keine Erklärungen«, sagte Jenny, »aber deine Einstellung wirkt außergewöhnlich lässig.«

Dann widmete sie sich wieder ihrem Buch. Den ganzen Tag lang waren wir in dem staubigen Zug unterwegs, auf einer Strecke, die länger zu sein schien als einen Monat zuvor. Ich murmelte eine Zeile aus einem meiner Lieblingsgedichte vor mich hin, als wir ein von überfluteten Reisfeldern umgebenes Dorf passierten: *Welche Kirchtürme, welche Bauernhöfe sind dies?*

Ich wünschte, Jenny würde etwas von mir Geschriebenes lesen, und dachte an die U-Bahn an jenem Morgen meiner Ankunft in London, als die junge Frau eines meiner Bücher gelesen hatte. Ihren Gesichtsausdruck werde ich nie vergessen, ihr gelegentliches Lächeln; wir waren Freunde, und sie kannte mich genau.

Jenny dabei zu beobachten, wie sie das langweilige Buch eines anderen las, ließ die Zeit dahinschleichen. Doch es war meine eigene Schuld, daß ich mich nicht beschäftigte. Ich hätte schreiben, wenigstens Notizen machen sollen. Ich tat nichts, war aber aufgeregt. Jenny wirkte immer so glücklich, wenn sie faulenzte. Ihre Zufriedenheit half mir. Sie forderte nicht meine ständige Aufmerksamkeit, nie fragte sie: *Worüber denkst du gerade nach?* Was immer hieß: *Denkst du über mich nach?*

Jetzt wurde mir bewußt, wie meine Ehe mit ihr mich befreit hatte. Was wir jetzt waren, konnten wir auch in Zukunft sein, daher sah ich die gleiche Szene vor mir, aber auf Cape Cod, an einem Nachmittag unter einem wolkenverhangenen Himmel nach einem heftigen Wintergewitter. Wir waren in unserem Haus, dasselbe Haus wie immer, aber es war wärmer, gemütlicher, ruhiger. An diesem Abend erwarteten wir einen Anruf von Jack aus London. Mit unserem Schweigen stellten wir uns darauf ein, auf seine Neuigkeiten, seine Launen, sein neues Leben. Auf dem Herd stand ein Eintopf, im Ofen lag Brot, die Zutaten für einen Salat auf dem Schlachtblock. Wir waren so aneinander gewöhnt, daß wir kaum redeten, und unsere Wege trennten sich auch – jeder hatte ein Auto, und Jenny arbeitete ein wenig als Firmenberaterin in Boston. Wie immer schirmte sie mich vor Leuten ab, die ich nicht sehen wollte. Auf dieses Leben hatte ich seit Jahren hingearbeitet, und so hatte ich mir das Haus vorgestellt, gefüllt mit meinen Kunstgegenständen aus Indien und China. Jenny hatte sich in ihm einen eigenen Raum geschaffen, auch wenn sie sich gelegentlich beschwerte, sie sei eine Fremde – in Amerika, in diesem Haus. In kurzen oder langen Abständen, wie bei einem plötzlichen Anfall oder einem Erleichterung bringenden Schluchzen, schliefen wir miteinander.

Sie merkte, wie ich sie beobachtete. »Das Buch ist gar nicht so schlecht«, sagte sie. »Mit anderen Worten, es ist zwar Quatsch, aber einigermaßen lesbar.« Dann schaute sie aus dem Zugfenster auf die Abendsonne, die in einem überschwemmten Reisfeld zerfloß. »Gott. Indien. Immer noch da, nach den vielen Meilen, die wir zurückgelegt haben.«

An diesem Abend, immer noch unterwegs, verzehrten wir gemeinsam eine klebrige Mahlzeit.

»In Clapham habe ich schon besseres indisches Essen bekommen«, stellte Jenny fest.

Wir legten uns aufs Ohr, jeder in seine eigene Koje, und da lagen wir in der Hitze, lauschten dem Geklapper der Räder, und dann und wann kamen wir an einem Bahnhof vorbei, wo uns die gleißend hellen Lichter der Bahnsteiglampen bestrichen.

Im Dunkeln sagte Jenny: »Glaubst du, in diesen Zügen könnte man miteinander schlafen?« Ich sagte nichts, da sie noch weiter murmelte. »Wahrscheinlich würde man sich den Rücken verrenken.«

»Möchtest du denn mit mir schlafen?« flüsterte ich aus dem unteren Bett.

»Jetzt nicht. Mir ist zu heiß«, antwortete sie, und nach einer kurzen Pause fuhr sie fort: »Lieber hätte ich eine schöne Tasse Tee.«

Mr. Thumboosamy, der Geschäftsführer des Vishnu Hotel in Madras, suchte Jennys Gesicht ängstlich nach einer Reaktion ab, während sie tief und dramatisch Luft holte. Die Tür zu Zimmer 25 – auf dem ich bestanden hatte – war soeben geöffnet worden, aber Jenny hatte auf der Schwelle gezögert, neben ihr Thumboosamy, ihren Koffer in der Hand.

»Ja«, sagte Jenny und schnüffelte wieder. Thumboosamy sah erwartungsvoll aus. »Genauso hat das Haus meiner Mutter in Balham gerochen.« Inzwischen lächelte sie. »Mäuse. Ich verabscheue Mäuse. Nicht daß ich mich vor ihnen fürchten würde, ich kann sie nur nicht ausstehen. Sie sind schmutzig. Sie übertragen ansteckende Krankheiten. Sie krabbeln über einen, wenn man schläft. Hier bleibe ich nicht.«

»In diesem Zimmer, Liebling?«

»In diesem Hotel«, korrigierte Jenny.

»Es ist das einzige Hotel mit freien Zimmern«, sagte ich.

Das wurde von Mr. Thumboosamy bestätigt. Madras sei randvoll mit Touristen, sagte er.

»Es muß noch etwas anderes geben«, sagte Jenny.

»Nicht verfügbar«, sagte Mr. Thumboosamy, was aus seinem Mund zur Konsonantenreihe wurde und wie ein tamilischer Satz klang.

»Das ist absurd«, sagte Jenny. »Madras ist eine scheußliche Stadt. Außerdem haben wir die heiße Jahreszeit. Wer sollte hierherkommen? Es muß jede Menge Hotels mit leeren Zimmern geben.«

Ich sagte: »Und was ist, wenn nicht?«

»Dann schlafe ich unter einem Baum«, sagte sie. »Jedenfalls nicht hier.«

Wir fuhren ins Taj Coromandel, das in der Nähe der Mount Road gelegene Luxushotel, wo man uns sagte, man habe jede Menge freie Zimmer.

»Schon besser«, bemerkte Jenny in unserem sauberen, angenehmen Zimmer mit Blick über die Stadt. Sie machte sich nicht über mich lustig, wie ich es befürchtet hatte, sondern sagte einfach, vielleicht wisse ich doch nicht so viel über Indienreisen, wie ich dachte. »Vielleicht sollte ich dich öfter begleiten. Bist du nicht froh, daß ich eine so schöne Unterkunft gefunden habe?«

An diesem Tag ruhten wir uns aus – hielten ein Nickerchen, schliefen miteinander und schwammen im hoteleigenen Pool. Das Wasser war unangenehm warm, und nach dem Schwimmen fühlte ich mich so schlaff und erschöpft, als wäre ich gedünstet worden.

Von unserem Zimmer aus blickten wir auf eine Moschee, und am frühen Abend wurde zum Gebet gerufen. Wir sahen zu, wie der Muezzin das Minarett bestieg. Jenny hatte in ihrem Spionageroman gelesen. Als sie über den Lautsprecher hörte, wie der Muezzin sich räusperte, legte sie das Buch zur Seite und schlich ans Fenster. Unter uns sammelten sich die Gläubigen. Ich beobachtete, wie intensiv Jenny sich konzentrierte, und bewunderte ihre Ehrerbietung. Sie schnappte sich zwar rasch ihre Kamera und stellte das Objektiv ein, machte aber kein Foto – aus Achtung, wie ich spürte. Sie sagte nichts, sah nur zu, und ich sah sie unverwandt an, während sie beobachtete, was sich um die Moschee abspielte. Ich dachte, wie sehr sich das Reisen aus solchen Momenten zusammensetzte: Entdeckungen und Ehrerbietung, unterbrochen von immensen Unbequemlichkeiten. Die Summe dieser Begebenheiten ergab die Erfahrung, die man an einem Ort hatte. Die Unbequemlichkeiten mußten vergessen und durch die Epiphanie ersetzt werden – wie dieser Ruf zum Gebet.

Ich hatte Jenny noch nie so geduldig erlebt und verspürte

die gleiche Liebe zu ihr, wie ich sie Eden gegenüber empfunden hatte, als sie angesichts der Schönheit des Tadsch Mahal geschluchzt hatte. Ich gesellte mich zu ihr. Ich nahm ihre Hand. Sie hielt einen Moment lang die meine und ließ sie dann fallen.

Während der Muezzin lärmte, verbeugte sich im Hof der Moschee ein einzelner Moslem und betete zu Allah.

»Er betet«, sagte ich.

»Das weiß ich.«

»Das tun sie fünfmal täglich.«

»Das weiß ich auch.«

Wir betrachteten den Betenden.

»Mir ist gerade etwas eingefallen«, sagte Jenny. »Ist es nicht schlimm, wenn jemand etwas sagt, was einem nicht mehr aus dem Kopf geht, obwohl man weiß, daß es nicht richtig ist?« Sie nahm den Blick nicht von dem im Gebet kauernden Mann. »Ich bewundere die Frömmigkeit dieses Mannes. Mein geschmackloser Onkel Monty hat in Mesopotamien gekämpft. Da er ein Kriegsheld war, durften wir ihm nie widersprechen. Er sagte immer: Wenn sie beten, sehen sie aus wie ein Hund, der einen Fußball fickt.«

Mahadeva sah uns von seiner kleinen hölzernen Veranda aus kommen. Wir hatten einen klapprigen Zug von Madras nach Tambaram genommen. Mahadeva hatte diesen Zug vorgeschlagen, als ich einen Tag zuvor mit dem Taxi gekommen war, um zu erklären, ich käme mit meiner Frau wieder. Das Wort »Frau« betonte ich.

Er rief und klatschte in die Hände, als wir uns seinem Haus näherten, woraufhin drei seiner Kinder auf uns zuliefen. Das kleinste und dreckigste zupfte an Jennys Tasche. Mrs. Mahadeva entschuldigte sich und schrie dem älteren Mädchen zu, das Kind wegzunehmen.

»Machen Sie sich bitte keine Gedanken«, sagte Jenny. »Alle Kinder sind gleich. Meins war genauso. Das ist gut, es bedeutet, daß sie keine Angst vor Fremden haben.«

»Sie haben?« sagte Mrs. Mahadeva.

»Nur eins. Einen kleinen Jungen«, sagte Jenny. »Nicht mehr so klein!«

Mahadeva hörte sich diesen Wortwechsel lächelnd an. »Wir sollten die Damen sich selbst überlassen.«

Jenny bewunderte die glänzenden Haare der älteren Tochter.

»Wir reiben sie mit Kokosnußöl ein, manchmal sogar täglich.« Mrs. Mahadeva sprach Englisch!

Als ich merkte, wie gelöst Mahadeva wurde, war mir klar, welche Ängste er ausgestanden hatte, als ich mit Eden gekommen war. Seine Angst hatte ihn arm und bedrückt erscheinen lassen. Diesmal war er mitteilsam. Mit einer alleinstehenden Frau hatte er wenig Erfahrung, aber eine Frau und Mutter verstand er.

Während wir aßen – und diesmal aßen wir zusammen, die vier Erwachsenen saßen um den Tisch –, trug das ältere Mädchen das Essen auf und verteilte Nachschläge auf unsere Teller aus Palmblättern. Gelegentlich verfehlte sie ein Blatt: Von Anfang an hatte sie Jenny angestarrt, und sie warf ihr immer wieder Blicke zu. Sie verunsicherte Jenny so, daß Jenny mit ihr zu reden begann. Das Mädchen war lieb und unaufmerksam und servierte weiter auf ihre tolpatschige Art, bis ihre Mutter ihr etwas zumurmelte.

»Wie heißt du?« fragte Jenny.

»Ich heiße Annapurna.«

Sie war sehr dünn, hatte schmale Hände, knochige Füße und große, eingefallene Augen, gekleidet war sie in einen verblichenen Sari. Doch sie hieß wie das gewaltigste Hochgebirgsmassiv der Erde.

»Das Essen ist wirklich köstlich, Annapurna«, sagte Jenny, formte den Reis zu einem kleinen Ball, wischte damit durch die Pfütze Linsenpaste und führte die klebrige Masse zu ihrem Mund.

Mahadeva machte eine Bemerkung über Jennys geschickten Umgang mit dem Essen, doch seine Tochter starrte sie immer noch an. Warum wurde mir dabei so unbehaglich? Die übrigen waren gesprächig, machten Jenny Komplimente über ihr hübsches Kleid, ihren praktischen Hut, ihre stabilen Schuhe, ihre schönen Haare; und sie sagten, ich könne mich glücklich schätzen, sie dabeizuhaben.

»Bevor wir Madras verlassen, kommen Sie hoffentlich in

unser Hotel und leisten uns beim Essen Gesellschaft«, sagte Jenny.

Mahadeva war über diese Einladung erfreut und fühlte sich geschmeichelt, und es war offensichtlich etwas Neues für ihn, so etwas mit Jenny statt mit mir zu verhandeln. Aus Respekt vor Jenny zog er seine Frau zu Rate, und aus Respekt vor uns besprachen sie die Angelegenheit auf englisch.

»Aber Subramaniam wird in Bälde eintreffen«, gab Mahadeva zu bedenken.

»Uns steht noch ausreichend Zeit zur Verfügung, um Vorbereitungen zu treffen«, sagte Mrs. Mahadeva.

»Ich glaube, er wird sich am Ende die Beine in den Bauch stehen müssen«, entgegnete Mahadeva.

Dies ging eine Zeitlang so weiter, bis sie schließlich unter vielen Entschuldigungen erklärten, sie seien leider gezwungen abzulehnen; und genau diese Worte benutzten sie.

»Wie wäre es beim nächstenmal?« sagte Mrs. Mahadeva und fuhr fort, sie freue sich darauf, unseren Sohn kennenzulernen.

Jenny aß immer noch, und Annapurna starrte sie immer noch an.

Mahadeva sagte: »Dann fahren wir nach Mahabalipuram. Und nehmen einen Picknickkorb mit.«

Es war unwichtig, daß dies wohl nie geschehen würde. Dieser Vorschlag tröstete sie. Oder vielleicht hatten sie auch den Eindruck, daß ich Madras regelmäßig aufsuchte, schließlich war ich innerhalb von sechs Wochen zweimal in ihrem kleinen Haus gewesen.

Jenny, die spürte, daß Annapurnas Blick auf ihr lag, sagte: »Mein Mann hat seinen Reis nicht aufgegessen. Hoffentlich läßt er weniger übrig als bei seinem letzten Besuch.«

»O ja«, sagte das Mädchen langsam und verschränkte die mageren Arme. »Aber die andere Tante hat nicht so gut gegessen wie Sie.«

Schweigen breitete sich in dem Raum aus, verfestigte sich bleiern und erstickte jedes Geräusch. Dann redeten die Mahadevas, beide zugleich.

»Annapurna, beeil dich und hol das eingelegte Gemüse!«

»Unsere Kinder werden zusammen im Meer spielen«, sagte Mahadeva. »In Mahabalipuram.«

Jenny war nur kurz das Lächeln vergangen. »Darauf freue ich mich. Daß ich wiederkomme und Sie sehe.«

»Und hoffentlich bringen Sie Ihren Angetrauten mit«, sagte Mrs. Mahadeva.

Jenny erhob sich vom Tisch. Sie nahm unsere beiden Palmblätter, einige der Blechschalen und -tassen und ging zur Küche. »Das hängt ganz von ihm ab«, sagte sie, als sie gerade hinter der Küchentür verschwand.

Ich stand auf, wollte ihr nachgehen, aber Mahadeva winkte mich zurück. »Kümmern Sie sich nicht drum. Wir unterhalten uns.«

Doch wir saßen nur da und versuchten, das aus der Küche dringende Geflüster zu verstehen. Jenny blieb lange mit Mrs. Mahadeva und Annapurna dort. Was gesagt wurde, blieb unverständlich, allerdings hörte ich Jenny einmal lachen, und die anderen taten es ihr nach, nervös und respektvoll.

»Sehen Sie? Alles in Ordnung«, sagte Mahadeva.

Als sie wiederauftauchten, sagte Mrs. Mahadeva: »Ihre Gattin ließ sich nicht davon abbringen, mir zu helfen.«

Als es Zeit war zu gehen, rührte es mich, wie liebevoll sich Mrs. Mahadeva von Jenny verabschiedete. Sie schien wirklich traurig zu sein, daß Jenny ging, und ich fragte mich, ob sie vielleicht ein Geheimnis teilten. Erneut versprachen wir, bald wiederzukommen.

»Alle beide zusammen«, rief Mrs. Mahadeva und stellte sich vor Annapurna. Und sie wiederholte: »Alle beide zusammen!«

Durch die drückende Hitze und den Lärm des Basars von Tambaram gingen wir zurück zur Hauptstraße.

»Was sollte das eben?« sagte ich.

»Mach dich nicht über sie lustig. Ich mag diese Frau.«

»Du rätst nie, wie alt sie und ihr Mann sind.«

»Laß es mich versuchen«, sagte Jenny und erriet das Alter der beiden genau.

»Das hat sie dir bestimmt verraten«, sagte ich. »Als ihr euch so lange in der Küche unterhalten habt.«

»Nein. Wir haben über etwas anderes gesprochen.« Jenny wandte sich mir zu, um meine Reaktion zu sehen; da ich weder meine Neugier noch das zunehmende Gefühl von Bedrohung verbergen konnte, sagte sie: »Ich habe mich ernsthaft gefragt, ob die Welt nicht nur Illusion ist. Besteht das Geheimnis darin, den Dingen ihren Lauf zu lassen?«

In diesem Moment mußte ich wieder an Eden denken. *Die andere Tante.*

Jenny blickte mich einfach an, und als ich fragte: »Ist das alles?«, lachte sie und nahm meine Hand.

»Das ist alles«, sagte sie leise.

Am Bahnhof von Tambaram fanden wir ein Taxi, das uns zu den Tempeln von Mahabalipuram brachte. Ich zeigte Jenny den Tempel, neben dem sich die Wellen brachen. Jenny war direkt hinter mir. Ich drehte mich zu ihr um. Kam ihre finstere Miene von dem starken Wind, oder dachte sie über uns nach . . . über unsere Ehe? Ich wußte nicht, wie ich die Frage stellen sollte. Eine Welle brach und schob Gischtflocken auf den Strand. Fischer in nassen Pyjamas knieten in klobigen Katamaranen und warfen ihre Netze in den Wind.

Jenny legte einen Arm um meine Schulter, wie sie es oft bei Jack tat. Doch der Arm hatte fast kein Gewicht, ihre Hand übte keinen Druck aus, und sie lehnte nicht auf mir. Dennoch schwächte mich diese Geste.

Die monotone Brandung brach sich ununterbrochen am Strand beim Tempel.

»Oder Menschen ihren Lauf zu lassen«, sagte sie mit veränderter Stimme, als führe sie einen Gedanken zu Ende.

Einen Augenblick lang hatte ich nicht die geringste Ahnung, wovon sie sprach. Und noch ehe ich etwas sagen konnte, nahm sie ihren Arm von meiner Schulter und ließ mich stehen. Als ich mich umsah, war sie weg – untergetaucht in der Menschenmenge am Strand.

Eine Weile blieb ich stehen und dachte an Eden in einem bestimmten Moment: Nackt, die Totenkopfkette um den Hals, ragte sie mit gespreizten Beinen über mir auf und sah wie Kali aus. Die Erinnerung brachte mich durcheinander. Voller Schuldgefühle begab ich mich auf die Suche nach Jenny. Ich fand sie weiter oben, wo sie neben dem großen Flachrelief stand, in das zahlreiche Elefanten, Zwerge, Affen und Vögel gehauen waren.

Ein barfüßiger Inder im Nadelstreifenanzug und gewickelten *lungi* sagte: ». . . stellen alle Götter, Menschen und Tiere dar, die Lord Shiva beobachten, wie er der Ganga erlaubt, durch seine wirren Haare zu fließen, damit sie sich sanft ergießt . . .«

Als sie mich sah, sagte Jenny: »Vermutlich hat mein Mann darum sein Floß nicht zum Kentern gebracht.«

»Ist dieser Herr Ihr Mann, Madam?«

»Was von ihm übrig ist«, antwortete Jenny, dann wandte sie sich wieder den aus dem grauen Felsen gehauenen Skulpturen zu. »Das ist eine wunderschöne Geschichte«, sagte sie, als sei ihr der Gedanke gerade erst gekommen.

Sie schwieg, als wir die anderen *rathas* und säulenbestandenen Höhlen aufsuchten, und sprach erst wieder, als wir im Taxi zurück nach Madras fuhren. »Andererseits ist Indien ja voll von herrlichen Geschichten, nicht wahr? Wahrscheinlich ist das Land deshalb in so einem furchtbaren Chaos.«

Das Taxi fuhr auf einer schmalen Straße aus weichem, löchrigem Asphalt, vorbei an verdorrten Feldern.

»Mich loslassen?« fragte ich.

Zunächst antwortete sie nicht. Dann sagte sie: »Würde dich das beunruhigen?« Sie lächelte mich mitleidig an.

»Was hat die Frau dir erzählt?« wollte ich wissen.

Zuerst zuckte sie die Achseln. »Was ich seit Ewigkeiten weiß«, sagte sie dann.

Damit hatte ich überhaupt nicht gerechnet. Ich wußte nicht, was ich sagen sollte. Auch machte es mich wütend, daß ich nicht wußte, ob sie mich nur aufzog. Und was war schlimmer: aufgezogen zu werden oder die Wahrheit?

Im Hotel sagte Jenny: »Ich mochte die Geschichte nicht, die mir der Inder über den Ganges erzählt hat. Ich mußte immerzu an die Leiche denken, von der du mir erzählt hast, die ihr beerdigt habt.« Wir schritten durch das kühle Foyer. »Immer, wenn man hier etwas Scheußliches sieht, hat irgendwer zur Erklärung eine wunderschöne Geschichte parat.«

Ein anderes Pärchen wartete auf den Fahrstuhl. Der Mann war eines dieser bärtigen Individuen, deren haarige Gesichter an eine Hecke erinnern; stumm schaute er uns über diese Barriere an. Die Frau war klein und blond und trug ein ziegelrotes Kleid. Als sie uns bemerkten, traten sie einen Schritt aufeinander zu und hielten sich an den Händen.

»Ist das ein Wetter?« sagte ich, weil ich umgänglich sein wollte.

»Es ist viel heißer als in der Gegend, in die wir reisen«, sagte der Mann, was nach Angeberei klang. »Tanjavur«, sagte er, den Ort überflüssigerweise bei seinem alten Namen nennend, und ergänzte: »Tanjore.«

»Wo der Stier ist.«

»Der Nandi, genau«, sagte er, und die Frau wandte den Blick von mir ab und musterte ihn ängstlich. Der Mann redete weiterhin ernst durch seinen Bart. »In der Pagode Brihadi-Swara. Sie ölen ihn jeden Tag ein . . . das ganze Ding.«

»Welch ausgezeichnete Idee«, sagte Jenny, ohne die Stimme zu erheben.

Der Mann verstummte, unsicher, ob er nicht vielleicht verspottet wurde. Und als der Aufzug kam, stiegen wir ein und fuhren schweigend nach oben.

»Noch so eine schöne Geschichte«, stellte Jenny im Zimmer fest. Dann lächelte sie. »Was für ein komisches Pärchen! Bestimmt sind sie nicht verheiratet. Amerikaner können so pedantisch sein.«

»Wieso hältst du sie für unverheiratet?«

Jenny zuckte mit den Schultern. »Lag in der Luft. Es umgab sie so eine Atmosphäre. Sie waren nervös und gelangweilt und förmlich und ein bißchen zu höflich.«

»Und haben Händchen gehalten?«

»Das auch. Noch eine Tante.«

Ich fand das Wort furchtbar – schlimmer als *Gattin*. Dieses Wort hatte sich bei den Mahadeva an uns geheftet, und seither begleitete es uns ständig, wie ein Gespenst. Jetzt waren wir zu dritt.

An diesem Abend führte Jenny beim Essen gerade eine volle Gabel zum Mund, als sie mitten in der Luft innehielt und sagte: »Ich will nicht mehr hier sein. Ich will zu Hause sein, in dem Chaos, das ich verstehe.«

Wir blieben noch zwei Tage in Delhi, um uns für den langen Rückflug nach London auszuruhen. Jenny sagte, sie wolle den Ort sehen, wo Gandhi eingeäschert worden war, und so fuhren wir nach Tajghat am Jumna und mischten uns unter die Pilger. Ihre Stimme drang aus dieser Menge.

»Am meisten stört es mich, daß ich in ein Drama verwickelt war, ohne es zu wissen; daß ich eine Figur in einem Stück bin. Daß ich ein Trottel bin.« Sie ging weiter, kaufte ein paar Blumen und verstreute sie auf dem Begräbnis-Ghat des Mahatma.

»Du sprichst in Rätseln«, sagte ich.

»Das ist meine Methode, ehrlich zu sein«, sagte sie. »Nur Schriftsteller glauben, daß das Leben eine Handlung hat, daß Geschichten ein Ende haben.« Dabei warf sie weiter Ringelblumen auf den staubigen Boden. »Glaub nicht, ich wäre nicht froh, daß wir hierhergekommen sind. Aber wenn ich länger bliebe, würde ich mich wohl in Forsters Mrs. Moore verwandeln und unverständliches Zeug über das rätselhafte Universum und die Ironie des Todes brabbeln, daß Schweigen Wahrheit ist.« Dabei ging sie langsam weiter und ließ schließlich ihre letzten Blumen fallen. »Tja, Schweigen *ist* Wahrheit, oder?« Sie lief weiter, ohne meine Antwort abzuwarten. »Und ich bin kein Trottel.«

Langsam begriff ich, warum Jenny schönen Geschichten mißtraute. Die besten hatten etwas Stümperhaftes, da Sicherheit fast immer falsch war – sie beruhte auf Selbsttäuschung. In dieser Stimmung konnte ich mich leicht zu der Ansicht durchringen, Schweigen sei Wahrheit und die ganze Welt *maya,* Illusion. Doch diese Stimmung verflog, als mir einfiel, wie Jenny zu Indoo gesagt hatte: »Und was haben Sie da in der Hand?«

Die ganze Zeit über hatte ich das Gefühl gehabt, Eden höre uns zu, was mir Schuldgefühle verursachte, da Eden an schöne Geschichten glaubte. Sie glaubte an mich, sie verließ sich auf mich, sie wartete.

Wir waren zum Fluß geschlendert, um unter den Bäumen etwas Schatten zu finden.

Ich sagte: »Wenn Schweigen Wahrheit ist, was ist dann Schreiben?«

»Keine Ahnung. Willst du mir jetzt deine Kunsttheorie vortragen?«

»Ich glaube nicht, daß ich eine habe.«

»Gut. Es ist zu heiß dafür.«

Ich brauchte Ordnung. Was ich schrieb, entstand aus Verwirrung, aus Einsamkeit und Freude – aus allen Gefühlen; und nachdem ich es niedergeschrieben hatte, war es real. Doch es war mir nie gelungen, den Vorgang zu benennen. Das war mein tiefstes Geheimnis: das Leben, das ich noch unter all den anderen führte.

Und ich glaubte an Gespenster – an meine Gespenster. Sie waren mächtige Geheimnisse. Doch man war mir auf die Schliche gekommen: Jetzt, in Indien, teilten Jenny und ich ein Gespenst. Sie wollte dieses Ding nicht in ihrem Leben haben, obwohl sie sich indirekt damit abgegeben hatte, ohne mich zu beschuldigen oder zu beschimpfen. Sie wußte, daß ich mir dachte: *Wie weiter?*

Eines Nachts schliefen wir wild miteinander, Jenny leidenschaftlich und entrückt zugleich, mit Egoismus und Eifer, den Triebfedern der Lust. Ich schien ein Fremder zu sein, den sie in irgendeiner Bar aufgelesen hatte, jemand, den sie für ihre Lust benutzte. Sie band mich mit Seidenschals ans Bett, ich war ihr Gefangener; sie schleckte an mir und setzte sich auf mich und streichelte sich leidenschaftlich vor meinen Augen, wobei sie lange bewundernde Laute ausstieß, während ich fasziniert zusah und mich fragte, welche leidenschaftlichen Begierden sie barg.

Am Morgen war sie unnahbar, erinnerte sich nicht, und ich war der Fremde aus der vergangenen Nacht, der sich nach dem Frühstück aus dem Staub zu machen hatte. Ich kam mir sprachlos, dumm und schuldig vor.

»Ich finde, vor unserer Abreise sollten wir uns mit Indoo treffen«, schlug ich vor.

Er nahm uns mit in seinen Club: indische Golfspieler, jede Menge Schnauzbärte, Kellner mit Schärpen und Turbanen. Mir gefielen die griechischen Säulen, die Topfpalmen, die Aquatinten an den Wänden, die kühle Inneneinrichtung und die verstaubten Tigerfelle. Ein schwarzer Inder in einem weißen Dinnerjackett saß in einem Sessel neben einer Palme und spielte Geige. Er hatte einen Mittelscheitel, und eine in der Nähe stehende Öllampe brachte seine Haare zum Glänzen. Allein seinen Anblick fand ich aufregend. Ich hätte ihn gern ›Beautiful Dreamer‹ spielen hören.

Indoo schlug vor, ich solle dem Geiger meinen Wunsch vortragen, er sei überaus entgegenkommend. Dann entschuldigte sich Indoo: »Ich muß mal eben verschwinden«, sagte er.

Vielleicht verstand der Geiger meinen Akzent nicht. Er stand auf, bat mich, meinen Wunsch zu wiederholen, und wie er so dastand, sah er an diesem Abend auffallend deplaziert aus, mit seinem zerbrechlichen, unförmigen Instrument in der Hand.

Ich nannte noch einmal den Titel des Liedes.

»Sie summen es, ich spiele es«, schlug der Geiger vor.

Das gefiel mir. Voller Eifer wandte ich mich an Jenny. »Das ist meine Kunsttheorie«, sagte ich. »Genau das mache ich.«

Sie lächelte zwar nicht, wirkte aber sehr gelassen. Zuerst warf sie einen Blick in die Richtung, in der Indoo verschwunden war, und als sie sicher war, daß er noch nicht zurückkam, wandte sie sich mir zu.

»Ich weiß, daß es eine andere gibt, Andy«, sagte sie ruhig. »Das nehme ich nicht hin. Du mußt dich entscheiden. Wenn nicht, verlasse ich dich.«

Der Geiger hatte sie nicht gehört. Doch ich stellte mir vor, wie diese Worte ihn schockiert hätten, wie er durch sie ins Schwitzen geraten wäre, wie er langsam zerfließen und mich dabei immer anstarren würde, mich inständig bittend, etwas zu unternehmen.

»Ich weiß genau, was ich tun muß«, sagte ich.

Da war ich mir übrigens ziemlich sicher.

East Sandwich/Shanghai/London
1985–1988

Javier Marías im dtv

»... ich glaube, das ist einer der größten im Augenblick lebenden Schriftsteller der Welt.«
Marcel Reich-Ranicki

Mein Herz so weiß
Roman · dtv 12507

Eine junge Frau erhebt sich vom Tisch, geht ins Bad, knöpft sich die Bluse auf und erschießt sich. Vierzig Jahre später beschäftigt sich ihr Neffe mit der Tragödie. Er ist Dolmetscher und leidet an einer »déformation professionelle«, die ihn dazu zwingt, jedes Detail zu registrieren und zu interpretieren: die scheinbar unbedeutenden Dinge seines eigenen Ehelebens, aber auch jene Details, die ihm nach und nach mehr über die Ereignisse vor seiner Geburt verraten, als ihm lieb ist...

Alle Seelen
Roman · dtv 12575

Ein junger Spanier kommt als Gastdozent nach Oxford, einer Stadt wie »konserviert in Sirup«. Er beginnt eine Affäre mit der verheirateten Dozentin Clare, in deren Blicken er bei einem grausig-grotesken Dinner seine eigene Kindheit wiederfindet. – Immer enger verknüpft Marías die Erzählfäden, immer rascher treibt er seine suggestive Sprache einem dramatischen Finale zu, in dem Clare in der letzten gemeinsamen Nacht ihr Geheimnis enthüllt...

Morgen in der Schlacht denk an mich
Roman · dtv 12637

Sie ist noch nicht 33, hat sowohl Mann als auch zweijährigen Sohn sowie ein außereheliches Verhältnis. Als Marta Téllez' Mann Eduardo Deán für ein paar Tage in London ist, lädt Marta Víctor Francés, den Ich-Erzähler, in ihre Wohnung ein. Noch bevor sie beide vollständig entkleidet sind, stirbt Marta unvermittelt in Víctors Armen...

Italo Calvino im dtv

»Calvino ist als Philosoph unter die Erzähler gegangen, nur erzählt er nicht philosophisch, er philosophiert erzählerisch, fast unmerklich.«
W. Martin Lüdke

Das Schloß, darin sich Schicksale kreuzen
Erzählung
dtv 10284

Die unsichtbaren Städte
Roman · dtv 10413

Wenn ein Reisender in einer Winternacht
Roman
dtv 10516 und
dtv großdruck 25031

Der Baron auf den Bäumen
Roman · dtv 10578

Der geteilte Visconte
Roman · dtv 10664

Der Ritter, den es nicht gab
Roman · dtv 10742

Abenteuer eines Reisenden
Erzählungen
dtv 10961

Zuletzt kommt der Rabe
Erzählungen
dtv 11143

Unter der Jaguar-Sonne
Erzählungen
dtv 11325

Das Gedächtnis der Welten
dtv 11475

Auf den Spuren der Galaxien
dtv 11574

Die Mülltonne und andere Geschichten
dtv 12344

Die Braut, die von Luft lebte
und andere italienische Märchen
dtv 12505

Wo Spinnen ihre Nester bauen
Roman · dtv 12632

Eremit in Paris
Autobiographische Blätter
dtv 12723

Herr Palomar
dtv 12764